경제 기사 궁금증 300문 300답

경제기사 궁금증 300문 300답

어려운 경제정보 쉽게 읽는 법

곽해선 지음

혜다

머리말

경제를 알면
세상을 꿰뚫어보는 안목이 생긴다!

세상이 어떻게 돌아가는지 알려면 경제를 알아야 한다. 왜?

세상이 경제적 이해를 기본으로 삼아 움직이기 때문이다.

경제를 모르면 살아가며 마주치는 경제적 위험이나 기회에 제대로 대처하기 어렵다. 중요한 경제 문제를 결정해야 할 때 자기 판단을 자신하지 못해 남에게 휘둘리기도 쉽다. 세상을 바로 보고 경제 문제에 현명하게 대응하려면 경제를 알아야 한다.

이 책은 경제 원리와 현실을 알기 쉽게 설명한 실용판 경제 입문서다.

입문서인 만큼 어려운 개념과 내용을 쉽고 명확히 설명하는 데 공들였다. 쉽게 설명하려다 보면 내용이 빈약해지기 쉬운데, 그렇게 되지 않도록 꼭 필요한 지식과 정보를 고르고 깊이 있게 다듬었다. 시사 경제 해설도 많이 넣어 독자가 최신 경제 트렌드를 파악하는 데 도움 되게 했다. 군데군데 최근 경제기사를 골라 해설한 '기사독해'도 마련했다. 독자가 이 책을 읽고 익힌 지식이 실제로 경제기사를 이해하는 데 유용한지 확인해볼 수 있을 것이다.

본문은 소제목을 붙인 짧은 이야기로 엮었다. 대체로 이야기 하나하나 내용을 완결했으니 앞에서부터 차례대로 읽어도 되고 아무 데나 골라 읽어도 된다. 골라 읽기 편하도록 앞서 얘기한 내용을 일부러 다시 설명하기도 했다. 다만 뒤로 갈수록 독자가 앞서 나온 용어를 안다고 간주하고 설명한 게 많다. 책 분량이 너무 늘어나지 않게 하기 위해서다. 읽다가 혹 이해되지 않는 부분을 만나면 우선 앞서 나온 내용에서 답을 찾아보기 바란다. 책 말미에 붙인 '경제 용어 찾아보기'도 도움이 될 것이다.

책이 두껍다. 대체로 글 한 꼭지 분량이 길진 않지만 독자의 집중과 끈기를 요하는 내용이 많다. 힘들어도 차근차근 읽어보시기를 권한다. 독자가 설사 경제에 '왕초보'라 할지라도 단시일에 경제를 보는 실력이 좋아질 것이다.

이번 책은 개정 증보한 제18판이다. 1998년 초판을 내놓고 26년이 지나는 사이 열일곱 번 고쳐 썼다. 늘 그렇듯 이번 개정판에도 구판 간행 후 달라진 경제 정세를 반영하고 새로운 정보와 지식을 더했다. 개정판이 나올 때마다 찾아 읽어주시는 독자 여러분께 감사드린다.

2024년 12월

곽 해 선

차례

2 | 경기

3 | 물가

4 | 금융

5 | 증권

6 | 외환

7 | 국제수지와 무역

8 | 경제지표

새로운 이론을 발견한다는 것은

산에 올라 새롭고 넓은 시야를 갖게 되는 것과 같다.

– 애덤 스미스

1

경제, 어떻게 움직이나

경제와 성장

미시경제와 거시경제

실물경제와 금융경제

시장경제 원리

자본주의와 사회주의

유럽 사민주의

경제가 어떻게 움직이는지 알려면 돈 흐름을 주의해 봐야 한다.
경제는 돈을 매개로 움직이기 때문이다.
돈 흐름을 기준으로 보면 경제를 크게 두 분야로 나눌 수 있다.
상품과 서비스를 거래할 때 실물과 돈이 함께 움직이는 분야,
그리고 돈만 이동하는 분야다.

경제란 무엇인가

사람이 살려면 여러 가지 욕망을 채워야 한다. 음식을 먹어야 하고, 옷을 입어야 하고, 의사의 진료를 받아야 한다. 음식과 옷, 의사의 진료처럼 사람의 욕망을 채워주는 것을 통칭 재화(財貨, goods)라 한다.

재화 중에는 음식이나 옷처럼 눈에 보이고 손으로 만져볼 수 있는 물건도 있지만, 의사의 진료처럼 사람이 제공하는 노동도 있다. 사람이 제공하는 노동은 물건 형태의 재화와 구분해서 서비스(service) 또는 용역(用役)이라고 부르기도 한다.

재화는 어떻게 구하나?

주로 돈을 내고 사는 방식으로 손에 넣는다. 대개의 사회에서 돈을 매개로 재화를 거래하기 때문이다. 돈으로 재화를 거래하는 사회에서는 돈만 있으면 거의 모든 재화를 손에 넣을 수 있다.

돈은 어떻게 마련하나?

사람들이 원하는 재화를 만들거나 구해서 시장에 내다 팔아야 한다. 그러자면 시간과 비용을 들여 투자부터 해야 할 때가 많다. 기업가라면 생산설비를 갖추고 원료와 인력을 사들여 시장에서 매매될 수 있는 재화, 곧 상품(product)을 생산해내야 한다. 학생이라면 학비를 들여가며 실력을 양성해서 고용 시장이 원하는 노동력을 갖춰야 한다.

사람들이 원료와 노동력을 사들이고 상품을 생산해 파는 사이 투자·구매·고용·생산·판매·소비 활동이 벌어진다. 이렇게 사람들이 재화를 얻기 위해 벌이는 투자·구매·고용·생산·판매·소비 활동을 묶어 경제(經濟, economy)라 한다.

경제가 성장한다, 무슨 뜻일까

나라 단위 경제를 국민경제(national economy)라고 부른다. 국가 경제 또는 나라 경제와도 같은 뜻이다.

국민경제는 크게 세 부문, 곧 가계·기업·정부로 이뤄진다. 그래서 가계·기업·정부를 국민경제 3대 주체라고 부른다. 가계·기업·정부는 저마다 재화를 생산하고 시장에서 만나 서로 재화를 교환한다. 가계는 기업에 노동력을 제공하고 임금 등 보수를 받아 생계를 꾸린다. 기업은 가계가 제공하는 노동력에 대가를 치르고 정부에 세금을 내는 대신 가계와 정부에 재화를 팔아 돈을 번다. 정부는 기업과 가계에 공공서비스를 제공하는 대신 세금을 걷어 재정을 운영한다.

국민경제 내부에서는 가계·기업·정부 사이에 재화의 생산·유통·소비가 서로 꼬리를 물듯 이어지며 순환한다. 경제 단위마다 생산·유통·소비 과정을 흐르는 재화의 수량이나 금액 크기를 경제 규모라 한다. 경

경제 규모의 확대 = 경제의 성장

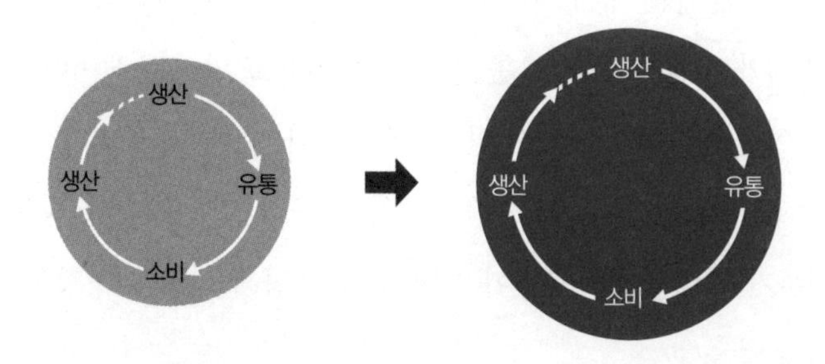

제 규모는 장기로 볼 때 시간이 흐르면서 커지는 게 보통이다. 대개 이렇게 경제 규모가 커지는 것을 가리켜 '경제가 성장한다'고 말한다.

경제가 성장하면 재화가 전보다 많이 생산·유통·소비되고, 기업이나 일자리 수도 늘어 사람들 생활이 풍족해진다. 다만 경제가 늘 성장만 하는 것은 아니다. 어떤 때는 생산·유통·소비 과정을 흐르는 재화량이 줄어들기도 한다. 경제 규모가 줄어들어 성장세가 퇴보하는 경우다. 경제성장세가 퇴보하면 재화가 전보다 적게 생산·유통·소비된다. 기업이나 일자리 수도 줄고 실업자가 늘어난다. 아무래도 사람들 생활에 여유가 없어진다.

경제 상태는 뭘로 알아보나

흔히 경제가 성장한다느니 퇴보한다느니 말한다. 그런데 경제를 그림 보듯 한눈에 볼 순 없다. 특히 국민경제처럼 규모가 큰 경제는 언제 어떤 상태에 있는지 판단하기가 쉽지 않다. 그럼 사람들은 뭘 보고 경제가 좋아졌느니 나빠졌느니 얘기할까?

보통 사람들은 대개 자기 주변 사정을 기준으로 말한다. 자영업자라면 벌이가 시원찮을 때 '요즘 경제가 나쁘다'고 말하는 식이다. 경제 상태를 이런 식으로 진단해서 안 될 것은 없다. 다만 내 주변과 경제 전체를 놓고 본다면, 둘 사이 사정이 다를 수도 있으니 진단이 정확하다고 자신하기 어려울 것이다. 이런 방식 말고 경제 상태를 정확히 파악할 방법이 없을까?

경제 전문가나 연구 기관, 정부 경제정책 당국 등은 주로 경제지표(economic indicator)를 쓴다. 지표란 사물이 어떤 상태인지 나타내 알 수 있게 해주는 것이다. 경제지표는 경제의 주요 부문을 측정하고 분석해서 경제가 어떤 상태인지 객관적으로 파악할 수 있게 도와준다. 주로 통계 기관이나 경제 연구소에서 통계 기법 등을 써서 경제성장률, 물가 상승률, 국제수지, 실업률 같은 통계 형태로 만들어낸다. 작성 과정은 복잡하지만 결과는 대개 한눈에 알아보기 쉽게 간략한 숫자 등으로 표시한다.

미시경제와 거시경제, 어떻게 다른가

산에서는 시야를 넓혀 숲을 주로 볼 수도 있고, 시야를 좁혀 나무를 주로 볼 수도 있다. 전자를 거시(macroscopic) 관점, 후자를 미시(microscopic) 관점이라고 한다. 경제를 파악할 때도 관점을 미시 또는 거시로 잡을 수 있다.

국민경제를 볼 때 미시 관점에서는 가계·기업·정부 등 3대 경제주체가 벌이는 활동 하나하나에 주목한다. 거시 관점에서는 국민경제 전체가 움직이는 과정과 결과에 주목한다.

재화 가격 추이도 미시 관점으로는 옷값, 음식값, 버스 요금을 따로따로 본다. 거시 관점으로는 여러 재화 가격을 합쳐 평균 낸 값, 곧 물가 개념으로 추이를 파악한다.

경제학과 경제이론도 미시 또는 거시 관점에 따라 미시경제학·미시경제이론(microeconomics)과 거시경제학·거시경제이론(macroeconomics)으로 나눈다. 미시경제학은 가계(소비자)와 기업, 정부 등 개별 경제주체가 벌이는 활동을 좁고 깊게 분석한다. 그래서 주로 시장, 기업 매출과 이익, 가계 소득, 저축 같은 이슈를 다룬다. 거시경제학은 여러 경제주체가 벌이는 활동이 합쳐져 큰 범위에서 전개되는 과정과 결과를 분석한다. 그래서 경제성장, 국민소득, 실업, 통화, 인플레이션, 재정, 국제경제 등의 이슈를 주로 다룬다.

경제지표도 같은 논리로 구분할 수 있다. 개별 기업이 올리는 매출액증가율이나 이익증가율 같은 미시경제 현상을 나타내는 지표는 미시경제지표(미시지표)라 한다. 국민소득, 물가상승률, 국제수지, 실업률, 환율, 이자율처럼 거시경제 현상을 나타내는 지표는 거시경제지표(거시지표)다.

정부가 경제정책을 만들 때는 주로 거시지표를 참고한다. 미시지표보다는 거시지표가 나라 경제를 넓은 시야로 진단하는 데 더 쓸모가 있기 때문이다. 거시지표로 판단해 국민경제 상태가 바람직하지 않을 때면 정부가 적절한 대응 정책을 세워 경제 기조에 변화를 주곤 한다.

실물경제와 금융경제, 어떻게 다른가

경제가 어떻게 움직이는지 알려면 돈 흐름을 주의해 봐야 한다. 경제는 돈을 매개로 움직이기 때문이다.

돈 흐름을 기준으로 보면 경제를 크게 두 분야로 나눌 수 있다. 상품과 서비스를 거래할 때 '실물(實物, 돈을 제외한 재화의 통칭)'과 돈이 함께 움직이는 분야, 그리고 돈만 이동하는 분야다.

돈을 주고 책을 산다 하자. 돈에는 독서 욕구를 직접 채워주는 실체가 없다. 반면 책은 독서 욕구를 직접 만족시켜주므로 돈과는 달리 실체가 있는 실물(real thing)이다. 이삿짐을 날라주는 서비스도 마찬가지다. 손에 잡히는 형태는 없지만 이사 욕구를 직접 채워주므로 실물에 속한다.

사람들이 책을 사거나 이삿짐을 옮기려고 돈을 낼 때는 실물(책, 이사 서비스)이 돈과 함께 움직인다. 이렇게 재화를 거래할 때 실물(실물 재화)과 실물이 아닌 재화(비실물 재화, 곧 돈)가 함께 움직이는 경제 분야를 실물경제(real economy)라 한다.

실물경제와는 달리, 재화 거래 때 돈만 이동하는 경제 분야도 있다. 은행과 예금자 사이에 돈만 오가는 예금 거래, 투자자와 증권사 사이에 돈만 오가는 주식거래처럼 예금 · 대출 · 투자가 이루어지는 금융 비즈니스가 그렇다. 금융(finance)이란 간단히 말해 금전 융통, 곧 돈을 빌리고 빌려주는 일이고, 금융 비즈니스는 돈을 거래하는 일이다. 금융 비즈니스에서 돈이 움직이는 동기는 주로 실물 재화를 손에 넣기보다 이자나 투자 수익 형태로 돈을 불리려는 데 있다. 금융 비즈니스처럼 돈

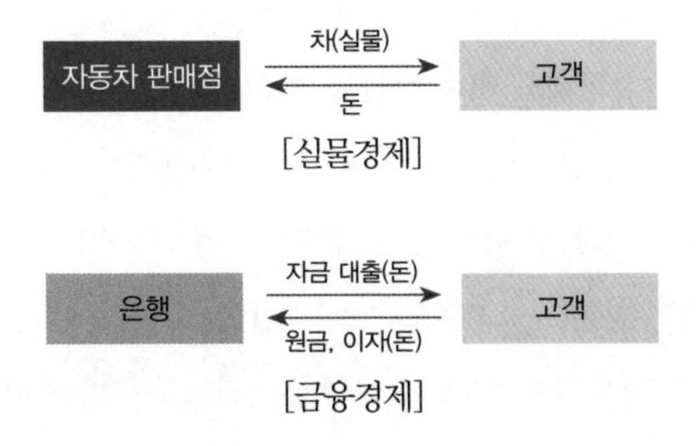

만 흐르는 경제 부문은 돈과 실물이 함께 오가는 실물경제와 구분해 금융경제 또는 화폐경제(monetary economy)라고 부른다.

그런데 실물경제와 금융경제 간 개념 구분은 이론에서나 명확하지, 현실에서는 분명치 않을 때가 많다. 자동차 제조사와 증권사를 놓고 보자. 얼핏 생각하면 자동차 제조사는 실물경제 분야에서 활동하고 증권사는 금융경제 분야에서 활동하는 것 같다. 하지만 실은 좀 복잡하다. 증권사는 고객에게 투자 조언을 해주고 수수료를 받기도 하는데, 투자 조언은 실물 재화 곧 서비스에 속한다. 이런 식으로 증권사가 벌이는 경제활동은 실물경제와 금융경제에 두루 걸쳐 있다.

참고로 실물경제를 이론경제(theoretical economy)와 대비해 현실경제(real economy, actual economy)를 뜻하는 말로 쓸 때도 있다는 점 역시 알아두자.

금융이 어떻게 실물경제 좌우하나

실물경제와 금융경제는 서로 영향을 주고받으며 움직이는데, 어느 한 쪽이 우세할 때가 있다. 발전 수준이 낮은 경제에서는 대개 실물경제가 주축을 이루고, 금융경제는 실물경제에 이끌려 움직인다. 경제 발전 수준이 높아지면 자본(capital, 주로 기업이 사업 경영과 투자의 밑천으로 삼는 재산) 축적이 늘면서 금융경제도 실물경제 못지않게 활발해진다. 자본 축적이 더 진행되면 아예 금융경제가 실물경제에서 벗어나 제멋대로 움직이는 경향까지 생긴다.

지금이 그렇다. 현대 경제에서는 금융경제가 매우 활발해서 실물경제를 좌우할 만큼 센 힘을 발휘할 때가 많다. 주식 투자가 실물경제를 자극하는 경우가 흔한 예다.

보통 실물경제가 침체했을 때는 기업 실적이나 자금 사정이 좋지 않다. 금융경제 영역, 이를테면 주식시장도 함께 맥을 못 추게 마련이다. 그런데 되레 주식 투자가 늘어날 때가 있다. 시세가 쌀 때 주식을 사두려는 저가 매수 수요가 움직이면 그런 일이 생긴다. 저가 매수 수요가 생기면 일시라도 주가가 뛰고, 투자자가 가세하면 시장이 더 활발해질 수 있다. 덕분에 주식시장에 자금이 많아지면 기업이 주식을 팔아 사업자금을 마련하기 쉬워지므로 투자와 생산을 늘릴 수 있다. 결국 시장에서 실물 상품과 돈이 전보다 활발히 교환된다. 주식 투자가 실물경제를 자극하는 셈이다.

우리 경제가 큰 위기를 맞은 직후인 1998년 후반에도 주식 투자가 실물경제를 자극하는 현상이 나타났다. 1997년 후반 우리나라는 외환위기(foreign currency crisis)를 맞았다. 외환위기란 국민경제가 외국에 진 빚을 갚고 수출입 등 대외 거래를 이어가는 데 필요한 외국 돈, 곧 외환이 부족해서 대외 거래가 끊길 위험에 놓이는 사태다. 외환위기는 흔히 통화위기(currency crisis), 곧 국민경제가 대외 신용을 잃은 결과 자국 통화 시세가 폭락하는 사태를 동반한다. 당시 우리 경제는 한동안 극심하게 침체했고 실물경제가 회복되려면 더 많은 시간이 필요해 보였는데, 1998년 후반 뜻밖에 주가가 뛰었다. 경기 회복을 낙관한 자금이 대거 주식 투자에 나섰기 때문이다. 주식시장에 자금이 넘치자 기업 활동이 활발해졌고 이후로는 실물경제가 빠르게 회복됐다.

그런가 하면 금융경제가 제멋대로 움직이다 실물경제에 악영향을 미치는 수도 있다. 2008년 미국발 글로벌 금융위기(the financial crisis of 2008, Global Financial Crisis)가 그랬다.

2000년대 초반 미국에서는 부동산과 관련 금융상품 시세가 급등했다 폭락해 부동산 투자자, 부동산 대출을 내준 은행과 관련 투자에 뛰어든 금융회사 모두가 큰 손실을 입었다. 금융자산(금융 재산) 시세가 폭락하고 대형 금융회사가 잇달아 쓰러지면서 금융 시스템이 정상 작동을 못 하는 사태, 곧 금융위기가 발생했고, 금융회사에서 대량 실업이 발생하면서 실물경제까지 침체하는 경제위기로 발전했다. 당시 미국 부동산 관련 투자에는 전 세계 투자자가 다양한 경로로 참가했기 때문에 미국발 금융위기와 실물 경기 침체가 미국을 넘어 세계로 번져 나가면서 글로벌 경제를 위기로 몰아넣었다.

자본주의와 사회주의, 뭐가 다른가

어떤 사회에서든 경제가 잘 돌아가려면 반드시 해결해야 하는 기본 경제 문제가 있다. 무엇을 어떻게 누구를 위해 언제 얼마나 생산할까 하는 것이다. 사회나 경제단위가 이런 기본 경제 문제를 질서 있게 해결하는 방식을 경제체제(economic system, economic scheme, economic regime)라 한다.

경제체제는 경제주체가 누구냐에 따라 종류를 나눌 수 있다. 국민경제가 주체인 체제, 곧 국민경제가 기본 경제 문제를 해결하는 방식은 국민경제 체제다. 지역경제가 주체라면 지역경제 체제, 세계경제가 주체라면 세계경제 체제다.

경제체제는 경제주체가 경제활동을 할 때 따라야 하는 기본 질서 역할을 한다. 자연히 경제체제가 다르면 경제활동의 과정과 결과도 달라진다. 현대 세계에는 크게 자본주의(capitalism)와 사회주의(socialism)라는 두 경제체제가 양립해 있다. 두 체제 사이에는 중요한 차이가 있다.

무엇보다 생산수단을 소유하는 주체가 다르다.

생산수단이란 재화 생산에 필요한 수단이다. 토지를 포함한 자연자원, 도로·철도·항만 같은 공공시설과 설비, 금융기관 같은 공공기관 등이 포함된다. 자본주의 체제는 어떤 경제주체든 주요 생산수단을 소유할 수 있도록 허용한다. 반면 사회주의 체제는 국가, 곧 정부가 주요 생산수단을 독점한다. 개인이나 기업에는 생산수단 소유를 허용하지 않는 게 원칙이다.

경제자원(economic goods)을 배분하는 방식이나 경제활동을 펴는 동기도 다르다.

자본주의 체제는 전형적으로 시장을 중심으로 돌아가는 경제, 곧 시장경제(market economy)를 운영한다. 경제주체 모두가 자발적으로 재화 거래에 참여하는 자유시장(free market)의 자연 발생을 장려하고, 누구나 시장에서 사익을 좇아 자유로이 경제활동을 벌이게 한다. 경제주체 간에 이해가 상충하면 경쟁을 통해 해결하는 방식으로 사회가 지닌 경제자원을 배분한다. 경제활동을 벌여 획득한 재화는 누구나 영원히 자기 것으로 소유할 수 있도록 국가가 법과 권력으로 보장한다.

사회주의 체제는 원칙적으로 계획경제(planned economy)를 운영한다. 정부가 주요 생산수단과 경제자원을 이른바 사회적 소유(social ownership), 곧 사회가 공동 소유한다는 명목으로 독점하고, 공익을 추구하는 관점에서 경제 계획을 세워 생산·소비·투자를 실행하고 자원과 성과를 배분한다. 개개인의 경제활동은 원칙적으로 생산부터 성과 분배에 이르기까지 모두 정부가 맡기는 임무를 수행하는 수준으로 통제한다. 경제자원을 자본주의 체제처럼 경쟁시장을 통해 배분하지 않으므로 개인이 사익을 좇아 경쟁할 이유가 없다.

시장이 어떻게 경제를 움직이나

자본주의 경제체제를 움직이는 핵심 메커니즘은 시장이다. 시장이 경제를 운영하며 사회가 지닌 경제자원을 적절한 자리에 알맞게 배분한다. 시장이 어떻게 경제를 운영하나?

가격이 열쇠다.

시장에서는 생산자 · 판매자 · 소비자가 저마다 자유의지로 만나 상품을 거래하고, 그러는 과정에서 가격이 형성된다. 가격은 수요량이 공급량보다 많으면 오르고, 공급량이 수요량보다 많으면 내린다. 따라서 가격은 수요량과 공급량이 서로 맞아 균형을 이룰 때까지는 계속 움직이게 돼 있다. 수요량과 공급량이 서로 맞는 균형가격(equilibrium price)이 정해지기 전까지 상품 수급(수요와 공급)은 불균형 상태에 놓이기 십상이다. 하지만 불균형이 오래가지는 않는다. 수요자와 공급자 각자가 수시로 가격에 따른 득실을 따져 상품 수급을 조절하기 때문에 상품 수급은 결국 균형가격을 찾아내 일치하게 마련이다. 이처럼 시장에서는 가격이 시장 참가자들로 하여금 거래 의사를 자율 조정케 해서 상품 수급 균형을 이뤄내고, 상품 수급 균형을 통해 경제자원을 최적 배분한다. 곧 사회의 경제자원을 필요할 때 필요한 곳에 넘치지도 모자라지도 않게 공급한다. 시장가격이 상품 수급을 자동 조절해 시장경제를 움직이는 것이다.

가격이 시장을 움직이는 시장경제 메커니즘(시장경제 원리, 시장 원리)을 이론화한 사람은 영국 사상가 애덤 스미스(Adam Smith, 1723~1790)다. 1776년 발간한 저서 《국부론(國富論, An Inquiry into the Nature and Causes of the Wealth of Nations)》에서 가격 메커니즘과 시장 원리를 설명해, '근대 경제학의 아버지'이자 '자본주의 경제이론의 창시자'로 불리는 인물이다. 애덤 스미스에 따르면, 시장 참가자들은 다 사익을 추구하지만 시장이 경제자원을 최적 배분하는 메커니즘을 통해 모두에게 득이 되는 사회경제적 결과를 낳는다. 이처럼 시장 참가자들이 사익을 추구하는데도 결과적으로는 공익을 증진하게 만드는 시장(또는 가격) 메커니즘을 애덤 스미스는 '보이지 않는 손(invisible hand)'에 비유했다.

애덤 스미스 이래 '보이지 않는 손'은 시장경제 운영 원리로 확고히 자리 잡았다. 그렇다고 완벽하다는 평가를 받지는 못한다. 시장경제 역사상 '시장 실패(market failure)' 곧 시장이 자원의 수급 균형과 최적 배분에 실패하는 현상이 계속 나타났기 때문이다.

시장 실패란 무슨 얘기인가?

가령 경제 운영을 오로지 시장에 맡겨둔 도시가 있다고 해보자. 시민은 가로등을 원하는데, 가로등 설치 역량이 있는 기업은 돈벌이가 안 된다며 관심이 없다. 가로등이 설 수 없을 것이다. 시장이 있지만 경제자원(가로등)의 수급 균형과 최적 배분에 실패하는 경우, 곧 시장 실패다.

시장 실패가 거듭 나타나자 시장경제에서는 시장 실패가 불가피한 부작용이라는 인식이 생겨났다. 정부 개입으로 시장 실패를 교정하려 해봤지만 성공과 실패를 반복했다. 결국 정부 개입도 늘 성공하지는 못한다는 사실 역시 알게 됐다. 정부가 시장에 개입해서 자원의 수급 균형과 최적 배분에 실패하는 현상은 '정부 실패(government failure)'라고 부른다.

우리나라도 시장경제를 운영하므로 시장 실패와 정부 실패를 겪는다. 대표적 사례가 지방공항 건설이다. 2024년 5월 현재 인천국제공항을 제외한 국내 지방공항 14곳 중 제주 · 김해 · 김포 · 대구를 뺀 10곳은 탑승객이 적어 만년 적자다. 공항은 수요가 있어도 설비투자 부담이 커서 사기업이 짓겠다고 나서기 어렵다. 수요가 있는데도 공급이 부족한 시장 실패를 교정하려고 정부가 나섰다 치자. 하지만 10곳이나 되는 공항이 만년 적자라면 수요를 제대로 예측하지 못한 데 따른 정부 실패로 봐도 마땅할 것이다.

자본주의는 어떻게 일어나고 사회주의는 어떻게 무너졌나

자본주의 경제는 유럽에서 싹텄다. 상인들이 여기저기 다니며 상품을 유통해 돈을 버는 활동, 곧 상업(commerce)이 활발해진 16세기 무렵을 자본주의 초기로 본다. 초기 자본주의는 상업이 경제활동의 중심이었기 때문에 상업자본주의(commercial capitalism)라고 부른다.

상업자본주의는 17세기를 지나 18세기 초까지 점점 더 융성했는데, 18세기 중반 산업혁명이 일어났다. 기업이 산업(industry)을 일으켜 노동자를 고용하고 상품을 생산해 판매하는 활동이 많아졌다. 이 시절에는 산업이 경제의 중심이 된 산업자본주의(industrial capitalism)가 발흥했다.

산업자본주의는 18세기를 넘어 19세기를 지나면서 생산성(productivity, 투입 대비 산출의 효율)을 획기적으로 높였다. 덕택에 많은 사업가가 부유해졌지만 노동자는 극심한 가난에서 벗어나지 못해 빈부 격차가 사회 이슈로 떠올랐다. 그러나 당시 사업가나 정부는 노동자의 가난에 관심 두지 않았다. 그러자 사업가와 정부를 비판하고 경제체제 대안을 모색하는 움직임이 활발해졌다. 당시 체제 비판과 대안 제시에 앞장선 인물이 독일 사상가 칼 마르크스(Karl H. Marx, 1818~1883)다. 마르크스는 자본주의를 분석해 비판하고 사회주의라는 대안 체제를 제시했다.

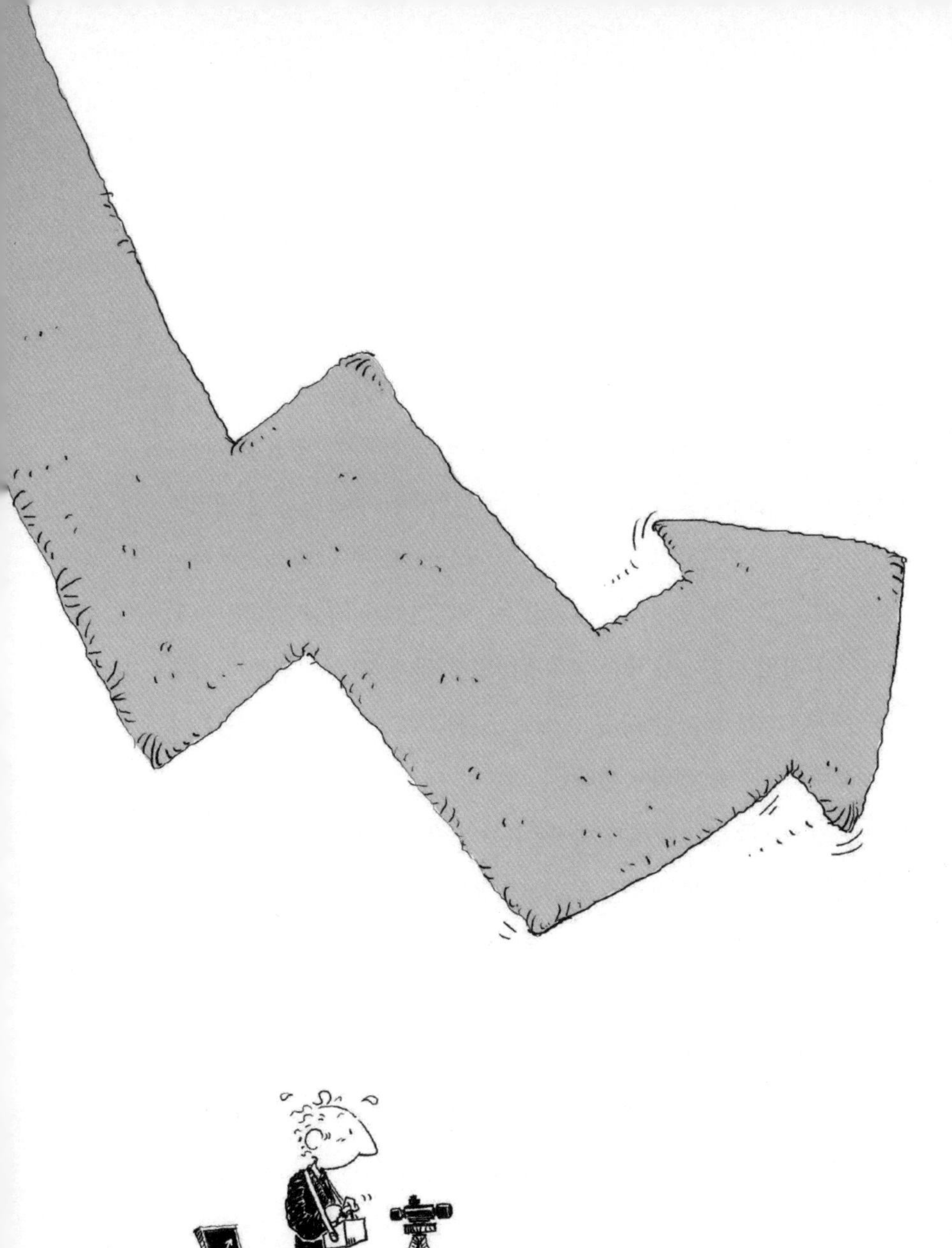

마르크스에 따르면, 자본주의 사회는 크게 보아 양대 사회계급으로 구성된다. 두 계급은 땅, 공장, 건물, 기계설비 같은 주요 생산수단의 소유 여부로 이해가 상반된다. 하나는 생산수단을 소유하고 노동자를 고용해 사업을 경영하는 자본가(부르주아, 부르주아지Bourgeoisie, 유산계급), 다른 하나는 생산수단이 없기 때문에 먹고살려면 자본가에게 고용되어 일할 수밖에 없는 임금노동자(프롤레타리아, 프롤레타리아트 Proletariat, 무산계급)다. 자본가는 법과 국가권력에 의지해 사업 경영과 재산 소유를 보호받고 노동자를 착취해 재산을 불린다. 반면 노동자는 법과 국가권력의 보호에서 외면당한 채 자본가에게 착취당한다. 노동자가 자본가의 착취에서 벗어나려면 어떻게 해야 하나. 단결해서 자본가와 자본주의를 타도한 다음 스스로 권력을 쥐고 생산수단을 공유하는 사회주의 사회를 세워야 한다.

마르크스의 주장은 19세기 혁명이론가와 운동가에게 널리 전파됐고 이후 세계사에 심대한 파장을 불러일으켰다. 유럽을 비롯해 세계 각국에서 마르크스 이론을 지도 이념으로 삼은 정치 세력과 정당이 잇달아 생겨났다. 20세기 들어서는 사회주의자들이 기존 체제를 뒤엎고 사회주의 국가를 만들기 시작했다. 1917년 러시아에서 최초의 사회주의 국가 소련(소비에트사회주의공화국연방)이 건국했다. 북한(1948년 조선민주주의인민공화국), 중국(1949년 중화인민공화국), 쿠바(1961년 사회주의 노선 선언)가 뒤를 이었다.

사회주의 국가들은 제2차 세계대전 후 소련을 맹주국으로 삼아 미국이 이끄는 자본주의 국가들과 체제 경쟁을 벌였다. 두 진영은 한때 팽팽하게 대결했지만, 1970년대 초반을 넘어서자 균형이 깨졌다. 사회주의권 경제 사정이 급전직하로 나빠졌기 때문이다.

소련 등에 실현된 사회주의 체제에서는 정부가 생산수단을 국유화하고 경제를 계획해서 운영했다. 정부가 도맡아 책임지는 체제에서 경제 운영에 성공하려면, 정부가 경제 계획과 운영에 능해야 하고 공익을 앞세우는 도덕성도 견지해야 한다. 소련의 경우 건국 초기에는 정부가 의욕과 능력을 발휘해 한때 자본주의 국가를 능가하는 생산력을 보였으나, 갈수록 경제 운영에 무능과 부패를 드러내며 성장이 정체하고 국민 생활이 어려워졌다. 중국 등 다른 사회주의 국가도 대체로 비슷한 길을 걸었다. 1970년대 후반 소련과 중국 등지에서는 경제 운영 실패로 국민이 극심한 생활고에 시달리며 체제 존립마저 위태로운 지경에 이르렀다.

사태가 심각해지자 지도층이 국가 진로 수정에 나섰다. 1978년 중국 공산당 지도자 덩샤오핑은 개혁·개방 정책을 내걸었다. 정치체제는 공산당 독재를 유지하되 경제 분야에서는 자본주의 국가가 운영하는 시장경제 제도를 도입해서 이른바 중국식 '사회주의 시장경제(socialist market economy)'를 운영하겠다고 밝혔다. 이후 중국은 기존 정치체제와 공산당이 쥔 정치권력을 유지한 채 시장경제를 도입하고 국민경제의 생산성을 빠르게 끌어올렸다. 중국에 이어 베트남과 라오스도 1986년부터 시장경제를 도입해 경제를 발전시켰다. 하지만 나머지 사회주의 국가들은 대부분 정부가 내부 통제에 실패한 끝에 붕괴됐다. 먼저 1990년 10월 사회주의 동독이 자본주의 서독에 흡수 통일됐고, 이듬해 말 소련도 와해됐다.

소련에서는 1985년부터 공산당 지도자 고르바초프가 경제 운영 실패를 자인하고 개혁(Perestroika)과 개방(Glasnost)을 내건 체제 개혁에 나섰다. 하지만 이미 늦었다. 당시 소련을 구성했던 15개 구성국(constituent state) 중 발트3국(에스토니아, 라트비아, 리투아니아) 등은 독립과 자본주의 시장경제 도입을 주장하며 정부 통제를 벗어났다. 개혁에 반대한 공산당 보수파는 쿠데타를 일으켰다. 국정이 불안해졌지만 정부는 사태를 통제하지 못했다. 결국 가장 유력했던 구성국 러시아(러시아 소비에트연방 사회주의 공화국)가 쿠데타를 장악하고 연방 정부를 접수한 뒤 소련 해체를 이끌었다. 소련 해체와 함께, 과거 독립국이었으나 소련에 구성국으로 편입됐던 15개국(러시아, 우크라이나, 벨라루스, 몰도바, 카자흐스탄, 우즈베키스탄, 투르크메니스탄, 타지키스탄, 키르기스스탄, 아르메니아, 아제르바이잔, 조지아, 그리고 발트3국)은 일제히 독립했다. 러시아는 소련의 권리와 의무를 모두 승계하고 지금의 러시아(러시아연방)로 재편됐다.

소련이 무너지자 헝가리, 폴란드, 체코처럼 소련 영향권에서 사회주의 정당이 통치했던 동유럽 군소 국가들도 줄줄이 독립했다. 이른바 동구(동유럽) 사회주의권 붕괴라는 역사적 사건이 발생한 것이다. 소련 구성국에서 벗어난 러시아 등 15개국은 미국과 유럽의 지원을 받으며 시장경제를 도입해서 이른바 체제전환국(transition countries)이 됐다. 체제전환국 중 러시아와 벨라루스 등을 제외한 다수는 폴란드, 헝가리, 체코, 슬로바키아, 슬로베니아, 키프로스, 몰타 등과 함께 유럽연합(Europe Union, EU)에도 가입했다. 과거 유럽연합은 단지 서유럽 국가들만 모인 지역연합체였는데 체제전환국들이 가세함으로써 비로소 명실상부한 통일 연합체가 됐다. 동시에 제2차 세계대전 뒤 수십 년간 이어진 동·서 유럽 분단 시대도 끝이 났다.

1970년대 말부터 1990년대 초에 걸쳐 중국, 소련, 동유럽 등이 경제

체제를 바꾼 사건은 제2차 세계대전 후 세계경제사에 큰 획을 그었다. 정치체제로서 사회주의는 지금도 중국, 북한, 베트남, 라오스, 쿠바, 베네수엘라에 건재하지만 사회주의 계획경제는 입지가 대폭 줄어들었다. 쿠바도 2019년부터는 시장경제를 도입했고, 북한도 제도권 밖에서 자생하는 시장은 묵인하고 있다.

유럽 사민주의는 자본주의와 어떻게 다른가

영국·프랑스·독일과 노르웨이·스웨덴·핀란드·덴마크 등 선진국이 모인 유럽 서부와 북부는 자본주의가 세계에서 가장 먼저 태동한 지역이다. 자본주의가 일찍 발전한 만큼 생산력(재화 생산 능력) 증가 속도도 빨랐지만, 자본주의의 고유한 골칫거리인 빈부 차에 따르는 사회적 갈등도 먼저 겪었다. 사회주의 공세에 체제가 흔들리는 경험도 먼저 했다. 자본주의가 발전하면서 원료와 상품 시장 확보를 둘러싼 국가 간 갈등이 두 차례 세계대전으로 번지는 바람에 민족 간, 인종 간, 계층 간 분쟁도 극한으로 겪었다. 그랬던 만큼 전후 유럽은 경제 문제를 합리적으로 해결할 수 있는 경제체제를 만들고자 고심했다.

그 결과 나온 아이디어가 시장경제와 계획경제를 섞자는 것이었다. 시장과 자유 경쟁은 허용하되 빈부 차가 너무 커지지 않고 공공복지 혜택이 국민에게 고루 돌아가도록 정부가 자원 배분에 적극 개입하자는 생각이다. 이런 생각은 이른바 사회민주주의(social democracy) 이념을 토대로 구체화되어 제2차 세계대전 후 북·서 유럽 각국에 정책으로 도입됐다.

사회민주주의는 줄여서 사민주의라 하고, 민주사회주의(democratic socialism)라고도 부르는 사회사상이다. 19세기 후반에서 20세기 초 유럽에 사회주의 사상이 등장한 뒤 자본주의와 사회주의를 비판하고 체제 대안을 모색하는 과정에서 독일 사상가 베른슈타인(Eduard Bernstein, 1850~1932)이 창시했다. 기본적으로 사회주의에서 출발한 사상이므로, 자본주의의 폐해를 극복하고 국민이 골고루 잘사는 사회를 만들자는 이상을 사회주의와 공유한다. 다만 마르크스주의가 주장하듯 폭력 혁명으로 자본주의를 타도하고 공산당 독재와 전면 계획경제를 실행하자는 급진 노선은 아니다. 의회 민주주의 정치체제를 유지하고 시장경제를 운영하되 계획경제 요소를 섞어 시장경제의 한계를 수정하자는 점진주의 노선이다.

전후 북·서 유럽 국가는 사민주의에 기초해 정부가 시장에 적극 개입하는 경제를 30여 년 운영했다. 그 결과 경제성장과 균등 복지에서 뚜렷한 성과를 내서 유럽을 세계에서 가장 부유하고 복지 수준도 고른 곳으로 만들었다. 그런데 1970년대 후반 들어서는 문제가 생겼다. 고령화가 세계 어느 지역보다 빠르게 진행되며 사회보장비 부담이 급증했는데 경제성장 속도는 충분치 못해 고용과 복지 수준이 정체했다. 비판 여론과 함께 정치 세력 간 경쟁이 거세졌다.

전후 북·서 유럽 정치 세력은 크게 좌파와 우파로 나뉜다. 극우파와 극좌파도 있지만, 전통적으로 우세한 세력은 사민주의 이념을 수용하는 좌파·중도좌파와 보수 성향 우파·중도우파다. 두 세력은 경제정책 중점이 다르다. 좌파는 정부가 시장에 적극 개입해서 시장 실패를 견제하며 '더 많은 고른 복지'를 실현코자 한다. 우파는 기업과 시장이 자유롭게 운영될 수 있도록 정부가 보장해서 '더 많은 성장'이 이뤄져야 한다며 정부 실패를 견제한다.

전후 경제 부흥을 이끈 세력은 사민주의 좌파다. 좌파 정부는 기업을 규제하고 세금을 많이 걷어 정부지출과 복지를 확대하는 정책으로 호응을 얻었다. 하지만 1970년대 후반 성장이 정체하자 고용이 부진해지고 복지 혜택이 축소되는 추세를 되돌리지 못해서 잇달아 우파에 정권을 넘겨야 했다.

우파에서는 마거릿 대처(Margaret H. Thatcher)가 리더로 떠올랐다. 대처는 1979년 영국 총리가 된 이래 1990년 퇴임 때까지 기업 친화형 성장 우선 정책을 폈다. 기업이 자유롭게 투자를 늘릴 수 있게 해줘야 경제가 성장하고 고용이 증가한다며 기업 규제를 완화하고 세금을 깎아줬다. 정부지출과 공공복지는 줄이고 공기업 민영화와 구조조정을 추진했다. 노동자 해고와 비정규직 확대를 쉽게 할 수 있게 제도를 바꾸는 노동시장 유연화를 추진했고, 노동조합이 반대하며 맞서자 경찰을 동원해 강력히 대응했다.

대처의 정책은 신자유주의(neo-liberalism)를 기조로 삼았다. 신자유주의란 정부의 시장 개입을 비판하며 시장을 자유방임해야 경제 효율이 살아난다고 주장하는 경제 이념이다. 1970년대 말에서 1980년대 초 비슷한 시기에 양대 자본주의 대국 영국과 미국에서 리더가 된 대처와 레이건(R. W. Reagan, 1981년 취임)이 경제정책 노선으로 채택하면서 이후 자본주의 세계를 주도하는 경제정책 기조가 됐다.

'신자유주의'라는 이름에는 고전적 자유주의(classical liberalism) 경제

이념을 되살렸다는 의미가 있다. 고전적 자본주의는 일찍이 자본주의 태동 초기에 자유방임형 시장경제의 효율을 강조하고 정부의 시장 개입 필요성을 부정했기 때문이다.

자본주의가 본격 발흥한 19세기에 구미 각국 경제정책은 고전적 자유주의를 기본 노선으로 삼았다. 그러다 20세기 들어 심각한 불황을 겪게 되자 영국 경제학자 존 케인스(John M. Keynes, 1883~1946)가 제기한 정책론을 따라 방향을 바꿨다. 1930년대 대불황(great depression)을 배경으로 등장한 케인스 정책론(Keynesian Economics)은 정부가 시장을 방임할 게 아니라 적극 개입해 시장 실패를 바로잡아야 한다고 주장했다. 시장에 공급 초과로 수급 균형이 깨져 불황이 오면 정부가 재정지출을 늘리고 수요를 키워 수급 불균형을 해결할 수 있다는 논리였다.

케인스 정책론은 당대 자본주의 각국에서 정책 주류로 자리 잡았다. 그러나 1970년대 들어서는 성장 정체와 오일쇼크(oil shock, 석유위기) 등으로 유발된 물가고 등 경제난을 해결하지 못해 한계를 드러냈다. 이렇게 케인스주의가 벽에 부딪혔을 때 이념 대안으로 떠오른 게 신자유주의다. 하지만 적어도 유럽에서 신자유주의 정책은 성장과 고용, 복지가 정체하는 문제를 뚜렷이 개선하지 못했다. 그 결과 1990년대 후반에는 우파가 좌파에 대거 정권을 반납해야 했다. 재집권한 좌파는 이번에는 '제3의 길(영국 노동당)', '새로운 사회주의(프랑스 사회당)', '새로운 중도(독일 사민당)' 같은 슬로건을 내걸고 성장과 분배를 병행하는 절충 노선을 추구했다. 하지만 경제난은 여전했다.

실망한 유럽인에게 1999년 회심의 해법이 나왔다. 유럽연합(EU) 회원국이 단일 화폐 유로(euro)를 쓰는 유로존(Eurozone)을 창설한 것이다.

유럽인들은 유로존이 유럽 시장을 미국 시장만큼 키워 유럽 경제를 부흥시켜주기를 기대했다. 그러나 성과는 미미했다. 유로존은 2008년 미국발 글로벌 금융위기 여파로 유럽 경제가 큰 타격을 입었을 때도 위기 대응에 무력했다. 이후 유럽 각국에서 집권당을 비판하는 여론이 들끓어, 금융위기 후로는 우파가 재집권하는 곳이 많아졌다. 하지만 2010년대를 지나 2020년대에 들어서도 유럽의 저성장은 계속됐다. 개별 국가 간 차이는 있지만, EU 경제는 유로존 창설 후 25년이 지나도록 저성장 늪에서 빠져나오지 못하고 있다. 저성장에 따른 고용과 복지의 정체도 이어지고 있다. 실망한 각국 유권자들은 선거 때마다 화풀이라도 하듯 집권당을 갈아치우는 실정이다.

유럽 경제난, 극우 세력이 해결할 수 있을까

유럽 극우 세력은 제2차 세계대전이 끝나자 급격히 위축됐지만 그 뒤 틈틈이 세력을 키워왔다. 특히 1970년대 오일쇼크, 1990년대 동구 사회주의권 붕괴, 2008년 미국발 글로벌 금융위기 같은 사건으로 유럽이 경제난을 겪는 시기를 세 확장 기회로 삼았다. 2022년 러시아가 우크라이나를 침공해 에너지·곡물 물가고와 고실업을 동반한 경제난이 발생한 뒤로는 집권 엘리트를 비판해 서민 대중의 호응을 받으면서 집권까지 하기 시작했다.

먼저 이탈리아에서 제2차 세계대전 후 유럽 사상 처음으로 극우 정권이 탄생했다. 2022년 가을 네오파시스트(neofascist) 정당 FdI(이탈리아

형제들)가 제1당이 됐고, 당 대표 조르자 멜로니(Giorgia Meloni)가 총리가 됐다. FdI는 2024년 6월 초에 치러진 유럽의회 선거에서도 이탈리아에 배정된 76석 중 24석을 차지해 국내 제1당 지위를 굳혔다.

6월 유럽의회 선거에서는 독일과 프랑스의 극우 정당도 약진했다. 2014년 유럽의회에 진출한 독일 극우 정당 AfD(독일을 위한 대안)가 집권 독일사회민주당(SPD)을 눌렀다. 마린 르펜(Marine Le Pen)과 조르당 바르델라(Jordan Bardella)가 이끄는 프랑스 극우 정당 국민연합(RN)도 집권당 르네상스(Renaissance)를 크게 앞섰다.

스페인에서는 2023년 7월 총선에서 극우 정당 복스(VOX)가 제3당 자리를 지켜냈다. 같은 해 10월 스위스 총선에서는 반이민 정책을 내세운 우파 성향 제1당 스위스국민당(SVP)이 승리했다. 11월 네덜란드 총선에서도 극우 성향 자유당(PVV)이 1위를 차지했다. 오스트리아에서도 나치 친위대(SS) 장교 출신자 등이 만든 극우 오스트리아자유당(FPÖ)이 2024년 9월 총선에서 1위를 차지했다.

북유럽에서도 반(反)이민 정책을 앞세운 우파 정권이 들어서거나 세력을 얻고 있다. 스웨덴에서는 네오나치(Neo-Nazi) 성향 스웨덴민주당이 2022년 9월 총선에서 집권 사회민주당을 위협하는 원내 제2정당이 됐다. 핀란드는 2023년 4월 총선에서 제1당이 된 중도우파 국민연합당이 제2당인 극우 핀란드인당 등과 함께 연정(연립정부, coalition government)을 구성했다.

유럽 극우 세력은 신자유주의와 자유무역을 비판한다. 정부가 세계화(globalization, 국가 간 교류가 증가해 세계가 단일 체제처럼 되는 현상) 조류에 호응하며 EU와 밀착해 자유무역을 장려하고 이민과 난민 유입을 방치해서 이민자와 난민이 자국민 일자리와 복지 혜택을 뺏고 경제난을 가중시킨다는 것이다. 경제를 살리려면 이민과 난민 유입을 막고 수입품 관세를 높이고 외국 기업의 투자를 제한하며 국내 기업에 정부 지원을 확대하는 등 자유무역을 축소하고 자국민 이익을 우선하는 보호주의·보호무역주의(protectionism) 정책을 써야 한다고 주장한다. 이 같은 극우 세력의 주장은 아이러니하게도 과거 좌파 정당의 기반이었던 노동자층, 특히 소기업·저임금·비정규직 노동자 가계의 지지를 얻고 있다.

극우 세력은 친환경·기후 정책이 못마땅한 농민에게도 적극 어필하고 있다. 유럽 각국 정부가 '분뇨에서 배출되는 질소량 감축을 위해 가축 사육 두수를 줄이라(네덜란드)'거나 '친환경 농경을 위해 살충제를 줄이고 친환경 생산설비를 사서 쓰라(EU)'는 등의 조치를 내놓아 축산업·농업 종사 가계에 고비용 구조를 강요한다고 비판한다. 축산업·농업 종사자들은 극우 정당의 정부 비판에 동조하고 있다.

극우 세력이 내놓는 대안이 유럽의 경제난을 해결할 수 있을까?

단기적으로는 보호주의 정책이 이민과 난민 유입을 막고 수입을 줄이며 자국 기업을 지원해서 물가 상승을 억제하고 실업을 줄일 수 있다. 하지만 장기 해결책이 되기는 어렵다. 보호주의는 무역을 위축시키고 자국 기업이 외국 기업과 경쟁할 기회를 없애 기업 경쟁력을 떨어뜨린다. 그 결과 경제의 성장 잠재력이 약해지므로 국민이 질 좋은 재화를 소비하기 어렵게 되고 그만큼 복리후생도 후퇴한다. 이민과 난민 유입이 줄면서 노동력 부족 사태가 심화할 수도 있다. 타국의 무역 보복을 유발해 국가 간 분쟁에 휘말리기도 쉽다.

보호주의가 경제난을 해결할 근본 방책이 못 되는데 유럽 극우 세력은 왜 보호주의를 주창할까. 당장 자유무역 체제에서 경제난을 겪는 서민 대중, 특히 하층 노동자와 농민 가계의 불만에 편승해 집권 엘리트를 비판하고 정치적 지지를 얻는 데 보호주의가 상책이기 때문이다. 경제난 해결책이라기보다 대중에 영합해 정치적 지지를 얻는 도구로 쓰려는 것이다. 전형적인 포퓰리스트(populist) 전략이다.

유럽에서 포퓰리스트 극우 정권이 득세하기는 근 100년 만이다. 1929년 대공황 후에도 유럽에서는 경제난이 대중의 정치적 불만을 키웠다. 그 틈을 타 히틀러(Adolf Hitler)와 무솔리니(Benito Mussolini)가 이끄는 포퓰리스트 극우 정권이 번성했지만 경제난을 해결하지 못했다. 그 대신 보호주의, 국수주의(國粹主義), 인종 차별, 반(反)이민 정서를 팽창시키며 파시즘(Fascism)과 나치즘(Nazism)을 배양한 끝에 유럽 전체를 전쟁의 도가니로 밀어 넣었다.

그때와 지금 유럽은 정치 · 사회 맥락이 다르다. 앞으로 극우 세력의 영향력이 어떻게 발전할지도 불확실하다. 다만 유럽 경제에 지금 전에 없이 심각한 도전이 닥친 것은 분명하다.

2

경기

경기순환

경기와 금리

경기정책 구조

재정정책과 경기 대응

통화정책과 경기 대응

경기 흐름으로 보는 현대 한국 경제사

흔히들 '경기가 어떻다'고 말하지만,
현재 경기가 어떤 국면에 있는지 정확히 알기는 쉽지 않다.
안다 쳐도 경기가 언제 다음 국면으로 넘어갈지 예측하기 어렵다.
그런데 막상 경기 변화가 경제활동에 미치는 영향은 매우 크다.
경기 흐름을 잘못 짚었다가는 누구라도 큰 낭패를 볼 수 있다.

경기 좋을 때란 어떤 때?

흔히 경기가 좋다느니 나쁘다느니 말한다. 무슨 뜻일까?

경기란 경제의 상태(business conditions)다. '경기가 좋다'면 경제 상태가 좋다는 뜻, '경기가 나쁘다'면 경제 상태가 나쁘다는 뜻이다.

경기가 좋을 때는 경제가 어떨까?

투자 · 생산 · 고용 · 소비 활동이 활발해지고 규모가 커진다. 소비가 늘어 상품이 잘 팔리므로 기업은 이익을 더 보려고 투자와 생산을 늘린다. 원자재(原資材, raw materials)나 중간재(intermediate goods)도 더 산다.

원자재란 재화 생산에 원천 재료로 쓰이는 재화를 말한다. 원유, 시멘트, 고무, 원면, 원당, 금, 구리, 반도체, 목재, 곡물 같은 품목이다.

중간재란 재화 생산의 중간 단계에 투입되어 최종재(final goods) 생산에 쓰이거나 최종재처럼 소비되는 재화다. 최종재란 생산 과정에 더 이상 쓰이지 않고 최종 소비자에게 직접 소비되는 재화다. 소비재라고도 한다.

중간재에 속하는 재화는 부품(部品, parts)이나 소재(素材, materials)가

경기와 생산 및 소비의 관계

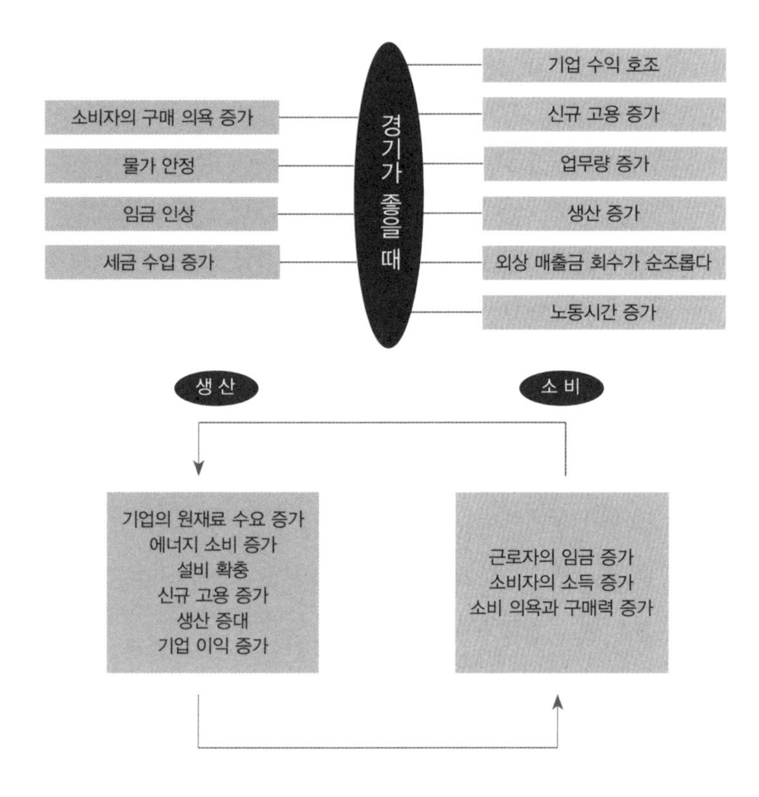

전형적인 예다. 부품은 볼트나 너트처럼 기계 같은 구조물을 조립하는 데 쓰는 단위 구성물이다. 자동차 조립에 쓰는 엔진, 컴퓨터 조립에 쓰는 CPU나 그래픽 카드 같은 것이 다 부품이다. 소재는 원자재를 가공해서 또 다른 원자재처럼 쓸 수 있게 만든 재화를 말한다. 금속, 유리, 플라스틱, 세라믹, 반도체 같은 것들이다.

완제품 생산 기업이 중간재 구매를 늘리면 중간재를 생산해 파는 기업, 그리고 원자재를 가공해 파는 기업도 다 같이 일감이 늘어난다. 기업에 일감이 늘면 일자리가 많아지고 일해서 돈 버는 사람들이 늘어나므로 가계 수입도 늘어난다. 가계 수입이 늘면 소비도 늘어나므로 상품도 더 많이 팔린다. 그럼 기업들이 이익을 더 많이 보려고 투자와 생산을 확대하므로 공장과 기계설비, 사무 건물 등 생산설비와 인력 고용 규모가 커진다.

소비·투자·생산이 꼬리를 물고 커지면서 판매와 고용이 확대되면 정부가 걷는 세수(세금 수입)도 커진다. 세수가 늘면 정부 재정에 여유가 생기므로 정부가 지출을 늘리고 공공사업을 늘릴 수 있다. 공공사업이 늘면 기업 일감이 많아져서 일자리도 따라 늘고 가계 소득도 커지므로 가계 소비도 늘어난다. 가계 소비가 활발해지면서 판매가 늘면 투자·고용·생산이 더 확대된다. 경기가 좋을 때는 이렇게 소비·생산·투자·고용 활동이 맞물려 서로를 점점 더 활발히 움직이게 부추긴다. 이른바 호황 또는 호경기라고 부르는 경제 상태다.

잘나가던 경기, 어쩌다 꺾이나

경기는 잘나가다가도 반드시 내리막길을 걷는다.

호황 때는 소비와 판매가 늘어나므로 기업이 순조롭게 돈을 번다. 생산과 투자가 늘어나고 원자재·중간재와 고용에 들이는 돈 씀씀이도 커진다. 가계도 임금 등 수입이 늘어 소비를 늘릴 수 있다. 그런데 경기가 한창 확대되다 보면 수요 초과 현상이 나타나곤 한다. 수요 초과란 수요량이 공급량에 비해 많아지는 현상, 바꿔 말하면 수요량에 비해 공급량

제품 제조·판매 공정으로 보는 경기순환

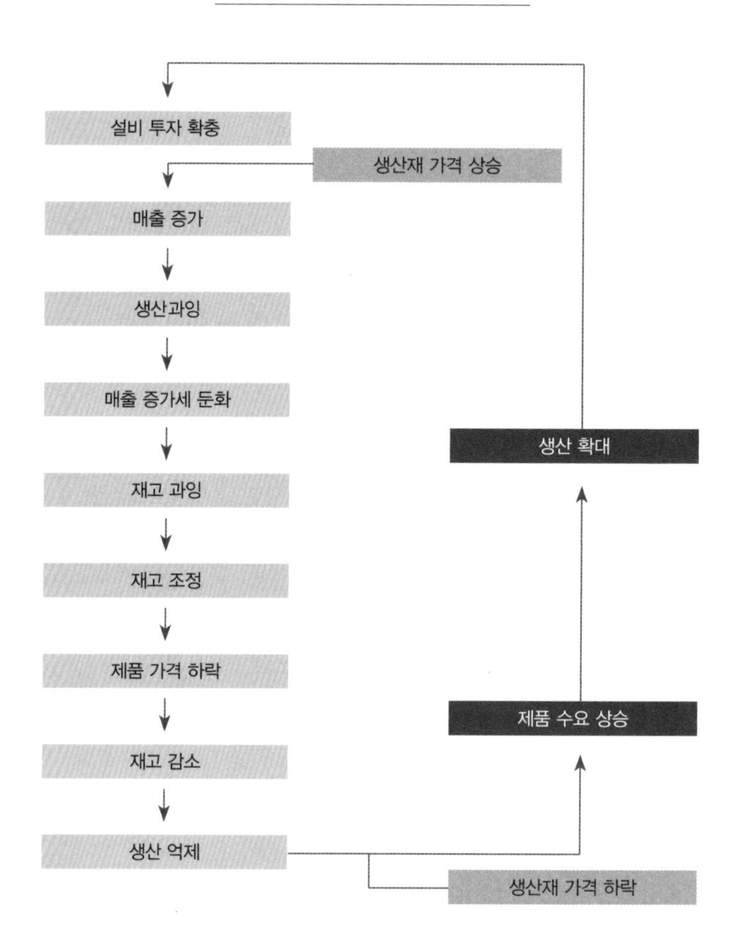

이 부족해지는 현상이다. 경기가 좋을 때 나타나는 수요 초과 현상은 잘 나가던 실물 경기가 꺾이는 조짐이기 쉽다. 왜 꺾이나. 물가가 오르기 때문이다. 수요 초과 현상이 나타나면 물가가 올라 경기를 끌어내린다.

호황 때 수요 초과 현상이 나타나면서 물가가 오르고 경기가 꺾이는 과정을 자세히 들여다보자.

호황 때는 소비자나 생산자나 돈을 잘 벌고 씀씀이가 커진다. 자연히 시장에 공급 또는 유통되는 돈의 양도 많아진다. 돈을 화폐나 통화라고도 부르므로 통화량(money supply)이 늘어난다고 말할 수도 있다. 시장에 나도는 통화량이 늘면 재화 수요도 늘어난다.

앞서 재화를 원자재·중간재·최종재로 나눴지만, 소비재(消費財, consumption goods)와 생산재(生産財, production goods)로 나눠볼 수도 있다. 소비재는 사람들이 소비하려고 사는 재화, 생산재는 상품 생산을 위해 생산자가 사는 재화다. 호황 때는 소비재나 생산재나 다 함께 수요가 커지지만 특히 생산재가 수요 팽창을 이끈다. 기업이 저마다 상품 판매 물량과 재고 물량을 늘려서 시장점유율(market share)을 높이려 하기 때문이다. 시장점유율이 높을수록 이익이 커지고, 한번 커진 시장점유율은 이후 한동안 유지될 가능성이 높다.

여러 기업이 상품을 구하면 생산재 확보 경쟁이 벌어진다. 빵이 잘 팔리면 빵집마다 빵을 더 많이 만들어 팔려고 밀가루 확보 경쟁을 벌이는 식이다. 그 결과 생산재 판매가가 뛰고, 기업의 생산비 부담이 늘어난다. 비용이 늘었는데 완제품을 팔아 기존 이익 수준을 유지하려면 완제품 판매가를 올리는 게 쉽다. 이런 경위로, 호황 때 생산재가 이끄는 수요 팽창은 생산재와 소비재의 판매가를 다 함께 밀어 올린다.

생산재든 소비재든 판매가가 올라도 호황 때는 소비 수요가 곧바로 줄어들지 않는다. 판매가가 뛰는 와중에도 상품 생산은 계속 늘어나고, 소비 수요도 계속 확대된다. 그러다 보면 상품 가격 다수가 오르고 가격 상승세가 여러 상품으로 확산된다. 여러 상품 가격을 종합한 평균치를 개별 상품 가격과 구분해 '물가'라 부르는데, 개별 상품 가격 상승세가 부문별 물가로 확산되다 보면 물가 전반이 오르는 현상, 곧 인플레이션(inflation)이 발생할 수 있다.

경기가 확대되면서 물가 상승세가 심해지는 현상은 흔히 경기가 정점(頂點, peak)을 지나 과열될(overheat, overshoot) 때 나타난다. 경기가 과열 단계에 들어서면 물가가 급등해, 소비자가 전과 같은 소득으로 살 수 있는 재화량이 줄어든다. 실질소득(real income)이 급감한다는 뜻이다. 그럼 소비자가 주로 사는 소비재를 중심으로 수요량이 줄어들 수밖에 없다.

소비재 수요가 줄면 기업도 생산재 수요를 줄여야 하는데, 이 일이 간단치 않다. 수요가 줄어드는 초기 단계에서는 상품 판매량 증가율이나 판매 속도가 둔해지면서 호황 때 늘려놓은 재고가 쌓여간다. 그러다 수요가 본격적으로 줄어들면 재고가 더욱 쌓이면서 수요 대비 생산이 너무 많았다는 사실이 드러난다. 흔히 말하는 생산과잉이다.

생산과잉이 확인되면 기업은 서둘러 전과 반대 방향으로 움직여야 한다. 창고에 쌓아둔 재고 물량을 시장에 내놓으면서 재고 조정(감축)과 생산 억제를 개시해야 한다. 그렇지만 일단 하락세로 접어든 시장에 개별 기업이 맞서기는 쉽지 않다. 판매가 줄어드는 상황에서 재고 물량을 처리하려면 판매가를 내려야 하고, 그럼 수익이 줄어든다. 이쯤 되면 한때 잘나갔던 돈벌이는 파장이다. 비슷한 상황에 놓이는 기업이 많아지면 경기는 내리막길로 들어선다.

경기가 정점을 지나 하강하는 초기 국면을 '경기 후퇴(recession)'라 한다. 경기가 꺾이면 완제품 생산이 줄어든다. 완제품 생산 기업의 원재료 수요가 줄고, 원재료 공급 기업의 생산 규모도 줄어든다. 기업 경영자 입장에서는 생산이 활발할 때 늘려놓은 설비와 부채, 인력 등을 줄이는 구조조정(restructuring)이 불가피하다. 경기 하강세가 뚜렷해질수록 더 많은 기업이 생산설비와 인력을 줄이고, 실업이 늘어난다.

기업이 고용을 줄이면 기업에 노동력을 제공하던 가계는 임금 수입이 줄어드니 소비를 줄여야 한다. 소비가 줄면 기업 판매는 더 부진해지고 생산·투자·고용도 꼬리를 물고 더 위축된다. 저조한 소비와 판매·생산·투자·고용이 맞물려 악순환을 만든다. 악순환이 산업과 국민경제 전반으로 확산될 무렵 경기는 후퇴기를 지나 경기 위축 국면의 후반부인 '불황(depression, 불경기, 경기 침체)'으로 접어든다. 불황이 닥치면 문 닫는 기업도 늘고 투자·생산·판매·소비·고용이 다 함께 침체한다. 원재료를 포함한 상품 가격과 인건비도 낮은 수준에 머물거나 더 낮아진다.

불황을 지날 때는 언제 다시 호황이 올까 싶지만 불황도 끝이 있다. 한동안 불황이 이어지면 상품 공급과 수요, 가격 모두가 전보다 많이 낮은 수준으로 떨어진다. 그럼 비용이나 가격이 싸진 여건을 활용해 돈을 벌려는 수요가 다시 늘어난다. 투자가 늘어나고 고용도 늘어난다. 고용이 늘면 소비 수요와 판매가 다시 활기를 띨 수 있다. 그럼 경기는 '회복기(recovery)'로 들어선다.

경기 흐름, 뭘로 알아보나

국민경제는 장기간 활발해졌다 저조해졌다 하기를 거듭한다. 경제활

경기순환의 예

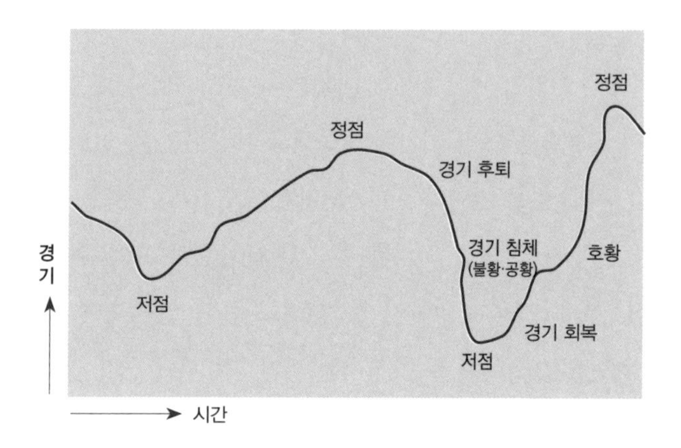

동이 장기간 확대와 위축을 반복하는 현상을 경기순환 또는 경기변동(business cycle)이라고 부른다.

경기순환은 자본주의 체제에서 국가나 세계 단위를 막론하고 계속 나타난다. 대개 호황(prosperity, boom) → 호황의 정점(peak) → 경기 후퇴(recession) → 경기 침체 · 불황(depression, slump) → 불황의 저점(trough) → 경기 회복(recovery)으로 꼬리를 물며 여러 국면이 이어진다.

여러 경제 국면 가운데 불황은 사람들 경제생활에 심각한 악영향을 끼친다. 그래선지 불황을 가리키는 다른 이름이 많다. 갑작스럽게 나타나는 심한 불황은 공황(panic), 경기 침체 강도가 특히 세고 범위가 넓은 불황은 대불황(great depression)이라 부른다. 대불황 대신 공황이나 대공황이라고 부를 때도 있다.

현대 자본주의 사상 가장 심각한 대불황 사례로 꼽는 것은 1929년 미국에서 발생한 불황이다. 당시 불황은 1930년대 내내 지속되며 세계로 퍼졌고 주가 폭락과 대규모 기업 파산, 대량 실업 사태를 낳은 끝에 제2차 세계대전을 치르고 나서야 해소됐다.

자본주의 경기가 순환한다는 사실은 1825년 자본주의 종주국 영국이 맨 처음 심한 불황을 맞은 뒤 학계에서 여러 주장을 내놓으며 알려졌다.

경기가 주로 기업 설비투자 주기를 따라 약 10년마다 순환한다는 쥐글라 파동설(Juglar waves), 주로 기술 혁신과 사회기반시설(infrastructure, 인프라) 투자가 이뤄지는 주기를 따라 약 50년마다 순환한다는 콘드라티예프 파동설(Kondratiev waves), 약 40개월 주기로 순환한다는 키친 파동설(Kitchin cycle), 인구증가율이 경제성장률에 영향을 미쳐 약 20년마다 순환한다는 쿠즈네츠 파동설(Kuznets waves)이 대표적인 예다. 후대 학계에서는 키친 파동을 단기 파동, 쥐글라 파동과 쿠즈네츠 파동을 중기 파동, 콘드라티예프 파동을 장기 파동으로 분류한다.

경기순환 주기를 놓고 여러 주장이 있지만 정설은 없다. 경기가 언제 좋아지고 나빠지는지 정확히 알 수 없다는 얘기다. 호황의 정점, 경기 저점이 언제 오는지 알려주는 분명한 지표도 없다. 호황과 불황이 발생하는 시점이나 지속 기간도 불규칙하다. 흔히들 '경기가 어떻다'고 말하지만, 현재 경기가 어떤 국면에 있는지 정확히 알기는 쉽지 않다. 안다 쳐도 경기가 언제 다음 국면으로 넘어갈지 예측하기 어렵다. 그런데 막상 경기 변화가 경제활동에 미치는 영향은 매우 크다. 경기 흐름을 잘못 짚었다가는 누구라도 큰 낭패를 볼 수 있다.

가령 정부가 세계 경기 흐름을 벗어난 경제정책을 쓴다고 하자. 국민경제가 호황을 맞을 만한 여건에서 불황에 빠질 수도 있다. 기업도 경기 예측을 잘못하면 존립이 위태로워질 수 있다. 장차 상품을 얼마나 생산할지, 생산설비는 얼마나 늘릴지 등 미래 수요를 예상하고 내린 투자 결정이 빗나가 손해 볼 수 있기 때문이다. 가계도 미래 경기를 낙관하고 집이나 주식을 샀다가 경기가 나빠지면 집값과 주식값이 떨어져 손해 볼 수 있다.

경기 흐름을 잘못 읽을 때 경제적 피해가 생길 수 있다는 사실을 생각하면, 경기 파악은 어렵다고 포기할 일이 아니다. 기업이나 국민경제처럼 규모가 큰 경제단위에서는 특히 그렇다. 그래서 기업 경제나 국민경제를 연구하는 전문가 중에는 경기 흐름을 짚어낼 방도를 개발하고 활용하려 애쓰는 이가 많다.

전문가가 경기를 파악하려 할 때는 흔히 경기지표(business cycle indicator)를 활용한다. 경기지표는 경기 동향을 표시하는 경제지표다. 경기지표를 보면 경기 흐름을 쉽사리 파악할 수 있다. 때문에 정부 경제정책 당국이나 공공·민간 경제연구기관, 전문가 등은 평소 경기지표를 만들어 경기 흐름을 읽거나 경기 대응책을 마련한다. 정부가 민간단체나 공공기관을 공식 경기지표 작성·발표 기관으로 지정하기도 한다. 우리나라 공공기관 중에서는 통계청, 관세청, 한국은행 등이 경기지표를 작성한다. 공식 경기지표 발표 기관으로는 통계청이 지정돼 있다.

전문가는 경기지표를 활용하면 되겠지만, 경기지표에 익숙하지 않은 사람이 경기 흐름을 읽으려면 어떻게 해야 할까?

평소 미디어가 전하는 경제기사를 주의 깊게 대하는 게 한 가지 방법이다. 특히 경기지표를 활용해 경기 흐름을 전하는 뉴스를 골라 보면 좋다. 누구라도 한동안 그러다 보면 경기 흐름을 보는 눈이 밝아진다.

경기 나빠지면 생산 · 출하 · 재고는 어떻게 움직이나

국민경제에서 산업 생산이 움직이는 방향은 경기와 밀접한 관계가 있다. 예컨대 광공업 생산 규모가 커지면 경기가 확대되는 게 보통이다. 반대 방향도 마찬가지. 경기가 확대되면 광공업 생산 규모가 커진다.

출하(出荷, shipments)도 그렇다. 출하는 완성된 제품이 팔려 나가는 것을 말한다. 출하 규모는 경기가 좋아지면 커지고, 경기가 위축되면 작아진다.

반면 재고(在庫, inventory)는 경기와 반대 방향으로 움직이는 게 보통이다. 재고란 기업이 창고에 쌓아두는 완제품이나 원재료 등 장차 내다 팔거나 생산 재료로 쓰기 위해 갖고 있는 물건이다. 대개 경기가 확대되면 제품 판매가 잘되므로 재고 수량이 줄거나 증가율이 완만해진다. 반대로 경기가 위축되면 제품 판매가 부진해지므로 재고 수량이 늘거나 증가율이 가팔라진다.

광공업 생산 · 출하 · 재고가 커지는지 작아지는지를 보면 경기 향배를 알 수 있다. 경기 흐름을 알기 위해서는 생산 · 출하 · 재고 동향을 유의해 봐야 한다는 얘기다.

우리나라에서는 통계청이 전체 산업(농림어업 제외)과 광공업의 생산 · 출하 · 재고 동향을 지수(指數, Index)로 만들어 발표한다.

지수란 어떤 현상이 시간이 흐르면서 어떻게 변하는지 알아보기 위해 만들어 쓰는 통계값이다. 보통 기준시점 값을 정해놓고(대개 100으로 잡는다) 기준시점 이후 추이를 일정 기간마다 측정한 다음 측정치를 기준시점 값과 비교해 산출한다.

가령 2024년과 2025년 산업생산액이 2020년을 기준으로 얼마나 변했는가 알아본다 치자. 그럼 2020년 (산업)생산액을 100으로 놓고 2024년과 2025년 생산액을 재보면 된다. 만약 2024년과 2025년 생산액이 각각 105.8, 106.9라면 2020년에 비해 2024년은 5.8%, 2025년은 6.9% 늘었다는 뜻이다. 이 경우 2020년은 기준시점, 2020년 산업생산액은 기준값이 된다.

통계청이 우리나라 전체 산업 생산 동향을 지수로 작성해 발표하는 전산업생산지수도 같은 방식으로 만든다. 전산업생산지수는 2020년을 기준으로 2021년 105.4에서 2022년 110.3으로, 2023년 111.7로 높아졌다(〈2024년 3월 산업활동동향〉).

통계청은 전산업생산지수 외에 광공업생산지수, 생산자제품출하지수, 생산자제품재고지수, 소매판매액지수 등 여러 가지 지수를 집계하고 〈○월·○분기·연간 산업활동동향〉 보고서로 발표한다. 통계청이 보고서를 내놓으면 언론사가 받아 뉴스로 전한다.

불황인데 재고가 줄어든다고?

보통 때 재고는 경기와 반대 방향으로 움직인다.

경기가 확대되면 제품·상품 판매가 잘되므로 출하가 늘어나는 대신 재고는 줄어든다. 경기 확대로 재고가 줄어들 때 경영자는 으레 생산 확충을 결정하게 마련이다. 공장 조업이 연장되고 고용이 늘어난다. 고용 증가는 소비 증가와 판매 증가로 이어져 경기를 더 확대시킨다.

경기가 나빠지면 정반대 현상이 생긴다. 제품·상품 판매가 부진해지므로 출하가 줄어든다. 출하가 줄어들면 기존 생산 기조에 변화가 없는 한 재고가 늘어난다. 불황으로 재고가 늘어날 때 경영지는 생산 감축을 결정하게 마련이다. 공장 조업이 단축되고 고용이 줄어든다. 고용 감소는 소비 감소와 판매 감소로 이어져 경기 침체를 심화한다.

경기가 좋아지면 재고가 줄고 경기가 나빠지면 재고가 늘어나는 현상은 일견 당연한 이치로 보인다. 그러나 경기와 재고가 언제나 반대 방향으로만 움직이는 것은 아니다. 불황인데 재고가 쌓이기는커녕 줄고, 호황인데 재고가 줄기는커녕 늘어나는 수가 있다.

불황 때 재고가 줄어드는 현상은 어떤 경우에 나타날까?

기업이 수요 감축과 재고 증가를 예상하고 재고투자(재고를 늘리기 위한 투자)와 생산을 줄일 때다. 불황 때 기업이 재고투자와 생산을 줄이면 고용이 위축되고 소비·판매 부진을 불러 경기 침체를 심화한다.

반대로 호황 때 재고가 늘어나는 경우는 보통 두 가지다.

첫째, 기업이 소비 수요 증가를 예상하고 당장 필요한 물량보다 더 많이 생산할 때.

둘째, 기업이 시장점유율 경쟁에 대비하려 나설 때.

시장점유율은 한번 오르거나 떨어지면 한동안 지속되는 속성이 있다. 특정 분야에서 늘려놓은 시장점유율은 소비자에 좋은 인상을 심어 다른 부문 판매까지 늘리는 효과를 얻기 쉽다. 반대로 특정 부문 시장점유율 경쟁에서 밀리면 다른 부문에서까지 판매 부진을 겪기 쉽다. 때문에 시장점유율 경쟁은 기업에게 사활이 걸린 문제다. 특히 경기가 확대될 때는 기업이 시장점유율 높이기에 필요한 재고 확보를 위해 재고 투자를 늘리므로 재고가 늘어나기 쉽다.

경기 확장기에 재고투자가 늘어나면 생산과 고용이 늘어나면서 소비와 판매를 늘려 경기 확장세를 더 키울 수 있다.

경기 좋아지면 왜 금리 오르나

돈을 빌리면 으레 이자를 내야 한다. 이자는 돈을 빌리는 값이다. 가령 100원을 빌리는 데 이자가 3원이면, 100원을 빌리는 값이 3원이라는 뜻이다. 원금 대비 이자의 비율은 금리(金利, interest rate) 또는 이자율이라고 부른다. 원금이 100원, 이자가 3원이면 금리는 3%다.

시장경제에서는 돈도 상품(재화)의 일종이다. 여느 상품과 마찬가지로, 이자나 투자 수익을 매개로 돈을 주고받으며 거래하는 시장이 존재한다. 돈(자금)을 거래하는 시장을 금융시장(financial market)이라 한다.

금융시장에서 돈을 융통할 때 매기는 금리는 시장금리(市場金利, market interest rate)라 한다. 시장에서 통용되는 금리라는 뜻이다. 시장 대신 시중(市中)이라는 말을 써서 시중금리(市中金利)라고 부르기도 한다. 실세금리(實勢金利), 시장실세금리, 시중실세금리라고도 부른다.

시장금리는 시장의 자금 수급 사정에 따라 수시로 수준이 달라진다. 가령 경기가 좋아지면 금리 수준이 오른다. 경기가 좋아지면 기업이 이익을 더 보려고 투자와 생산을 늘리고 소비자도 소비를 늘리면서 돈 수요가 커지기 때문이다. 수요가 늘면 가격은 오르는 법. 돈 수요가 늘면 돈을 빌리는 대가, 곧 이자를 더 줘야 돈을 손에 쥘 수 있다. 이자가 늘

경기가 좋아져 금리를 밀어 올리는 과정

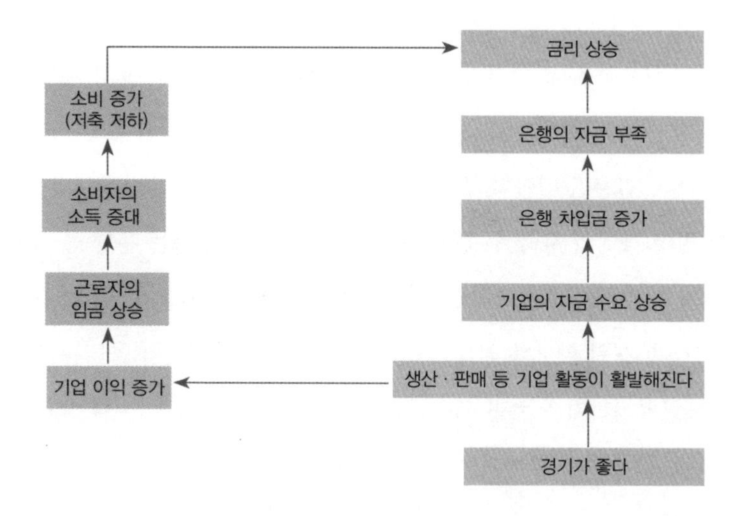

주: 경기가 좋아 소비가 활발해지면 → 기업 활동이 활발해지고 → 기업이 생산 활동을 유지·확대하기 위해 더 많은 자금을 필요로 하면 → 시중(시장) 자금 수요가 늘어나고 → 자금 공급자인 은행 등 금융회사가 대출금리를 올리고 → 그래도 자금 수요가 이어지면 → 금융회사마저 돈이 부족해져, 대출 자금 확보를 위해 예금금리도 올리므로 → 결국 예금금리와 대출금리를 포함한 금리 전반이 오른다.

어나는 만큼 금리도 오른다.

백화점 상품을 배달하는 운수업체 사장 A씨를 가정해보자.

경기가 좋아져서 상품 배달 주문이 많아졌다. A씨는 주문을 감당하기 위해 트럭을 한 대 더 사기로 결정했다. 당장은 트럭 살 돈이 없으니 은행에서 빌리고, 앞으로 배달을 더 많이 해서 원리금을 갚을 생각이다.

경기가 좋아지면 A씨처럼 은행 등에서 돈을 빌리려는 사업자가 많아진다. 돈을 빌려주는 쪽 사정은 어떨까? 빌려줄 돈은 한정되어 있는데 수요가 늘어나면 이자를 더 내라며 배를 내밀게 된다. 은행 같으면, 대출금리가 오른다.

대출금리가 올라도, 경기가 좋을 때는 사업자의 자금 수요가 계속 이어진다. 가계도 마찬가지. 호황 때는 미래 경기를 낙관해서 빚을 져가며 집이나 차 같은 값비싼 내구재를 사들이고 주식 투자에 열을 올린다.

기업과 가계의 자금 수요가 계속 커지다 보면 나중에는 은행 등 금융회사가 보유한 대출용 자금, 곧 대출 재원마저 부족해질 수 있다. 은행 등이 대출 재원 확보를 위해 흔히 쓰는 방법은 예금금리를 올리는 것이다. 예금금리까지 오르면 예금금리와 대출금리가 다 오르는 셈이다. 이런 식으로, 경기가 좋아지면 시장금리 전반이 오른다.

경기 나쁜데도 금리 오를 때는 언제?

금리를 크게 정책금리와 시장금리로 구분한다. 정책금리는 나라의 통화 발행과 유통을 관리하는 최고 정책 기관, 곧 중앙은행(central bank)이 정책 견지에서 결정하는 금리다. 시장금리는 민간 금융회사와 가계·기업 등이 자금 융통 거래에 참가하는 시장, 곧 금융시장에서 자금 수급 등 시장 원리에 따라 그때그때 수준이 결정되고 조정되는 금리다. 대표적인 예가 은행이 고객과 예금·대출 거래를 하면서 적용하는 예금·대출 금리다.

정책금리와 시장금리 간에는 정책금리가 오르면 시장금리가 따라 오르고 정책금리가 내리면 시장금리가 따라 내리는 속성이 있다. 정책금

경기 하락이 금리 하락을 부르고 금리 하락이 경기 회복을 가져오는 과정

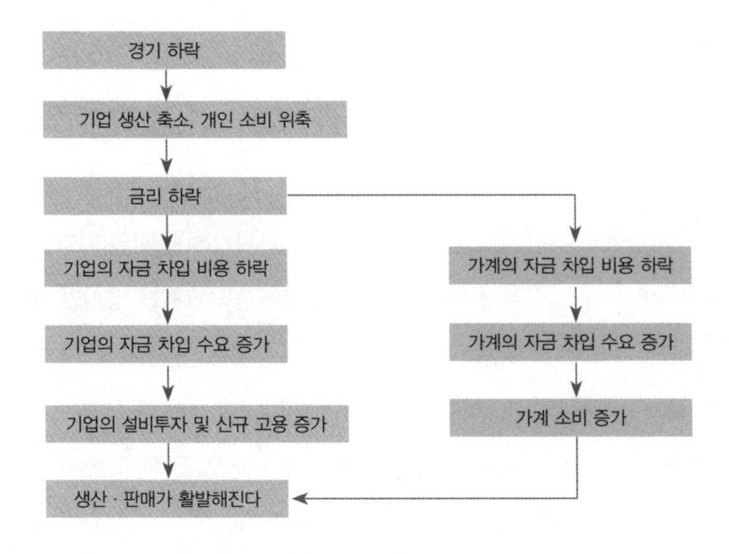

리가 시장금리를 움직일 수 있는 셈이다. 중앙은행은 평소 금리의 이런 속성을 이용해서 시장금리를 조절하려는 정책 의도를 갖고 정책금리 수준을 결정 · 조정한다. 그래서 정책금리는 언제나 시장금리 향배를 정하는 기준 역할을 한다. 정책금리의 대표 격은 기준금리(official rate, base rate)다. 우리나라에서는 한국은행이 중앙은행 역할을 맡아 기준금리를 결정 · 조정하고 있다.

정책금리와 달리 시장금리는 누군가 일방적으로 결정 · 조정하는 게 아니므로 시장 원리에 따라 오르내린다. 자금 수요가 공급에 비해 많아지면 금리가 오르고, 자금 수요가 공급에 비해 적어지면 금리가 내린다. 자금 수요는 보통 경기 흐름에 따라 변한다. 경기가 좋아지면 소비 · 생산 · 투자가 확대되면서 자금 수요가 커지고, 경기가 나빠지면 소

비·생산·투자가 위축되면서 자금 수요가 줄어든다. 결국 경기가 좋아지면 자금 수요가 커지므로 금리가 오른다. 경기가 나빠지면 자금 수요가 줄기 때문에 금리가 내린다.

보통은 그런데, 경기가 나쁜데도 시장금리가 오를 때가 있다. 어떤 때 그럴까?

금융시장에서 자금 수요와 공급이 경기와 무관하게 움직일 때다.

보통 때 시장금리는 경기와 같은 방향으로 움직이지만 경기가 직접 금리(이하, 시장금리를 뜻한다)를 올리고 내리는 것은 아니다. 금리가 오르고 내리는 원인은 어디까지나 자금 수급이다. 경기가 좋을 때든 나쁠 때든 금리는 돈 수요에 비해 공급이 부족하면 오르고, 돈 공급이 수요를 넘어서면 떨어진다. 그러니까 경기가 나쁠 때라도 자금 수요가 공급을 앞지르는 상황이 생기면 금리는 호황 때 못지않게 오를 수 있다.

경기가 나쁜데 자금 수요가 공급을 넘어서고 금리가 오르는 일은 언제 생기나?

보통 자금난을 겪는 기업이 많을 때 그렇다.

경기가 나쁘면 생산·소비·투자가 침체하므로 기업의 자금 수요가 줄어든다. 가계도 소비를 자제하고 미래를 대비해 저축을 늘린다. 그럼 은행 등 금융회사에는 대출에 쓸 돈이 남아돌게 된다. 빌려줄 돈은 많고 빌려 가는 이는 적다면 금리가 오를 이유가 없다. 문제는 기업이다. 호황 때 은행에서 돈을 잔뜩 빌려 생산설비를 늘려놓은 기업에는 다른 논리가 적용된다.

투자와 생산 규모를 한껏 늘려놓았는데 미처 투자를 회수하지 못하거나 생산 규모를 줄이지 못한 상태에서 불황이 닥친다고 해보자. 당장

은행에 갚아야 하는 대출 원리금이나 운전자금(working capital, 기업이 일상 영업을 유지하기 위해 임금과 원재료비 등을 지출하는 데 필요한 단기자금)이 부족해져 자금난을 겪기 쉽다. 자금난을 겪는 기업이 많으면 시중 자금 수요가 늘어나므로 불황 때라도 금리가 뛴다.

실례로 1997~1998년 우리나라에서는 외환위기와 함께 불황이 닥치자 금리가 격동했다. 당시 우리 기업(우리나라에 본점·본사를 둔 기업)은 대개 규모에 상관없이 빚을 많이 진 상태에서 갑작스레 불황을 맞았다. 당장 상환 만기가 돌아오는 단기부채를 갚느라, 운전자금을 구하느라 애먹는 곳이 많았다. 결국 빚을 갚지 못해 파산하는 기업이 급증했다. 은행 등 금융기관도 대출금을 떼이면서 잇달아 파산 위기에 몰렸다. 그러자 누구에게든 돈을 빌려줬다가는 떼일지 모른다는 불안감이 커지면서 금융시장이 얼어붙었다. 나중에는 은행조차 대출 여력이 없어져 금융이 마비될 지경이었다. 그사이 단 몇 달 만에 연 10%대였던 시장금리가 30%대로 폭등했다.

경기정책은 왜 필요한가

경기가 좋아지고 돈 수요가 늘어나면 금리가 오른다. 금리가 오르면 기업과 가계가 투자와 소비에 쓸 돈을 마련하기가 전보다 어려워진다. 그럼 투자와 소비가 줄고 생산과 고용이 위축되면서 경기가 나빠지기 쉽다. 이런 식으로, 경기는 한동안 좋다가도 나빠진다.

경기가 침체하면 자금 수요가 줄어든다. 돈을 마련해 투자해봐야 이

익 내기 어렵고, 벌이가 시원찮은데 빚까지 내가며 소비할 수 없기 때문이다. 그렇지만 불경기와 자금 수요 부진이 언제까지나 계속되지는 않는다. 시중 자금 수요가 적으면 수급 원리에 따라 금리가 낮아진다. 저금리 상태가 한동안 이어진 뒤에는 경기가 회복세로 돌아서게 마련이다.

경기가 회복될 때쯤이면 자금을 싸게 마련할 수 있는 저금리 상황을 활용해 투자 · 생산 · 소비에 나서는 기업과 가계가 늘어난다. 그럼 다시 생산 · 판매 · 고용 · 소비가 활발해지면서 경기가 좋아진다.

경기가 좋아졌다 나빠졌다 하는 동안 정부는 뭘 할까?

손 놓고 보고만 있지는 않는다. 현대 국가에서는 경기가 나빠지면 정부가 대응책을 내놓으며 분주히 움직이는 게 보통이다.

정부가 경기 대책을 세운다고 달라질 게 있을까? 어차피 경기가 순환한다면 나빠진 경기가 자연히 다시 좋아질 때까지 그저 기다리면 안 될까?

그럴 수는 없다. 현대 국가에서는 정부가 국민경제를 항상 좋은 상태로 유지할 책무를 지고 있기 때문이다. 국민경제가 불황에 빠지지 않도록 예방하고, 불황을 피할 수 없다면 대비책을 세우고 속히 벗어날 방책을 써야 한다.

국가 차원에서 경기에 대응하는 정책을 경기정책(business cycle policy)이라 한다. 경기정책은 경기가 급변하지 않고 늘 좋은 상태로 유지되게 하는 데 목적을 둔다. 경기가 확대 국면을 지나 과열됐다가 급강하하는 패턴을 밟지 않게 예방하고, 이미 침체한 경기는 되살린다. 경기 관리 내지 조절에 중점을 두기 때문에 경기정책 대신 경기조절정책(business adjustment policy)이라고 부르기도 한다.

경기정책이 경기 관리나 조절보다 경제 안정에 중점을 둘 때는 경기 정책을 대신하는 이름으로 경제안정정책 또는 안정화 정책(stabilization policy)이라는 용어를 쓰곤 한다. 나라 경제는 금리, 물가, 고용 등 여러 가지 경제 변수가 급변하지 않고 안정된 가운데 성장하는 게 이상적이지만, 그렇지 못할 때는 정부가 경제를 안정시켜 국민경제가 지속 성장할 수 있게 관리하는 정책이 필요하다는 뜻에서 안정화 정책을 얘기한다.

현대 정부는 경기 관리와 경제 안정화를 위해 구체적으로 어떤 정책을 쓸까? 대표적인 것이 재정정책(fiscal policy)과 통화정책(monetary policy)이다. 각기 어떤 정책인지 다음에 알아보자.

재정정책은 어떻게 경기 살리나

① 정부지출 감소와 재정흑자

재정정책은 정부가 재정(財政, government finance), 곧 나라 살림을 운영하는 정책이다. 정부 재정은 세금과 공기업 경영으로 얻는 수익을 주요 수입으로 삼는다. 정부가 해마다 결산을 해서 지출이 수입보다 크면 적자(赤子, red figures, deficit)가 난 것이고, 지출보다 수입이 크면 흑자(黑子, black figures, profit)를 본 것이다.

사기업이나 가계라면 경제활동을 결산했을 때 흑자가 나야 좋겠지만 정부 재정은 이익을 내려고 운영하는 게 아니다. 필요한 수입을 확보해 알맞게 쓰고 특별한 일이 없는 한 수지(수입과 지출)가 대충 같게 균형을 맞추는 것이 바람직하다. 만약 그러지 않고, 수입은 키우고 지출은 줄여 재정수지(=재정 수입 − 지출)에서 흑자를 크게 낸다면 어떻게 될까?

재정에 흑자가 나는 것을 재정흑자 또는 재정수지 흑자라고 부른다. 재정흑자는 정부지출이 줄어든 결과일 때가 많다. 정부지출이란 정부가 치안, 국방, 행정, 사회복지, 경제성장 등 주요 부문에서 정부 고유의 역할을 하느라 쓰는 돈이다. 크게 나눠 공무원 급여와 비품 구입비 같은 정부소비지출, 도로·항만·교량·공공시설 건설 같은 정부투자지출로 구성된다. 정부지출이 줄면 정부를 상대로 사업을 벌이는 기업의 일감이 줄어든다. 공공서비스를 주축으로 하는 사회안전망(social safety net)•도 위축되기 쉽다. 그 결과 민간 소비와 기업 투자, 일자리가 줄어 경기를 가라앉히는 효과를 낼 수 있다.

다만 정부지출 감소에 따른 재정흑자가 반드시 경기를 위축시키는 것은 아니다. 정부가 계획을 세워 지속 가능한(sustainable) 방식으로 정부지출을 줄인다면, 장기적으로 정부 부채를 줄이고 재정을 튼튼히 해 경제성장과 경기 안정에 도움이 될 수 있다. 하지만 정부지출을 계획 없이, 또는 경제 현실에 맞지 않게 줄여서 재정흑자를 낸다면 민간 소비와 기업 투자를 위축시키고 실업을 늘리는 등 경제에 악영향을 끼칠 수 있다.

• 국가가 국민을 실업, 빈곤, 재해, 노령, 질병 등 다양한 사회적 위험에서 보호해주는 제도적 장치. 사회보험(국민연금, 건강보험과 장기요양보험, 고용보험, 산재보험 등), 정부 재정 지원을 통한 공공부조(기초노령연금, 국민기초생활보장제도, 긴급구호, 아동수당, 장애인연금, 저소득층 의료 지원 등), 사회서비스(실업자 재취업 지원, 아동·청소년·노인·장애인·가족·여성 복지 지원 등) 등을 제공해 생활이 어려운 국민을 돕고 가계 소비를 촉진해서 나라 경제를 안정시키는 역할을 한다.

② 정부지출 증가와 재정적자

재정적자가 크게 나면 어떻게 될까?

재정에 적자가 났다면 정부지출이 늘어난 결과일 때가 많다. 정부지출이 늘면 공공서비스가 확대되고 사회보험과 정부재정 지원을 통한 공공부조, 사회서비스 등 사회안전망도 확충되기 쉽다. 그 결과 민간 소비와 기업 투자, 일자리가 늘어 경기가 확대되는 효과가 날 수 있다.

다만 정부지출 증가와 재정적자가 경기를 확대하는 효과는 주로 단기에 그친다. 장기적으로는 정부지출 증가와 재정적자가 정부 부채를 늘리고 미래 세대의 재정 부담을 키워 투자를 줄이고 성장률을 낮추는 악영향을 미칠 수 있다. 특히 고용이 포화 상태인 경제에서는 정부지출 증가가 인플레이션을 유발할 수 있다.

③ 재정과 경기, 그리고 구축효과

정부가 재정수지를 어떻게 운용하느냐는 경기에 큰 영향을 미친다. 그래서 정부는 재정이 경기에 미치는 영향을 고려해 재정정책을 자주 경기정책으로 활용한다. 경기 상황에 맞춰 정책 대응 목표를 세우고 재정수지를 조절해 적자나 흑자를 유도하거나 세금 징수 규모를 조절한다.

경기가 과열됐을 때는 지출을 줄여 재정을 흑자로 이끄는 정책을 편다. 이를테면 SOC(social overhead capital, 정부가 공공 이익을 목적으로 공급하는 시설, 사회간접자본) 건설 같은 공공사업을 줄이고 세금을 더 걷어 소비를 억제한다. 이렇게 재정흑자(흑자재정)를 지향하는 정책을 긴축재정정책(재정긴축정책, 흑자재정정책, 축소재정정책, 소극적 재정정책)이라고 부른다.

재정긴축은 소비 수요와 투자 수요, 노동력 수요를 줄여 총수요(aggregate demand), 곧 국민경제 전체(국민경제 주체 모두)의 수요를 줄인다. 총수요가 줄면 경기가 위축된다. 경기가 과열됐을 때는 물가가 급등한 끝에 수요가 급감하고 경기가 급락하는 흐름을 막을 수 있다.

정부가 세금을 많이 걷어 재정흑자를 내는 것도 과열된 경기를 위축시키는 효과가 크다. 세금 징수로 재정흑자가 날 정도면 민간 부문에서는 세 부담이 늘어난 만큼 가처분소득(disposable income, 처분가능소득)이 줄어든다. 가처분소득이란 개인이나 가계가 올린 수입에서 세금이나 건강보험료 같은 비소비지출(non-consumption expenditure, 소비에 쓰지 않는 지출)은 빼고 저축이나 소비에 쓸 수 있는 소득이다. 가처분소득이 줄면 소비 수요가 줄기 쉽고, 소비 수요가 줄면 그만큼 총수요가 줄어서 경기가 위축되는 효과가 생긴다.

경기가 과열됐을 때는 긴축재정정책이 필요하지만, 경기가 침체해 생산 활동이 위축되고 실업자가 늘어날 때는 정부가 정부지출을 늘려 재정을 적자로 이끄는 경기정책이 필요하다. 이를테면 도로·항만·건물·주택을 건설하는 공공투자 사업에 정부지출을 늘리거나 지출 시기를 앞당겨 재정적자를 유도하는 정책이다.

정부가 세금 징수액을 줄이거나 세율을 내리는 것도 재정을 적자로 이끄는 데 도움이 된다. 정부가 세금을 적게 걷으면 민간 부문에서는 세 부담이 줄어드는 만큼 가처분소득이 커진다. 가처분소득이 커지면 소비 수요가 늘기 쉽고, 소비 수요가 늘어나면 그만큼 총수요도 커져서 경기가 확대되는 효과가 생긴다.

재정적자(적자재정)를 지향하는 정책은 확대재정정책이라 한다(같은 뜻으로 재정확대정책, 재정완화정책, 적자재정정책, 팽창재정정책, 확장재정정책, 적극적 재정정책이라고도 부른다).

재정확대정책은 가계 소비와 기업 투자를 촉진하고 총수요를 늘려 위축된 경기를 살리는 데 효과를 낼 수 있다. 다만 재정적자로 경기 부양 효과를 기대할 수 있는 경우는 경기가 침체했을 때다. 경기가 이미 충분히 확대된 상태라면 재정적자가 커질 경우 경기 과열, 곧 총수요가 과잉되어 인플레이션 압력이 커지는 부작용이 생길 수 있다.

재정적자가 커지는 것뿐 아니라 길게 이어지는 것도 문제다. 재정적자가 지속되면 정부가 중앙은행을 비롯해 국내외에서 돈을 빌려 모자라는 재정, 곧 정부지출에 필요한 자금을 채워 넣어야 한다. 이때 자금을 마련하기 위해 정부가 주로 의지하는 수단이 국채(國債, government bond) 발행인데, 국채를 발행해 정부지출을 늘리면 민간투자를 위축시키는 부작용이 날 수 있다.

국채란 정부가 금융시장에서 돈을 빌리기 위해 발행하는 빚 문서다. 정부가 어떤 일을 하려는데 조세 수입 등만으로는 부족할 때 필요한 자금을 마련하려고 투자자에게 이자를 주는 조건으로 건넨다. 1년 이내에 원리금을 갚는 조건이 딸린 단기 국채와 만기 1년 이상인 중장기 국채가 있는데, 주로 장기 국채를 발행한다. 보통 국내외 기관, 기업과 가계를 상대로 발행하지만 다 팔지 못하고 남으면 중앙은행이 떠맡는다.

정부가 국채를 발행해 빚을 내면 금융시장에서는 국채 발행분만큼 자금이 정부로 흡수되므로 기업이나 가계가 투자에 쓸 자금이 줄어드는 효과가 생긴다. 금융시장에서도 여느 상품시장과 마찬가지로 시장 참가자가 거래하는 상품, 곧 자금의 공급이 수요에 비해 줄어들면 상품 가격, 곧 금리가 오르게 돼 있다. 금리가 오르면 기업의 융자 원리금 상환 부담이 커지므로 금융기관 등에서 자금을 빌려 사업에 투자할 의욕이 위축된다. 결과적으로 민간투자지출이 줄어들 가능성이 크다. 이렇게 정부지출 증가가 민간투자를 위축시키는 효과를 구축효과(驅逐效果, crowding-out effect)라 한다. 구축효과로 민간투자지출이 줄면 정부지출 증가가 총수요를 키우는 효과가 부분적으로 상쇄되므로, 재정을 확대해 경기를 띄우려는 정부 시도가 효과를 내기 어렵다.

재정정책 중에서 정부가 세금 징수 폭 등을 조절하는 부분은 조세정책(tax policy)에 속한다. 조세정책은 본래 조세(租稅, 국가나 공공단체가 국민에게서 강제로 걷어 쓰는 금전)의 수입과 관련 제도 운영을 관리하는 것이 목적이다. 하지만 정부가 상황에 따라 세금 징수를 가감할 경우 경기가 조절되는 효과가 크기 때문에 경기정책으로도 자주 쓴다. 불황 때는 정부가 세금 징수액을 줄여 소비를 자극하고, 경기가 과열되면 세금을 더 걷어 소비를 억제하는 식이다.

조세정책을 포함한 재정정책은 각국 행정부에서 경제정책 기획 부처(지금 우리나라에서는 기획재정부)가 입안해 집행한다. 곧이어 살펴볼 통화정책과 함께 경기정책의 양대 축을 이루고, 경기 대응 효과도 강력하다. 다만 효과를 내기는 쉽지 않다. 정책 착수 시점부터 효과가 나타나기까지 시간이 걸리고, 그사이 큰 변화라도 생기면 정책이 현실과 어긋나기 쉽기 때문이다. 재정 운영을 경기정책으로 활용할 때는 정부가 미래 경기 흐름을 정확히 예측하고 타이밍을 잘 맞춰 집행해야 한다.

통화정책은 어떻게 경기 살리나

통화정책이란 화폐 공급량이나 금리를 조절해서 총수요를 조절(관리)하는 정책이다. 현대 국가에서는 대개 중앙은행이 담당한다.

중앙은행이 어떻게 총수요를 조절하나? 기본 원리는 이렇다.

경제에 어떤 이유로 총수요가 줄면 생산과 고용이 줄어 경기가 위축된다. 이럴 때 중앙은행이 통화 공급을 늘리고 시장금리를 낮춰주면 시장, 곧 기업과 가계가 투자와 소비에 필요한 자금을 전보다 쉽게 얻을 수 있다. 그 결과 투자지출과 소비지출이 늘면 총수요가 커질 수 있고, 총수요가 커지면 위축된 경기가 확장될 수 있다.

반대로 경제에 총수요가 너무 커지면 인플레이션이 발생한 끝에 경기가 꺾일 수 있다. 이럴 때 중앙은행이 통화 공급을 줄이고 시장금리를 올리면 시장으로 흘러 들어가는 자금이 줄어 총수요를 줄일 수 있고, 총수요가 줄면 과열된 경제를 안정시킬 수 있다.

요컨대 중앙은행이 통화 공급과 금리를 조절해 시장을 움직이고 총수요를 움직인다는 얘기다. 그런데 중앙은행은 어떻게 통화 공급을 늘렸다 줄였다, 금리를 올렸다 내렸다 조절해서 시장을 움직일 수 있는 걸까?

얘기가 좀 길다. 경기가 나쁠 때를 가정해 살펴보자.

경기가 나쁘면 기업이 투자 의욕을 내지 않는다. 은행이 돈을 빌려준다 해도 빌려 가지 않는다. 빌린 돈으로 사업에 투자한다면 적어도 시장금리 수준 이상 수익을 내야 수지가 맞는데, 경기가 나쁘면 아무래도 고수익을 기대하기 어렵기 때문이다. 기업이 사업 의욕을 내지 않아 투자 부진이 지속되면 경기가 침체를 벗어나기 어렵다. 이럴 때 중앙은행이 시장금리를 낮추는 정책을 펴면 경기를 살리는 데 도움을 줄 수 있다. 시장금리가 낮아지면 은행 등 금융회사의 대출금리가 싸져서 기업이 빚을 내 투자한 뒤 비용을 제하고도 수익을 낼 확률이 높아지기 때문이다. 빚을 내 투자에 나서는 기업이 늘어날 수 있고, 가계도 대출을 얻어 집이나 차를 사는 등 소비를 늘릴 수 있다. 기업 투자와 가계 소비가 늘면 침체한 경기가 회복되는 데 도움이 된다.

중앙은행이 시장금리를 어떻게 낮출까?

여러 가지 방법이 있는데, 그중 하나는 은행과의 자금 거래를 이용하는 것이다.

나라마다 조금씩 다르지만 은행에는 대개 보통은행과 중앙은행, 두 가지가 있다.

보통은행은 주로 기업과 가계를 상대로 예금과 대출 같은 자금 거래를 한다. 사람들이 흔히 '은행'으로 알고 이용하는 곳이다. 공식 명칭은 예금 거래를 한다 해서 '예금은행'이지만, 상업 목적으로 운영하므로 상업은행(commercial bank)이라고도 부른다.

중앙은행은 평소 가계나 기업과는 거래하지 않지만, 예금은행(이하, 은행)과는 예금과 대출 등 자금 거래를 하면서 예금이자를 내주고 대출이자나 수수료를 받곤 한다. 다만 영리 목적이 아니고 통화정책 견지에서 필요한 거래를 하는 것이다. 이를테면 중앙은행 입장에서 은행과의 대출 거래는 시장금리 수준과 통화량이 특정 시점에 특정 수준에서 움직일 수 있게 조정하는 데 매우 유용하다. 왜 그런지 자세히 짚어보자.

은행은 평소 사업 운영이나 대출 거래를 위해 거액 자금이 필요하다.

자금 마련은 고객 예금이나 차입 등 여러 경로로 가능하지만, 금융시장에서 마련하는 한 예금이자나 대출이자 같은 비용을 치러야 한다. 그런데 중앙은행과 거래하면 시중 어떤 경로보다 싼 이자로 거액을 빌릴 수 있다. 중앙은행이 은행과 거래할 때는 대출금리를 시중 대출금리보다 낮게 매기기 때문이다. 영리업체인 은행 입장에서 볼 때 중앙은행은 자금 조달 코스트(비용)가 가장 싼 거래 상대다. 중시할 수밖에 없다. 중앙은행은 이 점을 이용해서 은행에 영향력을 발휘할 수 있다.

가령 중앙은행이 정책적으로 시장금리 수준을 내리려고 마음먹는다 하자. 은행 상대 대출금리를 내리면 된다. 그럼 은행들은 중앙은행에서 전보다 싼 금리로 대출을 늘려 자금을 더 많이 확보할 수 있다. 보유 자금이 늘어나는 만큼 가계나 기업 상대 대출금리를 내릴 여유도 생긴다. 자금력을 바탕으로 대출금리를 내릴 수 있는 은행은 영업상 유리하다. 대출금리가 싸지면 대출 수요가 늘어나면서 은행이 영업이익을 키울 수 있기 때문이다. 이런 이치로 은행이 대출금리를 내리면 은행에서 가계와 기업 등 시장으로 흘러 들어가는 통화량이 늘어난다. 그만큼 금융시장에서는 자금 수요에 비해 공급이 늘어나는 효과가 생기므로 시장금리 전반이 내린다. 시장금리가 내리면 기업 투자와 가계 소비가 늘어 침체한 경기가 회복되는 데 도움이 될 수 있다.

이번엔 중앙은행이 시장금리 수준을 올리려고 한다 치자. 은행 상대 대출금리를 올리면 된다. 그럼 은행들도 가계나 기업 상대 대출금리를 올려야 한다. 조달금리(자금을 마련할 때 부담하는 금리) 수준이 오르는데 운용금리(자금을 굴려 이익을 얻기 위해 매기는 금리) 수준을 그대로 두면 영업이익이 줄어들 것이기 때문이다. 은행이 대출금리를 올리면 대출 수

금리 인하 정책이 경기를 살리는 과정

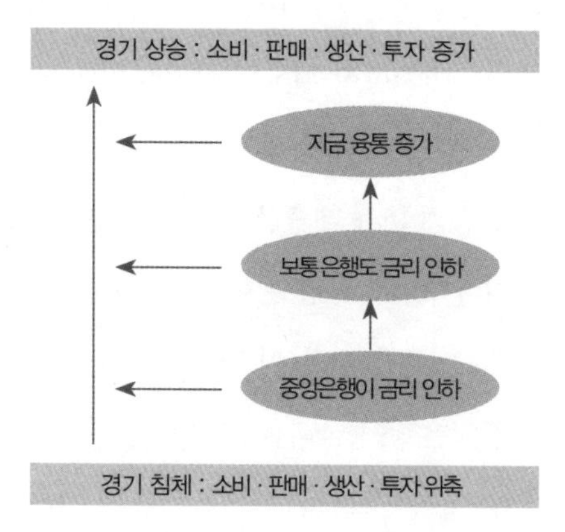

요가 줄어들고 은행을 통해 시장으로 흘러 들어가는 통화량이 줄어든다. 그만큼 금융시장에서는 자금 수요에 비해 공급이 줄어드는 효과가 생기므로 시장금리 전반이 오른다. 시장금리가 오르면 기업 투자와 가계 소비가 위축되므로 과열된 경기가 진정되는 데 도움이 될 수 있다.

요컨대 중앙은행은 은행과의 자금 거래를 이용해서 자신이 원하는 방향으로 시장금리를 조정할 수 있다. 다만 현실에서는 중앙은행이 은행 상대 금리(bank rate)를 조정하더라도 은행이 곧바로 대(對)고객 금리를 조정하지 않고 미적거릴 때가 잦다. 이유는 대개, 그럴수록 득 보기 때문이다. 은행 입장에서는 대출 거래 부문에서 조달금리가 내릴 때 운용금리를 그대로 두면 조달금리와 운용금리 간 차이가 벌어져 이자를 더 벌 수 있다.

같은 이치로, 중앙은행이 대(對)은행 대출금리를 올릴 태세면 은행이 먼저 대(對)고객 대출금리를 올리기도 한다. 조달금리는 그대로인 상태에서 대출운용금리를 높여 금리 차를 벌리면 이자를 더 벌 수 있기 때문이다. 그렇다고 은행이 중앙은행을 대놓고 무시할 수 있다는 얘기는 아니다. 중앙은행 정책에 협조하지 않으면 장기적으로는 중앙은행과의 거래에서 불이익을 당할 수 있기 때문이다.

은행은 평소 더 많은 예금과 대출을 확보하기 위해 다른 금융회사들과 금리 경쟁을 벌인다. 만약 경쟁 은행이 중앙은행 정책을 따라 대고객 대출금리를 내리고 대출을 더 많이 확보한다면, 내키지 않더라도 따라갈 수밖에 없다. 중앙은행이 금리를 조정하면 은행도 따르는 게 정상이라는 말이다.

대략 이런 이치로, 중앙은행은 정책 관점에서 필요하다고 판단할 때마다 대은행 금리를 조정해 시장금리 수준과 통화량을 조정한다. 이렇게 중앙은행이 정책적으로 대은행 금리를 조정해 시장금리 수준과 통화량을 조절하는 일을 금리정책(bank rate policy)이라 부른다. 금리정책은 중앙은행이 통화정책 차원에서 구사하는 여러 정책 수단 중 하나다. 본래 용도는 경기 대응이 아니지만, 시장금리 수준과 통화량을 움직여 경기 흐름을 바꾸는 효과가 크기 때문에 경기정책 수단으로 자주 쓴다.

경기 흐름으로 보는 현대 한국 경제사
: ① 1970년대 오일쇼크로 맞은 불황

자본주의 경제는 경기가 순환하면서 찾아오는 불황을 피할 수 없다. 불황은 언제 올까? 그때그때 다르다. 제2차 세계대전 뒤에는 오일쇼크(석유위기)로 1973년과 1979년, 두 차례 갑작스럽게 글로벌 불황이 왔다.

1973년 1차 오일쇼크

1900년대 초부터 영국, 미국, 프랑스 등 서방 선진국의 석유회사(Exxon, Mobil, Texaco, Royal Dutch Shell, BP 등)는 잇달아 중동(中東, Middle East)에 진출했다. 지질학자를 동원해 원유(crude oil) 탐사 작업을 벌인 끝에 1908년 페르시아(지금의 이란), 1927년 이라크, 1938년 사우디아라비아(사우디)와 쿠웨이트 등지에서 유전(油田, oil field)을 발견하고 원유 채굴권을 획득했다. 1928년부터는 주요 회사가 카르텔을 형성하고 원유 판매 이권을 차지해 오일메이저(oil major)라고 불리게 됐다.

오일메이저는 산유국을 압도하는 자본력, 기술력, 군사력을 앞세운 소속국 정부의 지원을 배경으로 원유 생산, 시장과 판매가를 좌지우지했다. 산유국에 치르는 대가는 미미했다. 불만을 품은 산유국은 1960년 이란, 이라크, 쿠웨이트, 사우디, 베네수엘라가 모여 OPEC(Organization of Petroleum Exporting Countries, 석유수출국기구)을 결성하고 '중동 원유 생산과 판매는 아랍이 독자 결정하겠다'라고 선언했다. 이후 OPEC은 석유 자원을 둘러싸고 서방국과 갈등을 빚었다. 1970년대 들어서는 중동전쟁을 치르면서 오일메이저를 축출하고 중동 원유 통제권을 장악했다.

중동전쟁은 1948년 이스라엘이 건국을 선언하고 아랍국과 영토 분쟁을 벌이면서 미국 등 외세가 개입한 제1차 전쟁 이후 1970년대까지 중동에서 여러 차례 이어졌다. 1973년에는 이집트가 이스라엘을 침공해 제4차 중동전쟁이 터졌다. 아랍 역내 친미 성향 이스라엘과 나머지 아랍국이 충돌했는데 미국이 이스라엘을 지원했다. 아랍국은 대미 보복 차원에서 원유 수출을 중단했고 국제 유가는 폭등했다. 수입 원유로 공산품을 제조·판매해 돈을 벌던 서방 선진국 경제는 큰 충격을 받았다. 유가 폭등이 수입물가를 필두로 물가를 급등시켜 소비·판매·생산이 잇달아 침체했다.

물가가 급등하면서 경기가 침체하는 현상을 스태그플레이션(stagflation)이라 한다. 인플레이션(inflation)과 침체를 뜻하는 영어 '스태그네이션(stagnation)'을 합쳐 만든 용어다. 스태그플레이션은 경제를 최악의 상태로 이끈다. 당시 세계경제도 제2차 세계대전 뒤 가장 심각한 타격을 입었다. 우리 경제도 충격을 받았다. 다만 다른 나라에 비하면 타격이 적었다. 당시 우리나라는 1960년대 들어 갓 경제개발을 시작해서 공업 발전과 대외 교역(무역, trade)의 수준이 낮았고, 석유보다 석탄을 주된 에너지원으로 썼기 때문이다.

1979년 2차 오일쇼크

1979년 오일쇼크도 중동에서 시작됐다. 아랍 산유국 중 이란은 1950년대 이후 국왕 팔라비 2세가 친미·친서방 정책을 폈는데, 1978~1979년에 혁명이 일어나 축출됐다. 혁명 세력은 이슬람공화국을 세운 뒤 민족주의 기치를 내걸고 원유 수출을 중단했다. 사우디 등 다른 중동 산유국도 이란 혁명정부의 뒤를 따랐다. 원유 수출이 중단되자 국제 유가가 폭등했고, 1980년 초 세계는 1차 오일쇼크 때처럼 물가고와 불황이 함께 나타나는 스태그플레이션 충격에 빠졌다. 우리 경제도 큰 타격을 입어, 1960년대 이후 처음으로 마이너스 성장을 했다. 1차 쇼크 때에 비하면, 국민경제가 중화학공업 위주로 교역 물량을 늘리면서 해외 경기와 석유 에너지에 의존하는 정도가 크게 높아져 있었기 때문이다.

경기 흐름으로 보는 현대 한국 경제사
: ② 1980~1990년대 전반, 3저 호황

1980년 초 글로벌 경제에 닥친 불황은 충격이 컸지만 오래가지 않았다. 미국이 앞장서서 오일쇼크로 인한 물가고에 단호히 대처한 게 주효했다.

미국 연준(연방준비제도, the Fed, 미국 중앙은행 역할을 맡는 시스템)은 정책금리를 급등시켰다. 고금리 환경에서는 가계와 기업이 자금을 구하기 어려워져 소비와 투자가 위축되면서 물가가 내리는 효과가 있기 때문이다. 그 대신 금리가 급등하면 경기가 나빠지는 부작용을 피하기 어렵다. 실제로 파산 기업이 양산되고 가계도 고통을 겪었다.

금리가 오르면 통화 시세도 따라 오른다. 달러 시세도 따라 뛰었다. 당시 멕시코, 브라질, 아르헨티나 등 특히 달러 외채(外債, foreign debt, external debt)가 많았던 신흥공업국은 달러 시세가 뛸수록 늘어나는 빚 부담에 짓눌려야 했다. 결국 1982년부터 외채위기(외채 원리금을 갚지 못해 정부·금융기관·기업의 대외 자금 거래가 끊기는 경제위기)로 빠져들었다. 반면 같은 해 미국에서는 물가 급등세가 크게 진정됐다. 이후 연준은 금리를 도로 내려 소비와 투자를 부추겼다. 미국은 글로벌 금융시장의 중추다. 미국을 따라 각국에서도 금리가 내리면서 이번엔 글로벌 저금리 환경이 조성됐다. 기업들이 국내외 금융시장에서 사업 자금을 쉽게 빌려 투자와 생산을 늘릴 수 있게 됐다.

우리나라도 미국처럼 오일쇼크에 대처했다. 고물가에 맞서 금리를 대폭 올리고 정부 예산까지 낮춰가며 시중 자금을 조였다. 정부가 해마다 농민에게서 사주던 추곡(가을 쌀)도 수매가 인상률을 대폭 낮췄다. 일련의 물가 안정책이 시행된 결과 1982년에는 물가가 급락했다. 때마침 해외 금리 환경도 저금리로 바뀌면서 기업들이 다시 사업을 키울 의욕을 갖게 됐다.

1983년부터는 글로벌 유가도 낮아졌다. 오일쇼크로 또다시 스태그플레이션에 시달린 주요국 사이에 유전을 개발해 중동 원유 의존도를 낮추려는 움직임이 나타나자 OPEC이 원유를 대폭 증산하는 쪽으로 급선회했기 때문이다. 유전이 늘어나면 자신이 기왕에 누리던 원유시장 주도권이 흔들릴 것을 우려한 OPEC은, 유가가 유전 개발 사업 수지를 맞출 수 없을 정도로 낮아지면 각국이 유전 개발을 포기하리라는 심산에서 원유 증산에 나섰다. OPEC이 원유 판매가를 낮추자 유가(브렌트유 기준)는 1980년 초 배럴(barrel, 1bbl.=158.9리터)당 40달러대에서 1985년 중반 20달러 이하로 떨어졌다. 당시 유가 급락에는, OPEC이 2차 오일쇼크를 일으킨 뒤 소련 등 비OPEC 산유국에서 원유를 증산한 것도 일조했다.

유가 하락은 기업의 비용 여건을 변화시킨다. 석유는 공산품 제조에 널리 쓰이는 필수 원료이므로 유가가 싸지는 만큼 기업이 공산품 생산 원가를 절감할 수 있기 때문이다. 생산비가 줄면 같은 값에 제품을 팔아도 이익이 더 나므로 투자와 생산을 늘릴 수 있다. 1983년 이후 국제

유가 하락은 글로벌 저금리 여건과 함께 우리 수출기업의 생산비 부담을 낮춰 국산품 가격 경쟁력을 높이고 수출을 늘리는 데 큰 도움이 됐다. 여기다 1985년 들어서는 우리 경제에 '원 저(低)'라는 결정적 호조건까지 추가됐다.

원 저란 원화 시세가 외화(외국 통화, 외국에서 발행한 화폐) 시세보다 낮은 상태를 말한다. 원 저 때는 우리나라에 본거지를 둔 기업이 수출로 돈 벌기에 유리하다.

원 시세가 미 달러당 1200원 할 때를 가정해보자. 국내 기업이 1100원 들여 만든 상품을 1달러에 수출하고 수입업자로부터 받은 대금을 환전하면 1200원을 손에 쥘 수 있다. 비용 1100원을 빼면 100원이 이익으로 남는다. 그런데 원 시세가 달러당 1300원으로 변했다고 해보자. 전에는 1달러를 손에 넣으려면 1200원이 필요했지만 이젠 1300원이 있어야 한다. 원화 시세가 달러당 100원씩 싸진 셈이다. 이 상태에서 국내 기업이 1100원 들여 만든 상품을 1달러에 수출하고 수입업자로부터 받은 대금을 환전하면 1300원을 손에 쥘 수 있다. 비용 1100원을 빼면 200원이 남으니 전보다 이익이 커진다. 이런 이치로, 원 시세가 싸지면 한국 수출기업은 같은 물량을 팔아도 전보다 돈을 더 벌 수 있다. 이익이 늘어나는 만큼 판매가를 조금 낮추면 판매량과 시장점유율도 쉽사리 늘릴 수 있다.

당시 원 저 여건이 조성된 배경에는 엔(¥) 시세의 갑작스러운 폭등이 있었다. 엔화는 왜 갑자기 폭등했을까? 미국의 무역수지 적자가 방아쇠를 당긴 요인이다.

미국 무역수지는 1970년대 후반부터 일본이나 독일(당시 서독)보다 열세에 놓인 미국의 제조업 경쟁력을 반영해 적자가 지속됐다. 반면 일본이나 독일은 탄탄한 제조업 경쟁력을 바탕으로 대미 상품 수출을 늘려 흑자를 크게 냈다. 1980년대 중반쯤 되자 미국은 상황을 반전시킬 의도로 달러 시세 낮추기를 계획한다. 이론상 달러 시세가 낮아지면 미제 상품 가격이 싸져서 수출이 늘어나는 효과를 기대할 수 있기 때문이다. 그래서 1985년 9월 주요국 대표를 모아 국제 통화 시세의 인위적 조정, 특히 일·독 통화인 엔화와 마르크화 시세를 높이고 달러 시세는 낮추는 합의를 이끌어냈다. 이른바 플라자 합의(Plaza Accord)다.

플라자 합의 이후 각국 정부는 이른바 협조개입(coordinated intervention), 곧 외환시장에서 각국이 협조하며 외환을 매매하는 방법으로 국제 통화 시세를 조정했다. 그 결과 달러-엔 시세는 플라자 합의 직전인 9월 말 달러당 평균 240엔에서 11월 말 200엔으로 뛰어올랐다.

엔 시세가 오르면 일제품은 수출이 불리해진다. 달러당 240엔 할 때 200엔을 들여 상품을 만들고 1달러에 수출한다 치자. 수출대금을 받아 환전하면 40엔이 이익이다. 그런데 달러 대 엔 시세가 1 대 200으로 뛰면 수출대금을 환전했을 때 남는 이익이 없어진다.

일본은 수출 여건이 크게 불리해졌지만 우리나라나 동남아 각국은 상대적으로 유리해졌다. 달러 대비 엔 시세가 비싸지면서 원화와 동남아 각국 통화는 시세가 싸졌기 때문이다. 일본이 수출에 타격을 입는 동안 일본과 경쟁하는 상품 위주로 수출을 늘릴 수 있었다.

대략 이런 경위로 우리 경제는 1980년대 후반 저금리, 저유가, 원 저라는 '3저(低)' 여건을 맞아 생산과 투자, 수출을 대폭 키웠다. 한국 경

미국 무역수지 추이

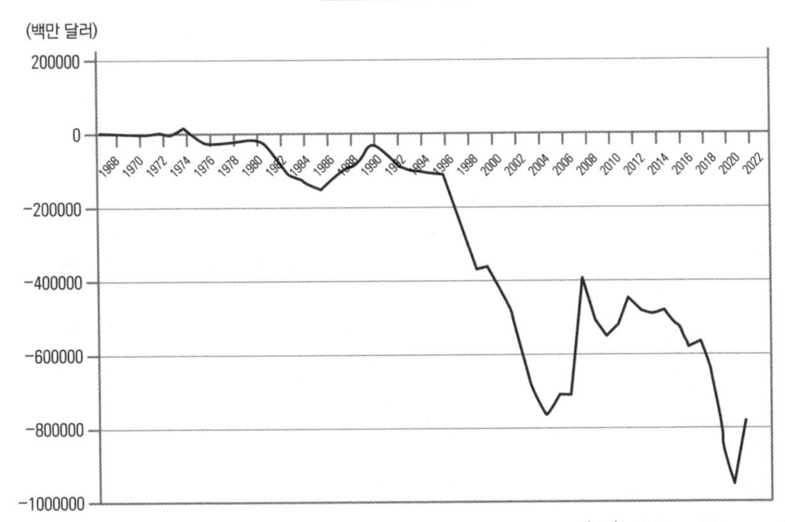

자료: U.S. Bureau of Economic Analysis(BEA), U.S. Dept. of Commerce

제사는 이 시기 한국 경제가 구가한 '3저 호황'을 1960년대 이래 최대 호황으로 기록한다. 1956년 이래 적자만 쌓던 무역수지도 1986년부터는 4년 연속 흑자를 냈다(1986년 31.3억 달러 → 1987년 62.6억 달러 → 1988년 88.9억 달러 → 1989년 9.1억 달러, 한국무역협회 한국무역통계).

경기 흐름으로 보는 현대 한국 경제사
: ③ 1990년대 후반, 엔 저 불황과 재벌 몰락

경기는 순환하는 법이다. 호황도 언젠가는 저문다. 불황 때 타격을 받지 않으려면 호황 때도 불황을 대비해야 한다. 기업은 기술·설비·인력에 투자해서 제품 품질과 생산성을 높이고 수익력을 키워둬야 경기가 나빠져도 꾸준히 수익을 낼 수 있다. 그러나 3저 호황 때 우리 기업은 미래 대비에 소홀했다. 호황 때 번 돈을 생산적 투자로 돌리기보다 주식과 부동산에 대거 투자해서 재테크로 불리기에 바빴다.

기업 경영은 수익 또는 외형 위주로 할 수 있다. 수익 위주 경영은 양보다 질을 추구하는 경영 방식이다. 많이 팔려 애쓰기보다 고급 제품을 생산하고 고가에 팔아서 비용 대비 이익을 많이 낸다. 빚은 되도록 적게 져서 이자 부담에 따른 수익성 하락을 막는다. 반면 외형 위주 경영은 질보다 양을 추구한다. 고품질 제품을 고가에 팔기보다 값싼 제품을 대량 생산·판매해서 이익은 적게 나도 매출 키우기에 중점을 둔다. 기업회계에서 기업 자산(재산)은 자본과 부채로 이뤄지고 부채가 늘어도 자산은 커지므로 빚을 져서라도 자산 규모를 키운다.

3저 호황 때 우리 기업은 수익보다 외형 위주로, 덩치 불리기에 치중하는 경영을 했다. 사업 규모가 클수록 부채와 사업 유지비를 많이 썼고, 매출 대비 이익률은 적어서 실속 없는 고비용·저효율 구조였다. 은행이 기업에 자금을 빌려줄 때도 수익성보다 매출과 자산 규모를 잣대로 삼아 외형 경영을 부추겼다.

덩치 불리기 경영은 불황에 약하다. 호황 때는 수요가 커서 매출을 웬만큼 받쳐주므로 박리다매로 이익을 낼 수 있지만, 불황이 오면 매출이 떨어져 현금 수입과 이익이 급감한다. 호황 때 불려놓은 사업을 계속 유지하는 데 드는 비용, 호황 때 진 빚을 갚는 데 드는 비용 부담도 가중된다. 불황이 길어지면 사업이 위기에 몰릴 수 있다.

아니나 다를까. 1990년대 중반을 넘기자 한국 경제에 돛을 달아줬던

3저 여건에 변화가 생겼다. 플라자 합의로 엔화에 초강세 행진을 강요하며 달러 약세 정책을 폈던 미국이 강(强)달러 정책으로 선회한 것이다.

정책 선회의 계기는 플라자 합의 이후 달러 시세가 약해졌음에도 불구하고 미국의 무역적자가 계속된 것과 관련이 있다. 플라자 합의 전, 미국은 달러 약세로 수출품 가격 경쟁력을 보강하면 자국산 제품 수출이 늘어나리라고 기대했다. 하지만 결과는 그렇지 못했다. 미국 제조업이 일본과 독일의 제조업 경쟁력을 따라잡지 못해 무역적자가 나는 추세를 달러 약세만으로는 되돌릴 수 없었다. 뭔가 다른 돌파구가 필요했는데, 대안이 나왔다. 1995년 1월 클린턴(Bill Clinton) 정부 재무장관으로 취임한 루빈(Robert Rubin)이 루비노믹스(Rubinomics) 또는 루빈 독트린(Rubin doctrine)이라고 불린 새 경제정책을 내놓은 것이다.

루빈은 약(弱)달러로 제조업 수출을 떠받치는 정책을 버리고, 오히려 강한 달러로 국내 소비와 금융 부문을 부양해 경기를 활성화한다는 성장 전략을 세웠다.

루빈의 전략은 실질잔고효과(real balance effect)와 자산효과(재산효과, 부의 효과, wealth effect)를 노렸다. 첫째, 실질잔고효과란 물가 변동에 따라 가계가 보유한 자산의 실질 가치가 변해 소비에 영향을 미치는 효과를 말한다. 루빈은, 자국 통화 시세가 오르면 수입물가가 싸질 테고 그럼 가계의 보유 자산이 실질적으로 커지므로 소비지출이 늘어나리라고 기대했다. 둘째, 자산효과란 자산 증가가 소비지출을 늘리는 효과를 말한다. 루빈은 달러가 강해지면 통화 시세 차익 등을 노린 투자가 해외에서 미국으로 들어와 투자자산(investment assets, 시세가 수시로 변해서 투자 성패에 따라 득실을 볼 수 있는 자산, 예를 들면 외환, 주식, 채권, 부동산, 코인,

디지털 화폐 등)의 시세를 띄우고, 그럼 자산 소유자들이 쉽사리 소비지출을 늘릴 수 있으리라고 기대했다.

루빈 독트린 실행을 위해 미국은 1995년 4월 주요 7개국 대표를 한자리에 모았고, 각국이 외환시장에 협조개입을 해서 달러 시세를 올린다는 합의를 끌어냈다. 이전 플라자 합의와는 내용이 정반대여서 역(逆)플라자 합의(anti-Plaza Accord)라고 불린다.

역플라자 합의로 달러 시세는 뛰고 엔은 약세로 돌아섰다. 1985년 플라자 합의 이후 상승세를 이어가던 엔 시세는 1995년 4월 18일 종가(장 마감 때 형성된 거래 가격) 기준으로 달러당 80.63엔에서 역사적 고점을 찍고 하락 반전했다.

엔화 약세는 일제 수출품 판매가를 낮추는 효과를 내며 일본 수출을 도약시켰다. 반대로 일제와 경쟁하던 한국산 제품은 수출 성장세가 단박에 꺾였고, 수출에 의지해 성장하던 한국 경제는 이내 불황으로 빠져들었다. 국내 부동산·주식 시세도 폭락했다. 그렇더라도 우리 기업이 서둘러 빚을 갚고 사업의 수익성을 높였다면 훗날 어려움이 덜했을지 모른다. 그러나 대개는 엔 저가 오래가지 않으리라고 낙관했다. 호황이 돌아올 때를 준비한다며 빚을 더 내서 설비를 늘리는 기업도 있었다. 하지만 한번 오름세가 꺾인 엔 시세는 이후 3년 내리 떨어졌다. 1995년 달러당 평균 94엔이던 것이 1997년 120엔까지 갔다.

엔 시세 급락에 비례해 한국산 수출품은 대표 상품인 반도체와 철강을 필두로 외수(外需, 해외수요)가 급감하면서 재고가 쌓여갔다. 수출기업은 날로 생산 활동이 둔해졌고 내수(內需, 국내수요)도 따라서 위축됐다. 반대로 기업이 갚지 못한 은행 빚은 시간이 흐를수록 눈덩이처럼 불어났다. 설비투자와 부동산 매입에 거액 빚을 진 기업 중 이자도 못 갚을 정도로 자금난을 겪는 곳이 속출했다. 운전자금마저 없어 부도(不渡, default, 빚을 제때 갚지 못하는 것) 위기를 겪는 기업도 많아졌다. 가장 심각한 곳은 빚 규모가 큰 재벌(대기업, 공식 용어로는 대기업집단)이었다. 거의 모든 재벌이 여러 은행에서 거금을 빌려놓고 이자도 못 갚는 자금난에 허덕였다. 결국 1997년 재벌이 연쇄 부도를 내기 시작했다.

기업이 융자금을 갚지 못할 때 은행이 고르는 길은 대개 두 가지다. 첫 번째, 소생 가능성이 보이면 오히려 돈을 더 빌려줘서 당면한 자금난을 넘기고 사업을 정상화한 다음 빚을 갚게 한다. 잘되면 융자 원리금을 손해 보지 않고 장기적으로 수익을 낼 수 있다. 하지만 더 지원해 봤자 기대할 게 없어 보인다면? 추가 대출을 끊고 채권(債權, 빚을 돌려받을 권리) 행사에 나선다. 바로 두 번째 길이다.

은행이 추가 융자를 해주면 기업이 소생할 수도 있지만, 빚 회수에 나서면 생존하기 어렵다. 다만 재벌 계열 대기업은 은행이 '가망 없다'고 판단하더라도 대뜸 목을 죄기 어렵다. 융자 규모가 큰 대기업 채권을 포기하면 은행까지 타격을 입기 때문이다. 대기업의 재정 파탄, 곧 도산(倒産, bankruptcy)은 은행뿐 아니라 금융·산업·고용을 포함해서 국민경제에 미치는 악영향이 크다. 경우에 따라서는 사태를 예방하지 못한 정부와 집권 정당에 국민의 비난이 몰려 정권이 위태로워질 수도 있다.

당시 일부 재벌은 덩치 큰 기업이 위기에 몰릴 때 국민경제가 영향받는 사정을 악용했다. '우리가 망하면 은행, 예금자, 금융 질서, 나라 경제에 큰 혼란과 손해가 생기고 정부와 정치인에 큰 부담이 될 테니 자금을 지원해 살려줄 수밖에 없을 것'이라고 계산하는 도덕적 해이(moral hazard)에 빠져 사업을 했다. 경영을 잘못해 자금난과 도산 위기에 부딪힌 상황에서, 은행이 자금 지원을 꺼리면 정치인과 정부 관료 등이 낀 커넥션에 줄을 대 부패한 정치권력과 거래함으로써 정부 보증과 은행 특혜 대출을 받아냈다. 특혜 대출이든 아니든 당시 대기업 중에는 정부가 은행을 동원해 자금 지원을 해준 덕에 소생한 예가 여럿이다. 대기업 지원을 위해 중앙은행인 한국은행까지 동원된 예도 있다.

재벌이 연쇄 부도를 내기 시작한 1997년에도 경영 위기에 빠진 재벌이 몇몇 정도였다면 정부가 은행 지원을 주선해주고 뒷감당을 해냈을지 모른다. 하지만 당시에는 자금 위기에 몰린 재벌이 하나둘이 아니어서 몇 군데 불 끄기로 해결될 상황이 아니었다. 급기야 '이번엔 정부도 대책 없다'는 사실을 시장이 알게 되면서 금융가는 각자도생(各自圖生) 판국이 됐다. 은행은 기업 대출을 거절하기 시작했고 재벌은 맥없이 무너졌다. 먼저 1월에 한보그룹이 거액 빚을 안고 도산했다. 이어 삼미, 기아, 대농, 해태, 진로, 쌍방울, 뉴코아, 한신공영 등 내로라하던 30대 재벌 중 절반이 해를 넘기지 못하고 쓰러졌다. 대기업이 쓰러지면서 거액 융자금을 떼인 은행도 줄지어 망했다. 줄도산하는 대기업과 금융기관에게서 받을 돈을 떼여 망한 중소 사업자, 졸지에 일자리를 잃은 실업자가 양산됐다. 글로벌 시장에서 한국 기업과 금융기관의 대외 신용은 바닥을 쳤고, 심각한 불황이 한국 경제를 덮쳤다.

경기 흐름으로 보는 현대 한국 경제사
: ④ 1997~1998년, 외환위기로 닥친 불황

1997년 후반 우리나라는 대기업 연쇄 도산으로 시작된 불황과 함께 전에 없던 외환위기를 맞았다. 외환위기는 국민경제가 대외 통상에 쓸 외환이 부족해 발생하는 치명적 경제위기다. 국제 거래에서 주로 쓰는 외환은 미 달러이므로, 결국 달러가 부족할 때 발생한다.

달러 부족이 왜 위기인가?

달러 없이는 상품 수출입 등 대외 거래를 할 수 없기 때문이다. 자동차 운행과 공장 운영에 필요한 원유를 비롯해 생산이나 소비에 필요한 물자를 들여올 수 없으므로 기업과 공장이 문을 닫아야 한다. 대량 실업이 발생하고, 물가가 폭등하고, 주식·부동산 등 자산 가격이 폭락하면서 금융과 경제가 통째로 마비될 수 있다.

달러 부족이 그렇게 문제가 된다면 국가 차원에서 빌리든 바꾸든 달러를 구하면 될 일 아닌가 싶지만, 쉽지 않다. 외환위기를 당하는 나라는 통화위기, 곧 자국 통화 시세와 국민경제의 대외 신용이 폭락하는 사태를 함께 겪기 때문이다. 국내에 달러가 없으니 해외에서 들여와야 하는데, 어디든 시세가 폭락하는 통화와 달러를 바꿔줄 리 없다. 신용이 바닥을 치는 나라에 달러를 빌려줄 이도 없다.

게다가 달러가 부족하다는 사실이 알려지면 으레 투기 세력이 외환 투기에 나서면서 상황이 악화한다. 국제 자산시장에는 항상 거대 자본으로 외환이나 주식 등 투자자산을 매매해 단기 차익을 노리는 투자 집단이 움직인다. 이들은 특정국에 보유 달러가 부족하다는 낌새를 채면 즉시 외환 거래 시장으로 자본을 옮겨 해당국 통화 시세가 폭락하는 쪽에 돈을 걸고 투기한다. 거대 자본이 움직이면 다른 투자자도 가세하기 쉽다. 이렇게 통화 투기 대상이 된 나라는 통화 시세 폭락과 달러 유출이 극심해져 외환위기로 직행하기 쉽다. 1997년 우리나라도 그랬다.

우리나라는 어쩌다 외환위기를 맞았을까?

근본 원인은 펀더멘탈(fundamental), 곧 국민경제의 기본 체력이 취약했던 데 있다.

한국 경제는 예나 지금이나 내수 규모가 비교적 작기 때문에 수출에 성장을 크게 의지하는 수출 주도형 경제다. 수출이 잘되면 국민경제의 체력이 좋아진다. 그런데 외환위기 직전 몇 년간 우리나라는 수출을 통한 달러벌이가 시원치 않았다. 수출 대기업이 외형 위주의 고비용·저효율 경영을 계속한 데다, 1995년 역플라자 합의 뒤 엔 시세가 강세에서 약세로 반전하면서 수출 여건이 불리해진 탓이다.

현대 국가는 상품 무역 등 대외 거래를 해서 번 외화를 국민경제 수준에서 '경상수지'라는 이름으로 집계한다. 1990년대 들어 우리나라 경상수지는 1993년 한 해만 빼고 1990년부터 1997년까지 내리 적자를 냈다. 1995년 미국의 정책 변화로 엔 시세가 약세로 돌아선 뒤로는 적자가 더 커졌다.

대외 거래에서 적자가 나면 벌어들인 달러보다 내준 달러가 더 많다는 뜻이다. 이미 벌어서 모아놓은 달러가 충분하면 괜찮지만, 그렇지 않으면 달러를 빌려야 대외 거래를 계속할 수 있다. 만약 적자가 여러 해 이어지면 계속 더 빌려야 한다. 그만큼 외채가 쌓인다. 경상수지 적자(경상적자)가 이어진 당시 우리나라도 부족한 살림을 외채로 꾸리면서 점점

우리나라 경상수지 추이

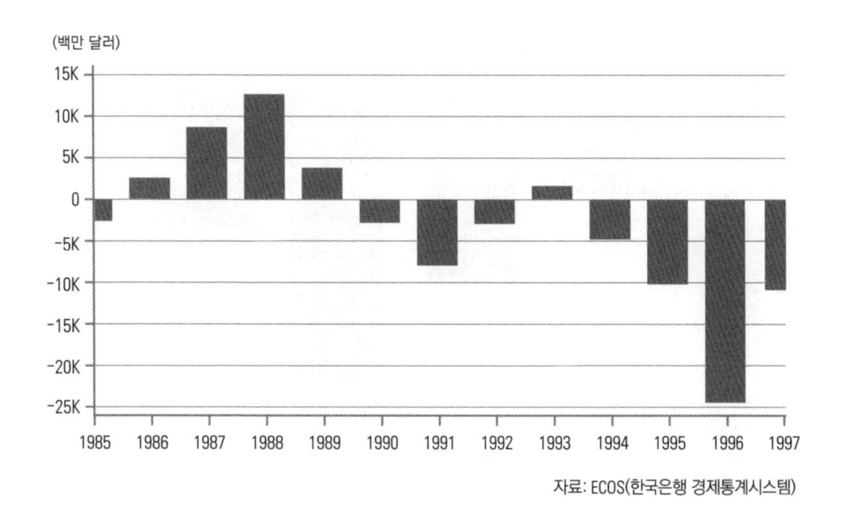

자료: ECOS(한국은행 경제통계시스템)

더 많은 외채가 쌓여갔다. 대외 채권에서 대외 채무를 뺀 순대외채무(그림에서 마이너스로 표시된 순대외채권)도 1994~1997년 해마다 커졌다.

나중에는 외환보유고마저 부족해졌다.

외환보유고(외환보유액)란 평소 각국이 중앙은행에 보유하는 대외 외환 채권(債權) 총액, 간단히 말해 보유 외환 총액이다. 자국에 본사나 본점을 둔 굵직한 기업이나 금융기관이 외국 거래처에 진 빚을 갚지 못할 정도로 경영난에 빠질 때 정부가 대신 갚아주는 데 쓴다. 일개 기업이 진 빚을 정부가 대신 갚아주는 이유는 뭘까?

국가신용도가 추락할까봐 우려되기 때문이다.

국가신용도는 한 나라가 대외 거래를 계속할 수 있느냐 여부를 좌우하는 중요한 평가 척도다. 글로벌 투자자들은 평소 각국 경제에 영향을 크게 미치는 주요 기업과 거래하면서 해당 기업의 신용도를 주시하고,

우리나라 순대외채권 추이

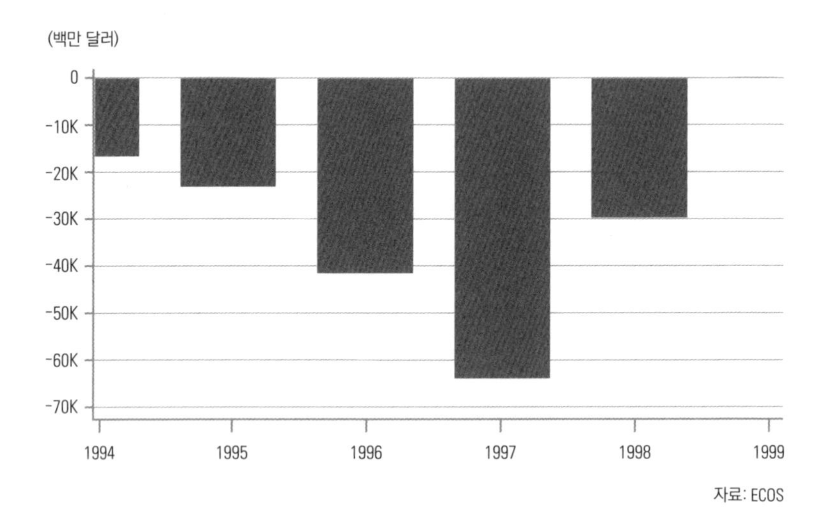

자료: ECOS

혹 신용이 흔들릴 경우 해당국 정부가 대신 감당할 능력이 있는지를 국가신용도로 평가한다. 만약 외환보유액이 부족하면 정부의 사태 수습 능력을 믿을 수 없으니 거래를 끊는다. 국가신용도가 추락하면 대외 거래가 끊기는 셈이다.

1997년 우리나라는 연말에 만기가 돌아오는 대외 단기부채를 갚는데 필요한 외환(외환보유고)이 턱없이 부족했다. 1990년대 중반부터 엔저로 수출에 불리해지면서 경영이 어려워진 대기업이 끝내는 연초부터 도산하기 시작하고, 이어 금융기관마저 도산 행렬을 짓다 보니 부족한 달러를 메울 길이 없었다. 한국에 외환이 부족하다는 사실을 눈치챈 해외 투기 자본은 원화 폭락에 거액을 베팅(betting)하는 환투기에 나섰다. 외환시장에서 대량 매도가 쏟아졌고 원화 시세는 단시간에 폭락했다.

원화 폭락은 가뜩이나 달러가 부족한 사태를 급격히 악화시켰다. 국내에 들어와 있던 외국 자본이 자산을 처분해 달러로 바꿔 들고 떠나기 시작했다. 투기 자본의 외환 투기 공세와 외국인 자본 유출, 원화 폭락세가 거세지자 원화로는 더 이상 달러를 살 수도, 빌릴 수도 없게 됐다.

다급해진 정부는 미국과 일본에 긴급 달러 융자를 청했지만 거절당했다. 결국 연말에는 IMF(International Monetary Fund, 국제통화기금)에 구제금융(bailout, 부채 지급 불능으로 파산 위기에 빠진 개인·기업·국가를 구해주기 위한 자금 지원)을 청할 수밖에 없었다.

IMF는 세계 각국이 함께 출자해 운영하는 국제금융기구다. 2024년 10월 현재 190개국이 회원으로 가입해 있다. 회원국이 경제난에 빠지면 급전을 빌려주지만, 그 뒤에는 해당국 경제정책을 통제하고 융자 원금에다 이자를 얹어 회수한다. 우리 경우도 그랬다. 서울에 IMF 사무국을 설치하고, 우리 정부를 상대로 경제정책을 지시하고 통제했다. 국내 언론은 일제히 '한국 경제 주권이 IMF 수중에 넘어갔다'고 전했다.

당시 IMF는 한국 경제에 급격한 구조조정을 권고하는 경제정책 지침을 내놓았다. 골자는 두 가지. 첫 번째는 금리를 즉시 대폭 올리고 정부지출은 줄이라는 것이었다. 금리가 오르면 해외 자본이 들어온다. 금리가 오르면서 정부지출이 줄면 국내 투자와 소비가 위축되므로 저축이 늘어난다. 동시에 국내 소비가 위축되면 수입은 줄고 재고 상품 수출은 늘어 무역수지가 커진다. 결국 해외 자본 유입, 저축 증가, 무역수지 확대로 외화를 늘려 한국이 IMF 융자금을 빨리 갚을 수 있게 만들겠다는 구상이다. 두 번째는 기업과 금융기관의 구조조정을 추진하라는 것이었다. 빚이 많은 기업과 금융기관은 단기에 자산을 처분해 빚을 대폭 줄이고, 수익성이 낮은 기업은 설비·조직·인원을 과감하게 도려

내 규모를 줄이고 수익성을 높이라는 권고였다.

IMF 권고는 말이 권고지, 융자를 받은 나라 처지에서는 명령이나 다름없다. 이내 산업 전반에서 구조조정이 전개됐다. 민간 기업과 금융기관 다수가 자산을 대거 처분해 부채와 인력 · 설비를 대폭 줄여야 했다. 그렇잖아도 대기업과 금융기관이 줄도산하던 차에 구조조정이 진행되자 대규모 실업 사태가 났고, 불황은 한층 깊어졌다. 1999년에는 당시 재계 서열로 삼성그룹에 이어 2위였던 대우그룹이 구조조정 끝에 아예 해체되어 국민경제에 큰 충격을 주었다.

외환위기 한 해 전인 1996년 우리나라는 OECD(Organization for Economic Cooperation and Development, 경제협력개발기구)에 가입했다. 그때까지 OECD는 '선진국 클럽'으로 통했기 때문에 '우리도 이젠 선진국'이라며 뿌듯해한 국민이 많았다. 그런데 별안간 나라 경제가 도탄(塗炭)에 빠지자, 국민은 정부와 여당이 경제 운영에 무능했다며 격분했다. 때마침 다가온 대선에서 야당 김대중 후보를 대통령으로 뽑았다. 1960년대 박정희 정부 이후 여 · 야 간 정권 교체는 사실상 처음이라, 정치 세력 지형이 일변했다.

경기 흐름으로 보는 현대 한국 경제사
: ⑤ 1999~2003년, 짧은 경기 회복과 해외발 불황에 이은 내수 불황

외환위기 직후인 1998년 한국 경제성장률은 전년 대비 -5.1%(이하 성장률은 모두 2015년 가격 기준, 한국은행 경제통계시스템 ECOS)로, 1960년대 이후 최악의 기록을 냈다. 하지만 이듬해 성장률은 11.5%, 2000년에는 9.1%로 대폭 반등했다. 2001년 8월에는 IMF에서 빌린 달러도 다 갚았다. 외환위기와 함께 온 불황이 금방 물러갈 것처럼 보였다. 그런데 2000년 들어 미국 경기가 급강하했다. 1990년대에 IT(information technology, 정보기술) 산업이 활황을 이루면서 고평가됐던 주가가 무너진 탓이다. 대미 수출 비중이 큰 우리 경제는 바로 타격을 입었고, 2001년 성장률은 4.9%로 주저앉았다. 경제위기를 벗어나자마자 해외발 불경기에 뒷덜미를 잡힌 셈이다.

정부는 단기 내수 부양으로 대응했다. 우리 경제에서 내수와 외수의 성장 기여도는 대체로 반반이다. 새에 비유하면 내수와 외수라는 두 날개가 몸통(곧 경제)을 띄운다. 당시 정부는 외수 부진을 일시적 현상으로 보고, 단기적으로 내수를 일으켜 경기 침체를 막다 보면 수출 경기가 되살아나 경제를 계속 성장시킬 수 있으리라고 판단했다.

내수 부양책은 정부지출을 늘리고, 건설·부동산·금융 부문 규제를 풀어 건설과 부동산 경기를 띄우고, 가계의 단기 소비를 늘리는 데 집중됐다. 금리는 낮은 수준으로 묶어서 빚 부담을 줄여줬다. 정부의 금융회사 영업 감독도 완화해서 신용카드회사와 은행이 가계에 신용카드 발급, 소액대출, 주택담보대출을 마음껏 늘릴 수 있게 했다.

효과는 이내 나타났다. 시중 자금 공급이 풍부해져 가계 대출과 소비가 늘고 부동산 투자 붐이 일었다. 내수 경기가 좋아진 덕에 2002년엔 수출이 부진했는데도 성장률이 7.7%로 높아졌다. 그다음이 문제였다. 이른바 카드 대란(大亂)이 일어나면서 단기 내수 부양의 부작용이 드러났다. 2002년 중반부터 가계 빚이 한두 해 사이 곱절로 늘면서 카드빚에 몰린 신용불량자와 개인 파산이 양산됐다. 신용카드사도 경영 위기에 몰렸다. 고객 신용을 따지지 않고 카드를 남발했다 빚을 떼인 탓이다. 2002년 약 5000억 원 순이익을 기록했던 카드사 경영 실적이 2003년에는 약 10조 5000억 원 적자를 냈다. 카드업계 1위였던 LG카드는 2003년 카드사 적자의 절반을 지고 부도 위기에 빠졌고, 2006년 신한금융그룹에 매각된 뒤 이듬해 신한카드로 흡수합병됐다.

카드 대란으로 중산층 이하 가계는 소비 여력이 크게 위축됐다. 2003년 중반부터는 해외 경기가 회복됐지만 수출을 많이 하는 대기업만 벌이가 좋아졌다. 내수에 의지하는 중소기업과 자영업은 벌이가 나아지지 않았다. 결국 2003년 성장률은 외환위기 이래 최저 기록(3.1%)을 냈다. 경제성장과 내수가 가계 빚에 발목을 잡힌 셈이다.

2000년대 초 우리 경제에 영향을 미친 미국발 불황은 다분히 경기순환에 따른 현상이었다. 정부 예측대로 길게 가지도 않았다. 그렇다면 해외 경기가 순환 주기를 따라 자연스럽게 회복되기를 기다리며 경제의 내실을 다졌다면 좋았을 것이다. 그러지 않고 단기 부양에 나선 탓에 반짝 호황을 만든 빚 부담이 내수 부문에 불황을 드리웠다.

경기 흐름으로 보는 현대 한국 경제사
: ⑥ 2004~2007년, 부동산 투기 대응 실패로 깊어진 내수 불황

2003년 노무현 정부가 출범했다. 당면 경제 과제는 가계 부채와 내수 불황에 대응하는 일이었다. 우선 전임 정부가 시작한 저금리 정책부터 중단해야 했다. 저금리가 내수를 부양하는 효과는 작은 반면 시중 자금을 부동산 투기로 몰아넣는 효과는 커서 민간 부채를 계속 키웠기 때문이다. 부동산 정책도 투기 수요 규제만 할 게 아니라 필요한 데는 공급이 늘어날 수 있게 하는 식으로 입체화할 필요가 있었다. 무엇보다 시중 자금이 제 발로 부동산시장을 떠나 생산적 부문으로 흘러갈 만한 투자 대안과 여건을 만들어야 했다.

하지만 정부는 저금리 정책을 고집했다. 생산적 투자가 쏠릴 수 있는 대안이나 여건을 제공하지도 못했다. 오로지 수요 규제로 일관한 부동산 투기 대응에 골몰했는데, 그나마 제대로 하지도 못했다. 단기 규제와 앞뒤 안 맞는 규제를 남발하고 변덕스럽게 고치기를 되풀이했다. 게다가 '국토균형발전' 슬로건을 띄우고 지방에 수도권 공공기관을 이전시켜 미니 신도시를 만드는 기업도시·혁신도시 건설 사업을 추진해 전국에 부동산 투기가 일게 했다. 정책 취지와 상관없이 타이밍이 좋지 않았다. 저금리에 부동산 투기와 '국토균형발전' 슬로건이 동시에 움직이자 시장은 정부의 부동산 투기 대응 의지와 능력을 의심했고, 투기를 멈추지 않았다. 부동산 투기와 내수 불황이 이어지며 가계 빚은 더 늘었다. 빚에 눌린 소비 부진과 내수 침체, 기업 투자 부진도 지속됐다.

내수 불황이 길어지자 중소기업과 자영업자 등 소상공인을 포함한 서민 살림살이는 눈에 띄게 어려워졌다. 비정규직 노동자가 급증했고 중산층이 빈곤층으로 전락하는 비중도 늘었다. 반면 자산층은 부동산 자산 위주로 재산을 불렸다. 대기업은 2003년 중반부터 살아난 수출 경기에 힘입어 호황을 구가했다. 결과적으로 국민의 자산과 소득 분포에 불균형이 심해졌다. 국민은 경제, 특히 내수 경기를 살려줄 리더십을 기대했고 정권 교체로 의지를 표현했다. 2007년 말 대선에서는 야당이 이겨, 여·야 정치 세력이 10년 만에 도로 자리를 바꿨다.

경기 흐름으로 보는 현대 한국 경제사 : ⑦ 2008~2012년, 대기업 편향 정책과 해외발 경제위기로 가중된 내수 불황

2008년 이명박 정부가 출범했다. 시급한 경제 과제는 이전 정부 때 제대로 풀지 못한 내수 불황을 해결하는 일이었다. 새 정부는 수출 대기업을 집중 지원해 성장률을 높인다는 전략을 내놓았다. 정부가 대기업을 우선 지원해 수출 실적이 좋아지면 대기업이 국내 투자를 늘릴 테니, 대기업과 거래하는 중소기업의 벌이가 나아지고 → 중소기업은 국내 고용에서 대부분을 차지하니, 중소기업 경기가 나아지면 고용이 늘어나고 → 고용이 늘면 소비도 증가해 자영업자·소상공인 벌이도 좋아질 것이므로, 결국 총수요가 커져 내수 경기가 살아나고 분배도 개선할 수 있다고 자신했다. 대기업이 먼저 성장해 성과를 올리면 그 성과가 중소기업과 자영업자·소상공인으로 확산되면서 총수요를 키워 경기 활성화로 이어진다는 논리로, 이른바 낙수효과(落水效果, trickle-down effect)를 기대한 성장 전략이다. 낙수효과란 부유층의 소득 증대가 경기 확대를 매개로 저소득층 소득까지 늘리는 효과를 물이 위에서 아래로 흘러내리는 현상에 비유한 용어다.

새 성장 전략에 따라 정부는 대기업 수출을 적극 지원했다. '비즈니스 프렌들리(business friendly)'를 캐치프레이즈로 내걸고 돈벌이에 걸림돌이 되는 기업 규제도 대폭 풀었다. 법인세율도 낮춰줬다. 덕분에 대기업은 수출을 크게 늘려 대폭 성장과 이득을 구가했다. 하지만 대기업 성장 과실이 중소기업과 자영업자·소상공인을 거쳐 내수 경기로 파급되는 효과는 미미했다. 과실 파급은커녕 대기업이 유난히 적극적으로 내수 시장 확장에 나서면서 골목 상권에서 소상공인들이 쫓겨나는 일이 부쩍 잦아졌다.

이명박 대통령은 대선 때 이른바 '747 공약'을 내걸었다. 집권 후 성장률을 연 7%로 끌어올려 국민소득 4만 달러 시대를 열고 세계 7위권 선진국을 실현하겠다고 약속했다. 하지만 결과는 목표에 크게 미달했다. 집권 첫해 가을, 미국에서 금융위기가 발생해 글로벌 경제위기로 번진 것부터 악재였다.

금융위기란 주식·부동산 같은 투자자산의 시세가 갑자기 폭락해서 금융 시스템의 정상 운영이 어려워지는 사태다. 자산 투자에는 으레 금융 부채가 동원되므로, 자산 시세가 폭락하면 투자 손실과 함께 금융 부채가 남는다. 금융 부채가 해결되지 않으면 금융회사 경영이 위기에 몰리고, 같은 일이 여러 금융회사로 확산되면 금융이 마비될 수 있다.

미국에서는 2000년대 들어 주식과 부동산 등에 투자가 왕성하게 일어났는데 2008년 갑자기 자산 시세가 폭락하면서 금융위기가 발생했다. 이른바 2008년 미국발 금융위기다. 미국에서 시작된 금융위기는 세계 범위로 긴밀하게 연결된 투자 네트워크를 타고 유럽과 아시아로 건너가 글로벌 금융경제에 타격을 입히고 실물 경기(실물경제 부문의 경기)까지 가라앉혀 글로벌 경제위기로 번졌다. 이해 해외수요가 급감하는 바람에 한국 경제는 수출과 설비투자, 건설투자, 소비가 모두 위축되어 전년 대비 성장률이 3.0%에 그쳤다. 2006년 성장률 5.3%, 2007년 5.8%에 크게 못 미친 기록이다. 이듬해 2009년 성장률은 0.8%에 그쳐, 외환위기가 닥쳤던 1998년(-5.1%) 이후 최저 기록을 냈다.

2010년에는 해외 위기가 진정되면서 6.8% 성장할 수 있었지만, 이듬해에는 다시 성장률 추락이 불가피했다. 유럽에서 국가부채위기(sovereign debt crisis)가 발생하면서 해외발 불황이 재연됐기 때문이다.

국가부채위기란 나라가 진 빚을 갚지 못하는 사태다. 국가부도위기(sovereign default crisis)라고도 한다. 유럽 국가부채위기(the European sovereign debt crisis, the European debt crisis, the Eurozone crisis)가 발생한 데는 2008년 미국발 글로벌 금융위기 여파가 컸다. 미국발 금융위기와 잇단 실물 경기 침체가 세계로 파급되면서 특히 투자와 교역으로 긴밀하게 연결된 유럽을 강타했기 때문이다. 유럽 중에서도 남유럽이 큰 충격을 받았다.

유럽 남부에 있는 포르투갈(P), 이탈리아(I), 그리스(G), 스페인(S)은 흔히 PIGS로 묶어 부른다. PIGS 경제의 주력은 관광산업이다. 금융위기 발생 전인 2000년대에는 관광과 관련 부동산 개발 부문에 집중 투자했는데, 금융위기 발생 후 관광업이 침체하면서 경상수지 적자가 심화됐다.

경상수지란 국민경제가 평상시 대외 거래를 해서 생기는 수지다. 적자가 나면 빚을 내서 메워야 대외 거래를 계속할 수 있다. 제조업이 취약한 PIGS는 평소 상품 수입을 많이 해서 경상수지 적자를 쌓았고, 부채를 늘려가며 재정과 경제를 꾸렸다. 그러다 금융위기 충격파가 밀려

오자 정부가 재정을 대규모로 풀고, 감세하고, 파산 위기에 몰린 은행에서 부채를 넘겨받았다. 정부가 재정지출을 늘리고 민간 채무를 떠맡은 결과 재정적자와 국가 채무(부채)가 격증했다. 그러자 국제 투자자가 추가 융자를 끊었다. PIGS가 경상수지 적자, 재정적자, 국가 부채 급증세를 되돌릴 전망이 낮고 부도 위험은 높아졌다고 평가해서다. 이후 PIGS는 2009년에서 2012년에 걸쳐 잇달아 국가부채위기에 빠졌다. IMF와 유럽중앙은행(European Central Bank, ECB) 등으로부터 구제금융을 받아야 했다.

구제금융을 받은 나라는 경제를 긴축 운영해 빚을 갚아야 한다. 재정지출을 줄이고 세금은 더 걷어야 한다. 정부 예산 삭감, 공공기관의 축소 지향 구조조정에 이어 경기 위축이 불가피하다. 남유럽 불황은 2011년부터 본격화해 유럽과 교역하는 나라를 필두로 글로벌 경제에 악영향을 끼쳤다. 우리나라로 밀려온 불황은 한때 투기 바람이 거셌던 수도권 집값까지 내리누르고 2011년 성장률을 3.7%로 꺾었다. 2012년 성장률은 2.4%로 더 떨어졌다.

이명박 정부 5년간 성장률은 연평균 3.3%로, 1970년대 이후 어느 정부 때보다 낮다. 성장률이 낮아진 데는 거듭된 해외발 불황 탓이 컸다. 그렇지만 정부가 별 효과도 없는 낙수효과에 기대 구태의연하게 대기업 지원책을 계속한 점은 문제였다. 중소기업과 자영업자 등 저소득층을 지원해 내수를 살리는 노력을 등한시한 점도 마찬가지다. 정부가 대기업 편향 정책을 쓴 탓에 내수 불황은 더 심해졌다. 대기업 대 중소기업, 자산층 대 서민층 간 소득·자산 양극화도 가속됐다. 그런데도 국민 다수는 정부의 경제 실책을 단죄하지 않았다. 2013년 여당은 재집권에 성공해 박근혜 정부를 출범시켰다.

경기 흐름으로 보는 현대 한국 경제사
: ⑧ 2013~2016년, 경제 과제 외면해 불황 만성화

박근혜 정부 출범 때 우리 경제에는 이미 10년 이상 이어진 내수 불황과 갈수록 심해지는 경제 양극화에 대응하는 일이 시급했다. 전임 정권 때 특히 심해진 대기업 독점을 교정해 경제 민주화 수준을 높일 필요도 있었다.

박 대통령은 경제를 민주화하고, 세금을 늘리지 않으면서 국민이 누리는 복지 혜택을 늘리고, 가계 빚 부담도 줄이겠다고 공약했다. '창조경제'를 슬로건으로 내걸고, 전국에 '창조경제혁신센터'를 만들어 사업 아이디어를 발굴하고 과학기술과 산업, 문화를 융합해 시장과 일자리를 늘리겠다고 했다. 하지만 '창조경제'는 헛구호에 그쳤다. 경제 민주화는 진척되지 않았다. 서민 복지는 후퇴했다. 기진맥진하던 내수 경기는 아예 침몰하다시피 했다. 실업률이 2013년 3.1% → 2014년 3.5% → 2015년 3.6% → 2016년 3.7%로 꾸준히 늘었다. 실업자 수도 2000년대 들어 처음으로 100만 명을 돌파했다.

철강, 자동차, 반도체, 조선 등 주력 산업 수출마저 부진해졌다. 박 정권이 들어선 2013년부터 2016년 10월까지 수출 증가율은 연평균 −2.9%로 후퇴했다. 수출은 2015년 5268억 달러로 전년 대비 8.0% 줄었고, 2016년에는 4955억 달러로 5.9% 줄었다. 우리나라 수출액이

2년 연속 줄어든 것은 1957~1958년 이후 58년 만에 처음이었다. 수출이 줄면서 경제성장에 수출이 기여한 비율도 2013년 82.7% → 2014년 33.3% → 2015년 15.3%로 해가 갈수록 급감했다.

내수에 더해 수출까지 침체에 빠지자 정부는 손쉬운 경기 부양책으로 눈을 돌렸다. 건설 경기, 특히 주택 투자 경기를 띄우고자 재정지출을 늘리며 금리를 낮추고 부동산 규제를 풀었다. 빚져서 집 짓고 매매하기 쉽게 금융 규제도 완화했다. 그 결과 내수·외수가 다 부진한데 주택 투자를 앞세운 건설 경기만 홀로 살아 경기를 떠받쳤다. 당연히 부작용이 생겼다. 집값과 임대료가 치솟아 자산층은 재산을 늘렸지만 서민층은 주거비와 생계비 부담이 늘어, 가뜩이나 벌어진 자산·소득 격차가 더 크게 벌어졌다. 부동산 투기용 대출, 그리고 셋집이나 가계 임차 용도를 포함한 생계용 대출이 함께 늘면서 가계 빚도 격증했다. 가계 부채는 2013년 박 정권 출범 후 3년 새 약 400조 원이 늘어, 2016년에는 사상 최대치인 1300조 원대로 부풀었다. 가계 부채 증가폭은 부동산 규제 완화와 맞물려 2013년 전년 대비 5.7% → 2014년 6.5% → 2015년 10.9 → 2016년 11.7%로 해가 갈수록 커졌다.

내수 불황과 빈부 격차에 따른 양극화가 심한 데다 가계 빚이 급증해 내수 기반을 허물고 수출까지 부진해진 탓에 한국 경제는 급격히 취약해졌다. 박 정권 4년간 연평균 경제성장률은 3.0%로 노무현 정부(4.7%)나 이명박 정부(3.3%)보다 낮았다.

2014년 신년 기자회견에서 박 대통령은 우리나라 1인당 국민소득이 '2017년이면 4만 달러 시대를 바라볼 것'이라고 말했다. 전임 이명박 대통령도 '임기 내 국민소득 4만 달러 시대를 연다'고 공언했었다. 실제로 두 정권이 지나간 9년 동안 1인당 국민소득은 2만 달러대에 머물렀다.

경기 흐름으로 보는 현대 한국 경제사
: ⑨ 2017~2021년, 성장 정책과 부동산 정책 실패로 양극화 심화

2017년 봄 문재인 정부가 출범해서 색다른 경제정책 슬로건을 내걸었다. 이른바 '소득 주도 성장'. 1960년대 이래 한국 정부가 견지해온 성장 방법론을 뒤집은 정책이다.

역대 정부는 대기업을 적극 밀어줬다. 먼저 대기업이 수출을 주도해 이익을 내고 투자와 소비를 늘려 경기를 살리면 중소기업과 자영업자·소상공인에게도 경기 확대 효과가 확산된다고 봤기 때문이다. 처마에 고인 물이 위에서 아래로 떨어지듯, 경기 확대 효과가 고소득층에서 저소득층으로 확산되기를 기대하는 낙수효과 논리다.

낙수효과를 기대한 정책은 20세기 한국 경제에 효과가 있었다. 대기업이 이끈 고속 성장이 실현됐기 때문이다. 그런데 21세기 들어서는 상황이 달라졌다. 대기업으로 경제력과 수출 이익이 줄곧 집중되는데도 고용 정체와 내수 침체가 계속되고 대기업과 중소기업, 자산층과 빈곤층 간 양극화도 심화됐기 때문이다. 문 정부는 더 이상 낙수효과가 듣지 않는다는 인식에서 소득 주도 성장론을 정책 대안으로 내놓았다.

소득 주도 성장론은 정부가 중소 사업자와 자영업자·소상공인 등 저소득층의 소득 향상을 지원해 경제를 성장시킨다는 정책 구상이다. 저소득층 소득 향상이 소비 증대로 이어져서 기업 판매와 생산·투자를 키우고 총수요를 늘려 경기를 활성화하리라고 기대한다. 분수 물이 밑에서 위로 퍼지듯 경기가 확대되기를 기대하며, 낙수효과와는 정반대 개념인 분수효과(trickle-up effect, fountain effect)를 겨냥한다.

문 정부는 임기 초부터 소득 주도 성장 정책을 적극 추진해, 2018년 최저임금을 전년 대비 16.38% 올렸다. 2019년에도 10.89% 올려 저소득층 소득이 오르기를 기대했다. 그런데 저소득층 일자리와 소득이 거꾸로 줄어드는 현상이 나타났다. 한계기업 수준에 있던 중소기업과 영세 자영업자가 최저임금 인상으로 인건비 부담이 커지자 아예 고용을 줄이거나 문을 닫은 탓이다. '준비가 부족했다'는 비판이 쏟아졌다. 이후 소득 주도 성장 정책은 동력을 잃고 흐지부지됐다. 2020년 최저임금 인상률은 2.87%로 급강하했고, 2021년에는 1.51%로 더 떨어졌다. 2022년(5.05%)을 포함한 문 정부 임기 전체 평균 인상률은 7.34%로, 전임 박근혜 정부(7.42%)보다도 낮았다.

더구나 2020년 코로나 사태로 불황이 왔을 때는 '소득 주도 성장'을 내건 정부답지 않게 자영업자·소상공인 등 저소득층 상대 재정 지원에 인색했다. 자영업자 등은 정부의 방역 정책에 협조하느라 경제난이 가중됐던 만큼 적절한 보상과 지원을 요구했는데, 정부는 '재정 건전성을 유지해야 한다'며 소극적 입장을 견지했다. 코로나 국면에서 미국, 프랑스, 캐나다, 일본 등 주요 외국 정부가 재정을 적극 풀어 자영업자 등을 지원한 것과 사뭇 달랐다.

문 정부는 출범 초기 '소득 주도 성장'에 더해 '공정 경제'와 '혁신 경제'를 경제정책의 큰 축으로 삼겠다고도 밝혔다. 대기업이 중소기업 상대로 불공정 거래를 일삼는 적폐를 바로잡고 혁신적 서비스와 상품이 시장에 새로 들어올 수 있게 하겠다고 공언했다. 말 그대로 했다면 경제구조 혁신에 진전이 있었겠지만 그러지 않았다. 공정거래위원회(Fair Trade Commission, 공정위) 전속고발권 이슈가 대표적인 예다.

현대 국가에서는 대개 경제 거래가 공정하게 이뤄지도록 규제하는 법으로 공정거래법을, 공정거래법에 따른 감독과 규제를 실행하는 기관으로 공정위(공정거래위원회)를 두고 있다. 우리나라도 같은 제도가 있지만, 제대로 작동하지 못한다고 비판하는 시각이 있다. 이를테면 우리나라에서는 어떤 기업이 가격을 담합(談合, collusion, 같은 업종 사업자가 서로 짜고 상품 가격을 정하는 행위)해서 공정거래법을 위반하고 피해자가 발생하더라도 피해자가 직접 가해 기업을 고소할 수 없다. 공정위가 공정거래법 위반에 따른 고발권을 독점하고 있기 때문이다. 공정위가 고발해야 검찰이 기소할 수 있는데, 공정위가 피해자 호소를 듣고 가해자를 고발하는 사례가 드물다. 그렇다 보니 주로 중소기업이 힘센 대기업과 거래하다 대기업의 불공정행위로 손해를 입어도 시비를 가려 처벌과 보상을 받아내기 어렵다. 문 대통령과 민주당은 공정위의 고발권 독점이 적폐라며 2017년 대선과 2020년 총선 때 폐지를 공약했다. 하지만 집권 후에는 약속을 어겼다.

정부가 공언한 성장 정책이나 시장 공정성 제고, 산업 혁신에 별다른 성과가 나오지 못하는 사이 경제성장세는 부진을 면치 못했다. 문 정권 첫해인 2017년 전년 대비 3.2%로 출발한 성장률은 2018년 2.9%, 2019년 2.2%, 2020년 −0.7%, 2021년 4.1%로 5년 평균 2.3%에 그쳤다. 1990년대 김영삼 정부 이후 역대 최저 기록이고 노무현 정부

(4.7%), 이명박 정부(3.3%), 박근혜 정부(3.0%)보다 낮다.

게다가 문 정부 들어서는 전국 주요 도시 집값이 폭등했다. 이전 정권부터 이어진 저금리 여건과 유동성(liquidity, 현금 + 현금화가 쉬워서 현금에 준하는 것으로 볼 만한 자산) 과잉으로 시장에서 자금 확보가 쉬워진 점이 크게 작용했다. 당시 경기가 과열 상황이었다면 정부가 저금리와 과잉 유동성을 제어해 집값 상승세를 막는 게 옳다. 실제로는 불황이 길게 이어져서 대출 규제는커녕 오히려 추가 유동성 공급이 필요한 상황이었다. 문 정부는 내수를 떠받치기 위해 유동성 공급을 늘렸다. 주택시장을 겨냥해서는 법과 규제를 동원해 매매 수요를 억누르는 정책을 폈다.

주택 투자는 유동성 공급과 밀접한 관련이 있다. 유동성 공급이 늘면 주택 투자 수요가 늘어나는 것도 불가피하다. 아무리 정부가 제어한다 해도, 시장을 아예 닫지 않는 한 주택 투자 수요 억제에는 한계가 있게 마련이다. 그렇다면 수요 확대기에는 공급을 늘리는 대책도 필요할 것이다. 당장 늘리기 어렵다면, 정부가 적어도 시장에 '집이 늘어난다'는 시그널을 주고 실행 의지를 보일 필요가 있다. 하지만 문 정부는 공급 대책을 외면하고 수요 억제 일변도로 치달았다. '집을 더 지어봤자 다주택자가 다 사들여 시세를 올린다'며 명확한 근거 없이 다주택자를 집값 폭등 주범으로 지목하고, 세제와 행정력을 동원해 집을 팔지도 사지도 못하게 압박했다. 결과는 대실패였다. 문 정부 임기 내내 굵직한 대책만 25회 이상 내놓았지만 집값은 쉬지 않고 올랐다.

자본주의 주택시장에서 다주택자 수요만 투기 수요라고 보기는 어렵다. 주택 구매 수요를 실수요와 투기 수요로 나눠 보는 것도 이론으로나 가능한 얘기다. 그런데도 문 정부는 다주택자를 1주택자와 차별해 중과세했다. 집이 몇 채든 보유 주택 시세 총액에 따라 세금을 매기는 게 아니라, 1주택자면 고가 주택 보유자라도 세금을 감면했다. 다주택자면 고가 1주택자보다 보유 주택 시세 총액이 작아도 세금을 무겁게 매겼다. 그러다 보니 부작용이 빚어졌다. 시장 수요가 이른바 '똘똘한 한 채', 즉 가격이 비싸도 세 부담이 적은 집 매수로 몰려 서울 강남 등지 고가 주택 시세를 폭등시키고, 주변 집값이 따라 오르면서 전국 집값이 치솟았다. 집값이 뛰면서 고가 주택과 저가 주택, 도심과 주변, 서울 강남과 강북, 서울과 경기도, 수도권과 지방, 대도시와 중소도시 간 집값 격차가 극심해지고 지역별·계층별 자산 격차도 사상 최대 폭으로 벌어졌다. 집값을 따라 전월세가, 세금, 건강보험료도 함께 올라 가뜩이나 내수 불황으로 어려운 서민과 중산층의 세 부담은 한층 무거워졌다.

정부의 부동산 관련 제도 개편과 번복도 유난히 잦아, 국민 주거 안정성을 심하게 흔들었다. 정부가 세제 혜택을 줘가며 장려하던 민간임대주택사업을 갑자기 일방적으로 폐지하면서 사업자에게 약속한 혜택을 취소 또는 변경해버린 것이 대표적인 예다.

문 정부는 서민과 중산층 주거를 안정시키겠다고 공언했다. 하지만 결과는 전례 없는 집값 폭등과 자산 양극화, 중산층과 서민의 주거 안정 훼손으로 나타났다. 문 정부의 부동산 정책 실패는 2022년 대선에서 야당이 내건 '정권 심판' 공세에 힘을 실어 정권 교체로 귀결됐다.

3

물가

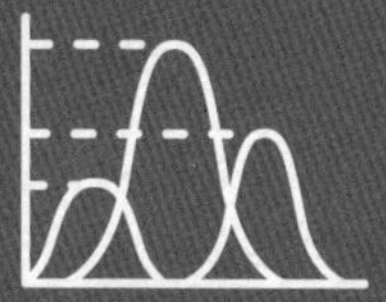

물가 결정 원리
물가와 경기
물가와 소비
유가와 물가
물가지수 활용
인플레이션 원인과 대응
인플레이션과 경기
디플레이션 원인과 대응
원자재 시세 결정 메커니즘
선물거래 원리
원자재 시세 독해법

경기가 좋아지면 재화 수요가 늘어 물가가 오른다.
반대로 경기가 나빠지면 수요가 줄어 물가가 떨어진다.
물가가 경기를 반영하는 셈이다.
결국 물가지수 수치가 커지는지 작아지는지 보면
경기가 어떤지 대략 알 수 있다.

수박값은 어떻게 정해지나

자장면값이 뛰면 '자장면 가격이 올랐다'고 말하는 이도 있고, '물가가 뛰었다'고 말하는 이도 있다. 가격은 뭐고, 물가는 뭘까?

가격이란 자장면 한 그릇에 얼마, 냉면 한 그릇에 얼마… 식으로 매매를 위해 개별 상품에 붙이는 값이다. 물가는 개별 상품 가격 여러 개를 한데 묶어 평균 낸 값이다. 예를 들어 자장면이나 피자처럼 밖에서 사 먹는 음식 가격을 묶어 평균 낸 값은 외식물가, 상추나 배추 같은 채소 가격을 묶어 평균 낸 값은 채소물가라고 부른다.

가격은 어디서 어떻게 정하는 걸까?

시장경제 체제에서는 시장이 정한다.

시장은 상품을 사는 이와 파는 이가 만나 거래하는 곳이다. 반드시 건물이나 점포가 없더라도 상품이 거래되는 곳은 다 시장이다. 시장에서는 수요(demand)와 공급(supply)이 만난다. 수요란 상품을 사려 하는 욕구, 공급은 상품을 팔려 하는 욕구다. 상품을 사려는 쪽은 수요자, 팔려는 쪽은 공급자다. 수요자나 공급자 모두 자기 이익을 극대화하려고 움직인다.

수요자는 어느 재화를 어떤 값에 얼마나 많이 사면 좋을지 따져서 판매가가 가장 적당한 상품을 고른다. 공급자는 팔려는 상품의 값을 얼마로 매겨야 최대한 많이 팔 수 있을지를 계산한다. 서로 이해가 엇갈리는데 어떻게 가격이 정해질까? 시장에서 수급이 어떻게 움직이느냐가 관건이다.

지난해 시장에서 수박 한 통이 2만 원이었다 하자. 올해는 수요가 500통쯤으로 예측되는데 농가에서 시장에 내놓은 수박은 200통뿐이다. 그럼 지난해보다 가격이 오른다. 왜? 수요량이 공급량보다 많기 때문이다.

수요량이 공급량보다 많을 때 판매자는 '판매가를 좀 올려도 살 사람이 많을 것'이라고 판단하기 쉽다. 실제로 판매자가 수박값을 지난해 시세보다 2000원 올려 한 통에 2만 2000원씩 내놓아봤는데 팔린다면, 올해 수박값은 한 통에 2만 2000원이 된다. 여기서 2만 2000원이라는 수박 가격은 시장에서 결정된 것이므로 시장가격(market price)이다. 시장가격은 줄여서 시가(市價)라 하고, 시세라고도 부른다.

이번에는 농가에서 내놓은 수박이 500통인데 시장 수요는 200통뿐이라고 해보자. 공급량이 수요량보다 많으니 앞서 상황과는 정반대다. 판매자는 '값을 지난해보다 좀 내려야 팔릴 것'이라고 판단해서 값을 낮춰 내놓기 쉽다. 실제로 내린 값에 판매가 되면 시장가격은 싸질 수밖에 없다. 그렇다고 무한정 싸지는 것은 아니다. 시장가격이 싸지면 수요량이 늘어나는 대신 공급량이 줄어든다. 상품 수급에 변화가 생기면 시장가격도 변한다. 떨어지던 시장가격이 더 이상 떨어지지 않거나 도로 오를 수 있다.

누군가 상품 수급을 멋대로 좌지우지하지 않는 한 시장가격은 상품 수급 추이를 따라 계속 오르내린다. 이론상으로는 그러다 어느 순간 수급이 딱 맞아서 균형을 이루는 때가 온다. 이를테면 팔려는 수박은 500통에서 300통으로 줄고 사려는 수량은 200통에서 300통으로 늘어 수급이 균형을 이루는 때다. 수급이 맞으면 더 이상 가격이 떨어지거나 오를 이유가 없다. 이렇게 상품 수급이 일치(match)해 균형을 이루는 점(균형점equilibrium point)에서 시장가격이 정해진다. 만약 상품 수급이 일치하지 않으면 수급이 일치할 때까지 가격은 계속 오르내릴 수밖에 없다. 결국 상품 수급이 가격(시장가격)을 결정하는 셈이다. 일단 가격이 정해지면 이후로는 가격이 상품 수급을 조절한다. 곧 시장가격이 상품 수급을 조절하는 메커니즘으로 작동한다.

이론상 다른 조건이 같다면, 상품 수요량은 가격이 오를수록 줄어들게 돼 있다. 가격이 오르면 사람들이 그 상품을 살 능력이 안 되거나 다른 상품을 사게 되기 때문이다. 같은 이치로 가격이 내릴수록 수요량은 늘어난다. 즉 수요량은 가격이 오르면 줄고 가격이 내리면 늘어난다. 이렇게 가격과 상품 수요량이 반비례하는 이치를 수요 법칙이라고 부른다.

공급량은 수요량과 반대로 움직인다. 다른 조건이 같다면, 상품 공급량은 가격이 오를수록 늘어나게 돼 있다. 가격이 오르면 상품 공급자의 이윤이 늘어나고, 공급자가 공급을 늘려 더 많은 이윤을 보려 하기 때문이다. 같은 이치로 가격이 내릴수록 공급량은 줄어든다. 즉 공급량은 가격이 오르면 늘고 가격이 내리면 줄어든다. 이렇게 가격과 상품 공급량이 비례하는 이치는 공급 법칙이라고 부른다.

상품의 수요와 공급은 제각기 수요 법칙과 공급 법칙을 따라 움직이다 어느 점, 곧 균형점에서 서로 일치해 균형가격(equilibrium price)을 형성한다. 이렇게 상품 수급이 수요 법칙과 공급 법칙을 따라 움직이면서 균형가격을 향해 조정되는 이치를 수요공급 법칙(law of supply and demand)이라고 부른다. 수요공급 법칙은 자유시장에서 재화의 가격(시장가격)과 수량(판매량, 거래량)을 결정하는 기본 요인으로 작용한다.

얼마에 팔아야 더 많이 팔 수 있나

동네 떡집이 매일 떡 공장에서 20개씩 떡을 사다 판다. 공장에서 사 오는 떡은 1개 1500원. 떡집은 여기에 500원을 얹어 2000원에 판다. 매일 들여오는 떡 20개가 하루 영업 마감 때까지는 다 팔린다. 수급이 균형을 이뤄 판매가 안정된 셈이니 1개 2000원은 적당한 판매가라고 볼 수 있다. 그렇지만 값을 조금 올려서 다 팔 수만 있다면 이익이 더 커질 것이라고 생각해, 2500원에 팔아봤다. 그러자 매일 10개 정도는 안 팔리고 남았다. 공급량에 비해 수요량이 줄었는데, 다른 이유가 없다면 가격이 너무 높은 탓이다. 판매 단가를 도로 2000원으로 내리든지, 공장에서 사 오는 떡을 10개로 줄여야 할 것이다. 이번에는 단가를 1700원으로 낮춰봤다. 그랬더니 가게 문을 열자마자 다 팔려 나갔다. 수요량이 공급량보다 훨씬 많았던 셈인데, 다른 이유가 없다면 가격을 너무 싸게 매긴 탓이다. 판매 단가를 도로 2000원으로 올리든지, 공장에서 떡을 더 사 오든지 해야 할 것이다.

수요량과 공급량은 가격 변화에 민감하게 움직인다. 상품 수급이 가격에 민감한 속성을 잘 이용하면 판매 경쟁에서 앞설 수 있다. 가령 비슷한 값에 같은 상품을 내놓고 갑과 을이 판매 경쟁을 하는데, 갑이 먼저 판매가를 조금 내리면 어떻게 될까? 당장은 을과 비슷한 양을 팔아도 이익이 적다. 하지만 시간이 흐르면서 가격이 싸다는 사실이 알려지면 갑에게로 고객이 몰려 전보다 큰 이익을 얻을 수 있다. 이른바 박리다매(薄利多賣, small profit and quick return), 판매가를 깎아서 단위 이익은 적게 봐도 많이 팔아 총이익을 키우는 가격 전략이다.

엿값을 엿장수 맘대로 못 한다고?

가격을 결정하는 기본 요인은 상품 수급이지만 인구 변화, 국민소득 증감, 소비자 취향 변화 같은 변수도 가격 결정에 영향을 미친다. 특히 시장이 어떤 상태에 있느냐도 중요하다.

시장에 따라서는 상품 공급 기업이 딱 하나이거나 몇 개밖에 없는 경우가 있다. 공급자가 하나뿐인 시장은 독점 시장, 공급자가 소수면 과점 시장이라 한다. 두 시장을 묶어 부르는 말은 독과점 시장이다.

독과점 시장에서는 가격이 형성될 때 공급자가 수요자보다 유리한 위치에 선다. 가령 자동차 시장에서 판매사가 단 하나뿐이라면 수요자 처지에서는 찻값이 얼마든 상관없이 사야 할 것이기 때문이다. 자연히 독과점 기업은 제멋대로 가격을 정하기 쉽고, 제품 판매가도 내리기보다는 자꾸 올리기 쉽다.

독과점 기업이 멋대로 가격을 조정하는 것은 소비자나 시장 입장에서 보면 횡포나 같다. 그래서 현대 국가는 독과점 기업이 시장에서 횡포를 부리지 못하게 막고 거래가 공정하게 이뤄지도록 유도하는 제도를 둔다. 우리나라에서는 공정거래법과 공정위(공정거래위원회)가 그런 제도다. 우리나라 공정위는 국무총리 직속 중앙행정기관으로 활동한다. 해마다 공정거래법에 따라 독과점 상태에 있다고 판단되는 기업을 골라 시장지배적 사업자, 곧 독과점 사업자로 지정한다. 독과점 사업자가 내놓는 상품은 가격 동향을 주시해 판매가를 많이 올리지 못하게 막는다. 그래서 비유해 말하면, 엿장수라 해도 엿값을 제 마음대로 올릴 수 없다.

경기 좋아지면 왜 물가 오르나

경기가 좋아지면 물가가 오르는 게 보통이다. 왜 그럴까?

수요가 늘고 생산비가 오르기 때문이다.

경기가 확대되면서 생산 활동이 활발해지면 기업이나 가계나 소비가 늘어난다. 소비가 늘면 원재료 · 에너지 · 노동력 같은 생산요소와 상품 수요가 커진다. 수요가 공급보다 많아지면 가격이 오르게 마련. 원재료나 에너지 가격, 인건비가 오르면 기업은 생산비 부담이 커지므로 완성품 판매가를 올려 이익 수준을 전처럼 유지하려 한다. 한둘이 아니라 많은 기업이 같은 이유로 제품 판매가를 올리면 결국 물가가 오른다.

경기가 좋을 때는 소비자의 소비 의욕이 높아진다. 비싼 상품도 기꺼이 사들인다. 기업 입장에서는 판매가 잘되니 생산비가 더 들어도 생산량을 늘린다. 기업이 생산을 늘릴 때는 대개 노동력이 더 많이 필요하다. 노동력은 공급이 한정되어 있는 생산요소이므로 기업 수요가 커지면 임금이 오른다. 임금이 오르면 물가가 올라도 소비가 줄지 않는다. 물가가 오르는데도 상품이 계속 잘 팔리면 기업은 생산비를 늘려가며 생산을 더 늘리고, 생산비가 늘어나는 만큼 상품 판매가도 더 올린다. 결국 경기가 좋아지면 생산과 소비가 활발해지면서 물가가 오른다.

반대로 경기가 나빠지면 소비 수요가 줄면서 물가가 떨어지기 쉽다.

경기가 나빠져 생산 활동이 침체하면 직장인의 임금 수입이 늘지 않아 가계 수입이 정체한다. 가계 수입이 제자리걸음을 하면 소비가 정체되거나 줄어들기 때문에 물가도 상승률이 둔해지거나 떨어진다.

보통은 그렇지만 예외가 있다. 수입품 가격이 오를 때는 경기가 나빠도 물가가 오를 수 있다.

1997년 말 우리나라가 외환위기를 맞은 직후가 그랬다. 당시는 경기가 아주 나빴는데도 수입품 가격이 급등하는 바람에 물가가 치솟았다. 미국발 글로벌 금융위기가 발생한 2008년, 그리고 2009년 상반기도 그랬다. 경기가 나쁜데 원유를 비롯한 수입 상품 가격이 급등해 제품 재룟값과 완제품 판매가를 자극한 탓에 물가가 치솟았다. 수입 상품은 크게 완제품과 재료로 나눌 수 있다. 수입품 가격이 뛰면 수입 완제품뿐 아니라 수입 재료로 만드는 국내산 완제품도 판매가가 뛰어 물가를 올린다.

가계 소비가 어떻게 물가 움직이나

가계경제는 국민경제에서 차지하는 역할이 크다. 특히 가계 소비의 증감은 물가를 움직여 경기와 국민경제에 큰 영향을 미친다. 가계 소비가 어떻게 물가를 움직일까? 경기, 특히 기업 생산 활동과 밀접한 관계가 있다.

경기가 좋아지고 경제가 성장하면 가계 수입이 늘면서 소비가 늘어난다. 늘어나는 소비는 생산 의욕을 자극해서 기업이 상품을 더 많이 생산하게 만든다. 늘어나는 상품을 더 많은 소비가 받아내면 경기는 한층 확대된다. 경기가 확대되면 상품 수요가 많아져 생산비가 오르므로 물가가 오른다.

물가가 오르더라도 오름세가 완만하고 가계의 벌이나 급여도 계속 늘어난다면 소비 수요가 지속되면서 경기가 호조를 이어갈 수 있다. 하지만 물가 상승세가 길게 이어지거나 상승 속도가 가팔라지면 벌이나 급여가 함께 늘어나지 않는 한 가계는 실질소득이 줄어든다. 실질소득이 줄어드는 만큼 상품을 살 수 있는 능력, 곧 구매력(purchasing power)이 줄어들기 때문에 소비를 줄일 수밖에 없다.

가계 소비가 줄면 기업은 판매가 줄기 때문에 생산을 줄여야 한다. 물가 상승세가 소비자의 실질소득을 줄이는 추세가 머지않아 끝날 전망이 없는 한 투자도 늘리기 어렵다.

물가가 오르면 국내 생산품 가격이 해외 생산품 가격보다 비싸지므로 수출이 어려워지는 효과도 생긴다. 결국 내수 기업(內需企業, 매출을 주로 국내수요에 의지하는 기업)이나 수출 기업이나 다 어려워져 나라 경기

가계 소비가 물가와 경기를 움직인다

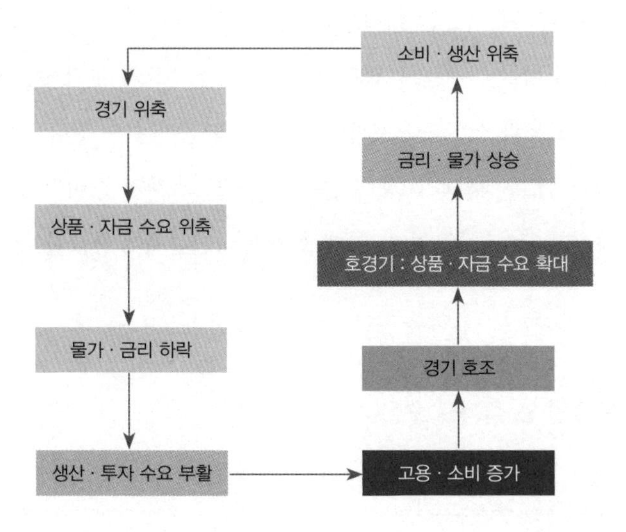

가 위축된다.

경기 부침(浮沈)에는 금리도 변수로 끼어든다. 경기가 확대되다 보면 자금 수요가 공급을 넘어서면서 금리가 오른다. 금리가 오르면 시중에서 돈 구하기가 전보다 어려워지므로 가계 소비나 기업 생산, 투자가 위축된다. 소비와 생산이 위축되는 사이 생산 라인과 조직, 인력을 줄이는 기업이 늘어난다. 문 닫는 회사까지 많아지면 실직자가 늘어 경기가 가라앉기 쉽다.

경기가 나빠지면 가계는 수입이 줄기 때문에 소비를 줄여야 한다. 소비 수요가 줄면 기업 판매가 부진해지고 상품 수요에 비해 공급이 남아돌면서 물가가 떨어진다. 경기가 위축되면서 물가가 떨어질 때는 사람들이 장차 물가가 더 내릴 거라고 생각해 돈을 덜 쓰고 저축을 늘린다. 그럴수록 시장에서는 자금 공급이 수요에 비해 많아진다. 그럼 금리도 내린다. 물가와 금리가 함께 하락 행진을 한다.

물가와 금리가 한동안 내리고 나면 물가와 금리가 낮아진 상황을 이용해서 돈벌이를 하려는 수요가 커진다. 생산 수요와 투자 수요도 다시 늘어나고 고용과 소비도 도로 늘어 경기가 되살아날 수 있다. 다만 물가와 금리가 낮고 생산과 고용이 늘어나더라도 가계가 소비를 늘리지 않으면 경기가 살아날 수 없다. 가계 소비가 국민경제에 중요한 이유다.

유가 오르면 왜 물가도 오르나

기사독해

연합뉴스
2023.10.24

국제유가 상승 여파로 생산자물가지수↑

지난달 국제유가 상승으로 생산자물가가 석 달 연속 올랐다. 24일 한국은행에 따르면 9월 생산자물가지수는 121.67(2015년=100)로 8월(121.17)보다 0.4% 상승했다.

국제 유가가 오른 탓에 생산자물가가 올랐다고 전한 기사다.

국제 유가는 국제 원유 가격을 뜻한다. 생산자물가란 국내시장에서 국내 생산자끼리 대량 거래하는 상품과 서비스의 가격을 종합해 평균한 것이다. 국제 원유 시세 등락이 어떻게 우리나라 물가를 올리고 내릴까? 우리 물가에는 수입 원유 가격이 큰 영향을 미치기 때문이다.

원유(原油, crude oil)는 석탄이나 천연가스(natural gas)처럼 땅속이나 지표면 근처에 존재하는 화석연료(fossil fuel)다. 고대 해양생물, 식물, 박테리아의 잔해로 형성됐고 탄화수소가 주성분인 퇴적물(hydrocarbon deposits)로 알려져 있다. 원유를 채굴해서 정제하면 LPG, 휘발유(가솔린), 나프타(naphtha, 합성수지·합성고무·합성섬유 등 석유화학제품 제조의 주원료), 등유, 경유, 윤활유, 중유 등을 얻을 수 있다. 제각기 특성은 달라도 모두 연료로 쓸 수 있는 화합물이다. 이렇게 원유를 원료 삼아 만든 화합물을 통칭 석유제품(石油製品, petroleum products) 또는 유제품이라고 부른다. 석유(petroleum, rock oil, oil)는 원유와 석유제품에다 천연가스까지 합쳐 일컫는 말이다.

다만 현실에서 '원유'와 '석유'의 개념 구분은 둘을 혼용하거나 통칭하는 사례가 많아서 혼란한 상태다. 에너지연구소(The Energy Institute, EI)가 발표하는 〈세계에너지통계리뷰(EI Statistical Review of World Energy)〉는, 천연가스는 빼고 원유와 석유제품을 합한 개념으로 '석유(oil)'를 정의하고 관련 통계를 내놓고 있다. 이를테면 '세계 원유 수출입 물량' 통계와 '세계 석유 수출입 물량' 통계를 구분해 내놓는데, 후자는 원유와 석유제품 물량을 합산한 통계다. 우리 책에서도 원유(crude oil)와 석유(oil)를 구분하고, 석유는 원유와 석유제품을 합한 개념으로 쓰는 걸 원칙으로 한다.

석유제품은 자동차, 비행기, 배 등 교통수단을 움직이는 필수 동력원(에너지원)이다. 공업 제품 생산과정에서 재료, 연료, 용제(溶劑, solvent), 에너지원으로 쓰일 뿐 아니라 생활용품 생산 재료와 가정용 연료에 이르기까지 광범위하게 쓰이므로 세계 어디서나 경제생활에 불가결한 상품이다.

경제활동에서 워낙 널리 활용되다 보니 원유 시세 변동은 다른 어떤 재화보다 물가에 큰 영향을 미친다. 원유 가격이 오르면 석유제품처럼 원유와 관계가 있는 상품부터 잇달아 가격이 오르고, 그 영향으로 나중에는 원유와 직접 상관없는 상품까지 값이 뛴다. 같은 이치로 유가가 떨어지면 다른 상품 가격도 떨어진다.

특히 우리나라는 유가 변동이 물가에 미치는 영향이 크다. 원유를 전량 수입하는 데다, 평상시에도 전체 상품 수입액 중 약 25%를 원유 수입에 쓰기 때문이다. 그래서 유가가 오르면 물가도 따라 오르고, 유가가 내리면 물가도 따라 내린다.

여느 해외 상품 같으면, 평소 물가에 미치는 영향이 크더라도 값이 비싸지면 그 영향이 줄어든다. 수입 물량이 줄기 때문이다. 원유는 다르다. 국내 물가에 미치는 영향이 좀처럼 약해지지 않는다. 수입가가 올라도 수입을 줄이기 어렵기 때문이다.

유가는 뭐가 움직이나

유가를 움직이는 것은 뭘까?

원유도 상품이므로 기본 요인은 수급이다. 산지에서 생산을 늘려 공급이 늘거나 경기 침체로 수요가 줄면 시세가 내리고, 감산으로 공급이 줄거나 경기 확대로 수요가 늘면 시세가 오른다.

수급 말고 가장 중요한 요인은 미국 달러 시세다. 원유는 국제시장에서 주로 미 달러로 거래하기 때문이다.

달러 시세가 세지면(오르면) 같은 액수로도 더 많은 원유를 살 수 있다. 이를테면 1달러로 살 수 있는 원유가 1배럴에서 2배럴로 뛰고, 원유 대금이 배럴당 1달러에서 0.5달러로 낮아지는 식이다. 달러 시세가 오르면 원유 시세는 내리는 식으로 달러와 원유는 시세가 반대로 움직인다.

미국은 달러를 발행하므로 달러 시세가 강해질수록 원유를 싸게 살 수 있어서 좋다. 수급 등을 이유로 원유 시세가 비싸질 때 달러 시세를 높이는 정책을 써서 유가 하락을 유도할 수 있다. 1970년대에 국제 유가가 급등했을 때도 미 정부가 달러 시세를 높이는 정책을 써서 유가를 떨어뜨렸다.

미국은 달러 시세를 움직여 유가에 대응할 수 있지만, 우리나라처럼 달러를 발행하지 않는 나라는 그럴 수 없다. 원유를 사려면 먼저 원화로 달러를 사야 하므로 달러 시세가 오르면 원화 부담이 커진다.

그렇다고 달러 시세가 약해지면 원화 부담이 줄어드는 것도 아니다. 달러 약세 때는 원유 가격이 오르기 때문이다. 원유 구매량을 줄이지 않는다면 달러를 더 살 수밖에 없다. 평소 달러로 원유를 사는 나라는 달러 시세가 세지든 약해지든 상관없이 늘 달러를 사야 한다.

세계가 원유 거래를 주로 미 달러로 하게 된 것은 1970년대 중반 미국이 사우디 등 중동 산유국과 협약을 맺고 나서다. 원유 결제 대금을 달러로 하는 대신 미국이 중동 산유국 정부를 국내외 군사 공격에서 보호해주기로 했다. 이후 원유 수입국으로부터 원유와 달러의 수요가 함께 늘어나면서 달러는 국제 거래에 가장 많이 쓰이는 통화로 자리 잡았다.

석유 정치경제학: ① 중동 유가는 왜 늘 문제인가

원유 산지는 중동과 영국, 미국, 러시아 등 여러 곳에 걸쳐 있다. 세계가 많이 거래하는 원유는 미국산 WTI, 북해산 브렌트유, 중동산 두바이유다.

우리나라는 주로 두바이유를 사 온다. 약 7~8할은 두바이에서, 나머지는 동남아·아프리카·아메리카·유럽에서 들여온다. 자연히 우리나라 유제품 시세에는 두바이산 유가가 큰 영향을 끼친다. 두바이유를 많이 사는 이유는 뭘까? 다른 원유보다 값이 싸기 때문이다. 다만 두바이유라고 해서 늘 싼 것은 아니다. OPEC이 이런저런 이유로 생산을 줄이면 단박에 시세가 뛴다. 중동 정치 정세가 불안해져도 마찬가지다.

중동에는 늘 종교 분쟁을 비롯해 복잡한 국제정치 역학이 작용한다. 친미 성향 이스라엘이 종교가 다른 아랍 산유국과 늘 적대하고, 아랍 산유국끼리도 종파가 나뉘어 다툰다. 때문에 걸핏하면 전쟁이 난다. 전쟁이 난다고 당장 원유 생산이 줄어들지는 않지만, 원유 생산과 판매를 평소처럼 하지 못할 가능성이 생기므로 시세가 뛴다.

중동은 세계 최대 규모 원유 매장지다. 세계 원유 생산량의 31.5%(2023년 하루 생산량 기준, 〈EI Statistical Review of World Energy 2024〉, 73rd edition)를 차지할 만큼 원유 산지로서 비중이 크다. 중동 원유 수급에 문제가 생기면 세계 전체 원유 수급에 문제가 생겨 유가가 뛴다. 우리나라처럼 원유를 많이 수입하는 나라는 물가가 올라 경제에 타격을 입기 쉽다. 경제가 잘 굴러가려면 공장을 돌리고 차를 굴리는 데 많은 원유가 필요한데, 유가가 뛰면 기업은 생산비와 판매비 부담이 커지고 소비자는 소비자물가 부담이 늘기 때문이다. 물가가 급등하면 국민경제가 급격히 위축될 가능성이 높다.

실제로 세계는 중동 정세가 비상했던 1973년과 1979년에 유가가 급등하는 바람에 일제히 심한 물가고를 겪은 적이 있다. 이른바 두 차례의 오일쇼크다.

1차 위기는 아랍과 이스라엘 간에 전쟁이 나면서 발생했다. 유가가 폭등해 많은 나라가 물가고를 겪었다. 2차 위기는 이란에서 반미 민족주의 혁명이 일어나고 발생했다.

이란에서 혁명이 일어난 이유는 중동에 발을 들인 오일메이저와 관계가 깊다.

오일메이저란 미국, 영국, 프랑스 등 주요 서방 선진국에 본사를 두고 세계 각국에서 활동하는 유력 다국적 석유회사를 말한다. 1920년대부터 세계시장을 분할해 원유를 채굴하고 판매했다. 중동 시장도 일찌감치 지배 구도에 넣고 사우디, 쿠웨이트, 이라크, 이란 등 주요 산유국 정치권력과 유착해 원유 시장을 좌지우지했다. 미국 등 서방 선진국은 오일메이저를 군사와 외교 등 측면에서 보호하고 지원하며, 해외 에너지 자원을 확보하고 패권(覇權, hegemony)을 유지하는 무기로 활용했다. 문제는 오일메이저와 유착한 중동 정권이 자국민과 이해를 달리했던 점이다. 이란이 그랬다.

이란에서는 1908년 영국인 기업가가 원유를 발견한 뒤 영국과 미국 등 외세가 국정에 개입했다. 낡은 왕조가 권력을 유지할 수 있게 도와주는 대신 오일메이저가 원유 시추권과 운영권을 확보했다. 제2차 세계대전 이전에는 주로 영국이, 종전 후에는 패권국으로 떠오른 미국이 정권과 유착했다. 그러다 1978년 후반부터 1979년 초에 걸쳐 호메이니가 민족주의 혁명을 주도해 왕조를 무너뜨렸다.

호메이니는 대부분 이슬람교도인 국민을 이끌어, 이란을 이슬람 민족국가로 거듭나게 했다. 외세를 물리치고 자원을 자주적으로 통제하자며 중동 민족주의를 선도해 중동 국가를 단합시켰고, 중동 원유 자원을 탐내는 서방에 정면으로 맞섰다. 혁명 직후 이란과 사우디 등 중동 산유국은 일제히 원유 공급을 줄이고 판매가를 올렸고, 2차 오일쇼크가 발생했다.

석유 정치경제학: ② 미국은 왜 중동에 개입하나

5차 중동전쟁 터지나…
"美 빠져라" 이란, 이스라엘 공격 임박

팔레스타인 무장정파 하마스의 이스라엘 침공으로 촉발된 가자 전쟁이 6개월째에 접어든 가운데, 이란이 이스라엘에 "최대한의 피해"를 언급하며 보복 공격을 시사했다. … 이란은 다마스쿠스 공격에 대한 주요 책임은 미국에 있다고도 경고했다. 또 이란의 이스라엘 보복 공격과 관련해 미국에 "비켜서라"며 개입하지 말 것을 강조했다.

중앙일보
2024.4.7

팔레스타인 무장 단체 하마스(Hamas)와 이스라엘 간에 발생한 가자 전

쟁 관련 기사다. 가자 전쟁은 2023년 10월 발발 후 이란·시리아·레바논 등 중동 지역 여러 이슬람 국가가 무장 단체 헤즈볼라(Hezbollah) 등을 통해 하마스를 돕고, 미국이 이스라엘을 돕는 복잡한 양상으로 발전했다.

가자 지구(Gaza strip)만 아니라 중동은 20세기 이후 거의 언제나 전쟁 상태다. 역내(域內) 국가나 세력 간 다툼도 나고 역내 국가·세력과 미국, 러시아, 유럽 주요국 등 외세가 얽혀 싸우기도 한다. 이유는 종교 분파 갈등이나 정치·군사상 견제 등 그때그때 다른데, 많은 분쟁에 미국이 마치 당사자처럼 열심히 개입한다. 왜 그럴까?

중동이 유럽, 아시아와 아프리카 대륙을 잇는 지정학적(geopolitical) 요충지라 정치·외교나 군사 면에서 중요하기 때문이기도 하지만 다른 이유도 있다. 바로 원유 이권이다. 중동 역내 세력 대 외세 간 분쟁에서는 원유 확보가 단골 이슈다. 중동 역내 세력은 자기네 땅에서 나는 원유 자원을 지키려 하고, 외세는 중동 원유 자원을 확보하려 한다. 외세는 하나둘이 아니다. 미국이 중동에 개입하면 미국을 견제하려고 러시아 등 다른 나라도 끼어든다. 여러 외세가 자기 이해를 앞세워 역내 세력 간에 엇갈리는 이해관계를 거들면서 중동 분쟁은 복잡하게 전개되기 일쑤다.

미국은 1970년대까지 이란에서 오일메이저를 통한 중동 원유 개발·판매 사업을 하면서 다른 나라보다 특혜를 누렸다. 그러나 1979년 이란혁명 뒤에는 상황이 달라졌다. 혁명정부가 중동 산유국을 이끌며 미국에 맞선 탓에 원유 사업에 차질이 생겼다. 하지만 곧 사태를 뒤집을 기회가 왔다. 이란이 혁명을 치른 해 이라크에서 집권한 사담 후세인

(Saddam Hussein)이 이듬해 이란을 침공했기 때문이다. 이란 혁명정부를 눈엣가시로 여기던 미국은 이라크를 집중 지원했고, 이란-이라크 전쟁은 1988년 휴전으로 마무리됐다. 이후 미국은 이란과 대치했는데, 1990년대 들어서는 이라크하고도 전쟁을 벌였다. 역시 원유 때문이었다.

이라크도 이란처럼 이슬람 국가이자 원유 부국이다. 후세인 집권 전에는 쿠웨이트나 사우디처럼 친미 정부였고, 미국 정유사에 유리하게 원유 거래를 했다. 그런데 후세인 집권 후 상황이 달라졌다. 후세인은 중동에서 세력을 키운 뒤 외세를 원유 자원에서 배제할 속셈이었기 때문이다. 이란과 전쟁을 치르는 동안에는 미국을 이용하려고 미국과 우호 관계를 유지했지만, 전쟁이 끝나자 1990년 대표적 친미국인 쿠웨이트를 침공했다.

미국은 이라크의 쿠웨이트 공격을 걸프만(Persian Gulf)에서 벌어진 침략 전쟁(제1차 걸프전)으로 규정했다. 곧바로 UN 결의를 이끌어내고 연합군과 함께 이라크를 공격했다. 이듬해 이라크는 패퇴했다. 하지만 후세인은 권좌를 잃지 않고 계속 미국과 적대했다. 미국 정유사와 거래를 끊고 원유 거래처를 프랑스와 러시아로 돌리기도 하고, 원유 대금을 유로로 결제하면서 '달러는 안 받는다'고 선언하기도 했다. 이처럼 이라크와 미국의 대치가 이어지던 중 큰 사건이 일어났다.

2001년 9월 11일, 알카에다(Al-Qaeda)로 알려진 반미 이슬람 무장세력이 민간 항공기를 납치해 뉴욕 국제무역센터 빌딩을 들이받았다. 미국은 테러 배후로 이라크를 지목했다. 2003년에는 '이라크가 세계 평화를 위협하는 대량 살상 무기를 만든다'며 이라크를 침공해 제2차 걸프전을 열었다. 이라크는 미군 침공 한 달 만에 간단히 제압됐다. 있다던 대량 살상 무기는 발견되지 않았고, 후세인은 미군에 체포된 뒤 미국으로 끌려가 2006년 처형됐다. 미국은 이라크에 친미 정권을 세우고 2011년까지 주둔하다 철수했다.

이라크전이 끝난 뒤 '대량 살상 무기 제조를 막겠다던 미국 주장은 핑계일 뿐 이라크 침공은 석유 이권 때문'이라는 얘기가 나왔다. 연방준비제도이사회(FRB) 의장을 지낸 앨런 그린스펀(Alan Greenspan)도 2007년 출간한 회고록에 같은 얘기를 썼다. 이라크전쟁이 '주로 석유에 관련된 전쟁'이며 '기존 석유 시장 시스템을 계속 작동시키기 위해 후세인 제거가 필요했다'는 것이다.

원유가 중동에서만 나는 것은 아니다. 게다가 미국도 전과 달리 자국 영토 안에서 원유 대량 생산에 성공해, 2017년부터는 국가 기준으로 세계 최대 산유국이 됐다. 하지만 글로벌 패권 유지와 원유 자원 확보에 부심하는 미국에게는 중동이 갖는 전략적 의미가 여전히 크다.

중동은 대륙별로 볼 때 세계 최대 원유 매장지이자 세계 최대 생산지로, 글로벌 원유 시장 내 비중이 가장 크다. 중동산 원유는 수입 선호도도 최고다. 2023년 수입량 기준으로 국가 단위로는 세계 최대 원유 수입국인 중국(6억 톤, EI Statistical Review of World Energy)의 경우, 2023년 1분기 전체 원유 수입량의 50.2%를 중동에서 수입했다(유광호, 〈러-우 사태 이후 아시아 주요국의 대중동 원유 수입 비중 변화 비교〉, KIEP, 2023. 6).

중동이 세계적 원유 산지이고 세계 주요국이 중동에 에너지를 크게 의존하는 구도는 중동을 전략 요충지로 만든다. 미국으로서는 중동을 자국 영향력 아래 둘 경우 글로벌 패권 확보에 요긴한 무기로 활용할 수 있는 것이다. 미국이 이란, 이라크뿐 아니라 사우디, 아랍에미리트,

카타르, 바레인, 요르단 등 중동 각국에서 오랜 기간 많은 비용을 들여 친미 정권을 세우고 석유 패권을 확보하려고 노력한 것도 그래서다. 팔레스타인－이스라엘 간 전쟁에 미국이 적극 개입해 이스라엘을 돕는 주요 이유도, 이스라엘이 중동 경략에 긴요한 전략적 요충지이기 때문이다.

다만 중동과 중동 원유가 미국에게만 중요한 것은 아니다. 러시아나 중국 같은 패권 지향 국가도 늘 중동에 관심을 두고 틈만 나면 발을 들여놓는다. 그런가 하면 중동 국가와 역내 세력도 외세의 개입을 팔짱끼고 보고만 있지 않는다. 외세가 손을 떼지 않는 한 중동전쟁은 계속될 수밖에 없다.

유가는 왜 내려도 문제일까
: ① 유가 폭락이 산유국과 수입국 모두에 타격인 까닭

국제 유가는 1960년대 이래 대체로 계속 올랐다. 2008년 하반기 미국발 글로벌 금융위기가 발생하자 사상 최고점에서 폭락했고, 이후 반등했다가 2014년과 2020년 다시 급락했다.

우리나라처럼 원유를 전량 수입하는 처지에서 얼핏 생각하면 유가는 좌우간 내리는 게 좋을 것 같다. 그럼 산유국에는 유가 상승이 늘 좋은 일일까? 꼭 그렇지는 않다.

원유를 수출하는 산유국은 유가가 오르면 돈을 더 번다. 그렇다고 마냥 좋지는 않다. 산유국은 원유 판매 수익으로 웬만한 공산품은 죄다

국제 유가 하락이 국내 경기에 미치는 영향

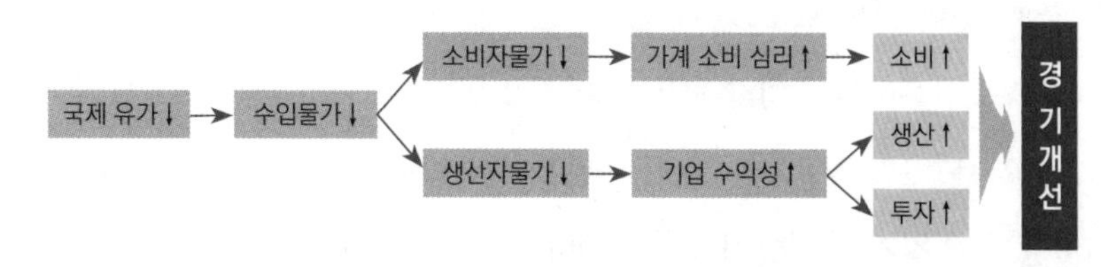

자료 : IBK 경제브리프 615호(IBK경제연구소)

수입해 쓰기 때문이다. 산유국이 수입하는 공산품은 원유 수입국이 수입 원유를 원재료로 만드는데, 유가가 뛰면 원유 수입비와 공산품 제조비가 더 든다. 기존 이익 수준을 유지하려면 공산품 수출가격을 올릴 수밖에 없다. 그럼 산유국이 수입하는 공산품 가격이 오르면서 산유국에서 외국으로 돈이 빠져나간다. 이런 이치를 생각하면, 원유만 갖고 살 수 있다면 모를까, 산유국이라도 제멋대로 유가를 올릴 수는 없는 셈이다.

유가가 떨어져도 사정은 비슷하다. 산유국은 대개 재정수입을 원유 판매에 의존한다. 만약 국제 유가가 단기 폭락하면 원유 판매 수입이 급감하므로 재정 사정이 나빠지기 쉽다. 공산품 수입도 줄여야 한다.

유가 하락으로 산유국이 공산품 수입을 줄이면 우리나라 같은 원유 수입국도 영향을 받는다. 어떤 영향을 받느냐는 유가 하락 속도나 기간에 따라 다르다. 유가 하락이 장기간 완만하게 진행되면 수입 비용이 절감되므로 경제에 득이 된다. 유가가 내리면 수입물가가 내리고 소비자물가와 생산자물가도 따라 내리므로 가계 소비 심리가 개선되고 기업 수익성이 좋아진다. 소비·생산·투자가 확대되고 경기가 확장될 수 있다. 하지만 유가가 단기 폭락하면 경제에 좋은 영향보다 악영향이 더 클 수 있다. 실례로 2014년 중반 이후 세계경제는 갑작스러운 유가 폭락으로 산유국과 수입국 모두 큰 타격을 받았다.

2014년 7월 원유가는 WTI 기준으로 배럴당 100달러 안팎이었는데 8월 들어 갑자기 떨어지기 시작했다. 이후 유가는 2016년 2월 12일에 12년 전 수준인 26.21달러에 이를 때까지 추락했다.

유가가 폭락하자 산유국은 원유 판매 수입이 급감했다. 원유 수출을 재정의 주요 수입원으로 삼는 나라 중 러시아, 브라질, 베네수엘라, 이란은 심각한 불황에 빠졌다. 특히 베네수엘라 경제는 파탄 지경에 이르렀다. 경제위기 전 베네수엘라는 재정과 국민 복지를 거의 오로지 원유 판매 수입에 의지했다. 원유 말고는 변변한 산업이 없어서 식량, 생필품, 의약품 수요 대부분을 수입에 의존했다. 그런데 갑자기 원유 판매 수입이 급감하자 상품 수입을 못 해 물자가 부족해졌고, 물가가 천정부지로 치솟자 먹을거리마저 구하기 어렵게 됐다.

우리나라처럼 원유를 수입하면서 산유국과 신흥국(emerging countries)에 공산품을 많이 수출하는 경제도 어려워졌다. 산유국이 수요를 줄이면서 공산품 수출과 건설 · 플랜트(생산설비) 수주에 차질이 생겼기 때문이다. 2015년 10~12월 단 석 달 동안 사우디아라비아가 한국산 자동차 수입에 쓴 돈이 한 해 전보다 30%나 줄었을 정도다.

유가는 왜 내려도 문제일까: ② 2014년 유가는 왜 폭락했나

2014년 7월 배럴당 100달러(WTI 기준) 안팎이던 국제 유가가 갑자기 떨어지기 시작해 2016년 2월 20달러대까지 추락했다.

당시 유가는 왜 폭락했을까? 수요와 공급에 다 이유가 있다.

수요 면에서는 2008년 미국발 글로벌 금융위기 뒤 침체한 세계경제가 활력을 회복하지 못한 것이 요인이다.

글로벌 원유 수요는 2001년 중국이 세계무역기구(WTO)에 가입하고 나서 원유 소비를 10년간 갑절로 늘린 덕에 꾸준히 늘었다. 그 결과 국제 유가는 2008년 1월 사상 최초로 배럴당 100달러(WTI 기준)를 넘었다. 2008년 하반기 미국발 글로벌 금융위기가 발생하자 사상 최고점에서 급락하기는 했지만 다시 상승세를 탔고, 2010년대 들어서는 100달러 안팎에서 움직였다. 하지만 금융위기 여파가 길었다. 미국발 금융위기에 따른 충격을 소화하지 못한 남유럽 경제가 국가부채위기를 겪으며 부진에 빠졌고, 원유 수입 대국 중국마저 경기가 나빠졌다. 글로벌 수요가 부진하자 공산품 수출이 저조해졌고, 제조업체의 원자재 수요가 급감하면서 유가를 끌어내렸다.

공급 면에서는 2010년대 들어 미국, 캐나다, 중국 등지에서 셰일오일(shale oil)을 양산한 것이 유가 하락의 최대 요인이다.

셰일오일이란 셰일층, 곧 셰일가스(shale gas)라는 천연가스를 품은 퇴적층에서 퍼내는 원유다. 전부터 미국, 중국, 캐나다 등 세계에 다량 산재했지만, 전통적 원유와는 매장 형태가 다르고 시추 비용이 많이 들어 본격 생산을 못 하다가 가성비 좋은 시추 기술이 개발되면서 양산을 시작했다. 특히 미국에서는 셰일혁명(shale revolution)으로 불릴 정도로 셰일오일과 셰일가스 생산 붐이 일었고, 셰일오일 덕에 미국 원유 생산량이 최대 산유국인 사우디와 러시아에 맞먹을 정도로 격증했다. 셰일오일 양산으로 원유 공급이 급증하자 유가는 급락했다.

유가가 급락하자 시장은 OPEC 등이 감산으로 유가를 떠받쳐주기를 기대했다. 그런데 OPEC의 리더 격인 사우디가 오히려 대폭 증산에 나섰다. 나머지 산유국은 수수방관했다. 유가는 대폭락했다.

사우디의 증산은 미국의 셰일오일 사업을 겨냥했다. 셰일오일은 기존 원유보다 생산비가 더 들고, 그만큼 판매 단가가 높다. 국제 유가가 너무 내리면 채산이 안 맞는다. 원유 증산으로 유가가 폭락해서 셰일오일 사업의 채산성(採算性, 득실을 따졌을 때 수익이 나는 정도)이 떨어지면 미국이 셰일오일로 원유 시장점유율을 늘리는 기세를 제어할 수 있다고 계산한 것이다.

사우디가 감산하면 그 틈에 러시아나 브라질 같은 경쟁국이 생산을 늘려 시장점유율을 높일 가능성도 우려했다. 러시아나 브라질 같은 나라는 유가가 많이 떨어질 경우 채산성 악화를 못 견디고 유전 등 원유 사업 시설을 내놓을 수 있는데, 그럴 때 헐값에 사들이려는 의도라는 관측도 나돌았다.

사우디의 증산에 미국 셰일오일 업계는 증산으로 맞섰다. 치킨게임(chicken game)이 벌어졌다. 치킨게임이란 둘이 '누가 먼저 나가떨어지나 보자'는 식으로 대치하는 상황이다. 한쪽이 물러서면 다른 쪽이 득보고, 둘 다 물러서지 않으면 함께 망한다. 유가는 계속 떨어졌다.

유가 하락이 장기간 지속되면 글로벌 경제에 큰 위험이 생길 수 있다. 시장에서 물가 하락을 기대하는 심리가 우세해져 소비가 줄고, 판매와 생산이 잇달아 줄면서 성장률이 떨어질 수 있다. 성장세 하락은 다시 소비와 생산을 위축시키기 쉽다. 성장과 소비가 맞물려 하락하는 악순환이 생기면 경기가 침체한다. 유가 하락 끝에 글로벌 경기가 침체하면 산유국 경제에도 좋을 게 없다.

실제로 치킨게임을 벌인 양쪽은 모두 상처를 입었다. 미국에서는 많은 셰일오일 기업이 파산했고 사우디도 재정이 크게 악화됐다. 결국 사우디가 감산으로 돌아섰고, 유가는 2016년 2월 중순부터 반등했다. 미국은 치킨게임으로 타격을 입기는 했지만 셰일오일 증산 덕에 2017년 세계 최대 산유국이 됐다. 2017년 국가별 석유 생산량은 미국, 사우디, 러시아가 근소한 차이로 1, 2, 3위를 기록했다(U.S. Energy Information Administration).

유가는 왜 내려도 문제일까: ③ 2020년 유가는 왜 폭락했나

2020년 초 글로벌 코로나 사태가 닥쳤다. 관광·운수 부문을 필두로 경기가 얼어붙으면서 국제 석유 수요가 급락했다. 사우디 등 산유국은 OPEC+(OPEC 회원국과 OPEC 회원이 아닌 산유국의 협의체)에서 감산을 결의해 수요 감축에 대응하려 했다. 그런데 러시아가 오히려 증산을 하겠다고 선언했고, 사우디도 입장을 바꿔 증산에 나섰다. 미국에 이어 석유 생산량 세계 2위를 다투는 사우디와 러시아가 증산에 가세하자 유가는 대폭락했다. 사우디와 러시아가 함께 증산에 나서 유가를 추락시킨 이유가 뭘까?

석유 시장점유율을 높이기 위해서다.

러시아의 의도는 기본적으로 유가를 떨어뜨려 미국 셰일오일 산업에 타격을 줌으로써 미국의 시장 확장을 견제하고 자국의 시장점유율을 높이려는 것이었지만, 그즈음 자국의 비즈니스를 방해한 미국에 보복하려는 심산도 있었다. 러시아는 2011년부터 자국에서 독일까지 가스관을 설치해 유럽에 PNG(piped natural gas, 배관천연가스)를 수출하는 사업 '노드스트림(Nord Stream) 2'를 벌였는데, 2019년 미국이 사업 참가 기업에 경제제재(經濟制裁, economic sanctions, 특정 국가·단체·개인을 지목해 수출입 금지나 자산 동결·몰수 등 상업과 금융 면에서 벌을 주는 조치)를 한다며 압박한 탓에 사업이 중단됐기 때문이다. 미국은 가스관 설치가 유럽의 에너지 안보를 약화시키리라고 우려했다. 하지만 독일 등은 동의하지 않았고, 미국이 자국 천연가스를 수출할 욕심에 유럽과 러시아를 부당하게 압박한다고 응수했다. (미국이 유럽에 천연가스를 수출하고 싶어 하는 것은 사실이다. 미국은 세계에서 천연가스 생산량이 가장 많은 나라이기 때문이다. 글로벌 에너지 통계EI Statistical Review of World Energy에 따르면, 2023년 미국은 글로벌 천연가스의 25.5%를 생산해 국가 단위 생산량 1위를 차지했다. 2위국 러시아는 14.4%를 생산했다. 그렇더라도 러시아의 가스관 설치가 유럽 안보를 위협하리라는 미국의 우려는 근거 없는 얘기가 아니었다. 2022년 2월 러시아의 우크라이나 침공 후 유럽이 미국과 함께 우크라이나를 지원하며 러시아에 경제제재를 가하자, 러시아는 유럽행 가스 공급을 줄이거나 차단해 유럽에 에너지 위기를 초래했다.)

사우디가 원유 증산으로 돌아선 이유는 뭘까?

시장이 관측한 사우디의 의도는 대략 두 가지다. 첫째, 러시아의 증산에 사우디까지 가세하면 유가가 대폭락해 러시아도 경제난을 겪을 테고 견디다 못해 감산에 동참하리라고 계산했다. 둘째, 유가를 폭락시켜 러시아와 미국(셰일오일 산업)을 동시 타격함으로써 시장 주도권을 잡으려 했다.

이유가 무엇이었든 두 산유국 간 치킨게임은 오래가지 않았다. 코로나 사태가 지속되며 유가 폭락세가 극심해져 두 나라 모두 타격을 입었고, 미국도 셰일오일 산업에 타격을 입은 끝에 중재에 나섰기 때문이다. 2020년 4월 들어서는 사우디와 러시아를 포함한 OPEC+가 감산에 합의해 유가를 상승 반전시켰다.

물가 등락은 뭘 보고 아나

4월 물가 상승 둔화에
한은 "예상 부합… 농산물·유가 불확실성 커"

지난달 소비자물가상승률이 3%대 초반에서 2%대 후반으로 낮아진 데 대해 한국은행은 당초 예상에 부합하는 수준이라고 평가했습니다. … 통계청이 오늘 발표한 '4월 소비자물가 동향'에 따르면 지난달 소비자물가상승률은 2.9%로 나타났습니다.

KBS
2024.5.2

통계청이 발표한 월별 물가상승률을 전한 기사다.

상품 가격은 오르는지 내리는지 쉽게 알 수 있다. 반면 물가는 어디로 움직이는지 쉽게 알 수 없다. 가격은 상품 하나하나에 붙은 값이지만, 물가는 여러 상품 가격을 종합·평균한 것이기 때문이다. 그런데 기사에서 보듯 통계청은 '지난달 소비자물가상승률이 2.9%'라 하고, 한국은행은 '예상에 부합하는 수준'이라고 평한다. 어떻게 그럴까?

물가 지표(price indicator)를 활용해서다.

물가 지표란 물가 변동을 나타내는 지표다. 물가 변동은 생산·소비·투자 등 나라의 경제활동에서 거의 모든 측면을 반영한다. 그런 만큼 국민경제 동향 분석이나 경제정책 수립에 꼭 필요한 기초 통계다. 우리나라에서는 평소 한국은행과 통계청 등이 각종 물가 지표를 집계하고 발표한다. 덕택에 국내외에서 각종 연구기관과 전문가가 물가상승률을 관측하고 전망한다.

물가 지표로는 주로 지수 형태로 만든 지표, 곧 물가지수(price index)를 쓴다. 물가지수는 여러 상품 가격을 종합해 평균치를 내고 기준시점을 정해 작성한다. 대개 기준시점 물가를 100으로 놓고, 비교하려는 시점의 물가지수를 작성한다. 일정 기간을 두고 기준시점에 비해 비교시점의 물가지수가 얼마나 달라졌는지를 보면 그사이 물가가 얼마나 변했는지 쉽게 알 수 있다. 통계기관은 특정 기간에 걸쳐 기준시점을 정하고 여러 시점의 물가지수를 산출한 다음, 기준시점 물가지수와 비교하려는 시점의 물가지수 간 차이를 기준시점 물가지수로 나눠 백분율을 구하는 방식으로 기간별 물가지수 등락률을 산출하고 있다. 물가지수 등락률은 곧 물가상승률을 뜻한다. 물가 수준의 상승률(변동률·증감률)과 같은 뜻이고, 인플레이션율(inflation rate)이라고도 부른다.

(일정 기간의) 물가지수 등락률 = 물가상승률 = 인플레이션율

작년과 올해 사이 인플레이션율을 구해보자. 다음 식에서 보듯 지난해 물가지수와 올해 물가지수의 차이를 지난해 물가지수로 나눠 백분비를 구하면 된다.

$$\text{인플레이션율(연, \%)} = \frac{\text{올해 물가지수} - \text{지난해 물가지수}}{\text{지난해 물가지수}} \times 100$$

지난해 3월 물가를 기준값(100)으로 놓고 만든 올해 3월 물가지수가 110이라고 하자. 보기 인플레이션율 산식으로 계산하면 연간 인플레이션율이 10%다. 곧 물가가 1년 만에 10% 올랐다는 뜻이다.

$$10\% = \frac{110 - 100}{100} \times 100$$

대개 물가는 늘 오른다. 물가가 오를 때, 곧 인플레이션 때는 인플레이션율이 높아진다. 하지만 인플레이션율이 비교적 단기간에 걸쳐, 이를테면 작년 4%였다가 올해는 3%로 낮아지는 때도 있다. 인플레이션율이 낮아졌다는 것은 물가상승률이 낮아졌다는 뜻이다. 비록 4%에서 3%로 떨어졌더라도 상승률이 양수(+)인 한, 물가가 낮아진 것이 아니라 오르는 속도가 떨어진 것이다. 이처럼 인플레이션율이 단기간에 또는 일시적으로 낮아지는 현상은 디스인플레이션(disinflation)이라 부른다. 경제에 디스인플레이션이 발생하더라도 물가 변동률은 인플레이션 때와 마찬가지로 양수(+)로 나온다.

소비자물가 · 생산자물가는 어떻게 알아보나

물가지수도 여러 가지가 있다. 대표적인 것이 소비자물가지수, 생산자물가지수, 수출입물가지수다. 각각 소비자 시장, 생산자 시장, 수출입 시장(과정)에서 주로 소비되는 상품 분야의 물가 평균치가 어떻게 움직이는지를 측정하는 물가지수다. 어떻게 만드는지 하나씩 알아보자.

소비자물가지수(consumer price index, CPI)는 가계가 주로 소비하는 상품의 판매가를 종합 · 평균해서 만든다. 통계청이 갖가지 상품과 서비스 중에서 고른 458개 품목을 대상으로, 서울과 부산 등 전국 40개 지역 가계(1인 가구 포함)에서 매달 조사한 가격 동향을 근거로 작성한다. 지수 작성 결과는 예컨대 7월에 조사한 물가 동향을 8월 초에 발표하는 식으로 매달 초 〈월별 소비자물가동향〉 보고서로 내놓는다. 지수 산출 기준연도는 보통 5년마다 바꾼다. 2024년 11월 현재 기준연도는 2020년(즉 2020년 가격 = 100)이다.

생산자물가지수(producer price index, PPI)는 한국은행이 매달, 국내 생산자가 국내시장에 공급하는 주요 상품과 서비스의 평균 판매가 추이를 조사해 만든다. 국내 출하액과 시장점유율이 비교적 크고, 종류가 같은 제품의 가격 변동을 대표할 만한 품목을 생산하는 사업체가 조사 대상이다.

수출입물가지수는 한국은행이 작성하는 수출물가지수와 수입물가지수의 총칭이다. 수출 상품과 수입 상품의 가격을 각기 종합한 평균치 추이가 어떻게 움직이는지 알려주는 통계다.

세 가지 물가지수 중에서 특히 중요한 것은 소비자물가지수다. 통계

기관이 인플레이션율을 산출할 때도 주로 소비자물가지수를 지표로 쓴다. 예를 들어 올해 인플레이션율(지난해 대비 인플레이션율)은 다음 식과 같이 지난해와 올해의 연평균 소비자물가지수를 활용해 구한다. 이렇게 구한 값은 곧 연간 소비자물가 상승률(변동률)이다.

$$\text{올해 인플레이션율(\%)} = \frac{\text{올해 평균 소비자물가지수} - \text{지난해 평균 소비자물가지수}}{\text{지난해 평균 소비자물가지수}} \times 100$$

지난달과 비교한 이달의 물가 등락률, 곧 이달 인플레이션율(인플레이션 전월비)은 다음 식과 같이 이달과 지난달의 소비자물가지수를 써서 구한다. 이렇게 구한 값은 곧 월간 소비자물가 상승률이다.

$$\text{이달 인플레이션율(\%)} = \frac{\text{이달 소비자물가지수} - \text{지난달 소비자물가지수}}{\text{지난달 소비자물가지수}} \times 100$$

이달 물가 수준이 지난해 같은 달과 비교해 얼마나 변했는지(곧 인플레이션 전년 동월비를) 알아보려면, 다음 식과 같이 이달과 지난해 같은 달의 소비자물가지수를 써서 구할 수 있다.

$$\text{인플레이션 전년 동월비(\%)} = \frac{\text{이달 물가지수} - \text{지난해 같은 달 물가지수}}{\text{지난해 같은 달 물가지수}} \times 100$$

우리나라의 연간 인플레이션율(소비자물가, 곧 소비자물가지수의 전년 대비 등락률)은 경제 발전 초기인 1966년 이래 1981년까지 10~20% 안팎으로 높게 움직였다. 이후 점차 낮아져서 1990년대 후반까지 10% 안쪽에서 움직였다. 21세기 들어서는 4% 이내로 내렸고, 2019년 역대

소비자물가 등락률 추이

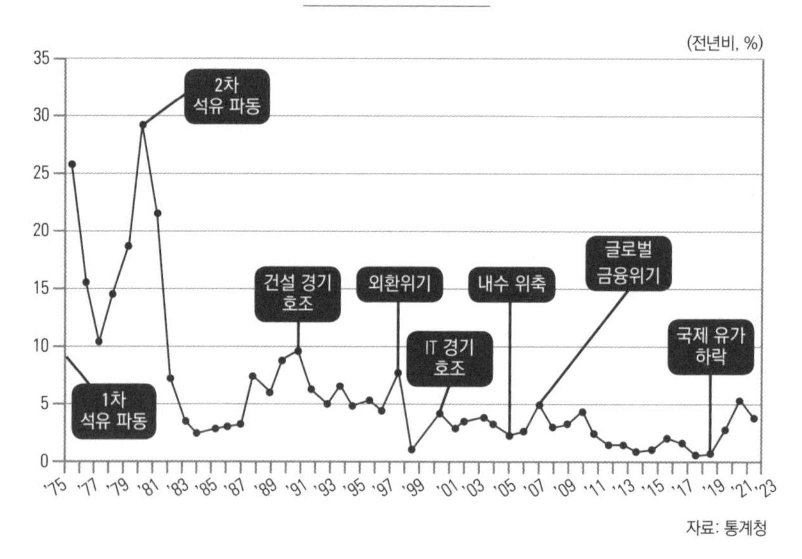

자료: 통계청

최저치인 0.4%를 찍었다. 코로나 사태가 닥친 2020년에도 0.5%에 그쳤지만 2021년과 2022년 각각 2.5%와 5.1%로 뛰어올랐다가 2023년 3.6%로 내려섰다.

근원 인플레이션과 헤드라인 인플레이션, 뭐가 다른가

통계기관에서 인플레이션을 측정할 때는 소비자물가지수 외에 근원물가지수라는 통계치도 만들어 쓴다. 왜 그럴까?

소비자물가지수는 단기 변동성이 크기 때문이다. 가뭄이나 장마, 국제유가 급등락 같은 일이 생길 때면 농산물이나 석유류 제품의 가격이 단기 급변하는 데 따른 영향을 크게 받는다. 그러다 보니 소비자물가지수로는 물가 전반의 장기 기조를 제대로 파악하기 어렵다. 이 문제를 해결하려면 어떻게 해야 할까?

계절 요인이나 에너지 시장 변화가 소비자물가를 단기에 불규칙하게 변동시키는 부분을 제외하고 물가지수를 만들면 될 것이다. 이런 발상으로, 소비자물가지수에서 농산물과 식료품 그리고 석유류 등 가격 변동성이 큰 상품의 가격을 제외하고 작성하는 물가지수를 근원물가지수(근원소비자물가지수)라 한다.

근원물가지수는 가뭄이나 장마 같은 계절 요인, 국제 유가 급등락 같은 해외 원자재가 변동이 소비자물가에 미치는 단기 충격을 배제하고 물가 전반의 기조적 흐름을 장기적으로 포착할 수 있게 해준다. 다만 소비자가 가뭄이나 장마, 국제 유가 급등락으로 물가가 급변하는 실태를 겪으면서 체감하는 물가를 제대로 반영하지는 못한다. 즉 소비자물가지수에 비해 물가 전반의 장기 기조를 더 명확하게 보여주지만, 국민이 체감하는 물가와는 괴리가 생길 수 있다.

우리나라 통계청에서는 소비자물가지수 작성 대상 품목 458개 가운데 농산물(곡물 제외)과 도시가스, 석유류 관련 품목 57개를 뺀 401개 품목의 가격 변동으로 근원물가지수를 작성하고 있다. OECD 방식은 농산물과 도시가스, 석유류를 포함한 식료품과 에너지 품목 149개를 뺀 309개 품목으로 근원물가지수를 산출한다.

근원물가지수의 전년 대비 증감률은 근원 인플레이션율 또는 근원 인플레이션(core inflation)이라고 부른다. 통계청이 근원 인플레이션율을 계산하는 산식은 다음과 같다.

$$\text{근원 인플레이션율} = \{(\frac{\text{당해연도 농산물, 도시가스 석유류 제외 지수}}{\text{직전연도 농산물, 도시가스 석유류 제외 지수}}) - 1\} \times 100$$

근원물가지수를 만들어 쓰고부터는 소비자물가지수를 헤드라인 물가지수라고 부른다. 헤드라인 물가지수로 측정하는 인플레이션은 헤드라인 인플레이션(headline inflation)이라고 부른다.

통계청이 작성한 우리나라 근원 인플레이션율은 2024년 8월에 전년 같은 달 대비 1.9%였다. 보기 표(소비자물가지수 주요 등락률 추이)에서는 '농산물 및 석유류 제외 지수'의 2024년 8월 전년 동월비에 해당하는 등락률이다. 같은 기간 소비자물가지수 상승률(곧 헤드라인 인플레이션)은 2.0%였다.

전년비로는 2021~2023년에 걸쳐 헤드라인 인플레이션이 2.5% → 5.1% → 3.6%로 움직이는 동안 근원 인플레이션은 1.8% → 4.1% → 4.0%로 움직였다.

소비자물가지수 주요 등락률 추이

(%)

	연도별 동향(전년비)			최근 월별 동향(전년 동월비)			
	2021	2022	2023	'24.5월	6월	7월	8월
소비자물가지수	2.5	5.1	3.6	2.7	2.4	2.6	2.0
농산물 및 석유류 제외 지수	1.8	4.1	4.0	2.0	2.0	2.1	1.9

자료: 통계청, 〈2024년 8월 소비자물가동향〉

기대 인플레이션은 어떻게 측정하나

인플레이션 관련 지표로는 기대 인플레이션(expected inflation, 기대 인플레이션율, 인플레이션 기대율inflation expectations)이라는 것도 자주 쓴다. 기대 인플레이션이란 경제주체가 예상하는 미래의 물가 변동률이다. 보통 소비자가 전망하는 향후 1년의 소비자물가 변동률로 측정한다. 예상일 뿐이지만, 소비자의 현재 소비 행동에 영향을 미쳐 물가를 움직이기 때문에 의미가 있다.

우리나라의 공식 기대 인플레이션 통계는 한국은행이 발표한다. 한국은행은 매달 전국 도시 가구 소비자를 대상으로 경기 인식과 향후 소비지출 전망 등을 설문 조사해서 통계를 만드는 소비자동향조사를 하는데, 이 작업을 할 때 기대 인플레이션도 함께 조사한다. 기대 인플레이션 통계는 조사 시점으로부터 향후 1년간 조사 대상자(경제주체)가 예상하는 소비자물가 변동률 평균치를 측정하는 방법으로 작성한다.

한은이 발표한 기대 인플레이션 추이를 전한 예가 보기 기사다.

2월 기대인플레 3.0% 유지… "체감 물가 아직 높아"

소비자들의 향후 1년 소비자물가상승률 전망을 나타내는 기대인플레이션율이 두 달 연속 3.0% 수준을 유지했다. 농산물 가격이 크게 오르면서 기대인플레이션 둔화세는 주춤한 모습이다. 한국은행은 20일 '소비자동향조사' 결과를 발표하고 2월 기대인플레이션율이 전월과 같은 3.0%를 기록했다고 밝혔다. 이번 조사는 이달 5~14일 전국 2천500 가구를 대상으로 이뤄졌다.

이코노믹리뷰
2024.2.20

기대 인플레이션 추이

자료: Trading Economics

물가지수로 물가만 보는 게 아니라고?

물가지수는 물가 동향뿐 아니라 경기와 돈 가치, 상품 수급 상태 등 경제 동향을 알아보는 데 두루 유용하다.

첫째, 물가지수를 보면 경기가 좋은지 나쁜지 판단할 수 있다.

경기가 좋아지면 재화 수요가 늘어 물가가 오른다. 반대로 경기가 나빠지면 수요가 줄어 물가가 떨어진다. 물가가 경기를 반영하는 셈이다. 결국 물가지수 수치가 커지는지 작아지는지 보면 경기가 어떤지 대략 알 수 있다.

다만 물가지수 추이로 경기를 판단할 때는 경기와 물가가 늘 같은 방향으로만 움직이지는 않는다는 점에 유의해야 한다. 정상적인 경우 경기가 좋아지면 물가도 오르고 물가지수 수치가 커진다. 이때 물가지수 수치가 커지는 것은 경기 확대 조짐으로 판단해도 된다. 그런데 간혹 경기가 호황을 지나 이미 불황으로 접어들었는데도 물가가 오르는 수가 있다. 이 경우는 정상이 아니다.

둘째, 물가지수로 돈 가치를 알아볼 수 있다.

물가가 오르면 실질 구매력이 떨어진다. 같은 돈으로 상품을 살 수 있는 능력이 줄어든다는 뜻이다. 돈 가치가 떨어진다는 뜻이기도 하다.

가령 에어컨 가격이 한 대 100만 원이라 하자. 그럼 200만 원이 지닌 값어치는 에어컨 두 대분이라고 말할 수 있다. 그런데 에어컨 가격이 한 대 200만 원으로 뛰면 어떻게 될까? 200만 원이 지닌 가치는 에어컨 한 대분으로 떨어진다. 에어컨 가격이 오른 만큼 돈 가치가 떨어진다. 이런 이치로 돈 가치는 물가가 오르는 만큼 떨어지고, 물가가 내리는 만큼 오른다. 돈 가치가 오른다는 것은 화폐가 지닌 (실질) 구매력이 높아진다는 뜻이다. 물가와 돈값이 반비례하므로 물가 흐름을 보면 돈 가치가 어떻게 움직이는지도 알 수 있다.

셋째, 물가지수를 보면 상품 수급 상태가 어떤지도 알 수 있다.

물가지수에는 모든 상품 가격의 변동을 조사해 만드는 총지수, 그리고 상품 종류마다 가격 변동을 조사해 만드는 상품 종류별 지수가 있다. 상품 종류별 지수를 보면 종류별 상품 수급 상태를 알 수 있다.

예를 들어 최근 몇 년간 공산품지수(공업생산품지수)는 안정세인데 농림수산품지수 값이 꽤 높아졌다 하자. 공산품 가격은 안정됐는데 농수산품 가격은 올랐다는 얘기다. 그렇다면 공산품 수급은 원활하나 농수산품은 공급이 잘 안 된다는 뜻이기 쉽다. 곧 상품 종류별 물가지수 흐름을 보면 상품 수급 상태를 판단할 수 있는 셈이다.

상품 종류별 물가지수를 보고 상품 수급 상태를 파악하면, 상품 수급에서 발생하는 문제도 풀고 물가 안정 방책도 쓸 수 있다. 가령 정부가 상품 종류별 물가지수 흐름을 보고 농수산품 공급이 잘 안 되는 사정을 파악했다 하자. 그럼 농수산품 생산과 유통을 확대하거나 외국 상품 수입을 늘리는 정책을 써서 농수산품 물가를 안정시킬 수 있다.

공식 물가와 체감 물가, 왜 다를까

기사독해

머니투데이 2024.1.22

물가 둔화세라는데… '체감물가'는 여전히 고공행진

지난해 10월 3.8%까지 반등했던 소비자물가가 점차 둔화하고 있지만 서민들의 체감물가는 여전히 고공행진 중이다.

우리나라에서는 통계청이 소비자물가를 발표하면 '소비자가 실감하는 정도보다 수치가 낮다'는 이야기가 자주 나온다. 보기 기사도 그런 예다. 통계가 현실을 제대로 반영하지 못한다는 것인데, 왜 그럴까?

크게 두 가지 이유가 있다.

첫째, 소비자물가지수 통계 자체가 지닌 한계 때문이다.

소비자물가지수는 대표 품목 수백 개의 가격 변동을 종합해 집계하지만, 소비자는 각자가 구매하는 품목의 가격 변동을 더 크게 체감한다. 예를 들어 주거 난방 부문에서 소비자물가지수는 도시가스, 지역난방, 등유의 가격 변동을 모두 포함해 만든다. 반면 개별 가구는 대개 도시가스나 등유 중 한 가지만 쓰므로 난방비 변동 정도를 통계와는 다르게 체감할 수 있다.

게다가 소비자물가지수는 가계가 소비하는 상품 전체가 아니라 소비 지출 비중이 큰 상품만 골라 집계한다. 만약 가계가 집계 항목에 없는 상품을 많이 산다면 체감 물가와 통계 물가가 다를 수밖에 없다.

전월셋값과 집값이 그렇다.

전월셋값은 소비자물가지수 산출 때 넣는 품목이다. 전월셋값이 오르면 통계 물가도 오르고 전월세 거주자도 물가 상승을 실감한다. 자가 거주자는 입장이 다르다. 집세를 내지 않으니 전월셋값 상승에 따른 물가 상승을 별로 실감하지 못한다.

게다가 집값은 소비자물가지수 집계에 넣지 않는다. 집값이 오르든 내리든 통계 물가에는 영향이 없다. 하지만 집값이 오르면 자가 소유자나 세입자나 모두 물가 상승을 실감한다. 그렇다 보니 집값이 많이 올랐을 때 통계 물가가 발표되면 엉터리라는 소리를 듣기 십상이다.

둘째, 집계 품목 간에 변동률 차이가 나는 것도 통계가 현실을 제대로 반영하지 못하게 만드는 원인이다.

2015년이 좋은 예다. 당시 소비자들은 물가가 많이 올랐다고 느꼈다. 소비자 체감도가 높은 집세, 공공요금, 농축수산물 물가가 전년 대비 2%대로 올랐기 때문이다. 그런데 소비자물가지수 상승률(소비자물가 상승률)은 전년 대비 0.7%에 그쳤다. 그해 원유가가 급락하면서 석유제품 물가가 전년 대비 10.3%나 떨어져 집세 등 물가 상승분을 상쇄했기 때문이다.

통계 물가와 체감 물가 간 갭(gap)을 줄일 수는 없을까?

통계청은 소비자물가지수를 발표할 때 생활물가지수와 신선식품지수를 보조 지표로 내놓는 방법을 쓰고 있다.

생활물가지수는 소비자물가지수 집계 품목 중에서도 소비자가 특히 자주 사고 지출 비중이 높은 품목을 골라 만든다. 신선식품지수(신선식품물가지수, 신선식품소비자물가지수)는 생활물가지수 집계 품목 중 가공식품은 빼고 기상 조건이나 계절에 따른 가격 변동이 큰 신선식품(생선과 해산물, 채소류, 과실류)만 골라 만든다.

생활물가지수나 신선식품물가지수는 소비자가 특히 자주 사는 상품만 골라 만들기 때문에 주부가 체감하는 장바구니 물가에 한결 가깝다. 그래서 소비자물가지수는 공식 물가 지표, 생활물가지수와 신선식품물가지수는 '장바구니 물가지수' 또는 '체감 물가지수'라고 부른다. 소비자물가지수가 안정세일 때라도 농산물 수확이 급감해 농산물 가격이 폭등하면 신선식품물가지수는 크게 뛰곤 한다.

인플레이션은 경기를 어떻게 추락시키나

경기가 좋아지면 재화 수요가 커진다. 수요가 계속 커지다 보면 공급이 수요를 못 따라가면서 일부 재화의 물가가 오른다. 그대로 가면 물가 상승세가 확산되고, 나중에는 재화 전반에 걸쳐 물가가 오를 수 있다. 이처럼 재화 전반의 물가, 곧 물가 전반이 오르는 현상을 인플레이션(inflation)이라 한다. 인플레이션 중에서도 정도가 심한 것은 초인플레이션(hyper-inflation)이라 부른다. 다만 물가가 몇 퍼센트 이상 올라야 인플레이션이고 초인플레이션인지 가려줄 명확한 기준은 없다.

인플레이션이 예견되거나 진행 중인 경제에서는 물가가 뛰어도 소비가 계속 늘어난다. 소비가 늘어나면 판매도 늘어나므로 기업은 상품 생산을 계속 늘린다. 물가 상승으로 생산비가 오르는 부담은 판매가에 얹는다. 물가가 오르더라도 소비가 계속되면서 판매와 균형을 맞추는 한 경기는 순조롭게 확대 모드를 이어갈 수 있다. 하지만 인플레이션이 진행되는 경제에서는 소비 · 판매 · 생산이 확대된 끝에 재화 전반의 공급이 수요를 앞지르는 공급과잉 현상이 발생한다. 경기가 과열(overheat)된 나머지 수요가 공급을 따라잡지 못하는 현상이다. 경기가 이 단계에 들어서면 재화 전반에 걸쳐 고물가와 공급과잉 현상이 뚜렷해지면서 판매가 부진해진다. 판매 부진에 따라 생산 · 고용 · 투자가 잇달아 위축되면서 경기 확장세가 꺾인다.

인플레이션에 따른 경기 반전은 대개 하강세가 가팔라서 경제에 큰 충격을 준다. 단기에 경기를 되살릴 방도도 별로 없다.

구체적으로 인플레이션이 어떻게 경기를 추락시킬까? 주요 경로를 짚어보자.

첫째, 인플레이션은 소비를 위축시켜 경기를 끌어내린다.

물가가 뛰면 화폐가치도 비례해서 떨어진다. 한 봉지에 1000원 하던 콩나물이 2000원으로 오르면 현금 1000원이 지닌 값어치가 절반으로

인플레이션이 경기를 어떻게 추락시키나

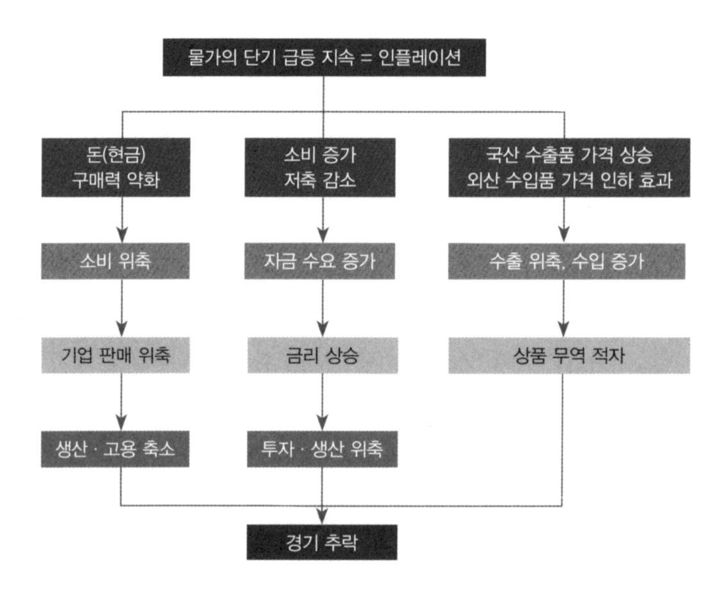

꺾인다. 물가가 뛴다고 봉급이나 수입이 따라 오르지 않으니, 서민 가계는 씀씀이를 줄일 수밖에 없다.

현금 여유가 있는 가계는 어떨까?

대개 인플레이션 초기와 후기의 대응이 다르다.

인플레이션 초기에는 돈 가치가 급락하므로 물가가 더 오르기 전에 돈을 써버리는 게 낫겠다고 생각하고 저축보다 소비를 늘린다. 돈 가치가 떨어지면 빚 부담도 가벼워지므로 빚마저 내 쓰기도 한다. 이런 가계가 많은 덕에 인플레이션 초기에는 소비와 판매가 늘어난다. 기업은 이익을 늘릴 욕심에 설비투자와 고용을 늘리고, 그 결과 경기가 확대된다. 이처럼 인플레이션 초기에는 물가 상승세가 경기를 자극하는 효과를 낸다.

하지만 인플레이션이 더 진행되면 상황이 달라진다. 경기가 좋아도 소비 능력 전반에 걸쳐 한계가 온다. 웬만큼 현금 여유가 있다 해도 물가가 계속 오르는데 소비를 마냥 늘릴 수는 없는 노릇이기 때문이다. 특히 봉급이나 연금, 이자 같은 정기 수입에 의지해 사는 가계는 점점 커지는 물가 상승 부담 때문에 결국 소비를 줄이게 마련이다.

서민 가계에 더해 여유 있는 가계까지 소비를 줄이면 상품 판매가 줄어든다. 기업도 생산과 고용을 줄일 수밖에 없다. 고용이 줄면 가계는 임금 수입이 줄어드니 소비를 더 줄여야 한다. 결국 소비·판매·생산이 꼬리를 물고 줄어드는 악순환이 생겨 경기가 위축된다. 서민층이 소비를 줄이더라도 중산층이 소비를 줄이지 않으면 경기가 쉽사리 침체하지 않는다. 하지만 중산층이 모아둔 돈이 적을 때는 다르다. 서민과 중산층을 합한 소비 위축이 기업 판매와 생산에 큰 영향을 미쳐 경기가 나빠지기 쉽다.

둘째, 인플레이션은 금리를 올려 경기를 추락시킨다.

인플레이션 초기에는 돈 가치가 떨어지는 데 대응해 가계가 소비를 늘리고 기업도 투자를 늘리므로 시중 자금 수요가 커진다. 금융시장에서 수요가 공급을 웃도는 현상이 지속되면 금리가 오른다. 금리가 오르면 기업의 투자 의욕이 위축된다. 대개 기업은 평소 빚을 내 사업에 투자하는데, 이자 부담이 커지면 빚을 갚아가면서 사업에 이익을 내기가 힘들어지기 때문이다. 금리가 오르면 가계도 빚을 내 쓸 생각을 덜 하므로, 소비가 줄어 판매가 위축되는 것도 기업 투자에 부담이 된다. 이래저래 기업이 투자를 줄이면 생산과 고용이 줄어든다. 그럼 임금 수입이 줄거나 정체하므로 가계의 소비 여력이 떨어진다. 결국 경기가 후퇴한다.

셋째, 인플레이션은 경제주체의 미래 전망을 불확실하게 만들어 경기를 위축시킨다.

인플레이션 때는 물가가 자꾸 오르므로 장차 물가가 얼마나 더 오를지 예측하기 어렵다. 물가 수준 예측이 어려우면 기업이 신제품 판매가를 정하고 예상 이익을 계산하는 데 차질이 생긴다. 판매나 생산 관련 사업 계획을 세우기도 어려워진다. 미래가 불확실하니 사업을 미루고 투자를 꺼리거나 줄이기 쉽다. 자연히 고용이 정체하거나 줄어든다. 그럼 가계는 임금 수입이 줄거나 정체하는데, 물가는 계속 오르므로 실질 구매력이 떨어진다. 결국 소비를 줄여야 하고, 그럼 기업 판매와 생산이 더 위축되면서 경기가 하강한다.

넷째, 인플레이션은 상품 수출을 줄이고 수입을 늘려 국민경제에 주름을 지운다.

물가가 오르면 해외로 수출되는 국산품은 가격이 비싸지고, 수입 외제품은 반대로 싸지는 효과가 생긴다. 상품과 서비스의 수출은 줄고 수입은 늘어나기 쉽다. 수출액보다 수입액이 많아지면 무역에서 적자가 나고, 국민경제 수준에서 외화벌이가 부진해질 수 있다.

인플레이션 탓에 무역적자가 나고 외화벌이가 부진해지면 정부가 대외 거래에 필요한 외화를 외국에서 빌려야 할 경우도 생긴다. 외채를 얻어야 한다는 말이다. 실제로 인플레이션 때문에 외채를 얻는 일이 거듭되고 만성화하다 보면 나라가 빚더미에 올라앉는다. 외화벌이가 시원찮은데 빚더미에 올라앉은 나라는 대외 신용이 나빠진다. 무역 거래가 어려워질 수도 있고, 심한 경우 국민이 생필품조차 구하기 어려워지는 사태를 맞을 수도 있다. 이처럼 인플레이션은 수출가격 경쟁력을 떨어뜨려 무역적자를 부르고 나라 빚을 늘려 경제난을 일으킬 수 있다. 2022년 국가부도를 선언한 스리랑카가 인플레이션 직격탄을 맞은 예다.

남아시아 섬나라 스리랑카는 관광업이 핵심 산업이다. 2020년 코로나 팬데믹 이후 관광업이 침체하면서 실업이 폭증했는데, 2022년 러시아가 우크라이나를 침공한 여파로 인플레이션이 덮쳤다. 2021년 12월 12.1%이던 연간(전년 같은 기간 대비) 인플레이션율이 2022년 4월 29.8%로 치솟았다. 연료, 식량, 의약품 가격이 폭등하고 생필품이 부족해져 민생은 파탄 지경이었다. 그러나 필수 물자 수입이 불가능했다. 외환보유액이 바닥나 외채도 갚지 못할 지경이었기 때문이다. 스리랑카는 전부터 정부가 항구와 공항 등을 짓는다며 중국 등에서 거액을 빌린 탓에 외채가 많았다. 결국 5월 들어서는 만기가 닥친 외채를 갚지 못해 국가부도를 선언하고 IMF에 구제금융을 청해야 했다. 연간 인플레이션율이 60.8%로 뛴 7월에는 대통령이 반정부 시위대에 쫓겨 국외로 도피했고, 도피 중에 사임했다.

인플레이션은 왜 서민의 적, 부자에게 기회인가

인플레이션이 발생하면 봉급, 연금, 이자 등 일정 현금 수입으로 사는 가계는 살림살이가 빡빡해진다. 집세, 가겟세, 자녀 교육비, 교통비 등 생활비 부담은 뛰는데 현금 수입의 구매력은 떨어지기 때문이다. 물가가 뛴다고 봉급이나 연금, 이자 수입이 늘어나는 것도 아니므로 인플레이션은 서민 가계에 생활수준 퇴보를 강요한다.

반면 부자에게는 인플레이션이 재테크 기회를 준다. 자산층이 흔히 투자하는 부동산 같은 실물자산(real assets, non-financial assets, 토지나 건물처럼 눈에 보이고 손으로 만질 수 있는 실물 형태의 자산, 상대 개념은 금융자산financial assets)은 인플레이션이 진행되면 쉽사리 시세가 뛰기 때문이다. 인플레이션이 돈 가치를 떨어뜨리지만, 부동산은 워낙 덩치 큰 자산인 데다 인플레이션에 따른 시세 상승 폭도 대개 커서 현금 가치도 지켜주고 시세 차익까지 챙겨준다.

뿐만 아니다. 인플레이션은 실물자산 투자자의 빚 부담도 줄여준다. 홍길동이 은행에서 2억 원을 융자받아 산 5억 원짜리 집 시세가 8억 원으로 뛰었다고 하자. 집값이 뛰기 전 길동이 보유한 집의 부채비율(가격 대비 부채의 비율)은 (2억/5억=) 40%다. 집값이 뛴 다음 부채비율은 (2억/8억=) 25%로 낮아진다. 인플레이션 덕택에 재산은 불어나고, 재산 대비 빚 부담은 줄어든다.

돈 가치를 떨어뜨리는 인플레이션이 재테크 호기가 될 수 있다는 사실은 아이러니인데, 이런 이치를 모르는 사람은 적다. 실제로 인플레이션이 예견되거나 진행될 때면 재빨리 부동산에 목돈을 투자하는 부자가 많다. 그러나 서민 가계는 대개 남들 하는 부동산 투자를 보고만 있어야 한다. 목돈을 동원할 여유가 없기 때문이다.

결국 인플레이션이 진행되면 자산층과 서민 가계 사이에 자산 격차가 커진다. 부자는 부동산 재테크로 현금 가치를 지키고 재산도 불릴 수 있지만, 서민 가계는 그러지 못한 채 오르는 집세나 생활비 부담을 감당해야 한다. 소비 의욕과 구매력이 낮아지고, 정부와 정치권에 불만

인플레이션

이 커지게 마련이다.

부동산·주식 투자 때는 왜 인플레이션 뒤끝을 조심해야 하나

인플레이션은 화폐가치를 떨어뜨리지만 부동산 같은 실물자산 시세를 밀어 올린다. 실물자산이 적고 현금과 예금만 들고 있는 서민은 실질 재산이 줄지만, 부동산을 보유한 부자는 득 볼 수 있다. 다만 부자라 해서 인플레이션이 제공하는 이득을 언제까지나 누릴 수 있는 것은 아니다. 경기가 나빠지면 한때 불어났던 투자자산 시세가 도로 쪼그라들 수 있기 때문이다.

인플레이션으로 불로소득을 얻는 부자는 어느 나라에서나 소수다. 부자 몇몇이 사치를 즐기더라도 국민경제에는 큰 영향이 없다. 하지만 인구가 많은 서민과 중산층이 소비를 줄이면 국민경제에 큰 영향을 미친다. 가계 소비가 위축되면서 판매가 줄고 기업이 생산 규모와 고용을 줄여 경기가 하강하기 쉽다. 부자들이 인플레이션으로 불린 투자자산 시세도 떨어질 수 있다. 인플레이션 뒤의 경기 하강과 자산 시세 하락은 서서히 오기보다 갑작스럽게 올 때가 많다. 인플레이션이 진행될 때는 수요가 서서히 커지지만, 경기 하강 때는 수요가 급하게 위축되기 때문이다.

경기 하강 때 수요가 급하게 위축되는 이유는 뭘까?

주로 가수요(假需要, imaginary demand) 때문이다.

가수요란 당장 필요치는 않지만 장차 시세 차익을 볼 기대로 상품을 구매하는 투기 수요(speculative demand)다. 상품을 사용하기 위해 구매하는 수요, 곧 실수요(actual demand)가 아니다. 가수요는 자산을 사들였다가도 기대와 달리 매매 차익을 볼 수 없겠다 싶으면 곧바로 시장을 빠져나간다. 부동산이나 주식에 투자하는 가수요가 그렇다. 시장 수요를 빠르게 끌어올렸다가 경기 하강 낌새를 채면 서둘러 빠져나가는 행태를 보인다.

자산시장에서 가수요가 빠지면 수요 위축이 급하게 진행되므로 자산 시세가 급락하기 쉽다. 그럼 시장 수요가 부풀었을 때 들어간 투자자는 '상투'를 쥔 격이 된다. 가수요가 빠져나가기 전에 재빨리 시장을 빠져나오면 손실을 피할 수 있겠지만 그러기 어렵다. 인플레이션이 진행하는 동안은 경기가 언제 하강할지 아무도 정확히 알 수 없기 때문이다. 그래서 부동산이나 주식에 투자할 때는 인플레이션의 뒤끝을 조심해야 한다.

인플레이션은 왜 소비 양극화를 부를까

물가가 뛰면 가계의 소비 행태가 소득과 상품에 따라 양극화한다.

고소득층은 저소득층에 비해 인플레이션 영향을 덜 받는다. 소득이 넉넉한 만큼 기존 소비 수준을 유지하거나 늘릴 수 있고, 고가 사치품 구매도 계속할 수 있다. 반면 저소득층과 중간소득층 소비자는 인플레이션 영향을 직접 크게 받는다. 물가가 뛰면서 구매력이 약해지는 만큼 허리띠를 조이고, 더 값싼 품목과 최저가 생필품을 찾아서 산다. 자연히 고소득층과 중간소득층·저소득층 간 소비 양극화가 심해진다.

소비가 양극화하면 중산층을 타깃으로 하는 소매업체가 저가형 경쟁사에 고객을 빼앗긴다. 특히 초고가와 초저가 사이에 있는 중간 단계 유통 채널이 직격탄을 맞는다.

2022년 초 미국에서는 40년 만에 처음으로 인플레이션이 시작됐다. 그러자 1분기에 유통 기업의 순이익 성적표가 둘로 갈렸다. 고가품과 명품 등 초고가 상품을 파는 백화점과 저가 제품 전문점은 호황을 누렸지만, 중간소득층과 저소득층이 주로 찾는 대형 마트와 슈퍼마켓은 직격탄을 맞았다.

미국의 고급 백화점 체인을 대표하는 메이시스(Macy's)는 매출이 전년 같은 기간보다 14% 늘고, 순이익도 178% 급증했다. 명품과 초고가품, 의류 부문 실적이 좋았다. 노드스트롬(Nordstrom)도 매출이 시장 추정치를 웃돌았다. 메이시스와 노드스트롬 모두 주가도 크게 올랐다. 초저가 할인 판매점 중 '미국판 다이소'라 불리는 1달러숍 달러트리(Dollar Tree)도 순이익이 급증했다. 달러제너럴(Dollar General)은 지갑이 얇아진 소비자들이 몰리면서 연간 매출 증가율 전망치를 올렸다. 달러트리와 달러제너럴 모두 주가가 크게 뛰었다.

반면 대형 마트 등 초고가와 초저가 사이에 있는 중간 단계 유통 채널인 타깃(Target Corp.)은 부진한 실적을 냈다. 미국 최대 유통업체인 월마트와, 세계 최대 e커머스(전자상거래) 업체 아마존도 마찬가지로 타격을 입었다.

우리나라에서도 2022년 4월 백화점 소매판매액은 약 4724억 원으로 전년 대비 17.3% 늘었지만, 대형 마트와 슈퍼마켓(잡화점 포함)은 각각 0.1%, 0.4% 줄었다(통계청).

인플레이션으로 중간소득층과 저소득층의 구매력이 떨어지면 총수요가 줄어들기 쉽다. 총수요가 줄어들면 성장률이 낮아지고 경기가 후퇴할 가능성이 높아진다. 이럴 때는 정부가 감세 정책을 써서 국민의 조세 부담을 낮춰주는 등 중간소득층과 저소득층의 구매력을 끌어올리는 정책을 펴야 한다.

인플레이션은 언제 생길까

인플레이션은 언제 생길까?

주로 어떤 이유에서 원자재가나 임금이 오른 결과로 늘어난 생산비 부담을 많은 기업이 제품 판매가로 전가할 때, 또는 경기가 과열되어 수요가 공급을 크게 웃돌 때 발생한다. 원자재가나 임금 비용 등 생산 원가가 오르는 탓에 나타나는 인플레이션을 비용 인플레이션(cost-push inflation), 경기가 과열되어 수요가 공급을 크게 웃돌 때 나타나는 인플레이션을 수요 인플레이션(demand-pull inflation)이라 한다. 발생 원인으로 볼 때 두 가지 유형의 인플레이션이 있는 셈이다.

인플레이션이 어디서 발생하느냐에 따라서도 인플레이션 유형을 나눠볼 수 있다. 수입 상품 가격이 올라 생기는 인플레이션은 수입 인플레이션, 국내 경제 흐름에서 생기는 인플레이션은 국내 인플레이션이라고 한다. 다만 엄밀히 말해 수입 인플레이션은 비용 인플레이션에 속한다. 국내 인플레이션도 대개는 수요 인플레이션이다.

비용 인플레이션을 이끄는 원인은 주로 유가 등 에너지 가격의 인상

비용 인플레이션의 구조

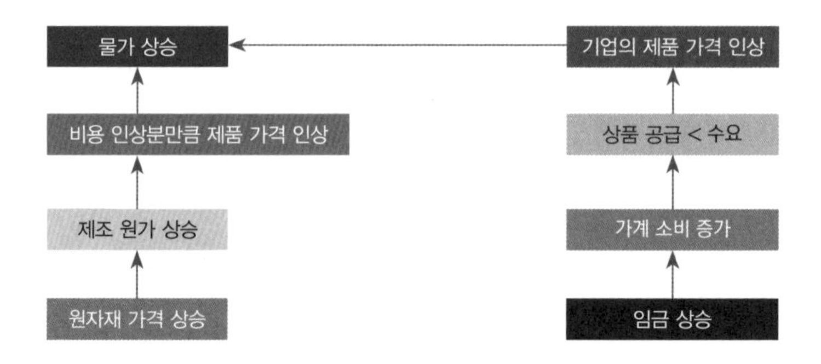

이다. 원유 수출국들이 판매가를 올려 받자고 담합하면 유가가 뛴다. 원유는 산업 전반에 광범한 영향을 미치는 필수 에너지 자원이므로, 유가가 뛰면 석유제품에 이어 각종 상품 가격이 잇달아 오른다. 석유제품과 각종 상품의 가격 상승은 기업의 원자재 구매비 부담을 높이고 생산원가를 올린다. 생산원가가 오르면 기업은 제품 판매가를 올려 기존 이익 수준을 유지하려 하므로 물가 상승이 가속된다.

임금이 오를 때도 생산원가가 올라 비용 인플레이션이 올 수 있다. 임금이 오르면 직장인 가계의 수입이 늘어나는 만큼 소비가 확대되기 쉽고, 수요가 공급에 비해 커지면서 기업이 제품 판매가를 올려 물가가 오를 수 있다.

수요 인플레이션을 부르는 원인은 전형적으로 세 가지가 있다.

첫째, 경기 과열. 소비자가 어떤 이유로든 여느 때보다 소비를 많이 해서 공급이 따르지 못할 때는 인플레이션이 생기기 쉽다. 가장 흔한 경우다.

둘째, 시장의 독과점. 시장이 독과점 상태에 있다는 것은 상품을 만들어 파는 회사가 단 하나이거나 몇 개 안 된다는 뜻이다. 독과점 시장에서는 상품 공급을 독차지한 소수 기업이 판매가를 올리자고 가격 담합을 하면 쉽사리 물가가 오른다.

셋째, 물가가 오르면서 발생하는 가수요 심리도 물가 상승을 부추긴다. 가수요 심리란 물가가 오를 때 '앞으로 계속 물가가 오를 테니 미리 사두면 이익'이라고 생각해서 당장 필요치도 않은 물건을 사두려 하는 심리다. 시장에서 가수요 심리가 생기면, 가수요를 이용해 이익을 보려 하는 기업과 유통 상인들이 매점매석(買占賣惜, hoarding)에 나서기 일쑤다. 매점매석이란 시장에 상품이 부족해서 물가가 오를 때 생산자나 유통업자가 상품을 대거 사들여 쌓아놓고 내놓지 않는 행위다. 물자 부족으로 시세가 뛰기를 기다렸다가 비싸지면 팔아서 폭리를 보려는 의도인데, 실수요를 좌절시키고 물가 오름세를 부추겨 국민경제에 해를 끼친다. 우리나라에서는 법률상 불공정행위로 지정해 단속하고 있다.

수요 인플레이션은 어떻게 막나

수요 인플레이션은 수요초과(초과수요) 인플레이션이라고도 부른다. 대개 경기가 과열되어 총수요(aggregate demand)가 총공급(aggregate supply)을 크게 웃돌 때 생긴다. 총수요와 총공급은 각기 국민경제의 재화 수요와 공급의 총량을 뜻한다. 수요 인플레이션은 총수요가 총공급을 크게 웃돌 때 생기므로 총수요를 가라앉히면 막을 수 있다. 총수요를 어떻게 가라앉힐까?

총수요에 가장 큰 영향을 미치는 변수는 국민경제에 유통되는 통화량이다. 시중 통화량이 많으면 총수요를 키우기 쉽고, 통화량이 적으면 총수요가 줄어들기 쉽다. 그렇다면 중앙은행이 통화량을 관리하는 정책, 곧 통화정책을 써서 정책적으로 통화량을 줄이면 어떨까? 통화량이 줄면 총수요가 위축되어 수요 인플레이션을 해결할 수 있지 않을까?

그럴 수 있으나, 꼭 쉽지는 않다. 통화정책이 이론상 통화량 조정 효과가 큰 정책이기는 하지만, 현실에서는 정책 작동 과정이 복잡하고 단기 효과도 분명치 않다. 무엇보다 통화량을 줄이면 소비지출은 이내 줄어들지만 물가는 좀처럼 떨어지지 않는다. 물가가 떨어지려면 기업들이 상품 판매가를 낮춰야 하는데, 그러기까지 상당한 시간이 걸리기 때문이다. 즉 통화량 감축이 물가를 떨어뜨리는 효과는 장기로나 기대할 수 있지, 단기에는 눈에 보이는 효과를 내기 어렵다.

단기에는 물가가 떨어지기 전에 실업부터 늘어난다. 통화량이 줄면 상품 가격은 그대로인데 소비지출이 줄면서 판매가 줄고 실적 부진 기업이 고용 감축에 나서기 때문이다. 정책 당국자 입장에서 볼 때는 인플레이션을 잡으려 하면 실업이 늘어나니 인플레이션 해결이 쉽지 않다. 이론상으로도 인플레이션과 실업 간에는 상충 관계(trade-off relation)가 있다. 뉴질랜드 출신 경제학자 필립스(A. W. H. Phillips)는 1958년 발표한 논문에서 1861~1957년 영국의 시계열 경제 통계 분석을 바탕으로 임금상승률과 실업률이 반비례한다고 밝혔다. 1960년에는 미국 경제학자 새뮤얼슨(Paul A. Samuelson)과 솔로(Robert M. Solow)가 인플레이션과 실업 간에도 상충 관계가 있다고 주장했다. 이후 학계에서는 인플레이션(또는 임금상승률)과 실업률이 상충한다는 인식이 필

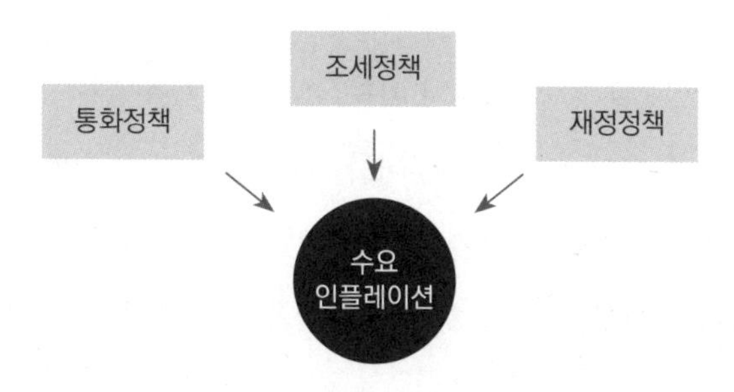

립스곡선(phillips curve)이라는 이름으로 자리를 잡았다.

요컨대 통화정책으로 수요 인플레이션을 해결하기란 쉬운 일이 아니다. 그럼 행정부가 재정정책이나 조세정책을 써서 수요 인플레이션을 잡을 수는 없을까?

가능하다.

재정정책은 정부가 재정을 운영하는 정책이다. 총수요를 줄일 목적으로 재정정책을 쓸 때는 흔히 공공투자 사업이나 SOC(사회간접자본시설) 건설을 줄인다. 정부지출 규모가 줄면 그만큼 총수요가 줄기 때문에 물가 안정에 도움이 된다.

조세정책은 정부가 조세를 운영하는 정책이다. 조세정책으로 총수요를 줄이려 할 때는 세금을 더 걷는다. 정부가 소득세나 법인세 징수율을 올리고 가계와 기업이 세 부담 때문에 소비를 줄이면 총수요가 줄어 물가 안정에 도움이 된다.

다만 조세정책이나 재정정책으로 총수요를 줄이고 수요 인플레이션을 억제하는 것도 통화정책과 마찬가지로 부작용 없이 단기에 성과를 얻기는 쉽지 않다.

비용 인플레이션·스태그플레이션에는 어떻게 대응할까

비용 인플레이션은 수입 에너지 가격이나 임금 등이 뛴 영향으로 생산원가가 올라 물가가 오르는 현상이다. 이론상 수요 인플레이션은 과잉수요를 줄이면 해결할 수 있지만, 비용 인플레이션은 공급 문제로 발생하고 공급을 어찌할 수 없는 경우가 많아 정부가 마땅한 대응책을 내놓기 어렵다.

가령 임금이 오르면 생산원가가 올라 비용 인플레이션이 올 수 있는데, 임금 상승은 막기 어렵다. 정부가 임금 인상 상한선을 정해 기업에 권하는 임금 가이드라인 정책 정도가 고작인데, 노동자의 반발에 부딪힐 때가 많다. 수입 에너지 가격 상승에 따른 비용 인플레이션은 더 대응하기 어렵다. 해외에서 비롯된 문제라면 정부가 동원할 만한 방책도 한정될 수밖에 없기 때문이다.

비용 인플레이션이 심해지면 소비가 줄면서 기업 판매가 부진해지고 생산과 고용 위축이 잇따르면서 경기가 침체한다. 물가가 뛰는 와중에 경기가 침체하는 스태그플레이션이 발생할 수 있다.

스태그플레이션은 보통 전쟁이나 전염병 같은 특별한 사태로 원유와 곡물 같은 핵심 원자재 가격이 폭등하면서 총공급이 갑자기 크게 위축되는 공급 충격(supply shock) 때문에 경기가 침체하면서 발생한다. 수요 인플레이션은 경기 확대를 동반하는 한 좋게 봐줄 측면이 있다. 하지만 스태그플레이션은 경기 침체와 물가 상승이라는 악재가 동시에 나타난다. 수요 충격(demand shock) 때문에 인플레이션이 발생하는 경우에 비하면 경제에 미치는 부정적 영향이 더 크다.

현대사에서는 1973년과 1979년에 발생한 두 차례의 중동발 유가 폭등 사태가 글로벌 스태그플레이션을 부른 예로 유명하다.

1973년 1차 오일쇼크 때는 아랍과 친서방 이스라엘 간에 전쟁이 나면서 아랍 산유국이 원유 생산을 줄이고 유가를 올려, 유가가 갑절로 오른 결과 세계 규모로 물가가 폭등하고 경제가 침체했다. 1979년 2차 오일쇼크 때는 이란에서 민족주의 혁명이 일어난 데 이어 이란 등 산유국이 원유 공급을 중단하고 판매가를 올린 결과 스태그플레이션이 발생했다.

우리나라도 스태그플레이션 충격을 받았다.

1차 오일쇼크 때 우리 경제성장률은 1973년 14.9%에서 1974년 9.5%, 1975년 7.8%로 추락했고 인플레이션율은 3.2%에서 24.3%, 25.2%로 급등했다. 2차 쇼크 때 성장률은 1978년 11.0%, 1979년 8.7%, 1980년 -1.6%로 급락했고 인플레이션율은 14.5%, 18.3%에서 28.7%로 뛰었다(성장률은 2015년 기준, 인플레이션율은 2020년 기준, 전년 대비, 통계청).

2022년에는 코로나 사태가 이어지는 가운데 글로벌 공급망(global supply chain)•이 훼손되면서 전 세계가 스태그플레이션 위기로 몰렸다. 같은 해 2월에는 러시아가 우크라이나를 침공해 에너지와 곡물 가격이 폭등하면서 공급 충격이 일어난 것도 사태를 악화시켰다.

• 세계 각국 기업 간에 상품 생산과 판매·유통에 간여하는 자원(resources, 물자와 인력 등)을 연결하는 비즈니스 네트워크. 기업이 전 세계에 걸쳐 상품 생산에 필요한 원재료를 구해 중간재나 최종재로 가공·판매하는 과정을 사슬로 연결한 모습에 비유해 '글로벌 공급 사슬'이라고도 부른다.

비용 인플레이션도 대응하기 어려운데 스태그플레이션이 닥치면 더욱 방도가 없다. 그렇다 해도 정부가 비용 인플레이션이나 스태그플레이션에 맞서 쓸 만한 방책이 없을까?

막상 닥치면 별수가 없지만, 평소 준비해두면 좋을 방책은 몇 가지 있다.

첫째, 기업이 선진 기술이나 기계를 쉽게 개발하거나 도입할 수 있게 정부가 도와주면 좋다. 기업 처지에서는 새 에너지원을 찾기보다 새 기술·기계를 개발하거나 도입하는 쪽이 쉽기 때문이다. 정부 지원에 힘입어 새 기술·기계를 도입하면 생산비를 낮출 수 있으므로 수입 에너지 가격이 뛰어도 완제품 판매가를 유지할 수 있다. 새 기술·기계를 도입하는 기업에는 정부가 금융기관과 협조해 저리(低利) 융자를 알선하거나 관련 세금을 적게 내도 되도록 지원하면 좋을 것이다.

둘째, 정부가 물류(physical distribution, 물적 유통) 개선에 노력해서 기업이 생산원가를 줄일 수 있게 돕는 것도 중요하다. 물류란 각종 유통 매체를 통해 생산품이 교환·분배되는 과정을 가리킨다. 상품이 생산되어 판매되기까지 너무 여러 손을 거치거나 운반비가 많이 들면 제품 생산원가가 오르고 결국 물가가 오른다. 반대로 물류가 원활해지면 상품 유통 과정에서 가격 인상 요인이 줄어든다. 정부가 도로망을 확충하거나 항구와 공항을 건설하고, 유통센터 같은 물류 시설 건설을 지원할 필요가 있다.

셋째, 국민 생필품인 쌀 등 농산물 가격이 급등해서 물가가 뛰는 일이 없게 평소 정부가 잘 대응할 필요가 있다. 농수산품은 계절과 날씨에 따라 수확량이 들쭉날쭉해서 뜻하지 않게 물가를 밀어 올리곤 한다.

농수산물 같은 생필품은 저장과 유통에 문제가 없는 한 정부가 평소 사뒀다가 공급이 부족할 때 시장에 내놓으면 물가 안정에 도움이 된다.

넷째, 비용 인플레이션을 막기 위해 정부 단속이 필요한 경우도 있다. 같은 제품을 생산해 파는 사업자끼리, 또는 상품 제조와 판매를 독차지한 독과점 업체끼리는 흔히 서로 짜고 상품값을 올려 받는 가격 담합을 한다. 가격 담합은 상품 유통 과정상 불공정행위일 뿐 아니라 비용 인플레이션을 부르는 요인이다. 가격 인상을 노려 물건을 사 쟁이거나 시장에 내놓지 않는 매점매석 행위도 마찬가지다. 정부가 엄히 단속해야 한다.

다섯째, 물가가 뛸 때 정부의 직접 대응도 필요하지만 평소 정부가 기업 환경 안정을 염두에 두고 경제정책을 펴는 것도 중요하다. 기업은 흔히 생산을 위해 공장 부지와 인력을 확보하고 상품을 보관하거나 수송해야 한다. 투자 자금을 빌려야 할 때도 많다. 기업이 생산에 필수로 들이는 비용을 생산요소 비용이라 한다. 생산요소 비용은 부동산 투자비(공장 부지 확보), 물류비(상품 보관과 수송), 자금 차입에 따른 원리금 부담 곧 금융 비용(투자 자금 확보), 인건비 곧 임금(인력 확보) 등으로 구성되므로 부동산 시세나 금리 수준에 따라 부담이 달라진다. 만약 부동산 시세나 금리가 급등하면 기업은 생산비 부담에 눌려 투자 의욕을 잃을 수 있다. 기업이 안정된 환경에서 투자·생산할 의욕을 갖게 하려면 정부가 평소 경제정책을 잘 써서 부동산 시세나 금리 흐름을 안정시켜야 한다.

디플레이션은 뭐가 문제인가

디플레이션(deflation)이란 인플레이션과는 정반대로 재화 전반에 걸쳐 물가가 떨어지는(물가 수준이 낮아지는) 현상이다. 디플레이션이 발생하면 물가 변동률이 음수(-)가 된다.

물가가 떨어지면 소비자는 좋지 않나?

경제가 순조롭게 돌아가면서 기업이 기술을 혁신해 생산성을 높이고 생산비를 낮춘 결과로 소비자가격과 물가가 내린다면 좋다. 소비자뿐 아니라 경제주체 모두에게 좋다. 이 경우에는 저물가가 소비를 늘려 생산을 자극하고 고용과 투자를 늘려 성장세를 높이는 선순환이 이뤄지기 때문이다.

디플레이션은 경우가 다르다. 디플레이션 때 나타나는 물가 하락이나 저물가는 총수요 부진, 곧 경제의 구매력이 공급력(공급)에 미치지 못한 결과다.

총수요가 줄어드는 이유는 다양하다. 정부지출이 줄어든다든지, 주식 시세가 폭락한다든지, 소비자들이 저축을 늘린다든지, 중앙은행이 금리를 올리는 등 금융을 긴축해서 시중 자금 유통이 전보다 어려워지게 하는 정책을 펼 때는 총수요가 줄어들 수 있다.

총수요가 위축되고 디플레이션이 발생하는 현상은 흔히 호황의 뒤를 따른다. 호황 때는 통화 공급이 지속되면서 시중 통화량이 늘고 총수요가 팽창하면서 인플레이션이 발생할 수 있다. 인플레이션을 예방하기 위해 중앙은행이 통화 공급을 줄인다고 해보자. 그럼 한동안 팽창 일로를 걷던 통화량이 줄어든다. 그 결과 기업이나 가계가 자금을 충분히 구하지 못해 호황 때 계획했던 투자를 줄이거나 취소해야 하는 일이 생긴다. 호황이 계속되리라고 기대해 늘려놓았던 투자를 줄이거나, 투자를 위해 키워놓은 부채를 줄여야 할 수도 있다. 이런 일이 많아지다 보면 투자 수요가 줄어들고, 투자 수요와 더불어 소비 수요도 줄어든다. 결국 총수요가 줄면서 판매·생산·고용·투자가 잇달아 위축된 끝에 디플레이션이 발생할 수 있다.

디플레이션이 발생하면 기업이나 소비자나 모두 돈벌이가 시원찮아지고 국민경제의 성장 능력도 약해진다. 그나마 디플레이션이 완만하게 진행되면 다행이지만 그렇지 않을 때는 경제가 큰 타격을 입을 수 있다. 특히 투자 수요와 소비 수요가 줄어들면서 증권·부동산 등 각종 자산과 재화의 시세가 떨어지는 속도가 중요하다. 만약 시세 하락이 급하게 진행되면 매우 많은 투자자가 자산을 처분하고도 원금을 회수하지 못하거나 빚 부담을 감당하지 못하는 사태가 생길 수 있다. 그 결과 금융과 경제에 충격이 발생하고 자산과 재화의 시세가 폭락하는 급격한 디플레이션이 발생할 수 있다. 1930년대 글로벌 대불황이나 1990년대 일본에 닥친 불황이 그런 사례다.

디플레이션 때는 기업이 판매가를 내려도 소비자가 소비를 미룬다. 장차 물가가 더 내릴 테니 나중에 살수록 이익이라고 판단해서다. 소비 부진으로 판매 부진이 심해지면 기업은 제품값을 더 내려야 하고, 수익성이 하락하는 와중에 기업 간 경쟁까지 견뎌내야 한다. 견디지 못하고 판매가를 올리거나 품질을 떨어뜨리면 아예 소비자에게 외면당하기 때문이다. 하지만 판매가를 내리고 저가 경쟁에서 버텨내도 판매 실적은 점점 더 나빠진다. 결국 설비와 인원을 줄일 수밖에 없다. 같은 처지

디플레이션 전파 과정

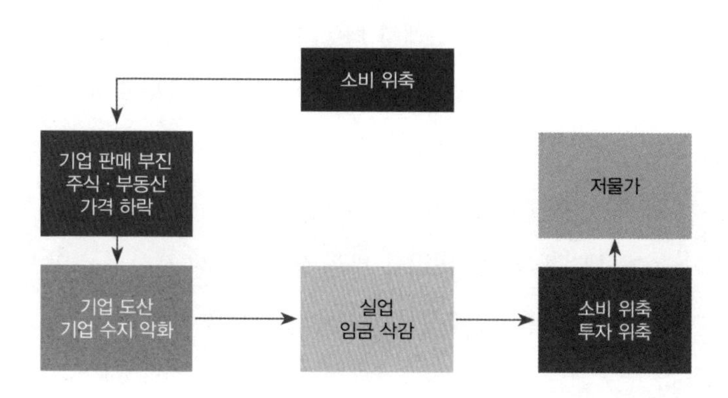

에 놓인 기업이 늘어나면서 실업자가 늘고, 가계 소비가 줄고, 제품 판매가는 더 떨어지고, 실업도 더 늘어나는 악순환이 이어진다. 주식이나 부동산도 수요가 적어 거래가 부진해지므로 시세가 떨어진다.

이른바 '절약의 역설(paradox of thrift)'이 나타나는 것도 디플레이션 시기의 특징이다. 정상적인 경우 가계가 번 돈을 아껴 쓰고 모으면 점점 더 잘 살게 돼야 마땅하지만, 디플레이션이 진행될 때는 그렇지 않다. 가계가 돈을 아껴 쓸수록 소비가 부진해져 상품값이 떨어지고, 기업 판매 실적과 투자 · 생산 · 고용 규모가 위축되면서 수입이 줄어 살림살이가 나빠진다. 절약하는데도 생활 형편은 더 나빠진다.

디플레이션이 진행될수록 '소비 부진 → 판매 부진 → 투자 · 생산 침체 → 고용 감소와 실업 증가 → 소비 부진'으로 이어지는 악순환이 점점 더 심한 소비 부진을 부른다. 악순환의 고리가 어디선가 끊어지지 않는 한 경기는 불황으로 빠져들 수밖에 없다. 하지만 어떤 이유로든 가계가 소비를 늘린다면 경기가 되살아날 길이 열린다. 소비가 늘면 물가가 오르더라도 생산·투자·고용을 자극해서 경기가 확대되는 사이클을 탈 수 있기 때문이다. 그래서 디플레이션이 왔거나 올 조짐이 있을 때는 디플레이션이 심해지는 것을 막거나 디플레이션에서 벗어나기 위해 정부가 재정정책과 통화정책을 동원해 완만한 인플레이션을 유도하는 정책, 곧 리플레이션(reflation) 정책을 편다. 시중 통화량과 재정지출을 늘리거나 정책금리를 내리고 세금 징수를 줄여 생산과 소비 확대를 부추긴다. 단기적으로 주식이나 부동산 시장을 활성화하는 조치도 내놓는다.

정부의 시장 활성화 조치로 주식·부동산 등 자산의 시세가 오르면 소득이 늘지 않아도 사람들이 소비를 늘리는 효과, 곧 '부(富)의 효과'가 생길 수 있다. 하지만 경기가 좋지 않을 때는 리플레이션 정책이 시장에 잘 먹히지 않는다. 비교적 자금 여유가 있는 투자자도 정책 효과를 의심하기 때문에 정부 조치에 선뜻 편승하지 않는다.

현대사에서 디플레이션이 글로벌 불황을 부른 예로는 1929년에 시작된 대공황이 유명하다. 당시 미국에서는 주가 대폭락 사태를 시작으로 물가가 3년여에 걸쳐 약 27% 하락했다. 실업자가 1000만 명 이상 늘고 경제 규모가 3분의 2로 쪼그라들었다.

경제가 불황에 빠지면 거래자 간 신용이 흔들려 사회가 불안해진다. 디플레이션으로 빚어지는 경제 거래 불안이 사회·정치 불안을 불러 정권을 흔드는 사태로도 번질 수 있다. 때문에 디플레이션 징후가 보이면 어느 나라에서나 정부와 중앙은행이 대응책 마련에 부심한다.

일본 경제는 어쩌다 디플레이션 늪에 빠졌나
: ① 1970년대 후반 미국의 인플레이션과 볼커의 고금리 정책

일본 경제는 1990년대 들어 디플레이션 늪에 빠졌다. 이후 세계 경기가 확장과 침체를 되풀이하는 동안에도 일본 경제는 30년 넘게 계속 침체해, '30년을 잃어버렸다'는 얘기를 듣는다. 일본은 어쩌다 디플레이션에 빠졌을까?

발단은 미국의 경제난이다.

제2차 세계대전 종전 후 일본과 독일 등은 제조업 경쟁력을 키워 수출을 크게 늘렸다. 반면 미국은 제조업 생산성이 둔화해 수출 경쟁력이 약해졌고, 1970년대 중반 들어서는 무역수지 적자를 보기 시작했다. 베트남전(1964~1975년)에 달러를 쏟아부은 탓에 재정수지도 1970년(회계연도 기준)부터 적자가 나기 시작했다. 1973년과 1979년에는 오일쇼크 탓에 불황과 인플레이션이 결합된 스태그플레이션까지 겪었다. 연간 인플레이션율이 1979년 11%대, 1980년 13%대로 치솟았다(소비자물가 기준, FRED). 당시 대통령 지미 카터(J. E. Carter Jr., 1977~1981년 재임)에게는 무능하다는 비난이 쏟아졌다.

인플레이션 해결은 카터가 1979년 8월 연준 의장으로 임명한 폴 볼커(Paul A. Volcker, 1979~1987년 재임)가 떠맡았다. 볼커는 취임 2개월 만인 10월에 기준금리를 연 11.5%에서 단번에 15.5%로 올리며 인플레이션 파이터(inflation fighter)를 자처했다.

중앙은행이 기준금리를 올리면 시장금리가 따라 오른다. 시장금리가 오르면 기업과 가계가 전보다 자금을 구하기 어려워지므로 투자와 소

일본 경제성장률 추이

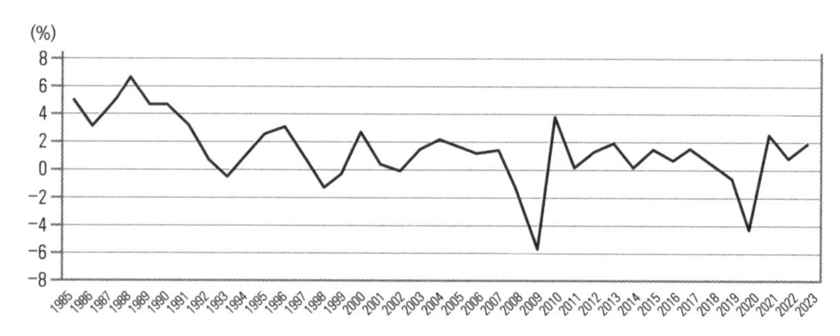

주: 2015년 기준, 전년 대비
자료: OECD, ECOS

미 연방기금금리 추이

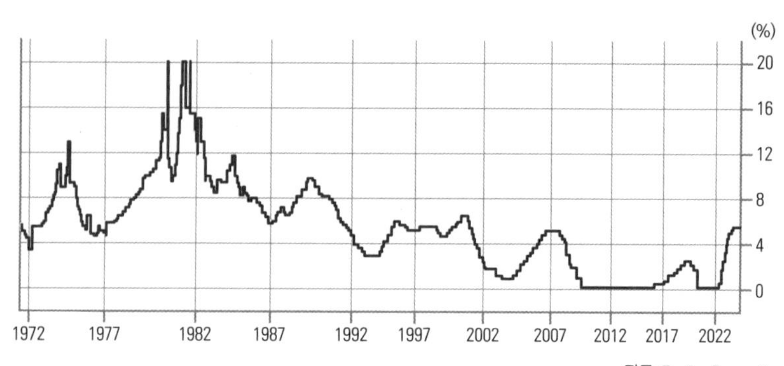

자료: Trading Economics

비가 줄어 경기가 나빠지는 부작용이 생긴다. 반면 자금이 넉넉한 가계와 기업은 예금 이자를 더 받을 수 있기 때문에 저축이 늘어난다. 저축이 늘어나는 만큼 소비가 줄어들기 때문에 물가가 내리는 효과가 있다. 그래서 기준금리 인상은 인플레이션을 누르는 데 효과를 낼 수 있다.

볼커의 1979년 10월 기준금리 인상은 연준 역사상 이례적으로 인상 폭이 커서 '토요일 밤의 학살'로 불렸다. 기준금리가 연 15%대로 오르자 시중은행 금리도 연 20%대로 치솟아, 기업의 채무 이자 부담이 급등했기 때문이다. 가중된 자금난에 기업 도산이 잇달아 실업률이 5%에서 10%대로 뛰고 주가는 폭락했다. 가뜩이나 심했던 불황이 더 깊어졌다. 결국 금리 인상 이듬해인 1980년 11월 대선에서 카터는 공화당 소속 도전자 레이건(R. W. Reagan)에게 패했다.

1981년 초 대통령이 된 레이건은 경제난의 근원을 전임 정부의 시장개입주의 정책에서 찾았다. 카터 정부가 '큰 정부'를 지향해 정부지출이 방만했던 탓에 인플레이션이 빚어졌고, 세금을 많이 걷고 기업을 심하게 규제한 탓에 경제가 침체됐다고 진단했다.

레이건의 경제정책, 곧 레이거노믹스(Reaganomics)가 내놓은 대안은 공급경제학(supply-side economics)이다. 공급경제학이란 이른바 '작은 정부'를 지향하는 경제정책론이다. 정부가 세금 징수를 줄이면 기업의 투자·생산 의욕과 노동자의 노동·저축 의욕이 높아져 총공급, 곧 국민경제의 재화 공급(공급 능력)을 키움으로써 경제를 성장시킬 수 있다고 본다. 감세를 하면 재정수지가 나빠질 우려가 있지만, 공급 강화로 민간투자가 늘어나고 산업 경쟁력과 생산력이 증강되면 경기가 활성화해 세수가 늘어날 테니 문제없다고 본다.

레이건 정부는 공급경제학과 '작은 정부론'을 정책 방침으로 삼아 조세를 감면하고 정부지출과 시장 개입을 줄이며 기업 규제를 완화했다. 그러나 결과는 좋지 않았다. 기업과 가계에서 줄어든 세 부담이 저축과 투자로 돌려지기를 기대했는데, 저축과 투자는 늘지 않고 소비만 늘었다. 그 결과 경제에 공급이 강화되기는커녕 초과수요(수요량이 공급량을 넘어서는 상태)만 커졌고 인플레이션이 잡히지 않았다. 1981년 인플레이

미국의 인플레이션 추이(19601.1~2022.1.1)

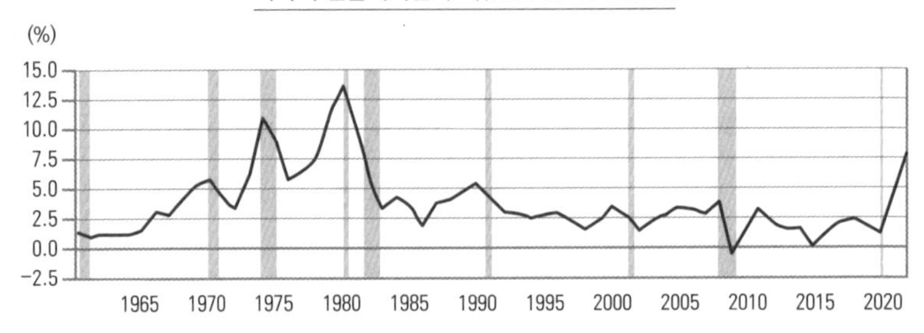

주: 음영 표시된 세로 막대는 미국의 불황기
자료: fred.stlouisfed.org
출처: 세계은행

션율은 10.3%로, 여전히 높은 수준에 머물렀다. 초과수요로 저축이 부족해지면서 국민경제가 자금 부족에 빠진 것도 문제가 됐다.

자금 부족과 인플레이션에 맞설 해법으로 남은 것은 볼커의 고금리 통화정책뿐이었다. 볼커는 1979년 10월부터 1981년까지 계속 고금리 정책을 고수했다. 1981년 12월에는 기준금리를 연 21.5%로 올렸다. 인플레이션율을 훨씬 웃도는 고금리 기조가 2년 넘게 이어지자 효과가 나타나기 시작했다. 1981년 중반부터 예금 이자 수익을 노린 자금이 은행으로 흡수되기 시작했고, 1982년 인플레이션율은 6.1%(연초 기준)로 떨어졌다. 이듬해에는 3.2%까지 떨어졌다.

인플레이션은 잡혔지만, 그사이 미국 경제는 크게 멍들었다.

우선 고금리를 견디지 못한 중소기업이 대거 도산하면서 실업자가 폭증했다. 또한 고금리 정책으로 달러 시세가 오르면서 자동차, 하이테크 등 주요 기간산업의 수출 경쟁력이 추락했다. 금리가 오르면 통화 시세가 오르고, 통화 시세가 오르는 나라에서 수출하는 상품은 대외 가격이 비싸져 가격 경쟁력을 잃기 때문이다.

미국 무역수지 추이(1963.3.1~2024.1.1)

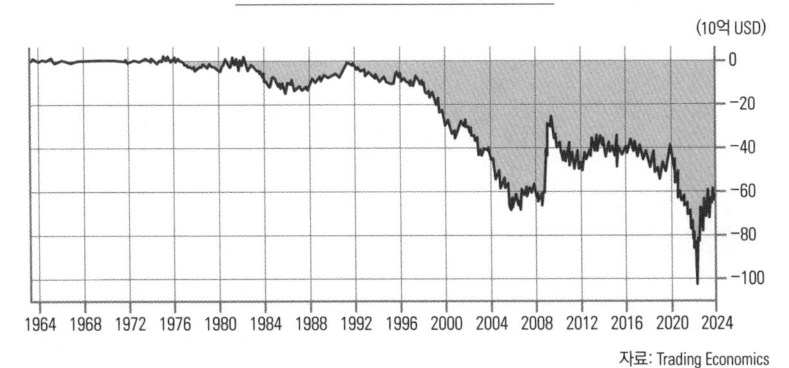

자료: Trading Economics

반면 일본과 독일이 수출하는 공산품은 달러 강세에 힘입어 가격 경쟁력이 높아졌는데, 달러 시세가 강해진 만큼 엔과 마르크 시세는 약해져서 일제와 독일제 수출품의 대외 가격을 낮췄기 때문이다. 일본·독일의 수출 기세가 높아질수록 미국은 무역수지 적자가 커졌다. 무역적자가 커지면서 경상수지(무역수지를 포함해서 나라 단위 대외 거래 수지를 종합한 결과)도 적자 폭이 해마다 크게 늘었다.

1980년대 초반에는 재정수지 적자도 부쩍 늘었다. 레이건 정부가 세금 징수를 대폭 줄인 데다 당시 적대하던 소련과의 군비 경쟁에 열을 올려 국방비 지출을 키운 탓이 컸다.

재정적자를 메우기 위해 레이건 정부는 대규모로 국채를 발행했다. 국채 발행은 단기적으로 부작용을 불렀다. 거액 국채 발행이 시중 자금을 흡수해 통화량을 줄이면서 시중 자금 수요에 비해 공급이 달리는 상황이 빚어져 금리가 올랐다. 금리가 오르자 고수익을 노리는 국제자본이 대거 유입됐다. 미국 시장에 투자하려는 투자자가 보유 자금을 달러로 바꾸느라 달러 수요가 늘어났고, 늘어난 수요가 달러 시세를 더 끌

미국 경상수지 추이(1971~1990)

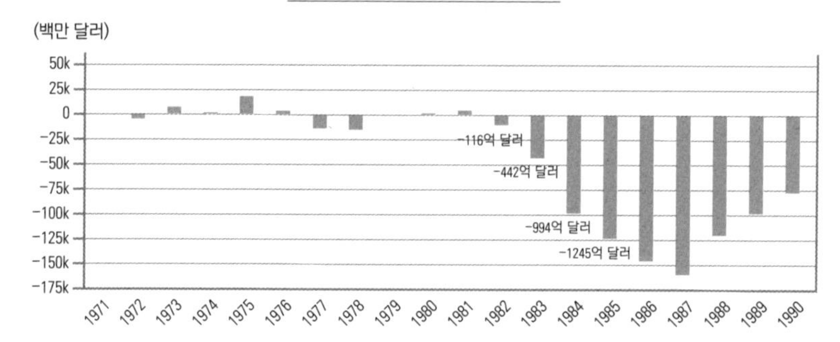

주: 레이건 집권기는 1981년 1월~1989년 1월
자료: ECOS, IMF Balance of Payments(BOP)

미국 정부 재정수지 추이

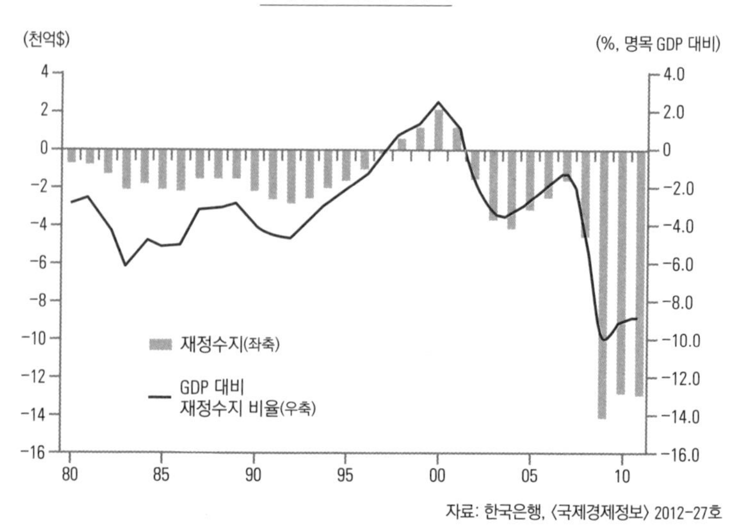

자료: 한국은행, 〈국제경제정보〉 2012-27호

어올렸다. 달러 시세가 뛰면서 미국산 수출품은 가격이 비싸졌고 수입 상품은 가격이 싸졌다. 그 결과 수출은 줄고 수입은 늘어, 불어나는 경상적자를 더욱 키웠다.

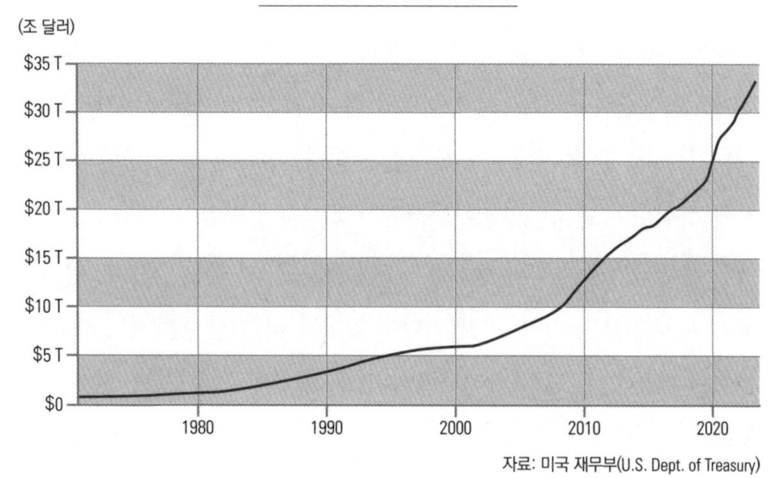

재정적자가 지속되는 가운데 국채 발행 잔고가 쌓이는 것도 문제였다. 재정을 메우려고 발행한 국채의 원리금 상환 부담이 재정을 압박했기 때문이다. 가뜩이나 나라 살림에 쓸 돈도 부족한데 빚까지 갚느라 재정적자는 시간이 흐를수록 더 불어나고, 불어난 재정적자가 빚 부담을 더 키우는 악순환이 빚어졌다.

경상수지 적자와 재정수지 적자 또는 무역적자와 재정적자가 함께 나타나는 현상을 쌍둥이 적자(twin deficit)라고 부른다. 1980년대 전반 미국에서 쌍둥이 적자는 대폭 커졌고, 그러면서 정부부채도 크게 늘어났다. 1979년 8270억 달러(9월 말 기준)였던 미국 정부부채(national debt, 회계연도 말 미국 정부의 미결제 부채 총액)는 1984년 1조 5700억 달러로 불어났다. 쌍둥이 적자가 빚을 늘리는 상황이 계속되자 미국 경제를 우려하는 논의가 많아졌다.

미국은 달러를 찍어낼 수 있으니 빚이 늘어도 갚지 못할 이유는 없다. 그렇다 해도 미국이 대규모 빚을 쌓고 또 쌓는다면 어떻게 될까. '미국이 결국은 빚을 갚기 위해 달러를 찍어내리라'는 예측이 나올 수 있다. 통화 증발(增發)은 시세 하락을 부른다. 달러 자산 보유자라면 그리되기 전에 팔아치우는 게 상책일 것이다. 실제로 달러 증발과 시세 하락이 현실이 될 수 있다고 생각하는 투자자가 많아지면 달러도 매도세가 분출되면서 폭락할 수 있다. 그럼 세계가 손실을 입는다. 달러는 세계 각국 정부와 기업, 가계가 나눠 갖고 있는 재산 중에서도 핵심 재산이기 때문이다. 그러니 미국에 빚이 늘어나면 세계가 불안해하는 게 무리가 아니다.

1980년대 중반으로 가면서 미국에서는 무역적자·경상적자·재정적자와 정부부채가 일제히 커졌다. 글로벌 시장에서 미국 경제의 건전성과 달러 시세의 미래, 곧 달러의 신용을 의심하는 분위기도 고조됐다. 경제난에 달러 신용 위기까지 닥친 미국은 궁여지책으로 환율 조정 카드를 꺼내 든다.

일본 경제는 어쩌다 디플레이션 늪에 빠졌나
: ② 플라자 합의와 엔 고 불황

환율이란 서로 다른 통화를 바꿀 때 적용하는 교환 비율이다. 1985년 상반기 달러-엔 환율은 미화 1달러에 엔화 250엔 정도였다. 일본 기업이 200엔을 들여 만든 상품을 수출해서 1달러를 받으면 환전 후 50엔이 남았다.

만약 달러당 250엔 하던 엔화 환율이 150엔으로 바뀌면 어떻게 될까?

달러-엔 환율이 250에서 150으로 '낮아진' 경우다. 이때 1달러와 바꾸는 데 필요한 엔화는 250단위에서 150단위로 줄어든다. 달러 시세는 떨어지고 엔 시세는 오른 셈이다. 달러 대비 엔화의 환율이 낮아지면 엔 시세는 반대로 그만큼 오른다.

엔 시세가 오르면 엔화 소지자는 달러 대비 자산 시세가 높아지므로 득을 본다. 하지만 수출기업은 입장이 다르다. 달러당 250엔 하던 엔화 환율이 150엔으로 바뀌면, 200엔을 들여 만든 상품을 수출하고 대금을 받아 환전했을 때 손에 쥐는 금액이 150엔에 그친다. 이익은커녕 50엔 손해다. 수출 여건도 불리해진다. 엔 시세가 오르는 만큼 일제 수출품 가격은 비싸지기 때문이다. 미국 기업은 처지가 정반대다. 엔화 대비 달러 시세가 내리는 만큼 미국산 수출품은 가격이 싸져서 수출에 유리하다. 이런 이치에 착안해 미국은 달러-엔 환율을 강제 조정하기로 마음먹었다. 달러 시세를 인위적으로 낮춰, 금리도 내리고 무역수지·경상수지·재정수지 적자를 개선하겠다는 속셈이었다.

1985년 9월 레이건 정부는 뉴욕 플라자 호텔에 자국과 영국, 프랑스, 독일(서독), 일본 등 5개국 재무장관과 중앙은행 총재를 불러 모아 국제 환율 합의를 만들어냈다. 이른바 '플라자 합의(Plaza Accord)'다. 합의 요지는 주요 5개국이 협조하며 시장에 개입해서(이른바 협조개입) 달러와 엔, 마르크 등 국제 환율을 인위적으로 조정하자는 것이었다. 목표는 달러 시세의 점진적 하락임을 분명히 하고, 일본과 독일에는 내수 부양 정책을 써서 수입 수요를 늘려달라는 주문도 덧붙였다.

미국은 플라자 합의로 세계가 달러 폭락 위기에서 벗어날 수 있다고 주장했다. 달러 시세를 연착륙시키면 미국에서 수출이 늘고 무역적자가 줄어들면서 달러 가치가 안정된다는 시나리오였다. 하지만 당시 무역흑자를 크게 내던 독일이나 일본은 입장이 달랐다. 달러 시세를 낮추면 엔이나 마르크는 시세가 올라 수출 상품 가격이 비싸질 테고 수출이 어려워질 게 뻔했기 때문이다. 수출 침체로 불황이 발생할 위험까지 있었다. 그렇지만 독일이든 일본이든 당시 세계 최대 시장이자 군사 강국인 미국의 제안을 거절할 수 없었다. 두 나라는 환율 조정에 동참하기로 하고, 수출을 줄이는 대신 내수를 키우는 쪽으로 정책 전환을 도모하게 된다.

플라자 합의 직후 5개국 정부는 다 함께 외환시장에 개입해 달러를 팔아치웠다. 나머지 투자자가 가세하면서 달러 시세는 폭락했고, 마르크와 엔 시세는 전례 없이 폭등했다. 마르크는 1주일 만에 달러 대비 약 7%, 엔은 8%가 뛰었다. 엔 시세는 달러당 250엔 하던 환율이 추락하면서 두 달 만에 200엔으로, 1988년 1월에는 120엔대로 치솟았다.

시장경제에서 상품 가격은 기본적으로 수급에 따라 결정된다. 시장경제가 정상 작동한다면, 상품 수급에 특별한 변화가 생기지 않는 한 달러당 250엔 하던 환율이 120엔으로 바뀔 만큼 급격한 환율 변동은 보기 어렵다. 플라자 합의 이후 달러-엔 환율 급변은 미국이 패권국으로서 강제했기 때문에 가능했다.

플라자 합의 이후 미국은 뜻한 대로 달러 시세와 금리를 낮춰 쌍둥이 적자를 개선했다. 반면 일본 경제는 갑작스런 '엔 고(엔 시세 상승)' 불황에 빠졌다. 수출시장에서 일제 상품의 가격 경쟁력이 절반으로 꺾이는

달러-엔 환율 추이(1971.1~2024.4.16)

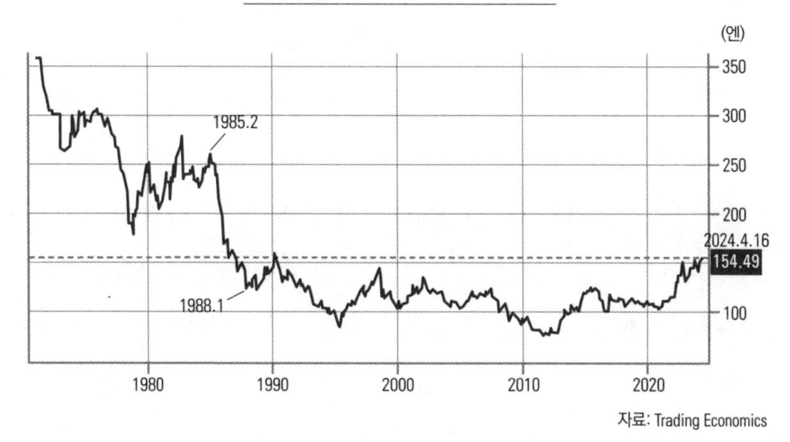

자료: Trading Economics

바람에 수출기업은 영업적자와 자금난에 부딪혔다. 수출이 어려워지자 관련 생산이 급감하고 신규 설비투자가 정체하면서 경기가 급강하했다.

일본 경제는 어쩌다 디플레이션 늪에 빠졌나 : ③ 저금리와 재정 확대, 거품 경제 발생

갑자기 엔 고 불황이 닥치자 일본 기업은 큰 충격을 받았지만 새 환율 구도에 재빨리 적응했다. 마른 수건을 다시 짜듯 필사적으로 노력해 생산비와 관리비를 줄였다. 수출가격 상승으로 경쟁력을 잃은 기업과 공장은 생산비가 싼 동남아로 대거 옮겨 원가 경쟁력을 확보했다. 정부도 기업을 돕기 위해 금리 인하 조치를 내놓았다. 중앙은행인 일본은행(Bank of Japan, BOJ)이 1986년 1월 연 5.0%였던 기준금리를 1987년 2월 연 2.5%에 이르기까지 연거푸 다섯 차례 내렸다. 기준금리 인하는 시중금리를 낮춰 기업 자금난을 덜어줬다. 수출기업들은 운영자금 마련에 부담을 덜고 기술력과 생산성 향상에 힘써, 1987년 들어서는 이미 다수가 정상 경영 궤도로 복귀했다. 경기도 단기 충격에서 벗어나 회복세로 돌아섰다.

경제가 회복됐으니 거시 관점에서 저금리 환경은 더 이상 필요치 않았다. 기업들도 불황은 넘어섰지만 엔 고로 수출 여건이 나빠져 추가 투자가 쉽지 않은 터라 자금 수요가 크지 않았다. 호황 때 벌어서 쌓아둔 잉여 자금을 마땅히 쓸 데가 없어 놀리는 기업도 많았다. 이런 상황에서 1987년 봄 정부가 재정 확대 정책을 펼쳤다. 재정에서 5조 엔을 지출하고 1조 엔 규모를 감세했다. 시장금리를 1년 만에 절반 수준으로 낮춘 기준금리 연 2.5%도 1989년 5월까지 2년 넘도록 그대로 유지됐다. 저금리 환경이 길어진 데다 정부가 내수를 부양하자 갈 데를 몰라 남아돌던 기업 자금이 땅·주식 투자로 쏠렸다. 부동산과 주식 시세가 급등했다. 그러자 가계도 가세했다. 재테크 붐이 일어났다. 은행 등 금융회사들은 때를 놓칠세라 다투어 대출을 확대했고, 기업이나 가계나 큰 빚을 내가며 투자에 나섰다. 정부가 대출을 규제하지 않는 상황에서 한껏 빚 부담을 진 가수요가 자산 시세를 급등시켰다. 자산 시세에 거품이 낀 것처럼 과대평가되는 현상, 곧 자산 거품(asset bubble)이 일면서 일본 전역에서 경제 펀더멘탈과는 상관없이 자산 거품을 증산하는 경제, 곧 거품 경제(Bubble Economy)가 시작됐다.

1987년 1월 초 약 2만 포인트였던 일본 주가(니케이 평균, Nikkei Stock Average, Nikkei 225)는 이듬해 후반 3만 포인트로 오르고, 1989년 12월 29일에는 사상 최고치인 3만 8915.87포인트까지 뛰었다.

일본의 실질 주택 가격 추이

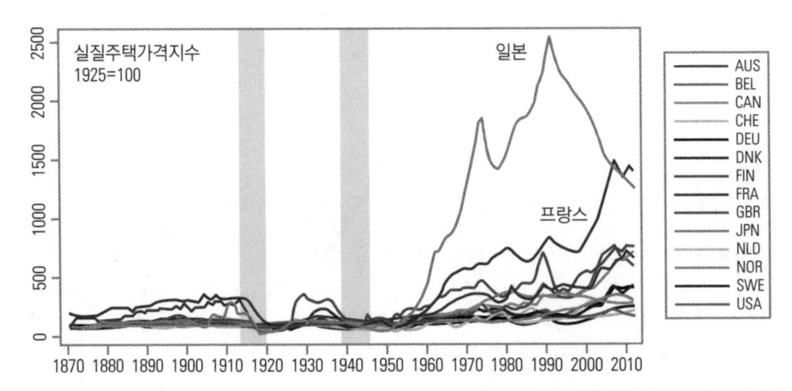

주: 음영 부분은 1, 2차 세계대전 시기

자료: Katharina Knoll etc., 'No Price Like Home : Global House Prices, 1870–2012'

땅값도 폭등했다. 1987년에서 1989년까지 도시 땅값은 2배로, 1990년까지는 4배로 뛰었다. 도쿄 번화가 긴자(銀座)에는 평당 매매가 1억엔을 부르는 매물까지 나왔다.

주가와 부동산값이 폭등하면서 일본 경제는 세계사에서 유례를 볼 수 없을 만큼 기록적인 규모로 거품을 키웠다. 실질 주택 가격이 1985년 이후 1990년까지 5배쯤 올랐다는 연구도 있다(Katharina Knoll, Moritz Schularick and Thomas Steger, 'No Price Like Home: Global House Prices, 1870–2012', *American Economic Review*, 2014). 1950년 이후 1990년대 초까지 시기를 넓혀 보면, 미국과 영국 등 14개국에서 실질 주택 가격이 5배 안팎 오르는 사이 일본은 25배나 올랐다고 한다.

자산 인플레이션이 심해지자 문제가 생겼다. 자산층과 자산이 없는 사람들 간 격차가 커지고, 도시에서 집을 사기 어려워진 서민이 '정부 여당은 뭘 하느냐'고 목소리를 높였다. 1990년대 들어서는 바야흐로

일본의 부동산과 주가 추이

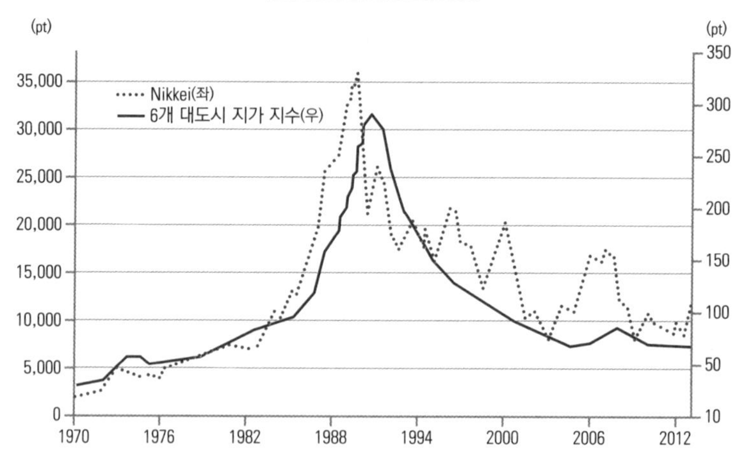

자료: 보험연구원, 〈국내경제의 일본식 장기부진 가능성 검토〉, 2014

자산 거품 제거가 정부와 일본은행이 풀어내야 할 일대 정책 과제가 됐다. 1989년 12월 새로 취임한 일본은행 총재 미에노(三重野)를, 사람들이 자산 거품을 제거할 '의적'이라고 불렀을 정도다.

결국 일본은행이 거품 제거에 나섰다. 먼저 1989년 5월 연 2.5%까지 내려와 있던 기준금리를 연 3.25%로, 이어 10월 3.75%→12월 4.25%→1990년 3월 5.25%→8월 6%로 잇달아 올렸다. 1년 3개월 새 다섯 번 연속 기준금리를 높여 금융긴축 의지를 분명히 했다. 1990년 3월에는 정부가 부동산대출총량 규제까지 제도화했다. 금융기관의 부동산 대출 증가율을 총대출 증가율 이하로 누르고, 금융기관에는 대출 상황을 감독 당국에 보고할 의무를 지웠다.

정부와 일본은행의 정책 전환이 시작되자 주가와 땅값 등에 낀 자산 거품이 꺼지기 시작했다. 주가(니케이 평균)는 1990년 초부터 급락세로 돌아, 1992년 6월 초 1만 6000포인트대를 찍음으로써 고점 대비 반토막이 났다. 2002년까지는 78% 하락했다. 일본 6대 도시 땅값은 1985년부터 1990년까지 3배로 뛰었는데, 1990년부터 10년간 연평균 10%씩 떨어졌다. 2000년에는 1985년 수준으로 되돌아갔다. 전국 토지 가격은 1991년부터 2016년까지 26년 연속 하락했다. 집값은 1992년 하락세로 돌아선 뒤 2005년 11월 바닥을 칠 때까지 해마다 떨어졌다. 2006년부터는 도쿄 등 대도시를 중심으로 반등한 뒤 오르락내리락했지만, 2021년 5월 시세가 1993년 6월의 60% 수준에 머물렀다. 약 30년 사이 40% 폭락한 셈이다.

자산 시세가 폭락하자 수많은 투자자가 재산을 잃고 빚 부담만 지게 됐다. 거품 경제에 앞장섰다 투자 실패, 빚 부담, 자금난을 감당 못 한 기업은 1991년부터 1996년까지 연평균 1만 개 넘게 파산했다. 기업과 가계에서 대출 원금과 이자를 제때 갚지 못하는 불량 채무자와 파산자가 속출하면서 은행 등 금융기관은 막대한 부실채권(不實債權, 회수가 어려워진 대출. 부실대출, 불량채권)을 떠안게 됐다. 1995년 일본은행은 은행의 부실채권 규모가 주거용과 상업용을 포함해 2800억 달러에 이른다고 보고했다. 은행 등 부실채권을 감당 못 한 금융기관도 잇달아 쓰러졌다.

은행은 거품 경제 전후로 벌어 모은 수익, 보유 자산(주식, 채권, 부동산)을 팔아 모은 돈, 정부에서 국민 세금으로 지원해준 공적자금(public fund, 정부가 금융기관의 부실채권이나 손실을 대신 메워 금융위기를 넘기는 데 쓰는 공익 목적 자금)을 총동원해 1991년부터 1999년까지 약 63조 엔의 부실채권을 처리했다. 그런데도 부실채권은 줄지 않았다. 마치 밑 빠진 독에 물 붓기 같았다. 이를테면 1999년 34조 엔이었던 은행 부실채권

총액은 2000년 3월 말에도 약 32조 엔으로, 거의 줄지 않았다(다카하시 조센, 《사라진 일본경제의 기적》, 다락원, 2002, 194쪽).

은행이 부실채권을 계속 처리하는데도 줄지 않은 이유는, 거품 경제 붕괴 후에도 부실채권이 계속 늘어났기 때문이다. 가령 은행 돈을 빌린 투자자가 은행에 담보(擔保, collateral, 채무자가 빚을 갚지 않을 경우에 대비해 채권자가 채무자로부터 맡아두는 자산)로 부동산을 맡겼다 하자. 이후 부동산 시세가 떨어지면 담보 가치도 떨어진다. 그럼 은행은 투자자에게 담보 가치 하락분을 현금으로 채워 넣으라고 요구한다. 요구에 응하지 못하는 부동산은 부실자산, 곧 부실채권이 된다. 이런 식으로 자산 시세가 떨어지면서 부실채권이 계속 늘어났다.

부실채권이 줄지 않은 또 다른 이유는 경기 침체다. 거품 경제 붕괴 사태에서 살아남은 금융기관은 부실대출이 더 늘어날까봐 추가 대출을 꺼렸다. 기업과 가계도 채무 압박과 자금 부족에 눌려 투자를 꺼리고 소비를 줄였다. 그 결과 물가가 떨어지고 판매와 고용, 생산이 침체하는 디플레이션이 발생했다. 디플레이션은 자산 시세를 더 떨어뜨려 부실채권 규모를 키웠다. 그 결과 금융 침체가 심해졌고, 금융 침체는 실물경기 침체를 심화했다. 금융과 실물이 서로 맞물려 침체를 더 심하게 만드는 악순환이 일본 경제를 디플레이션 늪으로 밀어 넣었다.

일본 경제는 왜 디플레이션이 지속됐나

일본 경제는 1990년 들어 자산 거품이 붕괴한 충격으로 1991년 초부터

일본 기준금리 추이(1985.1.4~2024.9.20)

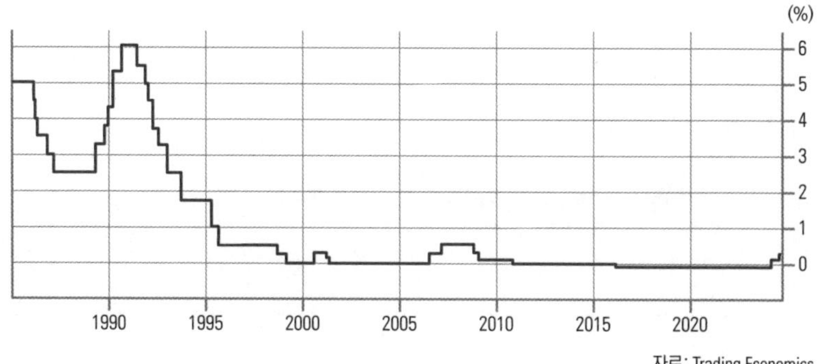

자료: Trading Economics

불황을 맞았다. 불황이 급진전하자 일본은행은 통화정책 기조를 긴축에서 다시 완화 쪽으로 돌렸다.

1991년 7월 기준금리를 연 6.0%에서 5.5%로 내린 데 이어 11월(5.5%→5.0%)과 12월(5.0%→4.5%), 이듬해 4월(4.5%→3.75%)과 7월(3.75%→3.25%)까지 계속 낮췄다. 그래도 경기 침체가 이어지자 1993년 2월 2.5%→9월 1.75%→1995년 4월 1.0%→9월 0.5%→1998년 9월 0.25%로 낮췄다. 급기야 1999년 2월 기준금리는 제로(0%) 수준에 이르렀다. 그래도 불황이 계속되자 일은은 2001년 3월 양적완화(quantitative easing, QE)까지 개시한다. 양적완화란 중앙은행이 돈을 찍어내 사실상 은행이 원하는 만큼 무제한 빌려주는 정책이다. 양적완화는 2006년 3월까지 이어지다 중단됐는데, 이후에도 경기 침체가 지속되자 2013년 재개됐다.

2012년에는 아베(安倍)가 총리가 됐다. 아베는 2020년 퇴임 때까지 경기 부양책을 적극 추진했다. 아베노믹스(Abenomics)로 불린 아베의 경제정책은 대규모 양적완화로 엔화 공급을 늘려 엔화 약세를 유도

일본 인플레이션 추이(1989.1.1~2024.2.1)

자료: Trading Economics

하고, 엔 저를 무기 삼아 수출을 늘리는 데 초점을 맞췄다. 정부지출 확대, 법인세 삭감과 규제 완화도 함께 추진했다.

중앙은행과 정부가 금융을 대폭 완화하고 경기 부양 정책을 쏟아낸 결과, 일본 금융시장은 저금리에 유동성이 넘치는 상황이 됐다. 그런데도 디플레이션은 물러나지 않았다. 기업과 가계가 다 함께 너무 엄청난 투자 실패를 경험한 데다, 거품 붕괴 후 남은 빚 부담에 계속 눌리면서 더는 경제와 투자의 미래를 낙관하지 않게 됐기 때문이다.

경제이론에는 승수효과(乘數效果, multiplier effect)라는 게 있다. 정부지출이 늘어나면 그 덕분에 소득이 늘어난 가계와 기업이 소비와 투자를 늘리면서 연쇄적으로 가계와 기업의 소득을 늘리는 파급효과를 낳아, 궁극적으로 국민소득 증가 폭이 정부지출 증가분보다 몇 배로 늘어난다는 이론이다. 단 정부지출 증가가 승수효과를 내려면 기업이나 가계가 정부지출 덕에 늘어난 소득을 소비와 투자로 지출해야 한다. 그러지 않는다면 승수효과를 기대할 수 없는데, 일본 경제가 그랬다.

일본 정부는 정부지출과 공공사업을 대폭 늘려 기업과 가계의 소득을 늘려주면서 투자와 소비를 장려했다. 그러나 기업과 가계는 경기 전망을 낙관하지 못했다. 정부가 아무리 권해도, 현금을 쥐고도 투자를 꺼리고 소비를 줄였다. 투자나 소비를 위해 대출받기를 꺼렸고, 소득이 늘거나 새로 은행 융자를 받아 돈이 생겨도 이전에 진 빚을 갚거나 저축했다. 정부가 정부지출을 늘리느라 재정적자가 불어나 더 이상 지출을 늘리기 어려운 지경까지 갔을 때도 상황은 달라지지 않았다.

요컨대 일본의 디플레이션이 장기화한 데는 거품 붕괴로 치명적 투자 실패를 경험한 일본 기업과 가계의 투자 심리 위축이 한몫했다. 여기다 거품 붕괴로 발생한 부실자산을 구조조정 해내지 못한 것이 디플레이션 장기화의 구조적 요인으로 작용했다.

거품 붕괴 때 일본 각지에서는 은행이 대출 담보로 잡은 기업 자산의 시세가 폭락했다. 수많은 기업이 갑자기 쪼그라든 자산에다 은행 빚을 안고 정상 경영이 어려운 상태, 곧 부실(不實)에 빠졌다. 기업들이 빚을 갚지 못하면서 은행들도 부실채권을 떠안고 함께 경영난에 빠졌다.

부실기업과 은행이 영업을 지속해 성장하려면 토지나 건물 같은 물적 자산을 처분하고 인력을 줄이는 구조조정을 해서 부실자산을 떨어낼 필요가 있다.

문제는 대기업을 포함한 많은 기업이 일시에 구조조정을 하면 대규모 실업 사태가 일어난다는 점이다. 경기 침체와 실업 사태는 곧바로 사회·정치 이슈가 되어 집권당과 정부에 타격을 준다. 우리나라도 1998년 외환위기를 맞았을 때 위기를 막지 못한 집권당이 야당에 정권을 내줘야 했다. 당시 책임질 과거가 없었던 새 정부는 '경제 살리기'를 명분으로 대규모 구조조정을 실행할 수 있었다. 하지만 일본은 정부나 기업, 은행 모두가 구조조정에 나서지 않았다. 그 결과 거품 시기에 형성된 부채와 부실자산이 그대로 남아 이후 은행과 기업, 가계의 어깨를 계속 짓누르는 짐이 됐다. 은행의 경우, 일본은행으로부터 막대한 자금을 공급받았지만 부실대출이 늘어날까봐 대출에 소극적 태도를 견지했다. 기업은 기업대로 빚 부담과 사업 실패 리스크에 눌려 투자를 주저했다. 빚에 눌린 가계도 소비와 투자를 꺼리고 빚 갚기와 저축에 골몰했다. 기업 투자와 가계 소비의 부진이 판매 · 생산 · 고용을 침체시키고 임금과 소비 수요를 끌어내려 물가를 떨어뜨리고, 물가 하락세가 투자 · 고용 · 생산을 더욱 침체시키면서 불황이 심화하는 악순환, 이른바 나선형 디플레이션(deflationary spiral)이 자리를 잡았다.

디플레이션이 심화하자 2016년 1월 일본은행은 기존 양적완화에 더해 사상 처음으로 '마이너스 기준금리'까지 도입했다. 시중은행이 자금을 일본은행에 예치할 때 붙여주는 단기 정책금리(당좌예금 정책잔고 금리)로, 벌칙성 금리인 -0.1%를 매기기로 한 것이다. 예금이든 채권이든 마이너스 금리가 적용되면 이자를 받기는커녕 손실을 봐야 한다. 이처럼 중앙은행이 시중은행과 거래하는 예금에 마이너스 금리를 적용한 사례는 2014년 6월 유럽중앙은행(ECB)이 세계 최초다. 당시 유럽중앙은행은 시중은행이 맡기는 만기 하루짜리 초단기 예금에 -0.01%의 금리를 매겼다.

일본은행이 손실을 감수하고 마이너스 기준금리를 도입한 이유는 시중 통화 공급을 늘리기 위해서다. 당시 일본은행은 시중 유동성을 늘리려고 은행에 열심히 자금을 공급했는데, 정작 은행에서 민간으로는 자금이 흘러가지 않았다. 그래서 2012년 말 138조 엔이었던 시중 금융기관 보유 자금 잔고가 2018년 말 504조 엔으로 3.65배 불어나는 동안 민간 기업과 개인이 보유한 자금량은 862조 엔에서 1014조 엔으로 1.18배밖에 늘지 않았다(얀베 유키오, 《일본 경제 30년사》, 에이지21, 2020). 은행에서 민간으로 자금이 흘러가지 않은 이유는? 은행들이 일본은행에서 받은 자금을 대출이나 투자로 돌리지 않고 도로 일본은행에 예치해 이자를 얻으려 했기 때문이다. 그럴 수밖에 없었다. 양적완화가 시행될 때 이미 민간 부문에는 자금이 충분했다. 금융기관이 돈을 빌려주면서 투자나 소비에 쓰라 해도 기업과 가계가 빌려 가지 않았다.

일본은 해외수요보다 국내수요가 경제에 미치는 영향이 훨씬 크다. 해외시장에 수출해서 번 돈보다 자국 시장에서 생산·판매해 번 돈으로 먹고사는 내수 중심 구조다. 국민경제가 한 해 동안 새로 번 돈 총액을 GDP(gross domestic product, 국내총생산)라 하는데, 일본의 GDP에서 수출이 차지하는 비중은 1970년부터 2000년까지 10% 안팎이었다. 21세기 들어서도 10%대에서 움직였고, 2022년에서야 처음으로 20%대(21.54%)로 높아졌다(세계은행, Macrotrends). 자연히 일본 경제는 수출 경기보다 내수 경기에 압도적으로 큰 영향을 받고, 국내 소비가 활발해야 성장할 수 있는 구조다. 하지만 거품 붕괴 후 일본 경제는 소비 침체가 계속된 탓에 장기 불황으로 빠져들었고, GDP 성장세는 제자리걸음과 뒷걸음질을 거듭했다. 1997년 534조 엔이었던 GDP가 무려 20년이 지난 2016년이 되어서야 535조 엔을 기록했을 정도다. 2018년 GDP도 1997년 대비 2.6% 증가한 548조 엔에 그쳤다.

주가도 장기 불황을 반영해 지지부진했다. 일본 증시의 대표 주가지

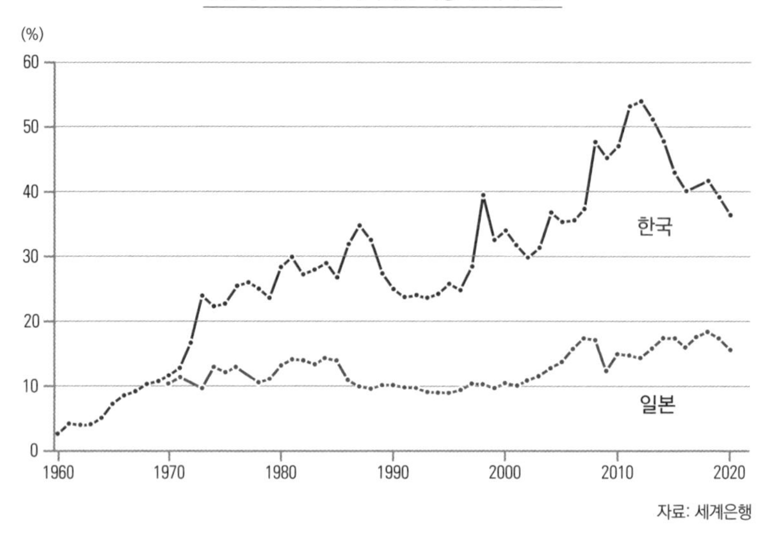

수인 니케이 평균(니케이225)은 1990년 초부터 급락하기 시작해서 2003년 4월 7000포인트대에 이르기까지 계속 추락했다. 이후 4~5년은 상승세였지만 2008년 초 도로 7000포인트대로 떨어졌고 다시 4~5년간 부진했다. 하지만 2012년을 지나 시세가 꾸준히 반등했고, 2024년 3월에는 4만 포인트를 돌파해 거품 경제 시기인 1989년 12월 최고치(3만 포인트 후반대)도 넘어선 사상 최고 기록을 냈다.

주가 반등은 일본 경제가 디플레이션 탈출 조짐을 보이기 시작한 데서 비롯됐다. 2023년 소비자물가지수(신선식품 제외)가 3.1% 올라 1982년 이후 최고치를 기록했기 때문이다. 물가 상승을 지표로 확인한 일본은행은 2024년 3월 기준금리(단기 정책금리)를 0~0.1%로 올렸다. 일본의 기준금리 인상은 2007년 2월 이후 17년 만이고, 2016년 1월 마이너스 금리 도입 이후로는 8년 만이다. 이후 일본은행은 7월 말에도 기

일본 주가 추이(1985.1.5~2024.5.22)

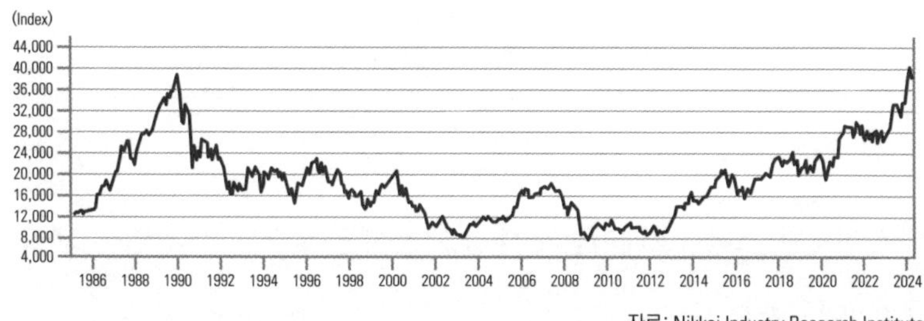

자료: Nikkei Industry Research Institute

준금리를 0.25%로 더 올렸다. 이로써 일본 기준금리는 0.3% 전후였던 2008년 12월 이후 15년 7개월 만에 최고 수준이 됐다. 일본 경제는 마침내 디플레이션에서 탈출하는 것일까. 2024년 10월 현재로는 아직 불확실하다. 일본 경제가 디플레이션에서 벗어났다는 평가를 받으려면 앞으로 더 많은 증거가 나와야 한다.

스태그플레이션은 언제 오나

'물가 오르고 성장 둔화'
美 1970년대식 스태그플레이션 우려

최근 미국 경제가 인플레이션(물가 상승)은 여전한 가운데 성장은 둔화하는 모습을 보이면서, 1970년대식 스태그플레이션(물가상승 속 경기후퇴)에 대한 우려가 되살아나고 있다. 미 폭스비즈니스는 29일 미 월가 일각에서 최근의

연합뉴스
2024.4.30

경제 지표를 바탕으로 이러한 전망을 내놓고 있다고 보도했다.

미국 경제가 스태그플레이션에 빠질 가능성을 전망한 미국 언론 보도를 전한 기사다.

스태그플레이션은 인플레이션과 경기 침체, 실업 증가가 함께 나타나는 현상이다. 그래서 물가가 상승하는 불황(inflationary recession)이라고 부르기도 한다. 정도가 심한 스태그플레이션은 슬럼프플레이션(slumpflation)이라고 부른다.

스태그플레이션은 어떤 때 나타날까?

주로 원유나 곡물 같은 핵심 원자재의 시장가격이 폭등하면서 경제에 총공급이 부족해지는 사태, 곧 공급 충격을 받아 물가가 급등할 때 발생한다. 전쟁이나 전염병, 기상이변 같은 일이 생기면 작물 생산이 감소하고, 운송 수단이나 시설 · 인력 등의 수급에 장애가 생기면서 상품 공급망이 훼손된다. 그 결과 상품 공급이 제한되고 가격이 치솟으면서 스태그플레이션이 나타날 수 있다.

현대 세계사에서 스태그플레이션은 1970년대 두 차례 오일쇼크 때 본격 등장했다. 당시 많은 나라가 일제히 급격한 인플레이션과 경기 침체, 실업 증가를 겪었다. 그 뒤 각국에서 경제성장이 정체하거나 퇴보하는 가운데 물가가 오를 때마다 주목받기는 했지만, 1970년대처럼 글로벌 스태그플레이션이 나타나지는 않았다. 그런데 2022년 2월 러시아가 우크라이나를 침공해 글로벌 스태그플레이션 우려를 낳았다. 우크라이나는 '유럽의 곡창'이라고 불릴 만큼 옥수수와 밀을 많이 수출하는 곡물 주산지인데, 러시아가 수출을 못 하게 봉쇄해 세계 곡물가를 폭등시켰기 때문이다. 독일 등 유럽이 우크라이나 편을 들어 러시아에 맞서자, 러시아는 유럽에 제공하던 천연가스 공급을 중단하거나 감축해 국제 에너지 가격도 폭등시켰다.

갑자기 식량과 에너지 가격이 폭등하자 세계 규모로 물가가 뛰고 생산과 투자, 소비가 위축되면서 스태그플레이션 위기감이 고조됐다. 다행히 각국이 식량과 에너지 공급을 안정시키는 정책을 적극 시행한 결과 스태그플레이션 우려는 완화됐지만, 세계 경제성장률(전년 대비)은 2021년 6.1%에서 2022년과 2023년 각기 3.3%, 3.0%로 주저앉았다. 러시아-우크라이나 전쟁은 2024년 10월 현재 2년 반도 넘게 이어지며 원자재 수급 등 글로벌 공급망에 차질을 빚고 유가를 끌어올려, 세계경제에 스태그플레이션 위험을 지속시키고 있다. 2023년 10월에 발생한 이스라엘과 하마스 간 전쟁도 해를 넘겨 계속되고 있어서 세계경제에 스태그플레이션 우려를 더하고 있다.

스태그플레이션에는 어떻게 대응해야 좋을까?

스태그플레이션이 불황이라는 점에 착안하면, 정부가 재정을 풀어 실업을 줄이는 정책을 써야 한다. 경기가 침체하면 물가 상승 걱정은 안 해도 되지만 실업이 늘어나기 때문이다. 물가상승률 또는 임금상승률이 실업률과 상충한다는 사실을 밝힌 필립스곡선이 나온 이후 주류(mainstream) 경제학에서는 경기가 확대되면 실업은 줄지만 임금과 물가가 오르고, 경기가 침체하면 물가가 오를 걱정은 안 해도 되지만 실업이 늘어난다는 것이 정설이 됐다. 그런데 스태그플레이션은 불황이면서 실업도 늘고 물가도 오른다. 경기가 침체한다고 재정을 풀면 가뜩이나 오르는 물가가 더 올라 경기 침체와 실업 증가를 가속할 수 있다. 반대로 물가 상승세를 막는다고 통화와 재정을 긴축해도 경기 침체와 실업 증가를 가속할 수 있다. 스태그플레이션 자체가 경제학의 전통 이론 모델을 벗어나는 현상이다 보니 적절한 대처 방책을 찾기 어렵다.

결국 일단 스태그플레이션이 발생하면 단기적으로 대응할 방책은 없고, 있다면 장기 대책뿐이다. 학계에서는 생산성 향상을 장기 대책으로 든다.

생산성이란 투입분(input)에 비해 산출분(output)의 수량이나 가치가 얼마나 되는지를 재는 지표다. 생산성 향상은 주로 기술 혁신으로 가능하다. 생산성이 높아지면 생산자가 상품 생산원가와 판매가를 낮출 수 있다. 상품 가격이 낮아지면 수요가 늘어나면서 판매·투자·고용이 잇달아 증가할 수 있고, 물가가 오르지 않는 가운데 경기가 살아날 수 있다. 요컨대 시간이 걸리더라도 생산성을 높이면 물가 상승을 유발하지 않고 경기를 띄워 스태그플레이션을 돌파할 수 있다는 얘기다.

실제로 1990년대 미국에서는 기술 혁신에 힘입은 IT혁명이 경제의 생산성을 높여 약 10년간 물가 안정과 호황을 이뤄냈다. 당시 미국 경제를 두고는 한동안 '신경제(new economy)'라는 호칭이 유행했다. 그 이전 경제에서는 경기가 확대되면 으레 물가가 올라 더 이상의 경기 확대에 걸림돌이 됐기 때문이다.

원자재 시세는 누가 보나

뉴스핌
2024.5.16

"인플레 파이팅 안 끝났다"…
원자재 고공행진 '진행형'

미국 물가 상승세가 다시 둔화한 것으로 나타난 가운데, 원자재 가격은 고공행진을 지속하고 있어 인플레이션 파이팅이 쉽사리 끝나지 않을 것이란 관측이다.

원자재 시세 동향을 전하는 기사다.

원자재는 천연자원이 많다. 우리나라는 천연자원이 부족해서 국내 소비용으로나 수출용으로나 원자재를 많이 수입할 수밖에 없다. 특히 원유와 천연가스는 수출용 제품 제조를 위해 많이 들여온다. 글로벌 시장에서는 주로 금·은·백금과 비철금속(구리·납·아연·알루미늄·니켈·주석 등)을 포함하는 금속류, 원유, 반도체, 설탕(원당), 목재, 천연고무, 면화(원면), 그리고 옥수수·밀(소맥)·콩(대두) 같은 농산물이 대표 격 원자재로 통한다.

원자재 시세가 뉴스로 나오는 이유는, 원자재가 어느 나라에서나 산업과 소비생활에 불가결하고 경제에 큰 영향을 미치는 특별한 재화이기 때문이다. 원자재 가격이 경제에 미치는 영향은 기업 생산비와 수익, 물가에 걸쳐 심대하다. 원자재가가 오르면 원자재를 써서 만드는 숱한 제품이 생산·유통 단계를 지나면서 연쇄 가격 상승 파동을 일으켜 물가를 가볍게 밀어 올린다.

시멘트를 예로 들어보자. 시멘트값이 오르면 건물이나 주택을 짓는 토목건축 공사 때 비용이 늘어 건물 분양가가 오른다. 건물 분양가란 건설회사가 아파트나 상가 같은 건물을 지어 여러 소비자에게 나눠 파는 최초 가격을 말한다. 분양가가 오르면 아파트·사무실·상가 임대료도 따라 오른다. 분양가와 임대료가 오르면 아파트나 상가를 매입하거나 임차하려는 수요가 줄어들 수밖에 없다. 아파트를 지어 분양하려는 건설회사, 건물을 지어 상점이나 사무실을 분양 또는 임대하려는 사업자는 투자 수익이 줄어든다.

원자재 가격이 경제에 미치는 영향이 크다 보니 원자재 시세는 중간재나 최종재 또는 완제품을 생산하는 제조업자, 원자재·중간재·완제품을 판매하는 상인, 도매 유통업자에게 사업의 사활을 좌우하는 필수 정보다. 경제 분야 연구자나 분석가, 정책 당국자에게도 업무상 중요한 정보다.•

원자재 시세는 어디서 정하나?

미국 뉴욕, 시카고, 애틀랜타 등 선진국 주요 도시에 본거지를 두고 온라인으로 국제 상품거래소를 운영하는 기업이 대형 도매시장 역할을 한다. 이런 상품거래소에서 거액을 매매하는 투자자 간에 대량 거래가 이뤄지면서 다양한 원자재 시세가 정해지고, 이렇게 정해진 시세가 나

• 최종재·완제품·중간재·원자재의 차이: 최종재는 최종 소비자에게 직접 판매되는 재화, 완제품은 생산과정이 완료된 제품을 뜻한다. 둘이 비슷해 보이지만 차이가 있다. 완제품 중 일부는 최종재가 될 수 있지만 일부는 못 된다. 예를 들어 자동차 부품은 완제품이지만 최종 소비자에게 직접 판매되지 않는 한 최종재가 아니다. 원자재와 완제품을 개별 상품으로 볼 때는 원자재를 1차 상품, 완제품은 2차 상품이라고 부른다. 생산공정에서는 원자재와 완제품 사이에 중간재가 존재한다. 원자재는 천연 상태 그대로 생산공정에 투입되는 재료, 중간재는 한 번 이상 가공을 거친 재료라는 점에서 차이가 있다.

머지 세계 각지 거래에 영향을 미친다.

예를 들어 원유(WTI)와 금·은·백금 등 귀금속과 비철금속은 주로 뉴욕상업거래소(New York Mercantile Exchange, NYMEX)에서 거래한다. 다음 기사도 뉴욕상업거래소에서 정해진 원유 시세를 전한 예다.

기사독해

이투데이
2024.5.23

국제유가, 하락… WTI 1.39%↓

국제유가는 22일(현지시간) 하락했다. 뉴욕상업거래소(NYMEX)에서 7월물 미국 서부 텍사스산 원유(WTI)는 전 거래일 대비 1.09달러(1.39%) 하락한 배럴당 77.57달러에 마감했다.

국제 금 시세를 정하는 시장도 뉴욕에 있는 상품거래소(Commodity Exchange, Inc., COMEX)가 유명하다. 곡물은 시카고상품거래소(Chicago Board of Trade, CBOT)에서 주로 거래한다. (NYMEX, COMEX, CBOT는 모두 CME그룹, 곧 Chicago Mercantile Exchange Group이 운영한다.) 런던금속거래소(London Metal Exchange, LME)는 비철금속(구리·납·아연·알루미늄·니켈·주석)을 주로 거래한다.

우리나라에서 볼 때는 주요 원자재 시세가 국제 상품거래소에서 형성되기 때문에 원자재 시세를 해외 상품 시세라고 부를 때도 많다. 원재료 시세, 1차 상품 시세, 국제상품(international commodities) 시세가 다 같은 뜻이다. 그냥 상품 시세라고 부르기도 한다.

원자재 시세도 다른 상품처럼 수급을 반영해 수시로 오르내린다. 글로벌 경기가 좋아져 수요가 늘어나는 상품은 시세가 오르고, 글로벌 경기가 후퇴하면 수요가 줄어 시세가 떨어진다. 다만 예외가 있다.

원유 같은 원자재는 경기가 나쁠 때라도 회복 조짐만 있으면 이내 시세가 치솟곤 한다. 가격이 뛰기 전에 미리 사들이려는 기업 수요가 작용하기 때문이다. 2020년에 시작된 코로나 사태로 글로벌 경기가 침체한 2021년 4월에도 미국이 대규모 경기 부양책을 펴고 백신(vaccine) 접종이 확산되자 글로벌 경기 회복세가 빨라지리란 전망이 나오면서 유가가 급등했다.

같은 이치로, 경기가 좋을 때라도 나빠질 조짐이 보이면 시세가 떨어지는 원자재도 있다. 기업이 장차 생산과 투자를 줄여야겠다고 판단하면 원자재를 덜 사거나 보유 물량까지 내다 팔기 때문이다.

이처럼 국제 경기 흐름이 민감하게 반영되기 때문에, 원자재 시세는 글로벌 경기를 비추는 거울과도 같다. 당연히 원자재 시세를 주의해 보면 글로벌 경기 흐름을 읽는 눈이 밝아진다.

다만 원자재 시세라고 해서 뭐든지 다 경기 동향을 알려주지는 않는다. 가끔은 글로벌 경기가 나빠져서 원자재 시세 전반이 떨어지는 와중에도 시세가 뛰는 상품이 있기 때문이다. 날씨가 갑자기 변하거나 파업이 일어나는 등 이런저런 이유로 공급이 부족해지면 그렇게 된다.

예를 들어 군사 무기, 전기차, 항공우주 등 주요 산업에서 핵심 원재료로 쓰는 알루미늄은 국가 간 분쟁이 생겨 긴장이 고조되거나 전쟁이 나면 글로벌 경기와 상관없이 수요가 늘어 시세가 뛴다. 2022년에도 러시아가 우크라이나를 침공하자 무기 제작 수요가 폭증하면서 가격이 폭등했다. 런던금속거래소(LME)에서 거래된 알루미늄 국제가격은

2021~2022년(회계연도) 톤(t)당 1802달러에서 2769달러로 53% 뛰었다. 2022년 3월에는 전년 같은 달 대비 61% 뛴 톤당 3538달러에 달했다.

시세가 경기를 거꾸로 타는 원자재도 있다.

금이나 은 같은 상품은 글로벌 경기 전망이 나빠지면 오히려 수요가 몰려 가격이 오른다. 국제 금 시세의 경우 2020년 초 코로나 사태로 글로벌 불황이 닥치자 폭등 행진을 시작해 5월 온스(ounce)•당 1700달러 수준에서 8월 2069.40달러로 오르며 사상 최고점을 찍었다. 이후 백신이 보급되면서 경기 회복 전망이 커지자 2021년 4월 초까지는 고점 대비 17% 추락했다.

경기가 나빠질 때 금·은 수요가 커지는 이유는 뭘까?

화폐나 주식 같은 자산은 경제 상황이 급변하면 값어치가 급락할 수 있지만 금이나 은은 유사시 가치 변동이 적기 때문이다. 국제 자산시장에서 금과 은을 안전자산(risk-free asset, 무위험자산)으로 평가하는 것도 같은 이유다.

• 금 무게를 재는 국제 표준 단위. 금 1온스는 순도 99.99%인 순금 1트로이온스(troy ounce, T.oz)다. 1트로이온스(T.oz)는 약 31.1g이며, 1t.oz 또는 1oz t라고도 표기한다. 우리나라에서 금 무게를 재는 재래식 단위는 '돈'인데, 금 한 돈이 3.75g이므로 1트로이온스는 8.29돈이다. 곡물 등 일반 상품의 무게를 잴 때 단위로 쓰는 온스(oz)는 1온스가 약 28.35g이다.

기사독해

글로벌 곡물價 하락 추세… 정부 "국내 수급 안정적"

정부가 최근 밀, 콩 등 글로벌 곡물 가격이 하락 추세에 있다며 국내 수급 상황이 안정적이라고 밝혔다. 14일 농림축산식품부에 따르면 이달 8일 기준 세계 밀, 콩, 옥수수 등 주요 곡물의 시카고 선물가격은 지난해에 비해 0.7~26.9% 낮은 수준으로 하락 추세를 보이고 있다. 최근 브라질 홍수 발생의 영향으로 콩 선물가격이 일시 상승했지만 평년 대비 낮은 수준으로, 다시 하락세로 돌아선 상태다.

아주경제
2024.5.14

'세계 밀, 콩, 옥수수 등 주요 곡물의 시카고 선물가격', 곧 시카고상품거래소에서 거래되는 곡물의 선물가격이 하락세라고 전한 기사다. '선물가격'이 뭘까?

선물(先物, futures)로 거래하는 가격을 말한다. 상품을 선물로 거래하는 것, 곧 선물거래(先物去來, futures trading)는 방식이 유다른 거래다. 보통 거래는 거래자끼리 매매 의사를 정하면 즉시 실행한다. 빵집에 들어선 손님이 돈을 내면 바로 빵을 가져가는 식이다. 선물거래 때는 매매할 가격과 수량, 계약 실행일(상품 인도일)을 정해 매매 계약만 하고 계약 실행은 나중에 한다. 대금과 상품을 즉시 맞교환하지 않는다. 이렇게 선물거래 방식으로 거래하는 상품을 선물이라 한다. 선물과 달리 계약 즉시 거래를 실행하는 상품은 현물(現物), 계약을 즉시 실행하는 거래는 현물거래라 한다.

선물거래에서 중요한 원칙은 계약 시점과 실행 시점 사이에 어떤 사정 변화가 생겨도 계약을 그대로 이행한다는 것이다. 계약 이행일, 즉 상품과 대금을 맞바꾸기로 정한 날이 되면, 계약 후 상품 가격이 올랐든 내렸든 상관없이 거래를 결제해야(당초 약속대로 거래를 이행해야) 한다.

상품 시세는 늘 변하므로 결제 시점 시세는 계약 시점에 비해 오를 수도, 내릴 수도 있다. 만약 오르면, 선물 매수자는 싼값에 상품을 사는 셈이 되어 득 본다. 반대로 매도자는 매수자가 득 본 만큼 손해를 본다. 이처럼 선물거래는 한쪽이 득 보면 다른 쪽은 반드시 손실을 보는 제로섬 게임(zero-sum game)이다. 상품 시세 변동 방향을 맞히면 벌고 못 맞히면 잃는다.

선물거래는 곡물 농가와 중개상(곡물을 농가에서 사들여 도시에 내다 파는 상인)이 시작했다. 곡물은 날씨 때문에 풍작과 흉작이 엇갈리는 일이 잦고 그때마다 시세가 급변한다. 곡물 중개상은 '수확 전 곡물을 싼값에 사둘 수만 있다면 수확 뒤 시세가 오를 때 한몫 잡겠다'는 생각을 하게 됐다. 농가도 '수확 후 시세 하락으로 손해 보느니 수확 전 적당한 값에 곡물을 팔 수 있다면 괜찮겠다'고 생각했다. 농가나 중개상이나 선물거래로 득 볼 기회에 서로 이해가 맞았고, 이를테면 다음과 같은 거래가 시작됐다.

농산물 중개상 김갑부는 농가와 선물거래 계약을 맺고, 내년에 수확할 감자를 1톤(t)당 500만 원씩 5톤을 샀다. 이후 날씨가 나빠 흉작이 됐고, 수확 후 감자 시세는 1톤당 1000만 원으로 뛰었다. 덕분에 김갑부는 감자 1톤당 500만 원씩 차익을 얻고, 5톤어치를 매매해서 합계 2500만 원을 벌었다. 농가는 손해를 봤다. 만일 감자 풍작으로 수확 후 시세가 계약가의 절반으로 떨어졌다면, 상인 김갑부가 손실을 입고 농가가 득 봤을 것이다.

농가와 상인의 거래로 시작된 선물거래는 이후 금속, 원유·천연가스 등 에너지, 곡물을 포함한 원자재와 주식·외환 등 금융상품(금융거래의 매개가 되는 상품)으로 확산됐다. 우리나라도 한국거래소(KRX)에서 금, 미국 달러, 엔화, 유로화, 주식 등 다양한 상품을 선물로 거래하고 있다. 글로벌 시장, 즉 국제 상품거래소에서는 원자재 거래를 흔히 상품(commodities) 거래로 통칭하며, 현물거래와 선물거래를 병행한다. 미디어에서 전하는 원자재 시세, 곧 상품(국제상품) 시세도 국제 상품거래소에서 이뤄지는 현물과 선물의 거래 시세를 함께 다룬다.

선물로 거래하는 상품은 일종의 금융상품이다. 예를 들어 주식 선물은 주식을 기초자산(基礎資産, underlying assets)으로 삼아 만들어낸 금융상품이다. 기초자산에서 파생한 상품이라 해서 파생상품(derivatives)이라고 부른다. 파생상품은 선물 외에도 다양한 상품이 있다.

농산물이야 수확이 들쭉날쭉하니 선물거래를 할 필요성이 있다 치자. 주식은 뭐 하러 파생상품까지 만들어 투자할까?

기본적으로는 손실 위험을 피하기 위해서다.

삼성전자 주식(즉 현물)과 주식 선물을 동시에 산다 치자. 주식 선물은 거래 만기의 주가 방향을 짐작해 돈을 걸고 방향만 맞히면 주가 등락에 상관없이 돈을 벌 수 있다. 만약 삼성전자 주가가 떨어지는 쪽에 베팅(betting)하는 주식 선물을 샀는데 만기 때 주가가 떨어진다면, 현물 투자에서는 돈을 잃어도 선물 투자에서는 번다. 때문에 현물 투자의 위험을 피할 수 있다. 이런 식으로 현물 투자의 위험을 피하는 것을 가리켜 '헤지(hedge)'라 한다.

파생상품은 본래 용도가 헤지, 곧 손실 위험을 회피하는 데 있다. 하지만 요즘에는 파생상품을 투기 상품이라고 생각하는 투자자가 많다. 파생상품 거래는 대개 비교적 소액(이를테면 거래액의 10분의 1)을 계약금으로 걸고 거액을 매매하는 식이어서 베팅만 잘하면 대박을 낼 수 있기 때문이다. 자연히 '한탕'을 노리는 투자자가 몰린다. 하지만 경제에 공짜 점심(free lunch)은 없는 법. 파생상품 투자에 실패하면 거액을 물어내야 한다. 현물 투자 때와 달리 한 번만 실패해도 재기 불능의 나락으로 떨어지기 쉽다.

원유 시세는 어떻게 정해지나

기사독해

[국제유가] 줄어든 美 원유재고에 상승

국제유가는 미국 원유재고 감소로 상승한 반면 달러강세는 상승폭을 제한했다. 한국석유공사에 따르면 서부텍사스중질유(WTI) 선물은 전일대비 0.61달러 상승한 배럴당 78.99달러, 북해산브렌트유(Brent) 선물은 0.42달러 상승한 83.58달러를 기록했다. 두바이유 현물은 전일보다 1.14달러 하락한 82.98달러에 마감했다.

이투뉴스
2024.5.9

원유 시세를 유종(油種), 곧 원유 종류별로 전한 기사다.

원유도 주요 원자재와 마찬가지로 선물과 현물로 거래된다. 선물시장으로는 뉴욕 상업거래소와 ICE(Intercontinental Exchange, 대륙간거래소) 등이, 현물시장으로는 싱가포르 시장이 손꼽힌다.

원유 시장에서 주로 거래되며 국제 시세를 이끄는 유종은 WTI(West Texas Intermediate), 북해산 브렌트유, 중동산 두바이유다. 품질은 WTI, 브렌트유, 두바이유 순으로 좋다. 시세도 대개 품질 순을 따른다.

WTI는 주로 미국 서부 텍사스에서 생산된다. 뉴욕상업거래소에서 주로 거래되고, 뉴욕상업거래소에서 정해지는 시세가 미주 지역 원유 시세를 좌우한다. 주로 미국에서 소비하지만 세계 원유 거래량의 4분의 1을 차지할 만큼 거래 규모가 크고, 3대 유종 중에서도 시세에 미치는 영향력이 가장 크다. 보통 WTI 시세가 오르면 브렌트유와 두바이유 시세도 오를 정도로 글로벌 선물·현물 시세를 이끄는 유종이다.

브렌트유는 유럽 북서부 북해(North Sea) 지역 유전에서 생산하는 유종이다. 주로 ICE에서 거래되고, 유럽과 아프리카에서 거래되는 원유 시세의 기준 역할을 한다.

두바이유는 중동에 있는 아랍에미리트(United Arab Emirates, UAE)•에서 생산한다. 주로 중동 시장, 그리고 싱가포르 시장을 비롯한 아시아 현물시장에서 거래된다. UAE·사우디아라비아·이라크·쿠웨이트에

• 아라비아반도 동부에 있는 두바이(Dubay)와 아부다비(Abu Dhabi)를 비롯한 아랍 토후국(土侯國, Arab Emirates) 7개가 느슨하게 결합한 연방공화국. 인구 1000만 명 정도의 작은 나라지만 원유 매장량은 베네수엘라, 사우디, 캐나다, 이란, 이라크, 쿠웨이트, 러시아와 함께 세계 10위 안에 드는 자원 부국이다. OPEC 가맹국 중에서도 특히 산유량이 많은 나라로 통한다.

서 생산하는 중동산 현물, 그리고 아시아에서 거래하는 현물의 기준 시세 역할을 한다.

우리나라가 수입하는 원유는 70% 이상이 두바이유를 포함한 중동산이다(나머지는 동남아산, 아프리카산, 미주·유럽산). 따라서 두바이유가 수입 원유 시세에 큰 영향을 미친다.

원유가는 왜 늘 요동치나

원자재를 거래하는 상품거래소에서는 펀드(fund)를 굴리는 '큰손'들이 투기 목적으로 선물 상품 거래를 즐긴다.

펀드란 여러 투자자가 함께 돈을 모아 만드는 투자용 자금이다. 보통 전문 금융회사가 펀드를 설계해 세계 각지 주식, 채권, 부동산 등 다양한 자산과 비즈니스에 투자한 뒤 손익을 투자자에게 배분하고 수수료를 받는 식으로 운용한다. 국내에서는 보통 자산운용회사가 설계한 다음 증권사, 은행, 보험사에 맡겨 투자자를 모집해 자산을 조성하고 일정 기간 투자한 뒤, 투자자에게 손익을 배분하고 수수료를 떼는 식으로 운영한다. 펀드 자산을 주로 어디에 투자하느냐에 따라 주식 펀드, 채권 펀드, 부동산 펀드, 원자재(상품) 펀드 식으로 종류를 나눈다.

원자재 선물시장에서는 특히 거액 펀드를 이용한 투기 거래가 흔하다. 그래서 상품 시세가 수급보다 투기 탓에 움직일 때가 많다. 어떤 계기로 원자재 시세가 변할 조짐이 나타나면 선물시장부터 요동치고, 이어 현물시장에 영향이 미치는 일도 잦다. 원유만 해도 시세를 움직이는

국제 유가 장기 추이

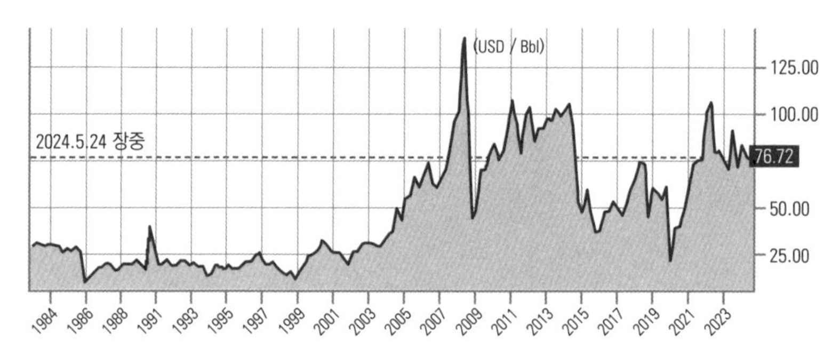

주: WTI유, NYMEX
자료: cnbc.com

이유가 많지만, 21세기 들어서는 특히 선물 투기가 원유가를 흔드는 주요 변수가 됐다.

국제 원유 시세는 1980~1990년대만 해도 WTI 기준으로 배럴당 40달러를 밑도는 수준에서 안정됐는데, 21세기 들어 변화가 생겼다. 신흥공업국, 특히 중국과 인도가 제조업 생산을 확대하며 원유를 대거 사들여 공급 부족 현상이 나타났다. OPEC은 감산으로 공급 부족을 부추겼고, 투기 세력은 선물 매매에 나섰다. 이후 유가는 급등하기 시작해, 2000년대 중반 배럴당 60달러대를 돌파했다. 2008년 들어서는 연초 100달러를 넘고 나중에는 140달러 선도 넘었다. 그런데 가을에 미국발 글로벌 금융위기가 터졌다. 연말 유가는 40달러 선까지 폭락했다.

금융위기 뒤 원유 시세는 미국 등 각국이 경기 대응책을 펴자 반등을 계속해, 2010년대 들어 100달러 안팎에서 움직였다. 하지만 2014년 8월부터 다시 급락해서 2016년 2월 20달러대까지 추락했다. 2010년대 들어 미국 등지에서 셰일오일을 양산해 공급이 늘어난 상황에서, 사우디와 미국이 증산을 감행하며 시장점유율을 다툰 탓이다. 시세 반등은 사우디가 감산으로 돌아선 뒤에야 가능했다. 이후 유가는 70달러 초반까지 올랐다.

2019년 말 유가는 50~60달러대에서 움직였는데, 2020년 코로나 사태로 경기가 급강하했다. 4월 하순 유가는 20달러 아래로 폭락했다. 유가는 백신 개발이 구체화하고 경기 회복 전망이 생긴 뒤에야 회복세로 돌아섰고, 2021년 여름을 지나서는 80달러대까지 올랐다. 2022년 2월 러시아가 우크라이나를 침공한 직후에는 100달러도 넘었다.

원유를 전량 수입하는 우리나라에서는 국제 유가가 요동칠 때 그 영향이 크게 나타난다. 그런데 수입 원유 시세가 변한다고 우리나라 각지 주유소에서 파는 휘발유나 경유 같은 석유제품 가격이 곧바로 따라 움직이는 것은 아니다.

석유제품의 경우 유럽에는 네덜란드 암스테르담, 미국에는 걸프만(Gulf Coast), 아시아에는 싱가포르에 각기 현물시장이 있다. 각국은 자국에 가까운 현물시장의 석유제품 거래 시세를 따라 국내 가격을 정한다. 곧 각국이 자국에서 유통되는 석유제품의 가격을 정할 때는 국제 원유가가 아니라 현물시장에서 석유제품을 수출입하면서 형성되는 국제 거래 시세에 기준을 둔다. 우리나라도 싱가포르 현물시장에서 거래되는 시세를 따라 국내 석유제품 가격을 정한다.

싱가포르 현물시장에서 석유제품 시세가 변하더라도 새 시세가 우리나라 국내 가격에 반영되는 데는 보통 2~3주 정도 걸린다. 때문에 싱가포르에서 가격이 급변하더라도 국내 시세가 곧바로 변하지는 않는다.

세금과 마진도 국제 원유가와 국내 유제품 시세의 차이를 키우는 요인이다. 수입된 원유가 국내 정유회사의 정제(refine) 과정을 거쳐 휘발유나 경유 같은 유제품이 된 다음 주유소에서 팔리기까지는, 관세와 유류세 등 각종 세금에다 유통 마진 등이 붙는다. 때문에 국내 소비자들이 체감하는 유제품 가격은 국제 원유가 추이와 크게 차이 날 때가 많다.

비철 가격은 누가 움직이나

기사독해

[비철포커스] 니켈 1만8천 달러 행보…
인니, 배터리용 니켈 2069년까지 채굴

비철금속 주요 품목은 대부분 상승을 기록한 가운데 니켈은 1만8000달러대에서 등락을 반복하고 있다. … LME(런던금속거래소)에 따르면 니켈과 알루미늄을 제외한 주요 품목의 가격이 줄줄이 상승했다. 니켈 가격은 지난 10일 톤당 1만8720달러로 전주보다 30달러 하락했다. 알루미늄도 2514달러로 2달러 하락했다. 반면 아연과 동은 2912달러, 9942달러로 각각 23달러, 206달러 상승했다. 납도 2192달러로 37달러 올랐고, 특히 주석의 경우 3만2885달러로 885달러 상승했다.

페로타임즈
2024.5.13

비철금속의 국제 시세를 전한 기사다.

비철금속이란 철이 아닌 금속류다. 전기동(電氣銅, electrolytic copper, 구리를 전기분해로 정련해서 얻는 순도 높은 구리)과 납 · 아연 · 알루미늄 · 니켈 · 주석 등이 해당한다. 철강, 자동차, 가전을 비롯해서 대규모 건설과 플랜트, 전력 등 대형 산업에 기초 소재로 많이 쓰인다.

비철금속 국제 시세는 주로 런던금속거래소(LME)에서 정해진다. 시세를 좌우하는 요인은 여러 가지다.

첫째, 투기 거래.

둘째, 세계 경기. 호황 때는 수요가 늘어 시세가 오르고, 불황 때는 수요가 줄어 시세가 내린다.

셋째, 산출국의 정치나 사회 정세. 비철금속은 주로 개발도상국에서 많이 난다. 예를 들어 구리는 주요 산지인 페루 · 잠비아 · 콩고민주공화국(DRC, 옛 자이르)에서 파업이 나거나 정치 정세가 불안해져 생산이 줄면 이내 시세가 뛴다.

넷째, 전쟁이나 각국의 비축 상태. 비철금속은 중요한 전략물자다. 전쟁에 대비해서 미리 사들여 쌓아두는 나라가 늘어나면 값이 뛴다.

다섯째, 인플레이션. 인플레이션은 현금 가치를 떨어뜨리고 부동산이나 보석 같은 실물자산의 시세를 올린다. 인플레이션이 예상되면 기업이나 상인, 투자가 사이에 현금을 실물자산으로 바꿔두려는 환물 심리(換物心理)가 커지고, 비철금속도 매입 수요가 늘어 시세가 오른다. 중동 산유국이 원유 가격을 올리면 으레 비철금속 시세가 급등하는데, 같은 이유다.

2016년 미국 대선 때도 인플레 기대 심리가 비철금속 시세를 띄웠다. 당시 공화당 후보 트럼프가 '대통령이 되면 도로, 항만, 공항 같은

SOC 투자에 재정을 많이 쓰겠다'고 공언하자, 정부지출 증가에 따른 물가 상승이 예상된 결과 비철 수요가 늘고 가격이 뛰었다.

여섯째, 중국 경기. 앞서 둘째 요인으로 든 '세계 경기'와 따로 다뤄도 좋을 만큼 비중 있는 요인이다. 중국은 글로벌 비철 시장의 생산·소비 물량 중 약 절반을 차지하는 '큰손'이기 때문이다. 중국의 내수 규모가 워낙 크다 보니 중국 정부가 주택 투자와 SOC 건설 등 내수 경기 부양책을 쓰면, 설사 글로벌 경기가 좋지 않을 때라도 비철 수입 수요가 커져서 국제 시세를 밀어 올린다.

구리 가격으로 글로벌 경기 점친다고?

머니투데이
2024.5.14

풍산, 구리 가격 강세에 '52주 최고가 경신'

구리 가격 강세에 수혜를 입는 풍산 주가가 오름세다. 14일 오전 10시31분 기준 풍산은 전일 대비 2100원(2.78%) 오른 7만7600원에 거래되고 있다. 이날 7만8900원까지 오르며 52주 최고가를 경신하기도 했다.

구리 가격이 뛰면 구리를 가공해 파는 기업이 득을 본다. 보기 기사의 '풍산'은 전기동을 사들여 가공·판매하는 기업인데, 런던금속거래소에서 구리 거래 가격이 뛰자 주가가 올랐다.

구리는 자동차, 스마트폰, 가전 등 전기를 쓰는 산업 전반에 걸쳐 세계에서 광범위하게 쓰이는 비철금속이다. 전기동 생산량의 약 65%가 전선 제조에 쓰이고 나머지는 건설자재 등으로 쓰일 만큼 전기·전자 산업과 건설업에 특히 활용도가 높다. 그래서 각국이 재정을 확장하는 정책을 쓰면서 도로나 공장, 항만 등 SOC 구축을 늘리면 글로벌 수요가 늘어난다. 반대로 각국이 SOC 구축을 줄이면 수요가 침체한다. 구리 수요 증감이 SOC 건설의 증감에 달린 셈인데, SOC 건설의 증감은 또 실물경기 향배와 밀접한 관계가 있다. 결국 구리 수요는 실물경기 흐름을 긴밀히 반영한다는 얘기가 된다. 이런 이치로, 구리 수요가 늘어나는지 줄어드는지를 보면 글로벌 경기 향배를 점칠 수 있다는 논리가 생겼다. 구리 수요 증감이 경기 향배를 알려준다고 해서 구리를 '구리 박사(Dr. Copper)'라고 부르기까지 한다.

실제로 구리 수요로 세계 경기 흐름을 짚어보려 한다 치자. 그럼 무엇보다 중국 수요부터 봐야 한다. 왜?

중국이 글로벌 구리 수요 중 절반을 차지해서 구리 가격을 좌우할 만큼 영향력이 크기 때문이다. 실례로 중국 경제가 급성장한 2000년대에 런던금속거래소에서 거래된 전기동 가격은 2000년대 초 톤(t)당 2000달러에서 2011년 2월 1만 달러를 넘었다. 2010년대 초중반 전후 중국 경제가 일시 침체했던 2016년 1월에는 4300달러까지 내렸다.

2020년에도 중국 수요가 글로벌 구리 가격을 움직였다. 2020년 1월 전기동 가격은 톤당 평균 6000달러 선이었는데, 코로나 사태가 확산하며 글로벌 수요가 침체하자 3월 중순 4700달러 안팎까지 급락했다. 하지만 5월 들어 중국이 경기 부양책을 펴자 반등해서 11월 중순에는

7000달러 선으로 올라섰다. 11월 하순 미국 대선에서 조 바이든(Joe Biden Jr.)이 이긴 뒤 인프라와 저소득층 주택에 투자하겠다며 경기 부양을 공약하자, 12월 초 시세는 7500달러도 넘었다.

금값은 어떻게 움직이나

금은 20세기 초까지만 해도 구미에서 주요 화폐로 쓰였다. 요즘은 화폐로 쓰이지 않지만, 자산시장에서는 늘 왕성한 투자가 몰린다. 희귀해서 값어치가 좀처럼 떨어지지 않고 보관이나 운반도 쉬운 안전자산으로 통하기 때문이다.

금이 왜 안전자산인지는 금을 미국 달러와 비교해보면 알 수 있다.

미 달러는 제2차 세계대전 후 각국이 발행한 통화 중 가장 신용도가 높고 많이 쓰이는 화폐, 곧 글로벌 통화가 됐다. 달러가 글로벌 화폐로 된 배경에는 무엇보다 미국의 막강한 군사력이 있다. 미국이 세계 최강 무력 보유국이라는 사실을 전제로, 달러 가치는 미국이 보장한다는 믿음을 세계가 공유하는 것이다.

그렇지만 미국의 군사력이 언제까지나 세계 최강이리라는 보장은 없다. 보장이 있다 해도 인플레이션에 따른 화폐가치 하락까지 막을 수는 없다. 예를 들어 전쟁 같은 비상사태가 닥치면 원자재 생산이 중단되거나 수요가 늘어 물가는 뛰는 반면 화폐가치는 급락한다. 달러로 모은 재산이라도 손실이 불가피하다.

반면 금은 딱히 어떤 나라가 신용을 보장해주지 않아도 평시나 비상

국제 금 선물 시세 장기 추이

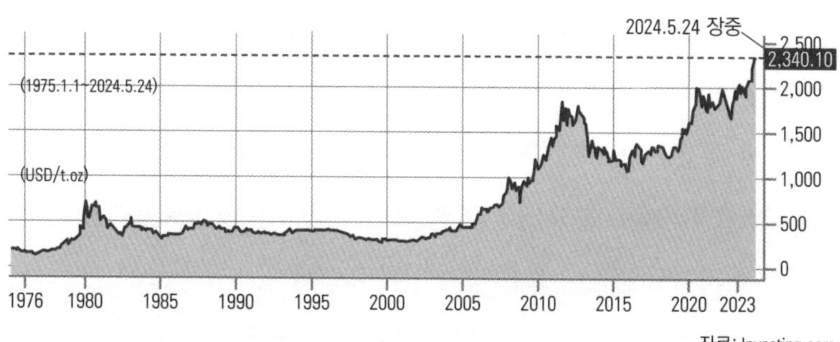

자료: Investing.com

시나 늘 가치를 유지한다. 비상시를 고려하면 미 달러보다 안전한 자산인 셈이다. 그래서 미국이 개입한 전쟁어 터지거나 미국을 포함한 글로벌 경제위기가 발생할 때, 또는 어떤 이유로든 달러 시세가 폭락할 때면 금에 매입 수요가 몰리는 골드러시(gold rush)가 발생하곤 한다.

1970년대 이래 지금까지 대형 골드러시는 세 차례 발생했다. 글로벌 오일쇼크가 발생한 1973년과 1979년, 미국발 글로벌 금융위기가 발생한 2008년 가을부터 2012년 말까지, 코로나 대유행이 일어난 2020년이다. 세 번 모두 세계경제가 큰 타격을 입었고, 안전자산으로 수요가 몰리면서 국제 금값이 폭등했다.

그렇다고 세계경제가 흔들릴 때만 금이 인기를 끄는 것은 아니다. 비상한 상황이 아니더라도 달러 시세 하락이나 인플레이션 조짐이 보일 때면 금을 사들여 인플레이션을 피하고 시세 차익을 도모하는 투자자가 많다. 2020년 코로나 사태로 골드러시가 발생했을 때도 세계경제의 큰 이슈는 갑작스런 경기 하강이었지만, 금 투자자는 경기 하강을 우려하기보다 금값 상승을 점쳤다. 미국 등 주요국이 경기 대응을 위해 일제히 금리를 내리고 통화 공급을 늘리면서 통화량이 늘고 화폐가치가 떨어지는 상황 전개가 예측됐기 때문이다. 실제로 2020년 3월 미국 기준금리는 연 1.75%에서 0.25%로 떨어져 2022년 3월 중순까지 유지됐고, 국제 금값은 2020년 초 온스당 1500달러 선에서 수직 상승해 8월에는 2000달러대로 올라섰다. 흔히 금리와 금값은 반대로 움직이는데, 금리가 내리면서 금값이 오른 당시 상황도 그랬다.

2022년 들어서는 반대로 금리가 오르면서 금값이 떨어지는 상황이 연출됐다. 2022년 초 세계는 코로나 사태가 끝을 보이면서 그간 억눌린 소비가 폭발한 데다 우크라이나-러시아 전쟁이 터지는 바람에 유가 등 에너지 가격과 곡물 등 주요 원자재 가격이 폭등해 인플레이션이 발생했다. 인플레이션 대응에 나선 미국 등 각국 중앙은행이 빠른 속도로 기준금리를 올렸다. 2022년 3월 중순부터 미 기준금리는 0.25%에서 0.50%로 오르기 시작해, 9월 하순 3.25%로 높아졌다. 기준금리를 따라 시장금리가 급등하는 사이 금값은 온스당 2000달러 선이었던 3월부터 수직 낙하를 시작해, 9월 말 1600달러 선까지 추락했다.

같은 기간 달러 시세는 반대로 15% 정도 뛰었다. 달러-원 환율도 1200원 선에서 1400원대로 올랐다. 금리와 통화 시세는 보통 같은 방향으로 움직이는데, 당시에도 그런 현상이 나타났다.

금값과 달러 시세가 반대 방향으로 연동하는 데 주목하는 투자자는 흔히 달러 시세나 금값이 요동칠 때마다 유리한 자산을 매매해 양쪽으로 재산을 불린다. 예나 지금이나 금은 투자자들에게 달러 못지않은 재산 증식 수단이고, 그런 뜻에서 아직도 실질 화폐나 마찬가지다.

주가와 금값도 대체로 반대 방향으로 움직인다. 뉴욕증권거래소(New

York Stock Exchange, NYSE)에서 주가가 내리면, 주식을 팔고 나온 자금이 금 매수로 몰려 금값이 오르곤 한다.

평소 금 시세는 주로 장식품이나 공업용 원료를 찾는 수요, 남아공·미국·호주·러시아·인도네시아 등 주요 금 생산국이 공급하는 수량에 따라 움직인다. 달러를 대신해 재산 가치 보존 수단으로 쓰이는 만큼 달러 시세에 좌우되는 경향도 강하다. 특별한 요인이 없으면 금값이 달러 시세와 반대로 움직이는 것도, 금이 달러를 대신할 수 있기 때문이다.

글로벌 금 시세를 정하는 시장으로는 뉴욕에 있는 상품거래소(COMEX)와 런던귀금속시장협회(London Bullion Market Association, LBMA)가 유명하다. COMEX는 선물을, 런던귀금속시장협회는 현물을 거래하며 각자 금 거래 시세를 매일 고시한다. 금 시세가 새로 고시되면 미디어가 받아서 보기 기사와 같이 뉴스로 전한다.

[오늘의 금시세(금값)] 국제 금 가격 2% 이상 하락… 국내 금 시세는?

국제 금 가격이 2% 이상 폭락하면서 국내 금 시세에 대한 관심이 몰렸다. 국제 금 시세는 23일(현지시간) 뉴욕상품거래소 기준 전일 대비 2.32% 하락한 1트로이온스당 2337.2달러에 거래를 마쳤다.

포인트데일리
2024.5.24

금 투자는 어떻게 하나

금 투자는 주로 시세 차익을 얻기 위해 금을 매매하는 일이다. 여러 가지 방법으로 할 수 있다.

첫째, 금 실물을 매매한다. 금을 매매하는 은행에서 국제 인증을 받은 금괴, 곧 골드바(gold bar)를 사뒀다가 적당한 때 팔아서 차익을 내면 된다. 투자법은 간단하지만 거래 가격의 10%에 해당하는 세금(부가가치세)과 거래 수수료를 내야 하고, 실물 보관처를 마련해야 하는 부담이 따른다.

둘째, 은행에서 금 예금을 든다. 현금을 맡기면 은행이 국제 금 시세와 달러-원 환율을 고려한 금 거래 기준가로 금을 사고, 0.01그램(g) 단위로 금 적립 중량을 기록한 금 보유 증서(통장)를 내준다. 출금을 요구하면 역시 금 적립량을 거래 기준가로 환산한 현금을 내준다. 거래 기준가로 예금을 평가하므로 금 시세와 환율 변동에 따라 득실이 갈린다.

금 예금은 이른바 골드뱅킹(gold banking), 곧 은행이 금 관련 상품을 매매하는 제도를 이용하는 방법이다. 실물 보관에 신경 쓰지 않고 소액으로 손쉽게 투자할 수 있는 것이 최대 장점이다. 대신 단점이 많다. 매매할 때마다 거래액의 일정 비율을 거래 수수료로, 매매 차익의 15.4%를 소득세(배당소득세)로 내야 한다. 적립한 금을 실물로 인출할 때도 인출액의 일정 비율로 수수료를 내고, 부가가치세까지 내야 한다. 예금이지만, 국내 은행 예금에 대개 적용되는 예금자보호도 받지 못한다. 예금자보호란 혹 은행이 망해도 은행별로 예금자 1인당 예금 원리금 5000만 원까지는 (최근 개정법안이 시행되면 1억 원까지) 돌려주는 법정(예금자보호법) 예금보험제도다.

셋째, 금광업체 주식을 매매하거나, 국제 금값에 따라 시세가 움직이는 금 관련 펀드에 투자한다. 어느 경우든 국제 금 시세와 환율 변동에 따라 득실을 볼 수 있다. 차익이 난 펀드를 팔 때는 차익의 15.4%를 소득세로 내야 한다.

넷째, KRX 금시장에서 금을 매매한다.

KRX 금시장은 한국거래소(Korea Exchange, KRX)가 운영하는 금 현물시장이다. 매일 장이 열리는 동안(평일 오전 9시~오후 3시 30분) 한국조폐공사가 인증하는 순도 99.99%(99.99k) 금 현물과 미니 금 현물, 두 종목을 매매할 수 있다. 두 종목 간 차이는 인출 단위(중량)다. 99.99k 금 실물은 1킬로그램 단위 골드바로만, 미니 금 실물은 100그램 단위 골드바로만 찾을 수 있다. 실물 인출에는 단위 제한이 있지만 두 종목 모두 1그램 단위로 매매할 수 있어서 소액으로 수시 투자하기에 편리하다.

매매 방법도 간단하다. 증권 거래 계좌를 만든 뒤 주식을 매매할 때처럼 증권사 영업점에서 금 현물거래 전용 계좌를 열고 매매하면 된다. 비대면으로 매매하려면 증권사가 제공하는 온라인 전용 프로그램 HTS(Home Trading System)나 스마트폰 앱 MTS(Mobile Trading System) 등을 다운받아 금 거래 계좌를 만들면 된다.

금 시세는 HTS와 MTS 등에서 볼 수 있다. KRX 금시장 홈페이지 메뉴 'KRX 정보데이터시스템'을 봐도 된다. 2024년 5월 24일 시세는 보기 표에서 보듯 1그램 단위 종가(거래 마감 때 형성된 시세) 기준으로 99.99k 금이 10만 3250원, 미니 금은 10만 5000원이다.

세 부담도 적다. 은행 금 예금(골드뱅킹)이나 금 펀드는 매매 차익의

KRX 금 시세

2024.05.25 AM 09:46:02 (20분 지연 정보)

종목코드	종목명	종가	대비	등락률	시가	고가	저가	거래량	거래대금
04020000	금 99.99_1kg	103,250	▼ 820	-0.79	102,970	103,290	102,730	57,529	5,932,625,280
04020100	미니금 99.99_10…	105,000	▼ 1,650	-1.55	106,500	106,650	103,950	7,146	751,017,600

자료: KRX 정보데이터시스템

국제 금 시세 동향

2024.05.25 PM 01:19:38

구분	현재가	대비	등락률	시가	고가	저가
원/g	102,870	▼ 730	-0.70	102,110	103,050	102,110
원/3.75g	385,762	▼ 2,738	-0.70	382,912	386,438	382,912
$/온스	2,336.34	▼ 28.84	-1.22	2,331.15	2,339.29	2,325.64

자료: KRX 정보데이터시스템

15.4%를 소득세로 원천징수 한다. KRX 금시장에서는 실물 인출 없이 계좌 거래만 하면 매매 차익을 내도 소득세나 부가가치세 부담이 없다. 원화로 직접 금을 매매하므로 환율 변동에 따른 득실도 없다. 스마트폰 앱으로 매매할 때 온라인 거래 수수료(보통 거래 가격의 0.3% 안팎)만 내면 된다. 다만 실물 인출 때는 수수료와 부가가치세를 내야 한다. KRX 금시장에서 사들인 금은 한국예탁결제원이 보관해주는데, 실물 인출을 원하면 거래 계좌를 연 증권사를 통해 신청하면 된다.

'KRX 정보데이터시스템'에서는 공신력 있는 국제 금 시세에 외환 시세를 반영한 '국제 금 시세(현물) 동향'을 원화 기준(부가가치세 불포함)으로 실시간 공시한다. 보기 표에서 보듯 재래식 금 중량 단위인 '돈(3.75g)'당 시세와 온스(약 31.1g)당 시세도 함께 보여준다. 증권사나 금 매매업자 협회도 같은 정보를 홈페이지에 게시한다.

러 다뉴브강 폭격에 곡물가 급등…
밀 가격 5개월만에 최고

러시아가 우크라이나 곡물 수출시설에 대한 공격을 루마니아 접경 지역인 다뉴브강 항구로 넓히자 세계 곡물 시장이 들썩이고 있다. 로이터 통신은 25일 시카고상품거래소(CBOT) 선물 시장에서 밀 가격이 5개월 만에 최고치를 기록했다고 보도했다. 이날 밀이 2.6% 오른 부셸당 7.7725달러에 거래되면서 올해 2월 21일 이후 최고가를 기록했다는 것이다.

연합뉴스
2023.7.25

사료용 작물을 포함해서 쌀, 보리, 콩 같은 각종 곡물의 국내 소비량(=국내 생산량+순수입량) 중 국내 생산량이 차지하는 비율을 곡물자급률이라 한다. 우리나라는 곡물자급률이 매우 낮다. 2020~2022년 평균 곡물자급률이 19.5%로, 국민이 필요로 하는 곡물의 약 80%를 수입한다. 세계 평균 곡물자급률은 100.3%. 호주, 캐나다, 미국, 중국은 자급률이 90~300%대로 높고(호주 327.9%, 캐나다 173.3%, 미국 121.3%, 중국 91.9%) 일본이 27.7%로 낮은 편이다(이형용 등, 2023; 허장, 〈세계농업〉 256호, 한국농촌경제연구원, 2023. 11에서 재인용).

우리나라는 전국 각지에서 벼농사를 흔히 짓는데 왜 다른 나라에 비해 곡물자급률이 크게 낮을까?

2022년 기준으로 쌀은 자급률이 104.8%지만 나머지 곡물은 자급률이 너무 낮기 때문이다. 밀(wheat, 소맥) 자급률은 1.3%, 옥수수는 4.3%, 콩(soybean, 대두)은 28.6%에 그친다.

주요 곡물 공급을 수입에 의지하는 만큼 우리나라에서는 국제 곡물 시세가 주요 관심사다. 물론 우리뿐 아니라 각국 정부와 곡물상, 투자가, 식품 관련 기업 등에게도 곡물 시세는 늘 주목거리다.

국제 곡물 시세는 주로 규모가 큰 국제 상품거래소에서 정해진다. 보기 기사도 시카고상품거래소에서 선물로 거래되는 밀의 부셸(bushel)• 당 시세가 올랐다고 전한 예다.

국제 곡물 시세 결정에 영향을 미치는 요인은 어떤 게 있을까?

여러 가지가 있지만, 네 가지가 중요하다.

첫째, 날씨. 날씨는 기본적으로 곡물 작황을 좌우하고 수급에 영향을 미쳐 시세를 움직인다.

최근에는 지구온난화(global warming)에 따른 폭염, 산불, 가뭄, 호우 등 기상이변이 잦아져서 걸핏하면 곡물 생산에 차질이 생긴다. 곡물 생산에 차질이 생기면 거대 생산국이 대규모 수입국으로 전락하기도 하고, 곡물 매매로 돈 버는 투자자나 기업이 큰 손실을 입기도 한다. 그래서 곡물 투자자나 기업은 늘 미국·남미·중국 등 주요 곡물 생산지의 날씨와 작황에 촉각을 세운다.

곡물 중에서도 쌀은 세계 최대 생산국인 중국과 인도 등지의 날씨가

• 곡물 중량 단위로 bu, bsh 등의 기호로 표기한다. 미국식과 영국식이 있는데, 미국식으로 밀이나 콩 1부셸은 27.2킬로그램, 옥수수는 25.4킬로그램이다.

시세를 좌우한다. 밀(소맥) 역시 주산지인 유럽연합·중국·인도·러시아·미국 등지의 날씨가 국제 시세를 움직인다.

콩은 세계 최대 산지인 미국 중서부와 브라질 등지의 날씨가 수확에 큰 영향을 미친다. 2016년 초여름, '라니냐(La Nina)'가 발생해서 가을까지 이어진다는 기상 전망이 나왔을 때도 그랬다. 라니냐는 동태평양에서 평년보다 수온이 낮은 현상이 여러 달에 걸쳐 일어나는 이상 해류다. 라니냐가 발생하면 동남아와 호주에 홍수가 나고, 콩 산지인 미국 중서부와 남미(브라질·우루과이·아르헨티나 등)에서는 가뭄으로 흉작을 보기 쉽다. 라니냐 발생 예보가 나오자 콩은 흉작을 보리라는 시장 전망이 잇달았고, 시카고상품거래소에서 대거 선물(futures) 매수가 일어나면서 시세가 폭등했다.

둘째, 전염병도 곡물 시세 결정에 영향을 미치는 주요 변수다.

2020년 코로나 사태가 닥친 뒤로는 각국이 국경을 봉쇄하고 노동자의 이동을 제한한 탓에 곡물 수확을 제때 못 한 곳이 많았다. 방역 조치로 항운 속도가 느려지고 운송비가 뛰면서 판로가 막히는 등 물류망 일부가 망가진 것도 곡물 시세를 급등시켰다.

셋째, 국제 정치 정세의 변화, 그리고 각국이 식량을 무기화하고 식량 안보(food security)를 강화하는 추세도 곡물 시세에 영향을 미친다.

러시아는 세계 1위 밀 수출국인데, 2022년 2월 우크라이나 침공 후 미국과 유럽이 우크라이나를 지원하자 유럽으로 향하는 곡물(밀·보리·옥수수 등) 수출을 중단했다. 러시아와 함께 대표적 밀 생산지로 꼽히는 우크라이나에서도 밀을 수출하지 못하게 막았다. 이후 밀 등 주요 곡물은 가격이 급등했다. 시카고상품거래소에서 2022년 1월 톤당 284달러였던 밀 가격이 러시아의 우크라이나 침공 직후인 3월에는 407달러로 치솟았다.

밀 시세는 2014년 러시아가 크림반도(Crimean Pen.)를 합병했을 때도 폭등했다. 크림반도는 우크라이나 남쪽 끝에서 흑해로 돌출한 지역이다. 1921년 이래 소련 영토였다가 1954년 우크라이나로 편입됐는데, 2014년 주민투표 절차를 거쳐 갑자기 러시아에 병합됐다. 유럽연합과 미국 등은 크림 합병에 반발했고, 러시아를 상대로 경제제재에 나섰다. 경제제재는 러시아의 국제 교역과 경기에 타격을 줄 것이 예상됐고, 그 여파로 러시아 통화 루블(RUB)은 달러 대비 시세가 폭락했다. 반대로 달러 시세는 폭등했고, 러시아 곡물업체들은 시세가 뛰는 달러를 벌기 위해 국내 공급분까지 수출 물량으로 돌렸다. 그 결과 러시아에서는 밀이 사상 최대 풍작이었는데도 공급이 부족해져 빵값 등 식료품 물가가 급등하면서 국민의 원성이 높아졌다. 그러자 러시아 정부는 수출 물량을 줄이고 국내 식량 공급을 늘리기 위해 밀 수출 관세를 크게 올렸다. 세계 최대 밀 수출국인 러시아가 수출을 줄이자 글로벌 밀 시세는 단숨에 폭등했다.

근년 세계는 미국과 중국, 미국·유럽과 러시아 간에 군사력을 동반한 충돌 위험이 갈수록 고조되는 현상을 보고 있다. 국지전이나 기상이변, 전염병이 발생하는 빈도나 강도도 점점 더 심각해지고 있다. 그 결과 곡물 공급망이 흔들리고 가격이 요동치는 일이 잦아지고 있기 때문에, 각국이 식량 안보 차원에서 공급망 확보와 자국 생산 증대에 적극 나서고 있다. 중국은 아프리카와 아시아 곳곳에서 농지를 사들이는 등 농림어업 분야 해외직접투자 규모를 2006년 2억 달러에서 2016년 33억 달러로 10배 이상 늘렸다. 중동 주요 산유국은 오일머니(oil money, 원유를 팔아 번 돈)를 식량 산업에 투입해 식량 관련 기업의 소유권을 사들이고 있다. 이런 움직임은 꾸준히 곡물 시세를 밀어 올리고 있다.

넷째, 곡물 상품 투기 거래의 성행, 그리고 근래 중국·인도 등 신흥국의 경제성장에 따른 곡물 소비 급증세도 곡물 수급을 핍박하거나 시세 불안을 키우는 요인이다.

곡물 시장 트렌드 읽는 지표는?

곡물 시장 트렌드를 읽는 데는 어떤 지표가 유용할까?

FAO(Food and Agriculture Organization, UN 산하 식량농업기구)가 발표하는 세계 곡물 생산과 재고 예측이 중요하다. 이를테면 2024년 4월 FAO 발표는 2023/24년도 세계 곡물 생산량이 28억 4110만 톤, 소비량이 28억 2770만 톤으로 2022/23년도 대비 각각 1.1%, 1.3% 증가할 것으로 전망했다.

FAO가 매달 발표하는 FAO 식량가격지수(FAO Food Price Index, FFPI)도 곡물 시세 관측에 유용하다. FAO 식량가격지수는 주요 식량 품목의 국제가격을 바탕으로 작성된다. 곡물(cereal), 유제품(乳製品, dairy), 육류, 식물성 기름(vegetable oil), 설탕 등 5개 품목군별 가격지수, 그리고 이들 품목군별 가격지수를 종합해 만든 종합지수를 함께 보여준다.

FAO 식량가격지수 외에 USDA(U.S. Department of Agriculture, 미

FAO 식량가격지수

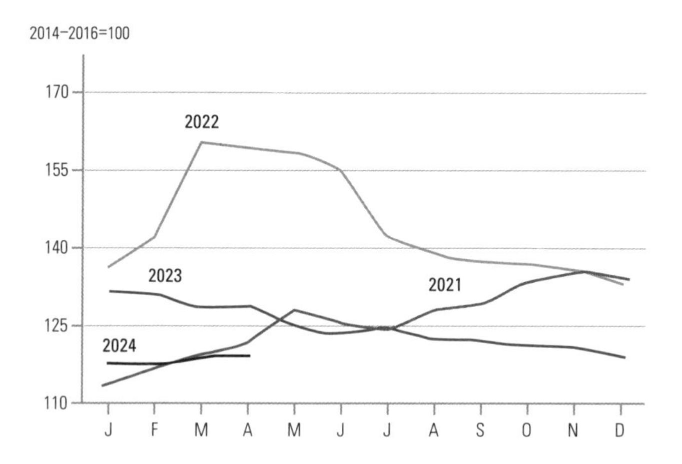

국 농무부)가 매달 발표하는 〈세계 농산물 수급 전망(World Agriculture Supply & Demand Estimate, WASDE)〉은 특히 곡물 생산량과 시세를 예측하는 데 많이 활용된다.

예를 들어 USDA가 '앞으로 특정 곡물 생산량이 줄어든다'고 발표하면 해당 곡물은 시세가 급등한다. 만약 USDA 발표가 곡물 가공업자나 운송업자 등 관계자의 예상에서 빗나가면 곡물 시세가 급변하곤 한다. 2022년 5월 USDA가 발표한 〈5월 세계 농산물 수급 전망〉에서 밀 생산량이 시장 예상치보다 낮게 나오자, 시카고상품거래소에서는 밀 거래가가 약 6% 급등했다.

4

금융

경제 거래는 크게 실물거래와 금융거래로 나눠볼 수 있는데,
현대 경제에서는 갈수록 금융거래의 비중이 커지고 있다.
금융이 원활히 이뤄지느냐 여부가
실물경제 활력을 좌우하는 사례도 늘고 있다.
글로벌 규모로 봐도 그렇다.

금융이란 무엇인가

금융(finance)이란 금전 융통을 줄인 말이다. 쉽게 말하면 돈을 빌려주고 빌리는 활동이다.

금융은 경제가 활력을 유지하는 데 꼭 필요한 활동이다. 경제가 잘 돌아가려면 투자 · 생산 · 소비 등 경제를 구성하는 여러 부문 활동이 활발히 움직여야 하는데, 그러자면 무엇보다 자금 융통이 원활해야 하기 때문이다.

가령 돈을 빌려 쓰고 제때 갚지 않는 거래자가 많거나, 돈을 빌려 쓰려는 이는 많은데 금융기관에 빌려줄 돈이 부족하다고 해보자. 금융기관이 걸핏하면 빌려준 돈을 떼인다든지, 돈을 주고받다 잃어버리는 등 사고도 자주 생긴다고 해보자. 그럼 자금 융통이 원활히 될 수 없다.

자금 융통이 원활치 못하면 기업 · 정부 · 가계가 필요로 하는 돈을 제때 손에 넣지 못해 투자 · 생산 · 소비를 제대로 할 수 없고, 그럼 경제가 침체한다.

금융이 원활하면 정반대 상황이 전개된다. 기업 · 정부 · 가계가 필요한 돈을 제때 마련해 투자·생산·소비에 충분히 쓸 수 있으므로 경제가 활발해진다.

금융이 원활하면 금융을 이용하는 경제활동 참가자들이 대개 득을 본다. 돈을 빌리는 쪽은 돈벌이에 필요한 돈을 구해서 득 보고, 빌려주는 쪽은 돈을 빌려준 대가로 이자를 받아 득 본다.

기업이 은행에서 돈을 빌려 사업하는 경우도 마찬가지다. 은행은 돈을 빌려주고 이자를 번다. 기업은 자기 돈만 갖고는 투자하지 못했을 사업에, 빌린 돈을 투자해서 돈을 번다. 기업이나 은행이나 서로 자금을 주고받으며 돈을 번다. 금융거래로 득 보는 이들이 늘어나면 금융거래도 왕성해지고 투자·생산·소비도 활발해져 경제 전반이 활기 있게 돌아간다.

경제 거래는 크게 실물거래와 금융거래로 나눠볼 수 있는데, 현대 경제에서는 갈수록 금융거래의 비중이 커지고 있다. 금융이 원활히 이뤄지느냐 여부가 실물경제 활력을 좌우하는 사례도 늘고 있다. 글로벌 규모로 봐도 그렇다. 오늘날 각국 정부와 기업이 국내외에서 벌이는 사업과 거래는 대개 금융회사와 투자자를 통한 자금 마련에 문제가 없어야 성사된다. 국제금융이 원활치 못하면 각국에서 사업이 어려워지고, 그러다 보면 세계경제가 어려워질 수도 있다. 그래서 현대 세계에서는 각국이 글로벌 금융 안정을 위해 협의하고 협력하는 것이 중요하다.

돈, 막 찍어 쓰면 왜 안 되나

돈은 화폐 또는 통화(通貨, money, currency)라고 부른다.

돈은 쓰임새가 많다. 상품 가치를 나타내주고, 재화를 얻는 대가를 치를 수 있게 해준다. 장래 쓸 일을 대비해 재산을 저장해두는 수단도 된다.

옛날에는 금이나 은 같은 귀금속을 돈으로 썼다. 나중에는 정부가 지폐나 동전·은전 같은 금속 주화(coin)를 찍어내 금·은과 함께 썼다. 당시 지폐나 주화는 언제든 정부가 보유한 금·은으로 바꿔줬다. 이렇게 금·은과 바꿀 수 있는 화폐를 태환화폐(兌換貨幣, convertible currency)라 한다.

지금 세계는 주로 정부가 찍어내는 지폐나 주화를 쓰고, 예전과는 달리 금·은으로 바꿔주지 않는다. 이렇게 금·은과 바꿔주지 않는 화폐는 불환화폐(不換貨幣, nonconvertible currency)라 한다.

사용자 입장에서 보면 태환화폐와 불환화폐 중 어느 것이 더 손에 넣기 쉬울까?

이론상으로는 불환화폐다. 태환화폐는 금·은과 바꿀 수 있어야 하는데 금·은의 수량은 한정되어 있으므로 화폐 발행량도 제한될 수밖에 없고, 그만큼 손에 넣기 어렵다. 반면 불환화폐는 정부가 마음만 먹으면 얼마든지 찍어낼 수 있으니, 없어서 구하지 못할 일은 없다.

그렇지만 예나 지금이나 사람들은 '돈 벌기 쉽지 않다'고 말한다. 예전에는 돈 수량이 워낙 적어서 그랬을지도 모르지만 지금은 돈이 부족할 이유가 없다. 그런데도 사람들이 돈을 구하기 어렵다면, 어쩌면 정

돈의 흐름

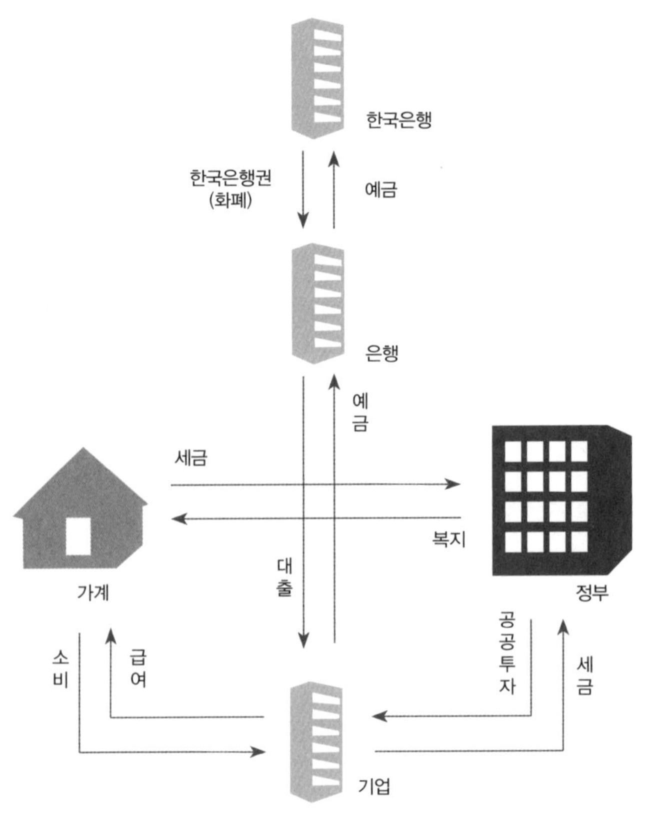

주: 화살표(→)는 돈이 흐르는 방향

부가 마구 찍어서 나눠주면 되지 않을까?

그럴 수는 없다. 그럼 국민경제에 당장 문제가 생기기 때문이다.

사람들이 돈을 원하는 이유는 여러 가지 재화를 손에 넣기 위해서인데, 대부분의 재화는 수량이 한정되어 있다. 만약 돈을 마구 찍어 나눠준다면 시중에 나도는 통화량이 크게 늘어날 것이다. 재화량에 비해 통화량이 많아지면 돈 가치가 떨어지고 물가는 오르는 현상, 곧 인플레이션이 발생한다.

인플레이션이 생기면 돈과 재화 사이 수급 불균형이 가속된다. 불균형이 극단으로 치달으면 예컨대 빵 한 개 사는 데 몇십만 원씩 들고, 나중에는 돈이 있어도 아무것도 구하지 못하는 사태가 벌어질 수 있다. 사람들이 돈을 갖고도 생활필수품조차 구하지 못할 정도가 되면 돈이 제구실을 못 하는 셈이다. 돈을 매개로 돌아가던 경제는 멈춰 설 수밖에 없다.

실제 현대 경제사에는 정부가 돈을 남발한 탓에 극심한 인플레이션이 발생해 나라 경제가 큰 난관에 빠진 사례가 많다. 특히 손꼽히는 경우가 제1차 세계대전 후 독일과, 제2차 세계대전 후 짐바브웨다. 그래서 정상 국가라면 다들 통화 남발이 초래하는 인플레이션을 경계한다.

옛날 금이나 은을 돈으로 쓸 때는 어땠을까? 인플레이션 문제가 없었을까?

없었다. 금이나 은은 유통량이 일정했기 때문이다.

태환화폐를 쓰는 경우 역시 이론상으로는 걱정할 필요가 없다. 정부가 보유한 금·은의 수량 범위 안에서만 화폐를 만들어 쓰면 되기 때문이다.

지금은 다르다. 모든 나라에서 정부가 발행하는 불환화폐를 쓰므로 시중 통화량 조절이 전적으로 정부 손에 달렸다. 정부가 통화 관리를 잘못하면 언제든 인플레이션이 일어날 수 있다.

인플레이션뿐 아니다. 정부가 통화 관리를 잘못하면 디플레이션도 발생할 수 있다. 디플레이션은 재화 전반의 수요가 위축돼 물가가 하락하는 현상이다. 디플레이션이 생기면 판매 · 생산 · 투자 · 고용이 꼬리를 물고 위축되므로 경기가 침체한다.

디플레이션이 발생하는 이유는 뭘까?

재화 생산이 과잉되거나, 시중 통화량이 재화량에 미치지 못해서다.

그렇다면 정부가 시중 통화량을 늘려 재화 수요를 부추기면 디플레이션에서 벗어날 수 있지 않을까?

그러기 어렵다. 디플레이션 때는 정부가 은행에 돈 공급을 늘려도 은행 대출 등으로 시중에 흘러 들어가는 통화가 잘 늘어나지 않기 때문이다. 디플레이션 때는 물가가 떨어지면서 돈 가치가 오르고 경기 침체로 대출금을 떼일 위험은 높아지므로 은행이 대출을 꺼린다. 기업과 가계도 투자를 줄이고 소비를 미루므로 은행 돈을 빌려 쓰지 않는다. 일본 경제가 1990년대 들어 이런 디플레이션에 빠져 경제가 장기 침체한 대표적인 예다.

디플레이션이든 인플레이션이든 경기를 불황에 빠뜨리기는 마찬가지다. 금 · 은이나 태환화폐를 쓴다면 걱정할 필요 없지만, 불환화폐를 쓰는 지금 국가는 인플레이션과 디플레이션에 잘 대비해야 한다. 무엇보다 화폐 발행 권한을 쥔 정부가 시중 통화량을 수시로 잘 조절해서 돈 가치를 적정 수준으로 유지하는 게 중요하다.

통화정책은 왜 중요한가

정부가 통화를 발행하면서 통화 유통을 정책적으로 관리하는 제도를 관리통화제도라 한다. 오늘날 세계 각국은 관리통화제도를 운영한다. 대개 중앙은행을 통화 당국(monetary authority, 금융 당국)으로 지정하고, 통화 당국이 통화를 발행하며 금리 수준이나 시중 통화량을 조절해서 돈 가치와 물가 안정을 도모하게 하고 있다. 우리나라 정부도 관리통화제도를 운영하면서, 한국은행(한은)에 통화 당국 역할을 위임하고 있다. 한은은 우리나라 법정통화(legal tender)인 원화(한국은행권)를 발행하고, 원화 시세를 유지하고, 시중 원화 유통량과 금리·물가를 안정되게 관리하는 데 필요한 정책을 기획하고 집행한다.

통화를 발행하는 통화 당국이 국민경제를 흐르는 통화량이나 화폐의 가격, 곧 금리에 영향을 미쳐서 화폐가치와 물가를 안정시키고 지속 가능한 경제성장을 도모하는 일련의 정책을 통화정책이라 한다. 금융정책, 통화신용정책, 통화금융정책이라고도 부른다. 우리나라에서는 한은이 통화 당국자로서 통화정책을 기획하고 집행한다.

국민경제와 금융이 활발히 움직이려면 통화정책이 매우 중요하다. 왜?

돈 가치와 물가가 안정돼야 경제가 성장을 지속할 수 있기 때문이다. 중앙은행이 통화량을 적절한 수준으로 통제하지 않고 돈을 마구 찍어내면 시중 통화량이 재화량에 비해 많아져서 돈 가치가 떨어진다. 돈 가치와 물가는 동전의 양면과 같다. 돈 가치가 떨어지면 물가가 오르고, 물가 오름세가 심해지면 물가 전반의 상승, 곧 인플레이션이 발생한다. 인플레이션 뒤에는 불황이 온다.

돈 가치를 안정시키려면 금융시장의 수급 균형을 맞추는 것도 중요하다.

가령 돈 수요에 비해 공급이 부족해지면 돈 가치, 곧 금리가 오른다. 금리가 오르면 기업과 가계가 투자나 소비에 쓸 자금을 마련할 때 부담이 커진다. 그만큼 투자와 소비가 위축되고, 투자나 소비가 이뤄져야 늘어날 수 있는 판매·고용·생산도 따라서 위축된다. 경기가 위축되기 쉽고, 상황이 더 심해지면 소비 위축을 시작으로 물가 전반이 하락하는 디플레이션이 발생할 수 있다.

인플레이션이나 디플레이션이 발생하면 돈 가치가 안정을 잃고 경제가 나빠진다. 하지만 통화 당국이 평소 통화정책을 적절히 구사해서 통화 유통 수량과 속도, 방향을 그때그때 잘 통제한다면 얘기가 달라진다. 돈 가치와 물가가 적정 수준으로 유지될 테니 인플레이션과 디플레이션을 예방할 수 있다. 그 결과 통화정책의 궁극 목표, 곧 금리·물가 안정을 기반으로 한 국민경제의 지속 성장(sustainable economic growth)을 이룰 수 있다.

금리정책은 금융 흐름을 어떻게 바꾸나

중앙은행이 통화정책을 펼 때는 여러 가지 정책 수단을 쓰는데, 그중 핵심은 기준금리 조정이다. 기준금리란 중앙은행이 통화정책 관점에서 금융시장의 금리 수준과 통화량을 고려해 결정하는 금리다.

기준금리는 중앙은행이 은행 등 시중 금융기관을 상대로 자금을 거래할 때 거래 금리의 수준을 정하는 데 필요한 기준으로 활용한다. 기준금리가 한국은행과 금융기관의 자금 거래에 적용되는 금리 수준을 이끄는 방향타 역할을 하는 셈이다.

정상적인 경우 중앙은행이 은행을 상대로 예금과 대출을 거래할 때 적용하는 금리의 수준은 시장금리 수준보다 낮다. 은행은 중앙은행과 거래함으로써 시중금리보다 싸게 자금을 마련할 수 있는 셈이다.

은행은 평소 고객을 상대로 예금을 받고 대출을 내주면서 예금이자와 대출이자의 차이를 수익으로 얻는다. 중앙은행 자금을 시장금리보다 싼 이자를 치르고 빌려서 시장금리로 대출하면 손쉽게 이익을 볼 수 있다. 중앙은행 자금을 싼 이자로 빌릴 수 있는 것은 아무나 누릴 수 없는 특혜다. 당연히 은행은 중앙은행과의 자금 거래를 중시할 수밖에 없다.

중앙은행은 은행이 중앙은행과의 자금 거래를 중시하는 점을 통화정책에 활용한다. 은행이 기업·가계 상대로 거래하는 시장금리를 특정 방향으로 유도하려는 정책 의지를 갖고 은행과 거래하는 금리의 수준을 조정하는 것이다.

가령 중앙은행이 은행 상대 대출금리를 올린다 하자. 그럼 은행도 가계·기업 상대 대출금리를 올릴 수밖에 없다. 자금 조달(마련)을 위해 치러야 하는 금리, 곧 조달금리가 오르는데 운용금리를 그대로 두면 영업이익이 줄어들기 때문이다. 은행이 대출금리를 올리면 은행을 통해 기업과 가계로 흘러 들어가는 통화량이 줄어든다. 금융시장에서는 자금 공급이 수요에 비해 줄어드는 만큼 시장금리가 상승 압력을 받는다.

거꾸로 중앙은행이 은행 상대 대출금리를 내린다 하자. 그럼 은행도 고객 상대 대출금리를 내릴 자금 여유가 생긴다. 단지 자금 여유가 생긴다고 해서 은행이 금리를 내릴 리는 없다. 대출금리가 싸지면 대출

한국은행의 금리정책

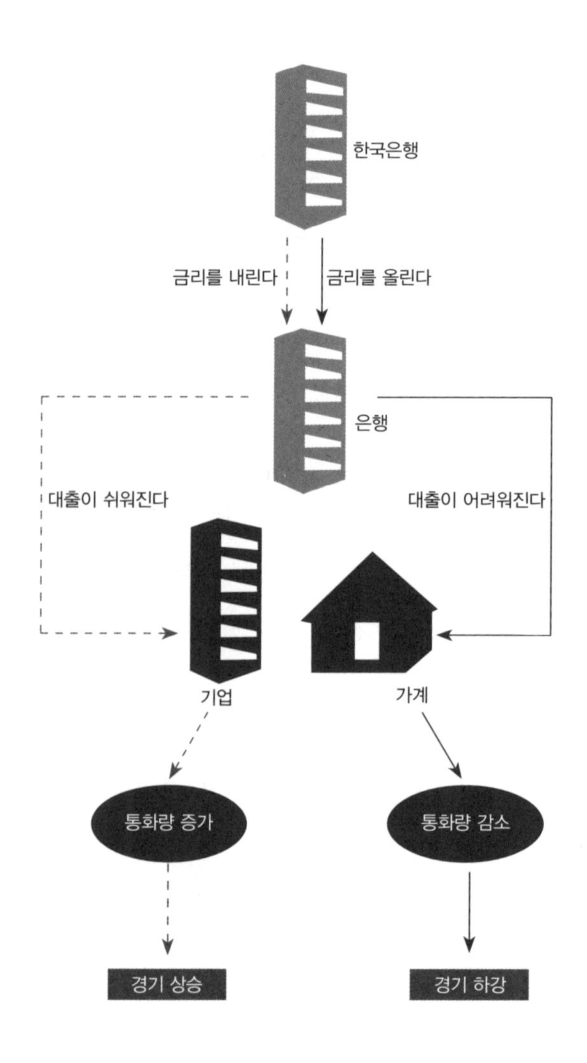

한국은행
금리를 내린다
금리를 올린다
은행
대출이 쉬워진다
대출이 어려워진다
기업
가계
통화량 증가
통화량 감소
경기 상승
경기 하강

수요가 늘어날 테고 늘어나는 수요에 맞춰 대출을 늘리면 영업이익을 더 키울 수 있으리라는 계산이, 은행으로 하여금 대출금리를 내리도록 마음먹게 한다. 은행이 대출금리를 내리면 은행을 통해 기업과 가계로 흘러 들어가는 통화량이 늘어난다. 금융시장에서는 자금 공급이 수요에 비해 많아지는 만큼 시장금리가 하락 압력을 받는다.

요컨대 중앙은행이 기준금리를 조정하면 시장금리도 기준금리를 따라 움직이게 돼 있다. 중앙은행 기준금리가 시장금리의 기준이나 방향타 역할을 하는 셈이다. 그래서 기준금리를 표준금리(standard rate)라고도 부른다. 정책 견지에서 결정하는 금리라는 점에서, 성격이 비슷한 다른 금리와 함께 묶어 정책금리나 공금리(公金利) 범주에 넣는다.

기준금리 조정은 중앙은행이 통화정책 차원에서 은행 상대 거래 금리를 직접 조정하는 것과 한데 묶어 금리정책(bank rate policy, 금리조정정책)이라고 부른다.

중앙은행이 통화정책 차원에서 구사하는 정책 수단은 금리정책 말고도 더 있지만, 정책을 입안하고 평가하는 이들은 금리정책을 중시한다. 기준금리 조정이 시장금리뿐 아니라 통화량 규모와 증감, 금융정책과 시중 금융기관 영업, 경기 향배에 두루 큰 영향을 미치기 때문이다. 금융뿐 아니라 경기에 미치는 파급력도 크다. 때문에 정부가 중앙은행과 협의해 금리정책을 경기 대책 삼아 시행하는 일이 자주 있다.

경기 대책으로 시행하는 금리정책은 경기 상황에 따라 방향이 달라진다.

시중 통화량이 수요에 비해 너무 많고 경기가 과열됐을 때는 중앙은행이 기준금리를 올린다. 시장금리 상승 → 자금 수요 축소 → 통화량 축소를 유도해 기업 투자가 둔화되게 함으로써 경기를 진정시키려는 뜻이다.

반대로 경기가 침체되었다고 판단될 때는 중앙은행이 기준금리를 내린다. 시장금리 하락 → 자금 수요 증가 → 통화량 증가를 유도해 기업 투자를 활성화함으로써 경기를 살리려는 뜻이다.

한은 기준금리는 어떻게 정하나

한은(한국은행) 기준금리는 한은에 설치된 금통위(금융통화위원회)가 정한다.

금통위는 한은의 최고 의사 결정 기구다. 기준금리를 결정 · 조정하고 통화정책을 비롯한 금융 관련 정책을 기획 · 심의하거나 결정하는 정책 결정 기구이기도 하다. 한은 총재(의장)를 포함한 주요 경제 분야 대표 7명이 연중 정례회의를 열어 국내외 경제와 금융시장 상황을 토의하고, 그때그때 적당한 기준금리 수준과 통화정책 방향을 의결해 공표한다.

기준금리를 결정해 공표하는 금통위 회의는 '통화정책방향 결정회의'라고 한다. 통화정책방향 결정회의는 연 8회(1, 2, 4, 5, 7, 8, 10, 11월에 한 번씩) 연다.

금통위가 기준금리를 조정하는 목적은 시장금리가 한은이 기대하는 수준에서 움직이게 하기 위함인데, 경기 대응과도 밀접한 관련이 있다. 시중에 자금이 너무 많이 풀리고 경기가 과열되어 물가가 급등할 조짐이 있다고 판단하면 기준금리 인상을 결의한다. 반대로 시중금리가 높은 수준에 있어서 경기가 위축될 것 같거나, 금리 수준이 낮더라도 경기가 침체해서 그대로 두면 살아나기 어려워 보일 때는 기준금리 인하를 결의한다. 어느 쪽으로든 별달리 경기에 대응할 필요가 없다고 판단되면 기준금리를 기존 수준으로 동결한다고 결의한다.

금통위가 기준금리를 조정할 때 경기 대응을 고려하는 점은 시장에서 자주 논란이 되곤 한다. 2016년 말에도 그랬다. 당시 우리 경제는 경기가 침체했는데 정부가 부동산 경기 부양책을 쓴 탓에 가계 부채가 그때까지 최대 규모인 1300조 원까지 불어나 있었다. 반면 한은 기준금리는 연 1.25%로 사상 최저치였다.

기준금리가 낮은데도 경기가 살아날 조짐이 없자 기준금리를 더 내려야 한다는 주장이 나왔다. 반면 금리를 더 내리면 가뜩이나 커진 가계 부채가 더 부풀어 경기 복원력을 끌어내린다는 주장도 나왔다. 한편에서는 금리를 올려야 한다고 주장했다. 미국이 경기 과열을 막고자 기준금리를 올릴 것 같고, 그럴 경우 국내 달러 자금이 더 높은 이자 수익을 노려 미국으로 빠져나가면서 우리 경제가 충격을 받을 수 있다는 얘기였다.

금통위는 기준금리를 올릴 수도 내릴 수도 없는 딜레마에 빠져 한동안 동결 상태를 유지했다. 그러다가 2017년 6월 중순 미국이 기준금리를 연 1.0%에서 우리나라와 같은 수준인 연 1.25%로 올리자, 11월 금리 인상을 결정했다.

금통위가 통화정책 의결 기구 역할을 한다면 한은은 집행 기구 역할을 한다. 금통위가 정책 방향을 결정하면 한은이 관련 정책을 실행하기 때문이다. 금리 조정도 같은 순서로 한다. 먼저 금통위가 통화정책 차

한은 기준금리 추이

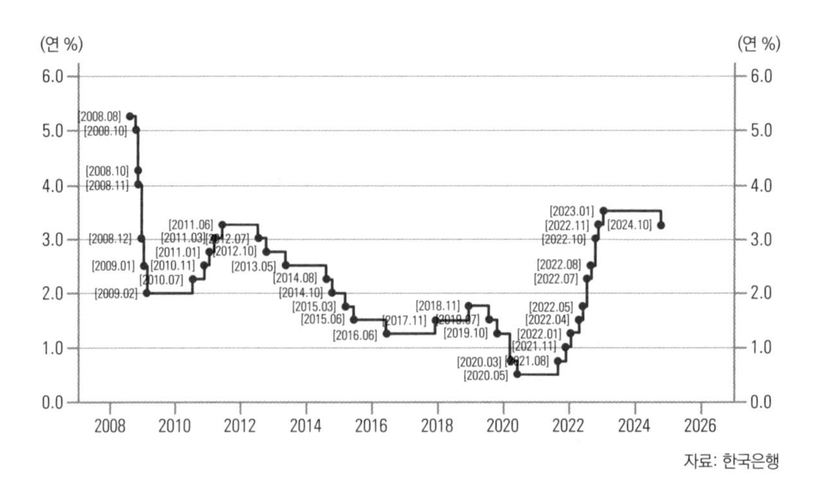

자료: 한국은행

원에서 기준금리 조정 결정을 내리면, 이어 한은이 은행 대출 등에 적용하는 정책금리 수준을 기준금리에 맞춰 조정한다.

한은 기준금리는 2008년 10월 연 5.0%였는데, 미국발 글로벌 경제위기가 발생한 여파로 국내 경기가 추락하자 2009년 초 연 2.0%까지 급락했다. 이후 경기 반등 조짐이 나타나면서 2011년 중반 연 3.25%까지 올랐지만, 경기가 다시 위축되고 코로나 사태까지 발생하면서 2020년 5월 사상 최저치인 연 0.50%로 내려앉았다.

2021년 후반을 지나며 경기는 코로나 사태를 넘어 회복되는 듯했지만 해외발 인플레이션이 닥쳤다. 코로나로 훼손된 글로벌 공급망이 채 복구되지 않은 데다, 2022년 초 러시아가 우크라이나를 침공하면서 에너지와 곡물 등 해외 상품 가격이 폭등한 것이다. 서둘러 인플레이션 대응에 나선 미국은 기준금리를 잇달아 올렸다. 2022년 3월 0.25%였던 미 기준금리는 이듬해 7월 5.50%까지 올랐다가 2024년 9월 5.0%,

11월에 4.75%로 내려섰다. 한은 기준금리도 비슷하게 움직였다. 2022년 5월 1.75%였던 한은 기준금리는 이듬해 1월 3.50%까지 올랐다가 2024년 10월 3.25%, 11월 3.0%로 내려섰다.

미국 기준금리는 어떻게 정하나

미국은 이른바 연준 시스템이 기준금리를 정한다. 미국 통화 당국은 국내 12개 지역에 흩어진 지역별 연방준비은행(district federal reserve bank)과 관련 기관을 묶은 체계로 돼 있다. 우리나라처럼 중앙은행 하나가 통화 당국을 맡지 않고 집단화한 시스템이라서 연방준비제도라고 부른다. 우리나라에서 통하는 약칭은 '연준'이다. 영어로는 'Federal Reserve(FR)', 'Federal Reserve System(FRS)', 'Federal Reserve Bank(FRB)', 'the Fed' 등으로 부른다. 연준은 2008년에 'the Fed'를 공식 약칭으로 써달라고 청했다.

연준은 연방준비제도이사회, 곧 FRB(Federal Reserve Board)가 운영한다. FRB 멤버는 이사 7명으로 구성하고, 의장이 사실상 중앙은행 총재 역할을 한다. FRB 이사 7명은 지역별 연방준비은행 총재 12명 중 5명과 함께 연방공개시장위원회, 곧 FOMC(Federal Open Market Committee)라는 회의체를 구성한다. FOMC는 우리나라 금통위처럼 연 8회 정기회의를 열어 연방기금금리(Federal Funds Rate, FFR, Fed Rate), 곧 미국 기준금리를 결정하고 조정한다.

'연방기금금리'의 '연방기금(Federal Funds, Fed Funds)'이란 뭘까?

미국 내 상업은행(commercial banks, 일반 고객 상대로 예금과 대출을 거래하는 은행. 예금은행이라고도 부른다)과 기타 금융기관(증권사, 외국은행 지점, 정부 후원 기업, 저축대부조합savings and loan association, 연방기관 등)이 지역 연준에 예치해 조성하는 기금(基金, fund)이다. 연방기금은 대출용 자금을 마련해야 하는 은행 등 금융기관을 위한 융자 재원으로 활용되고, 여러 금융기관이 참여해 융자가 이뤄지면서 연방기금시장(Federal Funds market)을 형성한다. 연방기금 융자는 담보 없이, 대개 만기를 하루로 정한 금리(overnight rate)로 이뤄진다. 금리 수준도 낮게 정한다.

연방기금을 융자할 때 적용되는 금리는 연방기금시장에서, 곧 연방기금시장 참가자끼리 결정한다. 단 연준이 결정·조정하는 연방기금금리 목표치를 기준으로 삼는다. 연준이 발표하는 연방기금금리 목표치가 연방기금 거래 금리를 정하는 기준이 되는 셈이다.

즉 연준이 정하는 연방기금금리는 연방기금시장에서 거래되는 자금의 금리 수준을 연방기금금리 수준에 맞춰 조정하려는 정책 의도를 갖고 설정하는 목표 금리다. 자금 거래가 초단기로 이뤄지는 연방기금시장에서 금리 결정 기준으로 활용되므로, 정책금리로서는 대표적인 단기금리로 통한다. 보통 하한선과 상한선을 함께 정해 금리 목표치를 제시하는 형태로 발표한다.

과거 연방기금은 지급준비금(reserves)을 초과하는 적립금(excess reserves)으로 운영됐다. 지급준비금이란 연준이 연방기금에 참가하는 금융기관을 상대로 상시 적립을 요구하는 자금이다. 2020년 3월 이전까지 상업은행은 고객이 예금을 요구할 때면 언제든 내줄 수 있게 예금 자산의 일정 비율을 따로 떼어 지급준비금 명목으로 상시 보유하거

미국 연방기금금리 추이

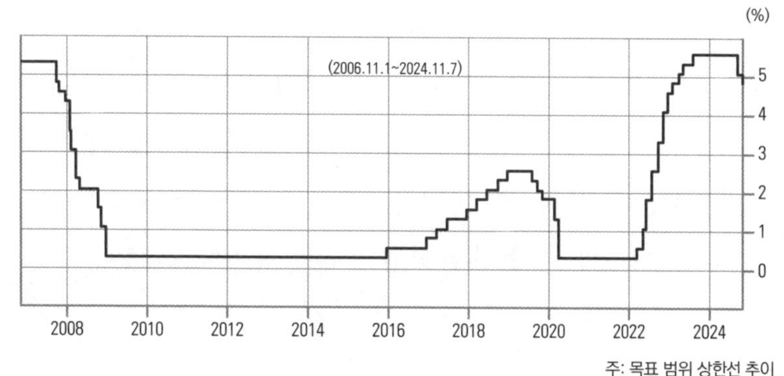

주: 목표 범위 상한선 추이
자료: Federal Reserve via Trading Economics

나 지역 연준에 맡겨야 했다. 기타 금융기관도 현금 자산 중 일정액을 보유하거나 맡겨야 했다. 지급준비금을 얼마나 확보해야 하는지는 연준이 정한 지급 준비 요건과 계산에 따랐고, 필요한 지급준비금을 넘는 자금, 곧 초과 적립금은 연방기금 조성 재원이 됐다. 그런데 2020년 초 코로나 사태로 경기가 침체하자 연준이 은행 등의 유동성을 높이고 대출을 촉진하기 위해 모든 금융기관 예금 계좌의 지급준비금 비율을 0%로 내렸다. 이후 연방기금시장에 참여하는 금융기관은 지급준비금을 적립할 의무가 없어졌다.

연방기금금리는 2007년 초만 해도 연 5.00~5.25%였는데, 이후 미국 경기가 추락하면서 급락했다. 2008년 미국발 글로벌 금융위기 발생 직후인 12월 16일에는 '제로금리'로 불리는 연 0.00~0.25%까지 떨어졌다. 이후 금리 변동은 7년이 지나서야 나타났다. 2015년 12월 연준이 '경기 회복 조짐이 보인다'고 진단한 뒤 반등을 시작해서 연 2%를 넘어섰지만, 2019년 후반 경기 하강과 코로나 사태가 잇달으며 다시 급락했고 2020년 초에는 제로금리로 되돌아갔다. 2021년 후반 지나서는 코로나 위기가 진정됐지만, 코로나로 인한 공급망 훼손으로 공급이 달린 데다 2022년 2월 러시아가 우크라이나를 침공해 에너지값과 곡물가가 급등하면서 인플레이션이 발생했다. 연준이 인플레이션 대응에 나서면서 연방기금금리는 2023년 7월 이후 연 5.25~5.50%로 급등했고, 인플레이션이 잦아들자 2024년 11월 연 4.50~4.75%로 내렸다.

유럽 기준금리는 어떻게 정하나

유럽은 기준금리를 ECB(유럽중앙은행)가 정한다. 그런데 ECB 기준금리가 유럽 지역 모든 국가에 적용되는 것은 아니다. 중앙은행제도도 우리나라나 미국과는 다르다. 유럽의 기준금리 결정 시스템을 알려면 먼저 유럽 현대사를 짚어봐야 한다.

유럽에서는 1958년 독일과 프랑스 등 6개국이 유럽경제공동체(European Economic Community, EEC)를 만들었다. 1993년에는 역내 22개국을 더해 역내 시장을 통합한 국가 연맹체 EU(Europe Union, 유럽연합)로 발전시켰다.

EU는 1999년 역내 단일 통화 유로(euro)를 만들고, 유로를 공식 통화로 쓰는 역내 통화 공동체 유로존(Eurozone, Euroland 또는 Euro area라고도 부른다)을 창설했다. 유로존 가맹국은 2002년 1월 2일부터 대부분 자국 화폐를 없애고 유로를 쓰기 시작했다. 독일은 마르크를 없앴고, 프랑스·벨기에·룩셈부르크는 프랑을 없앴다. 이탈리아 리라, 스페인

유럽중앙은행 기준금리 추이

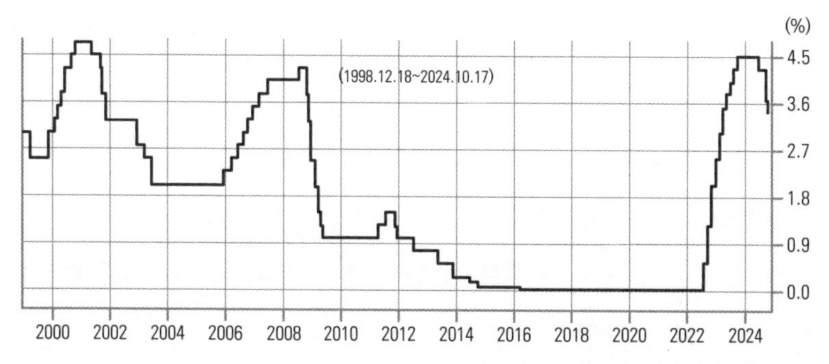

자료: European Central Bank via Trading Economics

페세타, 네덜란드 길더도 사라졌다. 오스트리아, 핀란드, 포르투갈, 아일랜드도 똑같이 했다. 2024년 5월 현재 유로존에는 20개국이 참가하고 있다.

유로존 중앙은행인 ECB는 독일 프랑크푸르트에 있다. ECB는 유로존에 적용하는 통화정책을 맡고, 기준금리를 결정 · 조정해서 유로존 20개국에 다 같이 적용한다.

ECB 기준금리(ECB main refinancing rate, Refi)는 2000년 6월 이래 연 4.25%였다. 2008년 가을 미국발 글로벌 금융위기가 발생하자 그해 10월부터 유럽 경기와 함께 급락해 2016년 3월 사상 처음 제로금리(0.00%)가 됐다. 이후로도 경기가 회복되지 못해 제로금리가 쭉 유지됐는데 2022년 들어 변화가 생겼다.

코로나 위기가 진정되면서 경기 회복이 기대되던 2월, 러시아가 우크라이나를 침공했다. 유럽은 미국과 손잡고 러시아에 맞섰다. 러시아가 유럽으로의 천연가스 공급을 중단하고 우크라이나의 식량 수출 경로를 봉쇄했고, 에너지값과 식량값을 필두로 물가가 폭등했다. 유로존 소비자물가 상승률은 2022년 8월 전년 같은 달 대비 9.1%로 치솟았다. EU 공식 통계 기구인 유로스타트(Eurostat)에 따르면 1997년 관련 통계 집계 이후 25년 만에 최고치다.

ECB는 인플레이션 대응에 나서, 2022년 7월 기준금리를 연 0.50%로 올렸다. 2011년 7월 이후 11년 만의 인상이자, 2016년 3월 이후 6년 넘게 이어진 제로금리 시대를 끝내는 이벤트였다. 하지만 인플레이션이 잡히지 않았기 때문에 금리는 그 뒤에도 가파른 언덕을 오르듯 계속 뛰었다. ECB 기준금리는 2023년 9월 중순 연 4.50%에 이르러서야 상승세를 멈추고 경기를 관망하는 태세에 들어갔고, 인플레이션이 둔화된 2024년 6월 연 4.25%, 9월 연 3.65%, 10월 연 3.40%로 잇달아 내려섰다.

통화정책은 어떻게 작동하나
: 공개시장 운영/여·수신 제도/지급준비율 조정

우리나라 통화정책은 금융통화위원회(금통위)가 기획한다. 금통위 기획의 핵심은 통화정책 방향을 정하고 기준금리를 조정하는 일이다. 다만 금통위 결정만으로 기준금리 조정이 완결되지는 않는다. 금통위는 통화정책 견지에서 기준금리 목표치를 정하고, 시장금리가 기준금리 목표치를 따라 움직이기를 기대할 뿐이다. 금통위 의도대로 시장금리가 기준금리 목표치를 따라 움직이려면 한은(한국은행)이 여러 가지 정책 수단을 구사해야 한다. 통화정책을 펴는 일에서 금통위가 기획자라면 한은은 실행자인 셈이다.

통화정책 견지에서 금리 조정을 완결하기 위해 한은이 동원하는 정책 수단, 곧 통화정책 수단은 크게 세 가지다.

첫째, 공개시장 운영.

둘째, 여·수신 제도.

셋째, 지급준비율 조정.

하나씩 자세히 살펴보자.

① 공개시장 운영

공개시장 운영(open market operation)이란 중앙은행이 통화정책 관점에서 시중 통화량이나 금리 수준에 영향을 미치려는 의도를 갖고, 금융기관을 상대로 국채(정부가 발행한 채권) 등 채권을 매매하는 것이다.

채권(債券, bond)이 뭘까?

금융시장에서 평소 거액 자금을 거래하는 정부, 기업, 금융기관 등이 국내외 투자자에게서 사업 자금을 빌릴 때 발행하는 증서다. 발행 때 원금 상환 만기를 정하고 정기적으로 이자를 준다는 약속도 명기한다.

보통 '증서'라 하면 어떤 사실을 증명하는 문서를 말한다. 채권은 문서 중에서도 재산 가치를 표시하는 문서이므로 유가증권(有價證券, securities)이라고 분류한다. '돈 가치가 있는 증권'이라는 뜻이다. 금융가에서 주로 말하는 '증권'이 바로 이것이다. 채권은 주식과 함께 대표격 유가증권에 속한다.

채권은 돈을 빌리고 원리금 지급을 약속하는 증서이므로 '빚 문서'라고 부를 수도 있다. 단 여느 빚 문서와는 다른 점이 있다.

빚 문서의 전형은 차용증서다. 차용증서는 거래 당사자 간에만 법적 효력이 있다. 만약 A가 B에게 돈을 빌려주고 차용증을 받았다면, 채권(債權)·채무(債務) 관계는 A와 B 사이에만 성립한다. A가 B에게서 받은 차용증을 C에게 팔아넘겼더라도 B는 C에게 빚을 갚을 의무가 없다.

채권은 차용증과 다르다. 누구에게든 팔아넘길 수 있고, 남에게서 사들인 것도 효력이 있다. A가 B에게서 받은 채권을 C에게 팔았다면 B가 C에게 채권 대금을 갚아야 한다. 즉 채권은 갖고 있는 이가 임자다. 누구든 발행자에게서 원리금을 받을 수 있다. 아무 때나 매매할 수 있고, 원금 상환 만기가 되기 전에도 팔 수 있다.

시장에서 매매하는 상품이 다 그렇듯, 채권도 발행 후 거래 시세가 수시로 변한다. 원금 상환 만기까지 남은 기간이나 시중금리 등락 등에 따라 거래가가 달라지므로 거래 차익을 노리고 매매하는 시장, 곧 채권시장이 형성되어 있다.

채권시장은 주로 은행이나 증권회사 같은 금융기관으로 이뤄진다. 금융기관 거래 창구는 투자자에게 공개된 거래 장소이므로 공개시장(open market)이라고도 부른다.

중앙은행은 공개시장에서, 즉 금융기관을 상대로 채권을 매매한다. 투자해서 득 보려는 목적이 아니다. 채권 매매를 통화정책 수단으로 활용해 시중 통화량이나 금리 수준을 조절하려는 것이다.

중앙은행의 채권 매매가 어떻게 시중 통화량이나 금리 수준을 조절하나?

우리나라 경우를 가정해서 알아보자.

지금 시중 자금 수요에 비해 공급이 너무 많아 인플레이션이 우려된다 하자. 금통위는 뛰는 물가를 진정시킬 목적으로 시장금리를 올리고 통화량을 줄인다는 정책 방향을 세우고, 기준금리 목표치 인상을 결정해 공표한다. 이후 한국은행은 금통위가 내놓은 기준금리 목표치에 맞춰 시장금리가 오를 수 있도록 공개시장 운영을 실행한다. 그런데 이때 한은이 움직이려는 시장금리란 구체적으로 뭘까?

한은이 우선 겨냥하는 것은 콜금리(call rate)다. 콜금리란 금융기관끼리 영업 중에 일시 모자라거나 남는 자금을 보통 하루 만기를 잡고 짧게 융통할 때 적용하는 금리다. 한은이 공개시장을 운영할 때는 콜금리가 한은 기준금리 수준에서 크게 벗어나지 않도록 유도하는 데 1차 목적을 둔다.

시장금리는 금융시장에서 통용되는 금리의 통칭이다. 은행 정기예금 금리도, 보험사 대출금리도, 채권 금리도, 대부업체가 매기는 대부금리도 죄다 시장금리다. 이렇게 수많은 시중금리 중 왜 유독 콜금리가 기준금리 수준에 맞춰지기를 기대할까?

시중금리 중에서는 콜금리가 가장 만기가 짧은 초단기금리이기 때문이다.

금융시장에서는 금리를 자금 거래 기간에 따라 단기시장금리(단기금리)와 장기시장금리(장기금리)로 나눈다. 평상시 금융시장에서는 대체로 단기금리 움직임을 장기금리가 뒤따르는 경향이 있다. 단기금리가 오르면 뒤따라 장기금리가 오르고, 단기금리가 내리면 장기금리도 따라 내린다. 단기금리 중에서도 초단기금리인 콜금리가 오르면 나머지 단기금리가 일제히 따라 오르고, 은행 예금·대출 금리도 오르고, 이어 장기금리도 오른다.

따라서 콜금리를 뜻대로 움직일 수 있다면 '콜금리 조정 → 단기금리 조정(은행 예금·대출 금리 조정) → 장기금리 조정' 구도로 전개되는 금리 파급효과를 통해 시장금리를 특정 방향으로 조정할 수 있다. 금통위가 기준금리를 정할 때는 이 같은 금리 파급효과를 염두에 두고 콜금리를 기준금리 수준에 가깝게 유도하는 데 1차 목표를 둔다. 한은이 공개시장 운영을 실행할 때도 콜금리가 기준금리 수준에서 크게 벗어나지 않도록 유도하는 것을 1차 목표로 삼는다.

금융시장에 돈이 많이 풀려서 시장금리가 낮은 가운데 금통위가 기준금리를 올리고 시장금리 인상을 기대하는 상황을 가정해보자. 콜금리는 시장금리이므로 기준금리보다 낮은 수준일 수도 있다. 이럴 때 한은 공개시장 운영은 한은 보유 채권을 금융시장에서, 곧 은행·증권사·자산운용회사·보험사 등 금융기관을 상대로 팔아넘기는 방향으로 이뤄진다.

채권도 종류가 여러 가지다. 공개시장 운영을 위해 한은이 매매하는 채권은 특별한 경우가 아닌 한 정부가 발행하는 국채, 정부가 지급을 보증하는 정부보증채, 금통위가 정하는 유가증권 등으로 제한되어 있다.

한은이 금융기관에 채권을 팔 때는, 상환 만기가 되면 도로 사들이는 조건을 붙인다. 이렇게 일정 기간 후 되사는 조건으로 파는 채권을 환매조건부채권, 곧 RP(RePurchase agreement)라 한다. 한은이 공개시장 운영을 위해 거래하는 RP는 만기가 7일인 7일물 RP다. RP 매매는 매주 목요일마다 하고, RP 금리 수준은 한은 기준금리를 기준으로 삼아 정한다. 이렇게 한은 기준금리는 RP 매매 금리를 결정하는 기준으로 활용된다. 한은이 매매하는 RP 금리는 우리나라에서 채권시장을 비롯

기준금리와 RP 금리 추이

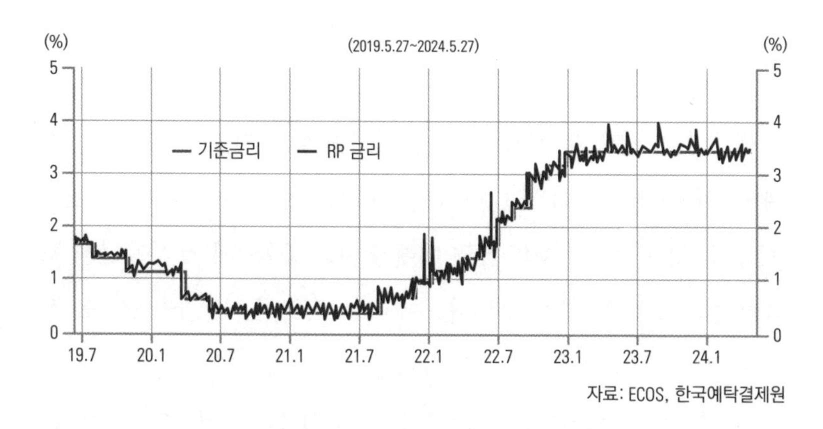

자료: ECOS, 한국예탁결제원

해 다양한 금융시장에서 시장금리를 형성하는 기반이 된다.

한은이 금융기관에 채권(RP)을 넘기면 금융기관에서 한은으로 자금이 흡수된다. 그만큼 금융기관에는 자금 공급이 줄어들기 때문에 콜금리를 포함한 시중금리가 일제히 인상 압력을 받는다. 이런 경로로 콜금리가 기준금리 수준까지 오르면 공개시장 운영은 1차 목표를 달성하는 셈이다.

보통 한은이 기준금리를 올리면 콜금리를 비롯한 단기시장금리는 즉시 오른다. 은행 예금·대출 금리도 따라 오르고, 장기시장금리도 상승 압력을 받는다. 시장금리가 오르면 예금이자 수입과 대출이자 지급액이 늘어나므로, 가계의 차입이 줄고 저축이 늘어나면서 가계 소비가 줄어든다. 가계 소비가 줄면 기업 판매가 줄어든다. 기업은 금리 상승으로 금융 비용 부담이 늘어나므로 투자도 줄여야 한다. 은행도 대출자의 상환 능력을 고려해 전보다 대출에 신중해지고, 은행 대출을 활용해 투자하려는 기업을 위축시킨다. 기업 투자가 줄면 고용이 줄어 가계의 임금 수입을 줄이므로 가계 소비를 더 줄인다. 가계 소비와 판매, 투자가 잇달아 줄면서 기업의 생산 물자 구매도 줄고, 그 결과 물가 상승 압력도 줄어든다.

대략 이런 경로로 기준금리 인상은 시중 통화량을 줄이고 소비·판매·투자·고용·생산을 연쇄적으로 위축시키면서 물가 상승세를 진정시킬 수 있다. 중앙은행의 채권 매매가 시중 통화량과 금리 수준을 조절해 물가를 안정시키는 셈이다. 여기까지 이르면 기준금리 인상을 결정한 금통위 통화정책은 소기의 목표를 달성한다.

지금까지는 인플레이션이 우려되는 경제 상황을 전제했다. 이번에는 반대로, 시중 자금 공급이 수요에 못 미쳐 시장금리가 급등하고 물가는 하락해 경기 침체가 우려되는 상황을 가정해보자.

시장금리가 급등하면 기업과 가계는 금융 비용 부담이 급격히 높아진다. 투자와 소비가 침체하면서 고용과 생산이 위축되어 경기가 하강하기 쉽다. 그대로 두면 물가 하락과 경기 침체가 맞물려 디플레이션이 발생할 수도 있다. 이처럼 디플레이션이 우려되는 경기 상황에서는 금통위가 시장금리를 내리고 통화량을 늘려 기업과 가계의 금융 비용 부담을 줄여주자는 쪽으로 통화정책을 세우고, 기준금리 인하를 결정한다. 금통위는 새로 인하된 기준금리 수준에 맞춰 시장금리가 하향 조정되기를 기대하고, 이 같은 금통위의 기대를 실현하기 위해 한은이 공개시장 운영을 실행한다.

금융시장에 유통되는 자금이 부족해서 금통위가 기준금리를 내리고 시장금리 인하를 기대하는 상황에서는 콜금리가 기준금리보다 높을 수도 있다. 이럴 때는 한은이 금융기관 보유 채권(7일물 RP)을 사들이는

방향으로 공개시장 운영을 실행한다. 한은이 채권을 사들이면 한은 보유 자금이 금융기관으로 흘러 들어가 시중 자금 공급을 늘리고 시장금리가 하락 압력을 받는다. 이런 경로로 콜금리가 기준금리 수준까지 떨어지면 공개시장 운영은 통화정책 수단으로서 1차 목적을 달성하는 셈이다. 콜금리를 따라 단기시장금리와 은행 예금·대출 금리, 장기시장금리가 잇달아 내리면서 시중 통화량이 늘어나면 투자와 소비, 판매가 살아나 물가·경기 하강세를 진정시킬 수 있다. 그럼 기준금리 인하를 결정한 금통위 통화정책은 소기의 목표를 달성하는 것이다.

평소 기준금리와 콜금리는 어떻게 움직일까?

보기 그림이 2019년 5월 27일부터 2024년 5월 27일까지 5년간 기준

기준금리와 콜금리 추이

자료: ECOS

금리와 만기 1일짜리(1일물, 곧 익일물) 콜금리의 추이다. 2024년 5월 22일 기준금리는 연 3.50%, 콜금리는 연 3.531%였다. 금리 수준이 대체로 비슷하다. 평소 한은이 공개시장 운영을 통해 콜금리를 기준금리 수준으로 유도한다는 사실을 확인할 수 있다. 콜금리 추이는 자금중개회사 거래분을 기준으로 표시했다. 콜금리를 붙여 거래하는 자금, 곧 콜자금(call money)은 거의 자금중개기관을 통해 거래되기 때문이다.

② 여·수신 제도

중앙은행 여·수신 제도는 중앙은행이 금융기관을 상대로 하는 대출이나 예금을 통화정책 수단으로 활용하는 제도다. 여·수신은 대출을 뜻하는 여신(與信), 예금을 뜻하는 수신(受信)을 합한 말이다. 우리나라에서는 한은이 통화정책 차원에서 금융기관, 곧 개별 은행(한국은행법상 금융기관은 은행뿐이다)을 상대로 대출을 해주거나 예금을 받는다.

한은 여·수신 제도에는 자금조정대출과 자금조정예금, 일중당좌대출, 특별대출, 금융중개지원대출 등 다섯 가지가 있다.

△ 자금조정대출은 은행이 자금 수급 과정에서 일시적으로 부족해진 자금을 한은에서 빌리는 제도다. 자금 용도에 미리 정해진 제한이 없고 몇 번이고 되풀이해 빌릴 수 있다. 다만 자금을 빌릴 때는 은행이 대출 등 영업 과정에서 보유하게 된 채권을 한은에 담보로 맡긴다. 대출 원리금 상환 기한은 1영업일이 원칙이지만, 보통 한 달까지는 만기를 연장받을 수 있다.

△ 자금조정예금은 은행이 자금 수급 과정에서 일시 생기는 여유 자금을 한은에 1영업일 만기로 예금하는 제도다.

자금조정대출과 자금조정예금은 한데 묶어 대기성 여수신 제도(standing facility)라고 부른다. 보통 때 대기성 여수신에 적용하는 금리 수준은 '기준금리±1.00%p'다. 여기서 %p는 퍼센트포인트(percent point)로, 퍼센트 값 간 차이를 단순한 덧셈이나 뺄셈으로 나타내는 지표다. 예컨대 기준금리가 연 3%일 때 '기준금리+1%p'는 4%, '기준금리-1%p'는 2%가 된다.

은행이 한은에서 돈을 빌릴 때는 기준금리에 1%p를 더한 금리를 부담하고, 예금 때는 기준금리보다 1%p 낮은 금리를 적용받는다. 가령 기준금리가 연 2%면 자금조정대출 금리는 연 3%, 자금조정예금 금리는 연 1%다. 만약 기준금리가 연 1% 미만이면 기준금리의 2배를 적용한다. 가령 기준금리가 연 0.5%면 자금조정대출에는 연 1%, 자금조정예금에는 연 0.25% 금리를 적용한다. 이처럼 한은 기준금리는 한은이 은행을 상대로 자금조정 예금과 대출을 거래할 때 예금금리와 대출금리의 수준을 결정하는 기준으로 쓰인다.

앞서 설명했듯이, 한은 기준금리는 한은이 공개시장 운영을 위해 금융기관과 RP를 거래할 때 RP 거래 금리 수준을 결정하는 기준으로도 쓰인다. 요컨대 한은 기준금리는 한은이 금융시장을 상대로 다음 두 가지 거래를 할 때 요긴하게 쓰인다.

- 한은이 은행을 상대로 자금조정 예금·대출 거래를 할 때 적용하는 예금금리와 대출금리의 수준을 결정하는 기준
- 한은이 공개시장 운영을 위해 금융기관을 상대로 RP를 거래할 때 적용하는 RP 거래 금리의 수준을 결정하는 기준

△ 일중당좌대출은 은행이 영업시간 중에 일시 결제 자금이 부족할 때 한은에서 부족분을 빌려주는 제도다. 무이자 융자와 당일 상환이 원칙이다.

△ 특별대출은 특별융자(특융) 또는 긴급대출(긴급여신)이라고도 한다. 은행이 심각한 자금 부족에 빠질 때, 또는 영리기업이라도 은행을 통한 자금 마련에 큰 애로가 생길 때 한은이 은행과 영리기업에 제공한다. 단 금통위에서 4인 이상 찬성 의결이 나야 한다. 과거 1997년 금융위기가 발생한 뒤 1999년까지 3년간 16조 원 넘게 실행된 적이 있다.

△ 금융중개지원대출은 은행이 중소기업에 대출해줄 자금을 한은이 빌려주는 제도다. 은행이 중소기업에 사업 자금을 싼 이자로 많이 빌려주도록 유도하기 위해 운영하는 정책금융이다. 한은이 은행에 대출해주는 정책금융 중에서는 총액 기준으로 규모가 가장 크다. 금통위가 수시로 정하는 대출 한도에서, 한은이 은행별 중소기업 대출 실적에 따라

한은 기준금리와 여수신 금리

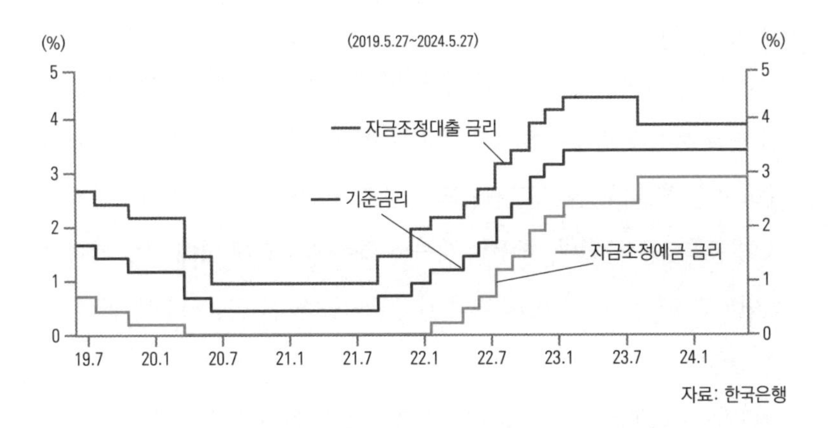

은행별 대출을 배정한다. 2013년 12월 이전에는 총액한도대출이라고 불렀다. 대출 만기는 한 달, 금리 수준은 보통 한은 기준금리보다 낮다.

은행에게 한은 여신은 단기 영업 자금을 싸게 마련할 수 있는 좋은 기회다. 그런 만큼 한은이 여신금리 수준이나 은행별 한도를 조정하면 은행 자금 사정에 큰 영향이 미친다. 은행을 통해 시중으로 흘러 들어가는 통화량과 기업 자금 사정, 경기에도 파급효과가 크다.

가령 한은이 대출 배정 규모를 줄이거나 대출금리를 올리면 은행은 대출에 쓸 여유 자금이 줄어든다. 대출을 못 하는 만큼 이자 수익도 줄어들기 때문에 대출금리를 올릴 수밖에 없다. 그만큼 시중금리가 오르면서 기업과 가계가 대출할 때 부담이 커진다. 자연히 대출이 줄고, 은행을 통해 시중에 공급되는 통화량도 줄어든다. 그럼 기업이 사업 자금을 구하기 어려워져 투자가 위축되므로 경기 하강 압력이 생긴다.

만약 한은이 은행별 대출 규모를 늘리거나 금리 수준을 내리면 정반대 파급효과가 나타난다. 은행 대출금리가 내리고 시중 통화량이 늘면서 기업이 사업 자금을 구하기 쉬워져 투자가 늘고 경기가 살아나는 효과가 생긴다.

금통위는 한은 대출이 지닌 파급력을 활용해 시중 통화량과 금리, 기업 자금 사정과 경기에 영향을 미치는 정책을 구사한다. 시중 통화량이 수요에 비해 너무 많다고 판단되면 대출 규모를 줄이거나 대출금리를 높여 통화량을 줄인다. 거꾸로 시중 통화량이 수요에 비해 너무 적다고 판단되면 대출 규모를 늘리거나 대출금리를 낮춰 금융시장에 돈 공급을 늘린다.

다만 시중 통화량이 많더라도 경기가 좋지 않거나 경기 회복이 늦어질 때는 대출 규모를 늘리거나 대출금리를 낮출 수 있다. 왜 그럴까?

은행이 기업 융자를 줄이지 않게 하기 위해서다. 경기가 나쁘면 기업이 은행 융자금을 제때 갚지 못하는 일이 늘어나므로 은행이 기업 융자를 줄일 가능성이 커진다. 그럴수록 기업은 사업 자금을 구하기가 어려워져 실적이 나빠지기 쉽고, 실적 부진 기업이 늘면 경기도 더 침체한다. 이런 일이 예상될 때 한은이 여신 규모를 키우거나 금리 수준을 낮춰주면 은행에서 기업 대출이 줄어드는 걸 막는 데 도움이 된다.

③ 지급준비율 조정

고객이 금융기관에 맡긴 예금은 은행이 진 채무에서 큰 비중을 차지한다. 예금 중에도 고객이 내달라고 하면 언제든 내줘야 하는 부분, 곧 요구불예금(demand deposit)이 있다. 그런데 만약 은행이 예금 지급 요구에 제때 응하지 못하면 어떻게 될까?

금융 안정에 큰 문제가 생길 것이다. 이런 문제를 예방하기 위해 중앙은행은 은행에게, 평소 일정 기간마다 은행이 진 채무의 일정 비율을 '지급준비금' 명목으로 떼어 중앙은행에 예치하도록 법으로 강제한다. 금융기관이 고객으로부터 예금 지급 요구를 받으면 언제든 차질 없이 응하는 데 필요한 최소액을 따로 모아두게 하는 것이다. 이렇게 떼어 모아두는 돈을 지급준비금(지준금)이라고 한다. 은행이 진 채무 중에서 지준금을 떼는 비율은 지급준비율(cash reserve ratio, 지준율)이라 한다.

중앙은행 제도를 운영하는 현대 국가는 모두 지준금 제도를 운영한다. 이렇게 중앙은행이 운영하는 지준금 제도를 지급준비제도라 한다. 우리나라는 한은법으로 최저 지준율을 정하고, 금통위가 최저 지준율 수준을 조정할 수 있게 해놓았다. 금통위가 최저 지준율 수준을 올리면 은행은 고객 예금 중에서 지급준비금으로 떼어 한은에 예치하는 금액, 곧 지준예치금을 늘려야 한다. 지준예치금은 한은에 예금으로 맡기는 게 원칙이지만, 법정 최저 지준율 해당액(필요 지급준비금)의 35%까지는 은행 보유 현금(한국은행권)도 지준예치금으로 인정해준다.

지준금 산정 대상에는 은행이 보유한 예금 외에 은행이 발행한 원화 표시 채권, 곧 금융채의 일부가 포함된다. 지준율 수준은 예금 종류별로 다르다. 2024년 2월 기준 한은 고시에 따르면 장기주택마련저축과 재형저축은 0.0%, 정기예금이나 정기적금 등은 2.0%, 보통예금 등 나머지 예금은 7.0%다.

은행에게 지준금은 자금 운용 측면에서 부담이 된다. 가령 은행이 지준율 7%를 적용받는 예금 100억 원을 보유한다면, 7억 원은 지준금으로 떼어 한은에 예치하고 93억 원만 대출과 투자 등에 돌릴 수 있다. 그런데 한은이 지준율을 올리면 지준금을 더 많이 쌓아야 하므로 대출·

투자 여력이 줄어든다.

만약 은행이 지준금을 안 쌓으면 어떻게 될까?

한은이 그냥 넘어가지 않는다. 은행이 필요 지준금을 예치하는지 정기적으로 점검하고, 모자랄 때는 부족액 중 일정 비율을 과태금으로 걷는다. 실례로 KEB하나은행은 보기 기사에서 보듯 2019년에 지준금 예치를 덜 했다가 과태금을 부과받았다.

기사독해

한은, '지급준비금' 덜 쌓은 하나은행에 과태금 157억원

KEB하나은행이 총 7800억원대 지급준비금을 덜 쌓아 과태금 157억원을 부과받았다. 한국은행은 2007년 7월~지난해 1월 기간 중 95개월간 외화 지급준비금을 과소 적립한 하나은행에 대해 지준금 부족분의 50분의 1에 해당하는 157억원을 과태금으로 부과했다고 15일 밝혔다. 과태금 부과는 지난해 10월31일 이뤄졌고, 이에 하나은행 측은 소송을 제기한 것으로 알려졌다.

CBS노컷뉴스
2019.2.15

지준율 조정은 한은 입장에서 요긴한 통화정책 수단이다. 최저 지준율을 조정하면 시장금리와 통화량을 뜻대로 조절할 수 있기 때문이다.

한은이 지준율을 올리면 은행은 지준금으로 자체 적립하거나 한은에 예치하는 금액을 늘려야 한다. 그만큼 대출이나 투자에 돌릴 자금 여력이 줄고 은행을 매개로 금융시장에 풀리는 통화량이 줄기 때문에 시장금리가 오르기 쉽다.

한은이 지준율을 내리면 은행은 지준금 적립 부담이 덜어지는 만큼 대출이나 투자에 돌릴 자금 여유가 커진다. 은행을 매개로 금융시장에 풀리는 통화량이 늘어 시장금리가 인하 압력을 받는다.

금융이 긴축되면 경제는 어디로 가나

호황 때는 소비·투자·생산 등 여러 경제활동이 서로 부추기며 규모가 커진다. 호황기에는 특히 소비가 빠르게 팽창하는 경향이 있고, 때로는 급팽창하는 수요를 공급이 미처 따라잡지 못해 물가가 뛴다. 수급 불균형이 지속되면서 물가 오름세가 여러 재화로 확산되면 인플레이션 압력이 커진다. 경기가 과열되면서 인플레이션 발생 가능성이 높아지는 현상이다.

경기가 과열 단계에 이르면 소비자 소득 증가 속도가 물가 상승 속도를 따라잡지 못해 소비 수요가 위축된다. 소비가 위축되면 판매도 위축되면서 경기가 하강세를 탄다.

경기가 하강하더라도 속도가 완만하면 큰 문제 아니다. 경제가 안정된 상태에서 다음 단계로 이행할 수 있기 때문이다. 하지만 인플레이션 발생 후 곧이어 경기가 침체할 때처럼 경기변동이 급히 진행되면 경제가 충격을 받는다. 소비와 판매가 급격히 위축되면서 고용과 투자가 큰 폭으로 줄고 실업이 급증할 수 있다. 각종 투자 계획이 철회되면서 많은 투자자가 손실을 볼 수 있다. 그래서 경기가 확장기를 지나 과열 단계로 접어들 조짐이 보이면 정부가 경기 대책(경기정책)을 편다. 경기가 본격적으로 과열되기 전에 대응책을 써서 경기가 과열 후 급강하하지 않도록 예방하는 조치다. 이른바 선제(preemptive) 경기 대응이다.

선제 경기 대응이란 경기가 어떤 경로를 따라 움직이든 침체하지 않도록 예방하는 조치다. 경기가 침체하지 않으면 가장 좋지만, 침체가 불가피하다면 되도록 완만한 속도로 하강해 경제에 충격이 덜 미치게 유도하는 걸 목표로 삼는다. 선제 경기 대응의 전형은 중앙은행이 시행하는 금융긴축정책(tight monetary policy, tight money policy, 통화긴축정책, 긴축통화정책)이다.

금융긴축(통화긴축)이란 본래 금융시장에서 자금 수요가 공급을 초과해 자금 공급이 상대적으로 부족해지는 현상을 말한다. 금융이 긴축되면 기업과 가계가 시중에서 자금을 마련하기가 전보다 어려워진다. 금융이 긴축된 상태를 가리켜, 자금줄이 막히고 굳었다는 뜻으로 자금경색(資金梗塞, cash crunch)이라고 한다. 금융경색이나 신용경색(credit crunch)이라고도 부른다.

금융긴축정책은 중앙은행이 통화정책 차원에서 은행에 공급하는 자금 규모를 줄이고 정책금리를 올려 시장금리 인상과 통화량 축소를 유도하는 조치다. 경기가 과열 단계 초입에 있을 때 금융을 긴축하면 시중으로 흘러드는 자금이 줄면서 소비와 투자 수요를 줄여 과열된 경기를 진정시키는 데 도움이 된다.

금융긴축정책은 본래 중앙은행이 구사하는 통화정책에 속한다. 그런데 행정부(우리나라에서는 기획재정부)에서는 흔히 통화정책을 경기 대응정책, 곧 경기정책으로 간주하는 경향이 있다. 워낙 경기에 미치는 영

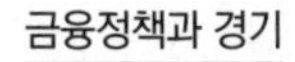
금융정책과 경기

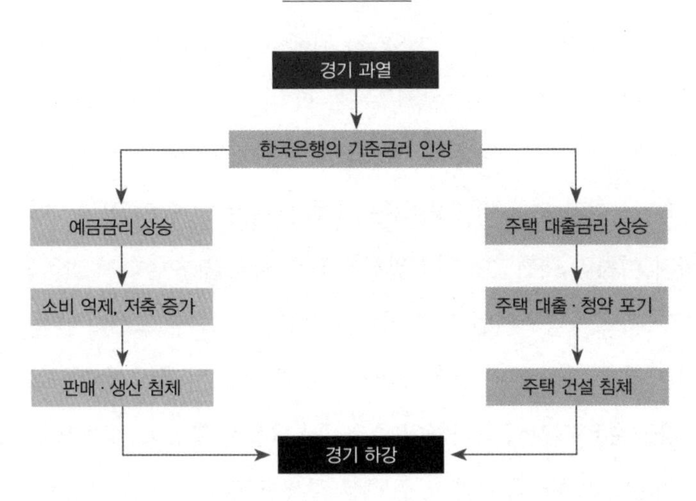

향력이 크기 때문이다. 하지만 통화정책이 경기 대응책으로 쓰인다 해도 통화정책과 경기정책은 주체가 다르다. 이를테면 중앙은행은 인플레이션에 대비해 독자 판단으로 금융을 긴축할 수 있다. 정부가 경기 대책 차원에서 금융긴축을 원할 때는 중앙은행과 협의해야 한다.

중앙은행이 금융긴축을 위해 구사하는 정책 수단 중 금융과 경제에 가장 광범위하게 영향을 미치는 것은 기준금리 인상이다. 기준금리가 오르면 중앙은행에서 은행을 거쳐 시장으로 흘러 들어가는 자금이 줄기 때문에 통화량이 줄고 시장금리가 오른다. 그럼 기업과 가계가 투자와 소비에 필요한 자금을 마련하기 어려워지므로 수요가 위축되면서 경기 진정 효과가 생긴다.

경기가 과열됐다가 금융긴축정책에 눌려 진정될 때는 기업이 자금난에 시달리기 일쑤다. 금융이 긴축되기 시작하면 전과 달리 시중에서 자금 구하기가 어려워지기 때문이다. 은행이나 투자자 등에게서 자금을 마련하지 못하는 제조업체나 유통업체는 자재·상품 대금이나 부채 상환금, 회사 운영자금 등을 마련하기 위해 재고 제품을 헐값에 내다 파는 등 거래 자금 마련에 동분서주해야 한다. 시간이 좀 더 흐르면 자금 확보를 못 한 기업 중에 거래 대금을 갚지 못하고 망하는 사례, 거래 관계 사슬을 따라 연쇄 타격을 입는 사례가 나온다. 혹 자금난이 대기업에까지 미치면 대기업이 하청업체에 납품 대금을 지불하지 못하는 일도 잦아지므로 중소기업은 더 심한 자금난을 겪는다. 그래서 금융긴축기에는 경제 뉴스에 '자금난'이나 '자금경색'이라는 말이 자주 나온다.

금융긴축은 집값이나 가계의 주택자금 융통을 포함해 서민 생활에도 큰 영향을 미친다. 경기가 좋을 때는 부동산 투자 수요가 왕성해서 집값이 오르곤 하지만, 금융이 긴축되면 가계의 자금 확보가 어려워지면서 투자 수요가 줄고 집값 상승세에 제동이 걸리기 쉽다. 부동산에 투자하느라 빚을 많이 진 가계는 빚 부담이 커져서 생활에 타격을 받을 수도 있다. 금융긴축으로 회사가 자금난을 겪을 때는 직장인의 경우 봉급을 제때 받지 못할 수도 있고, 가계 자금 대출 여건마저 불리해져서 곱으로 어려움을 겪을 수 있다.

그렇다고 금융긴축이 모두를 어렵게 하는 것은 아니다. 금융긴축기에는 자금 면에서 기업 간 체력 차이가 뚜렷이 드러난다. 빚이 많은 기업은 빚 부담과 운전자금 부족으로 위기에 몰릴 가능성이 크지만, 빚이 적고 건실한 기업은 부실기업이 퇴출되는 사이 시장점유율을 높일 수도 있다. 가계도 마찬가지다. 빚이 적은 가계는 금융이 긴축되더라도 큰 어려움 없이 살림을 꾸릴 수 있지만, 빚 많고 씀씀이가 큰 가계는 금융긴축기에 상대적으로 큰 어려움을 겪는다.

금융이 완화되면 경제는 어디로 가나

금융긴축은 시중 자금 수요가 공급을 초과하는 현상이다. 반대로 시중 자금 공급이 수요를 초과하는 현상은 금융완화(easy money) 또는 통화완화라고 한다. 금융이 완화되면 기업과 가계 등이 시장에서 자금을 마련하기가 상대적으로 쉬워진다.

금융완화도 금융긴축과 마찬가지로 중앙은행이 통화정책 관점에서 골라 쓰는 정책 카드다. 시중 자금 공급이 상대적으로 부족하거나 경기가 부진할 때, 자금 공급을 늘리면 경기 개선에 도움이 되리라고 판단될 때 실행한다.

중앙은행이 금융완화를 유도하기 위해 시행하는 정책은 금융완화정책(easy monetary policy, easy money policy)이라 한다. 통화완화정책, 완화적 통화정책, 통화정책 완화라고도 부른다.

금융완화정책을 쓸 때는 중앙은행이 은행을 통해 시중에 공급하는 자금 규모를 늘리고 기준금리 등 정책금리를 내려 시장금리 인하와 통화량 증가를 유도한다. 정책이 주효하면 시장에서 금리가 내리고 자금 공급이 늘어나므로, 가계와 기업이 전보다 넉넉해진 여유 자금을 활용해 소비·투자·생산을 늘릴 수 있다. 그럼 침체했던 경기가 회복되거나 더 이상의 하강세를 멈추는 방향으로 움직일 수 있다. 시중 자금이 늘어나다 보면 일부가 주식이나 부동산으로 흘러들어 주가와 부동산 시세를 올릴 수도 있다.

금융완화정책도 금융긴축정책과 마찬가지로 본래는 통화정책이지만 경기 대응책으로 쓰일 때가 많다. 2020년 초 코로나 사태로 경기가 급강하했을 때도 한은이 기준금리를 내리는 등 금융완화정책을 써서 경기를 방어했다. 이듬해 2021년에는 한은 총재가 미디어에 '금융완화정책을 편 게 성과를 냈다'는 자평을 내놓기도 했다.

2020~2021년 당시 금융완화정책이 경기 방어에 도움이 된 것은 사실이다. 다만 금융완화가 늘 긍정적 효과만 가져오는 것은 아니다. 금융완화정책을 경기 대책으로 쓰다 보면 늘어나는 시중 통화가 주식과 부동산 투자로 흘러들어 집값과 주가를 띄우고 가계 빚이 늘어날 수 있다. 그러다 혹 경제 환경이 돌변해 금리가 오르고 금융이 긴축되면 주식·부동산 시세가 급락해 가계에 투자 손실과 빚 부담을 남기고 소비를 위축시켜 경기에 악영향을 미칠 수 있다. 금융완화정책이 당장은 경기 방어에 도움이 되더라도, 길게 보면 가계의 경제적 어려움을 키우고 경기를 끌어내리는 부작용을 낳을 수 있는 셈이다.

실제로 2020~2021년 당시 한은의 금융완화정책은 2022년 중반을 넘기면서 부작용을 드러냈다.

한은 기준금리는 2019년 7월 중순 1.75%였는데 이후 계속 낮아져, 코로나 사태가 닥친 직후인 2020년 5월 하순에는 0.50%가 됐다. 이후 1년여가 지난 2021년 8월 하순 0.75%로 반등하기 시작했지만, 2022년 5월 하순에야 3년 전 수준인 1.75%로 복귀했다. 금융완화와 저금리 환경이 계속되자 시중 여유 자금이 부동산과 주식으로 흘러들어, 2020~2022년 집값과 주가를 폭등시켰다. 그사이 자산 투자를 위해 빚지는 가계가 늘면서 가계 빚 규모도 폭증했다.

그런데 2022년 중반으로 들어서면서 금융 환경이 긴축 기조로 급선회했다. 2월에 러시아·우크라이나 전쟁이 터졌고 그 여파로 에너지값 폭등이 이끈 해외발 인플레이션 파고가 닥쳐, 인플레이션 대응을 위한 통화긴축정책이 불가피해졌기 때문이다. 7월 13일 금통위는 기준금리를 한꺼번에 0.50%p 올렸다.

통화 당국이 기준금리를 조정할 때는 조정 폭을 0.25%p씩 잡는 게 보통이다. 어느 나라나 마찬가지다. 완만한 금리 변동을 통해 기준금리 조정이 금융과 경제에 미치는 충격을 줄이려는 뜻에서다. 시장에서는 이렇게 0.25%p씩 금리를 조정하는 것을 두고 '베이비스텝(baby step)을 밟는다'고 말한다. 하지만 시장 상황에 따라서는 통화 당국이 큰 폭으로 금리 조정을 하는 수도 있다. 0.50%p를 조정하는 '빅스텝(big step)', 0.75%p를 조정하는 '자이언트스텝(giant step)', 1.00%p 이상 조정하는 '울트라스텝(ultra step)'을 밟기도 한다.

금통위는 빅스텝을 밟았고, 기준금리는 2022년 5월 연 1.75%에서 7월 연 2.25%로 뛰었다. 이후에도 기준금리는 계속 올라, 2023년 1월 중순 연 3.50%로 높아진 뒤에야 인상 행진을 멈췄다. 통화 당국의 통화완화정책이 긴축 기조로 전환되면서 주가와 집값은 하락세로 돌아섰다. 시중금리 속등에 비례해 가계가 진 빚 부담도 한층 무거워졌다.

금융완화와 양적완화, 뭐가 다른가

파월 연준 의장
"양적완화 축소한다면 2013년처럼 할 것"

제롬 파월 미국 연방준비제도(연준) 의장이 테이퍼링(양적완화 축소)을 다시 한다면 지난 2013~14년 실시됐던 것과 같이 진행할 것이라고 시사했다. … 파월 의장은 이날 워싱턴 경제클럽이 주최한 토론회에 화상으로 참석해 현재의 연준 통화정책을 중단할 경우 나타날 수 있는 상황에 대한 질문을 받자 2013~14년 연준이 실시했던 테이퍼링을 교과서로 삼을 것이라고 말했다. 또 기준금리를 다시 올리기 전에 양적완화 축소를 할 가능성이 크다고도 밝혔다.

파이낸셜뉴스
2021.4.15

미국 연준 의장 제롬 파월(Jerome Powell)이 '양적완화'를 축소할 시점을 시사했다고 전한 기사다.

양적완화가 뭘까? 금융완화와 다른 걸까?

금융완화(통화완화)란 금융시장에서 자금 공급이 수요를 초과하는 현상이다. 통화정책을 뜻하는 말로 쓸 때는 금융완화정책(통화완화정책)을 가리킨다. 통화 당국이 금융완화정책을 펴기로 정했다 치자. 보통 때 같으면 기준금리를 내려서 시장금리 인하를 유도한다. 그런데 이전에 기준금리를 여러 차례 내린 결과 기준금리 수준이 이미 충분히 낮아서 더 내릴 여지가 없거나, 내린다 해도 시장금리 인하와 통화량 증대 효과를 기대하기 어려워 보인다면 어떻게 하나? 이럴 때는 평상시 같은 금융완화정책이 소용없으므로 '양적완화' 카드를 쓴다.

양적완화(量的緩和, quantitative easing, QE)란 중앙은행이 시중 통화량을 늘리고 싶지만 통화완화정책으로 효과를 보기 어려울 때 시중 채권을 대거 사들이는 방식으로 시장에 자금을 대량 공급하는 통화정책이다. 양적완화 때 중앙은행이 시중에 공급하는 자금은 흔히 헬리콥터가 공중에서 뿌리는 돈, 즉 '헬리콥터 머니'라고 부를 정도로 규모가 크다. 그래서 양적완화를 실행하면 시중에 대출과 투자 형태로 유통되는 통화량이 단기 급증해서 경기 부양에 빠르게 도움이 될 수 있다.

금융완화에 비해 양적완화는 통화 당국의 시장 개입 의지가 훨씬 강한 정책이다. 금융완화는 은행을 경유해 시장금리 인하와 통화량 증가를 간접적으로 유도하지만, 양적완화는 중앙은행이 채권 매입 형식으로 직접 시중에 돈을 공급하기 때문이다. 금융완화가 평상시 금융정책이라면, 양적완화는 통화 당국이 평소에는 쓰지 않는 비전통적(unconventional) 정책으로 통한다.

양적완화는 일본은행이 세계 최초로 시행했다. 1990년대 들어 경기가 급락한 일본에서는 기준금리를 0% 수준까지 낮췄는데도 불황이 계속되자, 일본은행이 2001년부터 5년간 은행으로부터 국채를 사들였다.

2008년 미국발 글로벌 금융위기가 터진 뒤에는 미국, 유럽, 일본 등 주요 선진국 모두가 양적완화를 개시했다.

미국 연준은 2008년 말 기준금리를 제로 수준(연 0.0~0.25%)으로 낮추고 2008년 11월부터 2014년 10월까지 세 차례 양적완화를 실행했다(QE1: 2009.3~2010.3, QE2: 2010.11~2011.6, QE3: 2012.9~2013.12). 세 차례 양적완화에 힘입어 2013년 경기 회복 조짐이 나타났는데, 그즈음 국제금융시장에 일대 소동이 벌어졌다. 그해 5월, 연준 의장 벤 버냉키(Ben S. Bernanke)가 '경기가 계속 살아난다면 테이퍼링(tapering)을 할 수 있다'고 밝혔기 때문이다.

테이퍼링이란 양적완화 규모를 서서히 줄이는 조치다. 테이퍼링이 전개되면 이전에 양적완화로 금융이 완화되던 추세가 긴축 기조로 바뀐다. 금융이 긴축되는 나라에서는 금리가 오르고, 금리가 오르면 해당국 통화의 시세가 오른다. 미 연준의 테이퍼링은 미국 금리를 높이고, 미 달러 시세를 끌어올린다는 얘기가 된다. 그럴 경우 신흥국 자산에 투자됐던 글로벌 투자 자금은 대거 신흥국 자산을 처분하고 시세가 오르는 달러 자산 투자로 몰리기 쉽다. 그럼 신흥국 통화와 자산은 시세가 급락한다.

실제로 글로벌 투자 자금은 연준 의장이 테이퍼링 가능성을 비치자마자 신흥국을 대거 이탈하는 자산 이동(money move)을 일으켰다. 외국인 투자자가 갑자기 통화, 주식, 채권 등 투자자산을 대거 환전해 들고나가는 바람에 신흥국 자산 시세는 급락했다. 브라질, 터키, 인도, 인도네시아, 남아공에서는 통화 시세가 약 15% 떨어졌고, 달러 자금이 대거 빠져나가는 바람에 외환위기를 걱정해야 할 정도로 큰 충격을 받았다. 우리나라도 신흥국에 속한 만큼 크게 긴장했다. (글로벌 주가 통계를 발표하는 Morgan Stanley Capital International이 작성하는 MSCI 신흥국 Index는 우리나라 금융시장을 중국, 브라질, 대만, 튀르키예, 인도, 인도네시아, 말레이시아, 필리핀, 태국 등과 함께 신흥국 시장emerging market으로 분류한다.) 이처럼 선진국의 양적완화 축소 정책이 신흥국에 급격한 자본 유출과 자산 시세 급락을 촉발하는 현상을 '긴축 발작(긴축 경련)', 곧 테이퍼 탠트럼

(taper tantrum)이라 한다.*

2013년 5월 연준이 예고한 테이퍼링은 12월에 시작해서 이듬해 10월 끝났다. 2008년 12월 이래 장장 7년간 제로 수준을 유지했던 연준 기준금리는 테이퍼링 예고 후에도 2년 더 제로금리를 이어갔지만, 2015년 12월 16일 마침내 0.25~0.50%로 상승 행진을 시작해서 2018년 12월에는 2.25%~2.50%로 높아졌다.

당시 일련의 금리 인상은 연준이 경기 회복을 내다보고 금융을 긴축 기조로 바꾼 결과다. 하지만 연준이 예상한 경기 회복세는 금리 인상 개시 후 4년 남짓에 그쳤다. 2019년 들어서는 다시 경기가 침체해 금융완화가 필요하다는 여론이 일었다. 이번에는 금융완화(기준금리 인하)와 양적완화 중 어느 것을 실행할지 이슈가 됐는데, 연준은 기준금리 인하를 택했다. 2019년 7월 기준금리는 2.0%~2.25%로 한 계단 내려섰고, 10월에는 1.50~1.75% 수준까지 낮아졌다. 그런데 2020년 들어 코로나 사태가 터졌다. 경기를 급랭시키고 금융시장에 충격을 줄 심각한 악재라고 판단한 연준은 서둘러 선제 대응에 나섰다. 3월 3일 기준금리는 1.0~1.25%로 0.50%p 대폭 인하됐다.

연준도 평소 금리 조정은 0.25%p씩 하는 게 관행이다. 0.50%p 조정이면 '빅스텝'인데, 빅스텝 인하는 '빅컷(big cut)'이라고도 부른다. 3월

* 테이퍼 탠트럼과 비슷한 이치로 인플레이션 탠트럼이 발생하기도 한다. 인플레이션 탠트럼이란 인플레이션을 우려하는 투자 심리가 선진국 금융시장에서 금리를 끌어올리고 그 결과 신흥국 금융시장이 타격을 받는 현상이다. 경기 침체기에 금융완화로 유동성이 많아진 상태에서 경기가 회복되면 인플레이션이 발생할 수 있는데→선진국의 경우 인플레이션을 우려한 통화 당국이 정책금리를 올리면→신흥국에서 선진국을 향한 글로벌 자본 유출이 일어나면서→신흥국의 주식, 채권, 통화 등 투자자산의 시세가 급락할 수 있다.

빅컷은 미국발 금융위기 발생 직후인 2008년 12월 이후로도 가장 큰 폭의 금리 인하였다. 그런데 경기 하강 속도가 예상보다 빨랐다. 3월 15일 연준은 역대급 울트라스텝(1.0%p 인하)을 밟아 기준금리를 제로 수준(0.0~0.25%)으로 끌어내렸다. 양적완화도 더 이상 선택지가 아닌 필수 정책이라고 판단해, 연준 사상 최초로 무제한 양적완화를 개시했다. 유럽·일본 등 주요 선진국도 미국의 뒤를 따라 일제히 양적완화를 시작했다. 우리나라에서도 한은이 금융기관 보유 채권을 사주는 방식으로 2020년 3월 26일 사상 첫 양적완화를 실행했다.

양적완화는 경기가 회복되면 테이퍼링을 거쳐 완료되는 것이 원칙이다. 2020년 내내 코로나 팬데믹에 따른 글로벌 경기 침체가 심각했지만, 이듬해 2021년에는 백신이 보급되어 사태가 진정되면서 경기 회복 전망이 생겼다. 상황이 달라졌으므로 금융시장은 연준이 기존 통화정책(양적완화)을 언제 바꿀지 궁금했다. 기자들이 연준 의장 파월에게 묻자, 파월은 보기 기사가 전하듯 '2013~2014년 양적완화를 축소할 때처럼 테이퍼링을 먼저 하고 나서 기준금리를 올리겠노라'고 답했다.

실제로 연준은 2021년 11월 테이퍼링을 시작했다. 채권 매입은 계속하되 2022년 6월을 종료 시점으로 잡고 매입 규모를 매달 일정액씩 줄였다. 이어 2022년 3월에는 기준금리도 25bp•를 올려 0.25~0.50%로 높였다. 그런데 상황이 또 급해졌다. 2021년 하반기 미국에서는 코로나 사태가 진정되면서 소비가 급속히 확대된 반면 코로나 사태로 글로벌

• bp는 베이시스포인트(basis point)를 줄인 말이다. 금융가에서 금리 차를 나타내는 단위로, %p와 함께 쓴다. 1bp는 0.01%p, 100bp는 1.00%p, 25bp는 0.25%p와 같다.

공급망이 훼손된 탓에 공급 부족이 심각했는데, 해가 바뀌고 2월 러시아·우크라이나 전쟁이 발생하면서 국제 에너지 가격이 급등해 인플레이션 우려가 부쩍 높아졌기 때문이다. 5월 10일 발표된 미국 소비자물가지수는 전년 같은 기간 대비 8.6% 올라, 1981년 12월 이후 40년 5개월 만에 최고치에 이르렀다.

인플레이션 대응이 급해진 연준은 기준금리 인상을 통한 금융긴축에 매달렸다. 2022년 5월 기준금리를 2000년 5월 이후 22년 만에 빅스텝을 밟아(0.5%p 인상) 0.75~1.0%로 올리고, 6월 금리도 1994년 이후 28년 만에 처음으로 자이언트스텝을 밟아(0.75%p 인상) 1.50~1.75%로 올렸다. 이후에도 7월, 9월, 11월 연속으로 자이언트스텝을 밟고 12월 한 차례 빅스텝까지 더해 금리를 4.25~4.50%로 올려놓았다. 2023년 들어서도 2월, 3월, 5월, 7월에 잇달아 베이비스텝을 밟은(0.25%p 인상) 끝에 기준금리는 5.25~5.50%에 이르렀고 그대로 해를 넘겨 2024년을 맞았다.

테이퍼링 종료가 예정됐던 2022년 6월부터는 '양적긴축(quantitative tightening, QT)'까지 시작했다. 양적긴축은 양적완화와 상대되는 개념이다. 주로 중앙은행이 금융기관으로부터 사들여 보유했던 채권을 만기가 돌아오는 대로 상환하는 방식을 쓴다. 중앙은행이 금융기관에 만기 채권을 상환하면 금융기관 보유 자금이 중앙은행으로 흡수되고 시중 통화량이 줄어드는 효과가 생긴다. 보통은 중앙은행이 기준금리 인상을 동원한 금융긴축정책을 쓰기 어렵거나, 기준금리 인상만으로는 금융긴축 효과를 충분히 얻을 수 없다고 판단할 때 시중 통화량 축소를 강력히 유도하기 위해 구사하는 통화정책이다. 다음 기사가 당시 연준의 양적긴축 소식을 전한 예다.

기사독해

美연준, 양적긴축도 최고 속도…
연준 이사, 시장 패닉에 "기쁘다"

미국 연방준비제도(Fed·연준)가 독해졌다. 제롬 파월 연준 의장의 매파(통화 긴축 선호) 발언에 따른 '잭슨홀 쇼크'가 금융시장을 강타하고… QT 확대까지, 급속도로 진행되는 유동성 회수 전망에 금융시장은 패닉에 빠졌다. 대형주 중심의 스탠더드앤드푸어스(S&P) 500 지수는… 26일 3.37% 급락했고, 이날 또 0.67% 내렸다. … 하지만 연준에선 '뜻대로 진행되고 있다'는 반응이 나오고 있다. 닐 카시카리 미국 미니애폴리스 연방준비은행 총재는 이날 블룸버그 인터뷰에서 "파월 의장의 잭슨홀 발언이 (시장에서) 어떻게 받아들여지고 있는지 보면서 기뻤다(I was actually happy to see)"며 "증시의 급격한 손실은 투자자들이 연준이 인플레이션 문제에 진지하게 접근하고 있다는 메시지를 받고 있음을 보여주는 것"이라고 말했다. … 카시카리 총재는 또 "1970년대 연준이 저지른 가장 큰 실수 중 하나는 물가가 하락하고 있다고 생각했다는 것"이라며 "당시 경제가 약화하면서 연준은 (긴축을 완화 쪽으로 되돌리는 식으로) 물러섰고, 인플레이션은 다시 치솟았다"고 지적했다. 그는 "우리는 그런 실수를 반복할 수 없다"고 강조했다.

이데일리
2022.8.30

기사에 따르면, 연준이 통화를 긴축하면서 주식 등 자산시장이 시세 하락으로 '패닉'에 빠졌다. 그런데 연준 이사는 시장 패닉이 '기쁘다'고 말했다. 왜일까?

연준 관점에서 주가 하락은 연준 정책이 시장에 먹히는 증거로 보였기 때문이다.

보통 중앙은행이 통화긴축에 나서면 주가는 떨어지는 게 정상이다. 긴축정책의 효과가 나면 시중 통화량이 줄면서 주식시장으로 흘러드는 자금도 줄기 때문이다. 금리가 오르면서 상대적으로 손실 위험이 적은 은행 예금의 수익성이 부각돼, 투자 자금이 주식에서 예금으로 이동하는 것도 주가를 하락시키는 요인이다. 그런데 연준이 2022년 5월 이후 기준금리를 가파르게 올리는 동안에도 미국 주가는 계속 올랐다. 연준이 긴축에 나서기는 했지만, 통화량 축소로 경기가 급랭한다 싶으면 도로 방향을 바꾸리라는 기대가 주식시장을 움직였기 때문이다.

실제로 물가가 급등했던 1970년대에 연준은 통화긴축에 나선 직후 물가가 떨어진다고 오해하고, 경기를 띄우고자 통화완화 쪽으로 돌아선 적이 있다. 당시 인플레이션은 곧 다시 심해져, 연준이 실수한 사례로 남았다. 기사에 인용된 연준 이사의 또 다른 발언("우리는 그런 실수를 반복할 수 없다")은 연준이 1970년대식 '스톱 앤드 고(stop and go)', 곧 통화정책을 쉽사리 뒤집었다가 물가 잡기에 실패했던 정책 과오를 되풀이하지 않겠다는 뜻이다.

금융기관은 어떤 곳이 있나

현대 국가에서 이뤄지는 금융거래는 주로 금융기관을 매개로 한다. 금융기관이란 금융거래를 중개하거나 금융 관련 서비스를 제공하는 공·사 기업을 말한다. 공기업과 사기업이 섞여 있기 때문에 금융기관 대신 금융회사나 금융기업이라고 부르기도 한다.

우리나라에는 어떤 금융기관이 있을까? 주로 취급하는 금융 서비스를 기준으로 나누면 한국은행, 은행, 비은행예금취급기관, 보험회사, 금융투자업자, 기타금융기관, 공적금융기관, 금융보조기관 등 여덟 가지다.

△ 한국은행은 우리나라 금융 시스템의 중심인 중앙은행이다. 은행이라지만 여느 은행과는 다르다. 한국은행법에 따라 독자 설립·운영되며 은행하고만 거래한다. 넓게는 금융기관으로 분류할 수 있지만, 그럴 수 있다 해도 단순한 금융기관이 아니다. 한국은행권을 발행하고 관리하는 통화 당국이자 우리나라 금융 시스템을 떠받치는 주요 하부구조(infrastructure) 역할을 한다.

△ 은행은 일반은행과 특수은행이 있다.

일반은행은 은행법에 따라 설립·운영된다. 주로 시중 고객을 상대로 예금·대출 등 금융거래를 해서 이익을 얻을 목적으로 영업하므로 예금은행이나 상업은행(commercial bank)이라고도 부른다. KB국민은행이나 우리은행처럼 전국을 무대로 영업하는 시중은행(nation-wide bank), 지방에서 영업하는 지방은행, 외국은행 국내 지점 등 세 가지가 있다.

특수은행은 특별은행이라고도 부른다. 정부가 특별한 목적을 두고 정한 법에 따라 설립·운영된다. 주로 일반은행이 자금을 공급하기 어려운 경제 부문에 자금을 공급해서 공공사업을 원활하게 하는 게 임무다. 이를테면 나라 경제에 긴요한 공공사업인데 수지가 안 맞아 일반은

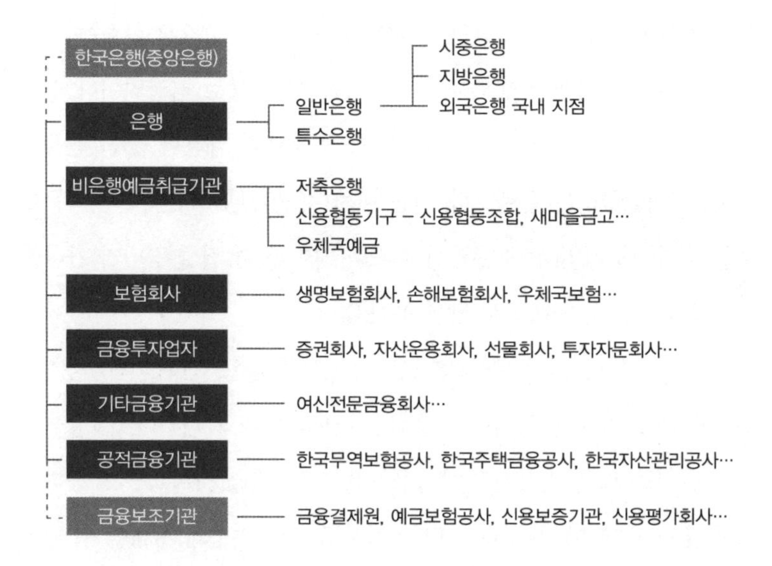

행에서 자금을 얻지 못하는 부문에 자금을 공급한다.

특수은행도 여러 곳이 있다. 주요 산업 부문에서 기술 개발에 쓸 장기 시설 자금을 공급하는 한국산업은행(한국산업은행법으로 설립), 기업이 수출입 거래를 하는 데 필요한 자금을 융통해주는 한국수출입은행(수출입은행법으로 설립), 중소기업에 필요한 금융을 전문 거래하는 중소기업은행(중소기업은행법으로 설립), 농업과 축산업 금융을 취급하는 NH농협은행, 수산업 금융을 취급하는 수협은행(수산업협동조합중앙회 신용사업 부문)이 다 특수은행이다.

△ 비은행예금취급기관은 흔히 '비은행(non-bank)'이라고 줄여 부른다. 은행법에 따라 설립된 은행은 아닌데 은행과 비슷한 금융상품을 취급한다. 은행에 비하면 대개 규모가 작다. 저축은행(상호저축은행), 신용

협동기구, 우체국예금 등이 해당한다.

저축은행은 도시 자영 상인과 지역 주민을 주요 고객으로 삼는 소형 금융기관이다. 대개 은행보다 예금이자를 더 주므로 직장인이나 일반 가계 고객도 많다. 대출도 은행보다 쉽게 해주기 때문에 상인 단골이 많지만, 대출금리는 은행보다 훨씬 비싸다. 2011년 이른바 '저축은행 부실 사태' 때 기업 상대 부동산 대출을 많이 하다 건설 경기가 가라앉으면서 대출금을 떼이고 문 닫은 곳이 많다.

신용협동기구는 신용협동조합(신협), 새마을금고, 단위(지역) 농협·수협·산림조합이 운영하는 상호금융(신용사업)을 가리킨다. 직장이나 지역 단위로 모은 조합원의 예금을 재원으로 대출 서비스를 제공하는 소형 금융기관이다. 누구나 간단한 절차로 조합원이 돼 거래할 수 있어서 영업점 근처 상인과 주민이 많이 이용한다.

우체국이 우편 업무와 함께 운영하는 우체국예금도 서민 상대 금융기관 중 대표 격에 속하는 '비은행'이다. 전국에 산재한 우체국 조직을 이용하므로 금융기관 중 영업망이 가장 넓다.

△ 보험회사는 보험 계약자에게서 받은 보험료로 대출이나 투자를 해서 수익을 얻고 보험금도 내준다. 생명보험회사, 손해보험회사, 우체국보험이 있다. 원래는 회원만 상대하다 일반인 상대로 영업 범위를 넓힌 공제기관(수산업협동조합공제, 신용협동조합공제, 새마을금고공제)도 보험회사로 분류한다.

△ 금융투자업자는 금융투자상품(증권이나 금융파생상품처럼 원금 손실이 생길 수 있는 금융상품) 거래에 관련된 금융 서비스를 제공한다. 증권회사, 자산운용회사, 선물회사, 투자자문회사 등이 해당한다.

증권회사는 주로 기업을 상대로 증권 발행을 주선하고 증권 매매를 중개한다. 자산운용회사는 투자자에게서 받아 모은 돈으로 펀드를 만든 다음 주식·채권·부동산·원자재 등에 투자해 수익을 내고 대가를 번다. '자산운용'이라는 말에서 자산(資産, asset)은 '재산', 운용(運用)은 '운영 또는 활용한다'는 뜻이다. 선물회사는 선물상품 매매를 중개해주는 대신 수수료를 받고, 투자자문회사는 투자자에게 투자 자문을 해주는 대신 수수료를 받는다.

△ 기타금융기관은 이제까지 설명한 금융기관(은행, 비은행, 보험회사, 금융투자업자)을 제외한 나머지 금융기관을 묶어 부르는 명칭이다.

대표 격은 대출 영업을 전문으로 하는 여신(與信)전문금융회사다. 줄여서 '여전사'라고 부른다. 신용카드 회사, '△△캐피탈' 같은 상호를 내건 할부금융회사, 생산설비나 각종 시설을 장기간 빌려주고 대가를 받는 리스업체가 다 여전사다.

벤처기업에 투자하는 벤처캐피털회사, 증권사나 투자자에게 자금이나 증권을 빌려주는 증권금융사, 대부업법에 따라 등록한 대부업자도 기타금융기관에 속한다. 역시 기타금융기관으로 분류하는 금융지주회사는 금융기업 여러 개를 한 금융 그룹으로 묶어 운영하는 회사다.

△ 공적금융기관은 금융 분야에서 특별한 정책 임무를 수행할 목적으로 설립·운영하는 금융기관이다. 한국무역보험공사, 한국주택금융공사, 한국자산관리공사, 한국투자공사, 서민금융진흥원이 해당한다.

한국무역보험공사는 무역업자가 무역 거래에서 입는 손실 위험에 대비해 보험을 제공한다. 한국주택금융공사는 주택금융을 공급한다. 한국자산관리공사는 금융회사의 부실채권을 인수해 정리하고 기업 구조조정을 지원하며 국유재산을 관리한다. 한국투자공사는 외환보유액과 공공기금을 굴려 수익을 낸다. 서민금융진흥원은 서민을 상대로 자금 대출이나 신용보증 같은 금융 지원 서비스를 제공한다.

△ 금융보조기관은 금융이 원활하게 이뤄지도록 돕는 서비스를 제공하는 사업체다. 한국은행처럼 금융 시스템을 떠받치는 하부구조 역할을 하므로, 한은과 더불어 (기타) 금융하부구조 담당기관이라고 묶어 부를 수도 있다. 신용정보회사, 신용평가회사, 신용보증기관, 자금중개회사, 예금보험공사, 한국거래소, 한국예탁결제원, 금융결제원 등이 해당한다.

신용정보회사는 주로 기업을 상대로, 금융거래 상대가 얼마나 신용이 있는지 판단하는 데 도움이 되는 정보를 제공한다. 신용평가회사는 기업이나 금융투자상품을 상대로 신용도를 평가하고 신용등급을 매겨서 제공하고 대가를 받는 회사다. 국내 회사(국내에 본사를 둔 회사)로 한국기업평가, 한국신용평가, NICE신용평가, 서울신용평가 등이 영업하고 있다. 신용보증기관은 기업이 금융기관에서 자금을 빌릴 수 있도록 보증을 서주고 대가를 받는다. 국내사로 신용보증기금과 기술보증기금 등이 있다. 자금중개회사는 금융기관 간 자금 거래 중개를 전문으로 한다. 국내사로 한국자금중개와 서울외국환중개 등이 있다.

예금보험공사는 예금자보호법에 따라 설립된 기관이다. 금융기관이 파산 등의 이유로 고객 예금을 제때 못 내주는 상황을 대비해 예금보험을 운영한다. 보험에 가입한 금융기관이 경영에 문제가 생겨 고객 예금을 못 내줄 때 대신 내준다.

한국거래소는 증권시장을 운영한다. 한국예탁결제원은 증권을 맡아 보관하고 금융기관들이 거래를 결제할 수 있게 해준다. 금융결제원은 금융기관 공동 전산망을 운영하며 금융기관이 전자 금융거래와 자금 결제를 할 수 있게 해준다.

단기금융시장은 어떻게 돌아가나

금융시장은 금융거래가 이뤄지는 시장이다. 보통 거래 기간에 따라 단기금융시장과 장기금융시장으로 나눈다. 단기금융시장에서는 상환 만기 1년 이내인 금융상품을 매개로 자금을 거래한다. 장기금융시장에서는 상환 만기 1년 이상인 금융상품을 매개로 자금을 거래한다. 단기금융시장에서 거래하는 자금은 단기자금, 장기금융시장에서 거래하는 자금은 장기자금이라 한다.

단기금융시장은 단기자본시장(short-term capital market, 단자시장), 자금시장 또는 화폐시장(money market)이라고 부른다. 주로 기업, 정부, 금융기관 등 신용도가 높은 거액 거래자가 참가해 단기로 자금을 거래한다.

단기금융시장에서 자금 거래 매개로 삼는 주요 금융상품은 콜, 기업어음, CD, RP로 거래하는 국채 · 정부보증채 · 통화안정증권(한국은행이 시중 통화량 조절용 자금을 마련하기 위해 발행하는 채권), CMA 등이 있다. 하나씩 간단히 살펴보자.

△ 콜(call). 은행 · 보험사 · 증권사 등 금융기관이 영업 중에 일시적으로 자금이 부족할 때 다른 금융기관에서 단기로 빌려 쓰는 거액 자금이다. 콜론(call loan)이나 콜자금(call money)이라고도 부른다.

'콜'이란 말은 자금이 부족한 금융기관이 자금을 빌려달라고 '요청한다(call)'는 뜻에서 유래했다. 하루에서 30일까지 기한을 정해 융통할 수 있지만, 실제 거래는 대개 하루를 만기로 정하고 아침에 빌리면 오후에 갚는 식으로 초단기로 한다. 하루 만기로 거래하는 콜자금을 1일물(overnight)이라 하고, 콜자금에 붙는 금리는 콜금리(call rate)라 부른다.

콜금리는 초단기금리와 단기금리, 곧 단기금융시장에서 거래되는 여러 가지 금융상품의 금리를 대표하는 지표금리(index rate)다. 지표금리란 금융시장 사정, 곧 시장의 유동성과 실세금리를 가장 잘 반영하는 금리를 말한다. 표준이나 기준이라는 뜻의 '벤치마크(benchmark)'를 붙여 금리 벤치마크 또는 벤치마크 금리라고 부를 때도 있다.

콜금리가 초단기 시장금리라는 점은 한국은행이 통화정책을 펴는 데 중요한 의미가 있다. 금융시장에서는 단기금리가 움직이면 장기금리가 뒤를 따르는 식으로 금리 변화가 파급되는 경향이 있어서, 초단기금리인 콜금리의 변동이 다른 단기시장금리와 장기시장금리에 순차적으로 영향을 미친다. 콜금리가 시장금리 전반의 변화를 맨 앞에서 이끄는 셈이다. 한은 금통위가 기준금리 수준을 정할 때는 이 같은 콜금리의 위상을 염두에 두고, 콜금리를 기준금리 수준에 근접시키는 것을 정책 목표로 삼는다. 예를 들어 한은이 기준금리를 올리면 콜금리를 비롯한 단기시장금리는 즉시 오르고, 은행 예금·대출 금리도 대체로 오르며, 장기시장금리도 상승 압력을 받는다.

△ 기업어음(commercial paper, CP). 기업이 단기로 돈을 빌릴 때 담보 삼아 발행하는 어음 증서다.

어음(paper, bill)이란 채무자가 채권자에게 갚을 돈 액수와 지급일을 정해 발행하는 외상 거래 증서다. 발행인은 약속한 날까지 약속한 금액(어음 대금)을 자기가 거래하는 은행 계좌에 넣어두고, 어음을 받은 거래자(어음 수취인)는 약속된 날(지급일) 발행자의 은행 계좌에서 어음 대금을 현찰로 꺼내 간다. 미리 정한 지급일이 돼야 현찰과 바꿀 수 있지만, 지급일 전이라도 금융기관에 팔면 현금을 손에 쥘 수 있다. 금융기관이 어음을 살 때는 약속된 어음액을 다 주지 않고 얼마간 깎는다. 곧 '어음할인'이다. 할인어음을 사들인 금융기관은 어음 발행 때 설정된 만기까지 갖고 있다 어음액 전액을 현찰로 받거나, 만기 전에 되팔아 매매 차익을 챙긴다. 어음 매매 자체가 주식이나 채권처럼 돈벌이 수단이 되는 셈이다.

기업어음은 기업이 보통 상환 만기를 며칠에서 6개월 이내(주로 91일)로 정해 발행한다. 매매에는 은행·자산운용회사·증권사·보험사·캐피털회사 등이 참여한다. 기업어음 금리 역시 단기금융시장 지표금리로 쓴다.

△ CD(certificate of deposit, 양도성예금증서). 은행 정기예금을 단기금융시장에서 매매할 수 있게 만든 무기명 예금증서다. 은행이 영업자금을 마련하기 위해 발행한다. 만기는 30일 이상이고, 91일짜리(91일물)가 많이 거래된다. 만기 80~100일 또는 91일짜리 CD 금리는 기업어음 금리와 함께 단기금리와 중기금리의 대표 지표로 통한다. 예금상품이지만 여느 예금과 다른 특징이 있다. 보통 은행 정기예금은 매매가 안 되지만 CD는 만기 전이라도 팔 수 있다. 만기 전에 팔면 이율은 좀 손해 보지만, 정기예금처럼 이자를 얻기 위해 자금을 묶어두지 않아도 된다.

△ RP(RePurchase agreement)로 약칭하는 환매조건부채권. 환매(還買)

주요 단기시장금리

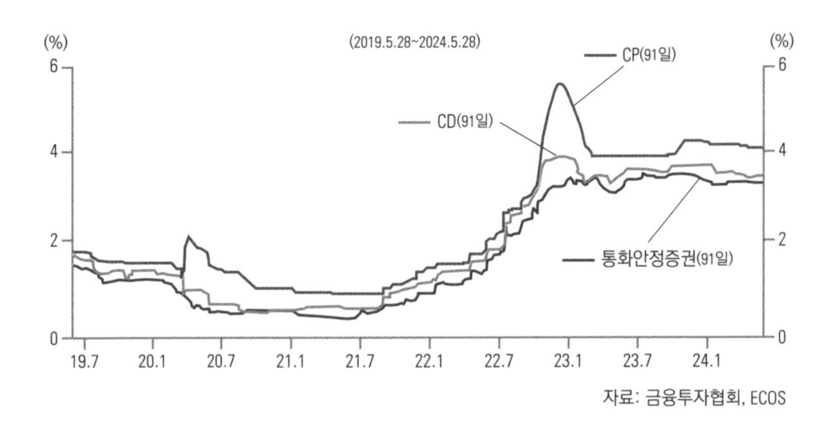

자료: 금융투자협회, ECOS

란 도로 사들인다는 뜻이고, 환매 조건부란 되사는 조건을 붙인다는 얘기다. RP는 발행자가 일정 기간이 지난 뒤 되사는 조건으로 발행하는 채권이다. 따로 RP라는 채권이 있는 것은 아니고, 어떤 채권이든 발행자가 환매 조건을 붙여 발행하면 RP가 된다.

국내 RP 거래는 크게 증권사나 은행, 보험회사 같은 금융사 등이 발행하는 RP를 일반 기업이나 개인이 사들였다 파는 대(對)고객 RP 거래, 금융회사 등이 서로 RP를 발행하고 매매하는 기관(금융회사와 일반 기업 등의 통칭) 간 RP 거래, 그리고 한국은행이 RP를 발행해 금융회사 등과 매매하는 한은 RP 거래로 나뉜다.

금융사 등 RP 발행사가 RP를 발행했다가 나중에 도로 사는 식으로 거래하는 이유가 뭘까?

주로 단기자금 융통과 운용을 위해서다. 금융기관은 평소 채권을 많이 사서 장기 보유한다. 채권은 정기적으로 이자도 받고 만기가 되면 원금을 돌려받을 수 있는 데다, 거래 단위가 크고 만기가 길어서 거액 거래자가 장기 투자하기에 적합하기 때문이다. 문제는 일시적으로 현금이 필요할 때다. 채권은 만기 전에도 매매가 가능하니 팔면 현금을 마련할 수 있지만, 그럼 만기까지 보유해서 얻을 수 있는 이익을 포기해야 한다. 이런 때 채권을 RP로 매매하면 보유 채권을 팔지 않고도 필요한 현금을 마련할 수 있다. RP는 보통 환매 만기를 1개월이나 3개월 등 단기로 정해 거래하므로, 몇 달 뒤 이자를 치르고 되사는 조건을 달아 보유 채권을 넘기고 당장 필요한 현금을 융통하는 것이다. 자금을 마련하느라 넘겼던 채권은 환매 만기 때 되사면 된다. 채권을 팔아 현금을 마련해야 하는 금융사 입장에서는 RP 매도가 보유 채권을 활용해 단기자금을 융통하는 데 편리한 금융 수단이 되는 셈이다.

채권 매수자 입장에서는 RP 매매가 단기 여유 자금 굴리기에 좋다. 보통 단기자금 거래에서는 장기 거래 때와 달리 돈을 빌려주면서 담보를 잡기 어렵다. 하지만 RP는 샀다가 곧 도로 팔 수 있어서 사실상 채권을 담보로 잡은 것과 같으므로, 여유 자금을 단기로 안전하게 굴릴 수 있다.

RP를 담보로 쓸 수 있는 점은 채권을 넘기는 입장에서 또 다른 이점이다. RP 매매를 이용하면 보유 채권 중 물량이나 수요가 적어 매매가 잘 안 되는 것도 쉽게 담보로 쓸 수 있기 때문이다. 담보를 활용하는 만큼, 담보를 내주지 않는 경우에 비해 자금 마련 비용도 줄일 수 있다.

여기까지는 주로 거액을 거래하는 기관 간 RP 거래에 해당하는 얘기다.

금융사가 일반 기업·개인과 RP를 거래하는 대고객 RP 거래의 경우, 고객은 금융사 RP 상품을 단기예금으로 활용해 이자 수익을 얻을 수 있다.

이렇게 RP 거래에 참여함으로써 누리는 이점이 여러 가지다 보니 RP 채권은 단기금융시장에서 인기 높은 상품으로 통한다. RP 금리 역시 콜금리와 함께 단기금리를 대표하는 지표로 쓰인다.

한국은행이 RP를 발행해 금융회사 등과 매매하는 한은 RP 거래에는 어떤 이점이 있을까?

한은 RP 거래는, 한국은행이 주요 통화정책 수단으로 삼는 공개시장 운영에 요긴하게 쓰인다는 점에서 금융시장 참가자 모두에게 중요한 이득을 준다.

한은은 매주 금융기관 상대로 RP 거래 시장을 열고 국채, 정부보증채, 통화안정증권 같은 채권을 7일물 RP로 매매한다.

한은이 RP를 살지 팔지는 금통위의 통화정책에 달렸다. 금통위가 기준금리 인상을 결정하면 한은이 RP를 판다. RP 거래 금리는 한은 기준금리를 기준으로 삼아 수준을 정한다. 금융기관이 RP를 사들이면 한은으로 시중 자금이 흡수되면서 콜금리가 인상 압력을 받는다. RP 매매를 통해 콜금리가 인상된 기준금리 수준까지 오르면 한은 공개시장 운영은 목표를 달성하는 셈이다. 콜금리가 오르면 CD, CP 등 여타 단기시장금리도 일제히 오르고 장기시장금리도 뒤따라 오르는 경로로 통화정책 파급효과가 생기기 때문이다.

반대로 금통위가 기준금리 인하를 결정하면 한은이 금융기관들로부터 RP를 사들인다. 한은이 RP를 사들이면 한은에서 금융기관을 경유해 시장으로 자금이 흘러 나가므로 콜금리가 인하 압력을 받는다. RP 매매를 통해 콜금리가 인하된 기준금리 수준까지 내리면 한은 공개시장 운영은 목표를 달성하는 셈이다. 콜금리가 내리면 CD, CP 등 여타 단기시장금리도 일제히 내리고 장기시장금리도 뒤따라 내리는 경로로 통화정책 파급효과가 생기기 때문이다.

△ CMA(cash management account). 어음관리구좌(어음관리계좌) 또는 종합자산관리계좌(종합자산관리계정)라고 부른다. 증권회사에서 일반 고객 상대로 판매한다.

증권사 등은 고객이 CMA에 맡기는 돈으로 기업어음(CP)을 할인해서 사들였다가(매입) 팔거나(매출), CD나 단기채권 같은 단기금융상품을 매매해서 차익을 얻는다. 할인어음 매매를 중개하고 수수료를 받기도 한다. 몇 가지 유형이 있는데, 모두 고객이 투자한 몫에 따라 득실을 분배하는 실적 배당 예금상품이다.

CMA 거래는 참가자 모두에게 이점이 있다. CMA를 파는 증권사는 고객이 CMA에 맡기는 돈을 활용해 수익을 낼 수 있다. 일반 기업에게는 CMA가 자사 발행 기업어음을 팔고 단기자금을 공급받는 데 유용한 금융 수단이 된다.

예금자나 투자자가 누리는 이점은 무엇보다 환금성이다. CMA는 중도 해지 개념이 없어서 통장(CMA 예탁금 통장) 개설 뒤 수시로 입출금을 해도 이자가 깎이지 않는다. 예금 거래 기간이 있지만 만기가 지나면 원리금이 자동 재예탁되어 새로 운용되므로 여윳돈을 단기로 굴리기에 편하다. 계좌를 통해 급여 이체나 카드 대금 · 세금 · 공과금 자동 납부가 가능하고 주식 · 채권 · 어음을 직접 매매할 수도 있다. 개인은 대개 자금이 적고 지식도 부족해 단자시장에 참가하기 어려운데, CMA로 CD나 CP 같은 단자 상품을 쉽게 거래할 수 있는 것도 이점이다.

장기금융시장은 자본시장과 무슨 관계?

장기금융시장(long-term capital market)은 이론상 자금을 장기(상환 만기 1년 이상)로 거래하는 금융시장이다. 기업이 사업 밑천으로 삼는 자금, 곧 자본(capital)을 거래하는 일이 잦아서 자본시장(capital market)이라고 부르기도 한다.

단기금융시장이라고 해서 자본 거래를 안 하는 것은 아니다. 다만 사업용 자본은 대개 장기 거래가 필요하므로 자본 거래는 아무래도 장기금융시장을 주된 무대로 삼는다. 한편 자본시장의 주류(主流)는 증권을 발행해 거래하는 증권시장(securities market)이다. 결국 장기금융시장, 자본시장, 증권시장은 거의 다 같은 시장이다.

증권시장(증시)에서 거래하는 증권 상품의 대표 격은 채권과 주식이다. 둘 다 거액 거래자가 자본 마련을 위해 발행하지만 서로 다른 점이 있다. 채권은 일반 기업뿐 아니라 정부, 공공기관 등 여러 부류의 거액 거래자가 발행한다. 반면 주식 발행자는 오로지 주식회사다. 주식회사는 주식을 자본금 구성의 기초 단위로 삼고 다수의 주식을 발행해 자본금을 모은다.

직접금융시장과 간접금융시장, 어떻게 다른가

금융은 거래 형태나 경로에 따라 직접금융과 간접금융으로 나눠볼 수 있다.

직접금융(direct financing)은 자금 수요자와 공급자가 거래 중개자를 사이에 끼우지 않고 직접 자금을 거래하는 금융 형태다. 자금 수요자인 기업이 증권(차용증서 · 채권 · 주식 등)을 발행하면 자금 공급자(투자자)가 사들이는 식으로 거래해서 수요자가 공급자로부터 직접 자금을 제공받는다. 증권 발행 사무는 증권사의 도움을 받아서 처리하지만 자금 거래 자체는 수요자와 공급자 간에 직접 이뤄진다. 자금 공급자나 수요자 모두 상대가 궁극적으로 누구인지 알고 거래한다.

간접금융(indirect financing)은 자금 수요자와 공급자 사이에 은행 같은 거래 중개자를 두는 금융 형태다. 대개 은행을 끼워 자금을 거래할 때는 먼저 자금 공급자가 은행에 예금 형태로 자금을 맡기고, 은행이 고객 자금을 수요자에게 대출해준다. 자금 거래자는 은행하고만 상대한다. 자금 공급자는 자기 돈을 궁극적으로 누가 받는지, 수요자는 누가 준 자금을 받는지 알지 못한다. 은행이 자금 공급자(예금자)에게서 자금을 받을 때는 예금통장 같은 예금증서를 발행하고, 대출할 때는 대출증서를 발행한다.

예금증서나 대출증서는 예금이나 대출을 했다는 사실을 증거하는 증서이므로 증권에 속한다. 증권 중에서도 간접금융에 활용되는 증권이므로 간접증권(indirect securities, secondary securities)으로 분류한다. 반면 주식이나 채권 등은 직접금융거래에 활용하므로 직접증권(direct securities)이라고 통칭한다. 직접증권을 거래하는 금융 형태는 직접금융, 직접금융이 이뤄지는 현장은 직접금융시장이라고 부른다. 간접증권을 거래하는 금융 형태는 간접금융, 간접금융이 이뤄지는 현장은 간접금융시장이다.

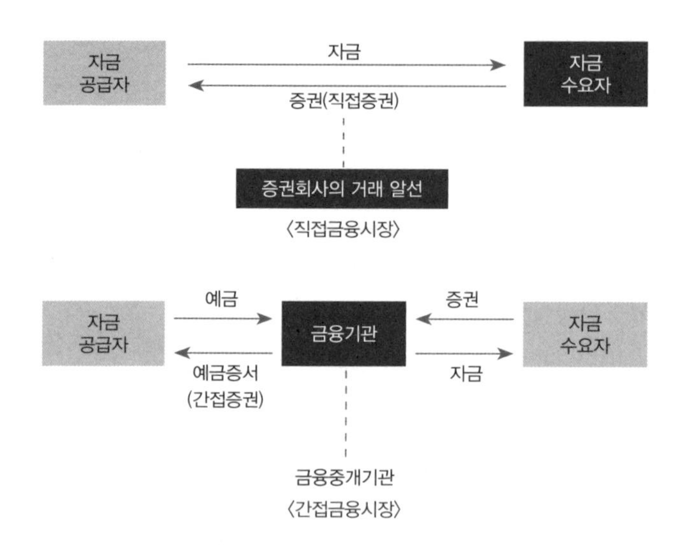

은행처럼 간접금융시장에서 간접증권을 발행해 자금 거래를 중개하는 금융기관은 금융중개기관 또는 간접금융기관이라고 부른다. 여기서 말하는 금융중개기관은 개념상 금융기관과 다르다. 예를 들어 은행은 금융기관(financial institution)이면서 금융중개기관(financial intermediaries)이다. 반면 증권회사는 금융기관이지만 금융중개기관은 아니다. 은행처럼 간접증권을 발행하지 않고 직접금융시장에서 증권 매매를 알선하기 때문이다.

금융시장은 더 다양하게 분류할 수 있다. 거래자가 어디 사는지, 어디서 거래하는지에 따라 국내금융시장과 국제금융시장으로 나눌 수도 있다. 금융상품 거래를 원화와 외화 중 어떤 통화로 하고, 거래 상황을 어떤 통화로 표시하느냐에 따라 원화금융시장과 외화금융시장으로 구분할 수도 있다.

국제금융시장은 어떻게 돌아가나

국내 기업이 제품을 만들어 팔려면 흔히 외국에서 원재료 등을 사 와야 하고, 상품 대금을 치르려면 거액 외화가 필요하다. 거액 외화는 어떻게 구할까?

은행에 원화를 가져가면 은행이 평소 확보해둔 외화로 바꿔준다.

국내 은행은 거액 외화를 어디서 어떻게 마련하나?

외국에서 사들인다. 은행이 외화를 사는 곳은 주로 뉴욕, 런던, 프랑크푸르트, 도쿄 같은 국제도시다. 이들 도시에는 세계 각지에서 모인 금융기관 본점이나 지점 등이 거액 외화를 거래하는 국제금융시장이 형성되어 있다.

국제금융시장은 어떻게 돌아가나?

자금 공급자와 수요자, 중개자가 평소 거래 방법을 정해놓고 거래한다.

자금 공급자는 주로 다양한 투자자로부터 거액 여유 자금을 맡아 갖고 있는 은행, 보험회사, 연금, 기금 등이다. 자금 수요자는 주로 각국 정부와 기업이다. 은행 등 금융기관은 공급자이자 수요자로서 금융을 중개한다.

자금 거래 방법으로는 주로 직접 융통이나 채권 발행이 쓰인다. 내국 은행이 국제금융시장에서 외화 자금을 마련할 때는 대개 세 가지 방법을 쓴다.

첫째, 미리 외국은행과 신용 제공 한도(credit line)를 정해놓고 한도 안에서 필요할 때마다 외화 자금을 가져온다. 주로 단기자금을 마련할 때 쓰는 방법이다.

둘째, 외국은행에서 직접 자금을 빌린다. 뱅크론(bank loan)이라고 부른다.

셋째, 해외 금융시장에서 외화채권을 발행해 필요한 외화 자금을 마련한다. 외화채권이란 외화표시채권, 곧 외화로 가격을 표시해서 매매하고 외국에서 채권 원리금을 받을 수 있는 채권이다.

뱅크론과 채권 발행은 주로 중장기 외화 자금을 마련하는 데 활용한다. 은행은 대개 채권 발행을 선호한다. 뱅크론을 얻는 데 드는 이자 비용에 비하면 채권 발행 비용이 싼 경우가 많기 때문이다. 일반 기업도 국제금융시장에서 외화 자금을 마련할 때는 은행에서 빌리기보다 채권 발행을 선호한다.

국제금융시장에서는 어떤 금리로 자금을 거래할까?

글로벌 기본금리(base interest rate) 역할을 하는 금리를 기초로 자금 거래를 할 때가 많다. 기본금리란 금융시장에서 융자 등 자금 거래에 적용하는 금리 수준을 정하기 위해 기초로 활용하는 최저 수준의 금리를 뜻한다. 글로벌 자금시장에서는 미국 연방정부(재무부)가 발행하는 국채(곧 미국채) 금리가 글로벌 기본금리로 쓰일 때가 많다. 이를테면 뉴욕 등 국제금융시장에서는 각국 금융기관이나 기업이 자금 마련을 위해 외화채권을 자주 발행하는데, 그럴 때면 흔히 미국채 금리에 추가 금리를 얹어 발행금리를 정한다.

내국 은행이 해외에서 외화 자금을 빌리거나 기업에 외화 대출을 해 줄 때도 마찬가지. 흔히 미국채 금리를 기초로 금리 조건을 정한다. 정부와 기업이 해외 투자자를 상대로 외화채권을 발행할 때도 미국채 금리에 추가 금리를 얹어 발행금리를 정하곤 한다.

미국채는 흔히 TB(U.S. Treasury Bond, T-Bond, UST)라고 부른다. 세계 최강 미국 정부가 원리금 결제를 보증하므로 가장 안전한 글로벌 투자 상품으로 통한다. 단기물로 만기 1개월, 2개월, 3개월, 6개월, 1년짜리가 있고, 중장기물로 만기 2년, 3년, 5년, 7년짜리가 유통된다. 장기물로는 10년, 20년, 30년(UST30Y=UST30Yr=US30YT)짜리를 유통한다.

해외채권 발행금리를 정하기 위해 미국채 금리를 기본금리로 삼을 경우, 미국채 금리에 얹어주는 금리를 가산금리(加算金利), 영어로는 스프레드(spread)라고 부른다. 스프레드, 곧 가산금리는 채권 매입자 입장에서 볼 때 채권 매수 뒤 원리금을 제때 돌려받지 못할 위험 부담의 크기에 비례해서 받는 보상, 곧 리스크 프리미엄(risk premium)이다. 리스크 프리미엄, 곧 스프레드는 주로 채권 발행자, 곧 자금 수요자의 신용상태에 따라 크기가 달라진다. 자금 수요자의 신용이 좋으면(곧 채권 발행자가 원리금을 제때 돌려주지 못할 위험성이 낮으면) 작아지고, 자금 수요자의 신용이 나쁘면(곧 채권 발행자가 원리금을 제때 돌려주지 못할 위험성이 높으면) 커진다.

스프레드라는 용어는 가산금리뿐 아니라 장기금리와 단기금리 간 격차, 서로 다른 채권 간 금리 격차를 포함해서 금리 차이를 뜻하는 말로도 쓰인다. 격차라지만 1%p 미만일 때가 많기 때문에 주로 bp(basis point)를 단위로 쓴다. 1bp는 0.01%p이므로, 예를 들어 '스프레드가 5bp'라면 0.05%p 금리 차가 난다는 뜻이다.

만약 뉴스에서 '미국채 금리 기준 외화 차입 가산금리가 3개월물의 경우 5bp 떨어졌다'고 전한다면 무슨 뜻일까?

상환 만기가 3개월인 단기 외화 자금을 빌릴 때 금리와 미국채 금리의 차이가 0.05%p 줄었다는 뜻이다. 그만큼 가산금리 수준이 낮아졌다는 의미이므로, 자금을 빌리는 쪽에서는 차입 비용이 줄어든 셈이다.

뉴스 기사에서 가산금리의 용례를 확인해보자.

머니S
2024.4.30

KB국민은행, 6억달러 선순위 글로벌 채권 발행

KB국민은행은 지난 29일 6억달러 규모의 선순위 글로벌 채권을 성공적으로 발행했다고 밝혔다. 이번에 발행한 글로벌 채권은 3년 만기 3억달러, 5년 만기 3억달러로 구성된 듀얼 트랜치(Dual-Tranche)로 발행했으며 금리는 각각 동일 만기 미국채 금리에 0.6%포인트와 0.65%포인트를 가산한 5.409%, 5.298%로 확정됐다.

KB국민은행이 해외에서 선순위 글로벌 채권을 발행했다고 전한 기사다.

선순위 채권이란 채권 발행사가 파산할 경우 다른 채권, 즉 후순위 채권보다 우선해서 원리금을 받을 수 있는 채권이다. 후순위 채권에 비하면 원리금을 돌려받지 못할 위험이 낮으므로, 보통은 상대적으로 가산금리를 낮춰 발행할 수 있다. 글로벌 채권이란 세계 각국 투자자를 대상으로 발행하는 외화채권을 말한다.

기사에서 KB국민은행 해외채권은 3년 만기 3억 달러, 5년 만기 3억 달러로 구성된 듀얼 트랜치(Dual-Tranche)로 발행됐다고 한다. 듀얼 트랜치(본드) 발행이란 서로 조건이 다른 두 가지 채권을 동시에 발행하는 경우다. 투자자가 골라서 살 수 있게 여러 가지로 조건을 달리해 발행하는 채권을 트랜치본드라 한다.

3년 만기 3억 달러 채권은 만기가 같은 미국채 금리에 0.6%포인트를 더한 5.409%로 발행금리를 정했다고 한다. 그렇다면 금리 기준으로 삼은 미국채 3년물의 금리는 5.409%에서 0.6%포인트(곧 60bp)를 뺀 4.809%였다는 얘기다. 5년 만기 3억 달러 채권의 발행금리는 미국채 5년물 금리에 0.65%포인트를 더한 5.298%라고 한다. 미국채 5년물 금리는 5.298%에서 0.65%포인트(곧 65bp)를 뺀 4.648%라는 얘기다.

공금리와 실세금리, 어떻게 다른가

은행 예금은 보통예금, 저축예금, 정기적금 등 상품에 따라 다양한 금리를 적용한다. 정기예금 역시 만기 1년, 3년, 5년짜리 등 여러 가지가 있다. 금리도 여러 방식으로 분류할 수 있다. 보통 원금 상환 만기 1년을 기준으로 단기금리와 장기금리를 구분한다. 은행 대출금리도 1년 안에 원금을 갚는 조건이면 단기대출금리를 적용한다. 1년을 넘기는 조건이면 장기대출금리를 매긴다. 금융기관이 예금이나 대출에 매기는 금리는 대체로 장기금리 수준이 단기금리보다 높다. 돈을 오래 맡기는 대신 보상을 더 주는 셈이다.

장·단기 구분을 떠나 가장 흔한 금리 분류는 공금리(公金利)와 실세금리(實勢金利)다. 공금리란 한국은행 기준금리처럼 통화 당국이 정책 의지를 갖고 정하는 금리다. 정책금리나 규제금리라고도 한다. 실세금리는 주로 민간 금융기업이 자금 거래에 적용하는 금리다. 시장금리, 시장실세금리, 시중금리, 시중실세금리라고도 한다. 시중은행이 기업이나 가계에 대출해줄 때 붙이는 대출금리, 가계가 은행에서 주택을 담보로 돈을 빌릴 때 부담하는 주택담보대출 금리, 개인끼리 돈을 빌려줄 때 적용하는 금리가 다 실세금리다.

금리 수준은 대체로 공금리가 실세금리보다 낮다. 중앙은행을 금융기관 범주에 넣고 본다면, 금융기관 거래 금리 중에서는 중앙은행 금리가 가장 낮다. 은행 금리는 중앙은행 금리보다 높고, 은행을 제외한 금융기관은 은행보다 금리 수준이 높다.

금융가나 미디어에서는 흔히 은행을 제1금융권, 은행이 아닌 금융기관을 제2금융권, 나머지를 제3금융권이라고 부른다. 제1 · 2금융권은 제도권 금융기관이고 제3금융권은 제도권 금융기관 밖에 있는 사금융 영역이다. 대부업법에 따라 사업자로 등록한 대부업을 제3금융권에 넣고 제1 · 2 · 3금융권을 제도권 금융, 나머지는 제도권 외 금융으로 분류하는 시각도 있다. 보통 제1금융권이 금리가 가장 낮고 제2 → 제3금융권 순으로 갈수록 금리가 높아진다.

실세금리 수준은 금융시장 내 자금 수급을 기본 요인으로 삼고 경기나 은행 대출 거래 규모 등 다양한 조건을 따라 움직인다. 기본적으로는 시중에 돈이 많이 풀려 자금 공급이 수요에 비해 커지면 내리고, 반대로 자금 수요가 공급에 비해 커지면 오른다.

실세금리에는 중앙은행이 공금리 수준을 조정하면 공금리를 따라 오르내리는 속성도 있다. 이처럼 실세금리가 공금리를 따라 움직이는 속성을 중앙은행은 시중 통화량을 조절할 때 요긴하게 써먹는다. 중앙은행이 정책 의지를 갖고 시중 통화량을 늘리려 할 때는 공금리를 낮춰 실세금리 인하를 유도한다. 거꾸로 시중 통화량을 조이려 할 때는 공금리를 높여 실세금리 인상을 유도한다.

실세금리 움직임, 뭘 보면 알 수 있나

실세금리, 곧 시장금리 추이를 알려면 뭘 봐야 할까?

금융시장에서는 실세금리 움직임을 알기 위해 몇 가지 금융상품 거래에 적용되는 금리를 골라 대표 지표로 쓴다. 곧 지표금리인데, 지표물·시장지표·시장지표금리·실세금리지표 등 여러 가지 이름으로 부른다. 한번 정했다고 늘 대표 지표로 쓰는 것은 아니고, 경제나 금융 상황에 따라 다른 금리로 바꾸기도 한다. 2024년 10월 현재 우리나라 금융시장에서 가장 흔히 쓰는 지표금리는 국고채(國庫債, national treasury bond, Korea treasury bond) 금리와 회사채(會社債, corporate bond) 금리다.

국고채는 중앙정부가 재정자금을 마련하기 위해 발행하는 채권이다. 중앙정부가 발행하는 몇 가지 다른 채권과 함께 국채(國債, government bond)에 속한다. 국채는 중앙정부가 발행하고 원리금 상환을 책임지는 채권이다. 국채 중에서도 국고채는 발행 금액이 가장 크고 국내에서 가장 많이 거래되므로 국채의 주종으로 통한다.

우리나라 국고채는 국채법과 공공자금관리기금법 등 법률에 따라 국회 의결을 받고 기획재정부 장관이 공개시장에서(즉 금융기관을 통해) 시장금리로 발행하게 돼 있다. 시장금리로 발행하지만 정부가 원리금 상환을 보증하므로 채권 중에서 가장 안전하고 금리 수준도 가장 낮다. 이자율, 발행 규모, 상환 만기를 달리해 1년물(만기 1년짜리), 2년물, 3년물, 5년물, 10년물, 20년물, 30년물, 50년물 등 여러 종류를 발행한다. 이 중 3년물이 시장에서 가장 활발히 유통되므로 국채와 국고채의 금리 수준, 그리고 우리나라 시장금리 수준을 나타내는 대표 지표로 쓰인다. 우리나라의 시장금리라 하면, 3년 만기 국채 금리 또는 국고채 금리로 통한다는 얘기다.

회사채는 기업이 사업 자금 마련을 위해 발행하는 채권이다. 흔히 줄여서 사채(社債)라고도 부른다. 1년, 2년, 3년, 5년짜리 등 여러 가지를 발행하고, 역시 3년물을 주로 지표금리로 쓴다. 보통 때 금리 수준은 국고채보다 높다.

국고채와 회사채 금리를 포함한 지표금리는 우리나라의 경우 금융투자협회 채권정보센터가 매일 오전과 오후 두 차례 고시한다. 보기 기사도 금융투자협회가 고시한 국고채와 회사채의 금리 동향을 전한 예다.

기사독해

[데이터로 보는 증시] 채권 수익률 현황(5월 28일)

28일 채권 금리는 하락 마감했다. 이날 금융투자협회에 따르면 3년 만기 국고채 금리는 전일보다 1.9bp(1bp=0.01%포인트) 내린 연 3.394%에 장을 마쳤다. 10년물 금리는 연 3.481%로 1.7bp 하락했고 20년물은 1.2bp 내린 연 3.431%를 나타냈다. 3년 만기 회사채 AA−와 BBB− 금

서울경제
2024.5.28

리는 전일대비 각각 2.3bp, 2.4bp 내린 연 3.828%, 연 9.979%(연중 최저치)를 나타냈다.

회사채는 왜 신용 낮을수록 금리가 높나

회사채는 상환 만기가 같아도 신용등급에 따라 금리 수준이 다르다. 신용등급이란 신용평가회사가 신용을 평가해서 매기는 등급이다. 신용평가회사는 저마다 조금씩 체계가 다르기는 하지만 대개 신용이 높은 순으로 회사채에 AAA, AA+, AA⁰, AA-, A+, A⁰, A-, BBB+, BBB⁰, BBB-, BB+, BB⁰, BB-, B, CCC, CC, C, D 식으로 등급을 매긴다. 보통 BBB+~BBB⁰급 안팎을 경계로 알파벳 순서가 앞쪽(A 쪽)이면 우량 채권, 뒤쪽(C 쪽)이면 비우량 채권이다.

앞서 나온 기사에 따르면, 같은 3년 만기 회사채라도 AA- 등급은 금리가 연 3.828%인데 BBB-는 9.979%다. 신용등급이 낮은 것이 높은 것보다 금리가 높다는 걸 확인할 수 있다. 이렇게 회사채 금리는 신용등급이 낮을수록 높아진다. 왜 그럴까?

신용등급과 신용 위험이 반비례하기 때문이다.

상거래나 금융시장에서 신용(credit)이란 돈을 빌려 쓴 다음 제때 갚을 의사와 능력이 어느 정도인지를 평가하는 척도다. '신용이 좋다'면 채무자가 빚을 제때 갚을 의사와 능력이 충분하다는 뜻이다. '신용이 좋지 않다'면 빌려 간 돈을 제때 갚을 능력이나 의지가 약하다는 뜻이다. 신용등급은 신용의 정도, 곧 신용도를 평가해서 매기는 등급이다. 신용등급이 높다면 신용, 곧 신용도가 높다는 뜻이다.

한편 신용 위험(credit risk)은 채무자가 채권자에게 원리금을 제때 갚지 못할 가능성, 곧 채무불이행 위험을 뜻한다. 신용도가 높으면 신용 위험은 낮다.

신용평가사는 채권의 신용 위험, 곧 발행사가 채권 원리금을 제때 다 갚지 못할 위험이 높다고 판단하면 신용등급을 낮게 매긴다. 신용등급이 낮게 평가된 채권은 수요자에게 더 높은 금리로 보상을 해줘야(곧 리스크 프리미엄을 더 줘야) 금융시장에서 발행이나 매매가 가능하다. 그래서 상환 만기가 같더라도 신용도가 높은 AA- 등급에 비하면 신용도가 낮은 BBB- 등급 회사채의 금리가 더 높다. 이처럼 회사채 금리는 신용 위험을 반영해서 신용도가 낮을수록 높아진다.

신용평가사가 우량 채권으로 평가한 회사채는 발행금리를 상대적으로 낮게 매길 수 있다. 반면 비우량 채권으로 평가된 회사채를 발행할 때는 채권 수요자에게 금리를 더 줘야 한다. 그만큼 발행사로서는 채권 발행으로 자금을 마련하는 데 부담이 커진다. 투자자가 투자할 채권을 고를 때도 신용등급을 중시한다. 이래저래 채권 발행사에게는 신용등급 평가가 중요한 문제다.

신용평가, 누가 어떻게 하나

금융기관이 고객에게 돈을 빌려줄 때는 고객 신용을 평가해서 대출 조건을 달리한다. 신용이 좋으면 금리를 낮춰주고, 신용이 나쁘면 비싼 금리를 제시한다. 신용을 이유로 아예 안 빌려주기도 한다.

금융회사로서는 신용에 따라 거래 고객을 차별하는 게 당연하다. 신용이 나쁜 상대에게 돈을 빌려주었다간 손해 볼 수 있기 때문이다. 혹 거액을 떼이기라도 하면 대출해준 회사가 망할 수도 있다. 금융회사가 망하면 대개 수많은 거래 고객과 투자자가 낭패를 본다. 회사 규모가 클 때는 금융 거래 전반에 큰 파장과 혼란이 생길 수 있다. 그런 일 없이 금융거래가 원활하게 이뤄지려면 평소 금융회사가 거래 상대의 신용을 제대로 평가해야 한다. 그런데 거래 상대의 신용을 어떻게 평가하나?

금융기관 입장에서도 쉽지 않은 문제다. 개인 고객 상대로는 그나마 낫지만, 기업이나 다른 금융기관을 상대로 한 신용평가는 어려울 때가 많다. 금융시장이 지금처럼 지구 곳곳을 연결한 네트워크로 복잡하게 얽혀 있는 상황에서는 더 그렇다. 그래서 신용평가(credit rating)는 신용평가만 전문으로 하는 민간 기업이 맡아서 한다.

우리나라에도 민간 신용평가회사가 활동하고 있다. 신용평가사는 일반 기업이나 금융사 등을 상대로 신용을 평가하고 신용 정보를 제공한다. 신용평가를 의뢰한 기업이 발행하는 회사채나 기업어음의 신용도를 조사해서 상환 능력이 높은 순으로 등급을 매기고 평가 수수료를 받는다.

신용평가체계는 평가 회사나 평가 대상마다 다르지만, 대강 보기와 같은 형식으로 되어 있다. 보기는 국내 신용평가사 중 한 곳에서 공개한 회사채 평가 등급 체계다. 원리금 지급 능력을 기준으로 회사채를 10개 등급으로 분류했다.

한국신용평가 회사채 평가 등급 체계

AAA	원리금 상환 가능성이 최고 수준이다.
AA	원리금 상환 가능성이 매우 높지만, 상위 등급(AAA)에 비해 다소 열위한 면이 있다.
A	원리금 상환 가능성이 높지만, 상위 등급(AA)에 비해 경제 여건 및 환경 변화에 따라 영향을 받기 쉬운 면이 있다.
BBB	원리금 상환 가능성이 일정 수준 인정되지만, 상위 등급(A)에 비해 경제 여건 및 환경 변화에 따라 저하될 가능성이 있다.
BB	원리금 상환 가능성에 불확실성이 내포되어 있어 투기 요소가 있다.
B	원리금 상환 가능성이 상당히 불확실해 상위등급(BB)보다 투기 요소가 크다.
CCC	채무불이행의 위험 수준이 높고 원리금 상환 가능성이 의문시된다.
CC	채무불이행의 위험 수준이 매우 높고 원리금 상환 가능성이 희박하다.
C	채무불이행의 위험 수준이 극히 높고 원리금 상환 가능성이 없다.
D	상환 불능 상태.

※ AA부터 B등급까지는 +, - 부호를 붙여 동일 등급 내 우열을 나타낸다.
(자료: 한국신용평가 홈페이지 2024.11.14)

신용평가, 어떻게 기업 생사 좌우하나

신용평가는 금융거래에 미치는 영향이 크다. 금융기관이나 투자자가 상대에게 돈을 빌려줄지 말지, 투자할지 말지, 채권 이자는 얼마나 받을지 등을 결정할 때 두루 신용평가 정보를 참고하기 때문이다.

신용평가를 좋게 받는 기업은 회사채나 기업어음을 발행해서 사업 자금을 마련하기가 쉬워진다. 빚을 내더라도 이자 부담이 적어진다. 반대로 신용등급이 깎이면 자금 마련이 어려워진다. 융자 이자 부담이 커진다든지 투자나 융자를 거절당할 수도 있다. 그러니 자금 수요자라면 평소 신용 관리를 잘해야 한다. 기업뿐 아니라 금융기관이나 정부도 늘 국내외에서 자금을 빌리므로 평소 신용 관리가 중요하다.

기업에게는 특히 차환(借換, refunding, refinancing) 때 신용평가가 중요하다. 차환이란 회사채 상환 만기가 왔을 때 또 다른 채권을 발행함으로써 새로 빚을 내 이전 빚을 갚는 방식으로 채무 상환을 연장하는 것이다. 차환을 위해 새 채권을 발행하려면 신용평가사로부터 신용평가를 잘 받아야 한다. 신용등급을 높게 받으면 새로 채권을 발행해 차환 자금을 마련할 수 있지만, 신용등급을 낮게 받으면 새 채권 발행이 어려워질 수 있다. 다음 기사에서 차환이 어떻게 이뤄지는지 보자.

기사독해

광동제약, 회사채 150억 발행… 부채 상환 예정

광동제약이 채무상환 및 삼다수 구매대금 확보를 위해 150억원 규모의 회사채를 발행한다. … 이번 제56회 무보증사채 발행예정금액은 150억원 규모로 이중 100억원은 앞서 2018년 5월에 발행한 55차 회사채 100억원 차환에 사용할 예정이다. 나머지 50억원은 삼다수 구매대금 등 운영자금에 투입한다. … 광동제약은 한국기업평가(4월5일)와 NICE신용평가(3월30일)로부터 각각 회사채 신용등급을 획득했다. 55차 이자율은 2.939%이다.

프레스나인
2021.4.09

광동제약은 제약회사이면서 F&B(Food and Beverage, 식음료) 영업도 겸하는 국내 기업이다. 2012년부터는 제주특별자치도개발공사가 생산하는 생수 '삼다수'도 도매로 사들여 팔고 있다. 보기 기사에 따르면 광동제약은 회사채를 새로 발행해 150억 원을 마련할 생각이다. 계획대로 자금이 마련되면 50억 원은 삼다수 구매 등에 쓰고, 100억 원은 차환에(곧 전에 회사채를 발행해서 얻은 빚을 갚는 데) 쓸 예정이다.

광동제약이 차환 등을 위해 새로 발행하는 채권은 무보증사채다. 무보증사채(무보증 회사채, 무보증채)는 보증사채(보증 회사채, 보증채)와 상대되는 개념이다. 회사채에는 금융기관이나 보증회사 등이 지급보증을 해준 보증채와, 지급보증이 없는 무보증채가 있다. 보증채는 발행사가 혹 채권 원리금을 내주지 못할 경우 금융기관 등이 대신 지급해준다. 투자자가 안심하고 투자할 수 있다. 반면 무보증채는 지급보증이 없으니 그대로는 투자자가 안심하고 투자하기 어렵다. 그래서 무보증채는 국내 자본시장법(자본시장과 금융투자업에 관한 법률)상 최소한 2개 신용평가사로부터 우량 등급, 곧 투자 적격이라는 평가를 받아야 발행할 수 있게 돼 있다. 광동제약 채권은 투자 적격인 A⁰ 등급 평가를 받았으니 차환용 회사채 발행에 문제가 없는 셈이다.

신용평가사로부터 투자 적격 평가나 금융기관 등의 보증을 받지 못해 차환에 실패하는 기업은 빚을 갚지 못해 도산 위기에 빠질 수 있다. 그래서 어떤 회사는 자금 사정이 나빠져 신용등급이 낮아질 우려가 있다고 판단될 때, 당장 빚을 갚을 필요가 없더라도 차환용 회사채를 발행해 선제적으로 빚을 줄이기도 한다. 신용등급 강등에 대비해 미리 자금을 조달해두려는 의도다. 그런 사례를 전한 예가 보기 기사다.

한온시스템, 선제적 리파이낸싱 '신용등급 강등 대비'

한온시스템이 올해 만기가 도래하는 회사채를 리파이낸싱(차환)하기 위해 선제적으로 현금을 조달한 점이 '신의 한 수'가 될 전망이다. 불안정한 재무구조가 지속하면서 신용등급 하방 압력이 거세지고 있는 만큼 자금조달 부담을 사전에 낮춘 것이기 때문이다. … 한온시스템은 올해 중으로 2019년 6월 발행한 2700억원 규모의 5년물과 2021년 9월의 1700억원 규모 3년물의 만기가 도래한다. 한온시스템은 해당 회사채들을 리파이낸싱(차환)할 계획이다. 이를 위해 한온시스템은 지난 2월 총 4000억원 규모의 무보증 사채를 찍어냈다. 통상 만기 한 달 전에 차환용 회사채를 발행한다는 점에서 매우 빠른 움직임이다. … 업계에서는 한온시스템의 발 빠른 리파이낸싱을 신용등급 하락 가능성을 염두에 둔 행보라고 분석한다. … 신평사들이 지난해 말부터 일제히 한온시스템의 무보증사채 신용등급 전망을 AA-(안정적)에서 AA-(부정적)으로 내린 점은 우려를 더한다. … 한온시스템의 신용등급이 AA-에서 A+로 하향 조정될 경우 자금조달 난이도는 높아질 수밖에 없다.

딜사이트
2024.4.25

채권 차환에 실패하는 기업이 많아서 대규모 기업 도산이 발생하면 금융기관이 거액 빚을 떼인다. 떼인 채권은 부실채권으로 남아 금융기관마저 경영위기로 몰아넣기 일쑤다. 금융기관도 평소 빚을 져가며 마련한 자금으로 융자나 투자를 해서 돈을 버는데, 거액 채권을 떼이면 부도를 내거나 도산할 수 있기 때문이다.

금융기관이 쓰러지면 다음 차례는 기업과 개인을 포함한 일반 고객이다. 금융기관 중에서도 은행처럼 덩치 큰 기업이 망하면 금융이 마비되는 위기, 곧 금융위기가 발생할 수 있다. 그럼 파장이 전 국민에게 미치므로 정부가 나설 수밖에 없다. 정부가 나설 때는 공적자금을 조성한다. 공적자금이란 국회 의결을 거쳐 공익 목적으로 조성하는 자금이다. 금융기관의 빚이나 손실을 대신 메워 금융위기를 넘기는 데 쓴다. 일단 위기를 넘기고 나서 정부가 금융기관 구조조정을 이끌어 장기적으로 빚과 손실을 회수한다.

신용평가, 어떻게 나라 경제 흔드나

기사독해

WSJ "이탈리아 채권, 등급 강등 위험 피하며 급등"

이탈리아 채권이 신용평가사 S&P의 등급 강등 위험을 피하며 급등하고 있다고 27일 월스트리트저널(WSJ)이 보도했다. 몇몇 전문가들의 예상과 달리 S&P는 이탈리아 국채 등급을 하향 조정하지 않았고 이 소식에 국채가 상승하며 이탈리아의 10년물 국채 금리는 현재 1.903%에서 1.747%로 떨어졌다. 이는 3월 중순 세계 시장 혼란이 극심할 당시 2.364%와 비교했을 때 크게 낮은 것이다.

연합인포맥스
2020.4.28

신용평가회사 S&P가 이탈리아 국채 신용등급을 낮추지 않았다고 전한

기사다.

채권은 신용도 하락이 곧바로 가격 하락을 부른다. 채권 신용이 떨어진다는 것은 곧 발행자가 원리금을 제때 갚지 못할 가능성이 높아진다는 뜻이기 때문이다. 그래서 신용도가 떨어진다 싶은 채권은 채권시장에서 이내 매도세가 활발해지고 시세가 떨어진다. 실제로 채권 가격이 떨어지기 시작하면 나머지 투자자도 매도에 가세하기 마련이다. 가격이 더 떨어지기 전에 서둘러야 그나마 손실을 줄일 수 있기 때문이다. 국채의 경우 신용도가 떨어지면 해외 투자자가 투매(投賣, panic-selling)에 나서기도 한다. 팔면 손해지만 그나마 손실을 줄이려고 헐값에 팔아치우는 것이다.

채권 신용도가 떨어지면 만기가 돌아오는 대로 상환 요구가 들어온다. 차환을 기대했던 발행자는 갑자기 원리금 상환을 위해 거액 자금을 마련해야 하는 처지로 몰린다. 차환을 목적으로 새로 채권을 발행하려 해도 금리를 더 줘야 한다. 신용도가 떨어진 만큼 발행 비용이 더 드는 셈이다. 정부든 기업이든 마찬가지다. 그래서 국채 신용도가 떨어지면 국채 금리가 오른다. 그럼 시중금리도 따라 오르게 마련이다. 국채 금리는 국내 금융시장에서 통용되는 여러 금리의 기초, 곧 기본금리 역할을 하기 때문이다. 국채 금리를 따라 시장금리도 오르면 경제에 충격이 미칠 수 있다.

보기 기사의 배경이 된 2020년 봄, 이탈리아 경제는 코로나 사태가 닥치는 바람에 관광 산업을 필두로 큰 타격을 받았다. 이탈리아 정부 발행 국채를 보유한 투자자 일부는 신용평가사 S&P가 곧 이탈리아 국채 신용등급을 투기 등급으로 낮추리라고 예측하고 대거 팔아치웠다.

그 결과 이탈리아 국채 시세는 급락했고 금리는 급등했다. 하지만 정작 S&P는 유럽중앙은행(ECB)이 이탈리아 채권시장을 지지하고 있다면서 이탈리아 국채 신용등급을 강등하지 않았다. 이탈리아 국채 시세는 반등했고 금리는 도로 내렸다.

신용평가사 S&P는 일개 민간 기업인데 어떻게 각국의 경제 신용도를 평가하고 국채 시세와 금리를 움직일까?

신용평가회사의 신용도가 핵심이다. 신용평가회사는 많지만 신용도는 저마다 다르다. 그중 신용평가 솜씨를 인정받아 세계 3대사로 손꼽히는 곳이 S&P(S&P Global Ratings, 구 Standard & Poor's), 무디스(Moody's Investors Service, Inc. MIS), 피치(Fitch Ratings, Inc.)다. 셋 다 미국 뉴욕에 본사를 두고 있다. 미국 증권 업무를 감독하는 독립 관청 SEC(U.S. Securities and Exchange Commission, 미국증권거래위원회)가 공인한 국가공인신용평가기관 NRSRO(Nationally Recognized Statistical Rating Organization)이기도 하다. NRSRO에 등록된 신용평가사는 2024년 6월 현재 S&P, 무디스, 피치를 포함해서 단 10개다. 무디스와 피치는 각기 우리나라 주요 신용평가사인 한국신용평가와 한국기업평가를 계열사로 두고 있다.

S&P 같은 메이저 신용평가사는 평소 각국 금융기관과 기업을 대상으로 장·단기 신용등급을 매기고, 정기 또는 수시로 신용을 재평가해 등급을 조정하고 발표한다. 투자가로부터 의뢰를 받고 특정 금융회사나 기업의 신용 상태를 조사해주기도 한다. 금융회사나 일반 기업뿐 아니라 각국 정부를 상대로도 국가신용등급, 곧 국가신용도(country risk)를 매겨 공표한다.

국가신용도를 평가할 때는 국가별로 경제나 정치 상황을 파악할 수 있는 거시경제 변수, 금융 동향, 정부 정책 관련 자료를 수집하고 분석한다. 해당국을 방문해서 정부와 주요 민간 기업 관계자를 면담하고 현장 실사도 한다. 이렇게 해서 신용평가사가 발표하는 국가신용도는 각국 금융기관과 기업, 정부, 국제금융기구가 융자나 투자 관련 판단을 할 때 주요 자료로 활용한다.

메이저 신용평가사가 국가신용도를 어떻게 평가하느냐는 매우 중요하다. 국가신용도에 따라 국민경제가 자금을 조달하는 비용에 큰 차이가 생기기 때문이다.

현대 국가는 거액이 오가는 수출입과 금융거래를 많이 한다. 거액 재화와 자금을 글로벌 시장에서 거래하려면 국제금융시장에서 외화 자금을 원활히 융통할 수 있어야 한다. 외화 자금 융통은 신용평가사가 만들어내는 신용평가를 전제로 한다. 투자자 쪽에서, 투자 대상의 신용을 평가한 믿을 만한 정보를 원하기 때문이다.

만약 신용평가사가 특정 기업, 금융기관, 국가(정부)의 신용등급을 낮춘다고 해보자. 그럼 해당 기업, 금융기관, 정부는 당장 국내외 금융기관에서 투·융자를 받으려 할 때 까다로운 조건에 부딪히게 된다. 대출금리를 더 내야 하거나 아예 자금 융통과 투자를 거절당할 수도 있다.

신용등급 조정은 가산금리(spread)에도 직접 영향을 끼친다. 가산금리란 금융기관 등에서 자금을 빌려줄 때 주로 신용도의 차이에 따라 덧붙이는 금리다. 신용등급이 낮아진 기업, 금융기관, 정부가 자금을 빌릴 때는 가산금리가 오른다. 가산금리가 오르면 해외 자금 융통에 따르는 이자 부담이 커진다.

가령 신용등급이 한 단계 낮아진 내국 은행이 외국은행에서 자금을 빌릴 때 가산금리가 연 0.05% 더 붙는다 치자. 연 0.05%라면 얼마 안 되는 것 같지만 금액으로 보면 크다. 국제 금융거래는 자금 규모가 커서 미세한 이율로도 금액이 급변하기 때문이다. 채권을 10억 달러어치 발행할 때 가산금리가 연 0.05%라면 이자로 연간 50만 달러를 더 줘야 한다. 외화 자금 차입액이 클 때는 가산금리 0.01% 차이가 연간 수억, 수십억 원대 이자 지출을 좌우할 수 있다. 국가 차원에서 갚아야 하는 외채 이자 역시 가산금리 등락에 따라 거액이 왔다 갔다 한다.

요컨대 메이저 신용평가사가 평가하는 국가신용도는 국민경제의 자금 조달 비용에 큰 차이를 만든다. 신용등급이 오르면 융자 조건이 완화되지만, 신용등급이 떨어지면 융자 조건이 빡빡해진다. 그렇다 보니 때로는 신용평가사가 국가신용등급을 떨어뜨리는 것만으로 나라 경제가 타격을 입는 일도 생긴다. 신용평가사의 신용도 평가가 국가 경제를 좌우할 수도 있다는 얘기다.

실제로 우리나라가 그런 일을 당했다. 1997년 말 우리나라는 보유 외환이 크게 부족해져 대외 거래를 못 할 지경, 곧 외환위기를 맞았다. 위기 조짐이 나타나자 내국 기업 · 금융기관의 대외 금융거래가 일제히 어려워졌고, 주가 폭락과 외국인 투자의 대거 이탈에 이어 수출입 거래가 막히면서 물가가 급등했다. 그런 와중에 S&P와 무디스 등이 우리나라 신용등급을 일거에 6~12단계나 떨어뜨려 위기가 가속됐다.

그때나 지금이나 '신용평가사가 매기는 신용도가 공정하고 정확한가'를 둘러싼 논란은 있다. 그렇지만 국제금융시장에서 신용평가의 영향력은 여전하다. 시장 현실에 적응하려면 기업이든 국가든 신용평가를 의식해서 경영할 수밖에 없다. 단지 적응하는 데 그칠 게 아니라 신용평가를 전략적으로 활용하는 대응도 필요하다. 나라 경제가 성장하면 대외 거래 규모와 함께 외화 자금 수요가 커지는 법이고, 외화 자금을 원활히 확보하려면 기업·금융기관·정부 모두에 양호한 신용등급이 필요하기 때문이다. 좋은 신용등급을 유지하려면 기업이나 정부나 경제를 잘 꾸려 안정 속에 성장하는 모습을 보여야 한다.

회사채와 국채 간 금리 차 커지면 왜 채권이 위험해지나

금융가에서는 금리 차를 흔히 스프레드(spread), 금리 스프레드 또는 이자율 스프레드라고 부른다. 금리 스프레드가 어떻게 움직이는지 알면 금융시장 흐름을 읽는 안목이 좋아진다.

스프레드 중에서도 회사채 스프레드와 신용 스프레드(credit spread)가 중요하다. 회사채 스프레드는 회사채와 국채 간 금리 수준 차이를, 신용 스프레드는 신용도가 낮은 채권과 높은 채권 간 금리 수준 차이를 뜻한다. 신용 스프레드는 본래 채권 종류에 상관없이 신용도가 다른 채권 간 금리 차를 가리켜 두루 쓸 수 있는 말인데, 금융시장에서는 흔히 회사채 스프레드와 같은 뜻으로 쓴다. 여러 가지 신용 스프레드 중에서도 회사채 스프레드 추이가 금융시장 흐름을 가장 잘 보여주는 지표로 통하기 때문이다.

회사채 스프레드 흐름을 좌우하는 것은 회사채 금리 수준이고, 회사채 금리 수준을 좌우하는 가장 큰 변수는 주로 경기 흐름이다. 대개 회사채는 경기가 나빠지면 금리가 오른다. 경기가 나빠지면 기업이 경영난에 빠져 회사채 원리금을 제때 갚지 못할 위험, 곧 신용 위험이 커지고, 그만큼 채권자가 금전 보상을 더 달라고 요구하면서 채권 금리를 올려주는 기업이 늘어나기 때문이다.

채권 발행자가 투자자에게 당초 약속한 금리에 추가하는 금리 보상을 프리미엄(premium)이라 한다. 투자자가 발행사에 프리미엄을 요구하고 관철하는 사례가 늘어나면 회사채 금리 전반이 오른다. 그럼 회사채와 국채 간 금리 차가 벌어지므로 회사채 스프레드 값이 커진다. 회사채 스프레드가 커진다는 것은 회사채 발행사가 채권을 상환하지 못할 위험이 커졌다는 뜻이다. 기업의 신용도가 나빠졌고, 신용 위험이 커졌고, 부도 위험이나 신용 스프레드가 커졌다(확대됐다, 상승했다)는 뜻이다. 반대로 회사채 스프레드가 작아진다는 것은 신용 위험 또는 부도 위험도 낮아졌다는 뜻이다.

결국 회사채 스프레드 추이를 보면 기업이 회사채 원리금을 갚지 못할 위험이 높아지는지, 회사채의 신용 리스크(기업 신용도)가 나빠지는지 쉽게 알 수 있다.

보기 기사도 회사채 스프레드가 커지면서 기업의 신용 위험이 높아진 상황을 전한 예다.

**불안한 4월 회사채 시장 '만기 6.5조'…
당국 불안 차단 골머리**

신종 코로나바이러스 감염증(코로나19) 사태로 회사채 시장이 얼어붙을 기미를 보이자 금융당국이 긴장하고 있다. … 코로나19 사태를 맞아 기업의 자금 조달 환경이 악화되는 신용경색 징후가 나타나고 있다. 금융투자협회에 따르면 3월1일부터 20일까지 전체 회사채 순발행액은 1조769억원이었다. 지난해 같은 기간 회사채 순발행액 3조162억원의 36%에 그쳤다. … 회사채 순발행액이 급감한 것은 일단 회사채 금리와 국고채 금리 차이인 스프레드가 연일 상승한 데 따른 영향으로 읽힌다.

뉴스1
2020.3.22

기사에 따르면 회사채 순발행액이 급감했다. 회사채 순발행액이란 기업이 회사채를 발행한 금액에서 만기 상환액을 뺀 액수다.

보통 경기가 확대되고 기업이 잘나갈 때는 채권 순발행액이 커진다. 기업이 투자 이익을 키우려고 채권 발행을 늘려 사업 자금을 더 많이 마련하기 때문이다. 채권자도 신규 발행 채권 매수나 만기 채권 재투자에 선뜻 나선다. 그래서 채권 순발행액이 늘면 기업이 사업 자금을 순조롭게 마련하고 있다는 뜻으로 읽는다.

반대로 경기가 침체하고 기업이 돈벌이를 잘 못할 때는 채권 순발행액이 줄어든다. 기업이 투자할 데가 마땅치 않다 보니 회사채 발행을 늘리지 않아서다. 설사 자금이 필요하다 해도 투자자가 채권 매수나 재투자에 선뜻 응하지 않는다. 그래서 채권 순발행액이 줄면 기업의 사업 자금 마련이 어려워졌다거나 자금 사정이 나빠졌다고 풀이한다.

보기 기사 말미에는 회사채 스프레드가 연일 상승해서 회사채 순발행액이 급감했다는 해석도 붙어 있다. 기사가 전한 대로, 회사채 스프레드가 올라 순발행액이 급감한 경위를 분석해보면 대충 이렇다.

① 코로나 사태가 발생해 경기 전망이 나빠졌다. → ② 투자자가 채권 매수나 재투자에 선뜻 응하지 않으면서 회사채를 발행해 사업 자금을 마련하기가 어려워졌다. → ③ 더 높은 금리로 채권을 발행해서라도 자금을 마련하려는 기업이 늘어난 결과 회사채 금리가 올랐다. → ④ 회사채 금리가 오른 결과 회사채와 국채 간 금리가 벌어지면서 스프레드, 곧 회사채 스프레드가 커졌다. → ⑤ 회사채 스프레드가 커진 만큼 회사채 발행사가 채권을 상환하지 못할 위험이 커져서 투자자가 채권 매수를 꺼린다. → ⑥ 회사채 순발행액이 급감했다.

보기 기사는 회사채 순발행액이 줄어든 것을 '회사채 시장이 얼어붙을 기미'로 보고 금융 당국이 긴장했다고도 전한다. 금융 당국이 왜 긴장하나?

회사채 거래가 잘 안 되어 기업이 자금을 구하지 못하면 만기 채권을 갚지 못해 부도를 낼 위험이 커지기 때문이다. 그대로 가면 연쇄 부도와 대량 실업을 동반한 경기 악화로 이어질 수 있으니 긴장할 수밖에 없다.

회사채는 위험한가

점점 커지는 위험자산 선호 심리…
회사채 스프레드, 코로나前 수준 축소

기업 신용위험을 나타내는 회사채 스프레드(국고채와의 금리 격차)가 최근 눈에 띄게 축소되고 있다. 신용등급이 'AA−'

이상인 우량 회사채 스프레드는 신종 코로나바이러스 감염증(코로나19)이 발생하기 전 수준까지 좁혀졌다. 경기침체에 대한 불안감이 걷히면서 투자자들의 위험자산 선호심리가 강해진 영향이 반영됐다는 분석이다. … 정부의 공격적인 경기부양책과 코로나19 백신 개발 등으로 불황에 대한 우려가 줄어들자 투자자들이 우량등급 위주로 회사채 투자를 차츰 늘리고 있다.

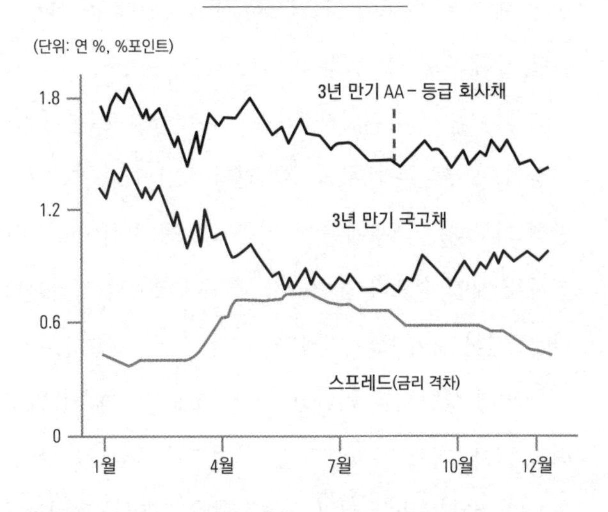

한국경제
2020.12.15.

투자자가 미래 경기를 낙관하면서 위험자산, 곧 회사채 투자를 늘린 결과 회사채 스프레드(회사채와 국채의 금리 격차)가 작아졌다고 전한 기사다. 회사채를 위험자산으로 평가했는데, 맞는 걸까?

위험자산이란 시세가 늘 변하는 점을 이용해 수익을 얻을 목적으로 매매하는 자산이다. 매매 기간별 수익률이 미리 정해져 있지 않고 투자

원금 손실 위험이 따른다.

위험자산 투자에 따르는 위험은 주로 세 가지다. 채무자로부터 채권 원리금을 돌려받지 못해 손해 볼 가능성을 뜻하는 채무불이행 위험(신용 위험, 곧 크레딧 리스크), 시장가격 변동으로 손해 볼 가능성을 뜻하는 시장 위험(가격 위험, 곧 마켓 리스크market risk), 인플레이션으로 자산의 실질 가치가 변해서 손해 볼 가능성을 뜻하는 구매력 변동 위험(구매력 위험purchasing power risk 또는 인플레이션 위험inflation risk) 등이다. 채권은 이들 세 가지 위험이 다 있으니 위험자산에 속한다. 다만 어떤 채권이냐에 따라 위험 정도에는 차이가 있다.

국채는 흔히 무위험자산(risk-free asset) 또는 안전자산으로 불린다. 시장이 '정부에는 채무불이행 위험이 거의 없다'고 평가하기 때문이다. 반면 회사채는 국채에 비해 위험도가 큰 자산이다. 이런 인식을 전제로 회사채 매입 수요가 늘어나자 '투자자의 위험자산 선호 심리가 높아졌다'고 전한 것이 보기 기사다.

2020년 상반기 우리나라에서는 코로나 사태가 발생해 경기 악화 우려가 컸다. 하지만 하반기 들어 정부가 적극 경기부양책을 폈고, 백신이 개발되자 불황 우려가 줄어들었다. 그러자 우량 등급 위주로 회사채 투자가 늘었고, 그 결과 우량 회사채는 금리가 낮아졌다. 우량 회사채 금리가 낮아지면서 회사채와 국고채의 금리 격차(곧 회사채 스프레드)도 눈에 띄게 줄었다.

시장금리, 뭐가 올리고 내리나

자본주의 시장에서는 돈도 상품이다. 돈을 빌리려면 금리라는 대가를 치러야 한다. 금리는 돈이라는 상품에 붙는 가격, 곧 '돈값'인 셈이다.

시장에서 상품 가격은 상품 수급에 따라 정해진다. 시장금리도 여느 상품 가격과 마찬가지로 돈이라는 상품의 수급에 따라 달라진다. 돈 수요가 공급보다 많으면 오르고, 돈 공급이 수요보다 많으면 떨어진다.

돈 수급이 시장금리 수준을 결정한다면, 돈 수급에 영향을 미치는 것은 뭘까?

기업 자금 수요, 경기 전망, 물가 전망, 저축률 등 여러 가지가 있다. 그중에서도 기업 자금 수요와 경기 전망이 큰 영향을 미친다. 금융시장 내 수요에서 가장 비중이 큰 것이 기업의 자금 수요인데, 기업 자금 수요는 주로 투자가 얼마나 왕성한지에 달렸고, 기업 투자 수요는 주로 경기 전망에 좌우되기 때문이다.

많은 기업이 미래 경기를 낙관하고 사업과 투자로 높은 수익을 기대할 때는 시중 자금 수요가 커진다. 자금 수요가 커질수록 금융기관에는 자금 여유가 줄어들기 때문에 시장금리가 오른다. 반면 경기가 하강 중이거나 미래 전망이 불투명할 때는 기업이 투자를 늘리지 않는다. 그 결과 자금 수요가 줄고 은행 등 시중에 돈이 남아돌면서 시장금리가 내린다.

물가나 물가 전망도 시중 자금 수급을 통해 시장금리에 영향을 미치는 주요 변수다. 물가가 오르면 생산자와 소비자 모두 원재료나 제품의 값이 더 비싸지기 전에 사놓자고 생각하게 된다. 은행 돈을 빌려서라도 물건과 재료를 미리 사두려는 자금 수요가 늘고, 금리가 비싸도 돈을 빌리려는 수요가 커진다. 그럴수록 은행 등에는 빌려줄 자금이 줄어들고, 결국 시장금리가 오른다.

물가 상승세가 직접 돈 가치를 떨어뜨리기 때문에 금리를 밀어 올리는 메커니즘도 있다. 물가가 오르면 돈을 빌려준 쪽은 이자액의 실질가치가 떨어져 손실을 본다. 그래서 물가 상승이 예상될수록 금융시장은 높은 금리를 요구한다. 금리 인상 요구가 확산되다 보면 시장금리가 오른다.

국민의 저축 성향도 시중 자금 수급을 통해 금리를 좌우한다. 은행 등 주요 금융기관은 영업에 필요한 자금을 주로 가계 저축에 의존하는데, 경기가 나빠 가계 경제가 부진하면 저축이 줄어든다. 호경기 때 소비가 늘어도 마찬가지로 저축이 줄어든다. 가계가 저축을 줄이면 은행 등은 보유 자금과 대출 여력이 줄어드는 만큼 영업이익이 줄기 쉽다. 이익 감소를 막으려면 예금금리를 올려 영업자금을 확보하고 대출금리도 올려야 한다. 실제로 은행이 금리 인상에 나서면 나머지 금융기관에도 금리 상승세가 파급되어 시장금리 전반이 오른다.

돈값은 몸놀림이 자유로워야 싸다?

금리를 좌우하는 기본 요인은 자금 수급인데, 하나 더 보탠다면 유동성(liquidity)을 들 수 있다. 유동성이란 현금이나 현금에 가까운 정도를 말한다. 얼마나 빨리, 쉽게 현금으로 바꿀 수 있느냐 하는 것이다.

유동성을 따지면, 신용카드를 비롯해 상거래에서 흔히 쓰는 지급 수단 중 현금만 못한 것이 많다.

수표만 해도 그렇다. 동네 가게에서 물건을 사고 수표를 쓰려 한다 치자. 가게에 거스름돈으로 내줄 현금이 부족하면 물건을 살 수 없다. 수표는 본래 현금 보관이나 운반이 불편해서 쓰는데, 이처럼 때로 현금보다 불편한 경우도 있다.

동네 가게에서 수표를 쓰기 불편한 이유는 수표가 현금보다 유동성이 낮기 때문이다. 반면 현금은 유동성이 높아서 어떤 상거래에서든 거의 불편 없이 쓴다. 그래서 아예 현금과 유동성을 같은 뜻으로 쓰기도 한다. 현금이 아니면 설사 현금과 같은 효력이나 가치가 있다 해도 현금만큼 몸놀림이 자유롭지 못하다.

현금이라도 남에게 빌려준 돈은 내 수중에 있는 돈보다 유동성이 낮다. 일단 남에게 빌려주고 나면 갑자기 쓸 일이 생겨도 제때 돌려받기 어렵기 때문이다. 더구나 빌려준 돈은 떼일 위험마저 있다. 그래서 금융시장에서 자금을 융통할 때는 자금 제공자가 감수해야 하는 불편과 위험을 보상해주는 뜻에서 이자를 주고, 불편과 위험 정도에 비례해 금리를 더 준다. 이렇게 추가되는 금리를 유동성 프리미엄(liquidity premium)이라 한다.

유동성 프리미엄은 유동성이 낮을수록 높아진다. 자금 거래 때 현금화가 불편하거나 떼일 위험이 크면 클수록 유동성이 낮으므로 유동성 프리미엄이 더 붙어 금리가 오른다. 반대로 현금화가 쉽고 돈을 떼일 위험이 작은 자금이나 금융상품은 유동성이 높으므로 유동성 프리미엄이 낮아지고, 금리도 낮게 매겨진다. 유동성이 높을수록 금리가 내리는 이치에 빗대 말하면, 돈값은 몸놀림이 자유로울수록 싸지는 셈이다.

은행 예금 이율 구조를 보면 유동성 프리미엄을 어떻게 적용하는지 쉽게 알 수 있다.

은행 예금상품은 보통 만기가 길수록 이율이 높다. 만기 1년짜리 정기예금 금리가 연 3.0%일 때 만기 2년짜리는 연 3.1%를 주는 식이다. 만기가 길수록 이율이 높은 이유는 만기가 길수록 유동성이 낮고 유동성 프리미엄은 높아지기 때문이다.

확정금리 정기예금에 들고 이자를 온전히 받으려면 만기까지 기다려야 하는 이유도 같은 이치다. 만기가 길수록 현금화 속도가 느려져서 유동성은 낮아지고 유동성 프리미엄은 높아지므로 이자를 더 받을 수 있다. 반면 수시로 입출금이 가능한 예금은 유동성이 높은 만큼 유동성 프리미엄이 낮아서 이자율이 낮다.

금리가 어떻게 경기를 조절하나

금리는 경기를 살릴 수도, 죽일 수도 있는 강력한 경제 변수다. 단순화해서 말하면, 금리가 오르면 좋던 경기가 나빠질 수 있다. 금리가 내리면 좋지 않던 경기도 좋아질 수 있다. 경기가 나빠질 때 금리가 내리면 경기 둔화에 제동이 걸릴 수 있다. 경기가 과열될 때 금리가 오르면 과열된 경기에 제동이 걸릴 수 있다. 이렇게 금리가 경기를 조절하는 메커니즘은 어떻게 작동하는 걸까?

금리가 높은 수준일 때를 가정해서 알아보자.

기업은 흔히 빚을 내서 투자하고 사업을 한다. 금리가 높으면 빚을 내기 어렵기 때문에 투자가 위축된다. 투자가 위축되면 생산이 줄고 고용이 줄어든다. 고용이 위축되면 가계의 소비 여력이 줄어들기 때문에 기업 판매도 위축된다. 이렇게 투자, 생산, 고용, 소비, 판매가 꼬리를 물고 위축되면 경기가 후퇴한다. 그대로 가면 불황이 발생하기 쉽다. 이럴 때 중앙은행이 시장금리를 끌어내리면 고금리가 불황을 이끄는 통로를 막을 수 있다.

중앙은행이 시장금리를 끌어내리기 위해 흔히 내놓는 방책은 중앙은행이 은행과 거래할 때 정책상 적용하는 금리, 곧 정책금리를 낮추는 것이다. 정책금리가 내리면 은행이 전보다 싼 비용으로 중앙은행 자금을 빌릴 수 있으므로 대출 여력이 커져서 대출금리를 낮출 수 있다. 은행이 대출금리를 낮추면 기업이 전보다 쉽게 자금을 빌릴 수 있어서 투자와 생산을 늘릴 수 있다. 금리가 낮아지면 가계도 저축보다 소비를 늘린다. 이런 식으로 투자와 생산, 소비가 동시에 확대되면 경기가 다시 좋아지는 쪽으로 움직일 수 있다. 중앙은행이 정책금리를 낮춤으로써 시장금리를 끌어내려, 고금리 환경이 불황을 부르는 고리를 끊어준 덕이다.

여기까지는 중앙은행이 나서서 금리의 경기 조절 메커니즘을 움직인 경우다.

때로는 시장금리 등락 자체가 경기를 조절하기도 한다. 역시 불황 때를 가정해보자.

불황 때는 기업의 자금 수요가 줄어든다. 은행은 돈을 빌려줘야 이자 수익을 얻는데, 빌리겠다는 고객이 적으니 금리를 낮춰서라도 대출하

금리 등락과 경기가 맞물리는 메커니즘

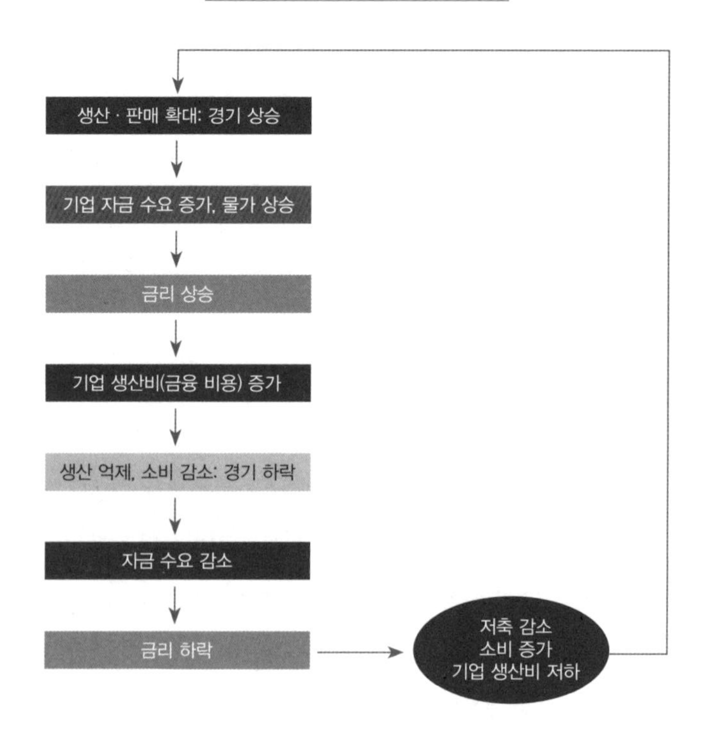

려 애쓰게 된다. 전에는 수익성이 낮다는 이유로 돌아보지 않던 사업에까지 융자를 해준다. 그 결과 투자가 늘어나고 생산, 고용, 소비가 꼬리를 물고 늘어나면 경기가 확대된다. 불황이 만들어내는 저금리 환경이 투자와 경기 확대를 이끌 수 있는 셈이다.

호황 때는 어떨까?

호황 때는 기업 자금 수요가 많기 때문에 금리가 오른다. 보통 때 같으면 기업이 사업에 투자할 경우 적어도 시장금리 수준은 넘어서는 수익률을 기대한다. 그런데 금리가 너무 오른 나머지 시장금리가 사업 투자로 기대할 만한 수익률보다 높다면? 경기가 좋아도 사업을 벌이기 어렵다.

금리 부담이 높으면 기업이 투자용 자금 대출을 줄일 수밖에 없다. 그럼 생산, 고용, 소비가 잇달아 위축되면서 과열된 경기가 진정되는 효과가 생긴다. 호황이 만들어내는 고금리 환경이 경기 과열을 막을 수 있는 셈이다.

금리 낮아도 투자 늘지 않는다면 왜?

금리가 낮아지면 기업은 전보다 싼 이자로 자금을 빌려 투자할 수 있다. 투자가 늘면 생산과 고용도 늘어난다. 시중에 저금리 자금이 많아지면 가계도 소비를 늘리기 쉽다. 소비가 늘면 판매가 늘고 기업이 투자와 생산, 고용을 늘리면서 경기가 확대된다.

다만 금리가 낮을 때 경기가 확대되는 현상이 언제나 예외 없이 나타나는 것은 아니다. 저금리로 자금을 얻기 쉬워도 기업과 가계가 돈을 빌려 투자하고 소비하는 데 의욕을 내지 않을 때가 있다. 경제가 유동성 함정(liquidity trap)에 빠질 때다.

유동성 함정이란 시장 참가자가 판단하기에 금리가 더 이상 떨어질 수 없는 수준, 즉 한계금리까지 낮아진 상태다. 이 상태에서는 통화 당국이 아무리 금리를 내리고 시장에 현금이 흘러넘쳐도 투자와 소비가 늘지 않으므로 경제가 마치 함정에 빠진 것처럼 보인다. 이처럼 경제가 유동성 함정에 빠지는 일은 언제 생길까?

첫째, 경제주체가 미래 경기를 낙관하지 못할 때다. 가계나 기업이나 장차 경기가 상당 기간 좋지 않으리라고 예상하면 소비와 생산을 늘리지 않고, 그 결과 실제로 경기가 나빠진다. 1990년대 초 자산 거품이 빠지면서 장기 불황에 들어간 일본 경제가 이 경우다.

둘째, 경제적 이유가 아닌 다른 이유로 기업이 투자를 꺼리는 탓에 경제가 유동성 함정에 갇힐 때도 있다. 가령 국내 정치 정세가 불안해서 언제 사업상 불리한 법제가 시행될지 모른다고 하자. 기업이 투자하려면 일정 기간 사업을 순조롭게 지속할 수 있으리라는 전망이 서야 하는데 그렇지 못하면 투자를 꺼릴 것이다. 이런 상태에서는 유동성 함정이 만들어져 부진한 경기를 묶어둔다.

셋째, 현재 금리가 매우 낮고 경기가 나쁘면 그런 상황 자체가 경제를 유동성 함정에 빠뜨릴 수 있다.

금리 수준도 경기와 함께 오르락내리락한다. 보통 금리가 낮으면 투자가 늘어나기에 유리하지만, 금리가 이미 충분히 낮다면 얘기가 달라질 수 있다. 우선 금리가 더 이상 시장에서 투자 결정을 좌우할 수 있는 변수가 못 된다. 게다가 시장에서는 '지금 금리가 바닥까지 내려와 있으니 앞으로는 오를 것'이라는 기대까지 생길 수 있다. 그럼 기업이든 가계든 현금을 투자하거나 소비해서 없애기보다 계속 쥐고 있으려는 성향이 강해진다. 이럴 때는 중앙은행이 기준금리를 내리고 통화 공급을 늘려도 투자와 소비가 늘어나지 않는다. 통화가 늘어나봤자 현금을 보유하려는 시장 수요에 이내 흡수되고 말기 때문이다.

만약 가까운 미래에 경기가 나아질 전망이 있다면 시중에서 현금을 보유하려는 성향이 강하게 유지되지 못할 것이다. 경기가 회복된다면 그 전에, 남보다 먼저 투자해야 돈을 벌 수 있기 때문이다. 그러나 가까운 시일 내 경기 전망을 낙관하지 못할 때는 기업이 투자를 미룬다.

금리가 낮아서 자금을 쉽게 빌릴 수 있더라도 마찬가지다. 가계는 가계대로 벌이가 한동안 나아지지 않으리라고 예상해서 소비를 늘리기보다 저축에 열을 올린다.

요컨대 시장 참가자가 경기 전망을 낙관하지 못하거나 금리가 이미 충분히 낮다고 볼 때는 현금 보유만 고집하므로, 중앙은행이 금리를 내려도 투자와 소비가 늘어나지 않는다.

경제가 유동성 함정에 빠졌을 때는 정부가 어떤 정책을 펴야 좋을까?

경제학자 케인스에 따르면, 정책금리 인하 같은 통화정책보다는 세율을 낮추고 정부지출을 늘리는 재정정책을 펴야 경기 부양 효과를 볼 수 있다.

부동산과 주식, 저금리 때는 어느 쪽이 낫나

금리는 가계 재테크에도 큰 영향을 미친다. 지금 금리 수준이 높거나 장차 금리 상승이 예상될 때는 금융기관 예금이 인기를 끈다. 반대로 금리가 낮거나 떨어지는 추세일 때는 예금보다 나은 수익을 찾아 주식이나 부동산 투자가 늘어난다. 특히 경기가 좋고 금리가 낮을 때는 주식과 부동산에 왕성하게 투자가 이뤄진다.

금리가 낮을 때는 기업도 투자보다 재테크에 열 올리곤 한다. 금리가 낮으면 투자를 늘려야 정상이지만, 경기가 좋거나 좋아질 전망이 있을 때나 통하는 얘기다. 경기가 나쁠 때는 투자보다 재테크로 여유 자금을 돌리는 게 자연스럽다. 그래서 경기가 나빠도 금리가 낮을 때는 시중 여윳돈이 재테크로 몰려 주식·부동산 같은 투자자산의 시세가 뛸 수 있다. 주식과 부동산 중 어느 쪽으로 투자하는 게 더 수익이 나을까?

주식시장 투자 수요는 경기 전망을 따라 움직이는 정도가 부동산 시장에 비해 민감하다. 경기 전망이 좋아지면 달아오르고 경기 전망이 흐려지면 침체하기를 비교적 규칙적으로 되풀이한다. 경기가 지금은 나빠도 장차 좋아진다는 전망만 생기면 쉽사리 수요가 몰리므로, 경기 전망을 따라 날쌔게 시장을 들고 날 수 있느냐가 투자 성패를 좌우한다. 경기가 좋아진다 싶으면 즉시 투자를 시작하고, 경기가 흐려진다 싶으면 서둘러 발을 빼야 한다.

우리나라 시장을 예로 들어보자.

2000년 들어 우리 경제는 해외 경기 침체로 수출이 부진해져 경기가 급랭했다. 주가도 급락했다. 한국은행은 추락하는 경기를 떠받치느라 정책금리를 낮게 유지했다. 그러는 사이 하반기에는 수출 경기가 살아나리라는 전망이 나왔다. 저금리 상황에서 경기 회복을 기대하는 심리가 커지면서 주식 수요가 일어나 주가가 급등했다. 그러나 해외 경기 회복은 예상보다 늦어졌다. 이듬해 중반 주가는 주가 반등 전 저점(최저점)보다도 떨어졌다.

주가는 그 뒤에도 되풀이 비슷한 패턴을 보였다. 2001년 후반 들어 다시 급등하더니 이듬해 들어서자마자 상승세가 꺾였고 2003년 초까지 계속 떨어졌다. 그 뒤로는 해외 경기가 살아나 수출이 잘되면서 비교적 길게 상승했는데, 2007년 말 미국에서 경제위기 조짐이 드러나자 다시 급락했다.

주식에 비하면 부동산 시장은 경기 전망보다 당장의 경기에 좌우되고, 경기보다 정부 정책이나 투기 수요에 더 민감하게 반응한다. 그래서 불황 때라도 정부가 부동산 경기를 띄우는 정책을 쓰거나 투기가 일면 쉽사리 시세가 뛰곤 한다.

2000년 들어 해외 경기가 부진해지면서 국내 경기가 나빠졌을 때다. 한은은 경기 하강을 막고자 금리를 낮게 유지했다. 경기가 나빠 투자할 곳은 마땅찮은데 저금리 환경에서 시중 자금은 넘쳐흐르는 상황이 전개됐다. 이런 상황에서 정부가 수요를 부추긴다며 투기 규제를 푸는 등 부동산 경기 부양에 나섰다. 규제 완화와 부양책에 힘입은 부동산 가격은 이내 급등했고, 시세 상승을 목격한 투자가 몰리면서 부동산 붐이 조성됐다. 하지만 주식 시세는 잠깐씩만 오르내리기를 되풀이했다. 시중에 유동성이 넘쳤어도 경기가 부진했던 탓이다.

부동산 투자에 불이 붙자 은행은 때를 놓칠세라 가계 대출에 열을 올렸다. 그 결과 2001년과 2002년에는 가계 부채 증가율이 전년 대비 30% 이상 급증했다. 가계 대출액은 2001년부터 2002년까지 단 1년 새 새로 67조 원이 늘었다. 그중 40조 원 정도가 맹렬한 기세로 아파트 시장으로 몰려 집값을 폭등시켰다. 특히 서울 강남과 수도권에서 심한 투기가 벌어져 한두 해 만에 집값이 두세 배로 뛰었다. 이때 불붙은 부동산 경기는 2008년 가을 미국발 글로벌 금융위기가 발생할 때까지 7~8년간 이어졌다.

2008년 미국발 글로벌 금융위기 뒤 부동산 경기는 실물 경기와 더불어 한동안 침체했다. 그러나 2013년 박근혜 정부가 건설 경기를 띄우고 대출 규제를 완화하자 부활했다. 실물 경기는 매우 나빴지만 정부가 부동산 경기를 부양하자 전국에서 투기가 일어 부동산 시세를 올렸다.

박근혜 정부가 불붙인 부동산 투기 열풍은 후임 정권의 골칫거리가 됐다. 2017년 출범한 문재인 정부가 투기 억제에 나섰지만, 투기 열풍은 저금리와 넘치는 유동성을 배경으로 실수요를 더하며 거세졌다. 투기 수요에 실수요가 따라붙어 집값이 오르는 상황을 진정시키려면 시중에 넘치는 유동성을 줄이고 공급을 늘리는 정책이 필요했다. 그러나 불황이 지속되어 유동성 축소가 어려웠던 데다 문 정부가 공급 대책을 외면하고 다주택자를 겨냥한 투기 수요 억제에 몰두한 결과 전국 집값이 역대 최고 수준으로 치솟았다. 박근혜 정부와 문재인 정부의 사례를 통해 부동산 시장에서는 정부 정책이 경기를 띄우기는 쉬워도 활황을 진정시키기는 어렵다는 사실이 확인됐다.

레버리지 투자란 어떻게 하는 투자인가

1980년대 후반 일본에서 거품 경제가 한창일 때다. 자산 시세 급등세를 타고 레버리지 투자가 성행해 시세 거품을 키웠다. 우리나라에서도 2020년 전후로 부동산과 주식, 코인 등 여러 가지 투자자산에 레버리지 투자가 왕성하게 몰려 시세가 부풀었다.

레버리지(leverage)는 '지렛대'를 뜻하는 영어다. 지렛대를 쓰면 무거운 물건도 비교적 쉽게 움직일 수 있다. 레버리지 투자는 빚을 지렛대 삼아 자산 매매 수익을 키우는 투자법, 곧 레버리지를 활용한 자산 투자를 말한다.

가령 2억 원을 들여 산 집 시세가 4억 원이 됐다 치자. 수익이 2억 원이니 투자수익률은 (수익 2억/투자 2억=) 100%다. 만약 내 돈 1억 원에 빚 1억 원을 더해 샀다면 내 돈으로 올리는 수익률은 (수익 2억/투자 1억=) 200%가 된다. 빚을 내지 않고 투자했을 때는 수익률이 100%에 그치지만, 빚을 내 투자하면 빚이 지렛대 역할을 해서 수익률이 200%로 커진다. 이처럼 레버리지 투자는 투자수익률을 키워주는 효과를 낸다.

레버리지 투자 때 활용하는 레버리지를 투자 레버리지라 한다. 투자 레버리지는 자기자본, 곧 '내 돈' 대비 투자액으로 계산한다. 가령 내 돈 1억에 빚 2억을 더해 3억 원짜리 집을 살 때 투자 레버리지는 (투자액/내 돈=3억/1억=) 300%다.

투자 레버리지에는 두 가지 중요한 특성이 있다.

첫째, 투자 레버리지는 투자할 때 빚을 많이 쓸수록(즉 전체 투자액 중 내 돈이 적을수록) 커진다. 예를 들어 내 돈 1억에 빚 2억을 더해 3억 원짜리 집을 살 때 투자 레버리지는 300%지만, 내 돈 1억에 빚 3억을 더해 4억 원짜리 집을 산다면 투자 레버리지가 (4억/1억=) 400%로 커진다.

둘째, 투자 레버리지가 커지면 커질수록 투자 손익률도 커진다.

〔1－1〕 가령 내 돈 2억 원으로 산 집이 4억으로 시세가 올랐다 치자. 이 경우 투자 레버리지는 (투자액/내 돈=2억/2억=) 100%, 투자수익률도 (수익/내 돈=2억/2억=) 100%다.

〔1－2〕 만약 내 돈 1억에 빚 1억을 더해서 2억에 산 집이 4억으로 올랐다면? 투자 레버리지는 (투자액/내 돈=2억/1억=) 200%, 투자수익률은 (수익/내 돈=2억/1억=) 200%다. 투자 레버리지가 커진 만큼 투자수익률도 커진다.

〔2-1〕 이번엔 반대로, 내 돈 2억을 들여 산 집이 1억으로 시세가 떨어졌다고 치자. 투자 레버리지는 (투자액/내 돈=2억/2억=) 100%, 투자수익률은 (손실/내 돈=-1억/2억=) -50%다.

〔2-2〕 만약 내 돈 1억에 빚 1억을 얹어 2억에 산 집이 1억으로 떨어졌다면? 투자 레버리지는 (투자액/내 돈=2억/1억=) 200%, 투자수익률은 (손실/내 돈=-1억/1억=) -100%다. 투자 레버리지가 커진 만큼 투자손실률도 커진다.

〔2-3〕 만약 내 돈 5000만 원에 빚 1억 5000만 원을 합해 2억 원에 산 집이 1억으로 떨어졌다면? 투자 레버리지는 (투자액/내 돈=2억/5000만=) 400%, 투자수익률은 (손실/내 돈=-1억/5000만=) -200%다. 투자 레버리지가 커지면서 투자손실률도 커진다는 사실을 알 수 있다.

레버리지를 써서 투자했다 손실이 나면 '내 돈'으로 투자할 때보다 손실률이 커지므로 투자 실패에 따른 타격을 더 크게 받는다.

1980년대 후반 일본에서는 주식과 부동산에 레버리지 투자가 성행하면서 자산 시세가 거품이 일듯 부풀어 올랐고, 자산 시세에서 거품이 빠지자 기업과 가계가 큰 타격을 입었다.

예금하는데 왜 돈 잃나

은행에 예금하면 이자를 받지만 세금을 내야 한다. 세금을 떼고 나서 받는 이자는 약정 이자율보다 낮다. 실제 손에 쥐는 예금이자를 기준으로 수익률을 알아보려면 어떻게 해야 할까?

세후 실효수익률, 곧 이자 수입에서 세금을 빼고 남는 금액이 원금에 비해 어느 정도나 되는지 비율을 따져봐야 한다.

예를 들어 홍길동이 확정금리 연 3%로 1년간 1000만 원을 예금한다고 치자. 세후 실효수익률은 얼마일까?

우선 1000만 원을 연 3%로 계산하면 연 이자가 30만 원이다.

이자를 벌면 이자소득세를 내야 한다. 개인예금에 매기는 이자소득세율은 2024년 11월 현재 이자 수입액의 14%다. 소득세를 낼 때는 주민세도 내야 한다. 주민세는 이자소득세액의 10%, 이자 수입액 기준으로는 1.4%다. 주민세까지 더한 이자소득세율은 이자 수입액의 15.4%다.

홍길동이 내야 할 이자소득세는 이자 수입 30만 원의 15.4%, 곧 4만 6200원이다. 이자 수입에서 세금을 빼고 남는 금액, 곧 실효수익은 (30만 원－4만 6200원＝) 25만 3800원. 실효수익 25만 3800원은 예금 원금 1000만 원의 2.538%이므로 세후 실효수익률은 약 2.54%다.

계산은 이것으로 끝이 아니다. 돈 가치는 물가가 오르는 만큼 떨어진다. 예금 기간 물가가 오르면 그만큼 실질이자가 줄어든다.

보통 은행에서 예금에 '연리 몇 %로 이자를 준다'고 할 때는 물가 변동을 고려하지 않은 금리, 곧 명목금리로 하는 얘기다. 예금 기간 중 물가가 오르면 실질이자는 명목금리에서 물가상승률을 뺀 이자율, 곧 실질금리로 계산해야 한다.

가령 연초에 명목금리 연 3%를 받기로 하고 은행에 1000만 원을 예금했는데, 이후 1년 동안 물가가 한 해 전보다 5% 올랐다 하자. 물가 변동을 감안한 세후 실효수익률은 얼마일까?

앞서 홍길동의 경우에서 계산해봤듯이, 명목금리인 예금금리가 연

3%일 때 세후 실효수익률은 2.54%다. 여기서 연간 물가상승률 5%를 빼면 -2.46%. 곧 세후 실효수익률에 물가 변동을 반영한 실질금리는 -2.46%다. 예금 원금 1000만 원의 2.46%면 24만 6000원이니까, 예금하고 오히려 24만 6000원을 잃는 셈이다. 이처럼 물가상승률이 명목금리보다 높을 때 실질금리는 마이너스가 되고, 실질금리가 마이너스일 때 예금하면 실질적으로는 손해를 본다.

2024년 4월 현재 예금은행의 만기 1년짜리 정기예금 평균 금리는 연 3.56%(신규 취급액 기준, 한은 ECOS), 소비자물가상승률은 전년 같은 달 대비 2.9%(통계청)다. 1000만 원을 예금할 때 연 이자는 명목금리로 계산해서 35만 6000원이다. 세후 실효수익률에 물가 변동분까지 반영한 실질금리와 실질이자는 얼마나 될까?

이자 수입 35만 6000원의 15.4%인 소득세는 5만 4824원.

실효수익은 (이자 수입 35만 6000원 - 소득세 5만 4824원 =) 30만 1176원.

실효수익률은 (실효수익 30만 1176원 ÷ 예금 원금 1000만 원 =) 3.01%.

세후 실효수익률에 물가 변동까지 반영한 실질금리는 더 낮아진다.

세후 실효수익률 3.01% - 물가상승률 2.9% = 0.11%.

예금 원금 1000만 원의 0.11%면 1만 1000원이다. 이자율 연 3.56%짜리 예금이라도 물가가 연 2.9% 오르면 1000만 원을 맡겨 얻을 수 있는 실질이자는 1만 1000원에 그친다.

복리로 계산하면 왜 이자가 더 많나

금리 계산은 단리와 복리, 두 가지로 할 수 있다.

단리로 계산할 때는 이자 계산 기간 원금을 정해진 이자율로 한 번만 곱한다. 100만 원을 1년간 2%에 빌려준다면 이자는 (100만 원×0.02=) 2만 원이다.

복리로 계산할 때는 이자 계산 기간을 단리 계산 때보다 잘게 나눠 계산 횟수를 늘린다.

이를테면 첫 번째 기간에는 이자를 단리로 구하고, 두 번째 기간에는 앞서 얻은 이자에 원금을 더한 금액을 놓고 이자를 계산한다. 앞선 기간의 원리금을 다음번 기간의 원금으로 삼아 이자를 계산하는 방식이다. 이런 식으로 이자 계산 기간을 잘게 나누고 이자 계산을 되풀이하면, 이자에 이자가 붙어 단리 계산 때보다 이자액이 많아진다.

100만 원을 1년간 연 2% 금리로 빌리되 이자를 두 번에 걸쳐 복리로 계산한다고 해보자.

연간 금리가 2%이므로 첫 반년에 적용되는 금리는 연 1%다. 원금 100만 원의 1%는 1만 원. 이 1만 원을 원금에 더한 101만 원이 그다음 반년분 이자 계산에 필요한 금액이 된다.

두 번째 반년간 금리도 연 1%로 첫 번째 반년간 금리와 같다. 단 이번에는 이자 계산 대상액이 101만 원이므로, 이자는 1만 100원(101만 원의 1%)이다.

결국 1년 동안 2회 복리로 계산하면 이자 합계가 (1만 원+1만 100원=) 2만 100원이 된다. 단리로 계산할 때(2만 원)보다 이자가 100원 많다.

이처럼 복리 계산을 하면 단리 계산 때보다 이자가 많아진다.

예금자 입장에서 봐도 복리 계산 때는 단리 계산 때보다 이자가 많아지는 게 이치에 맞다. 복리 계산 때는 첫 번째 이자 계산 기간에 얻은 이자를 찾지 않고 원금과 함께 다시 맡겨 이자를 계산하는 셈이기 때문이다.

사채 시장은 어떻게 돌아가나

기사독해

100만원 빌리면 40만원 '선이자' 뗀 악덕 사채업자들

사채업자 A씨는 신용불량자 등 취약계층에게 접근해 돈을 빌려주고 최고 연 9000%에 달하는 이자를 불법으로 받아 챙겼다. A씨는 신용불량자들에게 100만원가량을 빌려주면서 40만원은 선이자로 떼고, 얼마 뒤에 원금과 이자로 100만원이 넘는 돈을 추가로 회수하는 식의 초고금리 사채를 운용했다.

경향신문
2024.2.20

불법 사채 영업을 한 업자 등이 붙잡혔다고 전한 기사다. 사채가 뭘까?

사금융(私金融)으로 오가는 돈이다.

금융거래는 법 규제를 지키며 금융기관을 통해서 할 때가 많지만 그렇지 않을 때도 있다. 법 규제 내 금융거래는 공금융(公金融) 또는 제도권 금융이라 하고, 법 규제 밖에서 하는 금융거래는 사금융이라 한다.

사채(私債, private loan)는 사금융으로 오가는 돈이니 법 규제 밖에 있다.

사채 거래가 이뤄지는 곳은 사채 시장을 형성한다. 사채 시장은 곳곳에 있다. 엄밀히 말하면 아는 사람끼리 돈을 융통하는 것도 사채 거래다. 다만 세간에서 흔히 말하는 사채 시장은 사채 거래를 일삼아 하는 사채업자가 움직이는 시장을 가리킨다.

사채업자는 일수(日收), 신용카드 대출, 부동산 담보대출, 직장인 신용대출 등 다양한 명목으로 급전을 빌려주고 이자를 번다. 기업을 상대로 어음이나 수표 같은 제도권 금융상품을 할인해 사들였다가 팔아서 돈을 벌기도 한다.

공금융이 있는데도 사금융이 이용되는 이유는 뭘까?

자금 수요자 입장에서는 당장 돈이 필요한데 공금융시장에서 마련하지 못할 때가 있기 때문이다. 특히 사채를 쓰는 사람은 공금융시장에서는 돈을 빌리지 못할 정도로 신용도가 낮은 경우가 많다. 사채업자는 자금이 급한 수요자에게 돈을 빌려주고 비싼 이자를 요구한다. 채무자의 신용이 좋지 않은 만큼 원리금을 제때 받지 못할 위험을 보상받기 위해서다.

여기까지만 보면 사채업자의 역할에 순기능이 있다. 채무자가 공금융에서 얻지 못하는 돈을 빌려줌으로써 금융이 원활히 움직이는 데 기여하기 때문이다. 사채 거래 원리도 합리적이다. 저신용자와 거래할 때는 돈을 떼일 위험이 큰 만큼 고금리를 요구하는 게 당연해 보인다. 다만 현실에서는 다른 문제가 있다.

실제 사채 거래 현장에서는 사채업자가 돈이 급한 수요자의 약점을 악용해 터무니없이 비싼 이자를 물리는 일이 많다. 금리가 너무 높다 보니 채무자가 빚을 연체하기 십상인데, 그럴 때 폭행을 저지르는 사채업자도 있다. 사금융시장 자체가 법 밖에 있다 보니 사금융거래도 법의 보호를 받기 어렵다.

그렇지만 사금융시장을 방치해서는 안 된다.

첫째, 사채업자가 어려운 사람에게 '고리(高利)를 뜯는' 행태는 서민을 궁핍화시켜 사회의 경제 기반을 해치고 공금융 성장에도 걸림돌이 된다.

둘째, 사채는 금융시장 질서를 교란한다. 금융 당국이 금융정책을 제대로 쓰려면 통화량이나 거래 조건 등 자금 통계를 정확히 파악해야 한다. 그런데 사채는 통계에 잡히지 않은 채 공금융시장을 드나들며 금융 통계와 현실을 어긋나게 하므로 정책 효과를 떨어뜨린다.

셋째, 사채는 탈세한다. 사채 거래는 으레 비밀리에 이뤄지므로 탈세의 온상이 되어 있다. 탈세, 그리고 비정상적으로 높은 금리를 찾아 흐르는 돈은 사회적으로 떳떳하지 못한 경제활동에 쓰이기 쉽고, 궁극적으로 금융과 경제의 건전한 질서를 해친다.

이처럼 여러 가지 문제가 있기 때문에 사채 거래는 될 수 있는 한 줄여나가야 한다. 정부도 이런 관점에서 사금융 영역을 법으로 규제하는 대부업법(대부업 등의 등록 및 금융이용자 보호에 관한 법률)을 시행하고 있다. 사금융 일부라도 제도권으로 끌어들여 양성화하려는 의도로 시행하는 법이다. 이 법에 따라 양성화한 대부 거래는 금융 제도권 내 제3금융권으로 분류한다.

대부업법에 따르면 사채 거래자는 시·도 관청에 사업자 등록을 하고 영업해야 한다. 등록하지 않고 영업하면 법 위반으로 고발될 수 있고 형사처벌도 가능하다. 금리 수준도 규제한다. 대부 이자율은 최고 연 20%(2024년 10월 현재)다. 이자제한법상 금전 대차에 매기는 이자율 한도도 연 20%다. 연 20% 넘는 이자를 받으면 거래 자체가 무효이고, 형사처벌 될 수 있다.

대부업법상 원칙은 명목이 뭐든 법정 최고 금리를 넘는 대가는 받지 말라는 것이다. 새로 계약하든, 이전 계약을 갱신하든, 거래액이 얼마든 상관없다. 법정 최고 금리를 넘는 이자 약정은 무효다. 이미 준 이자도 돌려달라고 청구할 수 있다. 대부업자가 빚을 받아내려고 저지르는 불법 행위, 곧 불법 채권 추심(推尋, collection)도 금한다. 채무자를 폭행·협박·체포·감금하거나 정당한 이유 없이 방문하는 것도, 채무자 관계인을 방문하거나 채무자 대신 빚을 갚으라고 강요하는 것도 안 된다.

법은 그렇지만, 불법 대부 영업을 하는 자가 많다. 사업자 등록만 하고 금리 규제를 무시하면서 약정이자와 별개로 사례금, 할인금, 취급수수료, 연체이자, 선이자 등의 명목으로 이자를 더 받곤 한다. 무등록 상태로 종합금융, 저축은행, 할부금융, 캐피털 같은 제도권 금융회사 상호를 쓰며 합법 영업을 위장하고 불법 추심을 저지르기도 한다.

지금처럼 법이 있어도 규제가 잘 먹히지 않는 사금융 현실을 개선하려면 어떻게 해야 좋을까?

금융이 발달한 선진국일수록 금융에서 사채 거래의 비중이 작다는 점을 주목할 필요가 있다. 당장은 법 규제와 단속을 더 엄히 해야겠지만, 장기적으로는 공금융에서 서민이 융자받을 수 있는 기회를 대폭 늘려 금융의 사채 의존도를 줄여야 한다. 그럼 고리대금업자가 설 땅도 좁아질 것이다.

CBDC 속도 내는 한은…
'디지털화폐 시대' 앞당기나?

CBDC(중앙은행발행디지털화폐) 개발이 전 세계적 추세가 되면서 그간 신중한 입장이던 한국은행도 CBDC 시스템 구축에 속도를 내고 있다. … CBDC는 무형의 온라인 화폐로서… 주요 장점으로는 ▲제작에 드는 비용 절약 ▲지하 경제 규모 축소 ▲탈세 방지 등이 꼽힌다.

이지경제
2023.11.01

CBDC 관련 기사다. CBDC란 Central Bank Digital Currency. 중앙은행이 발행하는 디지털 화폐를 말한다. 현재 우리나라를 포함해 각국 중앙은행이 개발 중인데, 실제 도입되면 중앙은행이 온라인으로 발행하고 거래 기록을 관리할 것이다. CBDC를 쓰면 반드시 기록이 남아, 실물 화폐 현찰을 쓸 때와는 달리 세무 당국의 눈을 피해 거래할 수 없다. 그래서 보기 기사가 '장점'으로 든 것처럼, 탈세를 막을 수 있다.

CBDC를 쓰면 지하경제 규모도 줄일 수 있다. 지하경제(underground economy)란 거래 내용이 세무 당국에 포착되지 않는 경제활동이다. 이를테면 현재 화폐 시스템에서 신용카드로 거래하면 기록이 남고 세무서에 포착돼 세 부담을 피할 수 없다. 그러나 실물 현찰을 거래 기록 없이 주고받으면 세 부담을 피할 수 있다. 이처럼 세 부담을 회피하는 거래는 국민경제 통계에도 잡히지 않는다. 그림자 경제(shadow economy),

검은 경제(black economy), 비공식경제(unofficial economy)라고도 부른다. 상대 개념은 공식경제(official economy)다.

세무서에 신고하지 않는 경제활동이 꼭 불법은 아니지만, 지하경제의 큰 부분은 위법이다. 탈세, 밀수, 마약 제조와 판매, 성매매, 사설 도박장 영업, 뇌물이나 촌지 주고받기에서 이뤄지는 음성 자금 거래가 다 불법 지하경제다.

기업 비자금(秘資金, slush fund)만 해도 그렇다. 비자금이란 출처와 용도를 가린 돈이다. 기업이 장부 수입을 실제보다 줄이거나 지출액을 부풀리는 방법으로 빼돌려 조성한다. 장부에 없는 돈이니 흔히 뇌물로 쓰인다. 불법 지하경제 중에서도 부정부패를 낳는 대표 선수 격이다.

지하경제에는 금융 발전을 해치는 역기능도 있다. 금융시장을 흐르는 자금이 제도권 금융을 통해 국민경제에 기여하는 걸 방해하고 공식경제를 좀먹기 때문이다. 일부 소비를 늘려 경제를 활발하게 만드는 측면도 있지만, 종합하면 해악이 훨씬 크다. 불법 지하경제 과실 대부분이 국민경제는 아랑곳하지 않는 소수에게 돌아간다는 점도 문제다.

우리나라 지하경제 규모는 얼마나 될까?

거래가 드러나지 않으니 정확히 집계하기 어렵다. 2018년 11월 국세청 발표는 2015년 기준 124조 7000억 원이라고 추정했다. 같은 해 GDP 1730조 4000억 원의 7% 수준이다. 2018년 2월 IMF가 발간한 〈세계 지하경제〉 조사 보고서는 GDP 대비 19.83%(2015년 기준)라고 추정해 국세청 평가를 훨씬 웃돈다.

IMF가 추산한 세계 158개국 평균 지하경제 규모는 1991년 GDP 대비 34.51%에서 2015년 27.78%로 줄었다. 2015년 기준 GDP 대비 지하경제 규모가 세계에서 가장 작은 나라는 스위스(6.94%)다. 아시아에서는 일본(8.19%)이 가장 작다. 아시아 주요국인 싱가포르(9.2%), 베트남(14.78%), 중국(12.11%), 홍콩(12.39%)에 비하면 우리나라 지하경제 규모가 큰 편이다.

5

증권

주식이나 채권은 발행자가 자본을 마련하는 데 유용한 금융 수단이다.
투자자는 주로 투자 수단으로 인식한다.
주식과 채권은 발행 후 자유롭게 매매할 수 있고,
늘 매매 시세가 변하기 때문이다.
잘 고르고 타이밍 맞춰 매매하면 단기에 큰돈도 벌 수 있다.

증권이란 무엇인가

증권이란 어떤 사실을 증명하는 문서다. 금융시장에서 말하는 증권은 주로 유가증권(有價證券, securities)을 가리킨다. 유가증권이란 주식·채권·수표·어음처럼 현금과 바꿀 수 있는 재산 가치를 표시해서 금융 수단으로 쓰는 증서다.

주식(stocks)은 주식회사가 사업 밑천, 곧 자본금을 마련할 목적으로 발행한다. 주식회사는 주식을 발행해서 투자자에게 건네주고, 투자자는 주식 인수분만큼 회사에 투자한다. 회사는 주식 발행 대가로 자본금을 조성해 사업을 벌이고, 이익을 내면 투자자에게 투자분에 해당하는 몫을 나눠준다.

채권(bond)은 정부나 공공기관, 금융회사, 일반 기업 등이 사업 자금 마련을 위해 빚을 낼 때 발행한다. 투자자는 채권을 인수하는 대신 돈을 빌려주고 이자를 받는다.

주식이나 채권은 발행자가 자본, 곧 사업 자금을 마련하는 데 유용한 금융 수단이다. 투자자는 주로 투자 수단으로 인식한다. 주식과 채권은 발행 후 자유롭게 매매할 수 있고, 늘 매매 시세가 변하기 때문이다. 잘 고르고 타이밍 맞춰 매매하면 단기에 큰돈도 벌 수 있다.

수표나 어음은 어떻게 쓸까? 둘 다 상거래에서 화폐 현찰을 대신하는 금융 수단으로 쓴다. 돈을 지급해야 하는 거래자가 상대에게 줄 돈의 액수(수표액, 어음액)를 적어 발행한다. 수표나 어음을 받은 거래자는 은행에서 해당액을 즉시 또는 나중에 현찰로 바꿀 수 있다.

수표는 거의 현찰처럼 쓴다. 대개 은행에서 아무 때나 현찰로 바꿀 수 있다. 웬만큼 규모가 있는 가게에서는 물건값을 치르고 거스름돈을 현찰로 받을 수 있다.

어음(paper, bill)은 수표와 달리 현찰로 바꾸는 데 시간이 걸린다. 발행 때 현찰 지급일을 정해서 건네는 외상 거래 증서이기 때문이다. 정해진 지급일 전에는 현찰과 바꿀 수 없지만, 금융기관에 팔면 지급일 전이라도 현찰을 손에 쥘 수 있다. 다만 금융기관에 어음을 넘길 때는 예정된 어음액을 다 받을 수 없다. 금융기관이 어음을 살 때는 어음액을 깎기 때문이다. 이른바 어음 할인이다. 할인어음을 사들인 금융기관은 해당 어음을 지급일(상환 만기)까지 갖고 있다가 어음액 전액을 받거나, 만기 전에 다른 금융기관에 되팔아 차익을 챙긴다. 수표와 달리 어음은 주식이나 채권처럼 돈벌이 수단도 되는 셈이다.

주식이란 무엇인가

주식(株式, stock, share)은 주식회사(stock corporation)의 사업 밑천을 구

성하는 기초 단위다. 주식회사가 사업 밑천을 마련하기 위해 발행한다.

주식회사란 사업을 벌여 돈을 벌 목적으로 투자자가 사업 밑천을 대 운영하는 회사다. 상법(商法)상 회사에는 여러 종류가 있는데, 주식회사는 주식을 발행해서 사업 밑천을 마련하게 되어 있는 회사다.

기업의 사업 밑천을 자본 또는 자본금이라 한다. 주식회사의 자본을 대는 사람은 주주(株主, stockholder, shareholder)라고 부른다.

주식은 자본을 일정 소액 단위로 나누고, 나눈 수만큼 발행하게 되어 있다. 수량 단위는 '주(株, a share)'다. 가령 자본금이 5000만 원인 주식회사가 1주 가격을 5000원으로 정했다면, 5000원짜리 주식 1만 주를 발행해야 한다.

주주는 자본금에 기여한 금액만큼 주식을 갖는다. 주주 5명이 각자 1억 원씩 내서 자본금이 5억 원인 주식회사를 세웠다 하자. 주식 1주 가격을 5000원으로 정했다면, 회사가 발행하는 주식(발행주식) 수는 모두 10만 주(=5억 원÷5000원)가 된다. 주주 5명은 각자 2만 주씩 주식 소유권을 갖는다. 총발행주식에서 주주 각자가 소유하는 몫을 지분(持分), 비율로는 지분율(주식 지분율, 지주비율, 지분비율)이라고 한다.

주주는 지분에 비례하는 영향력과 책임을 갖고 회사 경영에 참여한다. 회사가 이익을 내면 지분에 비례해 배당(配當, dividend) 명목으로 이익을 분배받을 수 있다. 회사 경영에 따른 재산상 책임은 손실이든 빚이든 지분만큼만 지는 게 원칙이다. 개인기업이라면 사업하다 진 빚이나 손실을 기업주나 투자자가 사재를 털어서라도 갚아야 한다. 주식회사에 투자하는 주주는 그런 부담이 없다. 그만큼 주식회사는 투자를 끌어들이기에 유리하고, 창업 후 성장 잠재력도 크다.

주식 발행이 어떻게 회사 키우나

주식회사는 경영이 잘되면 주식을 더 발행해서 자본금을 불리고 회사 규모를 키울 수 있다. 그러자면 기업을 공개하는 게 유리하다. 기업공개란 주식회사가 주식을 공개 판매하는 방법으로 자본금을 공개 모집, 즉 공모(公募)하는 일이다.

기업을 공개하는 주식회사는 이미 발행했거나 새로 발행할 주식의 전부 또는 대부분을 공개리에 불특정 다수 투자자에게 팔아넘긴다. 주식 발행액만큼 투자자에게 받아 모은 돈으로는 자본금을 늘린다.

보통 신생 주식회사는 가족이나 친구 등 몇 안 되는 주주가 투자해서 만든다. 일반 투자자에 주식을 공개 매매하지 않는 한 소유권이 일반에 널리 분산되어 있지 않다. 이런 상태인 회사를 비공개회사라고 부른다. 비공개회사가 기업공개 절차를 거치면 공개회사가 된다.

주식회사가 자본금을 공모하면 새 주주가 많이 생겨 기업 소유권이 분산된다. 주주에 따라서는 회사 소유권이 널리 분산되는 것을 반기지 않을 수도 있지만, 회사 입장에서는 기업공개에 이점이 많다. 기업을 공개하고 자본금을 신규 공모하는 회사는 주식을 기존 발행 수량보다 훨씬 많이 발행하는 게 보통인데, 새로 나오는 주식을 투자자가 다 사 주면 자본금을 단번에 크게 불릴 수 있다. 그만큼 회사 규모도 커지고, 업계나 사회에서 영향력과 신용도도 높아진다.

다만 아무 회사나 기업공개를 할 수 있는 것은 아니다. 실적이 좋고 성장세도 높은 회사라야 시장에서 호평받고 투자자를 모을 수 있기 때문이다. 그렇지 않으면 공모를 하더라도 투자자를 모으지 못할 수 있다. 반대로 기업 내용이 탄탄해서 신규 공모에 성공한 회사라면 이후에도 몇 번이고 공모를 되풀이해 자본금을 불려나갈 수 있다. 그럴수록 자금 기반이 탄탄해지므로 사업을 키우기도 쉽다.

기업이 사업 자금 마련을 위해 은행에서 빚을 낸다면 이자 비용이 들지만, 주식을 발행해서 얻는 자금은 이자 부담이 없다. 아무나 할 수 없어서 그렇지, 기업 입장에서 주식 발행처럼 자본 조성에 편리한 길도 없다.

주식 발행 단가는 어떻게 정하나

예전 우리 증시에서는 주식을 발행할 때 종이에 발행 회사명과 금액을 적은 주식 실물을 인쇄해 유통했다. 종이로 발행했기 때문에 주식 대신 주권(株券)이라고도 불렀다. 지금은 실물을 쓰지 않고, 법이 정한 절차를 따라 온라인으로 발행해서 전자등록부에 기록한 전자증권만 유통한다. 2019년 9월 16일부터 '주식·사채 등의 전자등록에 관한 법률'이 시행되면서 전자증권 제도를 도입했기 때문이다.

기업이 주식을 발행할 때는 발행 전에 발행 단가(1주당 가격)를 정하는 게 보통이다. 과거 실물 증권을 쓸 때는 발행 단가를 금액란에 적게 되어 있었다. 금액란은 액면, 액면에 적는 가격은 액면가(par value), 액면가를 표시한 주식은 액면주식 또는 액면주(額面株, par value stock)라고 불렀다. 지금은 전자증권만 쓰므로 액면가가 곧 발행가인 셈이다.

상법상 액면가를 정할 때는 주주 전체가 참가 대상인 주주총회(주총)

의 의결이 필요하다. 액수는 100원 이상이면 되는데 보통 100원, 200원, 500원, 1000원, 2500원, 5000원, 1만 원으로 정한다.

액면가에 발행주식 수를 곱하면 발행주식 총액이 된다. 자본금이 5000만 원인 회사가 액면가를 1000원으로 정해 주식 5만 주를 발행한다면, 발행주식 총액은 5000만 원이다. 주식은 본래 자본금만큼 발행하므로, 발행주식 총액과 자본금은 액수가 같은 게 원칙이다.

한번 주식을 발행한 기업은 이후 얼마든지 주식을 추가 발행해서 자본금을 늘릴 수 있다. 다만 추가 발행하는 주식의 단가는 액면가보다 낮게 정할 수 없다. 만약 액면가를 낮춰 발행하려면 주총을 열어 결의하고 법원 인가까지 얻어야 한다. 회사 성립일로부터 2년이 지나야 하고, 주총 결의 때 최저 발행가도 정해야 한다.

설사 법 요건을 갖추더라도 다른 문제가 있다. 주식 시세가 액면가를 밑돌 때는 시장 여건상 추가 발행이 힘들다. 시세가 액면가를 밑돌 정도면 시장에서 해당 주식(회사)의 장래성을 좋지 않게 보고 신주(새 주식)를 사주지 않을 가능성이 높기 때문이다.

주가 오르면 누가 득 보나

액면주는 발행 후 증시에서 매매되는 순간부터 시장가격, 곧 시세를 형성한다. 시세는 시시각각 변하고 그때마다 투자자가 보유한 주식 평가액도 달라진다.

주식 시세, 곧 주가가 오르면 누가 득 볼까?

첫째, 발행사가 득 본다. 주가가 오르는 기업은 신용도가 높아지므로 주식을 더 발행해 자본금을 키울 수 있다.

둘째, 주식을 사서 보유하거나 매매하는 투자자가 득 본다.

주식회사 창립 때 자본금 조성에 참여하는 투자자 중에는 보유 주식 시세가 뛰어 돈 버는 이가 많다. 창립 때 투자하지는 않았어도 공개기업이 증시에 유통시키는 주식을 매매해 시세 차익을 보는 투자자는 더 많다. 재테크 관점에서 주식은 은행 예금이나 채권, 부동산 등보다 원금 손실 위험이 높지만 주가 방향을 잘 맞히면 단기에 큰돈도 벌 수 있는 투자 수단이다.

셋째, 증권회사 그리고 자산운용사나 투자자문사 등 주식 매매 관련 서비스를 제공하는 금융회사가 돈을 번다.

증권회사(brokerage firm)는 투자자를 상대로 주식거래를 중개해주고 수수료를 받는다. 자산운용사(asset management company)는 투자자로부터 모은 돈으로 투자용 자산, 곧 펀드를 조성해 주식 등에 투자하고 수수료 수익을 번다. 투자자문사(investment advisory firm)는 주식 매매를 조언해주고 수수료 등을 번다.

주식거래에 반드시 중개자가 필요한 것은 아니지만, 보통 투자자는 증권사에 매매 주문과 거래 중개를 맡긴다. 증권사는 증권 거래를 중개하는 대가로 매매가 이뤄질 때마다 수수료를 받는다. 부동산 중개업자가 거래를 중개하고 수수료를 받는 것과 같은 이치다.

중개 수수료 수입은 고객이 사든 팔든 상관없이 거래가 이뤄질 때마다 발생한다. 거래가가 오르든 내리든 거래만 많이 되면 돈 버는 구조다. 그래서인지 증권사는 주가가 오를 때면 '앞으로 더 오를 테니 서둘러 사라' 하고, 주가가 낮을 때면 '장차 오를 테니 미리 사두라'며 연중 주식 매매를 부추기곤 한다.

실제 투자자가 매매하는 패턴은 어떨까?

주가가 신나게 오를 때는 매매 거래가 늘어나지만, 주가가 저조하면 줄어든다. 증권사의 수수료 수입도 주가 상승기에는 늘어나고, 주가가 침체하면 따라서 줄어든다.

대체로 주식거래가 활발하고 주가가 오를 때면 증시 참가자 모두 득을 본다. 주가가 내리고 시장이 침체하면 시장 참가자 모두 손해 본다. 주가가 저조하고 장(場)이 침체하면, 기업은 주식을 발행해 자금을 마련하기가 어려워진다. 증권사도 중개 수수료 수입이 줄어 경영이 어려워진다. 자산운용사나 투자자문사도 투자자의 펀드 투자 수요나 주식 매매 자문 수요가 줄어 경영난을 겪는다. 투자자도 보유 주식 평가액이 낮아져 재산 손실을 보므로 소비를 덜 하게 된다.

경기정책을 펴는 당국 관점에서 주식 투자자는 소비자를 구성하는 주요 세력이라는 점에서 비중 있는 존재다. 주가 하락 탓에 주식 투자자의 소비가 위축된다면 경기에 안 좋은 영향을 미칠 수 있다. 경우에 따라서는 주가 폭락이 경기 급락 계기로 작용할 수도 있다. 그래서 주가 동향은 투자자, 증권사, 기업, 정부 할 것 없이 모든 시장 주체에 영향을 미치는 주목거리다. 미디어가 수시로 국내외 주가 동향을 전하는 이유도, 증시가 국민경제와 세계경제의 경기 흐름에 직결되기 때문이다.

주식 매매, 어디서 어떻게 하나

증시에서 주식을 매매하는 투자자(투자가)는 크게 일반인과 기관(기관투자가)으로 나뉜다. 일반인은 개인(개인투자자)을 뜻하고, 기관은 증권사 · 보험사 · 은행 · 자산운용회사 같은 금융회사와 일반 기업 등을 통칭한다.

우리나라에서는 주식 투자자를 크게 개인, 기관, 외국인으로 나눈다. 외국인(외국인투자자) 역시 개인과 기관으로 나눌 수 있지만, 우리 증시에 참여하는 외국인은 대개 기관이다. 외국인과 기관은 개인과 달리 거액을 동원해 주식을 매매한다. 그런 만큼 외국인과 기관의 매매 행태가 주가에 큰 영향을 미친다.

주식거래는 여러 경로로 이뤄진다. 투자자끼리 직접 매매하기도 하고, 조직된 시장에서 중개자를 끼워 거래하기도 한다. 가장 흔한 경로는 공인된 거래 중개자를 두고 일정 거래 원칙을 따라 공개리에 운영되는 시장에서 매매 수량과 가격 등을 불러가며 거래자 간 경쟁을 통해 매매하는 방식이다.

우리나라에는 공인 거래 중개자(한국거래소KRX)가 운영하는 공개 증시로 유가증권시장과 코스닥시장, 코넥스 등이 있다.

유가증권시장은 공인 증시로 국내에서 가장 오래됐다. 주로 규모가 큰 기업이 주식을 유통시킨다. 예전에는 증권거래소시장이라고 불렀기 때문에 지금도 거래소나 거래소시장이라고 부를 때가 많다. 유가증권시장에서 유통되는 주식 전체의 시세 흐름을 나타내는 지표를 코스피(KOSPI, Korea Composite Stock Price Index)라고 하므로 코스피시장이라고도 부른다. 시장에서는 흔히 '코스피'와 '유가증권시장'이라는 명칭을 섞어 쓴다.

코스닥시장은 정식 명칭이 코스닥(KOSDAQ, Korea Securities Dealers Automated Quotation system)이다. 유가증권시장에 비하면 덩치가 작은 중소기업과 벤처기업이 발행하는 주식을 거래한다.

코넥스(KONEX, Korea New Exchange)는 중소기업 전용 주식시장이다. 대개 유가증권시장이나 코스닥에서 거래할 정도는 못 되는 중소기업 주식을 거래한다.

유가증권시장과 코스닥, 코넥스는 증권회사와 전산망을 연결해놓고 있다. 투자자가 증권사 영업점을 통해 매매 주문을 내놓으면 증권사로부터 주문을 전달받아 거래를 처리하는 구조로 운영한다. 따라서 유가증권시장과 코스닥, 코넥스에서 매매하는 주식은 증권사를 통해 사고 팔 수 있다.

주식을 매매하려면 증권사 영업점에서 증권 거래 계좌부터 만들어야 한다. 은행에서 예금 거래 계좌를 열 때와 마찬가지다. 계좌를 만든 다음에는 특별한 일이 없는 한 증권사 영업점에 들를 필요가 없다. 스마트폰이나 PC 같은 통신수단으로 매매 주문을 내놓을 수 있기 때문이다. 다만 매수 주문을 낼 때는 특별한 경우가 아니면 주식 매수에 필요한 현금을 미리 본인의 증권 거래 계좌에 넣어둬야 한다.

투자자가 매매 주문을 내놓고 주문이 증시로 모이면, 그중 가격이나 수량 등 매매 조건이 서로 일치하는 것만 매매가 성립된다. 어떤 주식을 얼마어치 사겠다는 주문이 나오면 팔겠다는 주문도 그만큼 나와야 매매가 된다는 뜻이다. 사고팔려는 의사가 일치해 매매가 이뤄지면 거래가 '체결'된다고 말한다.

거래가 체결되면 증시와 증권사를 연결한 전산망을 통해 주문이 나올 때와는 반대 방향으로(곧 증시에서 증권사로) 체결 정보가 전달된다. 투자자는 증권사 영업점을 연결한 전산망을 통해 자신이 내놓은 주문이 거래됐다는 사실을 통보받는다.

매매 체결 여부를 포함해서 주문이나 매매 관련 정보는 스마트폰이나 PC를 이용하면 거의 실시간으로 알 수 있다. 거래가 체결되면 증권사는 거래자로부터 매매 수수료를 뗀다.

장외시장은 어떤 시장인가

유가증권시장이나 코스닥 등 정규 증시에서 증권을 매매할 수 있게 등록하는 일을 '상장(上場, listing)'이라 한다. 상장한 기업은 상장기업, 상장한 주식은 상장주식, 상장되지 않은 기업은 비상장기업, 상장되지 않은 주식은 비상장주식이라 부른다.

상장을 원하는 기업은 정규 증시를 관리하는 조직에 심사를 청해 자격을 인정받아야 한다. 유가증권시장에서는 한국거래소 유가증권시장본부가, 코스닥시장에서는 한국거래소 코스닥시장본부가 시장 관리자 역할을 맡아 상장 자격을 심사한다.

상장 자격 심사는 주로 상장 요청사가 발행하는 주식이 증시에서 제대로 매매될지, 기업 규모나 내용이 믿을 만한지 등을 따진다. 혹 자격 미달인 부실기업이 상장된다면 증시 관리자를 믿고 증시에 참여한 투자자가 매매하다 손해 볼 수 있기 때문이다. 일부 투자자라도 부실기업 주식을 매매하다 손해 보는 일이 빈발한다면 투자자 전체가 증시 관리자를 불신하게 되고, 나중에는 아예 증시를 외면하게 될 수도 있다. 그럼 멀쩡한 기업마저 주식 발행으로 사업 자금을 마련할 길이 막히고, 증시는 존립 의미를 잃게 된다. 증시가 제 기능을 하려면 상장 심사를 까다롭게 할 필요가 있는 셈이다.

정규 증시 상장이 번듯한 기업만 가능하다면, 상장하지 못하는 기업은 어디서 주식을 유통시킬까?

정규 시장 바깥, 곧 장외(場外)에서 하면 된다.

정규 시장 밖에서 이뤄지는 주식거래는 장외거래(outside dealing), 장외거래 현장은 장외시장(off board market)이라 한다. 장외거래는 흔히 금융기관 창구에서 많이 되기 때문에 OTC(over the counter market)라고 부르기도 한다.

장외시장과 대비해 부를 때는 정규 시장을 장내시장이라 하고, 장내시장에서 하는 거래는 장내거래라 한다. 우리나라에서는 한국거래소가 운영하는 유가증권시장, 코스닥시장, 코넥스 등이 곧 장내시장이다.

장외시장에서는 어떤 주식이든(상장주식이든 비상장주식이든) 거래할 수 있다. 다만 정규 시장처럼 공인된 시장 관리자가 거래를 중개하지 않으므로 파는 이와 사는 이가 직접 매매해야 하고, 그렇다 보니 사기 거래가 발생하기 쉽다. 엉터리 주식을 비싸게 팔아넘기는 자, 주식은 건네지 않고 돈만 챙겨 달아나는 자도 있어서 장내보다 매매가 잘 안 된다. 주식 투자로 돈 벌려면 사는 것 못지않게 잘 파는 게 중요한데, 매매가 원활치 못하니 제때 팔지 못할 위험성도 크다. 이래저래 장외에서 거래할 때는 장내에서 거래할 때보다 특히 주의해야 한다.

증권사와 자산운용회사 등이 모여 만든 한국금융투자협회(금투협)는 장외주식 전용 시장인 한국장외시장, 곧 K-OTC(Korea Over-The-Counter)를 운영한다. K-OTC는 인터넷 홈페이지 형태의 시장이다. 금투협이 모아놓은 주요 장외주식을 매매할 수 있다.

매매 주문은 어떻게 하나

국내 증시에서 주식거래가 이뤄지는 정규 시간대는 평일 오전 9시부터 오후 3시 30분까지다. 거래는 투자자가 증권사를 통해 매매 주문을 내놓는 것으로 시작한다. 증권사는 투자자가 내놓은 주문을 증시에 내놓고, 증시는 수많은 주문 가운데 서로 맞는 것을 연결하여 매매를 중개한다.

매매 주문을 내놓는 방식은 여러 가지가 있다. 가장 많이 쓰는 것은 지정가주문 방식이다. 'A사 주식 100주를 1만 원에 사겠다'는 식으로, 매매하려는 주식의 수량과 값을 지정해 주문한다. 매매가 범위를 지정해 주문하는 시장가주문(방식)도 있다. 얼마 이하로 어느 주식을 몇 주 사달라, 얼마 이상으로 몇 주 팔아달라, 시세대로 매매해달라고 주문한다. 매매 주문을 낼 때 부르는 희망 매매가는 '호가(呼價, asking price)'라 한다.

주식을 사기 위해 내놓는 주문은 '사자 주문' 또는 매수 주문이라 한다. 팔려고 내놓는 주문은 '팔자 주문' 또는 매도 주문이다. 주문이 매매로 연결되려면 '사자 주문'과 '팔자 주문'이 매매 조건, 즉 가격과 수량 면에서 일치해야 한다.

○○ 주식 800주를 A가 2만 원에 팔겠다고 주문하고, B는 같은 값에 500주를 사겠다고 주문했다 하자. 두 개의 주문은 증권사 영업점과 컴퓨터 통신망으로 연결된 증시로 나가 만난다.

이날 ○○ 주식 매매 주문은 A와 B, 두 사람 것만 있었다고 가정하자. 그럼 ○○ 주식은 A와 B가 내놓은 주문 중에서 매도 수량과 매수 수량이 일치한 500주(즉 A의 매도 주문 800주 중 500주, B의 매수 주문 500주)만 거래가 이뤄진다. 이날 ○○ 주식거래량은 500주로 기록된다. 주식거래량은 매수 주문과 매도 주문이 가격과 수량 면에서 일치해 거래가 이뤄진 수량만 집계하기 때문이다.

투자자 A가 내놓은 매도 주문 800주 중 거래가 이뤄진 500주를 제하고 남은 300주의 매도 주문은 어떻게 될까?

당일 장이 끝나면서 자동 취소된다. 매매 주문은 거래가 벌어지는 당일에만 유효하다. 시장에 나왔으나 거래되지 못하고 남은 주문은 당일 장이 끝나면 자동 취소된다. 주문을 계속하려면 다음 장이 열릴 때까지 기다려야 한다.

거래 비용은 얼마나 들까?

주식거래에는 매매 대금뿐 아니라 매매 수수료와 증권거래세도 든다.

매매 수수료는 증권사 중개로 주식을 거래하는 투자자가 주식을 매매할 때마다 증권사에 내는 돈이다. 위탁 수수료 또는 거래 수수료라고도 부른다. 보통 거래액의 일정 비율인데 이익이 났든 손실이 났든, 샀든 팔았든 상관없이 내야 한다. 단 주문이 매매로 연결됐을 때만 낸다.

증권거래세도 거래액의 일정 비율로 내는데, 매매 수수료와는 달리 주식을 팔 때만 낸다.

세금은 절약할 수 없지만, 수수료는 증권사마다 체계가 다르고 거래액이나 주문 방법 등에 따라서도 다르므로 잘 고르면 절약할 수 있다. 주문 방법으로는 증권사 영업점을 방문하거나 ARS(자동응답전화)를 이용하는 방법보다 스마트폰이나 컴퓨터로 접속 가능한 증권사 프로그램을 이용하는 방법이 수수료가 싸게 든다.

정규 시장에서 소액을 거래하는 개인에게는 해당 없지만, 상장주식을 거액 보유했다가 팔거나 장외에서 주식(상장주식이든 비상장주식이든)을 팔 경우에는 양도소득세를 내야 한다.

주식 시세표, 어떻게 읽나

주식 시세는 신문, 방송, 인터넷 등 다양한 매체에서 볼 수 있다. 시세표 형태는 매체마다 조금씩 다르다. 인터넷에서 발췌한 시세표를 읽어보자. 보기 표는 평일 장 마감 후 시세다.

'종목명'은 발행 회사가 해당 주식을 발행하면서 붙인 명칭이다.

종목명과 나란히 늘어놓은 현재가, 전일대비, 등락률, 시가, 고가, 저가, 거래량은 모두 하루 단위 정규 장(시장)에서 형성된 시세 단가를 종목별로 나타낸 것이다.

'현재가'는 말 그대로 현재 시세다. 장 마감 때 거래가 체결된 시세를 '종가(終價, closing price)'라고 부르는데, 보기 시세표는 장 마감 후 시세

주식 시세표

종목명	현재가	전일대비	등락률	시가	고가	저가	거래량
SK하이닉스	189,200	▼ 6,500	-3.32%	194,400	195,200	188,200	5,848,958
대한항공	20,850	▲ 450	+2.21%	20,600	20,950	20,500	1,067,845
카카오	43,300	▼ 350	-0.80%	44,050	44,350	43,000	1,928,119
KB금융	79,400	▲ 700	+0.89%	79,900	81,500	78,700	2,607,330
호텔신라	56,900	▲ 1,200	+2.15%	55,800	57,100	55,800	267,007

자료: 네이버 2024.5.31 장후

이므로 현재가가 곧 종가다. 거래 당일 종가라는 뜻으로 당일 종가라고도 부른다.

'전일대비'는 거래일로 따져 전날 현재가(장 마감 후에는 종가)와 당일 현재가(장 마감 후에는 종가)의 차이를 표시한 것이다. 시세표에 따라서는 '전일비'나 '등락'이라고 표시하기도 한다.

보기 시세표는 당일 종가가 전일 종가보다 내린 경우 전일대비를 ▼ 기호로 표시했다. 오른 경우에는 ▲ 기호로 표시했다. 시세표마다 조금씩 다른데, 전일대비에 차이가 없을 때는 대개 '0'이나 '−'로 표시한다.

보기 시세표에서 SK하이닉스는 현재가, 곧 당일 종가가 18만 9200원이고 전일대비는 '▼ 6500'이다. 당일 종가가 전날 종가보다 6500원 내렸다는 뜻이므로 전일 종가는 19만 2700원이었다는 사실을 알 수 있다.

'등락률'은 전일대비를 비율로 나타낸 것이다.

'거래량'은 당일 매매가 이뤄진 주식 수량이다.

'시가(始價, opening price)'는 시초가라고도 한다. 정규 장을 시작하고 처음으로 거래가 체결된 시세다. 시장가격이나 시세를 뜻하는 시가(市價, market price)와는 다른 뜻이다.

'고가'는 당일 장중 거래가 중 최고 시세, '저가'는 최저 시세다.

시세표에 따라서는 종목마다 '20주 최고(고가)', '52주 최저(저가)' 식으로 특정 기간별 고가와 저가를 표시한 것도 볼 수 있다. 예를 들어 '52주 최저(저가)'라면, 최근 52주(곧 1년) 사이 당일 시세를 포함한 현재가나 종가 중에서 최저가를 표시한 경우다.

보기 시세표에 따르면 SK하이닉스는 당일 장중 시세가 19만 4400원으로 시작해 19만 5200원(고가)까지 올랐다가 18만 8200원(저가)까지 내렸고, 18만 9200원으로 반등해 장을 마쳤다.

상·하한가 제한은 왜 두나

유가증권시장과 코스닥시장, K-OTC시장에서 하루 장중 종목별 주가 등락은 전일 종가±30% 범위에서만 가능하다(중소기업 전용 코넥스는 ±15%).

오늘과 내일 장이 계속 열린다 치고, 오늘 종가가 1만 원인 종목이라면 내일 매매 가능한 최저가는 7000원, 최고가는 1만 3000원이다. 7000원보다 싸거나 1만 3000원보다 비싼 값에는 주문을 낼 수 없다.

장중에 오를 수 있는 최고 시세는 '상한가', 내릴 수 있는 최저 시세는 '하한가'라 한다. 매매가가 상한가에 이르면 흔히 시세가 '천장을 쳤다'고 말하고, 매매가가 하한가에 이르면 '바닥을 쳤다'고 얘기한다.

장중 주가 변동 폭을 제한하는 이유는 뭘까?

주가의 단기 폭등락을 막기 위해서다.

증시는 상·하한가 제한이 없거나 제한 폭이 클수록 투기 성향이 높아진다. 크게 벌 수도 있지만 크게 잃을 수도 있다. 문제는 개인투자자가 크게 잃기 쉽다는 것이다. 개인은 기관과 달리 주가 폭락 때 큰 타격을 입을 수 있다. 특히 속칭 '큰손', 곧 거액 투자자가 주식을 대량 매매해 주가가 출렁이는 통에 피해 보기 쉽다. 장중 주가 변동 폭을 제한하는 이유는 주로 개인이 주가 단기 폭락으로 피해 볼 여지를 줄여보자는 데 있다. 취지는 증시 안정을 위한 것이지만 이 같은 규제가 순기능만 하지는 않는다.

상·하한가 제한을 두면 시세 변동 요인이 조금만 생겨도 주가가 쉽사리 가격 제한 폭까지 움직인다. 주가가 5% 떨어지면 될 만한 사건이 생겨도 실제 주가는 하한가로 떨어지는 식이다. 가격 제한 폭이 전일 종가±30%면 종목별로 하루에 변동 가능한 시세 폭이 최대 60%다. 큰손이 상·하한가 제한을 악용해서 주가 급등락을 유도할 수도 있다.

증시 일각에서는 상·하한가 제한이 주가 오름폭을 제한하니 증시 성장을 위해 상·하한가 제한을 없애야 한다는 주장도 나온다. 외국은 상·하한가 제한을 하는 곳도 있고 하지 않는 곳도 있다. 일본과 중국은 제한하지만 홍콩, 싱가포르, 미국과 영국을 포함한 유럽 주요 증시는 제한하지 않는다.

코스피 보면 뭘 알 수 있나

정규 주식시장에는 상장종목 수가 매우 많다. 2024년 6월 2일 기준으로 유가증권시장에는 840개 회사가 953개 종목을 상장했다. 코스닥에는 1729개 회사가 1732개 종목을 상장했다(KRX 정보데이터시스템).

상장종목이 많다 보니 주식시장 전체 시세 흐름을 파악하기는 쉽지 않다. 시장 전체 시세를 한눈에 알아보려고 고안해낸 지표가 종합주가지수다.

종합주가지수란 상장종목 전체나 일부 그룹의 시세를 종합해 지수(index)로 만든 것이다. 만드는 방법은 여러 가지인데, 흔히 시가총액을 이용한다. 먼저 상장종목 전체에 걸쳐 발행주식 수에 주식 단가를 곱해 현재 증시의 시가총액을 구한다. 그런 다음 현재 시가총액이 기준시점 시가총액에 비해 몇 배나 되는지를 계산한다.

국내 증시에서는 한국거래소가 시가총액 방식으로 종합주가지수를 만들어 쓰고 있다. 유가증권시장에서는 상장종목 전체 시세를 종합해 만든 종합주가지수로 '코스피(KOSPI, Korea Composite Stock Price Index)'를 쓴다. 유가증권시장을 두고 흔히 코스피시장이나 코스피라고 부르기도 하므로, 혼동을 피하려고 코스피지수라고도 부른다. 코스닥시장 역시 시가총액 방식으로 만든 종합주가지수로 코스닥(KOSDAQ)지수를 만들어 쓴다. 흔히 코스닥이라고 줄여 부른다. 코스닥시장을 가리켜 코스닥이라고 부르기도 하므로, 듣는 사람이 알아서 구별해야 한다.

코스피나 코스닥지수를 산정해 발표하는 곳은 KOSCOM. 증시 전산 매매 시스템을 운영하는 회사다. 정규 증시가 열리는 동안 일정 시간마다 주가지수를 발표한다.

코스피 작성 기준시점은 1980년 1월 4일이다. 기준시점 당시 유가증권시장 시가총액을 100으로 놓고 현재 시가총액이 얼마인지를 구해 지수를 산출한다.

$$KOSPI = \frac{\text{비교시점 시가총액}}{\text{기준시점(1980.1.4) 시가총액}} \times 100$$

코스피 동향을 전하는 보기 기사를 읽어보자.

연합뉴스
2024.5.31

코스피 보합세 마감

31일 코스피는 1.08포인트(0.04%) 오른 2,636.52로 장을 마쳤다.

기사에 따르면 2024년 5월 31일 열린 유가증권시장에서 코스피는 2636.52로 장을 마감했다. 코스피 작성 기준시점인 1980년 1월 4일 기준값 100에 비하면 유가증권시장 시가총액이 26.36배쯤 커졌다는 뜻이다.

종합주가지수 추이를 보면 주식시장 추세를 대략 가늠해볼 수 있다. 주식시장에는 주가가 경기를 반년쯤 앞서 반영한다는 이론이 널리 받아들여지고 있는데, 이를 근거로 종합주가지수 흐름을 보고 경기를 예측하기도 한다. 통계청이나 한국은행, 연구기관과 전문가도 종합주가지수 추이를 경기 예측 지표로 활용하고 있다.

코스피 장기 추이

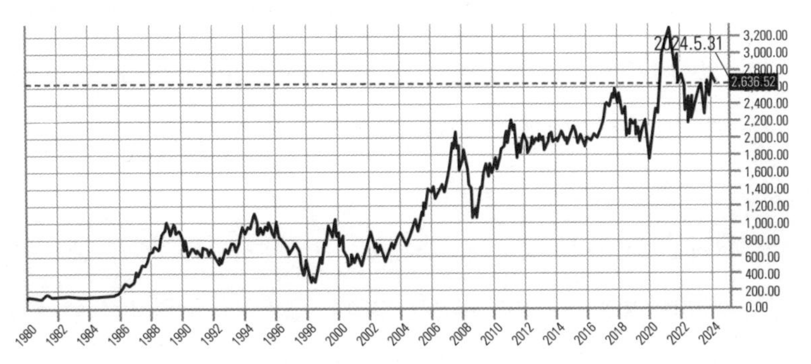

자료: Trading Economics

코스닥지수 기준은 왜 1000일까

이데일리
2024.5.30

[코스닥 마감] 개미 '팔자'에… 830선 턱걸이

코스닥 지수가 2거래일 연속 하락세로 장을 마쳤다. 다만 외국인과 기관의 매수세에 830선은 유지했다. 마켓포인트에 따르면 30일 코스닥 지수는 전 거래일보다 6.46포인트(0.77%) 내린 831.99에 거래를 마쳤다.

코스닥지수는 산출 기준일이 1996년 7월 1일이다. 기준시점 코스닥 시가총액을 1000으로 놓고 비교시점 시가총액을 견주어 지수를 산출한다. 코스피 산출 기준 단위는 100인데 코스닥지수는 왜 1000일까?

코스닥시장의 대외 이미지를 고려한 결과다.

코스닥지수도 처음에는 기준시점 시가총액을 100으로 놓고 산출했는데, 2003년에 세계 어느 증시에서도 보기 어려운 수준(37)까지 떨어졌다. 종합지수가 너무 낮으면 주식시장의 대외 이미지가 나빠지니 숫자를 키우자는 생각에서, 2004년 1월 26일부터 기준값을 1000으로 바꿨다.

그랬지만 코스닥시장은 오래 부진했다. 코스닥지수는 기술주 붐이 일었던 2000년 9월 14일 1020.70을 찍고 20년 7개월 만인 2021년 4월 12일에야 종가 기준 1000을 넘어섰고, 그조차 이내 내림세로 돌아섰다. 기사에서 보듯 2024년 5월 현재도 코스닥지수는 1000이 못 된다. 사실상 기준시점 값보다도 낮은 시세다.

다우지수, 나스닥지수, S&P500은 왜 보나

기사독해

이투데이
2024.6.1

[종합] 다우지수 올해 최대폭 급등 속 뉴욕증시 혼조

뉴욕증시는 다우지수가 올해 최대폭으로 급등한 가운데 혼조 마감했다. 지난달 31일(현지시간) 뉴욕증권거래소(NYSE)에서 다우지수는 전 거래일 대비 574.84포인트(1.51%) 상승한 3만8686.32에 마감했다. S&P500지수는 42.03포인트(0.8%) 오른 5277.51에, 기술주 중심의 나스닥지수는 2.06포인트(0.01%) 하락한 1만6735.02에 거래를 마쳤다.

뉴욕 증시 동향을 전한 기사다. 기사에서 전하는 다우지수, S&P500지수, 나스닥지수는 미국 주식시장을 대표하는 3대 종합주가지수다.

다우지수는 미국 S&P다우존스지수회사(S&P Dow Jones Indices)가 세계 최대 증시로 손꼽는 뉴욕증권거래소(New York Stock Exchange, NYSE)의 상장종목 중 30개 대표 종목 시세를 종합해서 만든다. 흔히 '다우30(Dow30)'이라고 부르고, 다우존스 산업평균지수(Dow Jones Industrial Averages, DJIA), 다우존스30 산업평균지수라고도 부른다.

보기 기사를 포함해서 미디어가 전하는 다우지수 시세는 대개 다우30 시세를 가리킨다. 하지만 '다우지수'는 실은 S&P다우존스지수회사가 산출하는 주가지수의 통칭이고, 다우30 외에도 여러 가지 지수가 '다우지수'라는 이름 아래 산출된다. 주로 운송(운수) 기업의 주식 시세를 종합한 다우존스 운송평균지수(Dow Jones Transportation Average), 주로 전기·가스·수도 등 공공 서비스를 제공하는 기업의 주식 시세를 종합한 다우존스 공공업종평균지수(Dow Jones Utility Average) 등이 그런 예다. 이렇게 여러 가지 다우지수가 있기는 하지만, 다우30이 다우지수는 물론 뉴욕증권거래소를 대표하는 지수로 통한다. 그래서 미디어에서 다우지수 시세를 전할 때는 곧 다우30 시세를 얘기하는 것으로 이해해도 거의 틀리지 않는다.

나스닥지수는 뉴욕증권거래소와 함께 미국 증시의 쌍벽을 이루는 나스닥시장(National Association of Securities Dealers' Automated Quotation system, NASDAQ)에 상장된 종목의 시세를 종합해 만드는 주가지수다. 흔히 기술주 지수로 불리는데, 나스닥에는 첨단 ICT(information and communication technologies, 정보통신기술) 기업이 많이 상장해 있기 때문이다. 우리 증시에서 유가증권시장이 1시장, 코스닥이 2시장 역할을 하듯 미국 증시에서도 뉴욕증권거래소가 1시장, 나스닥이 2시장 역할을 한다. 1시장, 2시장으로 부르니 한·미 증시가 비슷해 보이지만 내용은 많이 다르다. 나스닥은 엔비디아, 테슬라, 마이크로소프트, 애플, 구글, 아마존닷컴, 넷플릭스, 구글(알파벳), 메타(옛 페이스북) 등 첨단 대형 기술주를 많이 상장해서 뉴욕거래소 못지않게 규모가 크고 활발하다. 하지만 코스닥은 유가증권시장에 비해 규모나 질이 한참 떨어진다.

S&P500(스탠더드앤드푸어스500)은 미국 S&P다우존스지수회사가 뉴욕증권거래소(NYSE)와 나스닥에 상장된 시가총액 상위 500개 기업의 주식 시세를 종합해 산출한다. 다양한 산업 분야의 대형주 시세를 포함하므로 다우지수보다 더 포괄적인 증시 지표로 통한다.

미국 증시 흐름을 알려주는 다우, 나스닥, S&P500의 시세는 늘 세계 증권가의 관심사다. 미국 경제가 그렇듯 미국 증시도 세계 증시의 중심이기 때문이다. 21세기 들어서는 특히 미국이 앞장선 시장 개방과 세계화가 진전되면서 미 증시가 이끄는 글로벌 동조화(global coupling) 경향이 강해졌다. 증시의 글로벌 동조화란 다우지수가 떨어지면 코스피도 떨어지고 나스닥지수가 오르면 코스닥지수도 오르는 식으로, 각국 증시가 같은 방향으로 움직이는 현상이다. 각국 증시가 함께 움직인다고 하나 중심과 주변이 있고 중심은 미국 증시이므로, 글로벌 동조화는 주로 각국 증시가 미국 증시를 따라 움직이는 현상으로 나타난다. 주식 투자자라면 미국 증시 흐름을 보여주는 주가지수 추이를 주목할 수밖에 없다.

경기 나쁜데 주가 뛸 때는 어떤 때?

증권시장에서는 증권 시세 전반의 움직임 또는 시장 상황을 가리킬 때 '장세(場勢)'나 '시황(市況)' 같은 용어를 즐겨 쓴다. 보통 때 장세는 경기와 같은 방향으로 움직인다. 경기가 좋아지면 거래가 늘고 시세가 오르는 종목이 많아진다. 경기가 나빠지면 거래가 줄고 시세가 내리는 종목이 많아진다. 그런데 경기가 나쁜데도 증시가 침체하지 않을 때가 있다. 어떤 때 그럴까?

통화 당국이 금리를 낮출 때다.

경기가 나쁠 때는 기업 실적이 부진하고 생산과 투자가 줄어든다. 기업 자금 수요가 줄어들기 때문에 시중 여유 자금이 수익을 노리고 갈 만한 곳은 은행 예금이나 증시, 부동산 시장 정도다. 이런 상태에서 실물 경기를 일으키기 위해 통화정책 당국이 정책금리를 낮추면 시중 여유 자금이 예금보다 주식이나 부동산으로 몰리기 쉽다. 그럼 실물 경기와 기업 실적이 좋지 않더라도 부동산이나 주식 시세가 오를 수 있다. 이렇게 금리 하락을 배경으로 자금이 몰리면서 실물 경기와 상관없이 자산 시세가 오르는 장세를 금융장세 또는 유동성 장세(liquidity-driven market)라고 부른다.

금융장세 때 주식 시세는 경기나 기업 실적과 상관없이 움직인다. 장세도 투자자 다수가 어떻게 투자하느냐에 따라 쉽사리 바뀔 수 있다. 주가가 한창 오르는 와중이라도 큰손이나 손 빠른 투자자가 주식 매도에 나서면 더 많은 투자자가 뒤따르며 주가가 꺾이기 쉽다. 그럼 주가가 오를 때 추격 매수했던 투자자는 손해 보기 십상이다. 그래서 경험

있는 투자자는 금융장세가 시작됐다 싶으면 주가가 오르는 와중에도 언제 시세 하락이 시작될지 촉각을 곤두세운다. 주가가 단기 급등락하리라고 보고 '치고 빠지기(hit and run)' 식 투자에 몰두하는 투자자도 많아진다.

마찬가지 맥락에서, 경기 상승이 불투명한데 주가 전반이 오를 때 증권가에서는 금융장세가 오는지 여부를 판단하느라 논의가 분분해진다.

만약 증시가 금융장세에 들어섰다면 상승세를 타던 주가가 갑자기 하락 반전할 가능성이 높다. 이럴 때는 주가가 아무리 기세 좋게 올라도 추격 매수를 삼가고, 적당하다 싶을 때 과감히 손을 빼야 한다. 하지만 경기나 기업 실적이 좋아 주가가 오르는 거라면 투자를 더 해도 된다. 장세를 어떻게 보느냐에 따라 투자 방향이 달라지는 셈이다.

금리와 주가, 어떻게 움직이나

보통 때 주식 장세는 금리와 반대 방향으로 움직이는 게 정상이다. 금리가 내리면 주가가 오르고, 금리가 오르면 주가는 내린다. 왜 그럴까?

금리가 내리면 주가가 오르는 이치부터 따져보자.

금리가 낮아지면 기업은 사업 자금 융통에 따르는 이자 부담이 줄어든다. 그만큼 자금 여유가 생겨서 투자를 늘릴 수 있고, 영업이익을 늘리기도 쉽다. 기업 이익이 늘면 주가가 오르는 게 정상이다. 이처럼 미래 주가를 밝게 전망하는 데 증시 안팎에 별다른 걸림돌이 없으면 주식 수요가 늘어 시세가 오른다.

개인투자자도 금리가 낮을 때는 예금이자가 적으니 손실 위험을 안고라도 고수익을 낼 방도를 찾게 된다. 시중에 적당한 대체 투자 수단이 없다면 재테크 수요가 주식 투자로 쏠릴 수 있다. 실제 증시로 흘러드는 자금이 늘어나면 주가가 오른다.

금리가 오르면 반대 상황이 펼쳐진다.

기업은 융자금 이자 부담이 늘어나므로 자금 여유가 없어진다. 아무래도 투자에 적극 나서기 어렵고, 그만큼 기업의 미래 수익 전망이 흐려지므로 주식 수요가 줄어 주가가 떨어진다.

개인투자자도 굳이 위험한 주식에 매달릴 필요가 없다고 생각해, 증시에서 돈을 꺼내 예금 등 안전한 곳으로 돌린다. 자금이 안전한 곳을 찾아 이동할수록 증시에서는 자금 유출이 가속되어 주가가 떨어진다.

다만 금리와 주가가 늘 반대 방향으로만 움직이는 것은 아니다. 증시와 경기 흐름에 따라서는 금리와 주가가 같이 떨어질 수도 있고 제각기 움직일 수도 있다.

가령 지금 경기가 좋지 않고 금명간 좋아질 전망도 희미하다고 하자. 기업은 투자를 꺼릴 것이다. 투자가 위축되면 주가가 오르기 어렵다. 이처럼 주가 상승 기반이 허약할 때는 시중 자금이 넉넉하고 금리가 낮아도 증시로 유입되는 자금이 늘지 못한다.

때로는 경기 전망이나 금리 흐름과 상관없이 주가 침체 자체가 또 다른 주가 하락을 부르는 악순환도 생길 수 있다. 예를 들면 주가가 꽤 오래 침체해서 투자자가 증시에 실망하면 시중 자금이 부동산 등 다른 재테크 수단으로 몰려갈 수 있다. 그런 자금이 증시로 돌아오지 않는다면 주가는 더 떨어질 수밖에 없다.

미 금리 오르면 왜 우리 주가 떨어지나

경기가 확대되다 보면 인플레이션이 발생할 수 있다. 인플레이션 뒤에는 경기가 급강하하는 게 보통이다. 그래서 경기 확장기에 인플레이션이 우려될 만큼 경기가 과열된다 싶으면, 통화정책 당국(중앙은행)이 통화를 긴축하는 정책을 편다. 대개 정책금리를 올려 시장금리 인상과 통화량 축소를 유도한다.

경기가 과열되는 것은 보통 시중에 돈이 남아도는 탓이 크다. 통화 당국이 긴축정책으로 돈줄을 조이면 투자와 소비가 위축되면서 과열된 경기가 진정될 수 있다. 그럼 경기가 과열된 끝에 인플레이션이 발생하고 수요 부진이 잇단 끝에 경기가 급락하는 사태를 막을 수 있다.

미국 통화 당국도 경기 과열 조짐이 있을 때면 연준이 정책금리를 올리는 등 긴축정책을 펴서 선제적으로(preemptively) 시중 자금 수급을 조절한다. 그런데 미국에서 금리가 오르면 우리나라를 포함해 세계 각국 증시에서 주가가 떨어지기 쉽다. 어째서 그럴까?

주로 금리, 환율, 주가가 맞물려 움직이는 결과다. 대략 네 가지 경로가 있다.

첫째, 미국에서 금리가 오르면 미국 내 소비와 투자가 위축되면서 수입 수요가 줄어든다. 때문에 대미 수출국에서는 수출이 줄고 기업 실적이 침체해 수출기업 위주로 주가가 떨어지기 쉽다.

미국은 세계 최대 수출시장이므로 미국의 수입 수요 위축은 글로벌 수출시장과 주가에 타격을 줄 수 있다. 특히 우리나라처럼 미국에 수출을 많이 하는 나라는 수출 실적과 주가에 큰 영향을 받는다.

둘째, 미국에서 금리가 오르면 외국인 투자가 미국으로 집중된 나머지 각국 증시에서 외국인 투자가 유출되면서 주가가 떨어진다.

미국은 세계 최대 규모 투자시장이다. 그런 미국에서 금리가 오르면 통화, 증권, 예금, 부동산 등 각종 투자자산에 걸쳐 달러 자산의 수익성이 다른 통화 자산보다 높아진다. 자연히 글로벌 자산 투자가 미국으로 몰리기 쉽다.

셋째, 미국에서 금리가 오르면 다른 나라에도 금리 인상 압력이 생겨 주가가 떨어지기 쉽다.

미국 금리가 올라 글로벌 투자가 미국 시장으로 집중된다고 해보자. 그럼 나머지 각국에서는 금융이나 자본의 수요가 줄어 금융경제가 침체하고, 금융회사가 경영난을 맞기 쉽다. 그럼 일반 기업이 금융회사를 통해 사업 자금을 마련하기 어려워질 수 있고, 그러다 보면 실물 경기까지 침체할 수 있다. 이런 사태를 피하기 위해 각국은 평소 미국과 자국의 금리 차이가 너무 벌어지지 않게 하는 데 신경을 쓴다. 미국이 정책금리를 올리면 자국 정책금리도 따라 올리고, 미국이 정책금리를 내리면 자국 정책금리도 따라 내리는 식이다.

미 금리 상승세를 따라 시장금리가 오르는 나라에서는 어떤 자산에 투자하는 게 유리할까? 예금처럼 비교적 안전성이 높은 자산은 수익성이 좋아지지만 주식 같은 투자자산은 매력이 떨어진다. 이자는커녕 원금 손실 위험이 있는 데다, 기업이 사업 자금 마련에 더 많은 비용을 치르면서 실적이 나빠지기 쉽기 때문이다.

세간에는 미 금리 인상이 주가에 미치는 효과가 경험을 통해 비교적 잘 알려져 있다. 뉴스에서 '미 금리 인상 전망'이라는 말만 나와도 주요국 주가가 떨어지곤 한다. 우리도 마찬가지다.

넷째, 미국 금리가 오르면 달러 시세가 올라 대미 수입국을 비롯한 각국에 인플레이션을 유발함으로써 주가를 떨어뜨릴 수 있다.

금리는 돈의 값어치, 곧 돈값이다. 미국 금리가 오르면 달러의 값어치가 높아진다. 달러 시세가 오르면 달러와 교환하는 화폐는 상대적으로 시세가 낮아진다.

원화를 예로 들면, 달러 시세가 오를 때 원화는 시세가 떨어진다. 한국이 미국에서 1달러짜리 상품을 수입한다고 가정해보자. 환율이 1달러에 1200원일 때는 수입 대금으로 1200원을 내주면 된다. 그런데 달러 시세가 1달러에 1400원으로 오르면 수입 대금으로 1400원을 내줘야 한다. 저절로 수입 상품 가격이 오르는 셈이다. 이렇게 달러 시세가 오르면 미국에서 물자를 수입하는 나라, 미 달러로 해외 물자를 수입하는 나라에서는 수입물가가 오른다.

수입 상품 중에는 완제품뿐 아니라 원재료와 부품 같은 중간재도 많다. 때문에 수입물가 상승은 다른 상품 가격에도 영향을 주면서 확산되고, 결국 물가 전반을 끌어올리기 쉽다. 물가 상승세가 단기에 그치지 않고 길게 가면 인플레이션이 발생해 소비와 투자가 부진해지고 고용과 생산을 위축시키면서 경기가 하강할 수 있다. 미국 등 해외에서 물자를 많이 수입하는 나라에서는 경제가 이런 경로를 갈 수 있다는 전망만 서도 주가가 떨어진다.

2022년 들어 미국에서는 코로나 사태와 러시아·우크라이나 전쟁으로 상품 공급이 원활치 않게 되면서 인플레이션이 심해지자 기준금리를 올리고 금융을 긴축했다. 그 결과 달러 시세는 뛰고 나머지 세계 각

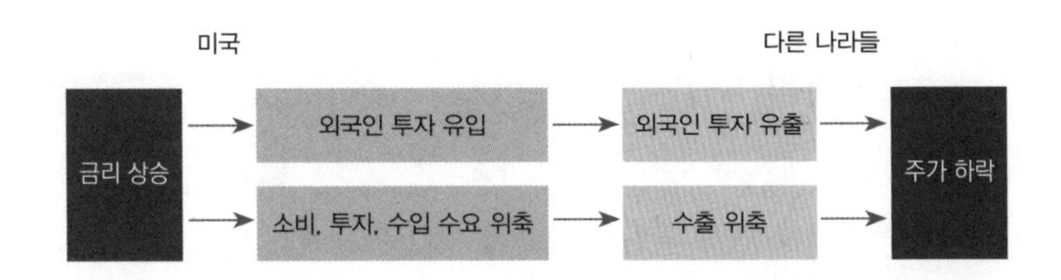

국 통화는 시세가 떨어졌다. 통화 시세가 떨어진 각국에서는 미국 등 해외에서 상품을 수입하는 데 더 많은 비용을 치르게 되면서 인플레이션이 유발됐다. 미국이 금리를 올려 자국의 인플레이션을 해외로 수출하는 상황이 빚어진 셈이다. 우리나라도 원화 시세가 급락하면서 물가가 급등했다.

우리나라 같은 대미 수출국 입장에서는 미 금리 상승을 반영해 달러 시세가 오르면 원화 시세가 약해지는 만큼 수출품 가격이 싸져서 수출 경쟁력이 향상되는 효과를 볼 수 있다. 이뿐이라면 수출기업 위주로 수익성이 개선될 테니, 미 금리 상승에 따른 달러 시세 상승이 국내 기업 실적과 주가에 호재가 될 수 있다. 그러나 달러 시세가 오르면 원화 시세가 하락하는 만큼 수입물가가 비싸져서 수출 채산성이 떨어지므로 기업 실적과 주가에 악재로 작용하는 효과도 생긴다. 호재와 악재, 어느 쪽이 더 크게 작용할까?

2022년 우리나라에서는 무역이 기존 흑자 추세에서 적자로 돌아서고 주가가 급락하는 현상이 나타났다. 그렇다고 미 금리 상승에 따른 달러 시세 상승이 우리 수출과 주가에 늘 호재보다 악재로 작용한다고 단정하기는 어렵다. 호재와 악재 중 어느 쪽이 더 크게 작용하느냐는 그때그때 경제 상황에 따라 달라진다.

2022년 우리 경제는 코로나 사태로 인한 중국의 도시 봉쇄와 러시아·우크라 전쟁 장기화로 수출 여건이 매우 나빠져 있었다. 중국의 도시 봉쇄는 수출 대국 중국의 내수 경기를 가라앉히고 수입 수요를 위축시켜, 대중 수출에 크게 의지하던 우리 기업의 수출을 어렵게 만들었다. 러시아·우크라 전쟁 장기화에 따른 글로벌 공급망 불안으로 에너지와 원자재 가격이 급등한 것도 수입물가를 폭등시켜 우리 기업의 수출 채산성을 떨어뜨렸다. 그런 상황에서 미국의 금리 인상에 따른 달러 강세와 원화 약세는 수출가격 경쟁력을 끌어올리는 효과보다는 수입물가 상승으로 수출 채산성이 나빠지는 효과를 더 크게 해, 우리 기업 실적과 주가를 끌어내렸다.

미 금리 내리면 왜 우리 주가 오르나

미국이 금리를 내리면 우리나라를 포함해 나머지 세계 각국에서는 주가가 오르기 쉽다. 대략 세 가지 경로가 있다. 하나씩 짚어보자.

첫째, 미 금리가 내리면 미국 내수가 활발해져 수입 수요가 커지므로 대미 수출을 많이 하는 나라는 주가가 오른다.

금리가 내리면 미국 기업은 금융 비용 부담이 줄어 투자와 고용을 늘릴 수 있다. 그 결과 내수 경기가 활발해지고 수입 수요가 커지기 쉽다. 그럼 우리나라처럼 대미 수출을 많이 하는 나라는 수출 기회가 늘어나므로 수출기업 위주로 주가가 오르기 쉽다.

둘째, 미 금리가 내리면 달러 자본을 쓰고 있거나 쓰려는 기업은 이자 부담이 줄어 영업수익성이 좋아지므로 주가가 오르기 쉽다.

미국에서 금리가 내리면 해외에서 달러 빚을 낸 기업은 달러 표시 외채 이자, 곧 달러로 지급해야 할 이자 부담이 줄어든다. 글로벌 자본시장에서 달러 자금을 융통할 때 치러야 하는 금리 부담도 가벼워지기 때문에 자금 여유가 커지고, 그만큼 투자를 늘릴 수 있다. 달러 외채를 진 기업이 많은 나라에서는, 기업이 투자를 늘리는 만큼 미래 수익이 증가하리라는 기대가 커지면서 주식 수요가 늘어 주가가 오른다.

셋째, 미 금리가 내리면 글로벌 투자가 해외 각국으로 분산 유입되어 각국 주가를 올릴 수 있다.

미국 금리 하락은 달러 표시 자산의 금리를 떨어뜨려 달러 자산의 수익 창출력을 낮춘다. 그만큼 글로벌 투자 자본은 달러 자산 매수를 줄이는 대신 달러보다 상대적으로 금리가 높은 통화, 이를테면 유로·파운드·엔 같은 통화로 자산 투자를 분산하게 된다. 이럴 때 유로·파운드·엔이나 기타 통화를 화폐로 쓰면서 자본시장이 안정된 나라에는 투자처를 찾는 해외 자금이 많이 들어가서 주가를 띄울 수 있다.

세간에는 미 금리 하락이 주가에 미치는 효과가 경험을 통해 비교적 잘 알려져 있다. 뉴스에서 '미 금리 하락 전망'이라는 말만 나와도 주요국 주가가 오르곤 한다.

주식 투자는 왜 핫머니를 경계해야 하나

기사독해

중국 경제 떠받친 글로벌 '핫머니', 부메랑 될까

중국이 글로벌 '핫머니' 부메랑에 떨고 있다. 지난해 중국은 자본 시장을 대폭 개방했다. 신종 코로나바이러스 감염증(코로나19) 여파로 위축된 경기를 부양하기 위해서였다. 그 결과 엄청난 해외 자본이 중국 시장에 쏟아져 들어왔다. 중국 정부의 공격적인 재정정책과 함께 가파른 경기회복의 불쏘시개가 됐다. 그러나 이제 넘쳐나는 해외 자본으로 중국 당국이 골머리를 앓고 있다.

이투데이
2021.4.7

중국 정부가 자본시장을 연 결과 해외 자본이 대거 들어와 경기 회복에는 도움이 됐지만 골칫거리로 남았다고 전한 기사다. '중국이 글로벌 핫머니 부메랑에 떨고 있다'는데, 무슨 얘기일까?

2020년 중국 정부는 코로나 사태로 경기가 내려앉자 자본시장을 대폭 열어 경기를 떠받쳤다. 닫혀 있던 중국 자본시장의 빗장이 풀리자 해외 자본은 중국 주식시장과 채권시장으로 물밀듯이 들어갔다.

외국인 투자자의 중국 주식 소유액은 1년 새 62% 증가한 3조 4000억 위안으로 불어났다. 채권은 47% 늘어난 3조 3000억 위안에 달했다. 주가도 급등했다. 중국의 대표 종합주가지수인 상해종합지수(Shanghai Stock Exchange composite index, SSE composite index)는 2020년 상반기 3000 안팎이었는데, 2021년 2월 3700에 접근했다. 이 시기 중국으로 들어간 해외 자본에는 '핫머니(hot money)'가 섞여 있었다.

핫머니란 글로벌 시장을 무대로 통화, 증권, 원자재 등 가격 등락이 심한 투자자산을 단기 매매하는 투자 자금의 통칭이다. 하루에도 몇조 달러씩 동원할 정도로 손이 크고, 각국 시장을 수시로 드나들며 '치고 빠지기' 식 단타 투기 매매를 즐긴다. 소수 거액 투자자로부터 자금을 모아 조성한 펀드도 있지만 정체가 분명치 않은 것이 많다. 이를테면 국제 무기상이나 다국적기업의 유휴 자금과 판매 대금 등을 주무르는 '큰손'이 움직일 거라고 추정한다.

주식시장으로 유입되는 핫머니는 일시에 특정 종목을 싹쓸이하듯 사들여 주가를 끌어올린다. 주가가 오르면 증시 안팎에서는 분주히 이유를 찾게 마련이다. 하지만 핫머니가 들어가면 경기가 나쁘거나 별 이유 없을 때도 주가가 급등한다.

주가가 뛰면 투자자나 증시 안팎에서는 경기가 좋아진다고 생각할 수 있지만, 실제로는 그렇게 되지 않는다. 핫머니가 주가를 올리면 추가 상승을 기대하는 투자자가 대거 추격 매수에 가담하기 쉽고, 주가는 더 오른다. 오를 만큼 올랐다 싶을 때 핫머니는 일거에 주식을 팔아 차익을 거두고 빠져나간다. 핫머니가 '치고 빠진' 뒤에는 핫머니를 따라 주식을 추격 매수한 투자자가 피해를 입는다. 특히 돈의 힘으로 주가를 밀어 올리는 금융장세에서는 주가 하락 속도가 더 빠르고 낙폭이 깊어, 일반 투자자가 손해를 더 크게 입곤 한다.

핫머니가 들고 나면 투자자뿐 아니라 국가 차원에서도 문제가 생긴다. 핫머니가 거액 국내 자금을 투자 이익으로 거둬 들고 나가면 그만큼 나라 재산을 잃는 셈이기 때문이다. 거액 시중 자금이 갑자기 빠져

나가면 주식뿐 아니라 채권과 통화까지 일제히 시세가 폭락하면서 증시와 금융시장, 국민경제에 큰 충격이 올 수도 있다. 그래서 외국인의 증권 매수가 늘면서 주가가 뛸 때면 투자자뿐 아니라 정부 당국도 혹시 핫머니가 들어왔나 싶어 경계한다.

2020년 자본시장을 열 때 중국 정부도 핫머니가 섞여 들어올 수 있다는 사실은 알았다. 하지만 당장 경기 부양이 급하니 어쩔 수 없었고, 일단 급한 불을 끄고 나자 핫머니가 빠져나갈 때 생길 수 있는 후유증이 걱정거리로 남았다. 그런 사정을 '중국이 글로벌 핫머니 부메랑에 떨고 있다'고 전한 게 보기 기사다.

헤지펀드는 어떻게 주가 흔드나

삼성전자 · 카카오 '국민株 추락'…
배경엔 10조 단타 친 외국인

3000선을 거침없이 돌파하며 "4000 간다"를 외쳤던 코스피가 2600대로 주저앉았다. 단타 치듯 치고 빠지는 외국계 헤지펀드 자금이 연초부터 10조원대 매도를 단행하며 한국 증시를 끌어내렸다. … 금융감독원에 따르면 올해 1~3월 한국주식을 가장 많이 매도한 외국계 자금의 국적은 영국계였다. … 케이먼제도(-1조7530억원), 룩셈부르크(-1조4560억원) 외국인도 한국 주식을 많이 팔았다. … 영국계(버진아일랜드 등)와 네덜란드 · 룩셈부르크, 케이먼제도는 헤지펀드가 법인을 설립하기 용이한 조세피난처로 꼽힌다. 싱가포르와 홍콩도 법인세 혜택을 많이 주는 대표적인 헤지펀드 법인 설립지다. 조세회피지역 국적의 외국인 순매도 합산규모는 1~3월에만 이미 10조원을 넘어섰다.

머니투데이
2022.4.12

조세회피지역에 본거지를 둔 외국계 헤지펀드가 주식을 대량 매도해 주가를 끌어내렸다고 전한 기사다.

헤지(hedge)는 본래 뜻이 '울타리'다. 금융가에서는 '투자 위험(risk)을 피한다'는 뜻으로 쓴다. 헤지펀드(hedge fund)는 투자에 따르는 위험을 피해가며 고수익을 도모하겠다고 표방하는 펀드다.

펀드는 크게 헤지펀드와 대중 펀드, 두 가지로 나눈다. 대중 펀드는 많은 소액 투자자로부터 공개리에 자금을 모아 만들고, 헤지펀드는 소수 거액 투자자의 자금을 모아 만든다. 대부분의 펀드는 대중 펀드이고, 정부 금융감독 당국이 자금 운용을 규제한다. 운용회사가 펀드 운용을 잘못해서 많은 투자자가 손해를 입으면 국민경제에도 악영향을 미칠 수 있으니 예방하려는 뜻에서다. 그런 만큼 위험한 투자를 하기 어렵고 고수익을 내기도 어렵다.

반면 헤지펀드는 정부 규제를 거의 받지 않는다. 알아서 하라는 뜻이다. 그렇다 보니 헤지펀드는 세계 어디든, 무엇에든 투자한다. 문제는 시장을 교란시키는 특성이 있다는 점이다. 헤지펀드는 이른바 '핫머니'의 주축 또는 일부가 되어 '치고 빠지기' 식으로 빠르게 시장을 드나드는 단기 투자를 즐긴다. 금융과 자금시장이 비교적 발달하고 안정된 선진국보다는 제도와 관행, 경제가 불안한 개도국을 드나들며 시장을 흔들어 일반 투자자에게 손실을 입히기 일쑤다. 우리 증시에서도 이를테면 원화 시세가 오를 때는 물밀듯이 들어왔다가 원화 시세가 내릴 때 순식간에 빠져나가 시장을 흔들어놓곤 한다.

보통 펀드는 금융기관이 모인 대도시에서 만드는데, 헤지펀드는 조세회피지역(tax haven)에서 만든다는 점도 다르다. 조세회피지역은 조세피난처 또는 조세회피처라고도 한다. 해외 자본의 회사 설립과 운영 등 자본 활동을 적극 유치하지만 여느 나라와 달리 자본거래에는 세금을 매우 적게 물리는 지역이나 국가를 통칭한다. 주로 영토가 작고 자원이 부족해서 관광 수입 말고는 돈벌이가 없는 곳이 많다.

조세회피처는 전 세계 몇십 개 국가와 지역에 걸쳐 있는데, 특히 중남미 카리브해 연안 섬에 많다. 영국령 버진아일랜드와 케이맨제도, 쿡제도, 바하마, 도미니카, 지브롤터, 그레나다, 버뮤다, 파나마, 사모아, 세인트루시아 등이 유명하다. 유럽에서는 리히텐슈타인, 스위스, 모나코, 안도라, 룩셈부르크 등을 손꼽고 아시아에서는 싱가포르, 말레이시아 라부안, 홍콩을 주로 든다.

해외 자본이 조세피난처를 이용할 때는 인력이나 사무소, 공장 시설 같은 비즈니스 실물 없이 서류로만 존재하는 회사, 곧 페이퍼컴퍼니(paper company)를 만든다. 조세피난처는 해외 자본이 페이퍼컴퍼니를 세워 운영할 수 있게 해주는 대신 각종 수수료 수입을 번다. 하지만 등록세, 소득세, 법인세 등 회사 설립과 운영 또는 투자 이익 실현과 송금 등에 따르는 세금은 거의 안 받거나 아주 적게 받는다. 다른 나라에서 자본거래나 세무 관련 정보를 요구하거나 교환하자고 해도 응하지 않으므로 기업의 거래 내역이 드러나지 않는다. 따라서 조세피난처를 이용하면 자본가가 자국에서든 외국에서든 회사 창립이나 거래, 사업 수익 송금 과정에서 으레 져야 하는 세 부담을 합법적으로 피할 수 있다.

예를 들면 다국적기업 A사는 버뮤다에 페이퍼컴퍼니로 본사를 차려놓고 여러 나라에 지사를 내 영업한다. 각국 지사는 번 돈을 본사로 보내고, 지사가 있는 나라에는 '번 돈을 다 본사로 보내서 세금 낼 소득이 없다'고 신고한다. 본사가 있는 버뮤다는 사업소득에 세금을 물리지 않으니 A사는 세금을 한 푼도 내지 않는다. 조세피난처 본사를 이용하면 이런 식으로 세금 부담을 피할 수 있으니, 글로벌 기업에게 조세피난처는 탈세 특구와도 같다.

불법 자금을 합법 자금으로 둔갑시키는 '돈세탁(money laundering)'도 흔히 조세피난처를 통해 이뤄진다. 사업 장부에서 빼돌려 불법 조성한 비밀 자금(비자금, slush fund)을 조세피난처에 만들어놓은 페이퍼컴퍼니와 주고받으면서 정상 자본거래를 한 것처럼 가장하곤 한다. 조세피난처에서 만드는 헤지펀드도 조세피난처를 통해 세금을 피하므로, '투자 위험을 피하는 게 아니라 세금을 피하는 펀드'라고 비판받는다.

비록 비판을 받지만, 탈세와 불투명한 거래를 가려주는 이점이 크다 보니 헤지펀드를 비롯한 전 세계 자본과 기업이 조세회피처로 모여든다. 미국의 ICT 리더이자 '빅테크' 기업으로 손꼽는 애플, 구글(알파벳), 아마존닷컴, 마이크로소프트, 넷플릭스, 메타(옛 페이스북)와 테슬라, 월마트, GE, 존슨앤드존슨을 포함한 거대 글로벌 기업이 모두 조세피난처의 주요 고객이다. 러시아 푸틴 대통령, 중국 시진핑 국가주석 등 주요국 정치 리더도 조세피난처와 거래한다는 정황이 근년 드러났다.

우리 기업도 71개 대기업집단이 지배하는 해외 계열사 4700개 중

700개 이상이 조세피난처로 의심되는 곳에서 운용된다고 한다(한국 CXO연구소, 〈2021년 국내 71개 기업집단의 해외 계열사 현황〉, 2021.6).

국제 법인세 체계상 기업 소재지에 과세하는 것은 근 100년간 유지되어온 글로벌 법제다. 그런 법제 위에서 글로벌 기업과 자본은 조세피난처나 법인세율이 극히 낮은 아일랜드 같은 곳에 법인 본사·본점을 두는 방식으로 소득과 자산을 도피시키고, 본래 사업을 일으킨 나라에 내야 할 세금을 회피했다. 이런 관행은 오랫동안 아무 제지 없이 계속되어왔는데, 최근 변화가 생겼다.

2021년에 OECD 등이 주도한 다자간 협력을 통해 각국이 글로벌 최저 법인세율을 15%로 정하고, 다국적기업이 매출 발생처에서 세금을 내게 하자고 합의했다. 다국적기업이 각국의 법인세율이 다른 점을 이용해 본사 소재지를 세율이 낮은 곳으로 옮겨 세금을 피하는 관행에 제동을 걸기 위해서다. 2024년부터는 각국이 다국적기업에 과세하기 시작했다. 법인세율이 15%에 미달하는 나라 A국에서 영업하는 기업이 B국에도 사업장을 냈다면, A국에서 과세하지 않은 최저 법인세율 미달분을 B국이 과세할 수 있다. 단 헤지펀드 등 투자 펀드와 연금 펀드, 정부 기관, 국제기구, 비영리기구 등은 제외다. 우리나라에선 삼성전자, SK하이닉스 등 200여 개 기업이 과세 대상이다.

물가 오르면 주가는 어디로 가나

경기가 확대되다 보면 공급이 수요 증가세를 따르지 못해 물가가 오른다. 물가가 올라도 수요가 계속 확대되면 기업이 생산을 늘리면서 공급이 과잉되는 경기 과열 단계로 접어들고 판매 기세가 둔해진다. 이처럼 과열 끝에 둔화하는 경기는 서서히 내려앉기보다 급락할 때가 많아 국민경제에 충격을 주므로, 그 전에 통화 당국(중앙은행)이 선제 대응한다.

경기 확대로 물가 오름세가 생긴다 하자. 장차 물가가 더 오를 것 같으면 통화 당국이 그 전에 통화를 긴축하는 정책을 써서 통화량이 줄고 금리가 오르게 유도한다. 소비에 쓸 돈을 줄여 소비를 위축시킴으로써 과열된 경기를 진정시키고 경기 둔화 속도를 완만하게 하려는 의도다. 의도대로 되면, 경기가 위축되는 것은 피하지 못해도 과열 끝에 급락하는 경로는 피할 수 있다.

경기가 확대 단계를 지나서 과열됐다 급락하는 현상을 가리켜 '경착륙(硬着陸, hard landing)'이라고 말한다. 경기가 서서히 내려앉는 것은 '연착륙(軟着陸, soft landing)'이다. 통화 당국이 정책 대응으로 경기 과열을 막는 이유는 경기를 연착륙시키기 위해서다.

경기가 확대되면서 물가가 오르고 정부가 과열된 경기에 대응하는 사이 주가는 어떻게 움직일까?

이론상 물가 오름세는 소비를 위축시켜 기업 실적을 부진하게 만들기 때문에 주가가 떨어진다. 그렇다고 기업 실적이 부진해진 뒤에야 주가가 떨어지는 것은 아니다. 물가 오름세가 본격화한다 싶으면 주가는 일찌감치 하락세로 방향을 튼다. 눈치 빠른 투자자가 '물가 오름세 → 정부의 선제 경기 대응 → 경기 둔화' 과정을 예측하고 주식을 팔아치우기 때문이다. 그래서 주가는 정부가 경기 대응책을 내놓기 전부터 떨어진다. 실제로 정부 대응책이 나오면 대개 더 떨어진다. 물가 상승이 주가 하락의 전조가 되는 셈이다.

국내 물가뿐 아니다. 국내 물가가 오르지 않는 상태에서 해외 원자재 시세가 뛸 때도 주가가 서둘러 떨어지곤 한다.

보통 원자재 가격이 뛰면 제조업체는 생산비 부담이 늘어난다. 추가되는 생산비 부담은 대개 제품 판매가에 얹는다. 그 결과 각종 제품 가격이 오른다. 1차로 판매가가 오른 제품이 유통 단계를 거치며 나머지 제품 가격까지 연쇄적으로 뛰게 만들면서 물가가 오른다.

우리나라는 특히 기업 생산에서 원자재 수입의존도가 높기 때문에 원자재 시세가 오르면 이내 물가가 오른다. 원자재 가격 동향이 주가에 즉각 영향을 주는 구조다.

예를 들어 유가가 오르면 운수업처럼 원가에서 에너지 비중이 높은 산업은 주가가 곧 약세로 돌아선다. 반면 정유업체나 철강업체처럼 원자재를 직접 생산해 쓰거나 판매하는 기업은 주가가 오른다. 원자재가가 뛰는 만큼 제품 판매가를 올려 더 많은 이익을 낼 수 있기 때문이다. 같은 이치로 콩 시세가 뛰면 콩 가공·생산·판매 업체 주가가 뛰고, 비철금속 시세가 뛰면 비철금속 제조·판매 업체 주가가 뛴다.

선거는 주가를 어떻게 움직이나

기사독해

이코노미스트
2024.4.11

총선 끝나자 와르르…
한동훈 · 조국 · 이재명 테마주 일제히 '뚝'

지난 10일 치러진 4 · 10 총선이 끝나자 총선 테마주들이 급락하고 있다. 총선에서 패배한 국민의힘 지도부뿐 아니라 범야권 지도부 테마주까지 일제히 내림세다.

주가에는 기업 실적이나 금리 같은 경제 변수뿐 아니라 투자자 심리와 정치 정세 등 경제 외 요인도 영향을 미친다. 특히 정치 정세와 주가는 따로 놓고 볼 수 없다. 주가 동태에 영향력이 큰 경제정책만 해도 흔히 정치 세력 간 이해관계를 반영해 결정되기 때문이다.

선거도 주가에 큰 영향을 미친다. 다만 선거 자체로 주가가 오르내리는 것은 아니고 그때그때 주가에 미치는 영향이 다르다. 예를 들면 선거를 앞두고 집권 정당은 흔히 단기 경기 부양책을 써서 주가 상승 무드를 만들곤 한다. 그렇다고 주가가 반드시 집권당 뜻대로 움직이는 것은 아니다. 주가가 뛸 때 주식을 많이 쥔 정치인이 선거 자금 마련을 위해 주식을 팔면 오히려 주가가 떨어질 수도 있다. 예전에는 선거철이 되면 홍보 인쇄물 제작 수요가 몰려 인쇄업과 제지업 주식이 인기를 얻곤 했다. 지금은 인터넷과 소셜미디어(social media)가 선거에 미치는 영향이 커서 사정이 달라졌다.

예나 지금이나 선거 때 증시에서 가장 화제가 되는 것은 유력 정치인

팜젠사이언스(구 우리들제약) 주가 추이

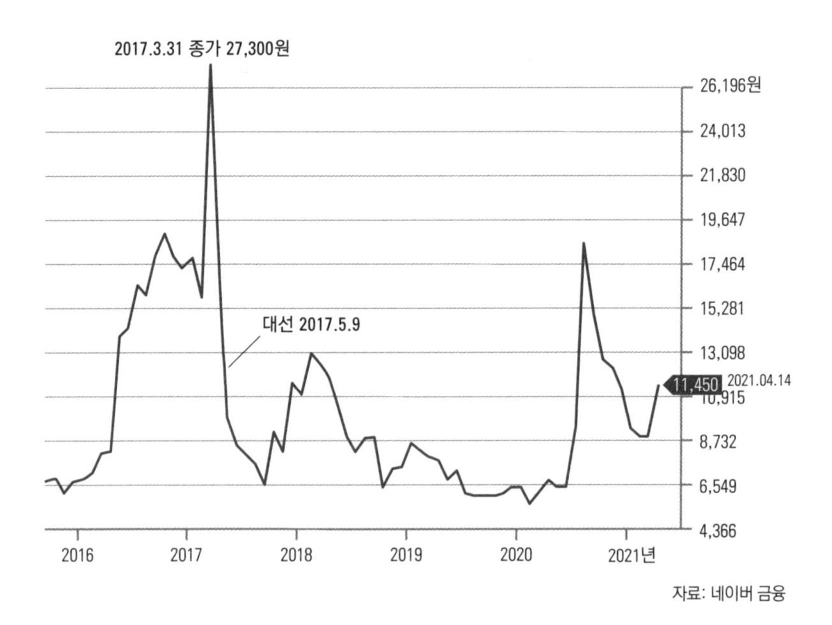

자료: 네이버 금융

관련 '테마주(thema 株)'가 떠오르는 현상이다. 테마주란 테마가 있는 주식, 곧 증시에서 일시 화제가 되어 매매가 몰리는 주식을 말한다.

테마주는 증시 안팎 경제 여건에 상관없이 시세가 급변한다. 정치인 테마주는 보통 선거 때 생기지만 선거 시즌 전부터 일찌감치 유행하기도 한다. 누가 당선될 가능성이 높다는 전망이 생기면 해당 인물과 관계있는 주식이 갑자기 인기를 얻는 식이다. 대통령 선거 때는 유력 후보 인맥이나 정책 공약에 따라 수혜가 예상되는 종목에 매수가 몰리는 일이 잦다.

테마가 뭐든 테마주 투자는 조심해야 한다. 테마주가 누리는 인기는 단기에 그칠 때가 많기 때문이다. 테마가 형성될 때 주가가 폭등했다가도 금방 수요가 빠지면서 폭락하기 일쑤다. 특히 테마주 시세가 급변하는 경우는 내용이 사실이든 아니든 테마를 띄워 득 보려는 투기 세력이 움직인 결과일 때가 많다.

의약품 제조판매업체인 우리들제약(2021년 3월 '팜젠사이언스'로 사명을 바꿨다)도 한때 테마주로 뜬 사례다.

유가증권시장에 상장한 우리들제약은 2016년 초만 해도 6000~7000원대였는데, 이듬해 대선을 앞두고 5월경부터 '문재인 테마주'로 거론되며 시세가 급등했다. 대선일(2017년 5월 9일)이 임박한 3월 말에는 2만 8600원(종가 2만 7300원)까지 올랐지만, 이후 급락해 9월 29일 6560원(종가)까지 내려섰다.

가치주와 성장주, 어느 쪽을 살까

기사독해

'가치주 vs 성장주' 힘겨루기 지속…
코스피, 3거래일 만에 반등

코스피가 3거래일 만에 반등했다. 최근 이어진 가치주와 성장주 간 힘겨루기 장세에서 다시 가치주로 자금이 유입된 결과다.

이뉴스투데이
2024.2.16

성장주보다 가치주로 자금 유입이 늘어 코스피가 올랐다고 전한 기사다. 가치주와 성장주, 어떻게 다를까?

가치주란 기업 규모나 역사, 시장점유율 면에서 업종을 대표하는 종목이다. 영업 실적이나 수익 크기, 자산 가치 등에 비하면 시세와 시가 총액이 낮아서 시장에서 저평가된 주식이다. 대개 시세 변동 폭이 크지 않아 수익이 낮지만 변동성이 작으므로 보수적 투자자가 선호한다.

성장주는 수익성이나 실적이 당장은 대단치 않아도 계속 빠르게 성장하는 종목이다. 장기적으로 주가 상승 가능성이 크기 때문에 미래 성장 잠재력을 높이 쳐서 투자할 만하다.

요약하면 가치주는 과거 실적을, 성장주는 미래 잠재력을 중시한다. 다만 기업이 본래 갖고 있는 가치(이른바 내재적 가치)를 중시하기는 둘 다 마찬가지라서 어느 것이 더 좋다고 말할 수 없다.

가치주는 시세가 낮게 평가된 우량주인 데다 가격 변동도 적어서 투자하는 재미가 덜하다. 그 대신 주가 하락으로 손해 볼 가능성은 낮다. 시세가 빠르게 뛰는 맛은 없지만 증시가 불안하거나 하락세일 때는 상대적으로 수익률이 높고 시세가 안정되어 인기를 끈다. 장차 경기가 불확실해 보일 때도 경기 부침에 따른 변동성이 작기 때문에 매력이 돋보이는 주식이다.

성장주 투자는 미래 수익성을 근거로 주가가 빠르게 오르는 재미를 맛볼 수 있다. 하지만 시장 변동에 따른 주가 부침이 크므로 가치주 투자에 비해 손해 볼 가능성이 높다. 이를테면 금리가 오를 때 그렇다.

보통 금리가 오르면 시중 자금이 금융기관으로 흡수되므로 증시에서는 상대적으로 주식 수요가 줄어든다. 빚을 진 기업은 빚 부담이 커지고 새 자금을 구해 투자할 때도 금융비 부담이 커져서 기업 성장세가 위축된다. 증시에서는 일이 이렇게 돌아갈 전망만 갖고도 주가가 떨어지는데, 이때 성장주는 가치주보다 큰 충격을 받는다. 시장이 성장 잠재력을 잘못 평가한 것으로 드러날 때는 더 낭패 볼 수 있다.

배당이란 무엇인가

주식회사는 한 해 사업을 끝내면 영업 실적을 결산한다. 결산 결과 이익이 나면 이사회와 주주총회가 결정할 경우 주식 보유분, 곧 지분에 비례해 주주에게 이익을 나눠줄 수 있다. 이런 절차를 거쳐 주식회사가 주주에게 나눠주는 이익을 배당(dividend)이라 한다. 이익배당, 배당금,

이익배당금이라고도 한다.

배당 지급은 연간 결산 때뿐 아니라 회사에 특별한 이익이 생겼을 때도 가능하다. 결산 뒤 지급하는 배당은 보통배당, 특별한 이익이 났을 때 지급하는 배당은 특별배당이라 한다. 어느 경우든 회사가 배당 지급을 결정할 당시에 주식을 보유한 투자자만 받을 수 있다.

배당 지급 방법은 이사회나 주주총회에서 결의하기에 따라 현금과 주식, 현금, 주식 등 세 가지로 할 수 있다. 현금배당은 현금을 나눠주는 것이다. 주식배당 때는 배당액만큼 새 주식을 발행해 주주에게 무료로 나눠준다.

주식 투자자에게 배당은 보너스와도 같다. 단 배당을 받으면 배당금의 일정 비율은 세금으로 내야 한다. 보통 투자자는 증권사 계좌를 통해 배당을 받는데, 증권사에서 세금을 원천징수 하고 남은 금액을 고객 계좌에 넣어준다. 배당 계산 사례를 들어보자.

'잘나가 주식회사'가 한 해 사업을 끝내고 액면가(5000원) 기준 1주당 10%씩 현금으로 배당을 지급한다고 발표했다. 증시에서 이 회사 주식 시세는 주당 10만 원이고 신나라 씨는 1000주를 보유하고 있다. 신나라 씨는 배당을 얼마나 받게 될까?

액면가 기준으로 1주당 10%를 현금배당으로 지급하는 경우다. 신나라 씨 몫은 액면가(5000원)의 10%인 500원에 보유 주식 수 1000주를 곱한 50만 원이다.

2024년 6월 현재 소득세법은 개인의 예금이자와 배당을 합한 수입액이 연 2000만 원 이하인 경우와 연 2000만 원을 넘는 경우를 구분해 세

종합소득세율(2024년 11월 현재)

과세표준	세율
1,400만 원 이하	6%
1,400만 원 초과~5,000만 원 이하	15%
5,000만 원 초과~8,800만 원 이하	24%
8,800만 원 초과~1억 5천만 원 이하	35%
1억 5천만 원 초과~3억 원 이하	38%
3억 원 초과~5억 원 이하	40%
5억 원 초과~10억 원 이하	42%
10억 원 초과	45%

금을 부과한다.

연 2000만 원 이하일 때는 금융기관이 15.4% 단일세율로 배당소득세를 계산해서 원천징수 한다. 세율 15.4% 중 14%는 소득세 몫, 나머지 1.4%는 소득세의 10%에 해당하는 주민세(지방세) 몫이다.

연 2000만 원이 넘을 때는 초과액을 다른 소득(사업소득, 근로소득, 기타소득 등)과 합해 종합소득세율로 과세한다. 종합소득세율은 과세 대상 소득(과세표준, 줄여서 '과표')이 클수록 단계적으로 세율이 높아지는 누진세율 체제다. 보기 표에서 보듯 6~45%, 지방소득세를 포함하면 6.6~49.5%의 세율을 적용한다.

종합소득세제로 소득세를 부과하는 과세 방식을 금융소득종합과세라고 부른다. 이자와 배당을 합해 연 2000만 원 이하인 수입에 15.4% 세금을 떼는 방식은 종합소득과 합산해 과세하지 않는다는 뜻에서 분리과세라고 부른다.

도이치 2심 판결문도
"김건희 계좌, 권오수 의사로 운용"

'도이치모터스 주가조작' 사건 항소심 판결문에 윤석열 대통령의 배우자 김건희 여사의 계좌가 시세 조종에 동원됐다는 취지의 녹취록이 담긴 것으로 13일 나타났다. 1심에 이어 2심 법원도 "김 여사 계좌가 권오수 전 도이치모터스 회장의 의사로 운용됐다"고 판단했다. 전날 이 사건 항소심을 선고한 서울고법 형사5부(재판장 권순형)의 판결문을 보면, 재판부는 1심처럼 김 여사 계좌 3개와 모친 최은순씨의 계좌 1개가 시세 조종에 동원됐다고 판시했다. 권 전 회장이 2009~2012년 주가조작 세력을 이용해 도이치모터스 주가를 비정상적으로 끌어올리는 과정에서 김 여사 측 계좌가 활용됐다는 것이다.

조선일보
2024.9.13

주식시장에서는 심심찮게 불공정거래행위가 일어난다. 보기 기사가 전하는 '도이치모터스 주가조작 사건'도 주식 불공정거래 혐의로 재판에 넘겨진 예다.

도이치모터스는 독일 자동차 BMW와 MINI의 수도권 매장을 운영하는 공식 딜러 회사다. 코스닥시장에 상장했지만 적자를 내던 콘텐츠 기업 다르앤코를 인수해 코스닥시장에 우회상장 했다. 우회상장이란 상장되지 않은 기업, 곧 장외기업이 상장된 기업을 합병하는 등의 방법으로 정규 증시에 진입하는 것이다. 상장 자격 심사를 받고 자본금 공모를 거쳐 상장하는 일반 상장 절차를 거치지 않기 때문에 영어로는 백도어리스팅(back door listing)이라 부른다.

도이치모터스 주가는 상장일인 2009년 1월 30일 시초가 9000원으로 출발해서 하한가(당시는 15%)인 7650원까지 떨어졌다. 이후에도 계속 떨어져, 12월 11일 장중에는 1825원까지 갔다. 한동안 부진하던 주가는 2010년 9월부터 돌연 급등해 2011년 3월 30일 장중 8380원까지 갔고, 가을에 다시 4000원대로 내려앉았다. 주가가 등락을 거듭하는 사이 도이치모터스 주식에 작전이 벌어졌다는 소문이 돌았다.

작전이란 증시에서 특정 세력이 자금과 인력을 동원해 특정 종목을 불법적인 방법으로 매매함으로써 시세를 조작해 이익을 도모하는 불공정행위다. 주가조작, 시세조종, 주가조종이라고도 한다. 증시 감독 당국에 적발되면 검찰 기소와 재판을 거쳐 처벌될 수 있는 범죄다. 작전 대상이 되는 주식은 작전주, 작전을 벌이는 이들은 작전세력이라 한다.

작전세력은 주로 개인투자자를 제물로 삼는다. 여러 계좌로 주고받기식 매매를 거듭해서 주가를 올리고, 급등하는 주가에 혹한 투자자가 매수에 가세해서 주가가 더 오르면 팔아치운다. 작전세력은 큰 차익을 올리지만 멋모르고 뛰어든 투자자는 주가 하락으로 피할 새 없이 손실을 봐야 한다. 개인투자자에게 작전주는 주가 급등 뒤 손실만 남기는 시한폭탄과도 같다.

2021년 검찰은 도이치모터스 회장 등 여러 명을 자본시장법 위반 혐의 등으로 재판에 넘겼다. 2009~2012년에 도이치모터스 회장이 이른바 주가조작 선수, 현직 증권사 임직원 등과 짜고 도이치모터스 주식을 매매해 주가를 비정상적으로 끌어올렸다는 것이다. 2024년 9월 2심 재판부는 도이치모터스 회장에게 징역 3년에 집행유예 4년 등, 전주(錢主) 한 명에게 징역 6월에 집행유예 1년을 선고했다.

불법 내부자거래, 왜 계속되나

우리 증시에서는 불법 내부자거래(insider's trading)도 주가조작과 함께 흔히 벌어지는 불공정거래행위다.

상장기업 주요 주주나 임직원 등은 자사 주가를 움직일 만한 정보를 일반 투자자가 알기 전에 먼저 알 수 있으므로 이른바 '내부자(insider)'로 분류한다.

'준내부자'로 분류하는 범주도 있다. 직무나 지위상 내부 정보에 접근할 수 있는 공무원, 증권 거래 감독기관 임직원, 증권사와 주거래은행 임직원, 기자, 회계사 등이 해당한다.

내부자와 준내부자는 자본시장법상 증시에 공개되기 전에 입수한 정보, 곧 미공개 정보를 이용한 주식 매매를 못 하게 되어 있다. 어기면 불법 내부자거래로 처벌될 수 있다.

주가조작이나 불법 내부자거래는 둘 다 법이 금하는 행위지만, 우리 증시에서는 선진국 증시에 비해 흔히 발생한다. 왜 그럴까?

법 집행이 느슨하기 때문이다. 우리나라에서는 불법행위가 적발되더라도 솜방망이 처벌에 그칠 때가 많다. 금융위원회 산하 증권선물위원회가 2016~2021년 시세조종·미공개정보 이용 등 불공정거래 혐의자

854명을 수사기관에 고발·통보했는데, 그중 457명(53.5%)이 조사만 받고 재판에 넘겨지지 않았다. 재판에 넘겨져 징역형이 선고되더라도 절반가량은 집행유예로 풀려난다. 대법원 통계에 따르면 2020년 주가조작 등 증권 불공정거래 범죄로 유죄판결을 받은 64명 중 26명(40.6%)이 집행유예로 풀려났다.

처벌이 가볍다 보니 불공정거래를 저지르는 자는 갈수록 늘어나는 추세다. 한국거래소(시장감시위원회)에 따르면 미공개 중요 정보 이용, 부정거래, 시세조종 등 불공정거래에 상장기업 내부자가 연루되는 비중이 2017년 51.1%에서 2018년 69.5%, 2019년 74.8%, 2020년 62.6%, 2021년 69.0%로 대체로 꾸준히 높다.

일반 투자자뿐 아니라 증시 관리자나 감독자 격인 한국거래소와 금융감독원 직원, 증권사 임직원까지 불공정거래에 가담하는 실정이다. 보도에 따르면 금융감독원은 2019년 자본시장법과 내부자거래 규정을 위반한 직원 12명에게 아무런 징계도 하지 않았고, 2020년에는 적발된 32명 중 단 한 명만 감봉 조치했다. 금융감독원이 국회에 제출한 '최근 5년간 상위 10개사 임직원 금융투자상품 매매 제한 관련 내부징계내역'에 따르면, 2018년 1월 1일부터 2023년 3월 31일까지 상위 10개 증권사의 주식거래 관련 내부 통제 위반 적발 사례 107건 중 단 1건만 형사 고발됐다. 나머지는 주의 경고, 견책, 감봉, 정직 수준으로 증권사 내부에서 마무리했다. 상위 10개 증권사에서 불법 주식거래로 적발된 임직원이 107명, 거래액은 1050억 원에 달했다.

주식 불공정거래는 엄하게 단속해야 한다. 방치하면 투자자가 증시를 외면할 테고, 그럼 증시가 시장 기능을 잃게 될 것이기 때문이다. 기업이 주식을 발행해서 사업 자금을 마련할 길도 없어지고, 궁극적으로 국민경제가 피해를 본다.

공시, 너무 믿지 말라고?

이데일리
2024.5.16

거래소, 알파홀딩스, '공시변경' 불성실공시법인 지정

한국거래소 코스닥시장본부는 알파홀딩스에 대해 공시변경으로 불성실공시법인으로 지정했다고 16일 밝혔다.

코스닥 상장사가 불성실공시법인으로 지정됐다는 소식을 전한 기사다.

공시(公示, disclosure)란 회사가 경영 상태나 재무 내용을 포함해 투자 판단에 영향을 미칠 만한 사항을 투자자에게 공개하는 것이다. 증권을 발행할 때 회사 내용을 알리는 발행공시, 사업 결과를 보고하는 정기공시, 수시로 나오는 수시공시, 기타공시 등 여러 가지가 있다. 공시에 관한 소문이나 언론 보도를 확인하는 뜻에서 내놓는 공시는 조회공시, 기업이 자진해 내놓는 공시는 자진공시라 한다.

법에 따라 의무적으로 해야 하는 공시도 있다. 증권을 발행해 정규 증시에서 유통시키는 공개기업이라면 구조조정, 부도, 합병, 영업양도, 주식배당, 사업 목적 변경, 최대 주주 변경, 기술 도입 계약 등 회사 존립이나 경영 또는 주가에 주요 영향을 미칠 만한 일이 생길 때마다 공시해야 한다.

투자자에게 공시는 가장 먼저 챙겨 봐야 할 투자 정보다. 기업에 중요한 내용을 담고 있는 경우가 많은 만큼 주가에 미치는 영향이 크기 때문이다. 그런데 막상 국내 증시에 나오는 공시를 활용하려 해보면 쉽지 않을 때가 많다. 공시 정보를 투자에 써먹으려다 낭패 보는 사례까지 있다. 왜 그럴까?

엉터리 공시가 많기 때문이다.

국내 증시에는 허위 공시, 내용이 애매모호한 공시, 투자자를 헷갈리게 하는 불성실한 공시가 많이 나온다. 내용이 불성실한 것만 있는 게 아니다. 불법 거래를 일삼는 세력이 엉터리 공시를 내놓고 투자자를 현혹하기도 한다. 시세를 조종하거나 불법 내부자거래를 저질러 공시를 믿는 투자자에게 손해를 입히기도 한다. 유명 연예인이 자기네 사업에 투자한다고 공시해놓고 투자가 몰려 주가가 뛰면 보유 주식을 대량 처분해서 주가를 폭락시키고 투자자를 울린 사례도 있다.

증시가 제대로 발전하려면 엉터리 공시가 투자자를 울리는 사례를 적극 막아야 할 것이다. 그래서 증시 관리자인 한국거래소는 평소 공시를 불성실하게 하는 기업을 골라내 공시한다. 상장회사 중 공시한 내용을 이행하지 않거나(공시 불이행) 이미 공시한 내용을 뒤집는(공시 번복) 등 투자자를 기만하는 경우, 마땅히 해야 할 공시를 늦게 하는(지연 공시) 경우는 '불성실공시법인'으로 지정해 발표한다. 사안에 따라 벌점도 매기고, 공시 담당자 교육도 시키고, 제재금도 부과한다. 벌점이 일정 수준에 이르면 하루 동안 주식거래도 못 하게 한다.

상장사가 불성실 공시를 하면 한국거래소가 불성실공시법인으로 지정 예고하고, 이의 신청을 받은 다음 심의를 거쳐 불성실공시법인으로 지정한다. 보기 기사에서 다룬 알파홀딩스도 불성실공시법인으로 지정된 사례다.

알파홀딩스는 2022년 12월 유상증자를 한다고 공시해놓고 나중에 유상증자 발행액을 20% 이상 변경한다고 공시했다. 유상증자(有償增資, paid-in capital increase)란 주식회사가 주식을 추가로 발행 · 판매해서 마련한 돈으로 자본금을 늘리는 것이다. 유상(有償)은 돈을 받고 판다는 뜻, 증자(增資)는 자본금을 늘린다는 뜻이다. 증시에서 유상증자는 주가를 급변시킬 수 있는 주요 재료로 통하는데, 공시된 유상증자 발행액을 20% 이상 변경한다면 문제가 될 수 있다. 코스닥 공시 규정상 이미 공시한 내용 중 중요 사항의 변경, 곧 '공시 변경'에 해당하기 때문이다. 결국 불성실 공시로 판정이 났다.

불성실 공시를 제재하지만, 국내 증시에서는 늘 엉터리 공시가 극성을 부린다. 불성실공시법인 지정을 해도 별 소용이 없다. 어느 해 하반기 유가증권시장에서는 불성실공시법인 지정을 받은 기업 중 절반이 되레 주가가 오르기도 했다.

제재가 무력한 이유는 여러 가지인데, 역시 무엇보다 솜방망이 처벌 때문이다. 국내 증시 현실이 이러니 투자자 입장에서 공시는 참고 정도로만 활용하는 게 좋다. 투자하려는 종목에서 공시가 나왔을 때 중요해 보인다 싶으면 반드시 다른 경로로 확인해봐야 한다.

채권이란 무엇인가

채권(bond)은 중앙정부와 지방자치단체, 공공기관, 금융기관, 기업 등이 정책이나 사업 수행에 필요한 거액 자금을 빌려 쓰기 위해 발행하는 유가증권이다. 법에 따라 발행할 수 있는 곳이 정해져 있고, 자본시장법이 정한 규칙대로 거래하게 되어 있다. 단위 가격, 상환 만기, 금리를 정해서 발행하고 발행 뒤에는 발행자가 채권을 사들인 투자자에게 정기적으로 또는 만기에 이자를 준다. 만기가 있지만 만기 전이라도 매매가 가능하고, 매매되면서 시세가 변하므로 매매를 잘하면 이자 수익에 더해 시세 차익까지 볼 수 있다. 그래서 기관투자자를 비롯한 많은 투자자가 매매에 활발하게 참여하는 시장이 형성되어 있다.

투자 관점에서 볼 때 채권은 안정성이 돋보이는 투자 수단이다. 공공기관과 금융기관 등 주로 신용도가 높은 데서 발행하는 것은 거의 100% 원리금 지급이 보장되기 때문이다. 민간 기업 채권도 금융기관 지급보증을 받아 발행하는 경우가 많아서 대체로 안심할 수 있다.

대개 만기가 긴 편이지만 증권사 등 금융기관이 매매를 중개해주므로 사고팔기도 쉽다. 금융기관에서 대출을 받을 때는 담보로 맡길 수도 있어서 유동성과 환금성도 높다.

금융시장이 급격하게 요동치는 상황이 아닌 보통 때를 기준으로 보면, 주식처럼 시세 등락이 심하지도 않다. 때문에 만기 전에 팔아서 매매 차익을 낼 생각으로 투자하더라도 주식에 비해 손실 가능성이 낮다.

주식에 비하면 세 부담도 적다. 2024년 6월 현재 국내시장에서는 거액 상장주식을 팔거나 장외에서 주식을 팔 경우 양도소득세를 내야 하고, 배당을 받으면 배당소득세도 내야 한다. 채권은 이자 수익에 따르는 이자소득세(이자액의 15.4%)만 내면 되고, 매매 차익에 따르는 세 부담이 없다.

이표채, 복리채, 할인채란 어떤 채권인가

주식은 한 회사가 발행하는 종목이래야 대개 몇 개다. 반면 채권은 종목 수가 엄청나게 많다. 발행자가 같아도 거래 조건과 발행 시기가 다르면 그 하나하나를 별개 종목으로 보고, 같은 발행자가 별개 종목을 얼마든지 발행할 수 있기 때문이다.

채권을 발행할 때는 액면가(발행가), 만기, 표면금리를 정한다. 액면가는 새로 발행하는 채권의 단위 금액이고, 만기는 1년 · 3년 · 5년 · 10년 등으로 다양하게 정한다. 표면금리는 채권 발행 때 발행자가 채권자(채권 보유자)에게 주겠다고 약속한 이자를 이율로 표시한 것이다. 표면이율, 표면이자율, 발행금리 또는 액면금리라고도 한다.

채권 이자를 지급하는 방식은 크게 세 가지다.

첫째, 채권 발행 후 표면이율에 따라 지급해야 할 이자를 일정 기간마다 나누어 지급하는 방식이다. 이를테면 1개월, 3개월, 6개월 주기로 지급하는데 3개월 단위가 많다. 이런 방식으로 이자를 주는 채권을 이표채라 한다. 가장 흔히 쓰는 방식이다.

이표채라는 이름은 '이표(利票)'에서 왔다. 예전에는 채권을 종이 실물에 인쇄해서 발행했다. 채권 권면(券面)에 이표라고 부른 이자표(이자

지급교부표)를 우표처럼 붙이고, 발행자가 채권자에게 이자를 줄 때마다 이표를 떼어 회수했다.

지금은 채권 발행을 모두 전자증권 형식으로 하므로 이표를 뗄 일이 없다. 예전에 실물 채권을 발행하고 보관하던 한국예탁결제원이, 전자 문서 형태로 관리하는 채권등록부에 채권 내용을 등록하고 발행한 다음 등록 채권 형태로 관리한다. 전자채권의 등록 발행도 실물 발행과 똑같은 효력을 갖는다.

이표를 영어로는 쿠폰(coupon)이라 부른다. 이표채는 쿠폰 본드(coupon bond), 채권 표면금리는 쿠폰 금리(coupon rate), 쿠폰 이자율 또는 쿠폰 비율이라고 부른다. 표면금리 수준이 낮은 채권은 저(低)쿠폰 채권, 표면금리 수준이 높은 채권은 고(高)쿠폰 채권이라 부른다.

둘째, 이표채처럼 이자를 정기적으로 주는 대신, 이자 계산 기간을 미리 정해놓고 이자 계산 기간마다 발생하는 이자를 원금에 더해 복리로 재투자한 뒤 만기 때 원금과 함께 지급하는 방식도 있다. 이런 방식으로 발행하는 채권은 이자를 복리로 준다 해서 복리채(複利債, compound bond)라고 한다.

복리채의 이자 계산 기간은 보통 3개월, 6개월, 1년 단위다. 가령 원금이 1만 원인 2년 만기 복리채를 발행하면서 이자 계산 기간은 1년 단위, 이율은 10%로 정했다 치자. 이 경우 1년 동안 발생하는 이자 1000원은 원금 1만 원에 더해지고, 2년차 원금은 1만 1000원이 된다. 만기 때는 원금 1만 1000원에다, 원금 1만 1000원의 10%인 이자 1100원을 더해 1만 2100원을 지급한다.

셋째, 이표채나 복리채처럼 이자를 주지 않는 대신 발행가를 액면가(상환가)보다 깎아서 이자 지급을 대신하는 방식도 있다. 액면가 1만 원인 채권이면 발행가를 9000원으로 정해 발행하는 식으로, 발행 때 이자 상당액을 미리 깎아 파는 방식이다. 액면가를 깎아 발행하는 것을 할인발행이라 하고, 할인발행을 해서 매매하는 채권을 할인채라 한다. 할인채를 사서 만기까지 보유하면 액면가를 돌려받으므로 이자를 선지급받는 셈이다.

채권은 언제 사고 언제 팔까

채권이 거래되는 시장을 채권시장이라 한다. 채권시장은 크게 발행시장과 유통시장, 두 가지로 나눠볼 수 있다. 발행시장은 채권 발행자가 채권을 새로 발행하는 시장, 곧 신규채를 거래하는 시장이다. 1차 시장(primary market)이라고도 부른다. 유통시장은 이미 발행된 채권을 만기 전에 매매하는 시장이다. 2차 시장(secondary market)이라고도 부른다.

채권 투자도 크게 두 가지 방법으로 할 수 있다.

첫째, 채권을 산 뒤 만기까지 보유하면서 정기적으로 이자를 받다가 만기에 원금을 회수한다. 이 경우 처음부터 확정된 이자 수익을 얻을 수 있다.

둘째, 사들인 채권을 유통시장에서 만기 전에 팔아넘겨 원리금을 회수한다. 이 경우엔 투자 수익 크기가 변한다. 매입가보다 높은 가격에 팔면 이자에 얹어 시세 차익까지 얻을 수 있다. 반대로 시세가 매입가보다 떨어지면 득 볼 수 없다.

만기 전에 매매할 경우 시세가 올랐을 때 팔면 득 본다는 점에서 채권 투자법도 여느 자산 투자법과 다르지 않다.

그럼 채권 시세를 움직이는 것은 뭘까?

수급이다. 시장에서 매매되는 상품에는 수요공급 법칙이 적용되고, 채권도 상품에 속하니 예외가 아니다. 공급 대비 수요가 많아지면 가격이 오르고 수요가 줄면 가격이 내린다.

채권 수급은 뭐가 움직이나?

시장금리다. 채권은 시장금리가 오르면 시세가 내리고, 시장금리가 내리면 시세가 오른다. 왜 그럴까?

채권의 표면금리가 고정되어 있다는 점이 열쇠다.

3월에 시장금리가 연 3% 수준일 때 홍길동이 표면금리 연 3.2%짜리 채권 A를 샀는데, 4월 들어 시장금리가 연 4% 수준으로 올랐다고 하자. 시장금리가 오르는 현상은 은행 정기예금 금리나 새로 발행되는 채권의 표면금리 등 시중 여러 금융상품에서 나타날 수 있다. 시장금리가 오르면 길동이 채권 A에서 얻는 금리 수익이 상대적으로 낮아진다. 그만큼 채권 A는 투자 매력이 떨어진다. 시장에서 수요가 줄고 시세가 떨어질 수밖에 없다. 이처럼 채권은 시장금리가 오르면 시세가 떨어진다.

같은 이치로, 시장금리가 내리면 채권 시세는 오른다.

시장금리가 연 3% 수준일 때 홍길동이 표면금리 연 3.2%짜리 채권 B를 사고 나서 시장금리가 연 2% 수준으로 내렸다 치자. 시장금리가 내리면 길동이 채권 B에서 얻는 금리 수익이 상대적으로 높아진다. 그만큼 채권 B는 투자 매력이 높아진다. 시장에서 수요가 늘고 시세가 오른다. 이처럼 채권은 시장금리가 내리면 시세가 오른다.

요컨대 채권 시세를 움직이는 궁극 요인은 금리다. 채권 시세는 시장금리와 반대 방향으로 움직인다. 금리가 오르면 시세가 내리고, 금리가 내리면 시세가 오른다. 따라서 채권 매매로 시세 차익을 내려면, 시장 금리 수준이 높을 때(즉 채권 시세가 낮을 때) 샀다가 금리가 내린 다음(즉 채권 시세가 오른 다음) 팔아야 한다.

채권 시세가 시장금리와 반대 방향으로 움직이는 이치는 잔존 만기, 곧 채권 매수 뒤 상환 만기까지 남은 기간이 긴 채권일수록 강하게 나타난다. 즉 매수 뒤 상환 만기가 많이 남은 채권일수록 금리 변동에 따른 시세 변동 폭이 상대적으로 크게 나타나고, 상환 만기가 얼마 남지 않은 채권일수록 시세 변동 폭이 작게 나타난다. 왜 그럴까?

그럴 수밖에 없다. 시장금리가 올라 채권 시세가 하락할 때는 만기가 길게 남은 채권일수록 만기가 얼마 남지 않은 채권에 비해 손실이 커지고, 시장금리가 내려 채권 시세가 오를 때는 만기가 길게 남은 채권일수록 만기가 얼마 남지 않은 채권에 비해 이익이 커지기 때문이다.

인플레이션 때 채권값은 왜 떨어지나

인플레이션이 발생하면 채권 시세는 어디로 갈까?

전형적인 예를 가정해서 살펴보자. 홍길동이 1월에 대박은행에서 발행한 채권 A를 샀다 치자. 발행조건은 액면가 1만 원, 만기 3년, 표면금리 연 5%다. 길동이 이 채권을 만기까지 보유해 얻을 수 있는 수익은 연간 500원. 수익률은 연 5%다. 그런데 몇 달 후 시장 상황이 급변했다. 중동에서 전쟁이 터져 글로벌 공급망이 훼손되고 원유 등 수입 원자재 가격이 폭등하면서 인플레이션이 발생했다.

인플레이션이 발생하면 기존 채권, 즉 이미 발행되어 시장에서 유통 중인 채권에서 얻는 이자 수익의 실질 구매력이 감소한다. 그럼 기존 채권은 수요가 줄어든다. 시세가 떨어질 수밖에 없다.

새로 발행되는 채권, 곧 신규채의 경우에도 변화가 생긴다. 새로 채권을 발행해 자금을 마련해야 하는 처지에서는 채권 표면금리를 기존 채권보다 올려줘야 한다. 인플레이션에 따른 기존 채권의 구매력 감소분을 보상하지 않으면 채권을 팔기 어렵기 때문이다. 그래서 인플레이션이 발생하면 채권 공급자들이 신규채의 발행금리, 곧 표면금리를 올린다. 신규채의 표면금리 인상은 금융시장 내 다른 금융상품의 거래 금리에도 파급되어 시중금리를 끌어올린다.

인플레이션에 따른 신규채 표면금리 인상이 신규채 시장의 새로운 흐름이 되면서 대박은행도 앞서 발행한 채권과 같은 조건(액면가 1만 원, 만기 3년)에 표면금리를 연 10%로 올린 채권 B를 새로 발행했다고 하자.

채권 A의 연 이자는 500원인데 새로 나온 채권 B의 연 이자는 1000원이다. 수익률로 따지면 채권 A는 연 5%, 채권 B는 연 10%다. 기존 채권 A를 쥐고 있는 길동으로서는 새로 나온 채권 B에 비해 연 500원씩 이자를 손해 보는 셈이다. 할 수만 있다면 채권 A를 상환 만기까지 기다리지 않고 팔아치우고 싶다.

문제는 매도 가격. 적어도 채권 A를 살 때 지불한 원금(1만 원) 수준은 받고 싶지만, 불가능하다. 금리 수준이 높아졌기 때문이다. 같은 값에 이자를 1000원 받을 수 있는 채권 B가 나온 마당에 500원 주는 채권을 사줄 이가 있을 리 없다. 결국 길동이 보유 채권 A를 팔려면 판매가를 낮출 수밖에 없다. 이처럼 인플레이션이 발생하면 기존 채권은 실질 구매력이 줄어들고 신규채 표면금리와 시장금리가 오르는 가운데 가격이 하락할 수밖에 없다.

인플레이션 → 채권의 실질 구매력 감소 → 채권 수요 감소 & 신규채 표면금리와 시장금리 상승 → 채권 가격 하락

길동이 채권 A를 팔려면 판매가를 얼마로 낮춰야 할까?

이론상 채권 B만큼은 수익이 날 정도로, 즉 연 10% 수익률이 날 정도로 채권값을 낮춰야 한다. 채권 A의 표면금리는 5%이므로 연 이자는 500원, 수익률 10%가 되려면 원금은 5000원이어야 한다. 길동이 채권 A를 5000원, 곧 자기가 산 값(1만 원)의 절반으로 낮춰 내놓으면 연 10% 수익을 기대하는 투자자가 매수에 나설 것이다.

이번엔 앞서와 반대로 시장금리가 내린다고 가정해보자. 채권 가격은 어디로 움직일까?

중동에서 전쟁이 이어지던 5월, 홍길녀는 대박은행이 발행한 채권 B를 샀다. 발행조건은 액면가 1만 원, 만기 3년, 표면금리 연 10%다. 만기까지 보유하면 연 10%, 연 1000원씩 수익을 얻는다. 그런데 10월 들어 시황이 급변했다. 전쟁이 끝나고 글로벌 공급망이 원상회복되면서 유가 등 원자재가가 내리고 인플레이션이 가라앉았다.

인플레이션이 가라앉으면 채권에서 얻는 이자 수익의 실질 구매력이 증가한다. 그럼 채권 수요가 늘어난다. 발행자들은 이자를 전보다 덜 줘도 채권을 팔 수 있으리라고 판단하게 되고, 같은 판단을 하는 발행

자들이 신규채를 발행하면서 일제히 표면금리를 낮춘다. 신규채 표면금리 인하에 이끌려 시중금리도 낮아진다. 그래서 10월 시장금리는 연 5% 수준으로 급락했다. 대박은행도 이전에 발행한 채권과 같은 조건(액면가 1만 원, 만기 3년)에 표면금리만 연 5%로 내린 채권 C를 새로 발행했다. 이제 신규채 C로는 연 이자를 500원밖에 받지 못하는데, 길녀가 보유한 채권 B는 1000원을 받는다. 만약 길녀가 채권 B를 판다면 판매가를 좀 올려도 될 것이다. 얼마까지 올릴 수 있을까?

이론상 2만 원까지 올려 팔 수 있다. 그럼 채권 B의 수익률(연 5% $= \frac{\text{이자 1000원}}{\text{원금 2만 원}} \times 100$)이 신규채 C와 같은 수준(연 5%$= \frac{\text{이자 500원}}{\text{원금 1만 원}} \times 100$)이 되기 때문이다. 이처럼 인플레이션이 진정되면 기존 채권은 실질 구매력이 높아지고 신규채 표면금리와 시장금리가 내리는 가운데 가격이 오른다.

인플레이션 진정 → 채권의 실질 구매력 상승 → 채권 수요 증가 & 신규채 표면금리와 시장금리 하락 → 채권 가격 상승

거듭 말하지만, 채권 시세는 시장금리와 반대 방향으로 움직인다. 금리가 오르면 시세가 내리고 금리가 내리면 시세가 오른다. 따라서 채권 매매로 시세 차익을 내려면 시장금리 동향을 예의주시해야 한다. 시장금리와 반대 방향으로 투자해야 하니 어렵다고 생각할 수도 있다. 하지만 채권 가격을 기준으로 보면 여느 자산 투자법과 다르지 않다. 시세가 낮을 때 사고 높을 때 팔면 된다.

가령 지금은 인플레이션이 가라앉지 않아 금리 수준이 높지만 앞으

로는 인플레이션이 진정되면서 금리가 내릴 것으로 보인다 치자. 채권 매매로 득 보려면 사야 할까, 팔아야 할까?

향후 금리가 내린다면 채권 시세는 오른다. 그럼 금리가 내리기 전인 지금 사둬야 한다. 사뒀다가 장차 금리가 충분히 내린 뒤에 팔면 채권 값이 올라 득 볼 수 있다.

채권 수익률과 채권 가격·시장금리는 어떻게 움직이나

미디어에서 채권시장 소식을 전할 때는 채권 유통수익률 이야기를 많이 한다. 채권 유통수익률이란 채권이 유통시장에서 매매되면서 형성되는 수익률을 말한다. 곧 투자자가 채권을 사서 만기까지 보유하거나 만기 전에 팔아서 얻을 수 있으리라고 기대하는 수익이 채권 매입 원금에 비해 얼마나 되는지를 계산한 비율이다. 채권 수익률, 만기수익률, 시장수익률이라고도 부른다.

계산식은 다음과 같다.

$$\text{채권 유통수익률(\%)} = \frac{\text{이자 수익} + (\text{액면가} - \text{매입가})}{\text{매입가}} \times 100$$

이자 수익 = 채권 표면금리 × 잔존 만기(매수 후 만기까지 남은 기간)

액면가 = 발행가

매입가 = 채권의 현재 시장가격

보기 계산식을 활용해서 액면가 1만 원, 표면금리 연 5%, 잔존 만기 1년, 매입가 9000원인 채권 A의 유통수익률을 계산하면 다음과 같다.

$$채권\ A의\ 유통수익률(\%) = \frac{500원+(1만\ 원-9000원)}{9000원} \times 100 = 16.67\%$$

만약 같은 채권을 8500원에 샀다면 유통수익률은 더 높아진다.

$$채권\ A의\ 유통수익률(\%) = \frac{500원+(1만\ 원-8500원)}{8500원} \times 100 = 23.53\%$$

채권 수익률은 채권의 수급, 인플레이션, 시장금리 변동, 잔존 만기 등 여러 변수를 반영해 끊임없이 변한다. 채권 수익률을 좌우하는 여러 변수 중 특히 중요한 것은 표면금리와 매입가다. 보기 계산식에서 보듯, 채권 수익률은 표면금리에 비례하고 매입가에는 반비례한다. 즉 표면금리가 높을수록, 매입가는 낮을수록 높아진다.

표면금리가 높을수록 수익률이 높아지는 것은 당연한 이치다. 표면금리가 높으면 이자를 더 받을 수 있기 때문이다. 신규채의 표면금리는 시장금리와 같은 방향으로 움직이므로, 시장금리가 오르면 표면금리도 오르고 채권 수익률도 오른다. 반대로 시장금리가 내리면 표면금리와 채권 수익률도 내린다.

채권 매입가가 수익률과 반비례하는 것도 당연하다. 채권을 사서 만기까지 받을 수 있는 이자는 표면금리로 정해져 있다. 따라서 채권을 싸게 살수록 수익률이 높아지고, 비싸게 살수록 수익률이 낮아질 수밖에 없다.

예를 들어 표면금리 연 5%, 액면가 1만 원인 채권이 유통시장에서 8000원에 거래되다 9000원으로 가격이 올랐다 하자. 전에 8000원을 주고 채권을 산 투자자는 연간 500원(=표면금리 0.05×액면가 1만 원)의 이자 수입을 얻어 6.25%($=\frac{500}{8000}\times100$)의 수익률을 올렸는데, 9000원을 주고 산 투자자의 연 수익률은 5.56%($=\frac{500}{9000}\times100$)로 낮아진다.

채권 수익률이 채권 매입가와 반대 방향으로 움직이는 한편, 채권 매입가는 시장금리와 반대 방향으로 움직인다. 따라서 채권 수익률과 시장금리는 같은 방향으로 움직인다. 시장금리가 오르면 채권 가격은 내리고 채권 수익률은 상승한다. 반대로 시장금리가 내리면 채권 가격은 오르고 채권 수익률은 하락한다.

시장금리↑→채권 가격↓ & 채권 수익률↑

시장금리↓→채권 가격↑ & 채권 수익률↓

채권 수익률과 시장금리는 왜 같아지나

채권 수익률 수준과 시장금리 수준은 서로 늘 같지는 않지만 궁극적으로 일치하는 방향으로 움직인다. 또 채권의 시장가격은 채권 수익률과 시장금리가 일치하는 수준에서 결정된다. 왜 그럴까?

채권 수익률이 시장금리 수준과 다를 때는 채권 수급에 변화가 생기고, 채권 수급 변화는 채권 가격에 변화를 가져오고, 채권 가격 변화는 채권 수익률을 변화시키는 데 이유가 있다.

예를 들어 채권 수익률이 은행 예금금리나 대출금리 같은 시장금리보다 높다고 해보자. 그럼 은행에서 자금이 빠져나와 채권시장으로 흘러 들어가면서 채권 수요가 증가한다. 그 결과 채권 가격이 오르고 채권 수익률은 하락한다. 채권 수익률이 낮아지다 보면 시장금리와의 격차가 줄어들고, 결국은 시장금리와 같아진다. 채권 수익률이 시장금리와 일치하면 투자자의 채권 매입 수요가 늘어날 이유가 없으므로 채권 가격은 더 이상 오르지 않을 것이다.

이번에는 채권 수익률이 시장금리보다 낮다고 해보자. 그럼 은행에서 채권시장으로 자금이 이동하지 않는다. 채권 투자자는 채권을 팔고 자금을 은행으로 옮길 것이다. 그럴수록 채권은 수요가 줄어들고 시세가 내린다. 반대로 채권 수익률은 오른다. 채권 수익률이 오르다 보면 시장금리 수준과 격차가 줄어들고, 결국은 같아진다. 채권 수익률이 시장금리와 일치하면 투자자의 채권 매도 수요가 늘어날 이유가 없으므로 채권 가격은 더 이상 내리지 않을 것이다.

요컨대 채권 수익률이 시장금리와 다를 때는 채권 수급에 변화가 생기고, 채권 수급 변화가 채권 가격과 채권 수익률을 변화시킨다. 그러는 과정에서 채권 수익률 수준은 시장금리에 접근하고, 결국 서로 일치하며, 그때 채권의 시장가격은 더 이상 변하지 않는 상태가 된다. 이런 식으로 채권 수익률과 시장금리는 늘 서로 수준이 일치하는 방향으로 움직이며, 채권 수익률과 시장금리가 일치하는 수준에서 채권의 시장가격이 결정된다.

채권 수익률과 시장금리 수준이 다를 때 채권 가격, 수익률과 시장금리의 변화

채권 수익률 > 시장금리 → 채권 가격 ↑ → 채권 수익률 ↓ → 채권 수익률 = 시장금리

채권 수익률<시장금리 → 채권 가격↓ → 채권 수익률↑ → 채권 수익률=시장금리

국공채 · 금융채 · 특수채는 어떻게 다른가

채권은 흔히 누가 발행하느냐에 따라 종류를 나눈다. 대략 정부나 공공기관이 발행하는 채권은 국공채, 금융기관이 발행하는 채권은 금융채, 일반 기업이 발행하는 채권은 회사채다. 보기 그림을 보면서 하나씩 살펴보자.

첫째, 국채(國債, government bond). 중앙정부가 발행한다. 정부 재정이 파산하지 않는 한 원리금을 돌려받을 수 있으므로 채권 중 신용도가 가장 높다. 채권시장에서는 공식적으로 '무위험채권'으로 분류한다. 종류가 여러 가지다. 정부가 만기 1년 이상 중장기로 쓸 재정 자금을 마련하려고 발행하는 국고채(국고채권), 국고금 출납 과정에서 일시적으로 발생하는 국고 부족 자금 충당을 위해 만기 1년 이내 단기(보통 28일이나 63일 만기)로 발행하는 재정증권, 외환시장 안정을 목적으로 외환 매매에 쓸 외화 자금을 마련하기 위해 발행하는 외평채(외국환평형기금채권), 주택 건설 재원을 마련하기 위해 발행하는 주택채권 등이 있다. 정부가 할 일이 많고 돈이 부족할 때는 국채 발행에 의존하는 경향이 강하다. 하지만 국채는 정부가 지는 빚이므로 너무 많이 발행하면 정부 재정 건전성이 나빠진다.

둘째, 지방채(地方債). 지방자치단체가 지역 개발이나 교통 시설 건설 등에 쓸 자금을 마련하기 위해 발행한다. 도시철도채권, 상수도공채,

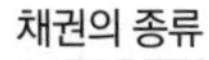

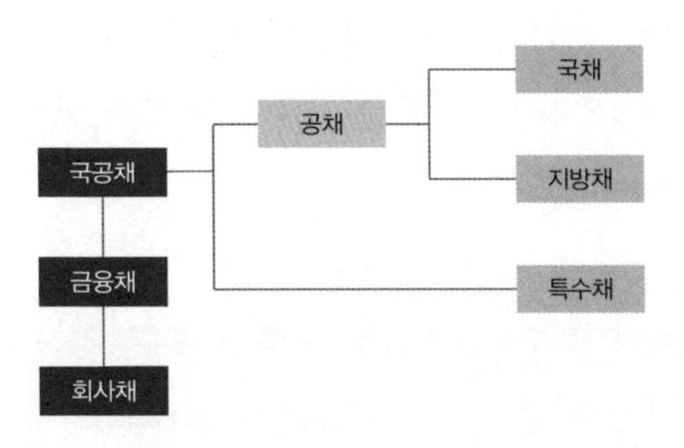

도로공채, 지역개발채권 등이 대표적인 예다. 국채와 마찬가지로 '무위험채권'으로 분류한다. 국채처럼 공공사업 자금 마련을 위해 발행하는 채권이므로, 국채와 함께 공채(公債)라고 통칭한다.

셋째, 특수채. 특별법에 따라 설립된 특별법인이 발행하는 채권이다. LH(한국토지주택공사)나 한국전력공사, 한국수자원공사, 한국가스공사, 한국석유공사, 한국주택금융공사 등 각종 공사가 사업 운영 등에 필요한 자금을 마련하고자 발행하는 채권, 예금보험공사가 발행하는 예금보험기금채권 등이 대표적인 예다. 특별법인 중에는 정부가 지분을 갖고 영향력을 행사하는 공기업(공사)이 많고, 공기업이 발행하는 경우 공채에 버금갈 만큼 안전한 채권으로 평가된다. 그래서 흔히 공채와 함께 국공채(國公債)로 불린다.

넷째, 금융채. 금융기관이 발행하는 채권이다. 산업은행이 발행하는 산업금융채권(산금채), 중소기업은행이 발행하는 중소기업금융채권(중금채), 한국수출입은행이 발행하는 수출입은행채, 시중은행이 발행하는 은행채(○○은행채권) 등이 해당한다.

한국은행이 발행하는 통화안정증권도 금융채에 속한다. 통화안정증권은 한국은행이 시중 통화량 조절용 자금을 마련하기 위해 발행하고, 금융기관 상대 RP 거래에 활용한다. 흔히 통안증권, 통화안정채권, 통안채권, 통안채라고도 부른다.

다섯째, 회사채. 주식회사가 투자자로부터 사업 자금을 빌리려고 발행하는 채권이다. 투자자 입장에서 볼 때 회사채는 주식보다 안전성이 돋보이는 투자 수단이다. 회사가 부도를 내거나 파산하지 않는 한 원리금을 받을 수 있고, 회사가 파산 등의 이유로 해산하게 되어 남은 재산을 채권자에게 분배할 때도 주주보다 우선권을 갖기 때문이다. 금리도 금융채보다 높은 경우가 많다. 그렇지만 기업이 종종 부도를 내거나 파산하는 게 현실이므로, 신용이 좋지 않은 발행사의 회사채를 사주기는 어렵다. 기업 입장에서 보면, 신용이 좋지 않을 경우 회사채를 발행하기 어렵다는 얘기다.

특수사채는 뭐가 특수한가

1분기 주식관련사채 권리행사 9514억원…
전분기 대비 37% 감소

올해 들어 주식관련사채의 권리행사 규모가 줄어든 것으로 나타났다. 1분기 전환사채(CB)와 신주인수권부사채(BW) 등 주식관련사채 권리행사 건수는 전 분기 대비 늘었지만,

금액은 감소한 것이다. 15일 한국예탁결제원에 따르면… CB가 536건, 교환사채(EB) 106건으로 직전분기 대비 각각 31.1%, 68.3% 증가했다. BW도 659건으로 직전 분기 대비 72.1% 급증했다.

이코노믹리뷰
2024.4.15

주식 관련 사채라는 특별한 회사채 소식을 전한 기사다. 어떤 회사채를 말하는 걸까?

말 그대로 특수사채다. 회사채는 보기 기사에서 말하는 전환사채, 교환사채, 신주인수권부사채를 포함해서 종류가 여러 가지다. 그렇지만 채권에 딸린 채권자의 권리를 기준으로 삼으면 모든 회사채를 딱 두 가지, 곧 일반사채와 특수사채로 나눌 수 있다.

일반사채는 보통사채라고도 부른다. 일반사채에는 발행자가 채권 원리금을 제때 못 갚을 때 금융기관 등이 지급을 보증해주는 보증사채, 그리고 지급보증이 없는 무보증사채가 있다. 채권 발행액만큼 금융기관에 회사 재산을 담보로 맡기고 발행하는 담보부사채(담보채)도 있는데, 대개 보증사채의 변형태로 본다.

특수사채는 다음과 같은 채권이다.

첫째, 전환사채(convertible bond, CB). 발행 후 일정 기간(전환 기간) 안에 해당 채권 발행사가 발행한 주식으로 바꿀 수 있는 권리(전환 청구권)가 딸린 회사채다. 그대로 갖고 있으면 여느 채권처럼 원리금을 확보할 수 있고, 권리를 행사해 주식으로 바꾸면 여느 주주처럼 배당을 받고 팔아서 시세 차익을 얻을 수도 있다. 채권이지만 주식으로 바꿀 수도 있기 때문에 '잠재 주식'이라고도 부른다.

둘째, 교환사채(exchangeable bond, EB). 채권 발행사가 갖고 있는 다른 증권, 이를테면 다른 채권이나 주식과 바꿔달라고 청구할 수 있는 권리를 붙인 채권이다.

셋째, 신주인수권부(附)사채(bond with warrant, BW). 주식회사가 증자(增資, capital increase, 주식을 더 발행해 자본금을 키우는 것)할 때 새로 발행되는 주식을 먼저 살 수 있도록 채권자에게 우선권을 주는 회사채다.

넷째, 이익참가부사채(participating bond, PB). 채권 이자는 물론 주식처럼 이익 배당까지 받을 수 있는 채권이다.

CB, EB, BW, PB는 모두 채권이면서도 주식과 성격이 연결되어 있는 특수사채다. 그래서 주식사채, 주식 관련 사채, 주식 연계 채권(주식 연계 사채), 주식 전환 사채 등으로 통칭한다. 보기 기사는 주식사채 보유자가 채권을 주식으로 바꿀 권리 등을 행사한 규모를 전한 예다.

특수사채에 속하지만 주식 채권이 아닌 것도 있다.

예를 들어 옵션부사채(bond with imbedded option, BO)는 발행 때 일정 조건을 달고, 나중에 그 조건이 성립되면 상환 만기 전이라도 발행사와 채권자 상호 간에 미리 정해놓은 요구를 할 수 있도록 권리를 특정해서 붙인다. 발행사에는 채권자(사채권자)에게 채권을 팔라고 요구하거나 안 할 수 있는 선택권(매도 청구 옵션, call option)을, 채권자에게는 발행사에 채권 원금을 갚으라고 요구하거나 안 할 수 있는 선택권(상환 청구 옵션, 매수 청구 옵션, put option)을 붙인다.

자산유동화채(asset-backed securities, ABS)도 주식 채권이 아닌 특수채다. 기업이 보유한 부동산이나 채권 등 여러 가지 자산을 담보로 발행하는 회사채다. 자산유동화채권, 자산유동화증권이라고도 부른다.

ABS를 활용한 채권 유동화

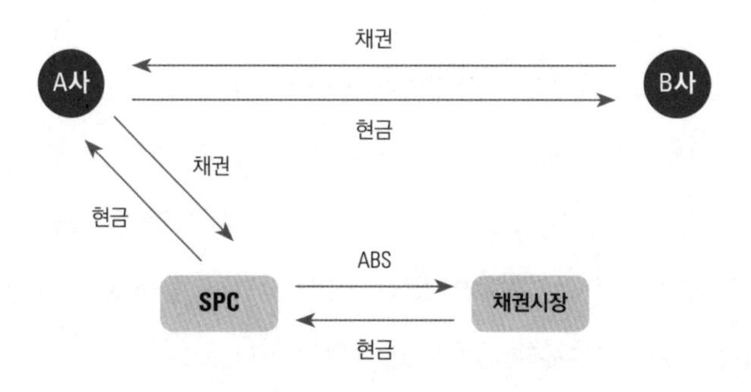

자산유동화채는 채권 유동화(현금화)에 활용한다. 가령 서로 거래하는 A사와 B사가 있고, A사가 B사 발행 채권을 갖고 있다 치자. A사에 목돈 쓸 일이 생겼다. A사로서는 보유 채권을 처분해서 현금을 마련하고 싶은데, 채권 덩치는 크고 자사 신용은 좋지 않아 채권을 처분할 길이 없다. 이럴 때 ABS를 이용해 채권을 현금화할 수 있다.

채권 현금화에는 유동화중개회사, 곧 SPC(special purpose company, 특수목적회사)라고 부르는 특별한 금융회사를 활용한다. SPC는 증권사나 자산운용사 같은 금융회사가 만드는 페이퍼컴퍼니, 곧 서류로만 존재하는 회사다.

먼저 SPC를 만들고, A사가 SPC에 채권을 양도하고, SPC는 A사로부터 양도받은 채권을 담보로 ABS를 발행한다. ABS를 발행할 때는 담보 채권 가액을 소액 단위로 쪼개서 쉽게 팔릴 수 있도록 만든다. ABS가 시장에서 다 팔리면 B사 채권은 ABS 투자자 소유로 넘어가고 A사는 채권을 현금화할 수 있다.

채권은 어디서 사나

채권은 주식과 마찬가지로 장내외에서 살 수 있다.

국내 장내시장의 대표 격인 한국거래소 채권시장에서는 채권 중에서 주식처럼 일정 요건을 갖춰 상장한 종목, 곧 장내채권(상장채권)만 거래한다. 거래 조건이 규격화되어 있고, 거래 시간도 정규 증시 개장 시간(평일 오전 9시~오후 3시 30분)으로 한정되어 있다.

장외, 곧 금융기관 창구에서는 거의 모든 채권(장외채권)을 거래할 수 있다. 주식은 장내거래가 중심이지만, 채권은 장외에서 압도적으로 많이 거래한다. 그것도 대부분 증권사 채권인수부서를 통하거나 증권사와 증권사, 증권사와 그 밖의 금융회사 또는 기업법인을 포함한 기관투자가, 그리고 기관투자가 간에 개별적으로 거액을 대량 매매한다.

채권 거래를 주로 장외에서 하는 이유는 채권 종목이 셀 수 없이 많기 때문이다. 정규 시장에서는 상품 규격화나 조직화가 쉬워야 매매하기 편하고, 종목이 너무 많으면 매매가 어렵다. 같은 이유로 미국과 일본 등 금융 선진국에서도 채권은 대부분 장외에서 거래한다.

개인은 주로 증권사를 통해 채권을 매매한다. 증권사 영업점에 증권거래 계좌를 만들고, 한국거래소에 상장한 장내채권이나 증권사가 내놓는 채권(상장채권과 비상장채권)을 매매할 수 있다.

더 쉬운 투자 방법은 증권사나 은행, 보험사에서 파는 펀드에 돈을 맡기는 것이다. 채권 펀드에 들면 금융회사가 투자를 대신 해주므로 채권에 간접투자 할 수 있다.

경기 나빠지면 왜 장·단기채 수익률 역전되나

예금이나 대출 같은 금융상품은 보통 원금 상환 만기가 길수록 현금화 속도가 느리다. 현금화 속도가 느릴수록 유동성이 낮고, 유동성이 낮을수록 유동성 프리미엄은 높아지므로 금리도 높아진다. 그래서 상환 만기와 유동성 프리미엄, 금리 수준이 대체로 비례한다. 장기 예금·대출이 단기 예금·대출보다 금리 수준이 높다. 채권 수익률도 만기가 긴 장기채(장기채권)가 단기채(단기채권)보다 높은 것이 정상이다.

다만 늘 그렇지는 않다. 예금·대출·채권 같은 금융상품의 만기와 금리 수준이 비례하는 것은 경기가 좋을 때 또는 낙관적 경기 전망이 우세할 때나 그렇다. 경기가 좋지 않거나 비관적 경기 전망이 우세할 때는 만기와 금리 수준의 진행 방향이 엇갈릴 수 있다. 채권시장에서는 장·단기채 간 수익률 격차가 줄어들거나 장·단기채 간 수익률 크기가 평소와 달리 역전되곤 한다. 왜 그럴까?

경기가 나빠지면 시중 자금 수요가 줄어들고 시장금리가 낮아지는 것과 관계가 있다.

시장금리가 낮아지면 채권은 상대적으로 이자 수익이 오른다. 가령 시장금리가 연 4%일 때 연리 5%짜리 채권을 샀는데, 금리가 연 3%로 내리면 채권에서 얻는 연 5% 이자 수익이 상대적으로 커지기 때문이다. 그만큼 채권은 투자 가치가 높아지므로 매입 수요가 늘어난다.

장기채와 단기채 중에서 어느 쪽 수요가 더 많이 늘어날까? 시장금리가 계속 내려갈 것 같으면, 현재 수준에서 고정된 이자 수익을 더 길게 주는 장기채가 단기채보다 유리하다. 그래서 장기채 매수세가 커지면 장기채는 수급 법칙에 따라 시세가 오른다. 채권은 고정 금리 수익을 주는 자산이므로, 시세가 오르면 수익률이 떨어질 수밖에 없다. 장기채 수익률이 하락하다 보면 단기채 수익률과의 차이가 좁혀진다. 나중에는 단기채 수익률보다 낮아질 수도 있다. 그 결과 단기채보다 장기채의 수익률이 더 높은 평상시와 달리 단기채보다 장기채의 수익률이 더 낮아지는 장·단기채 수익률 역전 현상이 생길 수 있다.

금융시장에서는 채권 수익률을, 시중에 유통되는 여러 금융상품 금리 중 하나로 보는 시각에서 채권금리라고 부르곤 한다. 그래서 장·단기채 수익률 역전을 가리켜 장·단기채 금리 역전 또는 장·단기 금리 역전으로 부르기도 한다.

투자자 관점에서, 시장금리가 내려갈 때는 단기채보다 장기채 투자가 유리하지만 시장금리가 오르면 정반대다. 금리가 오르면 채권은 상대적으로 수익률이 떨어지고, 수익률 하락에 따른 손실은 단기채보다 장기채가 더 오래 입어야 한다. 그래서 금리 상승기에는 장기채보다 단기채 투자가 유리하다.

장·단기 금리 차 보면 어떻게 경기 방향 알 수 있나

기사독해

빠르게 좁혀지는 장단기금리차… 경기둔화 시그널?

미국의 소비자물가(CPI)가 40년 만에 가장 큰 폭으로 상승하며 국고채 단기물 금리가 급속도로 오름세를 보였다. 미국 연방준비제도(Fed · 연준)가 오는 3월 연방공개시장위원회(FOMC)에서 기준금리를 인상할 것이라는 예측에 힘이 실리며 한국은행 역시 기준금리를 올릴 것이라는 전망 때문이다. 이에 따라 국채 10년물과 3년물의 금리 차(금리 스프레드)가 점점 축소돼 채권시장에 '스태그플레이션'에 대한 우려가 반영되고 있는 것으로 나타났다. 15일 서울 채권시장에서 국고채 장단기 금리 스프레드(10년물-3년물)는 36.5bp(1bp=0.01%포인트)를 기록했다. 지난해 상반기만 하더라도 경기회복에 대한 기대감에 장단기 스프레드는 100bp를 웃돌았지만 하반기부터 점차 축소되며 30bp 수준까지 줄었다.

서울경제
2022.2.15

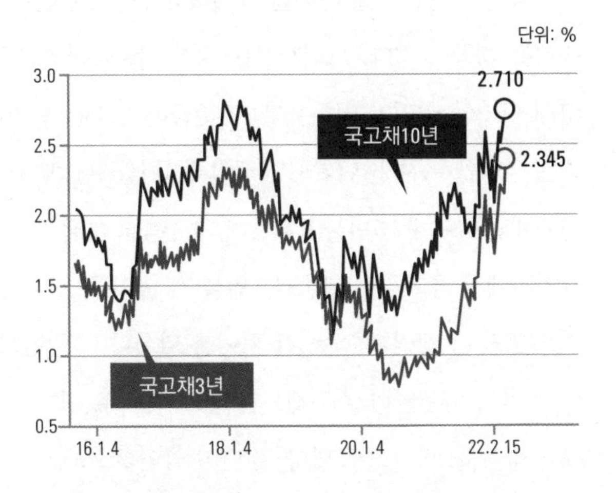

경기가 나빠질 때는 장 · 단기채 수익률 격차가 축소되곤 한다. 그렇다면 장 · 단기채 수익률 격차가 축소되는 현상을 경기 침체 조짐으로 판

단할 수 있을 것이다. 같은 이치로 장·단기채 수익률 격차가 확대되는 현상은 경기 상승 조짐으로 볼 수 있다. 결국 장·단기채 수익률 격차의 증감으로 경기 향방을 점칠 수 있다는 얘기다. 보기 기사는 장·단기채 수익률(금리) 격차가 축소되고 있어서 경기가 둔화하는 신호일 수 있다고 관측한 예다.

2022년 초 미국 등 세계 경기가 침체한 상황에서 러시아가 우크라이나를 침공해 곡물과 에너지 가격이 폭등했고, 그 여파로 미국에서 물가가 급등했다. 불황 속의 물가고, 곧 스태그플레이션을 우려하는 목소리가 나오면서 시장에서는 연준이 물가를 잡기 위해 기준금리를 인상하리라는 예측이 돌았다.

미국이 기준금리를 올리면 우리나라에서도 한은이 기준금리를 따라 올리는 경향이 있다. 그래서 시장에서 기준금리 인상이 예측되면서 국고채 단기물 금리가 급등했다. 기준금리 조정은 단기채 금리(수익률)에 직접 영향을 미친다. 단기채인 국고채 3년물(3년 만기)의 금리가 뛴 결과, 장기채인 국고채 10년물(10년 만기)과 3년물 간 금리 차가 줄어들었다.

기사에서 국고채 10년물과 3년물 간 금리 차를 설명한 괄호 안 '금리 스프레드'란 채권 수익률 간 차이를 말한다. 장·단기채 간 수익률 차이를 가리키는 금리 스프레드는 만기 차이로 생기므로 만기 스프레드(maturity spread)라고도 한다. 장단기 금리 스프레드는 경기가 좋아지면 확대되고 경기가 나빠지면 축소된다. 보기 기사도 '지난해 상반기'엔 채권시장에서 '경기 회복에 대한 기대감'에 장단기 스프레드가 커졌으나 '하반기'엔 스태그플레이션 우려로 스프레드가 줄었다고 설명했다.

장 · 단기 금리 역전되면 정말 경기 나빠지나

기사독해

장단기 금리 역전… 경기 침체 신호탄?

미국 인플레이션발 긴축 경계감에 국내 단기물 금리가 급등하면서 장 · 단기 금리가 다시 역전됐다. 일반적으로 장 · 단기 금리의 역전은 경기 침체가 가시화되기 전에 나타나는 일종의 전조 현상으로 해석될 수 있어 지속 여부에 시장의 관심이 모아지고 있다. 14일 금융투자협회에 따르면 전날 서울 채권시장에서 국채 3년물 금리는 3.514%로 마감했다. … 30년물은 3.387%로 마감하면서 단기물인 3년물 금리와 역전됐다.

뉴시스
2022.6.14

2022년 상반기 국내 채권시장에서는 장 · 단기채 수익률 차가 점점 줄어들다 아예 역전되는 현상이 자주 나타났다. 보기 기사가 그런 사실을 전하면서 '장 · 단기 금리 역전은 경기 침체 전조'라는 설명을 붙였다. 장 · 단기 금리가 역전되면 정말 경기가 나빠질까?

미국의 경우를 보면 그렇다. 미국에서는 금리 역전이 1970년대 이후 여러 번 나타났는데, 거의 그때마다 1~2년 안에 경기가 침체했다. 확인해보자.

보기 그림은 1970년대 이후 2022년 4월까지 미국채 10년물과 2년물의 수익률 차이가 어떻게 움직였는지를 표시한 그래프다. 미국채 10년물은 미국 시장금리를 대표하고, 미국과 세계의 채권시장에서 장기시

미국 장단기 국채(10년·2년) 수익률 차이 장기 추이

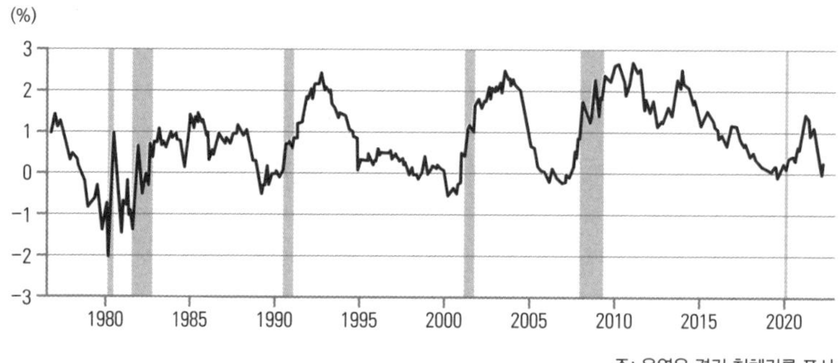

주: 음영은 경기 침체기를 표시
자료: FRED, St. Louis 연준

장금리의 벤치마크 역할을 하는 장기채다. 2년물은 연준 통화정책, 곧 연방기금금리 수준을 민감하게 따르는 단기채다.

그림에서 보듯, 먼저 1978년 중반 10년물과 2년물 간 수익률 차이가 마이너스 값을 보이는 금리 역전 현상이 나타났다. 곧이어 불황과 고물가가 함께 나타나는 스태그플레이션이 발생했다.

1989년 1~9월에도 수익률 역전이 나타났고 이듬해 8월 경기 침체가 시작됐다. 금리 역전이 나타나기 전, 1980년대 내내 미국에서는 부동산 투기가 왕성해 집값과 물가가 급등했다. 결국 인플레이션을 잡기 위해 연준이 기준금리를 올렸고, 그때까지 부실 대출을 쌓았던 저축대부조합(Savings & Loans Association, S&L, 우리나라 상호저축은행처럼 예금을 받는 소형 금융기관. 일반인 상대로 신용도가 낮은 고금리 대출을 많이 했다)이 파산하면서 경기 침체를 이끌었다.

2000년 초에도 금리 역전이 나타나자 이듬해 초 경기 침체가 개시됐다. 금리 역전이 출현하기 직전 1990년대 미국에서는 IT(정보기술) 혁신으로 호황이 이어져 증권과 부동산에 투자가 과잉됐다. 결국 인플레이

션을 잡으려는 연준의 기준금리 인상이 잇따르면서 IT 거품이 꺼지고 경기가 가라앉았다.

금리 역전은 2006~2007년에도 나타났다. 당시에도 직전 시기 부동산과 증권시장에 투자가 과잉되어 인플레이션을 불렀고, 연준이 기준금리를 올리자 자산 거품이 꺼지면서 2008년 1월 경기 침체가 시작됐다. 9월에는 미국 굴지의 투자은행(investment bank, IB, 기업금융을 주로 하는 대형 금융회사) 리먼브라더스(Lehman Brothers Holdings)가 파산하면서 금융위기가 발생했다.

2019년 9월에는 뉴욕 채권시장에서 국채 10년물 수익률이 2년물 수익률을 잠시 밑도는 금리 역전이 일어났다. 미·중 무역 분쟁이 거세지면서 경기 침체 전망이 높아지던 때였는데, 이듬해 초 코로나 팬데믹까지 닥치면서 경기가 급강하했다.

1970년대 이후 2020년대 초까지 놓고 볼 때 미국채 10년물과 2년물 간 수익률 역전은 대략 10년 주기로 나타났고, 그때마다 경기가 나빠졌다. 경기가 대략 10년 주기로 나빠졌다 좋아졌다 하는 현상을 국채 수익률 역전이 예고한 셈이다. 이로써 장·단기 수익률 역전이 경기 향방에 밀접한 관계가 있다는 사실은 증명됐다. 그래서 장·단기 수익률 격차나 역전 현상은 미 채권시장에서 경기 예측력이 가장 높은 지표로 통한다. 특히 미국채 장·단기물(10년물-2년물)의 수익률 격차 추이를 나타내는 곡선은 '경기 커브(curve)'라고 불릴 정도다.

보기 그래프 맨 오른쪽에 보이는 수익률 역전은 2022년 3월 말 뉴욕 채권시장에서 국채 10년물 수익률이 2년물을 잠시 밑돌았을 때다. 당시는 코로나 사태와 러시아의 우크라이나 침공에 따른 인플레이션이 심해져 연준 기준금리 인상에 이은 경기 침체 가능성이 제기됐다. 장중에는 국채 30년물과 5년물 간에도 2006년 이후 16년 만에 처음 수익률 역전 현상이 나타났다. 보기 기사가 당시 미 채권 시황을 전한 예다.

경기침체 신호?…
미 장단기 국채 금리차 2년반만에 첫 역전

미국의 장단기 국채 금리 역전 현상이 발생해 향후 경기침체 가능성이 우려된다. … 블룸버그통신 등에 따르면 이날 오후 2년물 미 국채 금리가 2.39% 선에서 10년물 미 국채 금리를 추월했다. 연방준비제도(Fed·연준)가 인플레이션을 잡기 위해 큰 폭으로 기준금리를 올릴 것이라는 기대로 2년물 국채 금리가 가파른 상승곡선을 그리고 있으나, 이러한 금리인상이 경기침체를 유발할 수 있다는 염려 속에 10년물 국채 금리는 최근 하락세다.

연합뉴스
2022.3.30

2022년 4월에는 미국의 기준금리 인상과 물가 급등, 우리나라 물가 상승세 등을 반영해 한국은행 역시 기준금리를 올렸고 후속 인상까지 예고했다. 그러자 국내 채권시장에서도 기준금리 움직임에 민감한 단기국채 수익률이 급등하면서 국고채 3년물 수익률이 사상 최초로 30년물 수익률을 앞지르는 이변이 일어났다. 보기 기사가 당시 상황을 전한 예다.

긴축공포에 '금리 쇼크'…
3년물 치솟으며 사상 최초 30년물 역전

인플레이션을 잡기 위한 미국의 긴축 시계가 빨라지면서 국내 국고채 금리 시장이 발작을 일으켰다. 최근 연일 뜀박질해왔던 3년물 국고채 금리는 11일 3%를 훌쩍 넘으면서 약 10년 만에 사상 최고치를 기록했다. 국고채 3년물 금리와 30년물 금리가 사상 최초로 역전되는 현상도 발생했다.

서울경제
2022.4.11

장·단기 수익률의 격차 축소나 역전은 경기 둔화를 알리는 데 그치지 않고 그 자체로 경기 둔화를 이끄는 역할도 한다. 은행 영업이 그 매개가 될 수 있다.

은행은 평소 시장에 자금을 공급하면서 실물 경기에 영향을 미치는 주요 플레이어다. 은행의 주된 수익원은 예대 마진(預貸 margin), 즉 예금이자와 대출이자의 차이로 얻는 이자 수익(interest income, 이자 이익)이다. 예대 마진은 대출금리가 예금금리보다 높을수록 커진다. 그런데 평균적으로 은행 예금은 만기가 짧고 대출은 만기가 길다. 2024년 9월 현재 정기예금 상품은 보통 길어야 2~3년이지만 신용대출은 5~10년, 주택담보대출은 30~50년이다. 예금이 은행 입장에서 부채라는 점을 고려하면, 은행은 만기가 짧은 빚(예금)으로 마련한 자금을 만기가 긴 대출로 굴려 돈을 버는 셈이다.

은행으로서는 장기금리인 대출금리가 단기금리인 예금금리보다 높을수록 수익이 커진다. 그런데 예금금리가 대출금리보다 더 빠르게 오르면 예대 금리 차가 축소되기 때문에 수익이 줄어든다. 만약 채권시장에서 장·단기 수익률이 역전되어 단기금리가 장기금리보다 높아진다면 곤란해진다. 대출을 내주면 손해를 보게 되고, 손실을 줄이기 위해 기존 대출마저 줄여야 한다. 결과적으로 기업과 가계가 은행에서 투자와 소비에 필요한 자금을 빌릴 수 없게 해 경기를 둔화시킨다.

물가 오르면 왜 단기채 수익률도 뛰나

경기가 나빠질 것 같으면 장기채의 매입 수요가 늘어나면서 수익률이 하락하고, 그 결과 장 · 단기채 수익률 격차가 평시보다 줄어들곤 한다. 그렇다고 경기 전망이 나쁠 때 반드시 장기채 수익률이 하락하는 것은 아니다. 경기 침체로 기업의 도산이나 채무불이행 위험이 높아지면 장기채 수요가 줄어 가격이 하락하고 수익률이 오르는 일도 생긴다.

장·단기채 수익률 격차 축소가 장기채 수익률 하락 때문에만 나타나는 것도 아니다. 장기채 수익률은 변함없는데 단기채 수익률이 오르거나, 장기채 수익률은 내리고 단기채 수익률은 오르는 현상이 동시에 나타나 장·단기채 수익률 격차가 줄어들기도 한다. 실제로 2022년 상반기 미국에서는 단기채 수익률 상승과 장기채 수익률 하락이 동시에 진행된 결과 장·단기채 수익률 격차가 줄어드는 현상이 나타났다.

당시 미국에서는 2020년 들어 경제 침체를 불렀던 코로나 사태가 끝을 보이면서 억눌린 소비가 분출했다. 하지만 코로나 사태로 글로벌 공급망이 훼손되어 에너지·곡물 등 원자재를 비롯한 상품과 서비스의 공급이 원활치 못한 데다 전쟁(러시아의 우크라이나 침공)까지 발생한 탓에 물가가 폭등했다. 경기가 채 회복되지 못했는데 인플레이션이 발생하면 물가고와 불황이 함께 나타나는 스태그플레이션이 닥칠 수 있다. 그래서 연준이 기준금리를 올리고 금융을 긴축해 인플레이션을 제어하겠다는 방침을 밝혔다. 그러자 단기채 수익률이 급등했다.

보통 단기채 수익률을 포함한 단기 금융상품 금리, 곧 단기금리는 주로 인플레이션과 기준금리 추이를 반영해 움직인다. 장기채 수익률을 포함한 장기 금융상품 금리, 곧 장기금리는 주로 미래 경기 전망을 반영해 움직인다. 당시 미국에서도 단기채 수익률은 기준금리 인상 전망을 반영해 급등한 반면, 장기채 수익률은 기준금리 인상이 장차 경기를 위축시킬 가능성을 우려해 하락했다. 그 결과 2022년 2월 미국채 장·단기(30년물－5년물) 수익률 격차는 2018년 이후 최저치인 40bp(0.4%p)로 줄어들었다.

미국이 기준금리를 올리면 한국은행도 기준금리를 올릴 때가 많다. 한·미 간 금리 차가 어느 수준 이상 커지면 문제가 생길 수 있기 때문이다. 한국의 채권·주식·부동산 등에 투자하려고 들어왔던 글로벌 자금이 금리가 높아진 미국으로 일시에 빠져나갈 수 있고, 그럴 때 한국 내 자산 시세가 급락해 국내 투자자가 큰 손실을 입을 수 있다. 외국인 투자자가 국내 주식이나 채권을 대거 처분하고 자금을 달러로 바꿔 들고 나가면 그 서슬에 원화 시세가 폭락할 수도 있다. 원 시세가 폭락하면 에너지 등 수입 물자 대금 부담이 커지면서 수입물가를 비롯해 물가가 폭등해서 국민경제에 악영향을 미칠 수 있다. 심한 경우 정부 보유 외환이 부족해져 외환위기를 당할 수도 있다. 그래서 한국은행은 평소 미 연준 금융정책을 주시하면서 한·미 간 금리 차가 너무 커지지 않도록 기준금리와 금융정책을 조정한다. 이런 이치는 우리나라뿐 아니라 세계 자본주의 국가 모두에 정도 차가 있을 뿐 똑같이 적용된다.

2022년 상반기 당시는 우리나라에서도 미국과 마찬가지로 물가가 뛰고 기준금리 인상이 예측되는 상황이어서 장·단기채 수익률 차가 축소됐다. 2022년 2월 15일 국내 채권시장에서 장기물인 10년 만기 국고채 수익률은 2.710%, 단기물인 3년 만기 국고채 수익률은 2.345%로 격차가 한 해 전(1%p)보다 크게 낮은 0.365%포인트(36.5bp)를 기록했다.

미 기준금리는 채권 수익률과 경기를 어떻게 움직이나

미국 연준이 정하는 연방기금금리, 곧 미국 기준금리와 미국채의 장·단기 수익률 차이, 그리고 경기는 서로 밀접한 상관관계가 있다. 그래서 연준은 기준금리를 조정해 미국채의 장·단기 수익률 차이를 움직이고 경기를 움직인다. 어떻게 그러는지 살펴보자.

미국에서는 1990년대에 IT 산업이 이끄는 호황이 이어졌는데, 세기말에 이르러 주식 등 자산 거품이 커지고 경기가 과열되는 조짐이 나타났다. 그래서 1999년 들어 연준이 기준금리를 연 4% 수준으로 올리고, 2000년에는 연 6% 후반까지 올렸다. 당시 미국 채권시장에서는 장단기 국채(10년물－2년물) 수익률 차이가 마이너스 값을 기록하면서 금리 역전이 나타났고, 이듬해인 2001년에는 불황이 찾아왔다.

불황이 닥치자 연준은 기준금리를 2001년 초 연 5%대에서 연말까지

미 연방기금금리

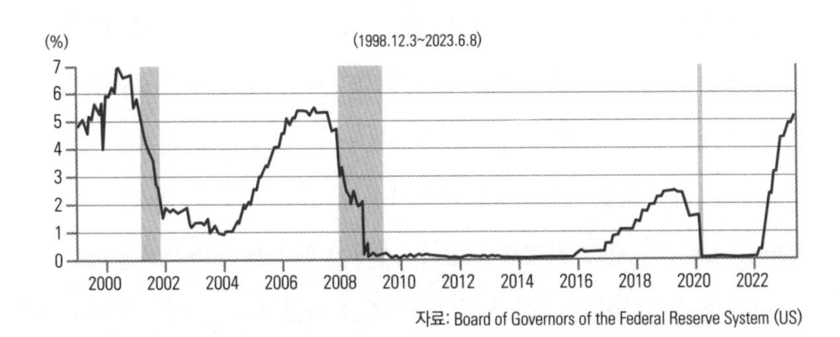

미국채 10년물 - 2년물 금리 차 추이

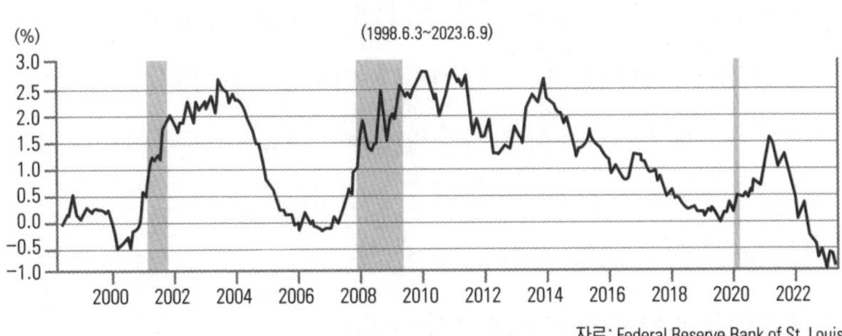

단숨에 1%대로 끌어내렸다. 불황이 지나자 2004년 봄부터 다시 금리를 올렸고, 2006년 중반 기준금리는 연 5%대 초반까지 높아졌다. 그러자 2006~2007년 채권시장에서는 다시 장단기 국채(10년물-2년물) 수익률 차이가 마이너스 값을 기록하며 금리 역전이 나타났다. 이듬해에는 앞서보다 긴 경기 침체기가 찾아왔다.

연준은 다시 기준금리를 끌어내려 2008년 후반 제로금리(연 0%대)를 만든 뒤 2017년 봄까지 8년 넘게 유지했다. 그사이 장단기 금리 차는 연 1~3%포인트 수준으로 벌어졌다. 2016년 들어서는 연준이 경기 확대를 전망하고 다시 금리 인상에 시동을 걸어, 2019년 연 2.5%까지 기준금리를 올렸다. 이때도 장단기 금리 차가 0%포인트대로 줄어들었고 이듬해인 2020년 경기 침체가 찾아왔다.

20세기 후반부터 21세기 들어서까지 25년간 미국은 세 번(2001년, 2008년, 2020년) 경기 침체를 겪었다. 그사이 연준이 기준금리를 올리면 단기국채 수익률이 오르면서 장·단기채 수익률 차가 줄어들고 경기가 하강했다. 반대로 연준이 기준금리를 내리면 단기국채 수익률이 하락하면서 장·단기채 수익률 차가 커지고 경기가 회복됐다. 결국 연준이 기준금리를 조정하는 통화정책을 써서 경기 커브(국채 장·단기 수익률 차이)를 조정하고 경기를 좌우하는 식이다. 이처럼 연준이 경기 커브를 조절하기 때문에 경기 커브를 가리켜 '연준 커브'라고 부르기도 한다.

채권 수익률 커브 역전되면 왜 경기 나빠지나

채권은 상환 만기가 1개월부터 3개월·6개월·1년·2년·3년·5년·10년·20년·30년 등 다양하다. 금리 수준도 상환 만기마다 다르다. 만기가 서로 다른 채권의 수익률을 단기채부터 장기채 순으로 좌에서 우로 그래프에 점으로 표시하고 이으면 곡선 하나가 그려진다. 이렇게 만기별로 다른 채권 수익률을 한 줄로 이은 선을 채권 수익률 곡선 또는 채권 수익률 커브(yield curve, YC)라고 부른다.

보통 때 채권 수익률은 만기가 길수록 높아서 단기채보다 장기채의 수익률이 높다. 따라서 채권 수익률 커브는 우상향한다. 단기채보다 장기채의 수익률이 높을수록 수익률 커브는 가파른 모양을 보인다. 그런데 보통 때와 달리 수익률 커브가 평평해질(flatten) 때가 있다. 예를 들면 단기채 수익률이 높아져서 장기채 수익률과 비슷한 수준이 되는 경우다. 미국에서 이런 일은 전형적으로 연준이 금융을 긴축할 의도로 기준금리(연방기금금리)를 올릴 태세를 보일 때 나타난다.

연준이 기준금리를 올리면 기준금리를 민감하게 따르는 단기국채 수익률이 오른다. 그 결과 단기국채와 장기국채의 수익률 차이가 줄어들면 평소 우상향하던 국채 수익률 커브가 평평해진다. 금융 긴축이 채권 수익률 커브를 평평하게 만드는 셈이다. 그래서 금융시장에서는 채권 수익률 커브가 평평해지는 것을 연준이 금융을 긴축할 신호라고 본다. 금융이 긴축되면 경기가 하방 압력을 받고 주가도 하락하기 쉽다.

미국채 수익률 커브(US Treasury yield curve)가 평평해지면서 경기 전망이 나빠지면 글로벌 자산시장에서 만기가 긴 미국채를 사려는 수요가 커진다. 미국 경기 침체는 글로벌 경기 침체로 이어지기 쉬운데 그럴 경우 세계에 널린 투자자산 중에서는 궁극적으로 미국채, 미국채 중에서도 장기채가 가장 안전한 자산이라고 판단해서다.

채권은 매입 수요가 늘어나면 가격이 오르고 수익률이 하락한다. 같은 이치로 장기채의 매입 수요가 늘고 수익률이 하락하다 보면, 장기채 수익률이 단기채 수익률보다 낮아져서 장·단기채 수익률 차가 마이너스 값이 될 수 있다. 그럼 보기 그림처럼 채권 수익률 곡선이 역전(inversion)되는 현상이 나타난다.

2023년 6월 9일 현재도 장·단기 미국채 수익률 차이가 역전된 상

상환 만기별 미국채 수익률 커브의 역전(2023.6.9)

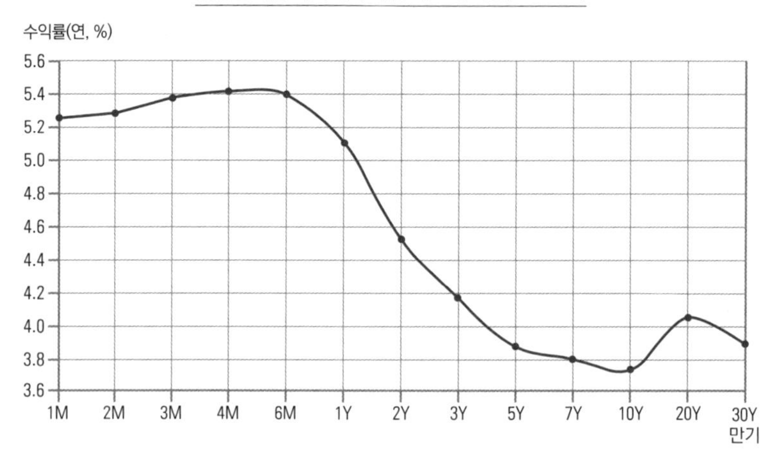

자료: https://www.ustreasuryyieldcurve.com

미국채 금리 현황

NAME	COUPON	PRICE	YIELD
GB3:GOV 3 Month	0.00	5.10	5.24%
GB6:GOV 6 Month	0.00	5.13	5.35%
GB12:GOV 12 Month	0.00	4.92	5.18%
GT2:GOV 2 Year	4.25	99.36	4.60%
GT5:GOV 5 Year	3.63	98.71	3.91%
GT10:GOV 10 Year	3.38	97.00	3.74%
GT30:GOV 30 Year	3.63	95.50	3.88%

자료: 블룸버그 2023.6.9

태다. 보기 표에서 보듯 3개월물(만기 3개월)은 수익률이 연 5.24%인데 10년물은 연 3.74%다.

채권 수익률 커브가 역전되면 경기 침체가 뒤따르곤 한다. 미국에서는 1970년대 이후 50여 년에 걸쳐 채권 수익률 커브 역전이 나타나면 1~2년 내 경기 침체가 잇따랐다. 보기 기사도 채권 수익률 커브와 경기의 상관성을 강조하는 주장을 전한 예다.

'채권왕' 건들락
"이번엔 채권 일드커브 상관없다는 말, 믿지 말아야"

월가에서 '채권왕'으로 불리는 제프리 건들락 더블라인캐피탈 최고경영자(CEO)가 수십년 동안 정확성을 증명해 온 지표인 채권 일드커브 역전을 심각하게 받아들여야 한다고 말했다. 30일 CNBC에 따르면 제프리 건들락 CEO는 트위터에서 "마침 때맞춰 그것이 이번에는 상관없다는 보고서가 나오고 있다"며 "그들을 믿지 말라"고 언급했다.

연합인포맥스
2022.3.31

국채 수익률 곡선 제어 정책, 어떻게 작동하나

채권 수익률 곡선이 역전되면 머지않아 경기 침체가 나타난다는 주장을 부정하는 시각도 있다. 특히 미 연준을 비롯해 일본, 유럽 등 각국 중앙은행이 그런 입장이다. 다만 이들 중앙은행도 역전된 수익률 곡선을 바로잡는 것은 경기 회복에 도움이 된다고 본다. 그래서 때때로 국채 수익률 곡선을 제어하는 통화정책을 쓴다. 이른바 YCC(yield curve control) 정책, 곧 국채 수익률 곡선(커브) 제어 정책이다.

YCC 정책이란 국채 수익률 커브가 왜곡되는 현상(단기금리 수준이 장기금리와 비슷해져서 수익률 곡선이 평평해지거나, 단기금리가 장기금리보다 높아져서 수익률 곡선이 우하향하는 현상)을 바로잡아 수익률 커브가 우상향하게 만드는 정책이다.

보통 중앙은행이 통화정책을 써서 장기금리를 조정하려 할 때는 기준금리를 조정해서 단기금리를 움직이고, 이후 단기금리 변화가 장기금리에 파급되는 효과를 기대한다. 국채 수익률 커브 조정도 장기금리 조정을 의도하지만 방법은 달리한다. 중앙은행이 직접 장기채를 매매해 채권 수급을 움직임으로써 장기금리와 채권 수익률 곡선을 조정한다.

대표적인 예가 일본이다. 일본은 1980년대 후반 자산 거품이 쌓인 후 유증으로 1990년대 들어 경기가 급강하했다. 일본은행이 기준금리를 계속 낮추며 금융을 완화했지만 경기는 회복되지 않았다. 1999년 2월에는 기준금리를 아예 제로 수준으로 내렸다. 그런데도 불황이 계속되자 2001년 3월 세계 최초로 양적완화(QE)까지 시행했다. 2006년까지 계속된 양적완화 덕에 일본 경기는 잠시 반등하는 듯했지만, 2008년 미국발 글로벌 금융위기가 발생하면서 도로 꺾이고 말았다. 이후 2012년 말 집권한 아베 정권은 대대적으로 경기를 부양하는 정책을 폈다. 일본은행도 2013년부터 정부 방침과 궤를 같이해 양적완화를 재개했다.

2차 양적완화는 단기정책금리를 마이너스 0.1%로 유지하는 데다 장기금리인 10년 만기 국채 수익률도 제로 수준(연 0%대)으로 유도한다는 방침을 더했다. 중앙은행이 기준금리 조정에 머물지 않고 장기채를 직접 매매해 장기금리와 국채 수익률 커브까지 조정함으로써 장단기 금

일본 국채 10년물 수익률 추이

자료: tradingeconomics.com

리 모두를 초저금리로 유지한다는 정책이다. 실제로 일본은행은 2016년 9월부터 2024년 3월까지 8년 가까이 장기채를 매매해 채권 수익률 커브를 조정하는 정책을 지속했다. 장기금리(10년물 국채 수익률)의 변동 허용 폭을 상하한 연 0.5%로 정해놓고 연 0.5%를 넘을 것 같으면 장기채를 대거 사들였다. 매입 수요가 늘어난 장기채는 가격이 오르면서 수익률이 하락했고, 장기채 수익률이 오르지 못하면서 장기금리는 0%대로 유지될 수 있었다.

금융이 어떻게 경제를 쓰러뜨리나
: 2008년 미국발 글로벌 금융위기 전말

미국에서는 1990년대에 IT 산업 중심으로 경기가 확대됐다. 2000년대 들어서며 경기가 하강하자 정부가 금리를 낮추며 경기를 띄우는 정책을 폈다. 그 결과 서브프라임 모기지(subprime mortgage)라 불리는 부동산 대출을 비롯해서 부동산 관련 증권과 펀드 등 금융상품에 왕성한 투자가 이뤄졌다. 금융경제가 매우 활발했던 셈이다. 부동산과 관련 금융상품에 왕성한 투자가 이뤄지면서 금융 부문이 실물 부문에 자금을 풍부하게 공급한 덕에 실물 경기도 급속히 확대됐다. 하지만 한동안 투자가 확대일로로 치달으면서, 부동산 등 자산 시세가 단기 급등하는 등 금융 경기의 과열 조짐이 역력해졌다. 결국 2004년 정부가 저금리 정책을 끝내고 경기 과열을 억제하는 쪽으로 정책을 바꿨다.

금리가 오르자 부동산과 금융상품 투자가 위축되면서 폭등했던 부동산 시세가 폭락했다. 집값이 뛰는 동안 서브프라임 모기지 대출을 받은 저소득층 대출자는 빚내서 집을 사고, 집값이 오르면 빚을 더 내서 생활비로 쓰며 살았다. 그런데 금리가 오르고 집값이 폭락하자 융자 원리금을 감당할 수 없었다. 결국 부동산 대출이 대거 부실해졌고, 부동산 대출 원리금을 수익 원천으로 삼는 금융상품(부동산 가치를 담보로 발행한 증권과 관련 증권에 투자한 펀드 등)의 시세 폭락이 잇따르면서 금융회사와 투자자에게 큰 손실이 발생했다. 이처럼 금융자산 시세가 갑자기 폭락하면서 금융이 정상적으로 이뤄지지 않는 사태를 금융위기라 한다.

금융위기가 발생하면 자산 소유자는 일제히 현금 확보에 나선다. 그러지 않으면 자산 시세의 추가 하락이나 뱅크런(bank run)이 발생해 손실이 더 커질 수 있기 때문이다. 뱅크런이란 예금자가 일제히 예금 인출에 나서는 바람에 은행 예금이 단기에 대량 인출되는 사태다. 은행은 평소 예금 중 상당 부분을 대출로 운용하므로 뱅크런이 발생하면 지급

불능(insolvency) 상태에 빠지기 쉽다.

금융위기가 발생하면 투자자와 계약을 맺고 고객 자산을 증권, 펀드, 부동산 등 투자자산에 투자하는 금융투자회사도 갑자기 몰려드는 고객의 계약 해지 요구에 지급불능 상태에 놓이기 쉽다.

뱅크런과 지급불능 사태가 잇따르면 주요 금융기관 또는 금융기관 전체가 자금 부족과 경영난, 파산 위기를 맞고 금융이 원활치 않게 되거나 마비될 수도 있다. 금융기관 파산이 잇따르고 금융이 마비될 정도로 원활치 않게 되면 기업, 가계, 정부의 일상적인 자금 조달과 지출이 어려워지기 때문에 실물경제가 갑작스런 불황에 빠질 수 있다. 그럼 금융위기가 경제위기로 번진다.

2008년 미국발 글로벌 금융위기가 그랬다. 부동산 시세가 폭락하면서 부동산 관련 증권과 펀드 자산 시세가 폭락하자, 2007년 4월 대형 부동산 대출 전문 회사인 뉴센트리파이낸셜(New Century Financial)이 파산 신청을 냈다. 이어 부동산 금융회사, 은행, 보험사 등 대형 금융회사가 부동산 자산 투자에서 거액 손실을 입었다는 뉴스가 잇달았다. 2008년 9월에는 리먼브라더스가 연방법원에 파산 신청을 냈다. 리먼브라더스는 자산 투자와 중개 업무 등으로 거액을 거래하는 투자은행 중 굴지의 글로벌 기업이었기에 파장이 컸다. 파산 신청 당시 부채 규모(6130억 달러)도 그때까지 미국 기업 사상 최고액이었다.

리먼 파산은 금융위기 확산을 본격화했다. '리먼처럼 규모가 큰 곳도 파산하는 마당이니 금융회사 재무 상황은 어떤 것도 믿을 수 없다'는 판단이 시장을 지배하면서 금융사를 통한 융자가 전면 중단되고, 시중 자금이 경색됐다. 투자 실패와 빚을 감당하려면 다시 빚을 내거나 부동산과 채권 등 자산을 팔아 현금을 확보할 수 있어야 하지만, 그러지 못한 금융사가 잇달아 파산하고 실업자가 속출했다. 주요 금융사가 영업을 중단하면서 금융이 마비 지경에 빠졌다. 당시 미국 금융사가 판매한 부동산 관련 투자자산에는 세계 각국 투자자가 금융사를 통해 대출, 증권 투자, 펀드 투자 등 다양한 형태로 투자했다. 그랬던 만큼 금융위기는 미국을 넘어 곧장 세계로 확산됐다.

이를테면 한국에서 시중은행이 파는 펀드에 가입한 투자자 A가 있다 하자. A가 가입한 펀드를 운용하는 국내 금융투자회사 B는 해당 펀드 자산으로 미국의 대형 투자회사 C가 판매하는 펀드에 가입한다. C는 자사 펀드 자산으로 미국 부동산과 증권에 투자해서 수익을 내고, 자사 펀드 가입자에게 수익을 나눠준다. 한국의 투자회사 B와 투자자 A는 이런 경로로 수익을 배분받는다. 그런데 어느 날 미국 부동산과 증권 시세가 폭락하면서 C가 치명적인 투자 손실을 입는다. 그 결과 C는 B가 기대하는 투자 수익은커녕 원금조차 돌려주지 못하게 된다. B와 A 간에도 같은 일이 일어난다. 이런 식으로 당시 우리나라를 포함해 세계 각국에서 크고 작은 투자자가 미국발 금융위기로 손실을 봤다.

금융위기만 확산된 게 아니다. 부동산과 증권 등 자산 시세가 폭락하고 금융가를 필두로 실업이 늘어나자, 미국과 유럽 등 각국에서 투자 수요와 소비가 얼어붙어 실물 경기가 급강하했다. 경기가 나빠지자 상품 수입 수요도 급감했다. 우리나라나 중국처럼 평소 선진국 상대 수출을 많이 하는 나라는 갑자기 해외발 불황을 맞아야 했다.

위기 대응을 위해 미국에서는 중앙은행이 대량으로 돈을 찍어 파산 위기에 놓인 금융회사 등 기업에 급전을 빌려줬다. 미 정부도 중앙은행에서 돈을 빌려 파산 위기에 놓인 기업을 사들이는 등 재정지출을 늘렸다. 그 결과 정부에 막대한 빚과 재정적자가 남았다.

유럽도 마찬가지. 유럽은 다른 지역보다 더 많이 미국 금융자산에 투자한 탓에, 투자자와 금융회사가 상대적으로 손실을 크게 입었다. 금융이 불안해지고 소비와 투자 수요가 급감하면서 미국처럼 금융 경기뿐 아니라 실물 경기도 함께 급강하했고, 금융 안정과 경기 부양을 위해 정부가 민간 부채를 대거 떠안았다. 그 결과 재정이 나빠져서 2011년에는 그리스, 아일랜드, 포르투갈, 스페인 등 유럽 여러 나라가 재정 파탄 위기에 몰렸다.

빚이 많고 재정이 부족한 나라 경제를 정상 운영하려면 빚을 줄이고 재정을 메워야 한다. 그러자면 재정을 긴축해서 공공 지출과 복지 지원을 줄일 수밖에 없는데, 그럼 투자와 소비가 위축되므로 경제성장이 제한된다. 저성장은 악순환을 부른다. 재정 수요는 대개 인구나 복지 수요와 함께 늘어나게 마련이다. 성장이 충분치 못하면 늘어나는 재정 수요를 충당하느라 다시 빚을 낼 수밖에 없다. 빚 부담이 커질수록 성장은 지체되고 저성장은 다시 빚을 늘린다. 이런 식으로, 2008년 미국발 글로벌 금융위기 이후 미국과 유럽 경제는 저성장과 부채 증가가 꼬리를 무는 악순환에 빠져 세계경제 성장세를 끌어내렸다.

세계경제는 2020년을 앞두고서야 간신히 회복 조짐을 보였는데, 2020년 초 코로나 사태가 터졌다. 전염병이 퍼지면서 각국이 일제히 공항과 항구를 닫았고, 항공·해운·관광·무역 등 주요 산업 분야에서 교역이 멎거나 상품 공급망이 훼손되면서 글로벌 경제위기가 닥쳤다. 어쩔 수 없이 선·후진국을 막론하고 재정과 금융을 풀어 대응해야 했고, 부채가 다시 격증했다.

글로벌 부채 규모는 2008년 말 120조 달러였는데 2020년 3분기 211조 달러로 배 가까이 늘어 제2차 세계대전 이래 최대를 기록했고, 2024년 1분기에는 315조 달러로 사상 최대로 불어났다. 글로벌 부채비율(글로벌 GDP 대비 총부채의 비율. 총부채=공공 부채+민간 부채)도 2008년 202%에서 2019년 244%로 10여 년 동안 꾸준히 늘었는데, 2020년 3분기에는 단숨에 278%, 2022년 2분기에는 350%로 뛰었다(Institute of International Finance, Global Debt Monitor).

돌아보면 세계경제는 2008년 미국발 글로벌 금융위기 후 빚더미에 눌려 10년 넘게 저성장 늪에서 헤어나지 못했다. 그러다 코로나 사태를 맞아 한 발 더 깊이 빚 수렁으로 빠져들었다. 빚이 성장세를 누르고 저성장이 빚을 늘리면서 저성장과 부채 증가가 꼬리를 물고 이어지는 악순환이 연장됐다.

6

외환

환율 표시 방법

환율 결정 메커니즘

외환 시세 읽는 법

환율과 물가, 무역, 주가, 금리

캐리 트레이드 구조

수입 수요가 큰 상품을 보유한 나라는
통화 수요가 커지므로 통화 시세가 오르고,
수출이 늘어나서 경제력이 커진다.
이처럼 통화 시세와 경제력은 함께 움직인다.
이런 이치로, 글로벌 수요는 힘센 나라가 발행한 통화에 몰리고
통화 시세는 나라 힘만큼 세진다.

환율 하면 왜 달러 환율을 얘기하나

외환(外換, foreign exchange, forex, FX)이란 외국 돈이다. 외화(外貨), 외국환(外國換), 외국 통화, 외국 화폐라고도 부른다.

환율(換率, foreign exchange rate)은 뭘까?

서로 다른 통화를 바꿀 때 적용하는 교환율이다.

우리나라에 본점이나 본사를 둔 기업이 미국에서 상품을 사들인다고 치자. 수입 상품 대금은 대개 미국 달러로 치르므로 원화를 달러로 바꿔야 한다. 이때 달러 한 단위당 원화를 (혹은 원화 한 단위당 달러를) 얼마로 쳐서 바꿀지 알려주는 비율이 환율이다.

달러와 원의 환율이 정해지면 달러를 사는 데 원화가 얼마나 들지 정해진다. 원화를 쓰는 입장에서 보자면 달러라는 상품에 원화 가격을 매긴 것이 달러-원 환율이다. 이런 이치로, 환율은 외환이라는 상품에 붙은 가격이라고 말할 수 있다.

외환에 미 달러($, USD), 유로(€, EUR), 엔(¥, JPY) 등 여러 가지가 있듯 환율도 종류가 많다. 스위스 프랑(sFr, CHF)을 중국 위안(元, CNY)과 바꾸는 비율, 호주 달러(AU$, AUD)를 영국 파운드(£, GBP)와 바꾸는 비율이 모두 환율이다. 그런데 어느 나라에서나 환율을 얘기할 때면 그 나라 통화와 미 달러 간 환율을 가리킬 때가 많다. 국제 환율을 얘기할 때도 언제나 미 달러와 나머지 통화 간 교환율을 기준으로 삼는다. 왜 그럴까?

세계가 미 달러를 통화 거래에서 가장 주된 결제 수단으로 쓰기 때문이다.

글로벌 은행 간 통신 네트워크인 스위프트(SWIFT, Society for Worldwide Interbank Financial Telecommunication)에 따르면, 2023년 11월 글로벌 결제에 가장 많이 쓰인 통화는 전체의 47.08%를 차지한 미 달러였다. 다음이 유로(22.95%), 영국 파운드(7.15%), 중국 위안(4.61%), 엔(3.41%) 순이었다. 어떤 통화도 달러의 지위에 견줄 수 없다. 그래서 미 달러를 중심 통화, 중심 화폐, 또는 기축통화(基軸通貨, key currency, world currency)라고 부른다.

기축통화란 국제 거래에 필요한 환율의 기초가 되는 통화다. 국제적으로 약속을 해서 정하는 것은 아니고, 많이 쓰이는 통화에 자연스럽게 주어지는 지위다. 기축통화로 불릴 만한 통화라면 장기에 걸쳐 시세 변동성이 낮고, 다른 통화의 가치를 결정하는 기준 역할을 할 수 있어야 한다. 경제와 재정이 탄탄하고 국제 거래를 많이 하는 나라가 발행한 통화라야 한다.

각국 통화를 거래하는 현장에서는 달러 외에 기축통화 역할을 할 만한 통화로 주로 유로 · 엔 · 파운드를 꼽는다. 아예 유로 · 엔 · 파운드를 미 달러와 함께 기축통화로 묶거나 준(準)기축통화로 분류하기도 한다.

하지만 기축통화로서 미 달러가 확보한 지위는 가히 독보적이다. 무엇보다 미국 정부가 세계 최강 경제력과 군사력을 바탕으로 달러에 가장 안정된 값어치를 보장하기 때문이다. 어떤 통화가 글로벌 화폐 지위를 확보하는 데는 경제력과 군사력이 관건이다. 만약 유럽이 미국을 경제력과 군사력으로 압도한다면 유로가, 중국이 미국을 압도한다면 위안이 미 달러를 대신해서 기축통화가 될 수 있을 것이다.

환율 표시, 어떻게 하나

환율은 통화가 지닌 대외 가치(대외 시세)를 알기 쉽게 보여준다. 원화 가치를 알려면 원화와 다른 통화, 예를 들면 미 달러와 얼마로 바꾸는지 보면 된다.

지금 환율이 1달러에 1300원이라 하자. 1달러를 사려면 1300원을 내줘야 한다. 원화를 기준으로 볼 때 1달러의 가치는 1300원, 달러를 기준으로 볼 때는 1300원의 가치가 1달러라는 뜻이다.

환율 표시는 어느 나라 통화를 기준으로 삼느냐에 따라 세 가지로 할 수 있다.

첫째, 외화 1단위당 자국 돈을 얼마나 바꿀 수 있는지 나타낸다.

미화 1달러와 원화 1300원을 바꾼다면 〈₩/U$=1300〉 혹은 〈U$1=₩1300〉으로 표시하는 식이다. 외화 1단위가 자국 돈으로 얼마인지 보여주므로 자국 통화 표시 환율이라 한다. 이 방식은 어느 나라에서나 자국민이 가장 쉽게 이해한다. 우리나라에서도 미디어가 환율 뉴스를 전할 때 주로 쓰는 방식이다.

둘째, 자국 돈 1단위당 외화를 얼마나 바꿀 수 있는지 나타낸다.

원화 1000원을 미화 1달러와 바꾼다면 1원당 0.001달러인 셈이므로 〈U$/₩=0.001〉 또는 〈₩1=U$0.001〉로 표시한다. 자국 통화 1단위가 외국 통화로 얼마인지 보여주므로 외국 통화 표시 환율이라 한다.

자국 통화 표시 환율과 외국 통화 표시 환율은 같은 환율을 서로 반대 방향으로 나타낸다. 한쪽이 오르면 다른 쪽은 내린다.

달러당 1300원 하던 환율이 1200원으로 변했다 치고, 자국 통화 표시 환율과 외국 통화 표시 환율로 나타내보자. 환율의 절댓값은 서로 반대 방향으로 움직이는 것을 확인할 수 있다.

환율이 미 달러당 1300원에서 1200원으로 변했을 때 :

자국 통화 표시 환율	〈₩/U$ = 1300〉 ⇒ 〈₩/U$ = 1200〉 달러 대비 원화의 환율은 1300에서 1200으로 내림.
외국 통화 표시 환율	〈U$/₩ = 0.000769〉 ⇒ 〈U$/₩ = 0.000833〉 원화 대비 달러 환율은 0.000769에서 0.000833으로 오름.

셋째, 서로 다른 통화로 같은 값어치의 액수를 표시하는 방식도 있다. 영국 통화 1파운드를 미화 1.2달러에 바꾼다면 〈£1=U$1.2〉로 표시한다. 유로 1단위가 미화로 1.04단위에 해당하면 〈EUR1=USD1.04〉 또는 〈€1=U$1.04〉로 표시한다.

환율 변하면 원 시세는 어떻게 될까

환율은 시시각각 변한다. 환율이 변하면 통화 시세(가치)도 변한다. 원화와 달러의 환율이 변하면 원화와 달러의 대외 시세도 바뀐다.

달러 대비 원화의 환율, 곧 달러-원 환율은 통화 기호로 USD/KRW, USD-KRW 등으로 표기한다. 달러-원 환율이 달러당 1300원에서 1200원으로 변했다 하자. '1300'이라는 숫자가 '1200'으로 낮아졌으니 환율이 내렸다. 이때 원화는 1달러당 100원씩 대외 시세가 오른다. 외화 1단위를 살 때 100원을 덜 치러도 되기 때문이다. 이처럼 달러-원 환율이 내리면 원화로 외화 1단위를 사는 데 드는 액수가 적어진다. 그만큼 원화는 외화에 비해 시세가 오르고, 외화는 원화에 비해 시세가 떨어진다. 보기 그림 ①의 경우다.

이번에는 달러-원 환율이 달러당 1200원에서 1300원으로 변했다 하자. '1200'이라는 숫자가 '1300'으로 높아졌으니 환율이 올랐다. 이때 원화는 1달러당 100원씩 대외 시세가 낮아진다. 외화 1단위를 살 때마다 100원씩 더 치러야 하기 때문이다. 이처럼 외화 대비 원화의 환율이 오르면 외화 1단위를 사는 데 치러야 하는 원화 액수가 많아진다. 그만큼 원화는 외화에 비해 시세가 떨어지고, 외화는 원화에 비해 시세가 오른다. 보기 그림 ②의 경우다.

그림에서 보듯 (외화 1단위가 자국 돈으로 얼마인지 보여주는) 자국 통화 표시 환율을 기준으로, 원화 시세는 외화 대비 원화 환율과는 반대로 움직인다. 환율이 내리면 오르고, 환율이 오르면 떨어진다.

원화 시세가 오를 때는 원화가 '강세', 시세가 내릴 때는 '약세'라고

환율과 통화 시세

자국 통화 표시 환율	환율	원 시세	달러 시세
① $\frac{1300원}{1달러} \rightarrow \frac{1200원}{1달러}$	⬇	⬆	⬇
② $\frac{1200원}{1달러} \rightarrow \frac{1300원}{1달러}$	⬆	⬇	⬆

말한다. 환율 변동에 따라 대외 시세가 오르는 통화는 강세통화, 떨어지는 통화는 약세통화, 원화가 강세통화가 되는 현상은 '원 고(高)', 약세통화가 되는 현상은 '원 저(低)'라고 부른다. 달러가 강세통화가 되면 '달러 고', 약세통화가 되면 '달러 저'이고, 엔(¥)이 강세통화가 되면 '엔 고', 약세통화가 되면 '엔 저'다.

환율 뉴스 중에서 간혹 통화 시세가 오르면 '절상(평가절상平價切上)됐다'고, 내리면 '절하(평가절하平價切下)됐다'고 전하는 예가 있다. 일본식 한자어인데, 단지 통화 시세가 높아졌다(절상)거나 낮아졌다(절하)는 뜻이다.

환율, 어디서 어떻게 정하나

환율은 나라마다 다른 방식으로 정한다. 정부나 통화 당국이 정하는 경우도 있고, 외환 거래 현장에서 외환 수급에 따라 결정되는 경우도 있다.

외환을 거래하는 현장을 외환시장(foreign exchange market)이라고 부른다. 시장이라지만 거래자들이 따로 정해놓고 모이는 장소가 있는 것은 아니다. 은행의 외환 거래 취급 창구나 환전상 창구, 은행 간 외환

거래 현장, 온라인 네트워크를 포함해서 외환을 거래하는 곳이면 어디나 다 외환시장이다.

외환시장 중에서도 대표 격은 은행이다. 은행은 환전 창구에서 해외여행자와 무역업자 등을 상대로 외환을 매매한다. 해외여행자는 흔히 여행 경비로 쓰려고 자국 통화를 팔고 외환을 샀다가, 귀국하면 남은 외화를 팔아 자국 통화를 산다. 수입업자는 수입 상품 대금을 지불하기 위해 자국 통화를 외화로 바꿔 송금한다. 수출업자는 외화로 받은 수출 상품 대금을 자국 통화로 바꾼다. 외환시장에서 환율이 정해지도록 제도화한 나라에서는 이처럼 외환이 매매되는 과정에서 각 통화의 수급에 따라 환율이 정해진다. 다른 통화에 비해 수요가 늘어나는 통화는 시세가 오르고, 수요가 줄어드는 통화는 시세가 내린다. 통화 간 교환 시세가 바뀔 때마다 새로운 환율이 형성된다.

우리나라도 현재 미국, 영국, 일본 등 주요국과 함께 환율이 외환시장에서 통화 수급에 따라 결정되도록 제도화하고 있다. 이런 환율 제도를 변동환율제(floating exchange rate system)라 한다.

변동환율제와 상대되는 제도는 고정환율제(fixed exchange rate system)다. 정부가 자국 통화와 특정 외환의 환율을 일정 수준으로 고정하고 중앙은행이 외환시장에 개입해 고정 환율을 유지하는 제도다.

고정환율제를 쓰는 예로는 홍콩이 대표 격이다. 홍콩은 홍콩달러(HK$, HKD)를 공식 통화로 쓰는데, 1983년부터 미 달러 시세에 통화 시세를 고정했다. 홍콩달러 환율은 하루에 변할 수 있는 최대한도를 미 달러당 7.80±0.05HKD로 정해놓고, 미 달러당 7.75~7.85HKD 범위에서만 움직이도록 통화 당국이 관리한다. 환율을 미 달러에 묶었기 때문에 홍콩달러 시세는 미 달러 시세와 함께 움직인다.

홍콩처럼 특정 통화에 자국 통화의 환율을 고정해 운영하는 제도를 고정환율제 중에서도 단일통화 연동제도 · 단일통화 페그 시스템(single currency pegged system) 또는 페그제 · 환율 페그제(pegged exchange rate system)라고 부른다. 페그(peg)란 못을 박아 고정시킨다는 뜻이다. 홍콩의 환율 제도는 자국 통화 가치를 달러 시세에 연동하므로 페그제 중에서도 달러 페그제(dollar peg system)다. 달러 연동 페그 시스템(dollar pegged exchange rate system)이라고도 부른다. 걸프협력회의(Gulf Cooperation Council, GCC)에 속한 걸프(페르시아만) 지역 중동 산유국 사우디아라비아, 바레인, 카타르, 오만 등도 달러 페그제를 쓰고 있다.

중국은 환율 제도가 두 개라고?

중국은 본토 시장인 역내시장(域內市場, onshore market)과 본토 바깥에 있는 시장, 곧 역외시장(域外市場, offshore market)에 서로 다른 환율 제도를 운영한다.

상하이 외환시장 등 중국 본토 역내시장에서는 중국 외환 당국이 환율 결정에 깊숙이 간여한다. 반면 역외시장에서는 환율이 시장 원리에 따라 결정되게 한다. 대표 격 역외시장인 홍콩의 경우 1997년 중국에 반환된 후 중국 영토에 속하는 특별행정구가 됐지만, 외환시장은 중국 역내시장과 달리 대외적으로 완전 개방된 상태에서 환율을 시장 원리로 결정한다.

중국이 역내시장에 적용하는 환율 제도는 복수통화 바스켓 제도(multicurrency basket system)다. 주요 은행에서 거래되는 주요 통화로 통화 바스켓을 만들고, 중앙은행인 중국인민은행(中國人民銀行, People's Bank of China, PBC)이 매일 바스켓 통화와 위안화의 시장 환율(시장에서 형성되는 환율) 등을 종합해서 통화별 거래 기준환율을 만든 다음 이튿날 외환시장 개장 전에 고시한다. 이후 역내시장에서 형성되는 환율은 기준환율에서 위아래로 2%까지만 움직일 수 있다. 정부가 기준환율로 위안화 시장 환율의 변동성을 통제하는 셈이다.

보기 기사가 인민은행 고시 기준환율을 전한 예다. 2024년 6월 5일 위안화 기준환율은 전날 마감 시세에 비해 0.02% 오른 달러당 7.1097위안이 됐다. 환율이 오른 만큼 위안 시세는 내렸다.

기사독해

위안화 0.02% 절하 고시… 7.1097위안

5일 중국 인민은행은 위안화를 절하 고시했다. 인민은행은 이날 오전 달러-위안 거래 기준환율을 전장대비 0.0014위안(0.02%) 올린 7.1097위안에 고시했다. 달러-위안 환율 상승은 달러 대비 위안화 가치의 하락을 의미한다. 전장 은행 간 거래 마감가는 7.2444위안이었다. 홍콩달러-위안은 0.91024위안, 엔-위안은 100엔당 4.6174위안, 유로-위안은 7.7698위안, 파운드-위안은 9.1199위안…로 각각 고시됐다.

연합인포맥스
2024.6.5

중국의 바스켓 환율제를 가리켜 고정환율제와 변동환율제의 중간쯤 되는 관리변동환율제라고도 한다. 하지만 정부가 기준환율을 정해 고시하는 점에서 고정환율제에 가깝다.

통화 시세는 왜 나라 힘만큼 세질까

자본주의 체제에서는 외환도 시장에서 유통되는 상품 중 하나다. 따라서 외환 시세도 기본적으로는 수요와 공급에 따라 정해진다. 시장에서 수요가 많은 통화는 시세가 오르고 수요가 적으면 시세가 내린다.

어떤 통화가 수요가 많을까?

이를테면 각국이 원하는 상품을 많이 보유한 나라에서 발행하는 통화다.

'자동차는 한국산이 좋다'는 인식이 세계에 확산된다 해보자. 해외 수입판매업자로부터 수입 수요가 늘어날 것이다. 한국 수출업자는 외국 수입업자에게 차를 팔고 판매 대금을 외화로 받은 다음 원화로 바꾼다. 아예 해외 수입업자가 외화를 원화로 바꿔 한국 수출업자에게 대금을 지불할 수도 있다. 수입업자나 수출업자가 차 대금을 주고받기 위해 외화를 원화로 바꾸는 일이 많아지면 외환시장에서 원화 수요가 커진다.

만약 미국산 차가 인기라면 각국 수입업자가 미국 차를 사들여 팔려 할 것이다. 수입업자가 수입 대금을 치르자면 자국 통화를 미 달러로 바꿔야 한다. 그만큼 달러는 외환시장에서 수요가 커진다. 수입 수요가 큰 상품을 보유한 나라는 통화 수요가 커지므로 통화 시세가 오르고,

수출이 늘어나서 경제력이 커진다. 이처럼 통화 시세와 경제력은 함께 움직인다. 이런 이치로, 글로벌 수요는 힘센 나라가 발행한 통화에 몰리고 통화 시세는 나라 힘만큼 세진다.

통화 시세와 경제력이 함께 움직이는 이치를 극적으로 보여준 최근 사례로, 2022년 영국 통화 파운드가 폭락한 사건이 있었다.

파운드 시세는 2007년 말 미화로 (1파운드=) 2달러 정도였다. 2008년 미국발 글로벌 금융위기 이후 10여 년 동안은 1.4~1.8달러 정도였다. 그런데 2022년 9월 26일 파운드 시세는 사상 최저치인 1.03달러로 폭락했다. 이전까지 파운드의 최저치는 37년 전(1985년 2월 26일)에 기록된 1.04달러였다.

파운드 폭락 사태는 새로 집권한 영국 보수당의 총리 트러스(Mary Elizabeth Truss)가 경제성장을 촉진한다며 9월 23일에 내놓은 대규모 감세안으로 촉발됐다. 정부는 가계와 기업에 세 부담을 덜어주면 투자와 소비가 촉진되어 경제가 성장하리라고 기대했다.

시장은 단견이라고 평가했다. 감세하면 정부 세입이 줄어드니 세출, 곧 정부지출도 줄여야 한다. 감세로 성장률이 크게 높아진다면 많은 세수를 확보할 수 있지만, 성장률이 개선되지 않는다면 정부가 세수 부족분을 메우기 위해 돈을 빌려야 한다. 자칫하면 '빚내서 감세하기'가 되어 재정을 허물고 나라의 경제력을 떨어뜨릴 수 있다.

글로벌 투자자들은 영국 정부의 감세안이 성장을 촉진하기 어려운데다 세수 부족을 메울 대책도 없다고 보고, 일제히 파운드를 내다 팔았다. 그렇지 않아도 당시 영국의 인플레이션율은 10%에 육박했다. 감세로 소비와 투자가 늘어나면 인플레이션율이 더 오를 가능성이 있었다. 물가가 더 오르면 물가를 잡기 위해 영국 중앙은행이 금리를 더 올려야 하고, 금리가 오르면 성장을 촉진하기 쉽지 않을 것이었다.

결국 10월 3일 정부가 감세안을 철회해야 했다. 트러스는 취임 50일 만에 사임하면서 최단임 총리라는 기록을 세웠다. 파운드 폭락 사태는 한때의 해프닝으로 마무리됐다.

달러는 어떻게 기축통화가 됐나

미 달러가 기축통화가 된 것은 제2차 세계대전 뒤다. 그 전에는 영국이 발행하는 파운드가 기축통화였다. 달러는 어떻게 파운드로부터 기축통화 지위를 물려받게 됐을까?

파운드가 기축통화가 된 경위부터 짚어보자.

1688년 영국(당시 잉글랜드 왕국)에서는 의회가 왕을 갈아치우는 정변, 곧 명예혁명(Glorious Revolution)이 일어났다. 새 왕이 된 윌리엄 3세는 프랑스를 상대로 전쟁을 일으켰고, 전쟁 자금 충당을 위해 1694년 런던 상인이 공동 출자한 잉글랜드은행 창설을 허락했다. 잉글랜드은행은 화폐 발행권을 확보하고 파운드화 지폐를 발행해서 국왕이 원하는 전비를 대주었다. 이때부터 영국은 당시 화폐로 주로 쓰던 금화, 은화와 함께 파운드화를 새 화폐로 쓰기 시작했다.

1816년에는 잉글랜드 의회가 금본위제도(金本位制度, gold standard)를 법으로 정했다. 금본위제란 일정량의 금으로 가치를 고정한 화폐를 유통하는 화폐 제도다. 잉글랜드은행은 평소 금을 대량으로 보유하면서 파운드를 금 일정량(1파운드=7.32238그램)과 바꿔주었다. 당시 영국은 1700년대 중반부터 100여 년 간 이어진 산업혁명에 힘입어 경제력과 군사력을 키움으로써 글로벌 무역·금융·경제의 중심지가 됐고, 최강 국력을 배경으로 각국에 금본위제를 확산시켰다. 각국이 금본위제를 도입하고 금과 교환되는 화폐를 발행했지만, 금본위제를 운영하는 각국 통화 중에서는 파운드화가 1800년대 중반 국제무역 결제의 90%를 차지했을 정도로 기축통화 지위를 누렸다.

파운드 중심 금본위제는 100년 가까이 이어졌는데, 1914년 제1차 세계대전이 일어나면서 급속히 붕괴했다. 영국 등 유럽 각국이 전비 충당을 위해 마구 돈을 찍어내면서, 자국에서 금이 유출되는 것을 막고자 금 태환(금과 지폐의 교환)과 수출입 거래를 중단했기 때문이다.

전후에는 금본위제 재건이 시도됐지만 1929년 대공황이 일어나면서 헛일이 됐다. 각국에서 뱅크런(bank run), 곧 은행 예금 대량 인출 사태와 은행 파산이 이어졌고 영국에서는 금이 대거 유출됐다. 금 보유고가 급감한 나머지 영국은 더 이상 파운드화를 금으로 바꿔줄 수 없게 됐고, 결국 1931년 금본위제 포기를 선언했다. 이후 1936년까지 구미 각국에서 금본위제 포기 선언이 이어졌고, 파운드를 중심 통화로 삼는 금본위제는 완전히 붕괴됐다.

금본위제 붕괴 뒤에는 각국이 저마다 불환화폐를 발행했고 통화량이 급증했다. 국제적으로 환율이 급변하는 불안정한 상태가 이어졌다. 그러던 중 1941년 제2차 세계대전이 일어났다.

두 번째 대규모 전쟁을 치르면서 영국, 프랑스, 독일 등 유럽 각국은 만신창이가 됐다. 특히 한때 기축통화국이었던 영국은 전쟁 전 미국에 돈을 빌려주던 세계 최대 규모 채권자에서 미국에 빚을 진 세계 최대 채무자로 전락했다. 반면 미국은 세계 최대 금 보유국이 됐다. 전쟁 동안 유럽 각국에 군수물자를 제공한 대가와, 전후 패전국이 부담한 전쟁 배상금을 금으로 받아 모은 결과다. 미국은 1945년 세계 금 보유고의 약 59%, 1947년까지 70%를 쌓았고(CCTV 경제 30분팀, 《화폐전쟁, 진실과 미래》, 랜덤하우스코리아, 2011; IMF homepage), 영국을 대신해서 세계에 자국 화폐와 금을 바꿔줄 수 있는 나라가 됐다. 이런 변화는 브레턴우즈 협정으로 귀결됐다.

브레턴우즈 협정은 영국과 소련을 비롯한 44개 연합국 대표가 제2차 세계대전 종전을 앞둔 1944년 7월 미국 브레턴우즈에 모여 체결한 국제 통화 체제 협정이다. 협정의 골자는 미 달러가 금 태환을 독점하는 금환본위제도(金換本位制度, gold exchange standard)를 운영하자는 것이었다.

금본위제에서는 각국이 저마다 금 태환이 가능한 화폐를 발행한다. 금환본위제에서는 특정 통화가 금 태환을 독점하고, 나머지 통화는 금 태환을 독점한 통화(독점 통화)와 제각기 고정 환율을 정해 환전하는 방식으로 간접적으로만 금 태환이 가능하다.

브레턴우즈 협정에서는 미 달러가 금 태환을 (35달러당 금 1온스 꼴로) 독점한다는 전제 아래, 달러와 각국 통화 간에는 제각기 고정 환율을 정해 교환하는 방식의 고정환율제를 운영하자는 합의가 이뤄졌다. 이로써 달러를 중심 통화로 삼고 고정환율제를 운영하는 새로운 국제통화 체제, 이른바 브레턴우즈 체제가 시작됐다.

브레턴우즈 통화 체제에서는 예를 들어 파운드화를 발행하는 영국 정부가 금을 손에 넣으려면 먼저 파운드화를 미 달러와 바꿔야 한다.

어느 나라든 금을 손에 넣으려면 달러부터 확보해야 하니, 달러가 세계에서 가장 가치 있는 통화가 된 셈이다. 하지만 브레턴우즈 체제는 오래가지 않았다. 미국이 달러를 남발해서 금 태환 능력이 빠르게 소진됐기 때문이다.

1948년부터 1951년까지 미국은 서유럽 16개국에 마셜플랜(Marshall Plan)이라 불린 경제원조(공식 명칭은 유럽부흥계획European Recovery Program, ERP)를 제공하며 달러를 쏟아부었다. 1960년대 들어서는 1970년대 중반까지 10년 넘게 이어진 베트남전(1964~1975년)을 치르면서 달러 국채를 남발했다. 미국의 외채가 늘어나는 가운데 달러 남발이 계속되자, 달러 신용을 우려한 거액 투자자가 외환시장에서 달러를 대량 투매하고 금을 사들이는 일이 잦아졌다. 그때마다 금값은 폭등하고 달러 시세는 폭락해 달러 신용 추락에 가속이 붙었고, 거액 달러를 보유한 각국은 국부(national wealth)에 손실을 입었다. 미국은 몇 차례 대량 금 투매로 달러 신용을 유지하려 했지만 그럴수록 금 보유고가 소진되면서 상황이 더 나빠졌다.

1971년 들어서는 유럽에서 대규모 달러 투매 사태가 발생했다. 달러의 금 태환 능력을 의심하기 시작한 스위스, 프랑스, 스페인 등은 잇달아 미국에 달러를 건네고 금으로 바꿔 갔다. 같은 해 5월과 8월에는 독일(당시 서독)과 스위스가 브레턴우즈 체제 탈퇴를 선언했다. 8월 9일 영국 대표가 미국에 직접 찾아가 달러를 줄 테니 금을 내놓으라고 요구할 무렵, 미국의 금 곳간은 거의 바닥이 드러났다. 결국 1971년 8월 15일 미 닉슨 대통령은 달러와 금 교환을 중단하며, '달러를 금으로 바꿔달라'는 외국 중앙은행 요구에 더 이상 응하지 않겠노라고 선언했다.

닉슨 선언은 '닉슨 쇼크'라 불리며 달러 신용을 급락시켰다. 1944년 온스당 35달러로 출발한 달러 환율이 1973년에는 42달러대로 뛰었다. 이해 1월 유럽에서 다시 달러 대량 투매 사태가 발생했고, 2월 들어 미국은 금 대비 달러 환율을 10% 높인다(금 대비 달러 시세를 10% 낮춘다)고 선언했다. 그러자 유럽 각국에서 그동안 자국 화폐와 달러를 특정 환율로 묶었던 고정환율제를 포기하고 변동환율제를 채택한다는 선언이 잇달았다. 이로써 미 달러를 중심 통화로 삼고 고정환율제를 운영한 금환본위제도는 막을 내렸다.

1976년 중남미 자메이카의 수도 킹스턴(Kingston)에서 IMF 회의가 열렸고, '앞으로는 자국 경제 여건에 맞게 변동환율제든 고정환율제든 환율 제도를 자유로이 골라 쓰자'는 국제 합의가 이뤄졌다. 이 합의로 이른바 킹스턴 체제가 열리면서 각국이 자국에 맞는 환율 제도를 골라 쓰게 됐고, 이후로는 변동환율제가 글로벌 대세로 자리 잡았다.

그런데 킹스턴 체제 이후에도 미 달러는 계속 기축통화 지위를 유지했다. 어떻게 그럴 수 있었을까?

근본적 또는 장기적으로는 미국의 군사·경제력이 세계 최강 수준을 유지하며 새로운 국제 환율 체제에서도 달러 신용을 계속 받쳐줬기 때문이다. 단기적으로는 1973년 미 국무장관 헨리 키신저(Henry A. Kissinger)가 사우디아라비아 국왕과 협상해서 미-사우디 간에 맺은 군사·경제 협약이 결정적 기여를 했다.

1970년대 초반 중동에서는 이란을 필두로 기존 왕정을 타파하고 공화국을 세우려는 혁명 세력이 활발해지면서 중동 각국 왕가를 위협했다. 중동 산유국 중에서도 특히 산유량이 많은 사우디는 국내 혁명 세력뿐 아니라 이란, 이라크, 이스라엘, 소련 등 여러 적대국의 위협도 함께 받는 처지였다. 미국은 사우디가 원유 거래를 달러로만 결제하고 미국 국채와 무기를 사준다면 사우디에 군사 지원을 제공해 왕가와 정유 시설을 보호해주겠다고 제의해 약속을 받아냈다. 이어 1975년에는 다른 OPEC 회원국 모두와도 사우디와 같은 조건으로 안전보장 협약을 맺었다.

원유를 팔아 얻는 달러를 페트로달러(petrodollar, oil money, oil dollar), 원유 대금을 달러로만 결제하는 시스템을 페트로달러 시스템이라 부른다. 미국이 중동에 구축한 페트로달러 시스템은 1970년대 중반 이후 OPEC을 넘어 세계로 확산됐고, 원유 수입국을 중심으로 강력한 달러 비축 수요를 낳았다. 달러 비축 수요가 달러 신용을 지지하면서 달러는 닉슨 쇼크로 추락했던 신용을 회복하고 새 국제 환율 체제에서도 기축통화 지위를 누릴 수 있게 됐다.

원유 수요를 기반으로 기축통화 지위를 확보한 만큼 미국은 페트로달러 시스템 유지에 각별히 힘쓴다. 첫째, 산유국이 밀집한 중동에 정치·경제적 이유로 분쟁이 생길 때마다 긴밀히 개입하고 조정한다. 둘째, 과거 이라크·이란·베네수엘라·리비아가 그랬듯이 '원유 대금을 달러로 결제하지 않겠다'고 선언하거나 실행하는 산유국이 나오면 강력한 군사·경제 제재(sanction)로 보복한다. 실례로 이라크 대통령 후세인은 2000년 원유 대금을 달러로 결제하지 않겠다고 선언하고 유로화 결제를 감행했다가, 2003년 이라크를 침공한 미군에 체포됐고 2006년 미국에서 재판을 거쳐 사형당했다. 2003년에 미군이 이라크를 점령하고 세운 이라크 과도 정부는 원유 대금 결제 통화를 유로에서 달러로 되돌려놓았다.

외환 시세표, 어떻게 읽나

시중은행이 고시한 환율표(외환 시세표)를 읽어보자.

보기 시세표는 자국 통화 표시 방식을 썼다. 1달러에 1372원, 1유로에 1490.67원…처럼 외화 1단위를 원화로 바꾸려면 얼마가 드는지 나타내는 식으로 환율을 나열했다. 단 엔화는 다른 통화와 달리 100엔이 1단위다. 따라서 100엔당 878.64원 식으로 읽어야 한다.

통화마다 통화 발행국을 표시하고 통화명(통화 코드)은 USD, JPY, EUR…처럼 영문 약칭으로 표시했다. 중국 위안화(CNY) 환율은 2014년 3월 4일 이후 홍콩 시장에서 거래되는 시세다.

보기 표는 통화마다 현찰 거래와 송금을 구분해서 외환 시세를 표시하고 관련 지표도 함께 붙였다. 어떻게 읽으면 되는지 하나씩 자세히 살펴보자.

△ 현찰 – 파실 때, 사실 때

고객(소비자)이 은행 창구에서 외화 현찰을 살 때와 팔 때 적용하는 환율이다.

고객 입장에서 은행과 외화 거래를 할 때는 늘 비싸게 사고 싸게 팔아야 한다. 보기 시세표대로 현찰 거래를 한다면, 미화 1달러를 살 때 은행에 1396.01원(1396원 1전)을 내야 한다. 팔 때는 1347.99원밖에 못 받는다.

외환 시세표

기준일시(회차) 2024.06.05 23:59:06 (208회차)

구분	통화 표시	매매 기준율	송금		현찰				대미 환산율
			받으실 때	보내실 때	파실 때	파실 때 스프레드	사실 때	사실 때 스프레드	
미국 달러	USD	1,372.00	1,358.90	1,385.10	1,347.99	1.75	1,396.01	1.75	1.0000
일본 100엔	JPY	878.64	870.21	887.07	863.27	1.75	894.01	1.75	0.6404
유럽 유로	EUR	1,490.67	1,476.07	1,505.27	1,461.16	1.98	1,520.18	1.98	1.0865
영국 파운드	GBP	1,753.27	1,736.09	1,770.45	1,718.56	1.98	1,787.98	1.98	1.2779
중국 위안	CNY	188.96	187.08	190.84	179.52	5.00	198.40	5.00	0.1377

자료: 신한은행

△ 스프레드(spread)와 매매기준율

현찰 거래 환율에 함께 표시된 '스프레드'는 보기 시세표의 또 다른 항목인 '매매기준율'에 따라 은행이 설정한 현찰 수수료율이다. 스프레드율이라고도 한다.

은행의 외환 거래는 크게 둘로 나뉜다. 하나는 은행 간 (시장) 거래, 곧 국내외 은행끼리 주고받는 외환 거래, 다른 하나는 대고객 거래(은행과 일반 고객 간 거래)다. 각 은행은 은행 간 거래에서 형성되는 환율(은행 간 시장 환율)의 평균치를 매매기준율로 삼고, 고객이 외화 현찰을 거래할 때마다 매매기준율의 일정 비율로 스프레드(현찰 수수료율)를 산출해 현찰 수수료를 매긴다.

현찰 수수료는 은행이 외화 현찰 거래 서비스를 제공하는 대가로 고객에게 요구하는 수수료다. 외화 환전 거래를 위해 은행이 들이는 외화 수출입 비용(항공료, 보험료, 수출입 거래 상대 은행에 지급하는 비용 등), 국내 외화 현금 수송비, 외화 보유 비용 등이 반영된다. 외화마다 드는 비용이 다르기 때문에 통화별 현찰 수수료율에도 차이가 있다.

고객이 은행과 외화 현찰을 거래할 때 스프레드가 붙으면 환율이 어떻게 적용될까?

가령 미 달러 매매기준율이 달러당 1000원이고, 은행이 매매기준율의 1%를 대고객 스프레드(현찰 수수료율)로 정해 고시한다 치자. 이후 고객이 달러 현찰을 거래할 때는 스프레드 1%를 적용해 1000원의 1%, 곧 달러당 10원씩 현찰 수수료를 매긴다.

보기 표에서 확인해보자. 미 달러 매매기준율(1372.00원)에 '현찰-사실 때 스프레드' 1.75%를 곱하면 24.01원이 된다. 이 금액을 매매기준율에 더하면 1396.01원. 바로 '현찰-사실 때'의 거래 환율이 된다. 이처럼 고객이 달러 현찰을 살 때는 매매기준율에 스프레드를 더한 환율이 적용된다. 수식으로 나타내면 [매매기준율+(매매기준율×통화별 스프레드)]다.

고객이 달러 현찰을 팔 때는 반대로 매매기준율에서 스프레드를 뺀 환율을 적용한다. 달러 매매기준율(1372.00원)에 '현찰-파실 때 스프레드' 1.75%를 곱한 결과(24.01원)를 매매기준율에서 빼면 1347.99원. 곧 '현찰-파실 때'의 거래 환율이 된다. 수식으로 나타내면 [매매기준율-(매매기준율×통화별 스프레드)]다.

△ 송금-받으실 때, 보내실 때

고객이 은행에서 원화를 외화로 바꿔 해외로 보내거나, 해외로부터 송금받은 외화를 원화로 바꿀 때 적용하는 환율이다. 송금 환율 역시 외환을 보낼 때와 받을 때가 다르다.

외화를 해외로 보낼 때는 먼저 은행에서 외화를 사야 한다. 은행은 외환 창구에서 외화 송금을 청하는 고객에게 외화를 팔지만, 현찰을 내주지는 않고 해당 액수의 외화를 전신(電信, wire)으로 송금해준다. 이때 '송금-보내실 때' 환율을 적용하는데, 은행이 고객에게 외화를 파는 거래인 만큼 '송금-받으실 때'보다 높은 환율을 적용한다.

고객이 해외로부터 송금받은 외화를 원화로 환전해 받고자 할 때는 '송금-받으실 때' 환율을 적용한다. 이때는 고객이 해외로부터 송금받는 외화를 은행이 사들인 다음 원화로 바꿔 내주는 거래이므로 '송금-보내실 때'보다 낮은 환율을 적용한다.

보기 시세표에서 확인해보자. '송금-보내실 때' 환율은 미화 1달러당 1385.10원, '송금-받으실 때' 환율은 1358.90원이다. 보낼 때 환율이 받을 때보다 높다.

현찰 거래 때든 송금 때든 은행이 외환을 거래할 때는 늘 소비자를 상대로 파는 환율(매도 환율)을 사는 환율(매입 환율)보다 높게 적용한다. 싸게 사고 비싸게 팔아 거래 차익을 얻는다.

소비자 입장에서는 송금 환율과 현찰 거래 환율 중 어느 쪽이 더 유리할까?

살 때나 팔 때나 송금 환율이 현찰 거래 환율보다 유리하다. 송금하면 현찰 거래 때보다 외화를 싸게 사고 비싸게 팔 수 있다.

보기 시세표에서 확인해보자.

달러 현찰을 살 때는 달러당 1396.01원을 내야 한다. 하지만 달러를 사서 송금 보낼 때는 1385.10원에 달러를 살 수 있다. 달러 현찰을 팔 때는 달러당 1347.99원을 받지만, 송금받은 달러를 원화로 환전해 받을 때는 1358.90원을 받는다.

보통 은행이 환전에 적용하는 환율은 소비자가 현찰을 살 때>송금

보낼 때>매매기준율>송금 받을 때>현찰을 팔 때 순으로 높다.

△ 대미환산율

외화 1단위와 바꿀 수 있는 원화 액수(매매기준율)를 미 달러로 환산한 수치다.

보기 시세표에 따르면 2024년 6월 5일 현재 매매기준율로 100엔과 바꿀 수 있는 원화 878.64원을 달러로 환산한 값, 곧 엔화의 대미환산율은 0.6404달러다. 100엔과 878.64원이 미화로는 0.6404달러와 같은 시세라는 뜻이다.

△ 유럽 유로 EUR

통화 코드 EUR로 표시한 유로(euro)는 유럽 지역 통화 공동체인 유로존(Eurozon) 가맹국이 함께 쓰는 통화다.

2024년 6월 현재 EU 27개 회원국 중 유로를 공식 통화로 쓰는 유로존 가맹국은 20개국이다. 창설 멤버 11개국(독일, 프랑스, 이탈리아, 스페인, 네덜란드, 벨기에, 오스트리아, 포르투갈, 핀란드, 아일랜드, 룩셈부르크)과 나중에 가맹한 그리스, 슬로베니아, 몰타, 사이프러스(키프로스), 슬로바키아, 에스토니아, 라트비아, 리투아니아, 그리고 2023년 1월부터 유로를 쓰기 시작한 크로아티아 등 9개국이다.

EU 회원국 중 덴마크, 스웨덴, 폴란드, 헝가리, 체코, 루마니아, 불가리아 등 7개국은 유로존이 아니다. 유럽 지역 국가 중 2020년 브렉시트(Brexit=Britain+exit)를 실현해 EU에서 탈퇴한 영국을 비롯해 스위스, 노르웨이, 아이슬란드, 리히텐슈타인, 우크라이나 등은 EU 회원도 유로존도 아니다. 바티칸시국(Vatican市國)은 EU에 가입하지 않은 채 유로를 쓴다.

'원 저' 때는 왜 수출이 잘되나

원화는 달러 대비 환율이 오르면 시세가 내린다. 곧 '원 저(低)'가 되는 것인데, 원 저 때는 우리 기업의 수출이 유리해진다.

달러-원 환율이 달러당 1300원이라고 하자. 기업이 1200원을 들여 상품을 만들고 1달러에 수출한 뒤 대금을 받아 환전하면 1300원을 손에 쥐므로 100원이 남는다. 그런데 환율이 달러당 1400원으로 오른다고 하자. 그럼 수출 대금 1달러를 환전하면 1400원이 들어오고, 비용 1200원을 빼면 200원이 남는다. 원 시세가 낮아진 결과 같은 비용을 들여도 수출로 얻는 이익이 커진다.

원화 시세가 낮아지면 내국 수출업체는 기존 이익 수준이나 상품 품질을 낮추지 않고도 수출 상품 판매가를 내릴 수 있다. 전에는 1달러에 수출하던 것을 90센트 정도에 팔 수 있다는 말이다.

품질이 나빠지지 않는데도 판매가를 낮춘다면 상품의 가격 경쟁력이 높아진다. 다른 변수가 없다면 전보다 더 많이 팔 수 있다. 기왕에 거래하던 수입판매업자에게는 전보다 더 유리한 조건으로 팔 수 있다. 다른 상품을 주로 사던 수입판매업자까지 새 거래처로 만들 수도 있다. 결과적으로 거래처를 늘리고 시장점유율을 높일 수 있다. 시장점유율은 한 번 키워놓으면 쉽사리 줄지 않으므로 더욱 수출이 유리해진다.

우리나라는 전통적으로 수출에 경제성장을 크게 의지해왔다. 수출에 성장을 의지하는 나라는 수출이 잘되면 쉽사리 경제성장률이 오른다. 수출 증가가 내수(內需), 곧 국내수요를 자극해 경기를 확대시키기도 한다. 단 내수 침체가 심하거나 수출 증가세가 내수를 자극할 만큼 강력하지 못할 때는 수출이 늘어도 내수 부진이 지속될 수 있다.

달러-원 환율 오르면 왜 물가도 오르나

달러-원 환율이 오르면 대개 물가도 오른다. 왜 그럴까?

원화 시세가 하락하는 만큼 수입 상품 가격이 오르기 때문이다.

원화 시세가 떨어지면 수입업자가 달러 표시 상품(달러로 가격을 표시한 상품)을 수입하고 달러로 대금을 치를 때 전보다 더 많은 원화가 든다. 제조업체도 마찬가지. 원자재를 수입해서 완제품을 만들어 파는 업체는 달러 표시 원자재 대금 지불에 전보다 더 많은 원화를 치러야 한다.

수입업자든 제조업자든 원자재 가격을 전보다 더 치르면서도 기존 이익 수준을 유지하려면 어떻게 해야 할까?

단기 대책으로는 원 시세 하락으로 늘어난 생산 비용이나 판매 비용을 제품이나 상품 판매가에 떠넘기는 수밖에 없다. 그럼 제품 가격이 오른다. 원화 시세가 내리면 이런 식으로 제품 가격이 하나둘 오르고, 다른 상품 가격도 꼬리를 물고 오른다. 나중에는 시장 전반에 걸쳐 판매가 오름세가 확산되면서 물가가 뛴다.

낮은 원화 시세, 곧 '원 저' 때문에 수입품 판매가와 물가가 오르는 효과는 완제품과 원자재를 가리지 않는다. 특히 우리나라처럼 수출용 완제품의 원자재와 부품을 수입에 크게 의지하는 경우에는 수입가격 상승이 곧바로 물가 상승을 부른다.

물가가 오르면 서민 생활이 뒷걸음질할 수밖에 없다. 기업에서는 경

환율 오름세가 물가 올리는 과정

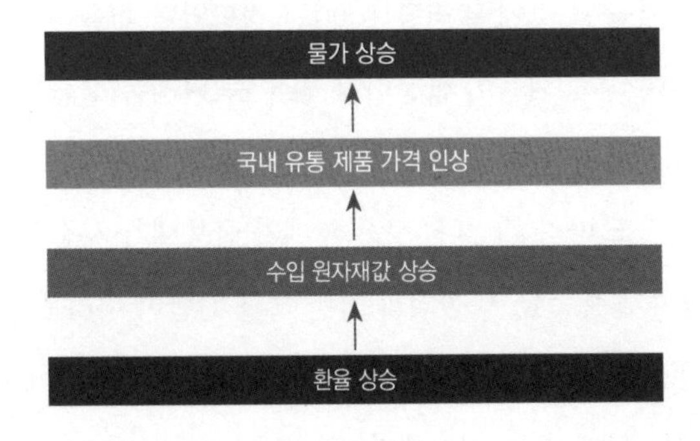

력자를 중심으로 임금 인상 요구가 커지고, 임금을 올려줘야 제대로 일할 경력자를 구할 수 있게 되므로 인건비 부담이 늘어난다. 그 결과 생산비가 오르고, 기업이 생산비 상승분을 제품 판매가 인상으로 전가하면서 물가 오름세를 더 자극한다. 물가가 뛰면 사람들 경제생활에서 여유가 없어진다.

실례로 2022년 우리 경제에는 '달러-원 환율 급등(원 시세 하락)→물가 급등' 현상이 나타났다. 2021년 1월 환율은 달러당 1100원 수준이었는데, 이후 미국이 인플레이션 대응을 위해 금리를 계속 올리면서 2022년 9월 하순에는 1400원을 넘을 정도로 치솟았고, 그 바람에 국내 물가가 급등했다.

2022년 이전에 '달러-원 환율 급등→물가 급등' 현상이 나타난 시기로는 2008년 하반기 미국발 글로벌 금융위기가 일어난 직후를 들 수 있다. 당시 미국 금융시장에서는 거대 금융회사가 부동산발 투자 실패와 빚에 몰려 잇달아 쓰러지면서, 금융회사와 투자자가 급거 국내외에 산재한 달러 채권(債權)을 회수하려는 움직임이 나타났다. 이로 인해 세계 각지에 투자됐던 달러가 대거 미국으로 쏠렸고, 우리나라에서도 달러가 급격히 유출된 탓에 달러당 1000원 정도였던 환율이 단 몇 달 새 1500원을 넘어섰다. 환율이 급등하자 원유 등 완제품 생산에 필요한 원자재 전반의 수입가가 급등했다. 수입 원자재 등으로 제조하는 완제품의 국내 판매가도 따라 뛰었다. 상품 판매가 급등세가 시장 전반으로 확산되면서 물가가 폭등했고, 산업과 국민 생활 전반이 어려움을 겪었다.

미국발 글로벌 금융위기로부터 10년쯤 전인 1997년 말에서 1998년 외환위기 때는 사태가 더 심각했다. 달러당 900원 정도였던 환율이 순식간에 1800원을 넘을 정도로 뛰면서 수입 상품과 국내 상품 판매가를 밀어 올리고 물가를 폭등시킨 탓에 국민경제가 휘청거렸다.

'원 저'가 수입물가를 밀어 올린다면 수입을 줄이면 되지 않을까?

사치품이야 소비를 줄이면 그만이지만, 원유 같은 기초 원자재는 비싸졌다고 수입을 중단할 수도 없다. 우리나라는 특히 원유를 전량 수입해 생산과 소비에 매우 광범위하게 쓰기 때문이다.

원유는 산유국에서 들여다 정제(곧 정유精油, oil refining) 과정을 거쳐 휘발유, 나프타, 등유, 경유, 중유, 아스팔트, 윤활유, LPG 같은 상품(유제품)으로 만들어야 산업과 생활에 쓸 수 있다. 우리나라에서 이 일로 돈 버는 기업은 SK에너지, GS칼텍스, S-OIL, HD현대오일뱅크 같은 정유회사인데, 연간 원유 수입 대금으로 수십억 달러를 치른다. 대금 결제를 위해 하루에도 수천만 달러가 필요하고, 환율이 달러당 1원만 올라도 수천만 원씩 대금 지출이 늘어난다. 그러므로 '원 저' 때는 정유 가격 인상이 불가피하다. 정유 가격이 오르면 휘발유를 비롯해서 각종 석유제품 판매가가 뛴다. 석유제품은 산업과 생활 전반에 걸쳐 광범위하게 쓰이므로 물가를 밀어 올리기 십상이다.

'원 저' 때는 수출이 유리해지므로 수출이 수입을 늘리는 효과가 생기면서 수입품 판매가가 오르는 탓에 물가 상승세가 가중되기도 한다. '원 저'로 수출이 유리해지면 수출기업은 이윤 증대를 위해 생산 늘리기에 나서게 마련이다. 그럴수록 생산에 필요한 원자재와 중간재가 더 드는데, 수입해야 하는 원자재와 중간재 물량이 많으면 수입물가가 더 뛸 수 있다. 우리 수출기업은 평소 원자재와 중간재를 많이 수입하므로 '원 저' 때면 가뜩이나 오름세인 물가가 더 빨리 오른다.

물가가 오르더라도 수출을 많이 하는 대기업은 수출을 늘려 돈을 더 벌 수 있다. 또 '원 저'로 수입물가가 오르면 수입품은 수요와 판매가 부진해져도 국산품 수요는 늘어나서, 상품 생산과 판매를 늘리는 내수기업도 생긴다. 하지만 수입가 오름세로 물가가 뛰면 국내 상품 전반의 소비와 판매가 줄어들기 때문에 경기가 가라앉을 수 있고, 그럼 내수용 국산품도 판매가 부진해진다. 내수 경기가 가라앉으면 수출과 별 관련 없는 기업, 국내시장만 주로 상대하는 중소기업이나 자영업체는 상대적으로 국내 물가 상승에 따른 사업 손실이 커진다.

물가 오르면 왜 환율도 따라 뛸까

기사독해

한은 "국제 원자재값 급등이 원화 약세폭 키워"

미국 연방준비제도(Fed · 연준)의 통화정책 정상화 추진으로 강달러 현상이 일어나는 가운데 지난해 우리나라 원화가 유독 약세 흐름을 보인 것으로 나타났다. 해외 원자재 의존도가 높은 우리나라의 경제 특성상 국제 원자재 가격 상승이 경제 여건 전반에 악영향을 주면서 원화 가치를 끌어내렸다는 분석이다. … 18일 한국은행 경제연구원이 발표한 '최근 원화 약세 원인 분석' 보고서에 따르면 지난해 우리나라 원·달러 환율 상승률은 8.2%로 주요 6개국 통화 대비 달러 가치를 보여주는 달러 인덱스(6.3%)나 신흥국의 대미 환율(2.7%)보다 높게 나타났다. 외화 자금 수급 상황과 경제의 기초 체력이 양호한 상태에도 원화가 유독 약세를 보인 것이다.

서울경제
2022.1.18

환율과 물가는 서로 영향을 주고받는다. 환율 변동이 물가를 움직이지만, 반대로 물가가 환율을 움직이는 메커니즘도 작동한다.

가령 물가가 뛰면 소비가 위축되면서 경기가 나빠질 수 있다. 경기가 나빠지는 나라에서는 외국인 투자가 빠져나가거나 새로운 투자가 들어오지 않는 현상이 생기기 쉽다. 그런 나라가 발행한 통화는 외환시장에서 수요가 위축되므로 시세가 하락한다. 물가 상승이 통화 시세를 떨어뜨리는(곧 외화 대비 환율을 올리는) 효과를 낼 수 있는 셈이다.

환율을 움직이는 국내 물가 상승세는 수입물가 상승세로부터 촉발될 수 있다. 실례로 2021년 우리나라에서는 국제 원자재 가격 급등에 따라 수입물가가 뛰면서 원화 시세가 내리는 현상, 곧 달러-원 환율이 오르는 현상이 나타났다. 그런데 보기 기사가 전하듯, 당시 원화 시세는 국제 원자재가 급등을 감안하더라도 다른 통화에 비해 유독 약세였다. 한은이 분석해보니, 연간 달러-원 환율이 다른 여러 나라의 달러 대비 환율에 비해 유난히 높은 상승률을 보였다는 것이다. 왜 그랬을까?

기사에서 전한 답은 '해외 원자재 의존도가 높은 우리 경제 특성상 국제 원자재 가격 상승이 경제 여건 전반에 악영향을 주면서 원화 가치를 끌어내렸다'는 것이다. 풀이하면, 우리나라는 다른 나라에 비해 해외 원자재 의존도가 유난히 높은데, 그렇다 보니 수입물가 상승세가 국내 경기를 위축시키면서 원화 시세를 끌어내리는 효과가 상대적으로 크게 나타났다는 것. 경제의 해외 원자재 의존도가 유난히 높아서 원화 약세가 두드러졌다는 뜻이다.

우리나라는 2021년 9억 6015만 배럴에 달하는 원유를 사들인, 세계 5위 원유 수입국이다(한국석유공사 페트로넷). 사실상 에너지 수요 전량을 수입에 의존하고 있다. 우리나라처럼 에너지 등 원자재를 수입에 많이 의존하는 경제는 그렇지 않은 경제에 비해 국제 원자재가가 뛸 때 상대적으로 경기에 타격을 크게 입기 쉽다.

원자재가 상승이 경기에 타격을 입히는 경로는 이렇다. 먼저 수입 원자재 의존도가 높은 경제 환경에서 원자재 가격이 뛴다 → 그럼 곧바로 기업의 생산비 부담이 커진다 → 기업이 생산비 부담을 판매가로 전가하면 → 국내외 소비자의 구매 비용 부담이 커지므로 수출과 소비가 위

달러인덱스

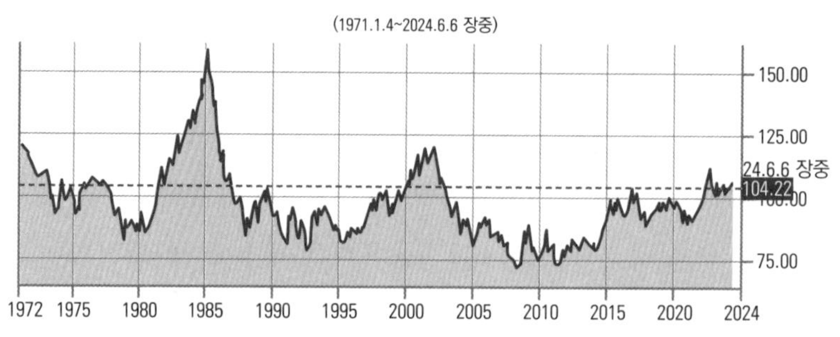

자료: Investing.com

축된다 → 수출 부진과 소비 위축은 외화벌이와 기업 이익 감소, 투자 부진을 동반하며 경기 하강으로 이어진다. 이런 식으로 경기가 당장 나빠지지는 않더라도 장차 경기가 나빠지리라고 전망되는 나라에서는 투자자가 발길을 돌린다. 자산시장에 투자했던 외국인은 주식과 채권을 팔아서 달러로 바꿔 들고 떠나고, 새로운 투자자는 들어오지 않는다. 그럼 해당국 통화는 글로벌 외환시장에서 수요가 위축되고 시세가 하락하게 마련이다. 대략 이런 이치로 2021년 원화는 유독 수요 위축과 시세 하락을 겪어야 했다.

보기 기사에서는 한국은행이 분석한 연간 달러-원 환율이 달러인덱스 국가나 신흥국의 달러 대비 환율에 비해 높은 상승률을 보였다고 전한다. 달러인덱스 국가는 유럽, 일본, 영국, 캐나다, 스위스, 스웨덴을 말한다.

달러인덱스(U.S. Dollar Index, USDX, DXY, DX, 달러지수)는 미국과 교역하는 주요 6개국 통화(유로, 엔, 파운드, 캐나다 달러, 스위스 프랑, 스웨덴 크로나)의 시세를 종합한 값에 대비해 미 달러 시세를 지수로 만든 것이다. 지수 작성 대상 통화마다 대미 교역 규모별 가중치를 두어 시세를 종합하고, 1973년 3월 시세를 기준값(100)으로 삼는다. 미 달러는 세계 각국 통화와 거래를 많이 하는데 통화별 대(對)달러 환율이 제각기 다르다 보니 시세를 종합적으로 파악하기 힘들다는 데서 고안됐다.

달러인덱스는 대미 교역 상대국 통화 시세를 한 바스켓(basket)에 담아 미 달러 시세와 비교해볼 수 있게 하므로, 미 달러 시세를 직관적으로 파악하는 데 도움이 된다. 가령 달러인덱스가 80.0이면 6개국 통화 시세 종합치(바스켓 시세) 대비 달러 시세가 기준값보다 20% 떨어졌다는 것이고, 110.0이면 기준값보다 10% 올랐다는 뜻이다. 미국에 본사를 둔 대형 상업거래소 ICE(대륙간거래소)가 지수를 작성해 발표하고 있다.

'원 저' 때 수출 안 되면 왜 그럴까

달러-원 환율이 높은 수준일 때, 즉 '원 저' 때 우리 기업은 수출 여건이 나아지는 게 정상이다. 그런데 '원 저' 상황에서도 수출 여건이 나아지지 않거나 되레 불리해질 때가 있다. 언제 그럴까?

'원 저'로 수입품 가격이 올라 물가가 뛸 때다.

'원 저'가 빠르게 진행되면 수입물가가 국내 물가를 자극해 물가 상승세가 가팔라질 수 있다. 같은 추세가 이어지다 보면 우리나라 물가상승률이 주요 교역 상대국 물가상승률보다 더 빨리 높아질 수 있다. 실제로 그렇게 되면 우리 수출업체가 주요 교역 상대국 수출업체보다 더 큰 생산비 부담을 지게 된다. 생산비 부담이 커지면 손익계산에서 남는 게 적어지므로, '원 저'로 수출 경쟁력이 오르는 효과를 볼 수 없다.

환율 상승의 속도와 폭이 계속 심화되면 아예 수출에 불리한 여건마저 조성될 수 있다. 국내 물가가 오르면 수입품 가격이 상대적으로 싸지므로 수입품 판매는 늘어나고 수출은 줄어 국가 차원의 외화벌이가 저조해질 수도 있다.

외화벌이가 잘 안 되는 나라에서는 역내 외환시장에서 외환 공급이 수요에 비해 부족해진다. 그럼 외환 시세가 오르고 자국 통화 시세는 떨어지므로 수입물가가 오르기 쉽다. 수입물가가 오르면서 물가가 뛰면 수출업체의 생산비 부담을 키워 수출 채산성을 악화시키고, 수출이 줄면서 외화벌이가 저조해지고, 외화벌이가 저조해지면서 자국 통화 시세가 더 낮아지는 악순환이 생길 수 있다.

'원 저'가 수입가격 상승을 불러 수출기업 채산성을 떨어뜨리는 현상은 수출의 해외의존도가 클수록 심하게 나타난다. 수출의 해외의존도란 수출을 위해 원자재와 중간재 등을 수입에 의존하는 정도다. 수출품 생산을 위해 원자재와 중간재를 많이 수입하는 나라일수록 상품 수출을 늘리면 수입도 늘어나므로, 수입물가가 오르면 수출 채산성이 떨어지기 쉽다.

우리나라에서는 제조업 중 정유, 식품, 제지, 철강 부문 등이 원자재를 해외에 의존하는 정도가 높다. 정유회사가 들여오는 원유는 100% 수입품이다. 제당회사나 사료 제조업체가 제품 생산에 쓰는 원당, 대두, 옥수수, 당밀도 주로 수입한다. 제지나 철강 부문에서는 원자재의 절반 이상을 수입한다. 우리나라 주력 수출 품목인 반도체도 핵심 부품은 일본과 미국에서 들여온다. 이처럼 원자재의 해외의존도가 높다 보

환율 상승이 지나치면 수출이 불리해진다

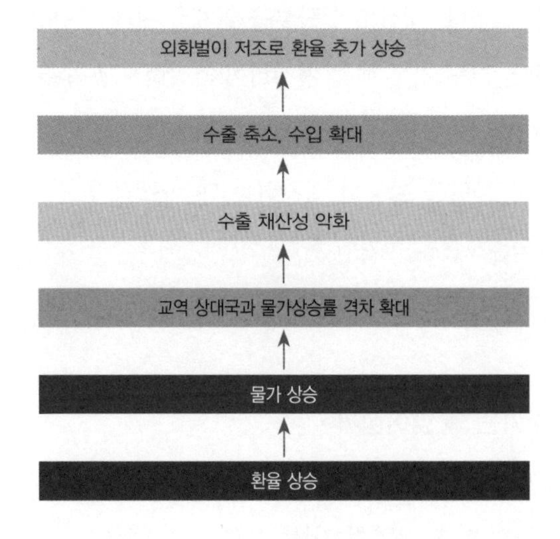

니, 우리 수출업체는 '원 저' 때 득실 계산이 간단치 않다. '원 저'로 수출품의 판매가 경쟁력은 높아지지만 원자재 수입 비용이 올라 제조원가와 생산비 부담이 높아지는 문제를 고려해야 한다.

수출기업 중에서도 부품 수입 비중이 높거나 국산화 비율이 낮은 품목을 주로 수출하는 경우는 '원 저'가 진행될 때 득보다 실이 커질 수 있다. 수출이 늘어 득 보는 것보다 수입 원자재가 인상에 따르는 부담이 더 커질 수 있기 때문이다.

수출하려면 수입을 많이 해야 하는 반도체 제조업체, 일부 전자제품 제조업체, 건설업체는 '원 저' 때면 대체로 수지를 맞추기가 어려워진다. 반면 제품 수출 비중이 높지만 원자재 수입 비중이 낮은 업종은 수출에 경쟁력이 붙는다. 자동차, 조선, 가전 등이 그렇다.

'원 저' 때 원자재 수입 비용이 올라 기업 채산성이 떨어지는 문제를 해결할 길은 없을까?

썩 신통한 게 없다. 생산비 인상분을 완제품 판매가 인상으로 떠넘기면 간단하지만, 그럴 경우 가격 경쟁력이 추락하므로 제품 판매량이 떨어진다. 원자재 수입의존도가 높더라도 단기적으로는 되도록 수입을 미루면서 재고 물량을 활용해 대처하는 게 바람직하다. 장기적으로는 원자재 해외의존도를 줄여가야 한다.

'원 저' 때 주가는 왜 떨어질까

달러-원 환율의 상승, 곧 '원 저'는 우리 수출기업이 수출가격 경쟁력을 올리고 실적을 키우는 데 호재라는 인식이 일반 상식이다. 수출이 늘면 국민경제에 판매, 생산, 고용이 확대되면서 경기가 좋아지고 주가도 오르기 쉽다.

그런데 '원 저'가 주가를 올리는 효과는 모든 기업에 일률적으로 적용되지 않는다. 앞서 설명한 대로 제품 수출 비중이 높고 원자재·중간재 수입 비중은 낮은 기업·업종에게나 '원 저'가 주가에 호재로 작용한다. 원자재·중간재 수입 비중이 높은 기업·업종은 '원 저'로 수입 비용 부담이 커지는 만큼 수출 채산성이 떨어지므로 주가 흐름이 부진해진다. 수출 비중이 낮거나 내수 시장에서 주로 활동하는 기업, 서비스업종 중 항공·여행·운수 기업 주가도 마찬가지. 국내 항공사의 경우 항공유와 비행기 리스료 등 부담이 큰 비용을 달러로 치르기 때문에 달러-원 환율 상승이 악재다. 달러-원 환율이 뛰면 내국인의 해외여행

수요도 위축되므로 여행 업종 주식 시세도 약세를 면치 못한다.

그뿐 아니다. 증시 전반에 걸쳐 '원 저'가 주가를 올리는 효과는 장기에나 기대할 수 있는 일이다. 단기적으로는 원 시세가 내릴 때 외국인이 주식을 대거 팔 수 있다. 증시에서 외국인의 영향력이 클 때는 외국인 매도 공세가 주가를 끌어내릴 수 있다. 장기적으로는 '원 저'가 주가를 끌어올린대도 외국인이 주식을 단기 매도하는 이유는 뭘까?

외국인은 원화가 약세일 때 환차손(exchange loss), 곧 환율 변동으로 인한 외화 자산 손실을 입기 때문이다.

외국인은 우리 증시에 외화 자금을 가져와 투자하고, 투자를 회수해 돌아갈 때는 외화로 득이 남기를 기대한다. 그런데 원화 시세가 떨어지면 한국 주식이나 채권을 팔아 회수한 투자금을 달러로 바꿨을 때 이익이 줄거나 손실까지 날 수 있다.

가령 환율이 달러당 1300원일 때 1달러를 원화로 바꾸고, 단가 1300원짜리 한국 기업 주식을 1주 산 뒤 주가가 1400원으로 오르자마자 팔았다 치자. 계산 편의상 수수료나 세금 등 다른 비용은 없다 치자. 이제 주식 판매 대금 1400원을 달러로 바꾸면 1달러보다 많은 액수를 손에 쥘 수 있다. 그러나 주식 매수 뒤 환율이 달러당 1300원에서 1400원으로 뛰면 얘기가 달라진다. 주가가 100원 올랐어도 주식 판매 대금 1400원을 환전하면 도로 1달러가 되므로 시세 차익이 없다. 심지어 환율이 달러당 1400원을 넘어서면 손실까지 봐야 한다. 이런 이치로, 한국 주식에 단기 투자하는 외국인은 '원 저' 때면 한국 주식을 사지 않거나 팔아치운다. 그만큼 외국인 투자가 줄어든다.

시장에서 매도세가 커지는 상품은 시세가 떨어지는 법이다. 외국인이 주식을 팔면 주가가 하락 압력을 받는다. 단 외국인 매도 공세가 주가를 흔드는 정도는 증시에서 외국인 비중이 얼마나 큰가에 달렸다. 증시에서 외국인 비중이 클수록 '원 저 → 외국인 주식 처분 → 단기 주가 하락' 현상이 쉽게 나타날 수 있다.

우리 주식시장의 외국인 비중은 평소 시가총액 기준 30% 안팎이어서 영향력이 큰 편이다. 2024년 8월 말 현재 외국인 비중은 상장주식 시가총액 기준으로 802.1조 원, 29.2% 수준이다(금융감독원, 〈2024년 8월 외국인 증권투자 동향〉).

'원 고' 때 주가는 어디로 가나

'원 저' 때 우리 주가가 떨어진다면 달러-원 환율이 내릴 때, 즉 '원 고' 때는 외국인 투자와 우리 주가가 어떻게 움직일까?

'원 저' 때와는 반대로 외국인 투자가 늘어 주가가 오르는 게 보통이다. 원화가 강세일 때는 외국인이 한국 주식을 팔아 회수한 투자금을 달러로 바꿔 환차익(exchange gain), 곧 환율 변동으로 인한 외화 자산 이익을 보기 쉽기 때문이다.

요컨대 원화 시세와 한국 증시의 주가는 같은 방향으로, 달러-원 환율과 주가는 반대로 움직이는 게 보통이다. 원화 시세가 오르면(달러-원 환율이 내리면) 우리 주가도 오르고, 원화 시세가 내리면(달러-원 환율이 오르면) 우리 주가도 내린다.

환율 변동이 외국인의 투자 방향을 바꿔 한국 주가를 변동시킨다면, 거꾸로 한국 주가가 변할 때 외국인 투자와 환율에는 어떤 변화가 생길까?

한국 주가가 내릴 때는 외국인도 한국 주식을 팔고 투자를 줄인다. 주식 판매 대금을 달러로 환전해 들고 나가려는(송금하려는) 움직임도 커진다. 그만큼 외환시장에서는 원화를 팔고 달러를 사려는 수요가 늘어나므로 달러-원 환율의 상승, 곧 원화 약세와 달러 강세를 부추기는 압력이 커진다.

한국 주가가 오를 때는 정반대다. 외국인 투자가 늘면서 한국 주식을 사려고 외화를 들여다 원화로 바꾸려는 움직임이 커진다. 그만큼 외환시장에서는 달러를 팔고 원화를 사려는 수요가 늘어나므로 달러-원 환율의 하락, 곧 원화 강세와 달러 약세를 부추기는 압력이 커진다.

경기 좋아지면 왜 통화 시세 오르나

통화 시세를 움직이는 기본 요인은 통화의 수급인데, 통화 수급 외에 경기변동도 중요한 요인이다. 대체로 경기가 좋아지는 나라에서는 그 나라가 발행한 통화의 대외 시세가 오른다. 어떤 경로로 그렇게 될까? 여러 가지가 있다. 우리나라를 예로 들어 살펴보자.

첫째, 수출 증가를 매개로 하는 경우.

우리나라에서 경기가 좋아지면 기업 생산이 늘어나면서 시장에서 공급이 수요를 넘어설 수 있다. 그 결과 국내에서 다 팔리지 못한 생산물이 수출로 돌려진다. 내국 수출업자가 외화로 수출 대금을 받고는 원화로 바꾸려는 금액, 즉 환전 물량이 늘면 외환시장에서 원화 수요가 많

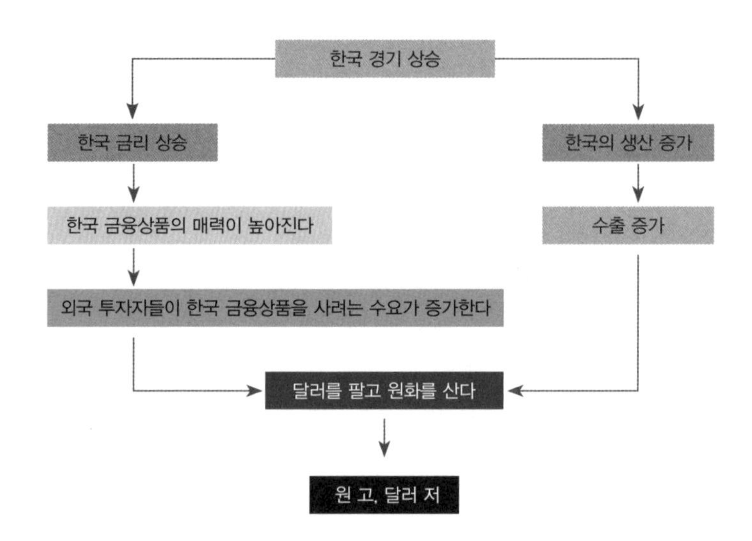

아지므로 원 시세가 오른다.

둘째, 외국인 투자를 매개로 하는 경우.

경기가 좋을 때는 외국인이 국내 기업과 합작해 현지법인이나 공장을 세우며 투자하는 일도 많아진다. 외국인이 국내 투자를 위해 외화 자본을 들여와서 원화로 환전하는 수요가 늘면 외환시장에서 원 시세가 오른다.

셋째, 금리를 매개로 하는 경우.

경기가 좋아지면 자금 수요가 늘면서 금리가 오른다. 금리가 오르면 금융상품의 수익성이 높아진다. 이런 이치로 우리나라 경기가 좋아지면 한국 시장에서 판매되는 금융상품으로 재테크를 하려는 외국인 단기 투자가 늘어난다. 외국인이 한국 금융상품을 사려면 외화를 원화로 바꿔야 하므로 외환시장에서 원화 수요가 늘고 원화가 강세를 띠게 된다.

국제 외환시장에는 주요 통화를 매매해 차익을 노리는 투자자가 많다. 통화 투자자는 통화 시세가 경기를 반영한다는 사실을 잘 안다. 때문에 어느 나라 경기가 좋아진다 싶으면 외환시장에서 일찌감치 그 나라 통화에 매수세가 붙곤 한다.

'원 고' 불황 이길 방법 있나

원화 시세가 높아지면, 즉 '원 고'가 되면 우리 기업은 수출이 불리해지는 게 보통이다. 가령 환율이 달러당 1300원 할 때 수출 대금 1달러를 환전하면 1300원을 얻지만, 환율이 달러당 1200원으로 내리면 환전해서 1200원밖에 손에 못 쥐므로 채산성이 나빠진다.

다만 늘 그러라는 법은 없다. 통화 시세가 높은 수준에 머무르는 상태가 웬만큼 오래가지 않는다면 대응할 방도가 있다.

예를 들면 수출가격을 올리지 않고 버티면 된다. 통화 시세가 오를 때 수출이 불리해지는 이유는, 기업이 통화 시세 상승분을 수출가격 인상으로 전가해 가격 경쟁력이 떨어지기 때문이다. 수출가격을 올리지 않는다면 가격 경쟁력이 떨어지지 않을 테니 시장점유율을 지켜낼 수 있을 것이다.

하지만 어떻게 판매가를 올리지 않고 버티나? 합리화를 하면 된다. 설비, 생산공정, 인력, 경영에서 경비를 줄이고 생산성을 높이면 된다.

수출 경쟁력은 상품 가격이나 통화 시세 같은 가격 요인뿐만 아니라 제품 품질이나 판매 후 서비스의 충실성 같은 비가격 요인에도 좌우된다. 그렇다면 판매가 인상이 불가피해서 수출이 부진해졌다고 가격 탓만 할 일이 아니다. 평소 생산기술 개발에 힘써 생산비를 낮추고 제품 품질관리를 철저히 해서 상품 품질을 높여놓는다면, 환율 변동으로 수출가격 인상이 불가피해지더라도 시장점유율이 유지될 가능성이 있다.

장기적으로는 해외 생산 비중을 늘릴 수 있다면 더 좋다. 해외에 공장을 짓고 현지에서 생산하고 판매하면 통화 시세 상승에 따른 피해를 입지 않기 때문이다. 실제로 자본력이 있는 대기업은 해외 각국으로 진출해 글로벌 경영을 펴면서 환시세 변동에 따르는 피해를 줄인다.

'엔 저'는 왜 우리 수출에 빨간불인가

환율은 수출품 판매가를 올리고 내리므로 교역에서 결정적 역할을 할 때가 많다. 환율 중에서도 기축통화인 미 달러 대비 환율이 특히 중요한데, 우리나라에는 달러-엔 환율도 중요하다. 달러-엔 환율이 변하면 엔-원 환율도 따라 변하면서 한·일 간 수출가격 경쟁력이 달라지기 때문이다.

이를테면 달러-원 환율에는 변화가 없는데 달러-엔 환율이 오르면 엔-원 환율이 떨어진다. 달러당 1300원 하던 달러-원 환율은 그대로인데 달러-엔 환율이 달러당 100엔에서 150엔으로 뛰었다고 해보자. 그럼 엔-원 환율은 13(=1300/100)에서 8.67(=1300/150)로 떨어진다. 엔 시세는 내리고 원 시세는 올라 '엔 저, 원 고'가 된다.

'엔 저, 원 고'가 되면 우리 기업이 제3국에 수출할 때 일본보다 불리

엔 - 원 환율 하락이 수출에 미치는 영향

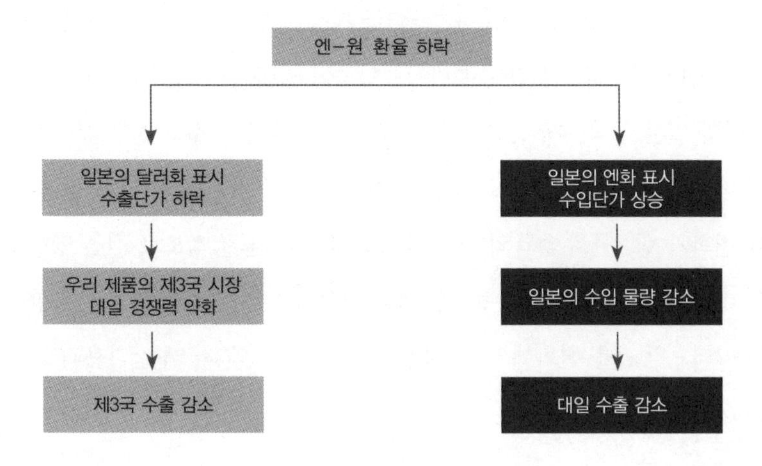

해진다. 달러 대비 시세가 떨어진 일제 수출품은 달러 표시 가격이 내리고, 엔화 대비 시세가 뛴 우리 수출품은 일제 수출품에 비해 가격이 오르기 때문이다. 우리 상품의 대일 수출에도 악영향이 온다. '엔 저' 환경에서는 일본으로 수입되는 외국산 상품의 엔화 표시 가격이 오르기 때문이다.

이번에는 반대로, 달러 - 원 환율에는 변화가 없는데 달러 - 엔 환율이 떨어진다고 해보자. 그럼 엔 - 원 환율이 오른다.

달러 - 원 환율이 달러당 1300원 그대로이고 달러 - 엔 환율만 달러당 150엔에서 100엔으로 떨어지면, 엔 - 원 환율은 8.67(=1300/150)에서 13(=1300/100)으로 오른다. 엔 시세는 오르고 원 시세는 떨어져 '엔 고, 원 저'가 된다. 그럼 일본 기업은 수출이 불리해지고 우리 기업은 제3국 수출시장이나 대일 수출에서 다 같이 유리해진다.

요컨대 '엔 고' 때는 우리나라 수출 전선에 파란불, '엔 저' 때는 빨간불이 켜지는 셈이다. 그렇다고 환율이 모든 걸 정하지는 않는다. 만약 우리나라와 일본이 서로 다른 제3국 시장에 수출한다면 엔-원 환율이 변하더라도 한·일 간 수출에 큰 영향이 없을 것이다. 하지만 우리나라와 일본은 석유제품, 자동차 부품, 선박, 기계 등 주요 산업 분야에서 세계시장을 놓고 수출 경쟁을 벌이는 라이벌이다. 달러-엔-원 환율 변화가 한·일 수출품의 가격 경쟁력 순위를 바꿀 정도로 직접 영향을 미친다. 환율 중에서도 엔-원 환율 변화가 우리 수출에 미치는 영향이 달러-원 환율 변화에 비해 훨씬 크다. 그래서 엔 저 때는 다음과 같은 기사를 볼 수 있다.

37년만의 '슈퍼 엔저'… 한국 차-석유 수출 경고등

최근 일본 엔화 가치가 37년여 만에 가장 낮은 수준으로 떨어지는 이른바 '슈퍼 엔저' 현상이 이어지면서 일본과 수출 경합도가 높은 한국 기업들에 비상이 걸렸다. … 한국경제연구원(한경연)의 2022년 연구에 따르면 엔화 가치가 1% 떨어질 때마다 한국 수출액 증가율은 0.61%포인트 감소하는 것으로 분석됐다. 두 나라 수출 구조의 유사성을 비교하는 지표인 수출 경합도는 한국과 일본이 69.2로 한국과 미국(68.5), 한국과 중국(56.0) 등 주요 국가보다 높다. 경합도 수치가 100에 가까울수록 경합하는 정도가 높다.

동아일보
2024.7.3.

2024년 '슈퍼 엔 저'는 어떻게 나타났나

달러-엔 환율은 2000년대 들어 대체로 달러당 100~120엔대였는데 2008년 미국발 글로벌 금융위기가 일어나자 달러와 함께 급락했다. 2012년에는 달러당 80엔대까지 떨어졌다. 일본 기업은 정부에 대책을 호소했고, 2012년 말 새로 총리가 된 아베 신조가 이른바 아베노믹스를 내걸고 통화량을 적극 늘려 엔 시세를 낮췄다. 이후 달러-엔 환율은 급반등해 2015년 120~125엔대까지 회복한 뒤 2021년 말까지 100~120엔 선에서 안정됐다. 그런데 2020년 초 발생한 코로나 사태가 1년 반이 지나 진정될 즈음 미국에서 인플레이션 조짐이 나타났다. 인플레이션 대응에 나선 연준은 2022년 들어 기준금리를 올리기 시작했고, 이어 달러의 초강세 국면이 전개됐다. 이때부터 달러-엔 환율은 급등세를 탔고 2024년 중반 150엔대까지 올랐다. 7월 1일(현지 시간) 뉴욕 외환시장

달러-엔 환율 추이

자료: Trading Economics

에서는 장중 환율이 달러당 161.72엔까지 치솟아 1986년 12월 이후 최고치를 찍었다. 엔화 시세로 보면, 37년여 만에 최저 수준으로 떨어진 셈이어서 미디어가 '슈퍼 엔 저'라고 불렀다.

'슈퍼 엔 저'가 나타난 이유는? 미-일 금리 격차 때문이다. 2024년 7월 초 미국과 일본의 기준금리 상단은 각각 5.5%, 0.1%였다. 10년물 국채 금리 수준도 미국 4.46%, 일본 1.05%로 차이가 컸다. 상대적으로 미국 채권 수익률이 높다 보니 글로벌 투자가 미국 자산시장으로 몰리면서 엔화 시세 하락을 부추겼다.

'엔 저'는 일본 기업에 수출을 늘릴 호기다. 하지만 원유 등 수입 원자재와 농산물, 제조기업 부품 등에 걸친 수입 상품 물가를 올리고, 이어 국내 물가를 올려 일본 국민의 실질소득과 구매력을 떨어뜨린다. 그래서 일부 일본인은 '슈퍼 엔 저'를 가리켜 일본을 '싸구려 나라'로 만드는 '나쁜 엔 저'라고 불렀다. 그런 사정을 전한 예가 다음 기사다.

기사독해

슈퍼엔저로 가난해진 일본인 "싸구려 나라 됐다"

역대급 엔저를 일컫는 '슈퍼엔저'가 장기간 유지되면서 일본 국민의 삶이 팍팍해지고 있다. 일본 엔화 가치가 떨어지면 수출 시장에서 자동차 철강 등 일본 기업들의 가격 경쟁력은 높아진 반면 수입품 가격 급등으로 임금이 물가 상승을 따라가지 못하면서 일본 국민들의 삶은 그만큼 가난해졌다.

국민일보
2024.6.11

일본 입장에서 '엔 저'를 개선하려면 무엇보다 일본은행이 기준금리를 올려 미-일 금리 격차를 줄일 필요가 있다. 그러나 일본은행이 기준금리를 올리기는 쉽지 않다.

첫째, 일본은 국가 부채를 너무 많이 지고 있다. 일본의 정부 부채는 국내총생산(GDP) 대비 250%에 이른다. 2024년 국채 이자 지급 예산만 9조 6000억 엔(약 82조 원)일 정도로 이자 부담이 크다. 금리가 오르면 정부가 지급해야 할 이자도 불어나므로 금리를 낮게 유지할 수밖에 없다.

둘째, 내수 부진도 문제다. 경제가 꾸준히 성장하는 나라에서는 물가가 오르면 근로자들이 임금 인상을 요구하고 임금이 오르면 소비가 늘어나면서 기업 매출이 늘고 고용이 확대되며 경제가 성장하는 선순환이 나타날 수 있다. 일본 정부와 일본은행도 '물가 상승 → 임금 인상 → 소비 증가 → 경제성장'으로 이어지는 '임금과 물가의 선순환'을 기대한다. 하지만 일본에서는 물가와 임금이 올라도 소비가 좀처럼 살아나지 않는다. 국민이 오랜 디플레이션을 겪은 나머지 미래 경제를 낙관하지 못해서다. 그런 상황에서 '엔 저'로 인한 물가 상승은 소비를 더욱 위축시킨다. 중앙은행 입장에서는 소비가 늘고 경제가 성장하면서 인플레이션이 나타난다는 조짐이라도 있어야 금리를 올릴 수 있다. 그렇지 못하면 금리를 올려 미-일 금리 격차를 줄이고 싶어도 뜻대로 할 수 없는 형편이다.

한국 경제에는 왜 '엔 고'가 함정인가

'엔 고' 때는 엔화에 비해 원화 시세가 싸지므로 우리 수출품의 가격 경쟁력이 일제품보다 높아진다. 우리 경제가 국제 교역으로 거두는 수익도 커지기 쉽다. 그런데 '엔 고' 때 우리 경제가 누리는 수익 증대는 우리가 만드는 게 아니다. 국산품 품질이 일제품보다 좋거나 제품 가격을 낮출 수 있는 신기술을 개발해서가 아니라 '엔 고' 덕이기 때문이다. 만약 국제경제 여건이 바뀌어 엔 시세가 내린다면 상황은 일변할 수 있다.

실례가 있다. 1980년대 중반 달러-엔 환율이 급락하면서 '엔 고'가 시작되어 1990년대 중반까지 이어졌다. 그사이 우리 수출기업은 '엔 고' 덕을 톡톡히 보다가, 엔 시세가 반락하면서 낭패를 봤다.

'엔 고'가 진행되던 당시 10년간 우리 기업은 수출을 크게 늘렸고, 우리 경제는 수출로 번 달러를 환전한 돈이 시중에 넘쳐나면서 부동산과 주식 등 자산 시세가 상승하는 호경기를 누렸다. 하지만 호황 이면에는 위험이 잠재했다. 대개의 기업이 수익성이 낮은 데다 빚을 너무 많이 져서 혹 불황이 닥친다면 기업뿐 아니라 국민경제가 충격을 받을 수 있었다. 언제든 '엔 고' 추세가 반전되면 시장 상황이 달라질 수 있으니 그나마 여유 있을 때 기업 재무구조를 개선해야 한다고 경고하는 전문가도 있었다. 하지만 기업도 정부도 듣지 않았다.

아니나 다를까, 엔 시세는 1995년 4월 사상 최고 수준인 달러당 79엔까지 오른 다음 하락세로 반전해 3년 내리 떨어졌다. 1995년 연평균 달러당 94엔이던 환율이 1998년에는 130엔도 넘어섰다.

'엔 저' 태풍이 불자 우리 수출은 단번에 기세가 꺾였다. 수출에 의지해 성장하던 경기도 일시에 불황으로 빠져들었다. 부동산, 주식 등 투자자산 시세도 일제히 폭락했다. 이어 1997년 말에는 대기업이 줄줄이 무너지면서 국민경제에 일대 위기가 왔다. 그제야 국내 여기저기서 '경제에 약(藥)이 되는 줄 알았던 엔 고가 지나 보니 독(毒)이더라'는 반성이 나왔다. 해외에서는 '엔 고가 한국 경제를 망친 요인'이라는 논평도 나왔다.

한국 경제가 잘되려면 기업이 수출 역량을 키워야 한다. '엔 고' 같은 환경 변수에 기대기보다 수출시장 개척과 제품 품질 개선, 기술 연구·개발에 힘쓰고 생산성 향상에 투자해 품질, 디자인, 기능 같은 비가격 부문에서 경쟁력을 키워야 한다. 비가격 경쟁력이 커질수록 환율이 수출가격에 미치는 영향력이 작아지므로 환율이 변해도 꾸준히 수출을 잘할 수 있다.

정부는 왜 외환시장에 개입하나

환율 1400원 돌파에 당국 '구두개입'… "쏠림 예의주시"

원/달러 환율이 장중 1400원을 1년5개월 만에 돌파하는 등 급등하자 외환당국이 공식 구두개입에 나섰다. 16일 외환당국은 오후 2시55분 "환율 움직임, 외환수급 등에 대해 각별한 경계감을 가지고 예의주시하고 있다"며 "지나친 외환시장 쏠림 현상은 우리 경제에 바람직하지 않다"고 밝혔다. 당국의 구두개입 영향으로 오후 3시 10분 현재 원/달러 환율은 상승폭을 줄이며 전일대비 9.40원 상승한 1393.40원에 거래되고 있다.

뉴스핌
2024.4.16

달러-원 환율이 단기 급등하자, 외환 당국(기획재정부)이 '구두개입' 했다고 전한 기사다. 달러-원 환율은 2024년 상반기 미 달러가 강세를 띠고 중동에서 이스라엘과 팔레스타인·이란 등이 충돌한 여파로 급등했다. 서울 외환시장에서 종가 기준으로 연초 1300.4원이던 것이 6월 3일 1376.1원으로 뛰었다. 4월 16일에는 보기 기사에서 전하듯 장중 1400원을 돌파하며 연중 최고치를 기록했다.

달러-원 환율이 종가 기준 1400원을 돌파한 것은 1997~1998년 외환위기, 2008~2009년 미국발 글로벌 금융위기, 2022년 9월 달러 급등기에 이어 역대 네 번째다. 2022년에는 미 연준이 인플레이션 대응에 나서 통화를 긴축하면서 달러 시세가 뛴 탓에, 5월에 1200원대였던 환율이 9월 22일 1400원대(종가)로 올라섰다. 당시엔 원화뿐 아니라 세계 주요국 통화의 대(對)달러 환율이 일제히 뛰어올랐다.

기사에 따르면, 달러-원 환율이 급등하자 외환 당국이 '구두개입'에 나섰고 그 영향으로 환율이 상승 폭을 줄였다. 당국의 구두개입이라는 게 뭘까?

정부 당국이 외환시장에서 투기하는 세력을 상대로, 환율 급등세에 편승한 투기 매매로 환율 상승세를 가속시키면 가만있지 않겠다고 경고하는 것이다.

달러 - 원 환율 추이

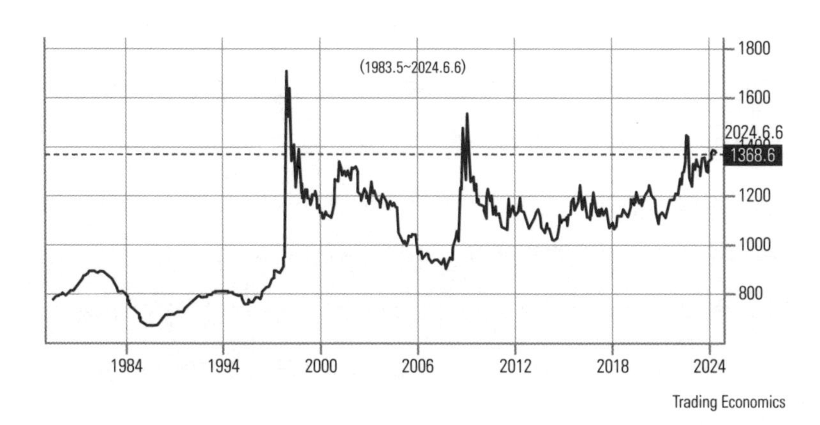

Trading Economics

외환시장에서는 흔히 환투기(換投機, exchange speculation)가 일어난다. 통화 역시 시시각각 시세가 움직이는 자산인 점에 착안해, 단기 시세 차익을 얻고자 통화를 매매하는 행위다. 넓게 보면 시세 차익을 노리는 외환 매매자 모두가 환투기 세력이다. 다만 시장에서는 주로 거액 자금을 동원한 투기적 외환 매매를 영업으로 하는 전문 매매업자를 가리켜 환투기 세력이라고 부른다.

환투기 세력은 글로벌 외환시장 도처에서 거액 자금을 동원해 투기를 벌인다. 시장에서 어떤 이유로 특정 통화의 시세 변동이 가파르게 진행될 때, 또는 대량 매매를 통해 쉽사리 시세를 움직일 수 있을 만한 통화가 포착될 때, 해당 통화를 대량 매매해 시세 변동을 증폭시키면서 단기에 시세 차익을 내고 빠져나간다. 주식시장에서 작전세력이 거액 매매로 시장을 흔들고 차익을 챙기는 행태와 비슷하다.

통화 시세는 늘 변하게 마련인데, 환투기가 끼어들면 시세 변동이 매우 심해져서 해당 통화 발행국이나 관련국의 경제를 불안하게 만든다.

외환시장과 금융시장, 물가, 수출입을 포함해 국민경제 전반에 혼란이 생길 수도 있다. 심하면 외환 부족 사태나 금융위기까지 일어날 수도 있다. 그래서 각국 정부는 평소 글로벌 외환시장을 주시하며 환투기가 발생하지 않는지 촉각을 세운다. 만약 자국 경제나 통화와 관계가 깊은 통화 시세 흐름에서 환투기 조짐이 보이면, 보기 기사에서 전하듯 정부 당국자가 나서서 구두로 대응 방침을 밝히거나 실제 행동으로 대응하곤 한다. 꼭 환투기가 아니더라도 어떤 이유로 주요 통화에 가수요가 생겨 시장이 불안해지거나, 자국 통화 시세가 급등해 무역에 영향을 미칠 우려가 있을 때도 마찬가지다. 이처럼 각국 정부가 자국이 중시하는 통화 시세가 불안해질 경우 시세를 안정시키려고 나서는 조치를 외환시장 개입이라 한다.

외환시장 개입에는 두 가지가 있다. 하나는 보기 기사에서 전한 구두개입, 다른 하나는 실개입(실제개입)이다. 구두개입이란 주로 투기 세력을 향해 '(정부가) 시장에 개입하겠다'고 언론을 통해 경고하는 것이다. 대개 구두개입을 먼저 하고, 효과가 없으면 실개입을 한다. 실개입은 정부가 직접 자금을 동원해 외환시장에서 자국 통화나 외화를 매매함으로써 시세 조정을 꾀하는 조치다. 보통 시장 개입이라 하면 구두개입보다는 실개입을 가리킬 때가 많다.

정부에서 외환시장 개입은 외환 당국이 맡는다. 외환 당국은 대개 정부 내 외환정책 담당 부처와 중앙은행으로 이뤄진다. 우리나라에서는 기획재정부가 외환정책 담당 부처이고, 기획재정부 장관이 경제부총리를 겸직한다. 그래서 경제부총리가 구두개입 발언을 할 때가 많다. 한국은행 총재도 흔히 구두개입 발언을 내놓는다.

정부 외환정책 부처가 외환시장에 실개입할 때는 흔히 채권 발행을 이용한다. 가령 달러-원 환율이 급락하면서 '원 고'가 빠르게 진행되면 우리 수출의 가격 경쟁력이 급락하므로 경제에 악영향이 생길 수 있다. 이때 우리 정부가 채권을 발행해서 달러를 대거 사들이면, 달러 수요가 커지면서 시세가 뛰고 원 시세는 떨어져 환율 급락세를 진정시킬 수 있다. 정부가 달러를 사기 위해 채권을 발행할 때는 주로 외화표시 채권을 쓴다.

중앙은행이 외환시장에 개입할 때는 중앙은행이 평소에 보유하는 외환보유액을 무기로 쓴다. 가령 외환시장에서 환투기로 원화 시세가 단기 급락한다 싶으면, 한국은행이 외환보유액 중 달러를 일부 꺼내 시장에 내다 팔고 원화를 사들여 원화의 급락세를 방어한다. 반대로 원화 시세가 폭등한다 싶으면, 원화를 팔고 달러를 사들여 원화 시세를 안정시킨다.

정부와 중앙은행 둘 다 외환시장에 개입하지만 중점을 두는 관심사는 조금 다르다. 정부는 국민경제가 순조롭게 성장하는 데 필요한 정책을 구사한다는 관점으로 외환시장에 대응한다. 중앙은행은 환율이 급변하는 상황을 줄여 자국 금융시장을 안정시키는 데 주된 목적을 둔다.

외환보유액은 얼마나 필요한가

환율 방어해야 하는데…실탄 외환보유액 '불안'

원·달러 환율이 연일 연고점을 갈아 치우면서 2009년 금융위기 수준까지 올라서자 외환당국의 고심이 커지고 있다. 외환당국이 환율 방어에 나서야 한다는 목소리가 커지고 있지만, 개입 강도를 높여 달러 매도 등 실개입에 나서게 되면 실탄인 외환보유액이 줄어들 수밖에 없기 때문이다.

뉴시스
2022.9.1

2022년 들어 달러-원 환율이 급등했다. 그러자 금융가에서는 외환 당국이 외환보유액을 동원해 시장에 개입해야 한다는 주장이 제기됐다. 외환시장에서 달러를 팔아 환율 급등세를 제어해야 한다는 것이었다. 하지만 그럴 경우 외환보유액이 줄어들 테니 섣불리 나설 일이 아니라는 반론도 함께 나왔다. 당시 상황을 전한 것이 보기 기사다.

외환보유액(foreign exchange reserve) 또는 외환보유고란 각국 중앙은행이 평소 쌓아두는 거액 외화 자금이다. 나라 경제에 비상사태가 생겨 내국 기업이나 금융회사가 외화 채무를 갚지 못할 때 정부가 대신 내주는 데 쓴다. 통화 시세가 불안할 때는 외환시장 개입용으로 쓸 수도 있다. 국민경제가 대외 거래에서 신용을 지키는 데 필요한 마지막 보루(last resort)인 셈이다.

주로 국가나 정부 단위로 얘기하는 경제 개념이지만, 우리 국민은 비교적 외환보유액 개념에 익숙하다. 외환 부족에 따른 국가적 경제위기를 겪었기 때문이다.

1997년 말 우리나라는 정부가 외국에 당장 갚아야 할 단기외채를 중앙은행마저 갚지 못할 정도로 외환이 부족한 사태, 곧 외환위기에 몰렸다. 중앙은행마저 외채를 갚지 못할 정도면 국가 전체가 국제 거래에 필요한 신용을 잃는다. 기업과 금융기관은 일제히 외국 채권자로부터 빚 독촉을 받게 된다. 외국인 투자자는 투자를 중단하거나 기피하고 기존 투자는 빼내 간다. 주가가 폭락하고 금융시장은 마비되며 기업이 줄줄이 쓰러져 대량 실업 사태가 발생하기 십상이다. 당시 우리나라도 대외 신용을 잃고 수출입 거래와 금융시장, 주식시장이 온통 마비되는 가운데 대량 실업이 발생하는 경제위기를 겪었다.

외환위기를 치르면서 우리 국민은 나라에 평소 보유 외환이 넉넉해야 한다는 것을 잘 알게 됐다. 정부도 외환위기 뒤에는 외환보유액 관리에 힘썼고, 한국은행도 달마다 외환보유액 수치를 발표하며 관리에 신경 썼다. 그 결과 우리나라 외환보유액은 1997년 말 204억 달러에서 2024년 4월 말 4133억 달러로 불어났다. 규모로 세계 9위다. 중국이 3조 2008억 달러로 1위, 일본(1조 2790억 달러)이 2위, 이어 스위스, 인도, 러시아, 대만, 사우디아라비아, 홍콩 순이다.

이 정도로 보유 외환을 늘렸으니, 이제는 우리나라에서 갑자기 외국자본이 유출되더라도 거뜬히 대응할 수 있을까?

이 물음에는 분명히 답하기 어렵다. 외환보유액이 국가신용을 지키는 보루 역할을 하려면 어느 정도 규모여야 하는지 확실한 기준이 없기 때문이다.

학계나 시장에서 주로 드는 기준은 BIS(국제결제은행)와 IMF의 권고다.

BIS는 적어도 최근 3개월 치 경상수입액(상품과 서비스를 수입하고 치른 금액)과 유동외채(상환 만기가 1년 이내인 단기외채+1년 내로 만기가 돌아오는 장기외채) 금액을 합한 정도는 있어야 한다고 권한다. 혹 수출 길이 막혀 외환을 벌지 못하게 되더라도 단기외채와 수입 대금 석 달분 정도는 치를 수 있어야 한다는 논리다.

IMF는 ① 연간 수출액의 5% ② 시중 통화량(M2 :요구불예금과 저축성 예금, 외화예금을 합해서 즉시 현금화가 가능한 통화량 지표)의 5% ③ 외국인의 증권과 기타투자 잔액의 15% ④ 유동외채의 30% 등 네 가지 항목을 합한 금액의 100~150% 수준을 적정한 외환보유액 규모로 본다.

IMF 기준으로 보면, 2021년 우리나라 외환보유액의 적정선은 4680억~7020억 달러였다. 실제 외환보유액은 4631억 2000만 달러(한은, 2021년 12월 말)로, IMF 기준 적정선(IMF assessing reserve adequacy, ARA) 하단의 98.96%에 해당한다. 2022년에는 97%였다. 거의 적정 수준을 보유한 셈이다.

하지만 이론상 적정액을 보유했다고 안전이 보장되는 것은 아니다. 어느 나라에서든 갑자기 외화가 빠져나가고 환율이 급등하면 외환보유액이 단숨에 쪼그라들 수 있기 때문이다. 특히 우리나라는 환율과 자본 유출입의 변동성이 비교적 높은 편이어서, 어느 날 갑자기 대규모로 외환이 유출될 가능성을 가볍게 볼 수 없다. 그러니 이론상 적정 보유액 기준을 넘어 외환보유액을 꾸준히 확충할 필요가 있다.

미 금리 오르는데 왜 홍콩 환율 제도가 흔들리나

**홍콩, 환율방어에 3개월 새 28조원 썼다…
페그제 우려 고조**

미국의 금리 인상을 앞두고 달러화에 대한 홍콩달러 페그제에 대한 우려가 커지고 있다고 닛케이 아시아가 26일 보도했다. 홍콩 금융당국은 홍콩달러의 가치 하락을 막고자 지난 몇 개월간 반복적으로 시장에 개입해 달러화(홍콩달러-저자 주)를 사들였다. 그러나 미 연방준비제도(Fed·연준)가 또다시 기준금리를 75bp 인상할 것으로 보이면서 홍콩이 페그제를 유지할 수 있는 능력이 있을지에 대한 의구심이 커지고 있다.

연합인포맥스
2022.7.27

연준이 금리를 올리자 홍콩의 환율 제도인 달러 페그제가 흔들린다고 전한 기사다. 미국 금리가 오르는데 왜 홍콩 환율 제도가 흔들리나?

기본적으로 홍콩이 운영하는 달러 페그제가 홍콩달러(HKD, HK$) 시세를 미 달러에 고정하는 제도이기 때문이다.

홍콩은 중앙은행이 없고 홍콩통화청(홍콩금융관리국, The Hong Kong Monetary Authority, HKMA)이 통화 당국 역할을 한다. 홍콩통화청은 평소 달러-홍콩달러(USD/HKD) 환율이 달러당 7.75~7.85홍콩달러 범위에서 움직이도록 관리하는 것을 임무로 삼고 있다. 만약 어떤 이유로 달러-홍콩달러 환율이 '페그(peg)'된 범위를 벗어날 움직임을 보이면 시장에 개입해 페그제를 지켜낸다. 보기 기사가 나온 2022년 중반에도 그런 일이 있었다.

2022년 들어서자 세계 각국에서 인플레이션이 고개를 들었다. 2020년 초부터 시작된 전염병 코로나 사태가 이어지는 동안 소비 부진으로 경기가 가라앉았다가, 코로나가 끝을 보이자 그간 억눌렸던 소비가 급증했기 때문이다. 게다가 러시아가 우크라이나를 침공하면서 자원 공급에 차질이 생기고 유가와 곡물가 등이 폭등하는 공급 충격도 발생했다. 수요 급증과 공급 충격, 게다가 코로나 기간 각국이 민간 부문을 지원하고자 대거 유동성을 푼 사정이 겹쳐 물가 상승세가 가팔라졌다.

인플레이션을 방치하면 경기가 급강하한다. 그 전에 통화 당국이 금리를 올리고 통화량을 조이는 긴축정책을 펴게 마련이다. 미 연준은 인플레이션 제어를 위해 기준금리를 올리고 나섰다. 미국 금리가 오르면 미 달러 시세는 오르지만 나머지 통화는 시세가 떨어진다. 홍콩달러도 달러 강세에 비례해 시세가 약해졌다.

홍콩달러 시세가 떨어지면 홍콩달러 투자자는 환차손을 봐야 한다. 투자자들은 앞다투어 홍콩달러를 미 달러로 환전했고, 홍콩달러 시세는 더 떨어졌다. 그대로 뒀다가는 시세 폭락이 우려됐고, 결국 통화 당국이 시장 개입에 나섰다. 기사에서 보듯 홍콩통화청은 미 달러 등으로 보유한 외환보유액을 동원해 석 달 동안 외환시장에서 약 1720억 홍콩달러를 사들여 시세를 떠받쳤다. 홍콩이 환율 방어에 쓴 금액으로는 1993년 이후 가장 큰 액수로, 한화로 약 28조 원어치다.

홍콩처럼 고정환율제를 쓰는 나라는 국제금융시장 변동성이 커져서 자국 통화 시세를 끌어내리는 압력이 커진 결과 자국 통화 시세가 통화 당국이 설정한 고정 환율 범위를 벗어날 것 같으면, 통화 당국이 외환

시장에서 자국 통화를 사들여 시세를 방어해야 한다. 그러자면 보유 외환이 충분해야 한다. 통화 당국이 자국 통화 시세 방어에 외환을 쓰다 보면 외환보유고가 급감할 수 있고, 외환이 고갈되면 고정환율제를 유지할 수 없게 된다. 기사에서 우려하듯, 미국이 계속 금리를 올리고 홍콩통화청이 홍콩달러 방어에 쓸 금융 여력, 곧 외환보유액이 고갈된다면 홍콩 페그제도 붕괴될 수밖에 없다. 홍콩 같은 국제금융 중심지의 통화 질서가 무너지면 홍콩은 물론 글로벌 금융과 경제가 타격을 입을 수밖에 없다.

그렇지만 홍콩의 달러 페그제가 지닌 체력이 그리 약하지 않다. 1983년 1월 개시된 홍콩 페그제는 그간 여러 차례 반복된 글로벌 금융위기와 환율 급변 사태에도 불구하고 꿋꿋이 유지돼왔다. 홍콩 페그제를 지탱하는 기반이 뭘까?

크게 세 가지가 있다.

첫째, 홍콩의 달러 페그제가 제공하는 자본 이동의 안정성이다.

홍콩은 무역과 물류(logistics)가 성장 동력인 소규모 개방경제(small open economy)다. 개방경제가 발전하려면 교역과 자본 이동이 활발해야 한다. 투자자가 자본을 언제든 신속하게, 안전하게, 쉽게 들여오고 내갈 수 있어야 한다. 그러자면 환율 안정이 긴요하다. 페그제를 쓰는 홍콩에서는 투자자가 미 달러와 홍콩달러를 언제든 고정 환율로 환손실 부담 없이 바꿀 수 있으니 자본 이동에 문제가 없다. 실제로 페그제를 기반으로 한 환율 안정은 홍콩이 불과 몇십 년 만에 국제금융과 무역의 허브(hub)로 자리 잡는 데 크게 기여했다.

페그제가 홍콩 경제 발전의 주요 기반인 만큼, 홍콩통화청은 평소 페그제를 지켜내기 위해 열심히 외환을 모은다. 홍콩의 외환보유액은 2024년 4월 말 기준 4164억 달러(USD)로 세계 8위 규모다(우리나라는 4133억 달러, 9위). 웬만한 환율 변동엔 버텨낼 실탄이 있는 셈이다.

둘째, 달러 페그제가 중국공산당을 꺼리는 서방 투자자에게 투자에 필요한 안전판을 제공한다는 점이다.

홍콩에는 HSBC, 스탠다드차타드은행(Standard Chartered Bank), 중국은행(Bank of China) 등 주요 상업은행과 글로벌 기업이 대거 들어가 있다. 홍콩에 투자한 서방 투자자는 미 달러를 홍콩달러로 바꿔 홍콩에 들여가면서도 홍콩을 지배하는 중국공산당 정부가 내심 불안하다. 홍콩 등지에서 자본의 자유 거래를 허용하는 중국 정부가 어느 날 돌변해 자본 유출을 차단할 수 있다고 보기 때문이다. 그럴 땐 잽싸게 홍콩달러를 미 달러로 바꿔 홍콩을 탈출할 생각이다. 서방 투자자에게는 달러 페그제가 유사시 홍콩 투자 환수를 보장해주는 안전판인 셈이다.

셋째, 달러 페그제가 중국에게도 득이 된다는 점 역시 홍콩 페그제를 지탱하는 주요 기반이다.

중국은 페그제 덕분에 미 달러가 대거 들어오는 홍콩 금융시장을 글로벌 달러 공급원이자 해외 투자 창구로 활용하고 있다. 많은 자국 기업을 홍콩 증시에 상장시켜 글로벌 자금을 유치하고, 중국 기업이 해외에 판매하는 회사채도 대거 홍콩에서 발행하고 있다. 홍콩 페그제가 무너진다면 홍콩 증시도 무너질 테고, 그럼 중국 경제 발전에 필요한 주요 금융 거점이 사라진다.

금리 움직일 때 통화 시세는 어디로 가나

보통 금리 변동은 통화 시세를 움직인다. 다만 움직이는 방향은 일정하지 않다. 금리가 오를 때와 내릴 때, 통화 시세가 움직이는 방향도 각기 달라진다. 어떻게 달라지는지 알아보자.

먼저 금리가 오를 때. 통화 시세는 어떻게 움직일까?

A국의 시장금리가 다른 나라들보다 뚜렷이 높다 하자. 글로벌 투자 자본이 보기에, 금리가 낮은 나라보다는 금리가 높은 나라에서 유통하는 투자자산(통화, 예금상품, 주식, 채권, 부동산 등)이 투자 수익을 얻는 데 유리하다. 가령 한국의 시장금리가 외국의 시장금리보다 뚜렷이 높아진다 하자. 글로벌 투자 자본은 상대적으로 수익성이 높아지는 한국 자산에 투자를 늘릴 것이다. 이미 해외에 투자한 자본 중 일부를 회수해 한국 자산 투자로 돌릴 수도 있다. 글로벌 투자자의 한국 자산 투자 수요가 늘면서 한국 자산시장에 들어오는 해외 자본의 환전 수요가 늘어나면 원화 시세가 오른다. 이런 이치로 시장금리가 오르는 나라에서는 통화 시세가 오른다.

이번엔 금리가 내릴 때. 통화 시세는 어떻게 움직일까?

돈은 늘 금리가 낮은 곳에서 높은 곳으로 흐르는 법이다. 시장금리가 낮아지는 나라에서는 자본이 더 높은 수익을 찾아 해외로 빠져나간다.

한국의 시장금리가 내린다고 해보자. 글로벌 투자자 중에서는 한국에 투자한 자산을 정리해 금리 수익이 더 높은 나라로 옮겨 투자하려는 움직임이 많아진다. 투자자가 한국 자산을 정리해 외화로 환전하다 보면 통화시장에 원화 공급이 늘어나고, 원화는 시세가 떨어진다. 이런 이치로 시장금리가 내리는 나라에서는 통화 시세도 떨어지는 게 정상이다.

다만 금리가 내린다 해서 통화 시세가 언제나 바로 떨어지는 것은 아니다. 금리가 내릴 때 통화 시세가 오를 수도 있다. 가령 A국의 시장금리가 내리면 시중 여유 자금이 더 높은 재테크 수익을 찾아 예금상품을 떠나서 주식이나 부동산 같은 투자자산으로 유입될 수 있다. 이런 흐름에 외국인까지 가세하면 해외 통화를 A국 통화로 환전하려는 수요가 커져서 A국 통화 시세가 오른다.

우리나라 부동산 시장에서는 외국인 투자 비중이 작아서, 해외 자금 유입이 통화 시세에 미치는 영향이 미미하다. 하지만 주식시장에서는 외국인 투자 비중이 크기 때문에, 금리가 내려도 외국인 투자가 몰리면 환전 수요가 늘면서 원화 시세가 오르곤 한다.

금리 하락이 통화 시세 등락을 다 함께 부를 수 있다 보니, 정책 당국이 금리 인하 정책을 펴기가 쉽지 않다. 금리 인하가 필요할 때라도 금리 인하가 통화 시세를 어느 쪽으로 움직이는 효과가 더 클지 계산해야 하기 때문이다.

미 금리 등락 때 달러-원 환율 어디로 가나

미국의 금리 흐름은 달러-원 환율 움직임에 큰 영향을 미친다. 다만 금리 변수만 환율에 영향을 미치는 것은 아니다. 금리 변동에 따라 환율이 움직이는 과정에는 경기, 물가, 주식 시세, 채권 매매 등 다양한 경제 변수가 끼어든다.

금리가 큰 변동 없이 안정된 시기에 미국 경기 침체 전망이 우세해진다 하자. 경기가 나빠지면 주식 같은 위험자산은 시세가 떨어지고 안전자산으로 자금이 몰리므로 국채 등 채권 매수세가 커진다. 미국 경제는 세계경제에 미치는 영향이 크므로 미국 경기가 나빠지면 세계 경기도 나빠지기 쉽다. 때문에 해외 투자자도 일제히 안전자산인 미국채 매수를 늘린다. 미국채를 사려고 글로벌 자금이 몰리면 달러 시세가 강해진다. 그 결과 달러-원 환율이 상승세를 타기 쉽다.

금리가 안정됐더라도 투자자 다수가 경기를 낙관하고 위험자산 투자를 선호하는 시기엔 환율 변동 방향이 달라진다. 주가는 오르지만 국채 등 채권은 상대적으로 매수세가 줄어든다. 미국뿐 아니라 해외에서도 투자자가 미국채 매입을 줄인다. 그만큼 해외에서 미국으로 유입되는 글로벌 자금이 줄어들고, 그 결과 달러 시세는 약해지고, 달러-원 환율은 하락하기 쉽다.

금리가 급변할 때는 어떨까?

미국에서 물가 상승세가 가파르고, 연준이 물가 상승세를 누르기 위해 기준금리를 급하게 올린다고 하자. 그럼 시중금리도 따라 뛰고, 금리 상승세를 반영해 달러 시세도 강해진다. 그 결과 달러-원 환율은 상승세를 타기 쉽다. 실례로 2022년부터 2023년까지 미국에서는 코로나 사태 종식과 러시아-우크라이나 전쟁 등의 영향으로 인플레이션이 발생하자 연준이 기준금리를 급등시켰고, 그 결과 달러 시세와 달러-원 환율이 급등했다.

미국 경기가 침체한 상황에서 연준이 경기 부양을 위해 기준금리를 급락시킨다면 어떻게 될까? 시중금리가 기준금리 추이를 따라 내릴 것이고, 금리 하락세를 반영해 달러 시세도 약해질 것이다. 그럼 달러-원 환율은 하락세를 타기 쉽다.

미 금리 등락 때 한·일 환율과 주가는 어디로 가나

미국에서 금리가 변하면 환율이 움직이면서 대미 교역국 경제에 다양한 경로로 영향이 미치고 주가도 움직인다. 어떤 메커니즘이 작동하는 걸까?

금리 인상이 환율에 영향을 미치는 경로를 짚어보자.

미국에서 금리가 오르면 국제 환율이 변한다. 미국 시장금리가 오르면 해외 각국 통화로 흩어져 있던 투자 자금이 달러 자산으로 몰리기 때문이다. 수요가 늘어나는 달러는 시세가 뛰고, 다른 통화는 상대적으로 시세가 약해진다. 그럼 미국에서 물자를 많이 수입하는 나라, 곧 대미 수입국에서는 자국 통화 시세가 약해지는 만큼 수입물가가 오른다. 수입물가 상승세가 여타 상품 시세를 올리며 확산되다 보면 인플레이션이 발생할 수 있다. 인플레이션을 제어하기 위해 통화 당국이 정책금리를 올리면 시장금리가 오른다. 그럼 소비와 투자, 고용, 생산이 잇달아 위축되면서 경기가 하강하기 쉽다. 그럴 전망이 설 경우 대미 수입국에서는 주가가 떨어진다.

반면 미국에 수출을 많이 하는 나라, 곧 대미 수출국에는 미 금리 상승이 주가를 끌어올리는 효과를 낼 수 있다. 미 금리 상승으로 달러 시세가 오르면 자국 통화 시세가 약해지는 만큼 수출가격 경쟁력이 높아지고, 수출기업 위주로 수익성이 개선되기 때문이다.

다만 늘 그렇지는 않다. 미국 금리가 올라도 국제 환율 변동에 따라서는 다른 결과가 생길 수 있다.

원화와 미 달러, 엔화를 함께 놓고 보자. 달러 시세가 세지면 원화 시세는 약해진다. 미국에 수출하는 우리 기업은 수출가격 경쟁력이 높아진다. 그런데 달러가 강세일 때는 원화뿐 아니라 엔화도 약해진다. 만약 엔 시세 낙폭이 원 시세 낙폭보다 크면 엔이 원보다 싸진다. 그럼 우리 기업은 일본과의 수출 경쟁에서 불리해진다. 가격 경쟁력에서 일본 기업에 밀려 수익성이 나빠지는 기업이 많아지다 보면, 우리 증시에서는 수출기업 위주로 주가가 하락하기 쉽다.

만약 미국이 금리를 내리면 어떻게 될까?

미 금리 하락은 달러 약세를 이끌고 나머지 통화는 강세로 만든다. 원화도 엔화도 달러 대비 시세가 높아지므로, 한·일 기업 모두 대미 수출 여건이 불리해진다. 그 결과 한·일 증시에서는 수출기업 위주로 주가가 하락하기 쉽다. 즉 미국이 금리를 내리면 달러 시세가 약해지면서 국제 환율이 변해 주요 대미 수출국 기업의 수출 여건을 불리하게 만들고, 기업 실적 악화와 주가 하락을 부르기 쉽다.

다만 한국과 일본을 놓고 보면, 미 금리 하락이 언제나 두 나라 경제에 불리하게만 작동하는 것은 아니다. 미 금리 하락으로 원화와 엔화 모두 시세가 오르는 와중에 달러-엔 환율이 달러-원 환율보다 더 많이 내린다면 엔 시세가 원 시세보다 세지므로, 한국 기업의 수출 경쟁력이 일본 기업보다 높아진다. 이때 일본 증시에서는 주가가 내려도 한국 증시에서는 수출기업 위주로 주가가 오를 수 있다.

엔 캐리 트레이드 일어나면 엔 시세 왜 떨어지나

**엔화, 달러당 152엔 목전…
엔캐리트레이드에 엔저 가속화**

미국의 국채금리 상승 여파로 달러당 엔화 가치가 13일 151엔대 후반까지 치솟으면서 연중 최저 수준으로 하락했다. 일각에서는 미국 국채금리 상승으로 엔 캐리 트레이드 거래가 활발해지면서 엔화 약세가 가속화될 것이라는 전망도 나온다. 국채금리가 상승한 여파로 미·일 간 금리 격차가 확대되면서… 엔 캐리 트레이드가 활발해지고 있다는 점도 엔화 약세 요인으로 꼽혔다. … 엔화와 달러의 조달 금리가 되는 단기금리의 양국 간 격차가 5%를 넘어서면서 금리 차이를 이용한 투자가 급격히 늘고 있다고 니혼게이자이 신문은 설명했다.

아시아경제
2023.11.13

국제 외환 시세는 금리 격차를 반영한다. 보기 기사도 미국 국채 금리가 뛰면서 미·일 간 금리 격차가 커져 달러-엔 환율이 뛰고 엔 시세가 떨어졌다고 전했다. 미·일 간 금리 격차가 커지면서 엔 캐리 트레이드가 활발해져 엔화 약세를 부른다는 관측도 덧붙였다. 미·일 간 금리 격차가 커지면 왜 엔 캐리 트레이드가 활발해지고, 엔 캐리 트레이드가 뭐기에 엔화 약세를 부르나? 차례로 알아보자.

캐리 트레이드(carry trade)란 통화 간 금리 차이를 발판 삼고, 저금리 통화로 마련한 자금을 고금리 통화 자산에 투자해 고수익을 도모하는 투자 기법이다. 금리가 낮은 나라의 통화를 빌려 투자용 자금을 만들고, 그 자금으로 금리가 높은 통화로 투자할 수 있는 자산(예금, 증권, 부동산, 원자재 등)을 매매해 시세 차익과 금리 차익을 함께 얻는다. 저금리국 통화를 빌려 고금리국 통화로 바꾸되, 대개 두 통화를 바로 맞바꾸기 어려우므로 중간에 기축통화인 미 달러와 바꾸는 과정을 끼워 넣는다.

예를 들어 지금 일본 금리는 낮고 중국 금리는 높다 하자. 이때 캐리 트레이드 투자자는 엔화를 빌린 뒤 팔아서 달러를 사고, 사들인 달러를 다시 위안화로 바꿔서는 중국 자산(부동산이나 증권 등)을 매매해 시세 차익을 낸다. 이후 투자를 청산할 때는 위안화로 투자한 자산을 처분해 달러로 바꾸고, 바꾼 달러(중 일부)로 엔화를 사서 이전에 진 엔화 빚을 갚고, (달러로) 남는 이익을 챙긴다. 이처럼 일본 금리가 다른 나라보다 낮을 때 엔화를 빌려 해외 통화 자산에 투자하는 캐리 트레이드, 곧 엔화로 하는 캐리 트레이드는 엔 캐리 트레이드(yen carry trade)다.

캐리 트레이드 투자자는 미국 금리가 다른 나라보다 낮을 때는 미 달러를 빌려서 해외 자산에 투자한다. 달러를 빌려 투자하면 달러 캐리 트레이드(dollar carry trade), 유로를 빌려 투자하면 유로 캐리 트레이드(euro carry trade)라 한다. 약칭은 달러 캐리, 유로 캐리다.

캐리 투자는 통화 시세에 큰 영향을 준다.

캐리 투자 때는 제3국에 투자할 자금, 곧 운용 통화를 마련하기 위해 저금리국 통화를 빌린 다음 달러로 바꾸기 위해 외환시장에서 팔아치운다. 그 서슬에 캐리 투자자가 빌리는 통화, 곧 조달 통화는 시세가 떨어진다. 그래서 보기 기사에서도 '엔 캐리 트레이드 거래가 활발해지면서 엔화 약세가 가속화될 것'이라는 전망을 전한 것이다.

캐리 투자자에게는 캐리 투자가 조달 통화 시세를 떨어뜨린다는 점이 또 다른 매력 포인트다. 운용 통화, 곧 투자 대상국 통화 시세에 비해 조달 통화 시세가 떨어지면 떨어질수록 캐리 투자자는 갚아야 할 빚 부담이 줄어들고, 금리 차익에 더해 환차익까지 볼 수 있기 때문이다.

다만 캐리 투자가 조달 통화 시세를 약세로 만드는 상황은 국제금리 여건이 캐리 투자를 허락할 때까지만 가능하다. 글로벌 금리 여건이 변해 캐리 투자가 청산될 때는 조달 통화 수요가 많아져 시세가 오른다. 조달 통화 시세가 오르다 보면 캐리 투자 이익이 줄어들거나 손실도 볼 수 있다.

실제로 엔 캐리 트레이드가 일어나고 청산되는 과정이 나타난 역사적 사례를 돌아보자.

21세기 들어 글로벌 금융시장에서는 2008년 미국발 글로벌 금융위기가 발생할 때까지 엔 캐리(엔 캐리 트레이드)가 성행했다. 당시 엔 캐리에 불을 댕긴 것은 1980년대 일본의 거품 경제를 배경으로 일본 정부가 시도한 초저금리 정책이었다.

일본 경제는 1980년대 후반 증권과 부동산 가격에 낀 투자 거품이 1990년대 초 일시에 꺼지면서 큰 타격을 입었다. 금융회사, 기업, 개인을 막론하고 큰 빚을 져가며 투자했던 터라 자산 손실이 컸다. 일본 정부는 불황에 대처하느라 정책금리를 파격적으로 내렸다. 1991년 7월 일본 기준금리는 연 6%에서 연 5.5%로 내렸고, 이후에도 계속 내려 1999년 2월에는 그때까지 현대 세계사에 전례가 없던 제로금리(0%) 수준이 됐다. 세계 최저금리가 된 것이다. 그러자 글로벌 투자에서 선봉장 역할을 하는 헤지펀드와 핫머니가 엔 캐리를 투자 전략으로 삼고 나섰다. 곧 글로벌 엔 캐리의 시작이다.

엔 캐리 자금은 21세기가 열리면서 약 10년간 전 세계에 걸쳐 많게는 1조 달러쯤 조성된 것으로 추정된다. 거대한 자금이 각국 통화, 증권, 부동산, 원자재로 흘러 들어가 유통량을 늘리고 가격을 급등시켜 글로벌 거품을 만들었다. 주로 호주 달러, 뉴질랜드 달러, 영국 파운드 등 전통적으로 금리가 높은 나라의 통화, 그리고 브라질이나 동남아 등 이른바 신흥시장(emerging market, EM)에서 매매하는 증권이 우선 투자 대상이 됐다. 2006년 일본 기준금리가 연 0.5%일 때 영국, 호주, 브라질의 기준금리가 각각 5.0%, 6.25%, 13.0%였으니 엔 캐리 투자는 금리 차익만 봐도 수익성이 확실했다. 우리나라도 예외가 아니다. 증권과 부동산으로 엔 캐리 자금이 흘러 들어와 부동산과 증권 시세를 띄웠다. 일본에서는 가정주부도 엔화를 빌려 호주와 뉴질랜드 등 해외 자산 투자에 나서, 국제 금융가에 '와타나베 부인(Mrs. Watanabe)'이라는 신조어가 생겼다. 일본에서 흔한 성 '와타나베(渡邊)'를 붙여 엔 캐리 세력을 뜻하는 별명으로 삼은 말이다.

이처럼 2000년대 들어 세계 자산시장을 달궜던 엔 캐리 투자는 2008년 후반 미국발 글로벌 금융위기가 발생하자 청산 계기를 맞는다. 경기 방어에 나선 연준이 기준금리를 연거푸 내리면서, 2007년 1월 말만 해도 연 4.25%였던 것을 2008년이 가기 전에 일본처럼 제로금리로 만들었기 때문이다.

미·일 사이에 금리 차가 없어지자 엔 캐리는 더 이상 이익을 낼 수 없게 됐다. 설사 캐리 투자를 한다 하더라도 엔화 대신 미 달러로 하는 게 편리해졌다. 엔 캐리 투자는 엔화를 빌려 달러로 바꾼 다음 투자 대상국(제3국) 통화로 바꿔 투자하는 경로를 거쳐야 하지만, 달러는 환전할 필요 없이 곧바로 투자에 쓸 수 있기 때문이다.

투자 여건이 변한 만큼 이미 이뤄진 엔 캐리 투자도 청산해야 했다.

엔 캐리 투자를 청산한다는 것은 엔화 대출을 재원으로 삼아 각국에 투자했던 자금을 회수하고 엔화 빚을 갚는다는 얘기다. 그럼 캐리 투자가 들어갔던 나라에서는 자본이 유출된다. 실제로 엔 캐리 청산이 시작되자 신흥시장 등지 자산시장에 유입됐던 엔 캐리 자금이 빠져나가면서 각국에서 주가 등 자산 시세가 일제히 급락했다.

보통 캐리 자금이 시장에 들어갈 때는 자금 이동 속도가 빠르지 않은데, 청산할 때는 다르다. 자산시장에 거액 매도 물량을 일시에 쏟아내므로 자금 이동이 급하게 일어난다. 그 서슬에 일반 투자자는 갑자기 큰 손실을 안기 쉽다. 환율과 금리가 급변해 국가적 금융위기가 발생하거나 경제위기가 심해질 수도 있다. 실제로 2008년 미국에서 경제위기가 일어난 직후 글로벌 증시가 추락하는 와중에 엔 캐리 청산이 더해지자 세계 각국에서 주가 급락세가 한층 심해졌다.

2000년대 들어 엔 캐리가 유행하는 동안, 캐리 투자자가 엔화를 빌린 다음 다른 통화를 사기 위해 엔화를 팔면서 엔화는 계속 약세였다. 하지만 2008년 미국발 글로벌 금융위기 후 미국 금리가 제로금리 수준으로 추락하자 상황이 달라졌다. 엔 캐리 청산이 시작되면서, 각국에서 투자자산을 처분하고 현지 통화를 달러로 바꿔 빠져나온 엔 캐리 자금이 일제히 엔화 대출을 갚겠다고 나섰고, 글로벌 외환시장에서 달러를 엔화로 바꾸려는 수요가 급증하면서 '엔 고'가 가파르게 진행됐다. 2008년 초만 해도 달러당 110엔대였던 달러-엔 환율은 연말 90엔대로 떨어졌다.

엔화가 강세를 띠자 '와타나베 부인'의 투자 열기도 사그라졌다. 그 대신 이번에는 미국의 제로금리 정책을 배경으로 달러 캐리가 일어났다. 미국은 제로금리가 됐는데 브라질, 인도네시아, 러시아 등 신흥국의 정책금리 수준은 미국보다 5%포인트 이상 높았기 때문이다. 국제 금융가에서는 달러 캐리 투자 세력에게 미국에서 흔한 성을 따 '스미스 부인(Mrs. Smith)'이라는 별명을 붙이고, '와타나베 부인 대신 스미스 부인이 등장했다'는 농담을 주고받았다. 2009년에는 미국의 제로금리와 우리나라 기준금리(당시 연 2%) 간 차이를 딛고 달러 캐리가 발생해, 달러 자금이 국내 증시로 대거 들어오기도 했다.

캐리 투자는 국제 환율과 금리정책에 따라 언제든 일어나고 사라질 수 있다. 달러 시세가 오르는데 유럽 금리가 상대적으로 낮아지면 유로 캐리가 일어날 수도 있다. 실제로 유럽중앙은행 기준금리가 2016년 이후 제로금리 수준으로 들어서자 캐리 시장에서는 유로도 유력 조달 통화로 대접받았다. 국제 금융가에서는 유로 캐리 투자자를 '와타나베 부인'이나 '스미스 부인'에 견주어 '소피아 부인(Mrs. Sophia)'이라고 부른다.

엔 캐리 청산, 왜 주가 폭락 부르나

연합뉴스
2024.8.5

'최악의 하루' 코스피 8%대 폭락 마감… 역대 최대 낙폭

코스피가 5일 미국발 경기 침체 공포로 8% 넘게 폭락하면서 '최악의 하루'를 보냈다. 종가 기준으로는 역대 최대 하락폭이다.

2024년 8월 5일 우리나라와 세계 주가가 일제히 폭락했다.

뉴욕 증시에서 다우존스30 산업평균지수는 전 거래일보다 1033.99포인트(2.60%)나 내린 3만 8703.27로, S&P500지수는 160.23포인트(3.00%) 내린 5186.33으로 장을 마쳤다. 둘 다 2022년 9월 13일 이후 약 2년 만에 최대 낙폭이다.

일본 증시에서도 니케이지수(니케이225)가 전 거래일보다 무려 4451포인트, 12.4%나 하락한 3만 1458에 장을 마쳤다. 1987년 10월 20일 이른바 '블랙 먼데이'에 발생한 하락률(14.9%)에 이어 사상 두 번째로 큰 낙폭이다.

유럽 증시도 2% 안팎 하락했다. 범유럽 지수인 유로스톡스600은 2.22% 하락한 486.79포인트로 거래를 마쳤다. 독일 닥스는 1.95% 내린 1만 7317.58로, 프랑스 CAC40도 1.61% 빠진 7134.78로 마감했다. 영국 FTSE 지수도 8008.23으로 2.04% 하락했다.

코스피도 전 거래일보다 234.64포인트(8.77%)나 하락한 2441.55로 마감했다. 2001년 이후 역대 네 번째이자, 2008년 금융위기 이후 최대 낙폭이다.

8월 5일이 월요일이었기 때문에 '검은 월요일'로 불린 이날 주가 폭락을 부른 원인으로는 미국의 경기 침체 우려나 인공지능(AI) 테마주 투자 거품론도 거론됐지만, 엔 캐리 청산이 유력한 변수로 지목됐다.

2024년 2월까지만 해도 일본 기준금리(단기정책금리)는 -0.1%, 미국은 5.25~5.50%로 양국 금리 차가 커서 세계시장에서 엔 캐리 투자가 활발했다. 그런데 8월 들어 캐리 청산을 유발하는 변화가 생겼다. 일본은행이 3월에 경기 회복을 근거로 기준금리를 0.0~0.1%로 올리고 7월 말에도 다시 0.25%로 올렸는데, 당시 미국에서는 경기 하강을 우려한 연준이 기준금리를 내려 미-일 간 금리 차가 좁혀지리라는 전망이 우세해진 것이다. 각국에 투자됐던 엔 캐리 자산이 빠져나오면서 엔화를 사서 빚을 갚으려는 수요가 커졌고, 달러-엔 환율이 하락하기 시작했다.

7월 초 160엔대까지 올랐던 달러-엔 환율은 8월 초 140엔대로, 한 달 만에 고점 대비 12%나 내렸다. 달러-엔 환율 하락은 곧 엔 시세 상승을 뜻한다. 엔 시세가 오를수록 엔화를 빌린 캐리 투자자는 빚 부담과 투자 손실 가능성이 커지므로 엔 캐리 청산에 나설 수밖에 없다. 엔 캐리 청산은 엔 수요를 키워 엔화 강세를 부추기고, 엔화 강세는 다시 엔 캐리 청산을 부른다. 엔화 강세와 엔 캐리 청산이 서로를 부추기며 기세를 올리자 각국 주식시장에 유입됐던 엔 캐리 자금 유출이 본격화해 글로벌 주가를 폭락시켰다.

주가 폭락 후 일본은행은 다음 기사에서 보듯 엔 캐리 청산 우려를 반영해 금리 추가 인상을 않겠다고 밝혔다.

세계 증시 폭락 이끈 엔캐리 청산…
"아직 갈 길 멀다"

일본은행이 금융 시장이 안정될 때까지 금리를 추가 인상하지 않겠단 시그널을 던졌지만 엔 캐리 트레이드 청산이 아직 끝나지 않았다는 불안감이 시장을 맴돈다. 역대 최대의 캐리 트레이드가 풀리면서 시장이 보다 불안정해질 수 있다는 우려다.

머니투데이
2024.8.9

7

국제수지와 무역

국제수지의 구성

경상수지 이슈

경상적자와 외환위기

우리 무역 현황과 구조

대일 무역 이슈

대중 무역 이슈

글로벌 시장 흐름

경상수지는 흔히 국민경제의 대외 경쟁력,
곧 국민경제가 상품과 서비스를 생산해
외국에 파는 능력을 평가하는 척도로 쓰인다.
대외 거래로 외화를 잘 버는 나라는 경상수지에서 흑자를 내고,
외화를 잃는 나라는 적자를 내는 수가 많기 때문이다.

국제수지, 왜 보나

기업 중에는 외국에 상품을 수출해서 돈 버는 곳이 많다. 정부나 가계도 외국인을 상대로 돈을 벌곤 한다. 정부 간에는 원조하느라 돈을 주고받기도 한다. 이렇게 국민경제가 외국인과 돈을 주고받는 거래를 국제 거래 또는 대외 거래라 한다.

국민경제가 일정 기간 국제 거래를 해서 생긴 수입과 지출을 집계한 것은 국제수지 또는 국제거래수지(international balance of payments, balance of payments, BOP)라고 한다. 수지(balance)란 수입과 지출을 말한다. 가계가 가계부를 쓰고 기업이 회계장부를 적듯, 정부도 평소 국제 거래로 발생하는 자금 수지를 기록해서 일정 기간마다 집계한다. 국제수지 집계를 보면 국민경제가 외국과 언제 무엇을 거래하고 얼마나 득실을 봤는지 알 수 있다.

국제 거래가 왕성한 국민경제는 국내 거래뿐 아니라 국제 거래로부터 큰 영향을 받는다. 우리 경제가 그렇다. 우리 경제는 성장을 내수와 외수에 대략 절반씩 의지한다. 때문에 국제 거래를 빼놓고는 우리 경제를 제대로 이해할 수 없다. 우리 경제와 맞닿는 국제 거래 흐름을 좇다 보면 세계경제 흐름도 더 잘 알 수 있다.

국제수지, 어떻게 집계하나

우리나라에서는 한국은행이 매달 국제거래수지를 집계하고 한 달 뒤쯤 잠정치를 발표한다. 이를테면 9월에 발생한 국제수지는 11월 초순에 잠정치를 발표한다. 집계 기준 통화는 미 달러. 달러를 쓰지 않은 거래도 모두 달러로 환산해서 집계한다. 일본, 독일, 프랑스도 우리나라처럼 매달 국제수지를 공표한다. 미국이나 영국, 캐나다, 싱가포르는 분기별로 공표한다.

한국은행의 국제수지 집계 실무에서는 '국제 거래' 대신 '거주자(residents)와 비거주자(nonresidents) 간 경제 거래'라는 용어를 쓴다. 여기서 거주자와 비거주자 개념은 국적이나 법률보다 주로 어디서 경제활동을 하는가에 기준을 둔 구분이다.

보통은 경제주체가 '새로운 경제권(즉 해외)'에서 일정 기간(이를테면 6개월이나 1년) 이상 경제활동을 하면 해당 경제권 거주자로 분류한다. 우리나라 사람이 해외에서 1년 미만 경제활동을 한 경우는 우리나라 거주자로 보지만, 1년 이상 해외에 머물렀다면 비거주자로 분류하는 식이다. 따라서 외국에서 1년 이상 활동하는 한국인 운동선수는 비거주자로 취급한다. 같은 방식으로, 외국인일지라도 우리나라에서 1년 이상 일했다면 거주자로 분류한다. 단 주한 미군은 대부분 부대 안에서 생활하므

국제수지표 구성

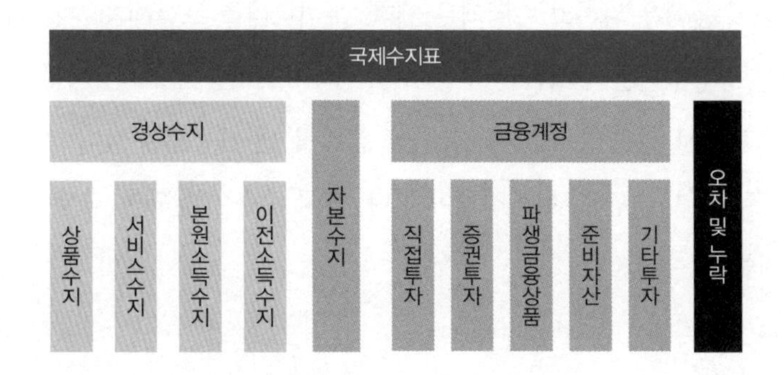

로 비거주자로 취급한다.

기업의 경우 내국 기업(우리나라에 본사나 본점이 있는 기업)이 해외에서 만든 현지법인은 비거주자로 취급한다. 법인 등록을 외국에서 하고, 기업 실체도 외국에 있고, 영업 활동도 외국에서 하고, 세금도 외국에 내기 때문이다. 같은 논리로, 외국은행 국내 지점은 거주자로 본다.

2024년 6월 현재 한은 국제수지 통계는 IMF가 정한 국제 기준(국제수지 매뉴얼 2010년 개정 제6판, Balance of Payments Manual 6ed, BPM6)을 따라 크게 네 가지 항목(경상수지, 자본수지, 금융계정, 오차 및 누락)으로 구성한다. 항목별로 살펴보자.

① 경상수지(經常收支, current account balance)

정부, 중앙은행, 금융기관, 민간 기업에 걸쳐 거주자가 비거주자와 주로 상품과 서비스를 매매하면서 생긴 수지를 네 가지 부문(상품수지, 서비스수지, 본원소득수지, 이전소득수지)으로 나눠 집계한다.

△ 상품수지(goods balance)

상품 수출입에서 생기는 자금 수지, 곧 상품 무역 실적을 집계한다. 상품 수출액은 더하고 수입액은 뺀다. 우리나라를 포함해 대부분 나라에서 경상수지를 구성하는 부문 수지 중 가장 비중이 크다. 때문에 상품수지에서 흑자가 나면 경상수지도 흑자를 낼 가능성이 높다. 상품수지 흑자가 나려면 수출이 잘돼야 한다. 결국 수출이 잘돼야 경상수지도 흑자를 낼 수 있다.

△ 서비스수지(services balance)

서비스 부문에서 발생한 대외 거래 수지를 집계한다. 가공서비스, 운송·여행·건설·보험·금융 서비스, 통신·컴퓨터·정보 서비스, 유지보수(재화수리) 서비스, 개인·문화·여가 서비스, 특허권·저작권·영업권 같은 지식재산권 사용료, 사업서비스(business service)와 정부서비스 등의 부문에 걸쳐 대외 거래에서 발생한 수입액을 더하고 지급액은 뺀다.

부문 수지 중에서 운송수지를 집계할 때는 (우리) 국적 비행기나 선박이 상품이나 여객을 실어 나르고 해외 업자로부터 받은 운임을 더하고, 우리나라 여행객이나 화물이 외국 비행기나 배 등을 이용한 대가로 외국 업자에게 지불한 운임은 뺀다.

여행수지를 집계할 때는 외국인 관광객이 우리나라에 와서 쓴 외화액은 더하고, 내국인 관광객이 외국에 가서 쓴 외화액은 뺀다. 유학이나 연수에 쓴 비용도 여행수지에 넣는다.

사업서비스수지 집계 대상은 내국 기업이 금융, 회계, 광고, 법률, 경영 컨설팅, 연구·개발 부문에서 사업 운영에 필요한 서비스를 외국 기업과 주고받은 금액이다. 상표권, 저작권, 특허권, 독점 판매권과 관련해서 내국 기업이 외국 기업과 사용료를 주고받은 거래도 지식재산권

사용료 수지로 집계한다.

△ 본원소득수지(primary income balance)

소득거래수지라고도 한다. 거주자와 비거주자 간에 송금된 급여와 임금, 해외에 보유한 금융자산과 부채로부터 발생한 이자와 배당을 포함한 투자 소득(직접투자, 증권투자, 기타투자로 번 소득을 모두 포함)의 거래수지를 집계한다.

우리나라에 본사(본점)를 둔 기업인과 개인이 해외에서 급여와 임금 소득을 벌어 국내로 송금한 금액을 더하고, 외국인이 우리나라에서 임금 소득과 투자 소득을 벌어 자국으로 송금한 금액은 뺀다. 거주자가 해외에서 1년 미만 일하면서 비거주자로부터 받은 보수는 더하고, 거주자가 국내에 1년 미만 고용된 비거주자에게 준 보수는 뺀다. 해외에 1년 이상 고용되어 해당 경제권 거주자로 취급되는 근로자가 송금한 금액은 집계에 넣지 않는다.

우리나라에 본사를 둔 기업인과 개인이 해외 주식 · 채권 등 금융자산이나 부동산 같은 실물자산에 투자해서 이자나 배당 또는 시세 차익으로 얻은 투자 소득을 국내로 송금한 액수도 더한다. 우리나라 국민과 기업이 외국인에게 빚을 진 대가로 지불한 이자까지 포함해서 내국인이 외국인에게 송금한 금액은 뺀다.

△ 이전소득수지(secondary income balance)

이전거래수지라고도 부른다. 거주자와 비거주자 간에 대가 없이 돈을 주고받으면서 생긴 수지를 집계한다. 식량이나 의약품 등 무상 원조액을 포함한 정부 간 원조나 증여성 송금, 민간인 · 종교단체 · 자선단체 등을 상대로 한 송금과 기부금, 국제기구 출연금, 해외 교포 · 친척과 유학생에게 보낸 개인 송금 거래에서 발생한 수지를 포함한다. 외국인과 해외 교포가 국내(거주자)로 보낸 금액은 더하고, 내국인이 외국(비거주자)에 보낸 금액은 뺀다. 외국에 1년 이상 고용되어 해당 경제권 거주자로 취급되는 근로자가 우리나라로 송금한 액수는 더하고, 국내에서 1년 이상 고용되어 거주자로 취급되는 외국인 근로자가 해외로 송금한 액수는 뺀다.

② **자본수지**(capital account balance)

자본이전(資本移轉, capital transfer) 거래와 비생산·비금융 자산(nonproduced, nonfinancial items)• 거래에서 발생하는 수지를 집계한다.

자본이전 수지에는 기업이나 개인이 해외로 이주·이민하거나 상속 또는 증여로 자산 소유권이 무상 이전되면서 발생하는 자금 거래 수지를 집계한다. 상속세와 증여세가 부과되면서 발생하는 자금 거래 수지, 채권자가 빚을 면제해준 거래도 집계한다. 비생산·비금융 자산 수지에는 토지나 지하자원, 상표권·특허권·판매권·영업권 같은 자산을 취득하거나 처분하면서 생긴 자금 수지를 집계한다.

• 국민경제가 보유한 자산을 크게 금융자산과 비금융자산으로 나눈다. 금융자산은 현금·예금·유가증권·연금·대출금·대외채권 등 금융거래 계약으로 성립한 청구권이나 소유권에서 가치가 생기는 비물리적 자산이다. 금융자산이 아닌 자산을 통칭하는 비금융자산은 생산과정을 통해 산출됐는지 여부에 따라 생산자산과 비생산자산으로 나눈다. 생산자산은 건물이나 설비 같은 고정자산과 지식재산 등을 포함한다. 비생산자산은 생산과정을 거치지 않고 자연적으로 존재하는 토지·지하자원·입목 등을 포함한다.

③ 금융계정(financial accounts)

거주자와 비거주자 간 자금 거래로 생긴 금융자산과 부채의 증감을 거주자 입장에서 집계한다. 금융자산이 늘었으면 늘어난 만큼 액수를 더해 넣고, 줄었으면 줄어든 만큼 액수를 뺀다. 부채가 늘었으면 역시 그만큼 액수를 더해 넣고, 줄었으면 뺀다.

계정(計定, account)이란 장부에서 종류나 명칭이 같은 자산과 득실, 비용을 한데 모아 기록하는 항목이다. 금융계정에는 경상수지와 자본수지에 기록하는 자금 거래 수지와 같은 액수를 기입한다. 가령 우리 기업이 자동차를 수출해 100만 달러를 현금으로 받았다면, 경상수지 중 상품수지 부문에 100만 달러를 더해 넣는 동시에 금융계정에도 현금 100만 달러를 더해 넣는다.

금융계정도 다섯 가지 부문 계정(직접투자, 증권투자, 파생금융상품투자, 준비자산, 기타투자)으로 구성된다.

△ 직접투자(해외직접투자foreign direct investment, FDI)

내국인의 해외 투자와 외국인의 국내 투자로 발생한 금융자산과 부채의 증감을 거주자 입장에서 집계한다. 거주자와 비거주자 간에 주식을 사거나 자본을 빌려줌으로써 직접 사업 경영권을 확보해 수익을 얻으려고 투자하면서 생긴 금융자산과 부채의 증감을 집계한다.

△ 증권투자(포트폴리오투자portfolio investment)

국내 투자자가 투자 목적으로 해외 증권을 사들이거나 외국인 투자자가 내국 증권을 사들여 자산 이득을 얻으려고 투자하면서 발생한 금융자산과 부채의 증감을 거주자 입장에서 집계한다. 거주자가 비거주자로부터 주식이나 채권 등 증권을 사들였다면 증권투자 자산이 증가한 것으로 적고, 증권을 팔았다면 증권투자 자산이 감소한 것으로 적는다. 만약 비거주자가 거주자로부터 증권을 사들였다면 (거주자 입장에서) 증권투자 부채가 증가한 것으로 기록한다. 비거주자가 거주자에게 증권을 팔았다면 증권투자 부채가 감소한 것으로 기록한다.

△ 파생금융상품투자

내국인이 해외 파생금융상품에 투자하고 외국인이 국내 파생금융상품에 투자하면서 손익이 실현된 결과로 발생한 금융자산과 부채의 증감을 집계한다. 파생금융상품(financial derivatives)이란 주식, 채권, 통화처럼 시세가 자주 변하는 금융자산을 토대로 금융회사가 인위적으로 만들어 거래하는 주식 선물, 달러 선물, 국채 선물 같은 금융상품이다.

△ 준비자산(reserve assets)

통화 당국(우리나라는 한국은행)이 통제할 수 있고 외환시장 안정을 위해 언제든 쓸 수 있는 외화 자산(외화 표시 대외자산)을 집계한다.

외환보유액과 같은 개념처럼 보이지만 차이가 있다. 외환보유액은 특정 시점에 한국은행이 보유하는 외화 자산 잔액이다. 준비자산은 일정 기간 외환보유액의 증감(flow)을 집계한 항목이다. 이를테면 2024년 3월 말 외환보유액은 4192.5억 달러, 국제수지 통계에서 2024년 3월(중) 준비자산은 35.6억 달러였다. 2024년 3월 중 외환보유액이 35.6억 달러 늘었다는 뜻이다.

다른 차이도 있다. 준비자산 집계에서는 자산을 사들이거나 이자 수입을 얻는 등 자금 거래에 따른 외화 자산 증감, 곧 거래 요인에 의한 변동분만 기록한다. 자금 거래가 아닌 요인, 예를 들면 환율 변동에 따른 자산 증감은 집계에 넣지 않는다. 준비자산뿐 아니다. 한은 국제수지표는 어떤 부문에서든 자금 거래에 따른 변동분만 집계한다. 환율이 나 주가의 변동처럼 자금 거래가 아닌 요인(곧 비거래 요인)에 따른 변동은 자산 집계에 넣지 않는다. 반면 외환보유액은 자금 거래뿐 아니라 비거래 요인에 따른 증감까지 집계에 넣는다.

△ 기타투자(other investment)

투자 목적 자본거래 가운데 직접투자, 증권투자, 파생금융상품투자, 준비자산에 속하지 않는 대외 금융거래를 모두 집계한다. 국내외 정부나 공공기관 간에 장기자금을 융통하는 차관 거래(借款去來)로 생긴 대외 금융자산과 부채의 증감도 집계에 넣는다.

④ 오차 및 누락

국제수지 집계 과정에서 불가피하게 생기는 통계 오류를 다듬기 위해 만든 항목이다.

국제수지 집계 뉴스를 읽어보자

반도체 호조에 2월 경상수지 10개월째 흑자…68.6억달러

2월 경상수지가 68억6000만달러를 기록, 10개월 연속 흑자를 이어갔다. 에너지 가격 하락과 내수 부진으로 수입이 줄어든 반면 반도체 등 수출이 늘어난 영향이다. … 5일

> 한국은행이 발표한 '2024년 2월 국제수지(잠정)'에 따르면… 상품수지는 66억1000만달러로 11개월 연속 흑자를 나타냈다. … 서비스수지는 17억7000만달러 적자로 22개월 연속 마이너스를 이어갔다.

머니S
2024.4.5

한국은행 국제수지 집계를 전한 기사다. 한은은 일정 기간마다(기본은 매달) 우리나라의 대외 거래 실적을 집계하고 보도자료를 내놓는다. 보통 잠정치를 한 달 뒤에 내놓기 때문에, 보기 기사도 2월 집계를 4월 초에 발표한 예다.

기사에 따르면 경상수지는 10개월 연속 흑자를 냈다. 경상수지의 대부분을 차지하는 상품수지도 11개월 연속 흑자를 냈다. 하지만 서비스수지는 22개월 연속 적자다. 이처럼 국제수지 집계는 국제수지를 구성하는 주요 항목별로 월별 · 상반기 · 하반기 · 연간 흑자나 적자가 얼마 났는지, 전년 같은 기간에 비해 자산이나 부채가 얼마나 늘고 줄었는지 알려준다.

국제수지 집계하면 언제나 '0'이라고?

한국은행이 국제수지 집계를 위해 대외 거래 내용을 기록할 때는 복식부기(double entry bookkeeping)를 활용한다. 복식부기란 거래 기록을 이중으로 적는 회계장부 작성 방식이다. 장부를 반으로 나눠 한쪽에는 돈이 어디서 얼마나 들어왔는지 적고, 다른 쪽에는 돈을 어디에 얼마나 썼는지 적는다. 하나는 + 방향으로, 다른 하나는 – 방향으로 적기 때문에 두 기록을 집계하면 늘 '0'이 돼야 맞는다.

한은 국제수지표(국제수지 통계)도 마찬가지. 경상수지와 자본수지 집계에 적어 넣는 자금 거래 수지를 금융계정에 같은 액수로 기록하므로, 이론상 [경상수지 + 자본수지 – 금융계정 = 0]이라는 수식이 성립해야 맞는다. 그런데 실제로는 수지 합계가 0이 되지 않는다. 국제수지 통계는 통관이나 외환 수급 등 여러 부문에서 먼저 작성한 기초 통계를 종합해 만드는데, 기초 통계 간에 작성 방법이나 시점에서 차이가 나기도 하고 통계 작성 과정에서 오류가 생기기도 하기 때문이다. 여기서 생기는 수지 불일치를 조정하기 위해 '오차 및 누락' 항목을 설정하고, 수지 합계 수식을 [경상수지 + 자본수지 – 금융계정 + 오차 및 누락 = 0]으로 고쳐 국제수지 부문 합계를 0으로 만든다. 그래서 국제수지표에서 경상수지, 자본수지, 금융계정, 오차 및 누락 등 네 부문 자금 수지를 집계하면 늘 '0'이 돼야 정상이다.

그럼 다음 기사에서 말하는 '국제수지 흑자'는 어떻게 이해해야 좋을까?

기사독해

연합뉴스
2020.10.31

국제수지 5개월째 흑자 예상

한국은행은 5일 '9월 국제수지' 잠정치를 공개한다. … 9월에도 5개월 연속 국제수지 흑자 행진이 이어질 가능성이 크다.

연합뉴스
2022.08.02

한총리 "국제수지 작년보다 줄겠지만 400억~500억 달러 흑자 가능"

한덕수 국무총리가… 오늘 정부 서울청사에서 주재한 국무회의 모두발언에서… "결론적으로 말하면 올해 우리의 종합적 국제수지는 작년보다는 상당히 줄겠지만 아직도 400억에서 500억 달러 흑자는 유지할 것으로 보인다"고 말했습니다.

여기서 말하는 '국제수지 흑자'란 말 그대로 국제수지가 흑자라기보다, 국제수지를 구성하는 부문 수지 중 어딘가에서 흑자가 났다는 뜻이다. 어떤 부문이 흑자인지는 기사 문맥에서 파악해야 하지만, 보통 경상수지에서 흑자가 났다고 이해하면 거의 맞는다. 부문 수지 중에서는 상품·서비스 거래를 집계하는 경상수지가 국민경제의 대외 거래 실적을 가장 잘 보여주고, 그런 만큼 경제정책 당국이나 미디어의 우선 관심사이기 때문이다. 국무총리가 얘기하는 '국제수지… 흑자'도 실은 경상수지 흑자를 가리킨다.

국제수지 최종 집계는 + 방향과 − 방향 집계가 항상 균형을 이뤄야 하지만, 부문 수지는 그렇지 않다. 늘 흑자나 적자를 내게 마련이다. 경상수지도 상품과 서비스를 수출해서 번 돈이 수입하느라 내준 돈보다 많을 때는 흑자, 반대일 때는 적자가 난다.

상품수지와 무역수지, 어떻게 다른가

**① 3월 경상수지 69.3억달러…
반도체 수출에 11개월 연속 흑자**

반도체를 중심으로 수출이 늘어나면서 우리나라 경상수지가 11개월 연속 흑자를 유지했다. 한국은행이 9일 발표한 국제수지 잠정통계에 따르면 지난 3월 경상수지는 69억 3000만달러(약 9조4664억원) 흑자로 집계됐다. … 상품수지가 80억9000만달러로 지난해 4월 이후 12개월 연속 흑자를 냈다. … 수출은 582억7000만달러로 지난해 3월보다 3.0% 늘었다. … 수입은 501억8000만달러로 13.1% 줄었다.

한국경제
2024.5.9

**② [속보] 3월 수출 566억불, 전년비 3.1%↑…
10개월 연속 무역흑자**

산업통상자원부와 관세청은 1일 '2024년 3월 수출입동향'을 발표하고 지난달 수출이 565억6000만 달러(약 76조 원)으로 집계됐다고 밝혔다. … 수입은 같은 기간 12.3% 감소한 522억8000만 달러다. 수출에서 수입을 뺀 무역수지는 43억 달러로 지난해 6월부터 10개월 연속 무역흑자를 기록 중이다.

머니투데이
2024.4.1

보기로 든 두 기사는 다 같이 2024년 3월 우리나라 수출입 실적을 전하는데, 주요 수치에 차이가 있다.

기사 ①은 수출 582.7억 달러, 수입 501.8억 달러로 80.9억 달러 상품수지 흑자가 났다 하고, 기사 ②는 수출 565.6억 달러, 수입 522.8억 달러로 43억 달러가량 무역수지 흑자가 났다 한다. 같은 시기에 발생한 수출입 실적인데 서로 좀 다르다. 수출입 수지 호칭도 다르다. ①은 상품수지, ②는 무역수지라고 부른다. 왜 그럴까?

좀 긴 설명이 필요하다.

예전 우리나라 국제수지 집계에서는 상품수지를 무역수지라고 불렀다. 비공식 명칭으로는 재화수지 또는 재화거래수지라고도 불렀다. 상품수지가 공식 명칭이 된 것은 1998년 1월 한국은행이 IMF 기준에 따라 국제수지 편제를 바꾸면서다.

한은 국제수지 편제에서는 더 이상 무역수지라는 명칭을 쓰지 않지만 정부(산업통상자원부와 관세청)는 그대로 쓰고 있다. 기사 ②에서 말하는 '무역수지'가 바로 정부 발표 통계다. 상품수지나 무역수지나 개념은 거의 같지만 집계 방식 등이 다르다.

보통 상품 무역을 할 때는 각국 세관(稅關, customs)에서 거래가 법규를 어기지 않았는지 검사한 다음 수출입을 허가하는 통관(通關, customs clearance) 절차를 거쳐야 상품 인도(引渡, delivery)가 이뤄진다.

한은이 집계하는 상품수지는 관세청 통관 절차를 거친 뒤 수입업자에게 상품이 인도된 것만 수출입 집계에 넣는다. 상품 소유권이 이전되는 시점을 수출입이 완료된 시점으로 본다는 뜻이다. 설사 상품이 우리 세관을 거쳐 나갔더라도 외국 세관을 거쳐 수입업자에게 전달되지 않고 항구 창고에 쌓여 있으면 수출 집계에 넣지 않는다. 세관을 거쳐 수입업자에게 전달되지 않고 우리나라로 도로 반품돼도 마찬가지다.

반면 무역수지는 세관을 거쳐 수출이나 수입이 일단 허가되면 곧바로 수출입 집계에 넣는다. 상품이 관세선(tariff line, 무역에서 우리나라와 외국을 구분하는 선. 대체로 국경과 같다)을 지나면 수출입이 이뤄졌다고 보기 때문이다.

요컨대 한은 집계 상품수지는 '인도'를 기준으로, 정부 집계 무역수지는 '통관'을 기준으로 수출입을 집계한다. 이처럼 수출입 집계 기준을 '인도'에 두거나 '통관'에 두면서 상품수지와 무역수지에 차이가 생긴다. 가령 통관은 이달 5일, 인도는 내달 5일인 상품 무역을 집계한다 치자. '통관'을 기준으로 삼는 무역수지 집계에서는 통관을 거친 수출입액을 이달 수지에 넣는다. 반면 '인도'가 기준인 상품수지 집계에서는 수지에 넣지 않는다. 아직 인도되지 않았기 때문이다. 이달 통관을 거친 수출입액은 '인도'를 마치는 내달에야 상품수지에 합산된다.

가격 책정 방식도 상품수지와 무역수지가 다르다.

상품수지는 수출 때나 수입 때나 운임과 보험료를 빼고 상품값으로만 수출입액을 계산한다. 이른바 본선인도가격(Free On Board, FOB) 방식이다. 반면 무역수지는 수출(통관 수출) 때만 본선인도가격으로 계산한다. 수입(통관 수입)은 상품값에다 운임과 보험료까지 얹은 가격(Cost, Insurance and Freight, CIF)으로 계산한다. 결국 금액이 같은 상품을 수입해도 상품수지 수입(곧 상품수지 방식으로 집계한 수입액)이 무역수지 수입(곧 통관 수입)보다 적어진다. 이처럼 집계 방식이나 가격 책정 방식이 다르니 상품수지와 무역수지는 차이가 날 수밖에 없다. 심한 경우 상품수지는 흑자인데 무역수지는 적자가 날 때도 있다.

무역수지는 매달 초 산업통상자원부가 관세청이 집계한 통관 실적 잠정치 등을 기초로 전월 잠정치를 집계해서 보도자료(〈월별 수출입동향〉)로 내놓는다. 관세청도 무역수지 개요를 보도자료(〈월별 수출입현황〉)로 함께 내놓는다. 무역수지 확정치는 매월 15일경 관세청이 보도자료(〈○○년 ○월 월간 수출입현황, 확정치〉)로 발표한다.

상품수지는 매월 초 한국은행이 보도자료(〈○○년○월 국제수지, 잠정〉)에 전월분 집계를 넣어 공표한다. 보도자료 말미 참고자료에 통관 기준 수출입 실적(관세청 발표 확정치)을 요약한 내용도 붙여준다. 무역수지와 상품수지를 함께 본다면 무역수지를 속보치로, 상품수지는 확정치로 활용할 수 있다.

경상수지 흑자·적자 때 환율 어디로 가나

경상수지는 흔히 국민경제의 대외 경쟁력, 곧 국민경제가 상품과 서비스를 생산해 외국에 파는 능력을 평가하는 척도로 쓰인다. 상품과 서비스의 대외 거래로 외화를 잘 버는 나라는 경상수지에서 흑자를 내고, 외화를 잃는 나라는 적자를 내는 수가 많기 때문이다.

경상흑자(경상수지 흑자)를 내는 나라는 외화 수입이 늘어나는 만큼 국민소득이 증가해 투자를 더 할 수 있다. 투자가 늘면 일자리가 많아지고, 생산·소비·판매 규모가 커진다. 경기가 좋아지고 경제가 성장하기 쉽다. 환율은 어떻게 움직일까?

경상흑자를 내는 나라에서는 기업이 수출로 번 달러를 국내에서 쓰기 위해 자국 통화로 바꿔야 한다. 그 결과 외환시장에서 자국 통화 수요가 늘어난다. 그만큼 달러 대비 환율이 하락 압력을 받으므로 자국 통화 시세가 오르기 쉽다. 우리나라가 경상흑자를 낸다 하자. 내국 기업이 수출로 번 달러를 원화로 환전하면서 외환시장에서는 원화 수요가 늘어난다. 그 결과 달러-원 환율은 내리고 원화 시세는 오른다.

우리나라 경상수지 흑자 → 내국 기업이 달러 매도 & 원화 매수 → 달러-원 환율 하락(원화 시세 상승)

경상수지 적자를 내는 나라에서는 환율이 어디로 움직일까?

경상적자를 내는 나라는 대외 거래로 외화를 잃는 만큼 국민소득이 줄어든다. 그 결과 투자가 위축되고 일자리가 줄면서 생산·소비·판매 규모가 정체 내지 축소되어 경기가 나빠지고 경제성장세가 낮아지기 쉽다.

경상적자를 내는 나라에서는 많은 기업이 대외 거래로 달러를 버는 것보다 더 많이 내줘야 할 처지가 된다. 그래서 달러 매수에 나서게 되고 그 결과 외환시장에서 달러 수요가 늘어난다. 그만큼 달러 대비 환율이 상승 압력을 받으므로 자국 통화 시세가 떨어지기 쉽다. 우리나라가 경상적자를 낸다 하자. 내국 기업이 원화 자금을 동원해 달러 매수에 나서면서 외환시장에서는 달러 수요가 늘어난다. 그 결과 달러-원 환율이 오르고 원화 시세는 떨어진다.

우리나라 경상수지 적자 → 내국 기업이 달러 매수 & 원화 매도 → 달러-원 환율

상승(원화 시세 하락)

2023년 상반기 우리나라에서는 반도체 수출 부진으로 무역적자가 나면서 경상적자가 이어진 탓에 원화 시세가 떨어지는 현상이 나타났다. 당시 국제 외환시장에서는 한동안 이어졌던 미국 금리 인상 기세가 끝나간다는 인식이 확산되고 있었다. 그래서 주요국 통화 대비 달러 시세를 나타내는 달러인덱스가 약세 국면을 이어갔다. 달러가 약세라면 원화는 상대적으로 강세여야 정상일 텐데 그렇지 못했다. 그 이유를 '한국 경제의 펀더멘털'에 해당하는 수출 경쟁력이 떨어졌기 때문이라고 풀이한 예가 보기 기사다.

기사독해

미 달러화 약세인데 원·달러 환율은 1330원 육박 연고점, 왜

서울 외환시장에서 원·달러 환율이 20일 장중 연고점을 넘어섰다. 미국 달러화는 약세 국면인데 원화 가치가 상대적으로 저평가 국면이 이어지고… 달러인덱스는 20일 기준 101.97로 지난해 9월 27일 고점(114.11) 대비 큰 폭으로 하락했다. … 미 달러화 약세에도 불구하고 원·달러 환율은 여전히 1320원선이다. … 글로벌 달러강세가 원·달러 환율을 1300원대로 끌고 올라갔던 지난해와 달리 한국 경제의 펀더멘털 요인이 원화 약세에 영향을 준 것으로 풀이된다. … 전문가들은 수출 주력품목인 반도체 경기가 회복되고 무역수지가 개선되어야 원화가 저평가에서 벗어날 수 있다고 보았다.

브릿지경제
2023.04.20

달러-원 환율 움직일 때 경상수지 어디로 가나

우리나라에서 경상수지 흑자는 달러-원 환율을 끌어내려 원화 시세를 올리는 게 보통이다. 반대로 경상수지 적자는 달러-원 환율을 밀어 올려 원화 시세를 떨어뜨린다. 그럼 달러-원 환율이 움직일 때 경상수지에는 어떤 영향이 미칠까?

달러-원 환율이 내려 원화 시세가 오르는 것을 가리켜 원화가 '고평가된다'고 표현한다. 원화가 고평가되면 한국산 수출품은 전보다 수출 단가가 비싸지고 수입품 단가는 싸진다. 수출의 가격 경쟁력이 낮아지는 효과가 생기는 셈이다. 자연히 수출은 줄고 수입은 늘어나기 쉽다. 그 결과 경상수지가 적자를 내는 쪽으로 움직일 가능성이 높다. 경상수지가 적자 쪽으로 움직이는 현상을 가리켜 '경상수지가 나빠진다'거나 '악화한다'고 표현한다.

달러-원 환율 하락 → 원화 시세 상승 → 수출 경쟁력 하락 → 수출 감소 & 수입 증가 → 경상수지 악화

반대로 달러-원 환율이 올라 원화가 저평가되면 수출품 단가는 전보다 싸지고 수입품 단가는 비싸진다. 수출의 가격 경쟁력이 높아지는 효과가 생기므로 수출은 늘고 수입은 줄어들기 쉽다. 그 결과 경상수지가 흑자를 내는 쪽으로 움직일 가능성이 높다. 경상수지가 흑자 쪽으로 움직이는 현상을 두고는 흔히 '경상수지가 좋아진다'거나 '개선된다'고 표현한다.

달러-원 환율 상승 → 원화 시세 하락 → 수출 경쟁력 상승 → 수출 증가 & 수입 감소 → 경상수지 개선

다만 달러-원 환율 하락, 곧 원화 시세 상승이 경상수지 악화를 부르는 경로가 언제나 공식처럼 작동하는 것은 아니다. 달러-원 환율 상승, 곧 원화 시세 하락이 경상수지 개선을 부르는 경로도 마찬가지다. 왜 그럴까?

대외 거래에는 흔히 수출기업의 출혈수출(出血輸出, export at below-cost price), 해외 생산, 제품 경쟁력 등 여러 가지 요인이 작용하기 때문이다.

첫째, 출혈수출. 달러-원 환율 하락으로 '원 고'가 되면 가령 1달러짜리 수출품을 팔아 1300원을 벌던 내국 기업이 1200원밖에 벌지 못하게 된다. 수출품 판매가격을 올리지 않고는 채산을 맞출 수 없다. 하지만 그랬다가는 단골 거래처를 잃기 쉽고, 한번 잃은 거래선은 회복하기 어렵다. 때문에 달러-원 환율 하락으로 수출 여건이 나빠져도 내국 기업은 한동안 종전 수출품 가격을 유지한다. 거래선을 잃지 않기 위해 손해 보는 수출, 곧 출혈수출을 하는 셈이다. 이로부터 수출 물량이 유지되면 경상수지가 나빠지지 않는다.

둘째, 해외 생산. 현대자동차가 미국에 생산 공장을 만들고 미국에서 만든 차를 미국에서 팔거나 해외로 수출하는 경우를 생각해보자. 이때 현대차는 달러-원 환율 변동의 영향을 받지 않는다. 이렇게 기업이 해외 생산을 많이 하면 달러-원 환율 변동이 한국 경제의 경상수지에 미치는 영향이 줄어든다.

셋째, 수출품의 경쟁력. 한국에서 이른바 '명품'으로 통하는 외국산 유명 브랜드의 가방, 향수, 시계 등은 달러-원 환율이 올라 값이 비싸져도 판매가 잘 된다. 기술 수준이나 브랜드 경쟁력이 높은 고가 제품은 수출입에서 환율의 영향을 별로 받지 않기 때문이다. 당연히 '원 저'가 수입을 줄여 경상수지를 개선하는 데 기여하지 않는다.

경상수지 흑자 나도 반갑잖은 불황형 흑자란?

흔히 경상수지가 국민경제의 경쟁력을 재는 척도로 통하지만, 그렇다고 '경상수지는 늘 흑자가 나는 게 좋다'고 단언할 수는 없다. 경상수지 실적이 경제의 경쟁력을 제대로 반영하지 못할 때도 있기 때문이다.

예를 들면 경상적자가 났더라도 경제의 경쟁력이 떨어졌다고 단정할 수 없는 경우가 있다. 기업이 경쟁력을 키우느라 자본재(資本財, capital goods, 기계설비나 장비처럼 중간재나 소비재를 생산하는 과정에 장기간 반복해서 쓰이는 재화) 투자와 수입을 늘리다 상품수지 적자가 난 결과로 경상적자가 나는 경우가 그렇다. 당장 적자가 났더라도 기업이 투자를 늘리느라 그런 것이라면 큰 문제가 아닐 수 있다. 길게 보면 기업이 자본재를 축적해 국민경제의 생산능력을 키우고 수출을 확대하는 것이 나중에 경상흑자를 오히려 더 크게 내는 길일 수 있기 때문이다.

정부가 마음먹기에 따라서는 처음부터 자국 산업 경쟁력을 끌어올리기 위해 경상적자를 감수할 수도 있다. 경제의 경쟁력을 높이는 데는 경상수지 흑·적자를 따지기보다 수입 자본재를 얼마나 생산적으로 활용하느냐가 더 중요한 문제일 수 있기 때문이다.

그런가 하면, 경상흑자가 난다 해서 경제의 경쟁력이 높아졌다고 단정할 수 없는 경우도 있다. 경상흑자는 국민경제의 경쟁력이 떨어져서 무역 실적이 부진한 결과로도 나타날 수 있기 때문이다.

대개 수출이 잘될 때는 수출만 홀로 늘어나지 않는다. 수출에 필요한 부품과 원자재를 들여다 생산하느라 수입도 함께 늘어난다. 하지만 해외수요가 부진할 때는 다르다. 수출이 늘어나지 못하거나 줄어들기 때문에 수출용 원자재나 부품, 자본재 수입도 정체하거나 줄어든다. 만약 내수 경기가 나빠서 국내 투자와 소비마저 부진하면 수입이 수출보다 더 줄어든 결과 상품수지 흑자가 나고, 상품수지 흑자를 반영해 경상수지 흑자가 날 수 있다. 이런 때 경상흑자는 경기가 나쁘고 국민경제의 경쟁력이 떨어졌을 때 나타나는 흑자라 해서 불황형 흑자라고 부른다. (내수 경기 부진이 경상흑자를 늘릴 수 있는 것처럼 내수 경기 개선이 경상흑자를 줄일 수도 있다. 내수 경기가 좋아 내국인의 소득이 늘고 국내 소비가 활발해지면 해외 상품 수입이 늘어 상품수지와 경상수지의 흑자를 줄일 수 있기 때문이다.)

불황형 흑자가 이어지면 생산이 정체하고 고용도 늘어나지 않는다. 기업이 장래 수출을 늘리는 데 필요한 자본재 수입도 위축된다. 장기적으로 국민경제의 성장 잠재력과 수출을 제약한다.

우리나라 경상수지는 2012년 5월부터 2019년 3월까지 83개월 연속 흑자를 기록했지만, 2014~2016년에는 불황형 흑자가 나타났다. 수출과 수입 모두 전년보다 줄었는데, 수입이 수출보다 더 큰 폭으로 줄어 상품수지와 경상수지에 흑자가 났다.

코로나 사태가 닥친 2020년에도 경기 부진 속에 수출과 수입이 함께 줄고 수입이 수출보다 더 줄면서 상품수지 흑자가 나고 경상수지 흑자로 이어지는 불황형 흑자가 나타났다.

2023년 경상수지 또한 흑자를 냈지만, 상품수지에서 수출보다 수입이 더 줄어드는 불황형 흑자가 나타났다. 보기 기사가 관련 보도다.

"경상수지 흑자폭 올해 더 커진다"… '500억달러 흑자' 가능할까

우리나라 경상수지가 8개월 연속 흑자를 기록하면서 연간 300억달러 흑자라는 한국은행 전망치를 웃돌았다. … 한은이 발표한 '2023년 12월 국제수지(잠정)'에 따르면 지난해 연간 경상수지 흑자 규모는 354억9000만달러로 집계됐다. … 다만 연간으로 보면 2023년 수출은 6450억5000만달러로 전년 동기 대비 7.1% 감소했다. 수출보다 수입(-10%)이 더 크게 감소하며 상품수지는 이른바 '불황형 흑자'의 모습을 띠었다.

머니투데이
2024.2.7

불황형 아닌데도 경상흑자가 부담스러울 때는 언제?

국민경제가 잘되려면 경제의 경쟁력 향상을 토대로 경상수지 흑자를 내야지, 무역 부진으로 경상흑자가 나는 형태의 불황형 흑자는 반길 일이 아니다. 그런데 불황형 흑자가 아니더라도 경상수지 흑자를 반길 수 없는 때가 있다. 어떤 경우일까?

첫째, 경상수지 흑자가 커지면서 외화 유입이 늘어나는 영향으로 통화 시세가 오르는 경우다. 통화 시세가 오르는 나라에서 수출하는 제품은 가격 경쟁력이 떨어진다. 우리나라 같으면 경상흑자가 원화 강세를 불러 수출을 위축시킬 수 있다.

둘째, 경상흑자가 큰 폭으로 오래 지속되다 보면 무역 마찰을 일으킬 수 있다는 점도 문제다. 무역흑자를 많이 내면 적자 보는 나라가 무역 보복 조치나 수입 규제 정책을 쓸 가능성이 높아진다. 특히 경상흑자가 커지는데도 통화 시세가 오르지 않는 나라는 교역 상대국으로부터 직접 무역 보복을 당할 위험이 높다. 이런 무역 보복은 특히 미국이 즐겨 한다.

미국은 1988년부터 외국이 자국 상대로 무역흑자를 많이 내는데 통화 시세는 낮다 싶을 때 해당국 정부를 조사하는 제도를 시행하고 있다. 상대국 정부가 외환시장에 개입해 자국 통화 시세를 인위적으로 낮게 조작함으로써 무역흑자를 본다고 의심해서다. 조사 결과 '그렇다'고 판단하면 자국 법 절차로 상대국을 '환율 조작국(심층분석국)'으로 지정하고 일방적으로 무역 보복을 한다. 주로 상대국이 수출하는 상품에 고율 보복관세를 물리거나, 상대국 기업의 미국 시장 진출을 막거나, 미국 기업이 상대국 기업에 투자하지 못하게 막는다.

예를 들어 2020년 12월 16일 미 재무부는 〈주요 교역국의 거시경제 및 환율정책 보고서(환율보고서)〉를 내놓고 스위스를 환율 조작국(currency manipulator)으로 지정했다. 스위스 통화(스위스 프랑) 시세가 오르자 스위스 정부가 달러를 대거 사들여 자국 통화 시세를 낮췄다는 이유다. 우리나라의 경우, 2016년 4월부터 7년 넘게 '환율 관찰대상국 명단(currency watch list)'에 넣었다. 환율 조작 의심이 드니 특별히 감시하겠다는 경고다.

나라 경제에는 대개 경상수지 흑자가 경제성장과 국민소득 향상, 호경기를 가져오는 원천이지만, 지나친 흑자가 통화 시세 상승과 무역 보복이라는 부메랑이 되어 돌아올 수 있다는 점은 경계해야 한다.

경상적자, 어떻게 외환위기 부르나

경상수지 적자가 늘 나쁜 것은 아니지만, 확실히 나쁜 경우가 있다. 장기간 수출이 부진해서 경상적자가 큰 폭으로 누적되는 경우다.

수출이 장기간 부진한 나라는 대개 수출산업의 생산성이 떨어져 나라 경제의 대외 경쟁력에 문제가 있는 경우다. 경제의 경쟁력이 낮아서 수출이 부진하면 상품수지 적자가 쌓이기 쉽다. 상품수지는 대개 어느 나라에서나 경상수지 내 비중이 가장 크므로 상품수지 적자가 누적되면 경상적자도 누적되기 쉽다.

경상적자가 난다면 수출로 버는 외화보다 수입에 쓰는 외화가 더 많고, 대외 거래로 외화를 벌기보다 내준다는 뜻이다. 버는 것보다 더 많은 외화를 내주면서 대외 거래를 계속하려면 보유 외환(외환보유고)을 쓰거나 해외 자본의 투자를 받거나 빚을 내서 부족한 외화를 메워야 한다. 만약 경상적자가 계속되면 외환 부족이 만성화하고 외채(外債, foreign debt)가 쌓이기 쉽다. 그래도 외채를 얻어 적자를 메울 길이 있으면 대외 거래를 계속할 수 있지만, 궁극적으로 수출 경쟁력을 키우지 못하면 경상적자가 이어지고 외채도 대책 없이 쌓일 수밖에 없다. 그대로 가다간 자국 통화 시세가 급락하고, 심한 경우 통화위기(currency crisis)가 닥칠 수 있다.

통화위기란 자국 통화 시세가 폭락하면서 발생하는 국가적 경제위기다. 대개 경상적자와 외채가 장기 누적된 국민경제가 대외 신용을 잃은 결과로 발생한다. 통화위기가 발생하는 나라에서는 정부·금융기관·기업의 대외 상품 교역과 자금 거래가 일제히 끊어지고, 투자금을 들고 들어왔던 외국인이 일제히 자금을 꺼내 나가버린다. 자국 통화 시세는 폭락하고 기축통화 시세는 폭등해서 국민경제가 대외 통상에 쓸 외환이 부족한 사태, 곧 외환위기(foreign currency crisis)가 수반된다.

외환위기는 심각한 국가적 경제위기를 부를 수 있다. 외화 없이는 국제 거래를 계속할 수도, 산업 생산에 필요한 원자재를 사 올 수도 없기 때문이다. 기업은 문을 닫고 실업자가 양산될 수 있다. 통화·증권·부동산 등 자산 시세는 일제히 폭락하는데 물가는 수입품을 필두로 폭등해 경제가 큰 어려움에 빠질 수 있다.

경상적자가 계속되는 나라가 외환위기를 피하려면 어떻게 해야 할까?

비록 당장은 경상적자가 이어지더라도 장기적으로 수출 경쟁력을 키워 경상흑자를 내겠다는 의지와 능력, 객관적 전망이 있어야 한다. 그래야 국제사회의 신용을 토대로 불시에 닥칠 수 있는 장·단기 외화 부족 사태에 대비할 수 있다. 우리나라는 대비를 잘못해서 1997년 말 외환위기를 당했다.

우리나라 경상수지 추이

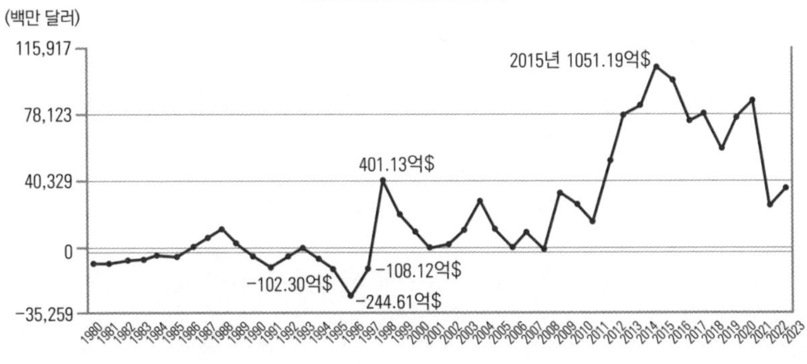

자료: KOSIS

당시 우리나라도 만성 경상수지 적자국이었다. 1990년부터 1997년까지 거의 해마다 적자를 보면서 약 600억 달러 적자가 쌓였다. 1995년부터 1997년까지는 매년 100억 달러 넘게 적자를 봤다. 경상적자를 메우기 위해 정부는 한은 외환보유액을 가져다 썼고, 한은 보유 외화는 급감했다. 결국 1997년 연말로 닥친 단기부채 상환 만기를 앞두고 달러 부족 사태, 곧 외환위기를 맞았다. 급거 미국과 일본에 지원을 청했지만 거절당했고, 국가부도위기에 몰렸다.

외환위기는 우리 경제에 전례 없이 큰 충격을 줬다. 대기업과 은행이 무더기로 쓰러졌고 실업자가 양산되며 급격한 불황이 이어졌다. 많은 국민이 경제적으로 심한 고통을 겪었고, 후유증도 오래갔다. 당시 경험으로 우리나라에서는 정부와 국민, 미디어 모두가 경상수지 관리에 관심이 높다. 경상적자가 몇 달만 이어져도 외환위기 재현을 경계하는 목소리가 높아지곤 한다.

외채 적어도 외채위기 맞는다고?

외채(external debt)란 정부와 민간을 포함해서 국민경제가 해외에 진 빚이다. 우리 정부가 쓰는 공식 용어는 '대외채무'다. 예전에는 총외채나 총대외채무, 총대외지불부담 등으로 불렀다.

대외채무에는 정부가 채권을 발행해 외국에서 빌린 돈, 기업이 외국 금융사에서 직접 빌리거나 해외에서 회사채를 발행해 들여온 돈, 국내 금융기관이 외국 금융기관에서 빌린 외화가 모두 포함된다.

대외채무 중에서 1년 안에 갚아야 하는 외채는 단기외채, 상환 만기가 1년이 넘는 외채는 중장기외채라고 부른다. 중장기외채는 상환 만기가 길어서 비교적 여유를 갖고 관리할 수 있지만, 단기외채는 만기가 짧으니 관리에 주의해야 한다. 잘못하면 총외채 규모가 크지 않더라도 외채위기(debt crisis), 즉 외채를 제때 갚지 못해서 정부·금융기관·기업의 대외 자금 거래가 끊기는 사태에 몰릴 수 있기 때문이다. 우리나라가 그런 사태를 겪었다.

1997년 외환위기 직전 우리나라 외채는 규모만 보면 크게 문제 될 수준이 아니었다. 당시 세계은행(World Bank, WB)은 GDP 대비 총외채 비중이 50%를 넘는 나라를 외환위기 가능성이 높은 중(重)채무국으로 분류했는데, 우리나라는 30%대 초반이라서 경(輕)채무국에 속했다.

문제는 단기외채였다. 대외채무 중 단기외채의 분기별 비중이 1995년 1분기부터 1997년 3분기까지 연속 45%를 넘을 정도로 높았다. 1990년대 들어 경상수지 적자와 외채, 단기외채가 모두 급증한 탓이다. 1997년 말 기준으로는 갚아야 할 단기외채가 584억 달러인데 한은 외환보유액은 204억 달러에 그쳐, 단기외채가 외환보유액보다 3배(286.1%) 가까이 많았다. 결국 단기외채 상환 불능 상태를 어찌할 수 없게 되면서 외채위기와 외환위기가 함께 닥쳤다.

당시 우리 정부가 다른 나라에서 급히 달러를 빌리든지 원화로 달러를 바꿀 수 있었다면 위기 모면이 가능했겠지만, 그렇게 되지 않았다. 우리 정부의 긴급 달러 융자 요청을 미국과 일본은 간단히 거절했다. 원화는 글로벌 외환시장에서 시세가 폭락해 아무도 사지 않았다. 결국 IMF가 우리 정부의 긴급 융자 요청을 받아준 뒤에야 사태 수습이 시작됐다.

외채도 잘만 활용하면 나라 경제에 이로울 수 있다. 우리나라도 1960년대 이후 초기 경제개발 시기에 부족했던 투자 재원을 외채로 메워 성장했다. 다만 빚을 낸 뒤에는 갚을 능력을 따져 빚 규모와 증가 속도를 잘 조절해야 한다. 잘못하면 빚 갚느라 빚을 또 내는 악순환에 빠질 수 있고, 아예 통제 불능 상태가 될 수도 있다.

장기채무에 비하면 단기채무가 부도, 즉 빚을 갚지 못하는 사태로 이어질 가능성이 높으므로 단기채무 관리가 특히 중요하다. 단기채무 상황을 짚어보는 데는 보통 단기외채 비중과 단기외채 비율, 두 가지 지표를 쓴다. 단기외채 비중은 대외채무에서 단기외채가 차지하는 비중, 단기외채 비율은 외환보유액 대비 단기외채의 비율이다.

2023년 말 현재 우리나라 단기외채 비중은 (단기외채 1362억 달러/대외채무 6636억 달러=) 20.5%, 단기외채 비율은 (단기외채 1362억 달러/외환보유액 4201억 달러=) 32.4%다(한은, 〈2023년 국제투자대조표(잠정)〉). 둘 다 양호한 수준에서 관리되고 있는 상태다.

국가 간 통화 스와프는 어디에 쓰나

외환위기는 근본적으로 나라 경제의 경쟁력이 취약한 탓에 발생하는데, 발생 사례를 보면 외환 유동성 위기(currency liquidity crisis)인 경우가 더 많다. 외환 유동성 위기란 국민경제가 상당한 수준의 경제력을 갖고도 외채 상환 자금 등 일시적으로 필요한 외화를 확보하지 못하는 사태다. 기업으로 치면 자산 규모도 크고 흑자를 내지만 일시적으로 빚에 몰리는 경우다. 채무 때문에 유동성 위기가 닥친 기업이 어떻게든 돈을 마련해 빚을 갚지 못하면 부도가 난다. 국가도 외환 유동성 위기를 넘기지 못하면 국가부도를 낼 수 있다.

외환 유동성 위기에 대처하기 위해 각국은 평소 외환보유액을 쌓아둔다. 유사시에는 외교 관계가 있는 나라에서 급전을 빌려 위기 대응 안전망(safety-net)으로 활용할 방도도 평소에 마련해둔다. 보기 기사에서 말하는 국가 간 통화 스와프(currency swap)가 그런 예다.

기사독해

서울경제
2024.1.24

한국 · 말레이시아 '5조 통화스와프' 연내 재체결

한국이 지난해 2월 만기가 종료된 말레이시아와의 양자 간 통화스와프 계약을 연내 다시 체결한다. 자원 부국인 말레이시아와의 통화스와프 라인을 재구축해 역내 금융 협력에 힘을 싣는다는 방침이다.

국가 간 통화 스와프는 중앙은행 간에 서로 다른 통화를 교환하는 거래다. 보통 외환 유동성 위기가 닥쳤을 때 중앙은행이 대응책으로 쓰기 위해 미리 기간을 정해 국가 간 협정을 맺어둔다. 예를 들어 2024년 5월 현재 우리나라와 호주는 2028년 2월을 만기로 하는 120억 호주 달러 규모의 통화 스와프 협정을 맺고 있다.

통화 스와프 협정 실행 후 교환 만기가 되면 거래 초기 환율로 원금을 재교환한다. 이자는 정기적으로 교환하거나 만기 때 정산한다. 협정을 맺을 때 대부분 사전 한도와 만기를 정해두지만, 한국-캐나다 간 통화 스와프처럼 사전 한도와 만기를 정해두지 않는 경우도 있다.

통화 스와프 협정을 맺어두면 중앙은행이 외환보유액을 더 갖는 셈이므로 외환 유동성 위기에 대응하는 능력이 높아진다. 자국 통화와 외화 간 환율이 안정되는 효과도 커진다. 우리나라는 2024년 1월 현재 한은이 캐나다·호주·중국·일본·UAE·스위스·말레이시아·인도네시아·튀르키예 등 9개국 중앙은행과 양자 간 통화 스와프 계약을 맺고 있다.

서비스수지는 왜 만년 적자 보나

우리나라는 외환위기를 겪고 난 1998년부터 해마다 경상수지 흑자를 냈다. 주로 상품 수출이 잘되어 상품수지가 계속 흑자를 낸 덕이다. 그런데 서비스 교역은 아니다. 1990년대에는 거의 해마다 적자였고, 2000년부터는 매년 빠짐없이 적자를 보고 있다.

서비스수지 적자는 2010년대 들어 훨씬 커졌다. 서비스수지 적자 탓에 경상수지에서 흑자가 나도 흑자 폭이 줄어든다. 제조업이 상품 수출로 버는 돈을 서비스 수입으로 까먹는 셈이다.

서비스수지는 왜 늘 적자일까?

주로 여행과 사업서비스 부문의 산업 경쟁력이 외국에 뒤지기 때문이다.

최근 국내외 소비자는 소득 수준과 소비 여력이 커지면서 관광, 여행, 교육, 의료 부문에서 더 나은 서비스를 기대한다. 하지만 우리나라 서비스는 비교적 낙후해서 외국인들이 여행, 연수, 유학차 방한해도 돈 씀씀이가 적다. 우리 국민 중에도 상대적으로 소비 여력이 있는 이는 더 질 좋은 서비스를 찾아 해외로 나가 돈을 쓴다. 그래서 여행수지가 대체로 늘 적자다.

사업서비스도 그렇다. 사업서비스란 기업이 사업을 원활히 운영하고자 다른 기업과 금융, 회계, 법률, 광고, 홍보, 컨설팅, 특허, 연구·개발 부문에서 주고받는 서비스인데, 국내 기업 경쟁력이 낮아서 벌어들이는 돈보다 내주는 돈이 늘 많다.

서비스 무역수지를 개선하려면 어떻게 해야 할까?

여행과 사업서비스의 산업 경쟁력을 키워야 한다. 예를 들면 관광이나 여행 관련 기반시설과 볼거리를 늘리고 수준을 높여서 외국인 관광객을 더 많이 유치해야 한다. 교육이나 의료 서비스 품질을 높여서 공부나 질병 치료를 위해 해외로 나가는 내국인보다 한국을 찾는 외국인이 늘어나게 해야 한다. 그러자면 해야 할 일이 많은데, 꼭 필요한 것이 서비스시장을 제대로 여는 일이다.

우리 정부는 전통적으로 제조업을 앞세운 수출에 집중해 경제를 키우느라 서비스업에는 큰 관심을 두지 않았다. 제조업에는 규제를 과감

서비스수지 추이

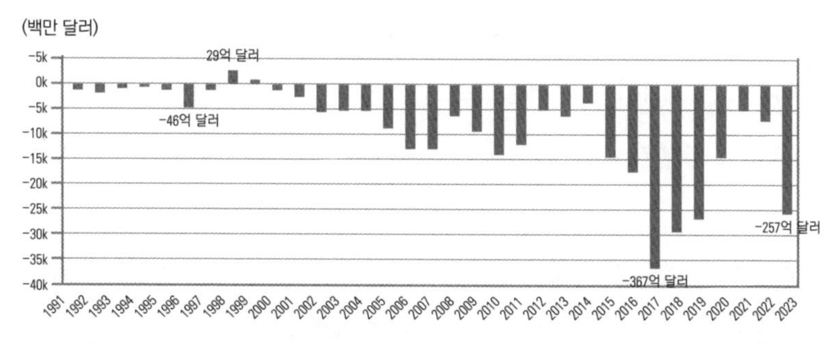

자료: ECOS

히 풀어가며 빠르게 성장할 수 있도록 금융이나 조세 측면에서 적극 지원했지만, 서비스업에는 그러지 않았다. 교육, 의료, 통신, 해운, 항공 운수 등 주요 시장에서 정부와 대기업이 독과점 체제를 유지하면서 복잡한 규제를 만들어 국내외 민간 기업의 진입을 막았다. 그 결과 우리 서비스산업에서는 유능한 기업, 특히 중소기업이 새로 시장에 진입해서 기존 기업과 경쟁하며 성장 잠재력을 키울 기회가 제한됐다. 그 대신 기존 기업은 정부 규제와 보호에 안주해 경쟁력이 취약해졌다.

서비스업 경쟁력을 키우려면 정부가 규제와 독점을 거두고 시장을 열어 경쟁이 촉진되게 해야 한다. 단 국내 산업이 개방에 대비할 시간을 주고 정책 지원을 펴야 한다. 개방으로 생길 수 있는 부작용도 대비해야 한다. 특히 우리나라 고용의 대부분과 내수를 떠받치는 기둥인 중소기업이 활로를 찾을 수 있게 돕는 정책이 필요하다. 중소기업을 배려하지 않고 시장을 열면 다국적기업과 대기업이 자본력을 앞세워 시장을 석권하면서 많은 중소기업이 한꺼번에 퇴출될 수 있다. 그럼 고용과 내수가 주저앉는다. 서비스수지 흑자도 기대하기 어렵다.

우리 무역 어디쯤 왔나

우리나라는 세계 10위 안에 드는 수출 강국이다. 2023년 기준으로 상품 수출액(6326억 달러)이 세계 수출 규모(23조 4763억 달러)에서 차지하는 비중이 2.7%. 국가별 수출액 크기로 순위를 매기면 세계 8위다. 수입액(6426억 달러)은 세계 수입 규모(23조 7095억 달러)의 2.7%. 수출액과 수입액을 합한 무역 규모(무역액, 수출입액, 교역 규모, 교역량)는 1조 2752억 달러로, 글로벌 무역(47조 1858억 달러)에서 2.7%의 비중을 차지한다(IMF, 한국무역협회 K-stat 수출입무역통계).

우리 무역은 세계사에서 유례를 찾기 어려울 정도로 급성장했다.

우리나라 수출은 1964년에서 2022년까지 연평균 16.1% 증가해 세계 연평균 수출 증가율(8.9%)보다 높았고, 1964년 세계 83위였던 수출

주요국 수출 규모(2023년)

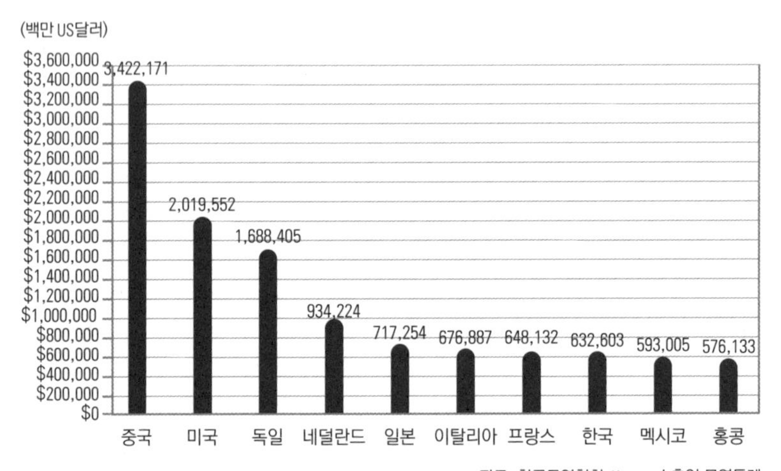

자료: 한국무역협회, K-stat 수출입 무역통계

한국 무역 규모의 성장

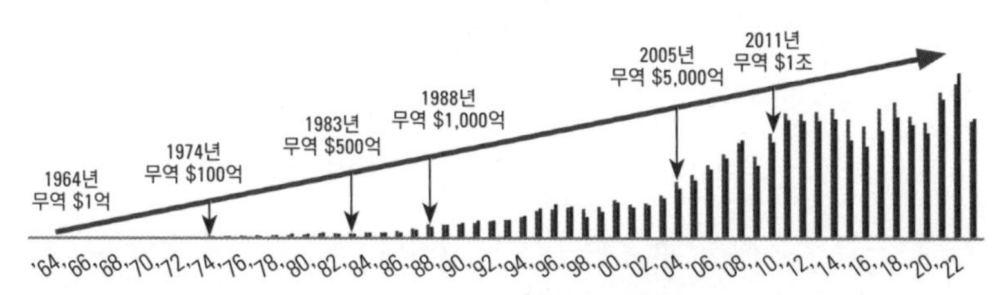

자료: 한국무역협회(K-stat) Trade Brief No. 20, 2023.12

순위가 2009년부터는 10위권 안으로 자리 잡았다. 1950년 이후 우리 나라보다 먼저 세계 수출 10위권에 새로 진입한 나라는 일본(1955년)과 중국(1997년)뿐이다.

무역 규모도 1964년 5억 달러대에서 2011년에는 1조 달러대로 올라섰다.

무역수지도 크게 확대됐다. 1990년대까지만 해도 우리 무역은 만성 적자를 면치 못했다. 경제개발을 본격 시작한 1962년부터 1997년 외환위기를 당할 때까지 36년간 누계 867억 달러 적자를 쌓았다. 그러나 1998년부터 2001년까지는 단 4년간 누계 840억 달러 흑자를 내서 이전에 쌓인 적자를 상쇄했다. 이후로는 미국발 글로벌 금융위기가 발생한 2008년 한 해만 빼고 2021년까지 매년 흑자 행진을 했다. 다만 2022년과 2023년에는 연거푸 적자가 나서 우려를 낳고 있다.

중국 시장, 포기해도 되나

우리 무역은 21세기 들어서는 거의 해마다 흑자를 봤다. 하지만 지난 2022년(-478억 달러)과 2023년(-113억 달러)에는 연속 무역적자가 났다. 주로 반도체 수출과 대중 수출이 각각 전년 대비 23.7%, 19.9% 줄어든 탓이다. 반도체 수출은 워낙 국제 경기에 따른 부침이 심하므로 그렇다 쳐도, 대중 수출이 줄어든 것은 가볍게 볼 수 없다.

대중 수출은 2020년만 해도 우리나라 총수출의 25.9%를 차지했다. 그러나 2021년 25.3%→2022년 22.8%→2023년 19.7%로 해마다 비중이 줄어드는 추세다. 대중 수출이 총수출에서 차지하는 비중이 20%를 밑돌기는 2004년(19.6%) 이후 19년 만에 처음이다. 그럴 만도 한 것이, 2023년에는 대중 수출이 전년 대비 20% 가까이 급감했다. 대중 무역수지도 1992년 대중 수교 이후 31년 만에 처음으로 적자(180억 달러)가 났다(산업통상자원부, 〈2023년 12월 및 연간 수출입 동향〉, 2024.1).

반면 2023년 대미 수출은 5.4% 늘어, 사상 최대 대미 무역흑자가 났다. 우리 수출(총수출)에서 대미 수출과 대중 수출이 차지하는 비중 간 격차도 2020년 11.4%p→2021년 10.4%p→2022년 6.7%p→2023년 1.4%p로 줄어들었다.

2007년 이후 우리 수출에서 대중 수출이 차지하는 비중은 늘 대미 수출과 대일 수출을 합한 것보다 컸다. 그러나 2020년부터 2023년까지 대중 수출이 계속 줄어드는 동안 대미 수출 비중은 14.5%→14.9%→16.1%→18.3%로 매년 커져서(대일 수출 비중은 4.9%→4.7%→4.5%→4.6%), 2023년에는 대미+대일 수출(약 22.8%)이 대중 수출(19.7%)을 앞질렀다.

이처럼 최근 우리 무역에서 대중 수출은 줄고 대미 수출은 늘어나는 판도 변화가 나타나는 이유가 뭘까?

근년 미국과 중국이 무역 분쟁을 치르면서 글로벌 패권 다툼을 본격화한 상황과 관계가 깊다.

미국은 2021년 조 바이든이 대통령에 취임한 이래 글로벌 첨단 기술 무역 · 공급망에서 중국을 견제한다는 정책을 세웠다. 이후 중국이 첨단 기술 역량을 키우지 못하게 막는 조치를 잇달아 내놓았다. 주로 상업용과 군사용으로 함께 쓸 수 있는 AI(인공지능), 양자 컴퓨팅, 첨단 반도체 등 첨단 기술 분야에서 미국산 기술 · 서비스 · 실물을 유통하는 공급망에 중국이 접근하지 못하게 막고, 관련 개발에 필요한 금융 · 투자도 규제하는 조치다. 한국, 일본 등 동맹국을 한데 묶은 배타적 공급망을 만들어 중국을 배제한다는 전략도 곁들였다. 미국이 견제하더라도 제3국을 통하면 중국이 미국산 기술과 실물 등에 접근할 수 있기 때문이다.

미국이 동맹과 함께 중국을 첨단 기술 공급망에서 배제하고 나오니 중국도 가만있을 리 없다. 대안적 공급망 구축에 나섰다. 글로벌 사우스(Global South)를 한데 묶어 핵심 자원의 안정적 공급처를 확보하고 태양광 · 전기차 등 신성장 산업 분야 공급망 주도권을 확보한다는 전략을 내걸었다. 글로벌 사우스란 주로 남반구와 북반구 저위도에 흩어진 아시아 · 아프리카 · 남아메리카 등지 개발도상국 그룹을 가리킨다. 글로벌 노스(Global North), 곧 미국을 위시해 주로 북반구에 있는 선진국 그룹에 맞서겠다는 뜻이다.

미 · 중이 자국 위주 공급망 구축에 나서면 세계가 라이벌 블록(block)

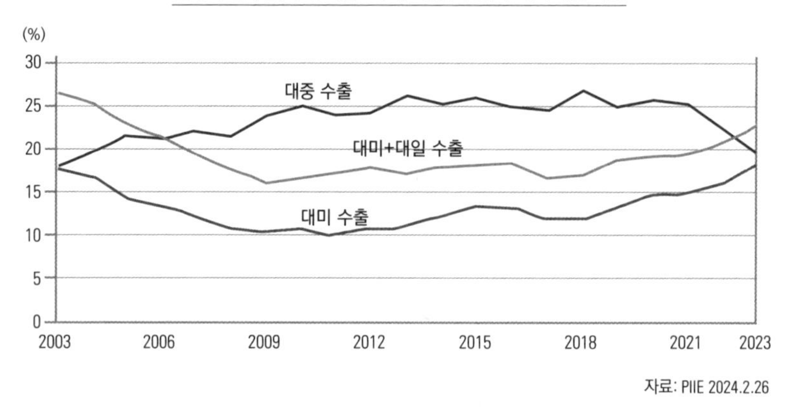

으로 나뉘고 국제 교역이 위축될 수 있다. 그럼 우리는 어떤 선택을 해야 좋을까?

중국은 우리가 수출을 통해 경제를 크게 의지하는 상대지만 정치 이념은 우리와 매우 다르다. 반면 미국은 우리와 정치 이념이 비슷하다. 국가 안보 측면에서 매우 중요한 군사동맹 파트너이기도 하다. 지정학적 거리를 따진다면 중국은 멀고 미국은 가깝다. 2024년 초 매킨지(McKinsey & Company) 보고서에 따르면, 두 나라 간 지정학적 거리를 0에서 10으로 놓을 때 미·중 간은 약 10이다. 한·중 간은 약 8로 꽤 멀고, 한·미 간은 1 정도로 매우 가깝다. 그렇다고 우리가 섣불리 중국을 견제하는 친미 공급망 진영에 가세한다면 대중 교역이 축소되면서 경제에 타격을 입을 위험이 있다. 그러니 이 문제는 간단치 않다. 정교한 전략을 짜서 우리 경제가 글로벌 블록화 시대를 헤치고 나아갈 길을 열어야 한다. 그런데 2022년 5월 윤석열 정부는 집권하자마자 대뜸 미국이 추진하는 공급망 변화의 역내 최전방에 섰다. 6월에 최상목 대통령 경제수석이 '중국을 통한 수출 호황 시대는 끝나가고 있다. 대안 시장이 필요하다'는 요지의 발언으로 통상 정책 방향 전환을 전격 예고했다.

우리 안보에 가장 중요한 동맹국 미국이 중국과 다투니, 윤 정부 공언대로 이제 중국은 포기하고 '대안 시장'을 찾아야 옳을까?

그러기에는 중국 시장이 우리 경제에 너무 크고 중요하다. 중국 시장은 수교 이후 지난 2022년까지 30년간 우리에게 누계 7000억 달러, 연평균 200억 달러가 넘는 무역흑자를 안겨주었다. 대중 무역흑자는 우리 무역이 대중동·대일 적자를 메우고도 전체적으로 흑자를 낼 수 있게 해준 우리 경제 최대 동력이었다. 대중 교역 일선에서 뛰는 기업인에게서 "중국이란 큰 시장을 포기하면 우리에겐 회복력이 없다(2023년 7월, 최태원 대한상공회의소·SK그룹 회장)"는 발언이 나온 것도 그래서다.

중국 대신 미국에서 흑자를 내면 되지 않느냐고 생각할 수 있다. 하지만 2023년 우리 무역은 대미 무역에서 435억 달러 흑자를 얻고도 전체 수지 적자를 피할 수 없었다.

매킨지 보고에 따르면 2017년 이후 미·중 무역 갈등이 불거지기 시작한 최근 7년간 중국의 글로벌 교역과 상품 수입에서 한국의 비중은 각각 2%포인트, 3.8%포인트 줄었다. 한·중 간 지정학적 거리가 먼 점을 생각하면 자연스러워 보인다. 그런데 베트남은 다르다. 베트남은 미국과의 지정학적 거리가 (8.5 정도로) 한·중 사이만큼 먼데도 같은 기간 미국의 글로벌 교역 내 비중을 1%포인트 늘렸다. 미국이 중국 제품에 물리는 관세나 제재를 피해, 중국에서 조립한 제품이 베트남을 경유해 미국으로 나가는 길이 열린 결과다. 미·중 갈등 구도에서 어부지리를 얻고 있는 셈이다. 우리도 베트남처럼 할 수 없을까?

미 · 중이 지금 다툰다지만 첨단 기술 경쟁을 벌이는 것뿐 범용 제품 교역은 열심히 하고 있다. 2023년에도 중국은 금액 기준으로 미국에 가장 많이 수출했다. 수입도 대만 다음으로 미국에서 가장 많이 했다. 2023년 중국이 가장 많이 수출한 나라는 미국, 홍콩, 일본, 한국 순이고, 가장 많이 수입한 나라는 대만, 미국, 한국, 일본 순이다(중국해관통계, KITA; 〈2023년 중국 대외무역의 특징과 한 · 중 무역에 대한 시사점〉, KIEP, 2024.3에서 재인용).

한국 무역의 이익은 미국 시장이든 중국 시장이든 어느 한쪽을 버리거나 택하는 데 있지 않다. 쉽지 않겠지만 미 · 중 갈등의 파고를 슬기롭게 헤쳐 나가면서 미 · 중 모두와 가능한 최다 경로로 교역을 확대하고, 더 많은 지역과 나라로 교역을 다각화하는 게 최선이다.

미 · 중에 수출 많이 하는 게 왜 문제인가

우리나라는 어떤 품목을 수출할까?

경제개발 초기인 1960년에는 1차 산업과 경공업이 각각 45.4%를 차지했을 정도로 노동 집약 상품이 대부분이었다. 1980년 이후로는 선박, 반도체, 자동차, 철강판 등 중화학제품 비중이 크게 늘었다. 이제는 중화학제품 비중이 90%를 넘는다.

어디로 수출할까?

대륙별로 보면 2023년 실적 기준으로 중국과 ASEAN(동남아국가연합)을 포함한 아시아로 전체의 53.0%를 수출한다. 이어 북미(19.6%),

유럽(14.6%), 대양주(호주 포함, 4.4%), 중남미(3.9%), 중동(3.0%) 순이다. 국가별로는 중국(19.7%)이 최대 수출시장이고 이어 미국(18.3%), 베트남(8.5%), 일본(4.6%), 홍콩(3.9%), 대만(3.1%) 순이다(산업통상자원부, 〈2023년 수출입 동향〉, 2024.1)

우리가 수출을 가장 많이 하는 나라는 지난 2000년대 초반까지만 해도 미국이었다. 2001년에 중국이 세계무역기구에 가입하고 고속 성장하면서 한·중 교역이 확대된 결과, 2003년에는 중국이 미국을 제치고 우리의 최대 수출시장으로 자리 잡았다. 이후 중국 시장은 2위 시장인 미국과 계속 격차를 벌리며 독보적 위상을 갖게 됐다.

수출이 특정 국가나 지역에 편중되면 무역흑자 기반이 취약해질 수 있다. 수출이 순조로울 때는 상관없지만 혹 해당 국가나 지역과 분쟁이 나면 교역이 부진해지면서 전체 무역에 타격을 입을 수 있기 때문이다. 실례가 있다.

2016년 7월 한국 정부(국방부)와 주한 미군이 협정을 맺고 경북 성주에 '사드(THAAD)'를 배치한다고 발표했다. 사드란 미군의 고고도 미사일 방어체계(Terminal High Altitude Area Defense)다. 중국은 즉각 반대했고, 뜻이 먹히지 않자 무역 보복에 나섰다. 이해 우리의 대중 수출은 전년 대비 9.2% 급감했고, 그 바람에 총수출 실적이 전년 대비 5.9% 줄어든 4955억 달러에 그쳤다. 수출 실적이 연 5000억 달러에 미치지 못한 것은 2010년(4663억 달러) 이후 이때가 처음이다.

사드 사태를 겪자 대중 수출에 치우친 무역 구조를 개편해야 한다는 목소리가 높아졌다. 그즈음 미·중 무역 분쟁과 패권 다툼이 고조되면서 미국이 동맹국을 진영화하고 중국을 배제하는 정책을 추진하기 시

수출시장 비중(국가별, 2023년)

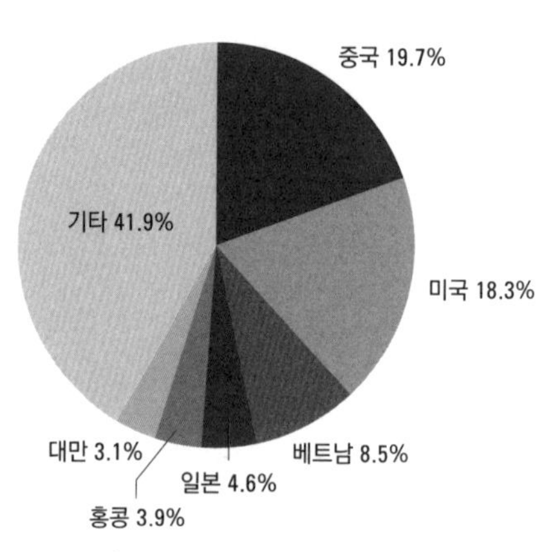

자료: 산업통상자원부, 〈2023년 수출입 동향〉, 2024.1

작했고, 우리 정부가 미국에 호응한 결과 우리 수출시장에서 중국은 작아지고 미국은 커지는 변화가 생겼다.

2020년만 해도 우리나라 총수출의 25.9%를 차지했던 중국 시장은 2023년 19.7%로 그 비중이 줄고, 같은 기간 미국 시장은 14.5%에서 18.3%로 커졌다. 수출기업 판로도 중국에서 미국으로 무게중심이 옮아가고 있다. 우리나라에서 중국으로 연간 1000달러 이상 수출하는 기업은 2019년 1만 7378개사에서 2023년 1만 3751개사로 20.9%나 줄었다. 반면 미국으로 1000달러 이상 수출하는 기업은 1만 1979개사에서 1만 2112개사로 1.1% 늘었다(1~9월 기준, 한국무역협회, 〈2023년 수출입 평가 및 2024년 전망〉, 2023.11)

대미 수출이 확장된 결과, 그간 중국 일변도였던 우리 수출의 지역별 편중성은 다소 완화됐다. 그렇지만 미·중 두 나라에 치우친 구조 역시 개선해야 한다. 장기적으로 우리가 꾸준히 무역흑자를 낼 수 있으려면 동남아, 일본, 유럽, 호주, 중남미, 인도, 중동 등지로 골고루 수출을 늘려야 한다. 근년 급증한 대베트남 수출이 좋은 사례다. 대베트남 수출액은 국가별 순위로 2014년 6위(224억 달러), 2016년 4위(326억 달러)를 찍고 2017년(478억 달러)부터 2023년(528억 달러)까지 7년 연속 중·미에 이어 3위를 유지했다(2018년 486억 달러 → 2019년 482억 달러 → 2020년 485억 달러 → 2021년 558억 달러 → 2022년 610억 달러).

왜 자본재 수입이 중요한가

우리나라는 어디서 어떤 품목을 수입할까?

2023년 국가별 수입액 기준으로 중국(전체의 22.2%), 미국(11.1%), 일본(7.4%)에서 많이 수입한다. 수입 품목은 용도나 가공 단계별로 나눌 때 원자재, 소비재, 자본재, 중간재의 비율이 각각 22.6%, 13.2%, 12.8%, 51.0%다. 수출 품목은 원자재, 소비재, 자본재, 중간재가 각기 0.7%, 15.5%, 14.3%, 69.2%다(2023년 1~10월 수입액 및 수출액 기준, 한국무역협회 K-stat, 〈2023년 수출입 평가 및 2024년 전망〉, 2023.11)

소비재는 TV나 휴대폰처럼 최종 소비자에게 판매되는 재화다. 자본재는 기계설비, 장비, 공구, 공장, 건물, 컴퓨터, 반도체 제조용 장비 등과 같이 중간재나 소비재를 생산하는 과정에 장기간 반복해서 쓰이는 재화다. 소비재는 한번 만들어 팔고 나면 그만이지만, 자본재는 생산과정에 되풀이 쓰면서 두고두고 수출을 늘릴 수 있다. 소비재와 자본재를 함께 수입하더라도 소비재보다는 자본재 수입을 늘리는 쪽이 수출에 도움이 된다. 특히 우리처럼 수출에 경제를 크게 의지하는 나라일수록 자본재 수입이 중요하다.

경기가 나쁠 때도 소비재 수입이 줄어드는 것은 큰 문제 아니지만 자본재 수입이 줄면 문제가 된다. 기업이 생산설비를 늘리지 못해서 경기가 회복되더라도 쉽사리 수출을 늘릴 수 없기 때문이다.

한국 무역은 왜 일본을 넘어서야 하나

'57년간 적자'… 대일 누적 무역적자 926조원

우리나라와 일본간 일제 강제동원(징용) 노동자 배상 문제의 해결에 맞춰 양국간 경제협력이 급물살을 타 무역 확대가 기대되지만, 수교 이래 대(對)일본 누적 무역적자액이 930조원에 육박하는 등 만성적 적자를 기록하고 있다. 향후 교역이 활기를 띤다 하더라도 이러한 구조적·만성적 적자 구조는 우리경제가 여전히 극복해야 할 과제로 지목되고 있다.

헤럴드경제
2023.3.14

우리 무역은 세계의 많은 나라를 상대로 흑자를 내지만 중동과 일본을 상대로 해서는 만년 적자다. 대(對)중동 적자는 원유를 사 와야 하므로 어쩔 수 없지만 대일 적자는 불가피한 게 아니다. 그런데도 대일 무역은 한·일 국교가 재개된 1965년(-1.3억 달러) 이래 지금까지 한 해도 거르지 않고 적자다. 2022년까지 대일 무역에서 누적된 적자가 7000억 달러쯤 되는데, 이 금액은 1970년 이후 우리가 대중 무역에서 쌓은 흑자 규모와 거의 맞먹는다. 중국에서 벌어 일본에 내준 꼴이다.

우리 무역은 왜 유독 일본에 늘 적자를 볼까?

첫째, 우리 기업이 일본으로 수출을 많이 못 하기 때문이다.

세계시장에서 선전하는 스마트폰 · TV · 자동차 등 한국산 주력 제품이 유독 일본 시장에서는 잘 팔리지 않는다. 스마트폰의 경우 애플과 삼성의 글로벌 시장 점유율은 1위 애플(20.1%)과 2위 삼성(19.4%) 간에 큰 차이가 없지만, 일본 시장 점유율은 애플 51.9%, 삼성 6.3%로 차이가 크다(2023년 출하량 기준, 시장조사업체 IDC 조사). 글로벌 TV 시장 1위 삼성전자(2023년 매출 기준 시장점유율 30.1%, 시장조사업체 옴디아 조사)는 2007년 TV를 포함한 가전 사업을 일본에서 철수했다. 현대자동차는 2000년대 초 일본에 판매 법인을 열고 승용차를 팔았지만 판매 부진으로 2009년 철수했고, 2022년에야 전기차를 출시하며 재도전에 나섰다.

둘째, 우리 기업이 공업 완제품 제조에 필요한 소재, 부품, 기계설비와 장비 등 자본재를 주로 일본에서 들여오기 때문이다.

보통 공업 완제품 생산은 원자재를 소재와 부품, 기계설비와 장비, 공장을 동원해서 가공하고 조립해 최종재를 완성하는 순서로 한다. 휴대폰을 예로 들면 완제품 제조에 필요한 반도체 칩(chip, 소재)과 액정화면(부품), 기계설비와 장비, 공장이 모두 자본재다. 원자재와 자본재로 완제품을 만들어내므로 완제품 품질이 좋아지려면 원자재와 자본재도 품질이 좋아야 한다. 원자재는 대개 천연자원이므로 인력으로 품질을 좌우할 수 없다. 자국에 없으면 수입해야 한다. 하지만 자본재는 만들어 쓸 수 있다. 어느 나라든 기술력만 있으면 질 좋은 자본재를 개발해

대일 소재·부품·장비 교역 추이

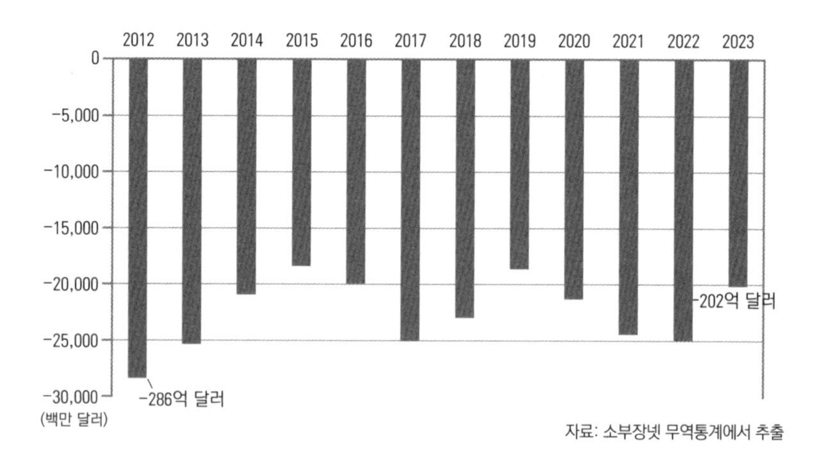

고품질 공업 완제품을 수출할 수 있다.

우리나라는 자본재 품질 경쟁에서 일본에 뒤져 있다. 전기 · 전자 · 자동차 · 철강 · 화학제품 · 산업기계 · 금속 등 주요 제조 분야에서 일제 자본재를 많이 들여다 쓴다. 그래서 대일 소부장(소재 · 부품 · 장비) 무역이 해마다 적자를 본다.

소부장 무역적자는 대일 무역적자의 핵심이다. 글로벌 반도체 산업이 호황이던 2017년을 예로 들면, 대일 무역적자 283억 달러 중 37.85%가 반도체 관련 자본재 수입에 쓰였다. 우리나라가 반도체 강국이라는 평판을 듣지만, 정작 우리 반도체 기업은 반도체 호황이 올 때마다 반도체 제조용 장비, 반도체, 평판 디스플레이 제조용 장비 등 반도체 관련 자본재를 일본에서 대거 사들인다.

좋은 자본재가 일제만 있는 것은 아닐 텐데 우리 기업이 일제를 유독 많이 쓰는 이유가 뭘까?

첫째, 일제 자본재 품질이 좋기 때문이다. 우리 기업이 들여오는 일제 자본재 중에는 고난도 기술력을 요하는 반도체와 기계류 핵심 부품, 원자로와 광학·측정·검사·정밀기기 핵심 부품이 많다. 고급 자본재 생산에서 일본만큼 기술력 있는 나라를 찾기가 쉽지 않다.

둘째, 역사와 지리에 관련된 요인도 있다.

우리 제조업체는 기술력이 부족했던 성장 초기에 수입 부품을 조립해 완제품을 수출하는 가공무역(加工貿易, processing trade)을 주로 했다. 가공무역에 필요한 자본재는 대개 일제품을 수입했다. 일본이 지리상 가까워 물류비 등 수입 비용이 적게 들고 제품 품질도 비교적 좋았기 때문이다. 일제 자본재 수입을 늘리느라 공장 설비 환경도 대개 일제 자본재에 맞춰 조성했다. 제조업 규모가 성장하면서 일제 자본재 수입은 더 늘어났고, 우리가 상품 생산과 수출을 늘리면 일제 자본재 수입도 자동으로 늘어나는 구조가 자리를 잡았다.

그렇다 해도 지금처럼 대일 무역 역조(逆調)가 지속되는 것은 우리 경제에 바람직하지 못하다. 세계를 상대로 벌어들이는 무역흑자의 상당 폭을 일제 자본재 수입분에 잠식당하는 것도 그렇고, 혹 어떤 이유로 일제 자본재 공급이 끊길 경우에는 수출에 차질이 생길 수 있기 때문이다. 한·일 관계는 과거사에 얽힌 앙금이 있어서 늘 갈등이 잠재한다. 근년 미·중이 무역 분쟁을 벌이며 그러듯, 여차하면 서로 상대국에서 수입하는 물자에 고율 관세를 매기고 상대국 인력에 비자 발급을 중단하는 식으로 다투지 말란 법이 없다. 실제로 한·일 간에는 2018년부터 2023년까지 꽤 본격적인 무역 분쟁이 이어졌다.

2018년 우리 대법원이 일본제철(日本製鐵, 구 新日鐵住金)을 상대로

'과거 조선인을 강제 징용했으니 배상하라'고 판결했다. 그러자 일본 정부가 관세 인상, 송금 정지, 비자 발급 중단을 시사하며 무역 전쟁을 도발했다. 2019년 7월에는 자국 기업에게 '반도체와 디스플레이 부문 핵심 소재는 한국에 수출하지 말라'며 수출 규제에 나섰다. 8월에는 '화이트리스트(white list)', 곧 무기로 전용될 수 있는 전략물자 수출 규제 우대국 목록에서 한국을 뺐다. 우리 정부도 반격에 나서, 일본을 화이트리스트에서 빼고 WTO에 제소했다. 무역 길이 막힌 한·일 양국 기업은 갑자기 경영난에 부딪혔다. 한국 소비자가 일제품 불매 운동을 벌이면서 한국에 진출한 일본 기업 닛산자동차, 유니클로, 아사히맥주 등도 타격을 입었다.

4년 이상 끈 한·일 무역 분쟁은 2023년 윤석열 정부가 일본 기시다 정부에 화해를 제의해 종결됐다. 그사이 우리 기업 몇몇(SK머티리얼즈, 솔브레인, 동진쎄미캠, 코오롱인더스트리 등)이 일부 소재를 국산화하는 성과를 올렸고, 2022년에는 문재인 정부가 '소부장 자립'을 선언하기도 했다. 하지만 한·일 분쟁이 이어지는 동안 대일 무역적자와 소부장 무역적자는 여전히 지속됐다.

2018년 381억 달러였던 대일 소부장 수입액은 2019년 329억 달러로 잠깐 줄었다가 2020년 340억 달러, 2021년 393억 달러로 반등했고 2022년에는 395억 달러로 역대 최대치를 기록했다. 소부장 무역적자도 2018년 230억 달러에서 2019년 187억 달러로 잠시 줄었을 뿐 2020년 213억 달러 → 2021년 244억 달러 → 2022년 249억 달러로 반등했다.

일부 소재는 일본 대신 중국 의존도가 강화됐다. 반도체 핵심 소재인 불화수소의 경우 2018년 41.9%였던 대일 수입 비중이 2022년에는

7.7%까지 떨어졌고 대중 수입 비중이 80%까지 높아졌다. 중국산 수입이 급증하면서 대중 소부장 무역흑자는 2018년 550억 달러에서 2019년 378억 달러 → 2020년 363억 달러 → 2021년 355억 달러 → 2022년 254억 달러 → 2023년 101억 달러로 급감했다.

중국산 수입이 늘면서 대일 소부장 수입의존도는 2013년 21.3%에서 2022년 15%로 낮아졌다. 그렇지만 근년 대일 소부장 수입액과 무역적자가 늘어나는 추세에서 보듯 일제 자본재의 한국 시장 장악력은 여전히 견고하다. 우리 입장에서는 특히 반도체 투자에서 70~80% 비중을 차지하는 장비 분야의 자립이 시급한 과제다.

우리 기업이 수출용 자본재를 일본에 의지하는 구조를 깰 길은 뭘까?

첫째, 시간이 걸리더라도 끈질기게 원천 기술 개발과 소부장 국산화에 매진해야 한다.

둘째, 정부가 긴 안목으로 소부장 산업을 키우는 산업정책(industrial policy)을 뚝심 있게 펴는 것도 중요하다.

산업정책이란 정부가 국가적 목표를 세우고 산업 발전의 우선순위를 정해 자원을 배분하는 등 자국의 산업과 기업 또는 경제활동을 적극 육성하는 정책이다. 일본 정부는 제2차 세계대전 후 중화학공업을 적극 육성했는데, 처음부터 대기업과 최종 완제품 조립 수출 못지않게 중견·중소 기업과 소부장 산업을 육성하는 산업정책을 썼다. 그 결과 소부장 생산에 전문성과 글로벌 경쟁력이 있는 중견·중소 기업이 많이 양성됐다. 이들 기업을 기반으로 일본은 소부장 대부분을 자국에서 생산해 완제품 생산 기반으로 삼는 완결 구조(full-set)를 갖추고 독자적으로 기술력을 키울 수 있었다.

우리 정부도 경제개발 초기부터 중화학공업 육성에 힘쓴 것은 일본과 같다. 하지만 일본과는 달리 대기업과 완제품 조립 수출에 치중했고, 중소기업을 지원해 소부장 산업을 키우는 노력은 소홀히 했다. 그사이 중소기업 기술력이 대부분 대기업에 종속되는 구조가 자리 잡았고, 중소기업은 대기업에 밀려 생존에 급급한 처지가 됐다. 그러다 보니 일본 기업처럼 소부장 전문 생산에 경쟁력이 있는 기업이 많지 않다.

우리와는 달리 정부가 장기 안목으로 추진한 산업정책, 그 결과로 완성된 탄탄한 소부장 산업, 경쟁력 있는 소부장 산업을 기반으로 최종 완성품을 만들어내는 균형 잡힌 산업 구조, 이 세 가지가 일본이 우리나라에 일방적으로 무역흑자를 내는 비결이다.

한 · 중 · 일 삼각무역 어떻게 키울까

우리나라는 1992년 중국과 외교 관계를 맺고 대중 교역을 시작했다. 교역 규모는 점점 커졌고, 2004년부터는 중국이 최대 교역 상대가 됐다. 대중 교역은 수교 첫해에 10억 달러 적자를 낸 이후로는 2022년까지 30년간 줄곧 흑자를 냈고, 해마다 대일 적자를 메워 무역흑자를 달성하는 데 가장 중요한 원천이었다.

대중 무역이 30년간 흑자를 볼 수 있었던 이유는 기본적으로 중국이 한국산 상품 수입에 많이 의지해 수출했기 때문이다.

중국은 후발 신흥공업국이다. 자본주의 무역을 시작한 이래 제3국에서 중간재를 들여다 조립 · 가공하는 방식으로 저가 공산품 최종재(소비

대중·대일 무역수지 추이

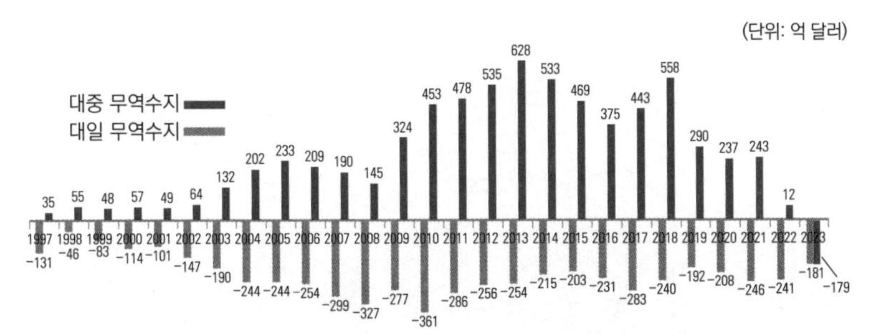

자료: 한국무역협회 무역통계, 산업통상자원부 자료 등 종합

재)를 생산하고 수출하는 전략을 썼다. 수출품 제조에 필요한 중간 수준 제조 기술과 소재·부품·장비는 중진 공업국인 한국산 상품 수입에 크게 의존했다. 우리나라도 중국처럼 했다. 일본제 고난도 기술과 소재·부품·장비를 들여다 선진국 시장까지 겨냥한 고급 제품을 만들어 수출했다. 중국에는 범용 기술과 소재·부품·장비를 수출했다. 결국 중국은 한국산 상품 수입에, 한국은 일제품 수입에 많이 의지해 수출한 셈이다. 그러다 보니 한·중·일 3국 간에는 중국이 한국에, 한국은 일본에 무역적자를 보는 중-한-일 적자형 또는 일-한-중 흑자형 삼각무역(triangular trade)이 형성됐다.

한·중·일 삼각무역은 우리로서는 그런대로 만족할 수 있는 구도였다. 일제 고급 기술과 중국제 저가품 공세에 샌드위치마냥 끼어 분투해야 하는 난점은 있지만, 대중 무역에서 대일 적자를 상쇄하고도 남는 흑자를 내왔기 때문이다. 그러나 2023년 이런 삼각무역 구도가 깨졌다. 대일 무역뿐 아니라 대중 무역까지 적자가 났기 때문이다.

오랫동안 흑자를 내던 대중 무역이 적자로 돌아선 이유가 뭘까?

우리나라의 대중국 수출입 추이

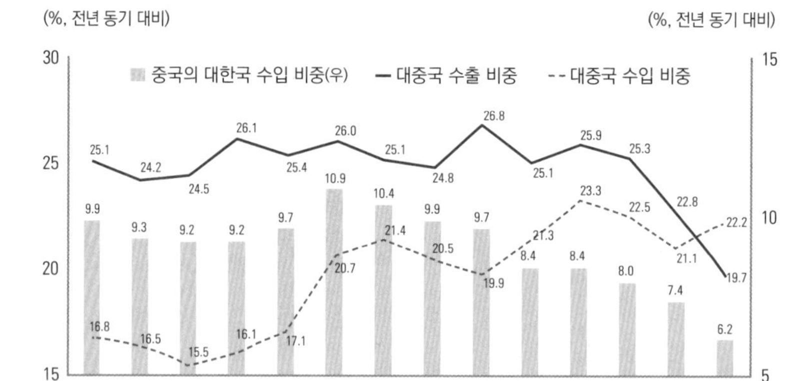

주: 2023년은 1~8월 누계

자료: 무역협회

출처: 〈KIET 산업경제이슈〉 155호, 2023.10

단기적으로는 당시 중국 경제의 부진, 대중 반도체 수출 부진 등의 이유를 찾을 수 있지만 근본 원인은 중국의 산업 경쟁력이 높아진 탓이다. 그동안 중국이 기술력을 키워 한·중 간 기술 격차가 좁혀진 결과, 최근 우리 기업이 중국에 수출할 수 있는 품목은 점점 줄어들고 중국으로부터 수입하는 품목은 계속 늘어나는 추세다. 수입 품목 중에서도 핵심 광물 소재를 비롯한 소재와 부품·장비 등 수입의존도가 높은 품목이 많아지고 있다.

근래 중국의 산업 경쟁력이 높아진 배경에는 중국 정부의 강력한 기술 드라이브 정책이 있다. 대표적인 예가 중국이 2000년대 초반부터 꾸준히 진행하고 있는 '홍색공급망(紅色供給網, Red Supply Chain)'과 2015년에 가동하기 시작한 '중국제조 2025(Made in China 2025)'다.

홍색공급망이란 중국이 한국·대만·일본에 의지하는 소재·부품·장

대중·소재·부품·장비 교역 추이

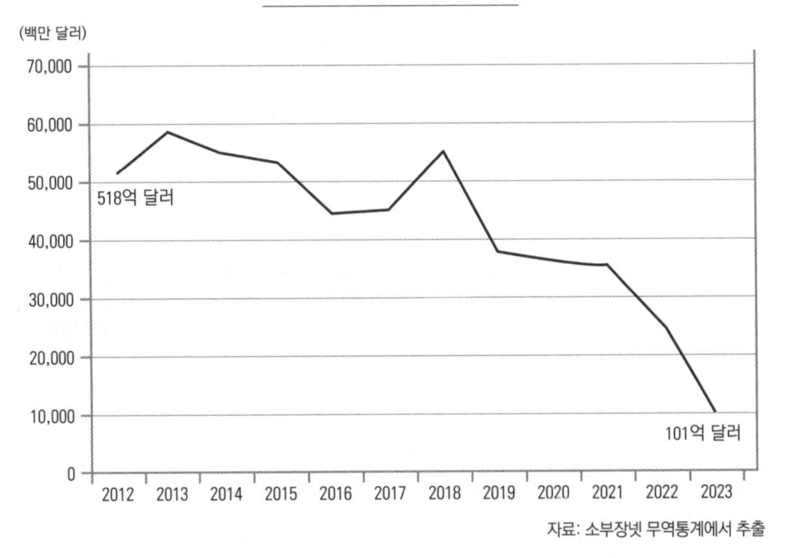

자료: 소부장넷 무역통계에서 추출

비 등 중간재의 수입을 줄이겠다는 의지를 갖고, 정부가 주도하되 대기업과 중소기업이 협력하는 산업 생태계와 자국 완결형 중간재 공급망을 구축하는 정책이다.

중국제조 2025는 중국 정부 차원에서 제조업 성장을 촉구하는 국가전략이다. 2025년까지 첨단 의료기기, 바이오의약 기술과 원료 물질, 로봇, 통신 장비, 첨단 화학제품, 항공우주, 해양 엔지니어링, 전기차, 반도체 등 10개 하이테크 제조업 분야에서 대표 기업을 육성해 기술을 자급자족하는 제조업 강대국을 이루겠다는 계획이다.

중국은 제조 기술을 키우되 특히 ICT 능력을 높여 4차 산업혁명을 이끌겠다는 포부가 크다. 4차 산업혁명이란 인공지능(AI), 빅데이터, 5G, 사물인터넷(IoT), 슈퍼컴퓨터, 로봇, 드론, 자율주행차, 가상현실(VR), 항공우주 기술 등 첨단 ICT가 사회 전반에 융합되어 혁신적 변화가 나타나는 차세대 산업혁명을 말한다. 4차 산업혁명을 주도하는 기술은 대개 민간용(상업용)과 군사용 양쪽으로 쓰이기 때문에, 기술이 고도화할수록 경제와 군사 분야에서 글로벌 경쟁 우위를 누릴 수 있다.

이처럼 중국이 제조 기술 경쟁력을 강화해 중·고급 기술을 국산화하고 소부장 수입을 줄이려는 노력을 기울이면서, 우리나라의 대중 소부장 무역은 흑자가 급감하고 있다. 2012년 518억 달러였던 대중 소부장 무역수지는 해마다 줄어 2023년 101억 달러 규모로 감소했다(산업통상자원부 소부장넷 무역통계).

중국이 기술 경쟁력을 키우면서 한국산 기술은 중국산 중·고급 기술과 일제 고급 기술 사이에 끼어 설 자리가 좁아지고 있다. 2013년부터는 일본이 '엔 저' 정책을 펴면서 일제 수출품마저 가격 경쟁력이 높아졌다. 예전 한국 수출이 일제 고급 기술과 중국제 저가품 공세에 끼어 샌드위치 신세였다면, 이제는 중·일 양쪽에서 고급 기술과 저가품 공세로 협공당하는 형국이다. 산업계에서 전부터 자주 쓰인 조어인 '신

(新)샌드위치론'이 현실이 된 모양새다.

환율 여건이 수출에 불리해지는 문제는 당장 어쩔 수 없지만 기술 문제는 대응 방안을 강구해야 한다. 기술 격차 때문에 대일 무역적자가 고착됐는데 대중 무역까지 적자가 이어진다면 우리 무역의 앞날이 어두워지기 때문이다.

한·중·일 삼각무역을 우리에게 유리한 구도로 되돌릴 방책은 뭘까?

근본은 대일 적자 개선책과 같다. 우리 기업이 소재·부품·장비 부문에서 세계 정상급 기술 경쟁력을 키워 일본을 능가하고 중국을 따돌릴 수 있어야 한다.

무역에 너무 기대면 안 된다고?

기사독해

무역의존도 높은 한국…
순방·입법 등 활로 찾기 분주

[앵커] 2022년 기준 한국의 무역의존도는 80%를 넘어섰습니다. 정부는 글로벌 경제 협력으로 글로벌 공급망 리스크를 해소하는 데 집중하고 있는데요. 하지만 관계부처 간 협업체계와 정책의 연속성 부족 등 해결해야 할 과제도 적지 않습니다.

연합뉴스TV
2024.1.28

우리 경제의 무역의존도가 높아졌다는 소식을 전한 보도 사례다.

무역의존도란 국민경제의 무역 규모가 국민소득 규모에 비해 얼마나 큰지, 국민경제가 얼마나 무역에 의지하는지 측정하는 지표다. 대외 무역의존도 또는 대외 의존도라고도 한다. 무역은 수출과 수입으로 이뤄지므로 수출입의존도라고도 부른다.

수출액과 수입액의 합계, 곧 수출입액을 국민총소득(gross national income, GNI), 곧 일정 기간 국민경제가 번 돈 총액으로 나눠 산출한다(GNI 대신 GDP를 쓰기도 한다. 한국은행은 GNI를 공식 지표로 쓴다).

$$무역의존도(\%) = \frac{수출액 + 수입액}{GNI} \times 100$$

보기 뉴스에서 전하듯 2022년 우리나라 무역의존도는 80%를 넘었다. 정확히는 84.56%다(KOSIS). 우리 경제가 1년간 100원을 벌었다고 가정할 때 수출입액, 곧 무역액이 84.56원이었다는 뜻이다.

무역의존도 산출식에서 수출액만 떼어 국민총소득으로 나누면 수출의존도를, 수입액만 떼어 국민총소득으로 나누면 수입의존도를 구할 수 있다. 2022년 우리나라 수출의존도는 40.85%, 수입의존도는 43.71%다.

무역의존도가 높으면 국내 경제와 경기가 대외 거래, 곧 무역과 해외 경기에 의지하는 정도가 커서 해외 변수의 영향을 민감하게 받는다. 해외 경기가 좋을 때는 무역이 잘되어 경제가 성장하지만, 해외 경기와 수입 수요가 위축되면 무역이 위축되어 경제가 타격을 받기 쉽다. 한마디로 무역이 잘되면 경제가 살고 무역이 부진하면 경기가 가라앉는 구조다.

우리 경제의 무역의존도 추이

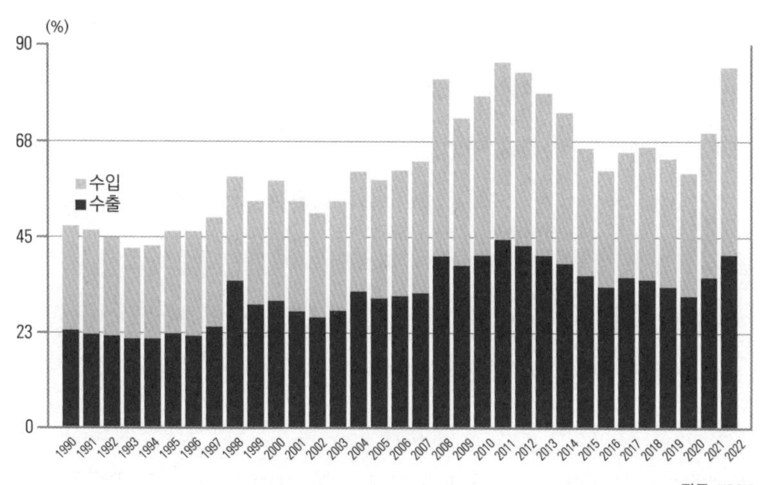

자료: KOSIS

무역의존도가 높아졌다고 전한 보기 기사도 해외 변수가 경제에 미치는 영향이 커진 점을 지적한 예다. 무역의존도가 높아졌으니 대외 환경 불안이 경제에 영향을 미칠 가능성이 높아졌다는 점, 그런 만큼 전쟁이나 전염병 같은 사태로 글로벌 공급망이 불안해진 탓에 무역이 부진해지지 않도록 정부가 잘 대응해야 한다는 점 등을 설명했다.

무역의존도가 높아서 해외 변수에 따른 부침이 심한 경제로는 홍콩과 싱가포르를 대표로 꼽을 수 있다.

홍콩과 싱가포르는 영토, 인구, 자원과 내수 규모가 모두 작다. 때문에 무역에 주력해 경제성장을 꾀하고 무역의존도가 높다. 세계은행이 집계한 2017년 대외 의존도는 홍콩 375.1%, 싱가포르 322.4%였다. 무역의존도가 높다 보니 해외발 경제위기에 취약하다. 2008년 미국발 글로벌 금융위기가 발생했을 때도 그랬다. 당시 글로벌 투자 자본은 '대외 의존도가 높은 곳일수록 세계 경기 위축에 따른 타격을 더 크게 받는다'고 판단해, 홍콩과 싱가포르에서 가장 먼저 자금을 빼냈다. 외국인 투자가 빠져나가자 주가가 폭락하고 환율이 폭등해 홍콩과 싱가포르 경제는 큰 타격을 입었다.

홍콩이나 싱가포르 수준은 아니지만 우리나라도 전통적으로 무역의존도가 높은 경제다. 세계은행에 따르면, 2021년 기준으로 주요 20개국(G20) 중 우리나라(70.1%)보다 무역의존도가 높은 나라는 네덜란드(156%), 독일(89%), 멕시코(82%)뿐이다.

한국 경제는 흔히 '소규모 개방경제'로 분류된다. 개방경제란 개방경제체제, 곧 해외에 자국 시장을 열고 대외 거래를 하는 국민경제를 말한다. 경제 규모에 비하면 내수 시장이 크지 않아서 소규모 개방경제인데, 무역의존도는 높기 때문에 해외발 경제 불안이 발생하면 이내 영향을 받는다. 홍콩, 싱가포르 경제가 크게 흔들린 2008년에는 우리도 위기가 닥칠까봐 정부와 민간 모두 전전긍긍했다. 요컨대 무역에 너무 의존하는 경제를 만들면 좋지 않다.

그렇다고 무역의존도가 낮은 게 경제에 좋은가 하면, 꼭 그렇다고 말할 수 없다. 적어도 우리 같은 소규모 개방경제 처지에서 무역의존도가 낮아진다는 것은 무역 규모가 줄어들고 그만큼 경제가 위축된다는 뜻이기 때문이다.

무역의존도가 높아도 문제, 낮아도 문제라면 어떻게 해야 좋단 말인가?

무역을 활발하게 하면서도 내수 시장을 키워 무역의존도를 너무 높지 않게 관리하는 게 바람직하다. 무역의존도가 높은 경제에서 내수가 커지면 국민소득이 커지고 그만큼 무역의존도가 낮아져서 경제구조에 균형을 더할 수 있다.

무역이 활발하면서도 무역의존도가 낮은 구조를 갖춘 경제로는 미국이 대표 격이다. 미국은 영토가 넓고 인구와 자원이 많아서 내수만으로도 경제를 안정되게 꾸릴 수 있다. 그만큼 내수 규모가 크기 때문에 무역 규모가 커도 무역의존도가 낮다. OECD 2022년 집계로 25.48%밖에 안 된다.

일본(46.97%, 2022년, OECD), 중국(37.29%, 2022년, OECD)도 무역 규모가 큰데 무역의존도가 낮은 예다. 일본은 미국에 비해 영토, 인구, 자원 모두 규모가 작지만 내수 시장 규모가 크다. 중국은 1990년대 초 시장경제 개발기에 내수 시장이 작은 상태에서 무역에 치중해 무역의존도가 급등했는데, 이후 경제가 발전하면서 내수 시장이 부쩍 커져 무역의존도가 낮아졌다.

미국, 중국, 일본처럼 무역 규모가 크면서도 무역의존도가 낮은 경제는 해외 경기보다 국내 경기에 더 많이 의지할 수 있다. 풍부한 내수를 발판으로 삼고 해외 경기 영향을 덜 타면서 경제를 안정되게 성장시키기도 쉽다. 탄탄한 내수가 수출과 균형을 맞추면서 무역과 경제의 지속성장을 가능케 하는 기반이 되는 셈이다.

미국은 왜 다른 나라 통화 시세를 '관찰'하나

기사독해

美, 韓 '환율관찰대상국' 포함… 1년 만에 재지정

미국 재무부가 1년 만에 한국을 다시 환율관찰대상국 명단에 올렸다. … 미국 재무부는 14일(현지시간) 의회에 보고한 '주요 교역 대상국의 거시경제 및 환율 정책' 반기 보고서에서 한국을 비롯해 중국, 일본, 싱가포르, 대만, 베트남, 독일 등 7개국을 환율관찰대상국으로 지정했다. 한국은 2016년 4월 이후 7년여 만인 지난해 11월 환율관찰대상국에서 빠졌고, 지난 6월 보고서에서도 제외됐지만 이번에 다시 포함됐다.

아시아경제
2024.11.15

미국이 우리나라를 '환율 관찰대상국'에 넣었다고 전한 뉴스다. 미국은 왜 다른 나라 통화 시세를 '관찰'하나?

자국에 무역적자가 쌓이는 것을 막기 위해서다.

미국은 평소 자국에 무역흑자를 많이 내는 나라를 상대로, 정부가 환율을 조작해 득 보지 않나 경계한다. 상대국 정부가 외환시장에서 달러를 사들여 달러와 자국 통화 간 환율을 끌어올리면 수출품의 달러화 표시 가격이 싸져서 대미 무역에 유리해지기 때문이다.

대미 무역흑자는 미국에는 곧 무역적자를 뜻한다. 미국이 교역하는 나라가 많은데 교역 상대의 환율 조작으로 무역적자가 쌓인다면 경제에 좋을 리 없다. 그래서 2015년부터 미국 재무부(U.S. Department of the Treasury)는 반기마다 자국과의 교역 규모가 큰 상위 20개 교역 상대국의 환율 정책을 평가한 〈환율보고서〉를 작성한다. 환율 조작 의심이 드는 나라는 특별히 감시하겠다는 경고를 담아 '환율 관찰대상국' 등으로 지정해 발표한다.

2021년 하반기 이후 〈환율보고서〉가 적용하는 평가 기준은 상대국에 ▲ 지난 1년간 150억 달러를 넘는 상품·서비스의 대미 무역흑자 ▲ GDP의 3%를 넘는 경상수지 흑자 ▲ 최근 12개월 중 8개월간 GDP의 2%를 넘는 규모로 달러를 순매수하는 외환시장 개입 등이 있는지 여부다. 3개 항목 중 2개에 해당하면 관찰대상국, 3개 모두 해당하면 환율 조작국(심층분석국)으로 지정한다. 관찰대상국으로 지정하면 말 그대로 관찰만 하지만, 환율 조작국으로 지정하면 경제제재를 할 수 있다.

미 정부가 〈환율보고서〉를 작성하고 환율 조작국을 제재할 수 있는 근거는 자국 법 '무역촉진법'에 둔다. 무역촉진법은 미 정부가 환율을 조작한다고 판단한 교역 상대에게 여러 가지 제재를 가할 수 있다고 정해놓았다. 상대국 기업의 미국 조달시장 참가를 불허하고, 해당국에 투자하는 미국 기업에 금융 지원을 금지하며, IMF를 통해 환율 조정을 압박하고, FTA(Free Trade Agreement, 국가 간에 관세 등 무역 장벽을 낮춰 자유롭게 무역 거래를 하자고 약속하는 국제 자유무역협정) 등 무역 협정을 맺을 때 해당국을 압박할 수 있다는 등의 규정이다.

우리나라의 경우 2016년부터 7년여 동안, 2019년 상반기를 제외하고 매번 환율 관찰대상국으로 지정됐다. 2023년 하반기와 2024년 상반기에는 빠졌지만, 2024년 하반기에는 보기 기사대로 재지정됐다. 2023년 7월에서 2024년 6월 말까지 대미 무역흑자가 500억 달러로 150억 달러를 넘고, 경상수지 흑자가 GDP의 3.7%로 3% 선을 넘었다는 이유에서다.

글로벌 시장, 어디로 가나

세계시장은 지금 어디로 가고 있을까?

시장 개방의 흐름을 따라가는 방식으로 짚어보자.

시장 개방이란 말 그대로 시장을 여는 것, 즉 기존 시장에 적용되던 규제를 풀어 대내외 상거래가 자유로이 이루어질 수 있게 하는 일이다. 현대 세계에서 시장 개방은 주로 국민경제가 외국의 기업이나 자본, 상품과 서비스에 시장을 여는 것을 뜻하는 말로 쓰인다.

국민경제 단위의 시장 개방은 세계경제사에서 제국주의(帝國主義, imperialism) 시대라고 부르는 19세기에 활발했다. 구미 열강이 아프리카, 아시아, 남미를 침략해 식민지로 만들고 시장을 열었다.

20세기 중후반에도 열강이 아시아 등 개도국에 접근해 시장을 열었는데, 무력 침탈 방식을 쓰지는 않았다. 선진국이 먼저 후진국에 자국 시장을 열어 무역흑자가 나게 해주고, 후진국에서 수출과 성장을 선진국 시장에 의지하는 경제구조가 자리 잡히면 후진국 스스로 자국 시장을 열게 했다.

20세기 말에는 중국과 러시아까지 시장경제권에 편입되면서 글로벌 시장경제권 내 개방에 가속이 붙었다. 중국은 1978년 덩샤오핑이 개혁·개방 정책을 선언한 이후 공산당이 독재하는 사회주의 정치체제를 유지하며 시장경제를 도입했다. 동구권에서는 1991년 소련 해체 후 신생 러시아와 함께 새로 독립한 동구권 국가가 대거 사회주의 정치체제를 청산하고 시장경제에 가세했다.

1990년대 들어서부터 2000년대 상반기까지는 국가 단위를 넘어 지역 단위로 시장 개방 범위가 넓어졌다. 지리적으로 인접한 나라끼리 시장을 통합해 역내 시장을 만들고, 지역 경계를 넘어 다국 간 자유무역 시장을 여는 사례가 늘어났다. 1993년 유럽연합(Europe Union, EU)이 출범했고, 이듬해 미국 · 캐나다 · 멕시코가 북미자유무역협정(North American Free Trade Agreement, NAFTA)을 체결했다. 2003년 싱가포르 등 동남아 6개국은 아세안자유무역지대(ASEAN Free Trade Area, AFTA)를 결성했다.

각국이 자국 시장을 개방하고 지역별로 통합하는 흐름 속에서 세계화가 세계경제의 대세로 광범위하게 받아들여졌고, 세계 범위로 경제와 무역이 급성장했다. 글로벌 상품 무역이 세계 GDP에서 차지하는 비율은 1960년 16.6%에서 2008년 51.2%까지 높아졌다(경제 분야에서는 세계화를 세계 GDP 대비 대외 교역의 비중이 높아지는 현상으로 정의하기도 한다). 하지만 2008년 미국발 글로벌 금융위기가 발생할 무렵부터는 그때까지 도도했던 시장 개방과 세계화의 물결이 눈에 띄게 약해졌다. 미 · 중 무역 분쟁이 시작됐기 때문이다.

중국은 1970년대 말부터 시장경제를 운영하며 급속히 경제력을 키웠다. 개혁 · 개방 후 30년이 지난 2000년대 후반에는 세계가 인정하는 제조업 강국이자 무역 · 경제 · 군사 부문 대국으로 도약했다. 중국의 성장세가 패권국인 미국의 지위를 위협할 정도라는 진단과 전망도 많아졌다. 급기야 미국이 견제에 나섰고, 중국은 맞섰다.

미·중 간 견제와 대응은 무역 분쟁부터 시작해서 블록(block) 만들기 경쟁으로 이어졌다. 미국은 일본, 캐나다, 호주 등 태평양 연안 12개국이 참가하는 다국 간 시장을 만들겠다며 TPP(Trans-Pacific Partnership, 환태평양경제동반자협정) 협상을 진행했다. 중국은 2010년 아세안 국가와의 FTA인 CAFTA(China-ASEAN Free Trade Agreement)를 발효시켰다.

미·중 경쟁이 고조되는 사이 미국에서는 반중 감정이 함께 높아졌다. 중국이 세계무대에서 성장하는 동안 미국 노동자와 농민은 경제적으로 타격을 입었기 때문이다. 국가 차원에서는 자유무역과 시장 개방이 무역 상대국 모두에 득이 된다. 그렇지만 국민 모두에게 득이 되는 것은 아니다. 세계화 조류 속에서 미국 내 대형 제조업체가 인건비가 싼 중국 등지로 빠져나가면서 미국에서는 공장 폐쇄와 실업이 늘어났고, 중국에서 값싼 농산물이 쏟아져 들어오는 바람에 농가가 경영난을 겪어야 했다. 특히 과거 제조업이 번성했던 북부와 중서부, 농업 핵심 지역인 중부에서는 중국 등 외국을 배척하는 배외주의(排外主義, chauvinism) 감정이 한껏 고조됐다. 세계화와 시장 개방이 미국 노동자와 농민을 빈곤으로 내몰고 빈부 격차를 심화시킨다는 비판, 외국 기업과 외국인 노동자 그리고 이민자 등쌀에 경제가 어렵다는 목소리가 높아졌다.

미 국민 사이에 높아진 반중·배외 감정은 미국의 대외 경제정책 방향을 돌려놓았다. 2016년 대선에서 공화당 후보 트럼프(D. Trump)는 '미국 제일주의(America First)' 슬로건을 내걸고 당선됐다. 트럼프가 전개한 경제정책, 곧 트럼프노믹스(Trumpnomics)는 그 전까지 미국과 세계가 추구했던 글로벌 자유무역과 시장 개방 노선을 버리고 자국 시장과 산업의 이익을 앞세우는 보호무역주의(保護貿易主義)로 직진했다.

트럼프 취임 첫해인 2017년 미국은 '미국이 참여하는 지역무역협정이 미국 산업과 일자리를 위협한다'며 역대 정부가 공들인 TPP에서 탈퇴했다. 세계 195개국이 온실가스 감축을 목표로 채택한 파리기후변화협약(Paris Agreement)에서도 탈퇴했다. 파리기후변화협약이 '미국의 석탄, 건설, 철강, 시멘트 등 전통 산업과 일자리를 위협한다'는 이유였다. 북미자유무역협정(NAFTA)도 보호무역을 강화하는 쪽으로 재협상해서, 2018년 USMCA(United States-Mexico-Canada Agreement, 미국-멕시코-캐나다 협정)로 바꿨다. 세계무역기구(WTO) 탈퇴 가능성도 공언하고, EU와 중남미까지 포함해 전 세계를 상대로 무역 장벽을 높였다. 중국과는 고율 관세를 매기는 관세 폭탄을 먼저 던져 무역 전쟁을 촉발했고, 미·중 갈등 구도와 보호무역 트렌드를 조성해 세계무역과 경제를 위축시켰다.

제2차 세계대전 후 미국 정부 주류와 세계는 수십 년간 자유무역과 시장 개방, 세계화를 일관되게 지지했는데, 세계가 당연시하던 트렌드를 별안간 트럼프노믹스가 정지시킨 것이다. 이즈음에는 유럽에서도 세계화와 시장 개방에 역행하는 조류가 나타났다. 영국이 2016년 국민투표를 거쳐 EU 탈퇴, 곧 브렉시트(Brexit)를 선언하고 2020년 1월 탈퇴를 실행한 것이다. 다른 나라도 아니고 미 대륙과 유럽 대륙에서 반세기 이상 세계시장 개방을 함께 주도했던 경제 대국 미국과 영국이 앞장서서 '시장 개방과 세계화는 좋은 것'이라는 기존 패러다임(paradigm)을 무너뜨린 셈이다.

결국 트럼프노믹스와 브렉시트를 계기로 글로벌 시장 개방과 세계화 조류는 내리막길을 걷게 됐다. 세계무역도 팽창 기조에서 벗어났다. 글로벌 상품 무역이 세계 GDP에서 차지하는 비율은 2008년 51.2%에서 2020년 42.1%까지 떨어졌다.

2021년 새로 미국 대통령이 된 바이든은 파리기후변화협약에 복귀했다. 그렇지만 보호무역으로 미국 산업과 일자리를 보호하는 미국 우선주의 정책은 바꾸지 않았다. 오히려 트럼프보다 더 분명히 자국 중심주의와 패권 의지를 드러냈다.

2022년 초 러시아가 우크라이나를 침공하자 바이든은 미·유럽 군사동맹인 NATO(북대서양조약기구) 등 우방과의 군사·경제 연대를 강화하면서 러시아를 겨냥한 국제 경제제재를 주도했다.

5월에는 IPEF(Indian-Pacific Economic Framework, 인도·태평양 경제프레임워크)를 출범시켰다. 경제와 안보 관점에서 중국을 견제하고 대중 경쟁 우위를 확보할 목적으로 인도·태평양 역내국인 한국·인도·일본·호주·뉴질랜드·동남아·피지(Fiji)를 자국과 묶어 국제 협력체를 만든 것이다.

반도체 산업 분야 국제 네트워크 'CHIP4(칩4, fab4, 팹4)' 결성도 제안해 성사시켰다. 반도체 설계·소재·장비·제품 생산에서 경쟁력이 있는 한국, 일본, 대만 등을 자국과 함께 묶어 협의체를 만들고, 중국을 배제하면서 미국이 주도하는 생산·공급망을 구축하겠다는 의도다.

바이든의 경제정책, 곧 바이드노믹스(Bidenomics)는 미국의 패권에 도전하는 중국과 러시아를 배제하면서 글로벌 공급망을 자국 위주로 진영화(陣營化)·블록화하겠다는 것이었다. 세계경제를 블록으로 나누고 세계화의 후퇴 또는 탈세계화(deglobalization)를 야기할 수밖에 없는 정책이다.

미국처럼 세계시장에서 영향력이 큰 나라가 자국 위주로 세계를 블록화하는 데 앞장서면 나머지 나라도 같은 방식으로 대응하면서 블록화가 확산될 수밖에 없다. 각국이 블록을 만들고 다른 블록을 배척하는 경향이 확산되면 궁극적으로 어느 나라에나 해롭다.

실례가 있다. 1929년 뉴욕에서 주가가 폭락하고 세계가 대공황 초기에 들어서자, 이듬해인 1930년 미국은 스무트-홀리 관세법(Smoot-Hawley Tariff Act)을 정하고 수입품에 고율 관세를 매겼다. 자국 산업을 보호해 폭증하는 실업을 누그러뜨릴 목적이었지만, 결과는 반대로 나타났다. 캐나다, 멕시코, 프랑스, 이탈리아, 스페인, 쿠바 등 대미 교역국이 일제히 대규모 보복관세로 대응하는 바람에 미국 경기는 수출이 급감하면서 더 나빠졌다. 당시 미국이 촉발한 보호무역은 세계 무역량을 줄여 대공황을 심화시킨 사례로 역사에 남았다.

보호주의와 블록화는 국제사회에 긴장과 갈등 수위를 높여 전쟁 발발 가능성도 높인다. 제2차 세계대전도 국제사회에 보호무역이 성행하면서 국가 간 경제 보복이 빈발하고 갈등이 고조된 끝에 일어났다.

미 · 중 무역 전쟁 왜 계속되나

美-中 무역 갈등 격화… 전기차 보조금 '촉각'

중국이 중국 기업을 전기차 보조금 지급 대상에서 사실상 배제한 미국의 인플레이션감축법(IRA)을 문제삼고 나섰다. 중국이 세계무역기구(WTO)에 제소하면서 미중 간 통상 분쟁이 격화할 것으로 보인다.

한국경제TV
2024.3.27

미국이 2022년 8월 인플레이션 감축법(IRA, the Inflation Reduction Act of 2022)을 시행한 뒤 중국과 무역 분쟁이 일어난 사실을 전한 기사다.

인플레이션 감축법은 미국 기업이 풍력과 태양광, 배터리 핵심 부품 · 소재 등에 적극 투자하고 생산하도록 세금을 깎아주고, 소비자가 전기차를 살 때도 세금을 깎아주는 등의 내용을 정한 미국 국내법이다. 기후 변화에 대응해 환경을 보호하고 에너지 가격 상승에 따른 인플레이션을 줄이는 것이 법 제정 취지라는데, 중국은 한갓 미명이라고 비판한다. 실제로는 미국에서 생산된 제품을 구매 · 사용하거나 특정 지역에서 수입해야 보조금을 지급한다는 조건을 달아, WTO가 금지한 차별적 보조금 집행으로 중국산 배터리와 전기차 등의 대미 교역을 배제한다는 것이다. 사실 인플레이션 감축법은 일정 비율 이상 미국산 배터리와 핵심 광물을 써서 미국에서 조립한 차에만 감세 혜택을 준다. 중국산 등 외국산 배터리나 광물로 만든 차에는 감세 혜택을 주지 않는다.

미국이 2022년 8월부터 시행한 반도체 및 과학법(the CHIPS and

Science Act of 2022)도 중국이 같은 관점에서 비판하는 미국 국내법이다.

반도체 및 과학법, 곧 반도체법은 미국에서 반도체 공장을 짓는 기업에 거액 보조금과 감세 혜택을 주어 반도체 산업에서 미국의 대중 기술 우위를 강화하는 데 목적을 둔 법이다. 이 법에 따르면 해외 기업도 미국에 공장을 지을 경우 미국 정부 지원을 받을 수 있다. 단 미국 정부 보조금을 받는 기업은 중국 내 첨단 공장 신·증설을 10년간 제한받는다.

중국은 미국이 반도체와 배터리, 전기차, 바이오 같은 핵심 산업 분야에서 대중 경쟁 우위를 확보하려고 노골적으로 자국 중심주의 법과 정책을 동원한다고 비판한다. 인플레이션 감축법과 반도체법이 그 전형이라는 것이다. 하지만 중국의 비판이 무색하게, 미국은 인플레이션 감축법과 반도체법 시행 직후인 2022년 10월 12일 '향후 외교와 국내 정책을 통합해서 미국의 이익을 앞세우는 국제 질서를 만드는 데 기술을 선봉으로 삼겠다'고 선언했다. 미디어에서는 미국이 중국을 대놓고 경쟁국으로 꼽았다고 풀이했다.

미국은 과거 세계화를 앞장서 전파하며 해외로 진출했다. 중국을 자국에 필요한 상품·서비스를 공급하는 글로벌 공급망의 핵심지로 삼고 교역했다. 이젠 다르다. 핵심 산업 생태계를 미국 땅에 조성하고 자국 기업을 우대하는 정책을 쓴다. 미국이 과거 중국 산업의 성장을 대수롭지 않게 여길 때는 중국을 견제하느라 미국 기업을 우대하는 식의 배타적 정책을 쓸 필요가 없었다. 지금은 중국 산업이 미국을 앞지를 기세로 급속 발전하고 있다는 판단에서 산업정책 대응을 달리하기로 작정하고 중국을 차별 또는 배제한다. 중국이 세계무역기구에 가입하고 자본주의 교역 질서에 깊숙이 들어온 지 이미 20년이 넘은 마당에 미국이 중국을 노골적으로 견제하니 미·중 무역 분쟁이 일어날 수밖에 없다.

미·중 분쟁은 2017년 트럼프가 제45대 미국 대통령에 취임한 뒤 본격화했다. 2018년 7월 트럼프 정부가 먼저 중국산 수입품 340억 달러어치(818개 품목)에 25% 고율 관세를 부과했다. 중국도 같은 액수의 미국산 수입품 545개 품목에 25% 관세 부과로 맞대응했다. 양국 간 관세 보복전은 이듬해에도 벌어졌고, 이후 무역 전쟁이라 부를 만한 공방이 이어졌다. 미국은 중국의 기술 분야 대기업 화웨이(Huawei)를 제재했고, 중국은 자국 관광객의 미국 여행을 제한할 수 있다며 공공연히 미국을 압박했다. 희토류(稀土類, rare earth elements)의 대미 수출을 제한할 수 있다는 뜻을 내비치기도 했다. 희토류는 반도체, 스마트폰, 전기차, 레이저 등 첨단 제품과 군용 무기의 핵심 원료다. 당시 전 세계 생산의 80%가 중국에서 이뤄졌다.

미국은 중국 정부가 자국 기업에 과도한 국가보조금을 지원해서 공정 무역을 해친다고 비판한다. 중국 진출 기업에 기술이전을 강요하며, 지식재산권을 보호해주지 않고, 미국 기업과 정부의 첨단 기술을 훔치면서 불공정 무역을 한다는 것이다. 반면 중국은 강대국 미국이 패권을 휘둘러 중국 주권을 부당하게 침해한다고 맞선다. 중국 경제가 미국을 위협할 정도로 성장하자 중국을 누르려 한다는 것이다.

양국이 공방을 벌이지만, 제3자가 볼 때 미·중 무역 분쟁은 결국 패권 경쟁이다. 국가 간 패권 경쟁에서 가장 중요한 것은 군사력이고, 현대 세계에서 군사력의 핵심 기반은 경제력을 바탕으로 한 기술력이다. 비록 무역과 경제 이슈 위주로 다투지만, 두 나라는 사실상 군사력과 직결된 기술 분야에서 노골적인 우위 경쟁에 들어갔다.

2015년 중국 정부가 발표한 국가 전략 '중국제조 2025'도 미·중 기술 패권 경쟁을 가속한 배경이다. 중국제조 2025는 중국이 하이테크 제조업 분야에서 대표 기업을 육성하며 ICT 능력을 높여 미국과의 격차를 좁히고 4차 산업혁명을 이끌겠다는 포부를 드러냈다. 중국 측 기술이 고도화하면 할수록 중국이 경제와 군사 분야에서 미국의 글로벌 패권을 위협하게 된다.

기술 경쟁 이면에서 글로벌 공급망 주도권을 놓고도 양국 간 경쟁이 점점 더 치열해지고 있다. 중국은 2001년 WTO에 가입해 자본주의 경제권에 편입된 뒤, 저임 노동력을 활용해 세계에 값싼 상품을 대량 공급하는 '세계의 공장'이 됐다. 세계는 중국 덕택에 인플레이션 걱정 없이 안정된 경제를 누릴 수 있게 된 것을 반겼다. 주요 공업국은 생필품을 포함한 중저가 공산품 생산과 유통을 중국에 대거 넘겨주고 고품질 고가 제품 생산에 집중하는 구조로 산업을 전환했다. 그사이 중국은 세계 규모로 원료 산지와 상품 공급업체, 제조 공장, 유통센터, 소매점, 고객을 촘촘하게 연결한 글로벌 공급망을 구축했다. 이렇게 세계가 20여 년 동안 합작해서 중국을 글로벌 공장으로 만든 결과에 어떤 맹점이 있었는데, 그것이 2020년 초 코로나 사태가 닥쳤을 때 극적으로 드러났다. 미국, 유럽, 일본 등 주요 선진 경제권에서는 고난도 기술 제품도 아닌 마스크를 구하지 못해 쩔쩔맨 반면, 중국은 3월부터 매일 6억 개 이상 마스크를 수출했다.

미국의 대표적 싱크탱크(think tank)로 손꼽히는 PIIE(Peterson Institute for International Economics, 피터슨국제경제연구소)에 따르면, 2020년 4월 중국은 전 세계 공급량의 40%에 달하는 의료용 마스크, 장갑, 보호 장비 등을 생산해냈다. 여기에는 3M, 오웬스앤드마이너(Owens & Minor), 퍼킨엘머(PerkinElmer), 제너럴일렉트릭(General Electric, GE) 등 미국 기업이 중국에 공장을 세우고 생산한 마스크와 인공호흡기, 진단 키트 등도 포함되어 있었지만, 미국에 제공될 수 없었다. 중국이 중국산 코로나 대응 장비 수출을 금지했기 때문이다. 당시 미국 폭스TV는 3M 같은 미국 기업을 두고 '미국이 중국 제조업에 인질로 붙들린 전형적 사례'라고 전했다.

코로나 사태는 미국으로 하여금 중국이 더 이상 글로벌 공급망을 주도하게 둬선 안 되겠다고 마음먹게 만든 주요 계기가 됐다. 2021년 바이든 정부는 그동안 중국이 주도한 글로벌 공급망을 미국 주도로 재편하겠다고 공언했다. 삼성전자 등 유수 글로벌 반도체 생산 기업 인사를 백악관으로 불러 모아 미국 내 투자와 생산을 권고하는 제스처를 보였고, 이후 실제로 대규모 투자를 유치했다.

미국의 공급망 관리 방침 전환으로 중국은 글로벌 공급망 확보에 일대 도전을 받게 됐다. 중국이 추진하는 '일대일로' 사업에도 차질이 생길 가능성이 높아졌다.

일대일로(一帶一路, the One Belt and One Road, OBOR, Belt and Road Initiative, BRI)란 중국이 '중국제조 2025'와 함께 2014년부터 추진하고 있는 국가 계획이다. 2049년까지 유럽과 아시아에 걸쳐 3개 육상(고속도로) 노선과 2개 해상 노선을 건설해 고대 동서양의 교통로였던 실크로드(silk road)를 재현하고, 재현된 신(新)실크로드를 따라 중국이 주도하는 세계 규모 기반시설과 경제 벨트를 건설한다는 게 목표다. 중앙아시아와 유럽을 잇는 도로, 인도양·아라비아해·홍해·지중해를 잇는

중국의 일대일로 계획

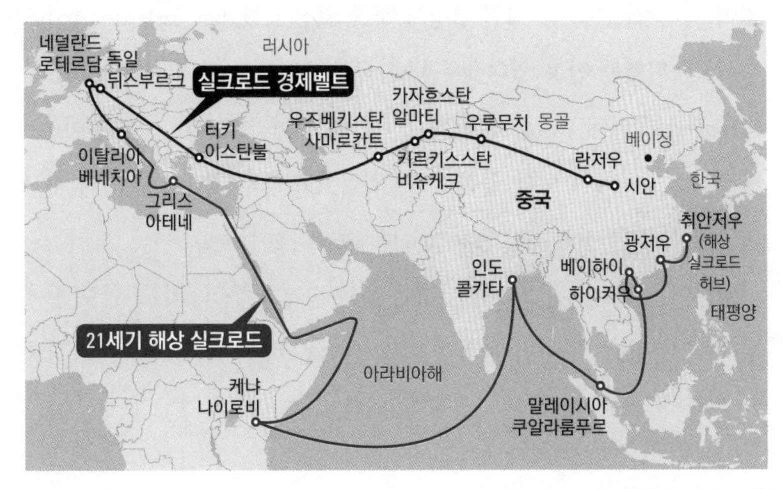

출처: 〈한국경제〉 2019.4.10

해상로를 따라 중국이 경제 영토를 확대하고 성장을 지속할 동력을 확보하며 글로벌 공급망을 주도하겠다는 거창한 포부다.

그러나 미국이 좌시하지 않는다.

2020년 8월 미국은 인도, 일본, 호주와 함께하는 안보 회의체 '쿼드(Quad, quadrilateral security dialogue, 4자 안보 대화)'를 나토(NATO) 같은 공식 다자 안보 동맹으로 만들겠다고 선언했다. 향후 우리나라와 베트남, 뉴질랜드 같은 아시아 태평양 주변국의 참여를 늘려 '쿼드 플러스'로 확대할 뜻도 있다고 밝혔다. 쿼드 참가국은 해마다 인도양이나 아라비아해 등지에서 항공모함까지 동원해 합동 해상 훈련을 벌인다. 사실상 무력으로 중국을 견제하는 것이다. 인도양과 아라비아해에 걸쳐 해상 실크로드를 건설하려는 중국의 '일대일로' 계획에 제동이 걸릴 수밖에 없다.

무역과 통상 분야의 국가 간 갈등은 때로 전쟁을 부른다. 지금 총성 없이 벌어지는 미·중 패권 경쟁도 자칫 열전(熱戰, hot war)으로 치달을 수 있는 위험을 안고 있다. 예전 미 국무장관을 지낸 키신저(Henry A. Kissinger)도 현재 미·중 분쟁을 '신(新)냉전'이라 부르며, '과거 미·소 냉전(冷戰, cold war)보다 훨씬 더 큰 위협이고 세계 최대 골칫거리'라고 경고했다(영국 〈선데이타임스The Sunday Times〉, 2021.5.2).

냉전이든 열전이든 미·중 분쟁은 우리 경제와 무역, 외교, 안보 등에 두루 큰 영향을 미친다. 우리가 어떤 선택을 하느냐에 따라 우리 경제와 무역의 앞날이 크게 달라질 수도 있다.

8

경제지표

경제통계를 구사한 기사에서는
무엇을 기준으로 잡고 말하는지 눈여겨봐야 한다.
기준값은 얼마로, 기준시점은 언제로 잡고 하는 얘기인지 알아야
통계가 가리키는 경제 현상을 정확히 이해할 수 있다.

경제지표 어떻게 만드나

경제지표란 경제 현상을 측정해서 경제가 어떤 상태에 있는지 알기 쉽게 나타내는 도구다. 퍼센트(%)로 나타내는 경제성장률, 물가상승률, 실업률처럼 간단한 숫자 형태를 주로 쓰는데, 그냥 숫자가 아니라 지수(指數, index, index numbers)일 때가 많다. 지수란 어떤 현상이 시간이 흐르면서 어떻게 변하는지 알아보기 위해 만들어 쓰는 통계값이다. 여러 가지 방법으로 만드는데, 보통은 보기처럼 기준값을 정해놓고 기준값 이후 추이를 일정 기간마다 측정한 다음 각 측정치를 기준값과 비교해 산출한다.

[보기]

1. 기준이 되는 값이나 기준시점 값을 정한다.
2. 기준값에 비교·측정하려는 값을 대비시킨다. 또는 기준시점 값에 비교·측정하려는 시점의 값을 대비시킨다.

$$지수 = \frac{비교하려는\ 값(비교시점\ 값)}{기준이\ 되는\ 값(기준시점\ 값)} \times 100$$

보기 산출식을 써서 지수를 만들어보자.

올해 철강 생산량이 720톤(t), 지난해에는 600톤이었다 치자. 올해 철강 생산량은 지난해보다 얼마나 늘었는가?

암산으로 풀 만한 쉬운 문제지만 지수를 만들어 답해보자.

보기 산출식에 대입하되 지난해 생산량을 기준값으로, 올해 생산량을 비교값으로 놓고 풀면 된다.

$$지수 = \frac{720톤}{600톤} \times 100 = 120$$

여기서 지수 '120'은 철강 생산을 주제로 산출한 지수이므로 '철강생산지수'라고 부를 수 있다.

올해 철강생산지수 '120'은, 지난해 철강 생산량이 '100'이라고 할 때 올해 생산량이 '120'이라는 뜻이다. 퍼센트(%) 단위를 쓰면, 올해 생산량은 120%이며 지난해보다 20% 더 많이 생산했다고 말할 수 있다.

경제지표로 쓰는 지수는 상품 가격이나 수량이 특정 기간 얼마나 달라졌는지 쉽게 재보고 비교할 수 있게 해준다. 생산 관련 지수(곧 생산지수) 같으면 생산물의 가격이나 수량이 특정 기간에 얼마나 달라졌는지 알려준다. 소비 관련 지수(곧 소비지수)는 상품의 가격이나 수량이 특정 기간에 얼마나 달라졌는지 쉽게 알려준다.

보기로 든 철강생산지수는 측정 구간(기간)을 2개(지난해와 올해)만 잡아 만들었지만, 실제 지수를 만들 때는 측정 구간을 여러 개로 나눠야 할 때가 많다. 가령 최근 10년간 물가 추이를 1년 단위로 재려면 측정 구간이 10개 필요하다.

지수로 경제지표를 만들 때는 흔히 1년을 6개월이나 3개월씩 나눠 구간별로 측정하는 방식을 쓴다. 1년을 반으로 나눌 때는 나눈 각 구간을 반기(半期, a half year)라 한다. 넷으로 나눌 때는 각 구간을 분기(分期, a quarter)라고 부른다.

우리나라 경제를 대상으로 경제지표를 만들 때는 따로 정하지 않는 한 1~6월이 전반기(상반기), 7~12월이 후반기(하반기)다. 1~3월은 1분기(1/4분기 또는 1.4분기), 4~6월은 2분기, 7~9월은 3분기, 10~12월은 4분기다.

경제통계는 왜 '기준'을 봐야 하나

기사독해

OECD, 올해 한국 성장률 2.6% 전망… 대폭 올려

경제협력개발기구, OECD가 어제(2일) 세계 경제성장 전망을 발표했습니다. 지난번에는 하향 조정했던 한국 경제성장률 전망치를 2.6%로 크게 올렸는데요. … 내년 경제성장률 전망치도 기존 2.1%에서 2.2%로 다소 올라갔습니다.

연합뉴스TV
2024.5.3

경제기사에서 전하는 경제통계(economic statistics) 중에는 기준시점이나 기준값을 밝히지 않는 것이 꽤 있다. 보기 기사만 해도 그렇다. OECD

가 전망한 '올해'와 '내년' 우리나라 경제성장률이 각각 2.6%, 2.2%라는데, 언제를 기준으로 그렇게 성장한다는 것인지 알 수 없다.

늘 그런 것은 아니지만, 대개 기준시점이나 기준값을 밝히지 않은 경제통계는 바로 직전 구간을 기준으로 삼는다. '올해, 이번 분기, 이달'에 뭐가 어떻다고 하면, 기준시점을 각기 '지난해, 전 분기, 지난달'로 잡고 하는 얘기일 때가 많다.

보기 기사도 같은 방식으로 풀어보자.

'올해(2024년)' 성장률이 2.6%라고 전망했다. 직전 연도인 2023년을 기준시점으로 잡고 하는 말이다. '내년(2025년)' 성장률은 2.2%로 전망했다. 직전 연도인 '올해(2024년)'를 기준시점으로 잡고 하는 말이다.

경제통계를 구사한 기사에서는 무엇을 기준으로 잡고 말하는지 눈여겨봐야 한다. 기준값은 얼마로, 기준시점은 언제로 잡고 하는 얘기인지 알아야 통계가 가리키는 경제 현상을 정확히 이해할 수 있다. 같은 이치로, 통계를 써서 말할 때는 언제 또는 무엇을 기준으로 삼는지를 늘 분명히 해야 한다. 기준이 분명치 않으면 사실 전달이 잘못될 수 있다.

왜 기준 명확한 통계도 사실 흐리나: 기저효과

경제통계는 기준(시점, 값)을 명확히 해야 사실을 정확히 전할 수 있다. 하지만 경우에 따라서는 기준을 명확히 한 통계라도 사실 전달을 잘못할 수 있다.

가령 빵값이 지지난해 100원, 지난해 400원, 올해 200원이라고 하

자. 올해 빵값은 얼마나 올랐을까?

기준시점을 지지난해로 잡으면 100%다. 지난해로 잡으면 −50%다. 지지난해 기준이면 '크게 올랐다'고, 지난해 기준이면 '크게 떨어졌다'고 말할 수 있다. 경제통계에서는 이처럼 기준, 곧 기저(基底, base)로 잡는 위치에 따라 사실 평가가 달라지는 현상이 나타난다. 이른바 '기저효과(base effect)' 때문이다.

기저효과가 반영된 경제통계는 흔히 볼 수 있다. 보기 기사가 그런 예다.

**지난해 가계지출 3.9%↑…
"기저효과로 10년 만 최대"**

지난해 한 달 평균 소비 지출이 10년 만에 가장 큰 폭으로 증가한 것으로 조사됐습니다. 2020년에 지출이 크게 감소한 데 대한 기저효과로 대부분 품목 지출이 늘었습니다. 통계청이 오늘(24일) 발표한 '2021년 연간 지출 가계동향조사 결과'를 보면, 지난해 전국 가구의 가구당 한 달 평균 소비 지출은 249만 5,000원으로 1년 전보다 3.9% 증가한 것으로 조사됐습니다. 통계청 관계자는 "역대 3번째이자 2011년 이후 가장 높은 수준의 증가 폭"이라며 "2020년 당시 한 달 평균 소비 지출이 전년 대비 2.3% 하락했던 것에 따른 기저효과"라고 설명했습니다.

KBS
2022.2.24

기사에 따르면 2021년 전국 가구당 월평균 소비지출은 전년 대비

3.9% 늘었는데, 전년 대비 증가율로 2011년 이후 최고 수준이다. 과연 2021년 소비지출이 평소보다 많이 늘어났을까?

그렇다고 말할 수 없다. 통계청이 발표한 〈2021년 4/4분기 및 연간(지출) 가계동향조사 결과〉에 따르면 월평균 소비지출은 2019년 245만 7000원, 2020년 240만 원, 2021년 249만 5000원이다. 2021년 소비지출 증가율은 기준시점을 2019년으로 놓고 구하면 1.5%에 그친다.

$$\frac{\text{249만 5000원} - \text{245만 7000원}}{\text{245만 7000원}} \times 100 = 1.5\%$$

전년 대비 소비지출이 3.9%로 늘어난 이유는 기저효과 때문이다.

2020년 소비지출은 전년 대비 2.3% 감소했다.

$$\frac{\text{240만 원} - \text{245만 7000원}}{\text{245만 7000원}} \times 100 = -2.3\%$$

그 결과 이듬해 소비지출의 전년 대비 증가율을 계산하는 데 필요한 기준, 곧 기저(base)가 낮아졌다.

낮아진 기저(곧 2020년 소비지출)를 기준으로 잡고 증가율을 계산하니 상대적으로 높은 수치(곧 3.9%)가 나온 것이다.

$$\frac{\text{249만 5000원} - \text{240만 원}}{\text{240만 원}} \times 100 = 3.9\%$$

요컨대 2021년 소비지출의 전년 대비 증가율이 높게 나온 것은, 기사에서 통계청 관계자가 말하듯 '2020년… 소비지출이 전년 대비 2.3%

하락했던 것에 따른 기저효과'다.

기저효과가 작용하면 설사 기준을 밝힌 경제통계라도 사실 평가를 왜곡할 수 있다. 사실을 전하는 쪽에서는, 실제 소비지출이 평소에 비해 별로 늘어나지 않았는데도 '기저효과'라는 단서를 달아서 '10년 만에 가장 큰 폭으로 증가한 것으로 조사됐다'든가, '역대 3번째이자 2011년 이후 가장 높은 수준의 증가 폭'이라는 얘기를 할 수 있다. 기저효과의 의미를 잘 모르면 '지난해 소비지출이 많이 늘었나 보다' 하고 오해할 수 있다. 경제통계나 기사를 보고 경제 상황을 평가할 때는 통계 작성에 기저효과가 작용했는지도 유의해야 한다.

%와 %포인트, 뭐가 다른가

기사독해

3월 취업자 17만3000명 증가…
'고용률 62.4%' 3월 기준 역대 최고

… 지난달 15세 이상 취업자는 2839만6000명으로 전년 동월 대비 17만3000명(0.6%) 증가했다. 고용률은 62.4%로 전년 동월 대비 0.2%포인트(p) 상승했다. … 실업률은 3.0%로 전년 동월 대비 0.1%포인트 상승했다.

뉴스핌
2024.4.12

통계청이 발표한 월별 고용 동향(〈2024년 3월 고용동향〉)을 전한 기사다. '지난달' 고용률이 62.4%, 실업률은 3.0%이고 1년 전에 비해 각기

0.2%포인트, 0.1%포인트 올랐다고 한다. %와 %포인트는 어떻게 다를까?

'%(percent)'는 기준값 대비 비교값의 증감을 백분율로 계산해 나타내는 지표다. 가령 실업률이 지난해 3%, 올해 6%일 때 % 지표를 써서 실업 증감을 표시한다면, 다음과 같이 계산해서 실업이 한 해 사이 '100% 늘었다'고 답할 수 있다.

$$\frac{\text{비교값}-\text{기준값}}{\text{기준값}} \times 100 = \frac{\text{올해 실업률}-\text{지난해 실업률}}{\text{지난해 실업률}} \times 100 = \frac{6-3}{3} \times 100 = 100\%$$

'%포인트(percent point, pp)'는 둘 다 백분율로 표시한 기준값과 비교값의 차이를 단순한 덧셈이나 뺄셈으로 나타내는 지표다. 지난해 실업률이 3%, 올해 실업률이 6%일 때 %포인트로 실업 증감을 표시해보자. 다음과 같이 계산해서, 실업이 한 해 사이 '3%포인트(3%p) 늘었다'고 답할 수 있다.

$$\text{비교값}(\%)-\text{기준값}(\%) = \text{올해 실업률}-\text{지난해 실업률} = 6\%-3\% = 3\%p$$

요컨대 지난해 실업률이 3%이고 올해 실업률이 6%라면 실업이 '100% 늘어났다'고 말해도 되고, '3%p 늘어났다'고 말해도 된다.

이젠 보기 기사를 읽어보자. 지난달 고용률이 62.4%인데 1년 전에 비해 0.2%포인트 올랐다고 한다. 1년 전 고용률은 얼마였을까?

지난달 고용률 62.4%에서 연간 고용률 상승 폭인 0.2%포인트를 빼고 남는 수치, 곧 62.2%(=62.4-0.2)가 답이다.

실업률은 3.0%인데 전년 동월 대비 0.1%포인트 올랐다고 하므로, 1년 전 실업률은 2.9%(=3.0−0.1)였음을 알 수 있다.

%와 %p 간 차이를 모르면 같은 통계를 보고도 사실을 오해할 수 있다. 이를테면 실업률이 지난해 2%, 올해 4%일 때 실업률이 '100% 높아졌다'면 실업이 크게 늘었다고, '2%포인트 높아졌다'면 실업이 별로 늘지 않았다고 생각하는 경우다.

대학수학능력시험(영어 과목)에서 '휴대전화 번호 공개율이 2%에서 20%로 18% 올랐다'며 %와 %p 간 차이를 혼동한 보기 문항이 출제된 적도 있다.

경제 크기는 무엇으로 재나: GDP

기사독해

경제 규모 11년 만에 14위로 추락, 강력한 구조개혁 드라이브 걸어야

지난해 한국의 경제 규모가 11년 만에 가장 낮은 수준인 세계 14위로 추락했다. … 한국은 2018년과 2020년 각각 10위로 '톱10'에 들었지만, 2021년부터 3년 연속 뒷걸음질 치고 있다.

문화뉴스
2024.5.5

우리나라 경제 규모의 세계 순위를 전한 기사다. 경제 규모는 뭘로 잴까?

가장 흔히 쓰는 척도는 재화 생산 크기다. 어떤 경제(경제단위) 규모가 얼마나 큰지는 그 경제가 만들어내는 재화 총량이 얼마인지를 보면 알 수 있다.

즉 경제 규모는 경제가 생산해내는 재화 총량의 크기다. 경제가 성장하면 경제가 생산해내는 재화 총량이 커진다. 다른 말로 하면, 경제의 생산 수준이 높아진다는 뜻이다. 경제의 생산 수준이 높아지면 그만큼 생산 활동이 활발해진다.

국민경제가 얼마나 큰지도 국민경제가 일정 기간에 생산해내는 재화 총량이 얼마나 되는지를 보면 알 수 있다. 국민경제의 크기를 보여주는 경제지표는 국내총생산, 곧 GDP(gross domestic product)가 대표 격이다.

GDP는 국민경제를 구성하는 경제주체(가계, 기업, 정부)가 일정 기간 자국 국경 안에서 새로 생산한 최종재 총량을 화폐가치(시장가격)로 평가한 액수다. 짧게 말하면, 일정 기간 국민경제가 생산한 최종재의 시장가치다.

일정 기간 국민경제가 생산한 최종재의 시장가치는 해당 국민경제의 주체가 같은 기간 지출한 화폐 총액과 같다. 국민경제가 한 해 동안 지출한 화폐 총액을 계산하려면 가계의 소비지출, 기업의 투자지출, 정부의 지출을 합산해야 한다. 여기다 순수출(net export), 곧 수출액에서 수입액을 뺀 금액까지 합산한다. 수출액은 외국인이 지출한 것이지만 국내 생산품에 지출된 금액이니 GDP 집계에 넣고, 수입액은 자국에서 외국 생산품에 지출한 금액이므로 집계에서 뺀다.

이상을 종합해 GDP 계산식으로 정리하면 다음과 같다.

$$GDP=C+I+G+NX$$

C(consumption): 소비지출(가계소비 또는 민간소비라고도 한다)

I(investment): 투자지출(설비투자와 건설투자를 포함한다)

G(government purchase): 정부지출(정부소비와 정부투자를 포함한다)

NX(net export): 순수출(export-import를 뜻하는 XM이나 X-M으로 표시하기도 한다)

보기 GDP 계산식은 흔히 GDP 항등식이라고 부른다.

GDP 항등식을 보면, 국민경제가 GDP를 키우려면 국민경제의 소비와 투자, 순수출이 커져야 한다는 점을 한눈에 알 수 있다.

소비와 투자가 커지려면 무엇보다 국민의 소득과 재산이 늘어야 한다. 국민의 소득과 재산이 늘어나면 가계와 기업이 쉽사리 소비를 늘릴 수 있다. 투자도 늘릴 수 있다. 투자는 크게 설비투자, 건설투자, 재고투자로 분야가 나뉜다. 설비투자는 건물 · 기계 · 설비를 확충하는 투자, 건설투자는 공장 · 교량 · 주택 등을 건설하는 투자, 재고투자는 사업자가 생산과 판매를 위해 창고에 보유하는 상품 재고를 비축하는 투자다. 투자가 늘어나면 수출 경쟁력이 높아져 수출을 늘리기도 쉽다.

GDP 항등식, 곧 소비지출, 투자지출, 정부지출, 순수출을 더해 GDP를 집계한다는 점을 기억해두면 거시경제 관련 뉴스도 이해하기 쉬워진다. 예시 기사로 확인해보자.

OECD 2분기 GDP 0.4% 증가… 팬데믹 이후 누적 성장률 5.1%

올해 2분기 경제협력개발기구(OECD) 회원국의 국내총생산(GDP)이 전 분기 대비 0.4% 증가한 것으로 잠정 추산됐다. … G7 내에서도 상황은 엇갈렸는데 일본(1분기 0.9%→2분기 1.5%)과 프랑스(0.1%→0.5%)의 경우 성장률이 눈에 띄게 높아졌다. 일본은 수출이 3.2% 증가하고 수입이 4.3% 감소하면서 순 수출(수출에서 수입을 뺀 값)이 성장을 이끈 주요 동력으로 분석됐다. 프랑스도 민간 소비는 위축(-0.3%)된 가운데 순 수출이 성장을 뒷받침한 것으로 나타났다. … 미국은 투자와 민간 소비가 GDP 성장에 기여했으나, 민간 소비 증가율은 1분기의 1.0%에서 0.4%로 떨어진 것으로 나타났다. 영국은 민간과 정부 지출이 증가했음에도 순 수출이 발목을 잡아 성장 둔화 요인으로 꼽혔다.

연합뉴스
2023.8.29

2023년 2분기 일본과 프랑스의 경우 '순수출'이 GDP 성장을 이끌었다고 전한 기사다. 미국은 '투자'와 '소비'가 GDP 성장에 기여했고, 영국은 '소비'와 '정부지출'이 증가했지만 '순수출' 실적이 안 좋아 GDP가 커지지 못했다고 전했다. 각국의 GDP가 커졌다든지 그렇지 못했다든지 평가할 때 소비, 투자, 정부지출, 순수출을 분석 요소로 쓴다는 사실을 알 수 있다.

GDP는 경제를 이해하는 데 매우 유용한 개념이다. GDP 크기가 얼마나 되고 어떻게 변하는지를 보면 각국이 생산하는 능력·규모·수준을 가늠해볼 수 있다. GDP 규모를 기준으로 경제 규모가 커지는지 작아지는지, 경제가 성장하는지 퇴보하는지, 얼마나 빨리 성장하는지 평가할 수 있다.

각국 가계가 진 빚 규모를 그 나라 GDP 규모와 견주어 가계 부채 비율을 구해보면 각국의 가계 부채 규모가 얼마나 큰지 비교해볼 수 있다. 보기 기사가 각국 가계 부채 비율 조사를 전한 예다. 2023년 가계 빚 규모를 경제 규모와 견주어보니 우리나라 가계 빚 규모가 주요국 중 가장 컸다.

기사독해

한국, 가계부채비율 100.1%…
"올해 100% 밑으로 하락 기대"

지난해 한국의 가계부채비율이 경제 규모 대비 가장 높은 수준을 기록했다. … 3일 국제금융협회(IIF) 세계 부채 모니터 보고서에 따르면 지난해 4분기 기준 한국의 가계부채비율은 100.1%다. 세계 33개 주요국 중에서 국내총생산(GDP) 대비 가장 높은 부채비율을 기록한 것이다. 한국 다음으론 ▲홍콩(93.3%) ▲태국(91.6%) ▲영국(78.5%) ▲미국(72.8%) ▲말레이시아(68.9%) 등이 뒤를 이었다. 선진국의 가계부채비율 평균은 70.3%, 신흥국의 평균은 61.5%를 기록했다. 전체 평균은 61.5%다.

MTN 뉴스
2024.3.3

GDP가 각국이 생산한 최종재에 그 나라 경제주체가 지출한 화폐액과 같다는 점도 유용하다.

각국 경제 규모(GDP)

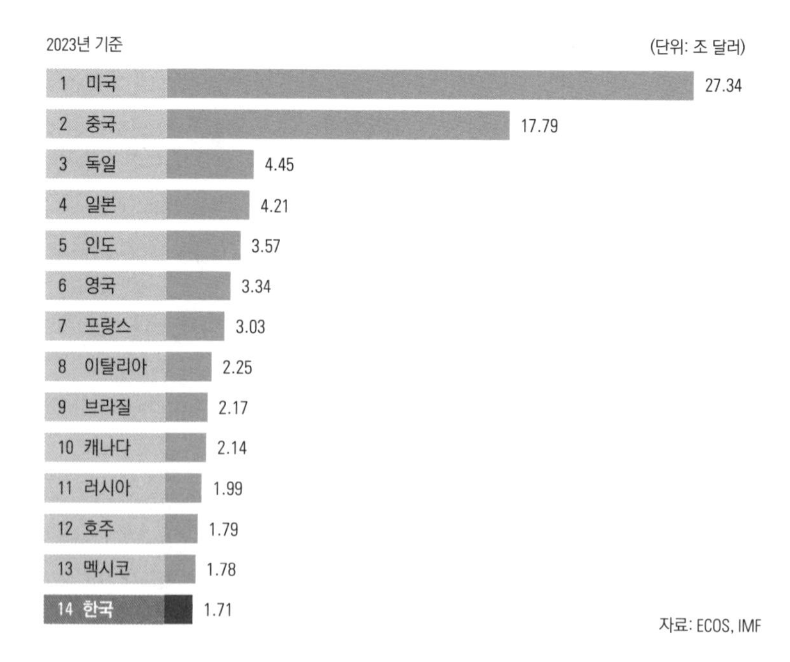

어느 나라 안에서 새로 생산한 재화가 판매되면 그만큼 그 나라 안 누군가는 새로 돈을 벌게 된다. 따라서 GDP는 한 나라가 일정 기간 생산 활동을 해서 새로 번 돈 총액과 같다. GDP 수치를 보면 각국이 한 해 동안 얼마나 돈을 벌었는지 알 수 있다는 얘기다.

2023년 연간 GDP 크기를 기준으로 볼 때 세계에서 경제 규모가 가장 크고 돈을 가장 많이 버는 나라는 미국, 다음이 중국, 독일, 일본, 인도 순이다(ECOS, 당해년 가격).

경제 규모가 GDP만큼 커지지 않는다면 왜 그럴까: 명목 · 실질 GDP

GDP를 보면 경제 규모를 알 수 있다. 단 GDP와 경제 규모가 꼭 같지 않을 때도 있다. 예를 들면 올해 GDP가 지난해보다 커도 경제 규모는 지난해와 같거나 심지어 더 작을 수 있다. 왜 그럴까?

GDP를 계산하려고 국내 재화액(재화 판매액)을 합계 낼 때 재화액 크기가 물가 변동분을 반영해 부풀거나 줄어들기 때문이다.

가령 한국 경제가 해마다 오직 TV 1대만 새로 생산해 팔고, 지난해 100만 원이던 TV 판매가가 올해는 110만 원이라 하자. 그럼 지난해 GDP는 100만 원, 올해 GDP는 110만 원이다. GDP는 올해 더 커졌지만 실질 경제 규모는 TV 1대를 생산해 팔았다는 점에서 지난해와 다름없다. GDP가 커진 이유는 단지 TV 판매가가 올랐기 때문이다.

현실에서도 같은 일이 생긴다. 물가가 올라 GDP가 부풀 때가 많다. 상품 생산량은 전과 같은데 GDP는 커져서 생산 활동이 전보다 활발해진 것처럼 보이는 셈이다. 따라서 GDP로 경제 규모를 정확히 나타내려면 물가 때문에 GDP가 늘거나 줄어드는 부분을 빼고 계산해야 한다.

물가 변동에 따른 영향, 곧 물가 변동분을 빼고 집계한 GDP를 실질 GDP(real GDP)라 한다. 물가 변동분을 없애지 않고 집계한 GDP는 명목 GDP(nominal GDP)라 부른다. 실질 GDP를 구하려면 명목 GDP에서 물가 변동분을 빼면 된다.

요컨대 GDP는 물가를 반영한 명목치(명목값)와 물가 변동분을 뺀 실질치(실질값), 두 가지로 집계할 수 있다. 뉴스에서도 보기처럼 실질 GDP와 명목 GDP 통계를 구분해서 전하곤 한다.

세계경제 중국 비중, 30년만에 처음 줄었다

세계 경제에서 중국이 차지하는 비중이 거의 30년 만에 처음 축소된 것으로 조사됐다. 2일 블룸버그 통신은 JP모건 체이스의 발표치를 기준으로 전 세계 명목 GDP에서 중국이 차지하는 비중이 20%로 전년 대비 소폭 줄어들었다고 보도했다. … JP모건 체이스의 발표치는 명목 GDP를 기반으로 한 것으로, 실질 GDP와 달리 인플레이션을 감안하지 않은 것이다.

연합뉴스
2023.12.4

그런데 다른 경제기사에서는 명목치와 실질치 또는 명목 GDP와 실질 GDP를 구분하지 않고 경제통계를 전하는 예도 흔히 볼 수 있다. 이렇게 명목치와 실질치를 구분하지 않는 경제통계는 GDP 통계를 포함해서 대개 명목치다. 경제기사뿐 아니라 다른 경제 논저에서도 그렇다. 이 책에서도 마찬가지다.

명목 GDP를 집계할 때는 경상가격(current price)을 쓴다. 경상가격이란 경상시장가격(current market price), 곧 집계 당시 시장가격이나 보통 때 가격을 뜻하는 명목치다. 이렇게 경상가격으로 집계하기 때문에 명목 GDP를 경상 GDP(current GDP)라고도 부른다. 명목 GDP 통계에는 흔히 '당해연도(해당연도)' 또는 '당해년가격' 표시를 붙인다. 다른 설명 없이 '당해년(가격)' 표시가 붙은 통계는 명목치라고 보면 된다.

실질 GDP를 집계할 때는 물가 변동에 따른 영향을 없앤 가격을 써야 한다. 경상가격에서 물가 변동분을 빼면 되는데, 그러기 위해 기준시점을 정하고 경상가격을 기준시점 가격으로 환산한다. 이렇게 환산한 가격을 불변가격(constant price) 또는 불변시장가격(constant market price)이라 한다. 경상가격이 명목치라면 불변가격은 실질치다. 불변가격으로 집계한 실질 GDP는 불변가격 기준 GDP라고도 부른다.

명목 GDP와 실질 GDP를 집계해보면 대체로 명목 GDP가 실질 GDP보다 크다. 현실 경제에서는 디플레이션이 오지 않는 한 대개 해마다 물가가 오르고, 물가가 오르는 만큼 명목 GDP가 실질 GDP보다 부풀기 때문이다. 실례로 지난 2022~2023년 우리나라 실질 GDP가 1968.8조 원→1995.6조 원으로 1.4% 늘어날 때 명목 GDP는 2161.8조 원→2236.3조 원으로 3.4% 늘었다(한은, 〈2023년 4/4분기 및 연간 국민소득(잠정)〉, 2024.3).

집계 방식은 달라도 명목 GDP와 실질 GDP는 모두 경제 규모를 재는 데 유용하다. 다만 경제 규모가 일정 기간 동안 얼마나 달라졌는지 알아보는 데는 물가 변동의 영향을 뺀 실질 GDP 통계가 더 유용하다.

물가 관련 경제지표 중에도 GDP처럼 물가 변동분 반영 여부에 따라 실질값과 명목값을 구분해 산출하는 것들이 꽤 있다. 실질소득과 명목소득, 실질임금과 명목임금, 실질금리와 명목금리가 그런 예다.

경제성장 속도는 뭘로 재나: 실질 GDP 성장률

경제가 성장하는 속도는 경제 규모가 얼마나 빨리 커지는지를 보면 알 수 있다. 국민경제 규모는 보통 GDP로 나타내므로 GDP 추이를 보면 국민경제가 얼마나 빨리 커지는지 알 수 있다. GDP가 빨리 커지면 국민경제의 성장 속도가 빠른 것이고, GDP 증가 추이가 시원찮으면 성장 속도가 떨어지는 것이다.

GDP 증가 추이는 일정 기간을 두고 수치가 얼마나 변하는지를 보면 알 수 있지만, 증가율(변화율, 증감률, 성장률)을 구해보면 더 쉽게 알 수 있다. 그래서 GDP 증가율은 국민경제의 성장 속도를 나타내는 지표로 흔히 쓰인다. 그런데 GDP에는 명목 GDP와 실질 GDP가 있다. 둘 중 어느 걸 봐야 좋을까?

명목 GDP는 물가 변동에 따른 영향을 받으니 실질 GDP 추이를 봐야 실질 경제성장 추이를 알 수 있다. 실질 GDP 증가율은 보통 지난해 실질 GDP를 기준으로 올해 실질 GDP가 얼마나 늘었는지 계산하는 방식으로 구한다.

$$\text{실질 GDP 성장률(\%)} = \frac{\text{올해 실질 GDP} - \text{지난해 실질 GDP}}{\text{지난해 실질 GDP}} \times 100$$

실질 GDP 성장률은 나라 경제가 성장하는 실질 형세, 곧 경제성장률을 보여주는 대표 성장 지표다. 우리나라를 포함해 세계 각국이 경제성장률을 나타내는 공식 지표로 쓰고 있다.

실질 GDP 성장률을 비교해보면 성장 속도 면에서 어느 나라 경제가 앞서고 뒤지는지 알 수 있다. 성장률이 높은 나라는 다른 나라보다 빠르게 경제가 성장한 것이고, 성장률이 낮으면 비교적 성장이 부진한 것이다.

같은 경제단위를 놓고 본다면, 어느 해 성장률이 다른 해보다 높은

우리나라 경제성장률 추이

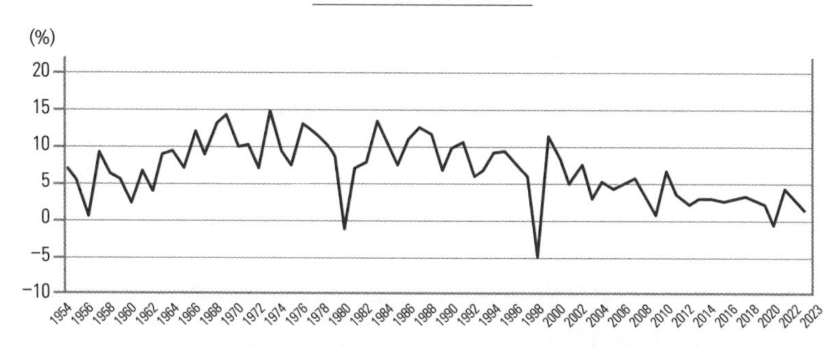

주: 전년 대비 실질 GDP 성장률, 2015년 기준
자료: ECOS

경우 그해 경기가 비교적 좋았다는 식의 해석도 가능하다. 실질 GDP 성장률만 봐도 한눈에 경기를 알 수 있는 셈이다. 다만 실질 GDP 성장률이 어느 정도면 높고 어느 정도면 낮은 것인지 평가할 절대 기준은 없다. 성장률이 높다느니 낮다느니 하는 말은 경험이나 비교를 근거로 하는 얘기다.

우리나라에서는 한국은행이 공식 경제성장률을 집계한다. 분기별(전분기 대비) 실질 GDP 성장률을 경제성장률 주 지표로, 연간(전년 대비) 실질 GDP 성장률을 보조 지표로 삼는다.

성장률 발표는 시기를 세 차례로 나눠 속보치 → 잠정치 → 확정치 순으로 한다. 분기별 통계는 한 분기가 끝나면 한 달쯤 뒤 실질 GDP 성장률 속보치를 발표하고, 두 달쯤 뒤 속보치 추계 때 빠진 경제지표를 반영해서 수정한 잠정치를 내놓는다. 4분기 성장률을 발표할 때는 연간 성장률도 함께 알린다. 연간 통계는 연도 말로부터 6개월 안에 잠정치를 발표한다.

실례로 한은은 2023년 3분기 말(9월)로부터 한 달이 지난 10월에 3분기 실질 GDP 성장률 속보치(전분기 대비 0.6%)를 발표했다. 12월 5일에는 잠정치(전분기 대비 0.6%)를 발표했다. 2023년 4분기와 연간 성장률 속보치(각각 전분기 대비 0.6%, 전년 대비 1.4%)는 2024년 1월 25일에 함께 내놓았다.

확정치는 잠정치를 미세 조정해서 공표한다. 연간 통계 확정치는 연도 말로부터 1년 6개월 안에 발표한다. 2021년 성장률 확정치(전년 대비 4.3%, 잠정치는 4.1%)는 2023년 6월에 발표됐다(한은,〈2021년 국민계정(확정) 및 2022년 국민계정(잠정)〉, 2023.6).

우리 잠재성장률은 왜 계속 떨어지나

기사독해

**한국 잠재성장률 끝모를 추락…
2011년 이후 계속 하락**

한국의 잠재성장률이 뒷걸음치고 있다. 경제협력개발기구(OECD)는 올해 한국의 잠재성장률을 2.004%로 전망했다. 지난해 2.025%에 이어 2년 연속 2%대에 그친 것이다. 지난 2011년 3.8%에 이후 단 한차례의 반등 없이 계속 떨어지고 있다. 이런 나라는 OECD 38개국 중 한국이 유일하다. 한국의 잠재성장률 급락세는 일본과 유사하다는 지적이다. 상황이 지속된다면 한국도 일본의 '잃어버린 30년'을 답습할 수 있다는 우려가 나오고 있다.

뉴시안
2024.2.14

우리나라 잠재성장률이 추락한다고 전한 기사다. 잠재성장률(potential growth rate)이 뭘까?

경제가 안정된 가운데 달성 가능한 성장률의 최대치를 말한다.

경제가 성장하려면 소비 수요와 생산능력(곧 공급 능력)이 커져야 한다. 무조건 커지기만 하면 되는 것은 아니고 수요와 생산능력 간 균형이 맞아야 하는데, 간혹 수요가 단기에 너무 커져서 생산능력을 넘어서는 불균형이 생긴다. 경기가 과열되는 것이다. 생산설비나 노동력 등 생산능력을 좌우하는 요소는 단기에 크게 늘리거나 줄이기 어렵지만, 소비 수요는 단기에도 크게 변할 수 있기 때문이다. 수요가 공급을 초과하면 인플레이션이 발생할 수 있다. 부족한 공급을 해외 수입에 의지할 경우에는 상품과 서비스 부문 무역적자가 커져 경상수지 적자가 늘어나기도 쉽다.

인플레이션과 경상수지 악화(적자 확대)는 경제성장 과실을 갉아먹는다. 인플레이션과 경상수지 적자가 문제 되지 않는 범위에서 이뤄내는 성장이라야 적정한 성장, 곧 안정 성장(proper, stable growth)이라 할 수 있다. 이 같은 안정 성장 범위 내에서 가능한 최대치의 성장률, 곧 물가 상승률이 적정한 범위에서(즉 인플레이션을 가속하지 않으면서) 경제가 동원할 수 있는 인력 · 자본(설비 포함) · 기술 등의 생산요소를 모두 투입해 이뤄낼 수 있는 최대 성장률이 잠재성장률이다. 경제가 인플레이션을 가속하지 않으면서 이룰 수 있는 생산 수준의 최대치는 잠재 GDP이므로, 잠재 GDP의 증가율이라고 부를 수도 있다.

잠재성장률 추이를 보면 나라 경제의 중장기 성장 추세나 성장 잠재력을 가늠할 수 있다. 그래서 각국에서 정부가 통화정책이나 경기정책

우리 경제의 실질 GDP와 잠재 GDP 성장률 추이

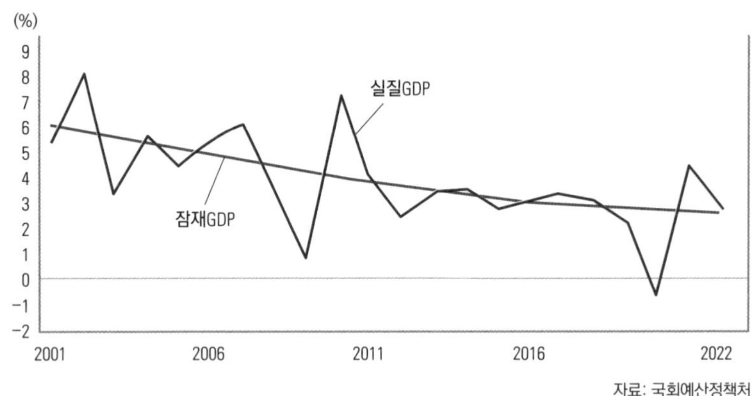

자료: 국회예산정책처

등 거시경제 정책을 운영할 때 주요 변수로 활용한다.

다만 잠재성장률은 경제성장률처럼 실제로 관측하고 집계할 수 있는 것은 아니고 이론상 추정하는 지표다. 누가 어떤 방법으로 계산하느냐에 따라 추정치가 달라진다. 보기 기사에서 OECD가 전망했다는 우리나라의 2024년 잠재성장률 2.004%도 추정치일 뿐이다.

다만 우리 경제의 잠재성장률이 장기 하락세인 것은 사실이다. 국회예산정책처 추정치로는 2001~2005년 연평균 5.2%→2006~2010년 4.1%→2011~2015년 3.2%→2016~2020년 2.6%로 추락했고 2018~2022년에는 2.4%를 기록했다. 2023~2027년에도 2.1%로 더 낮아질 전망이다(국회예산정책처, 〈2024년 및 중기 경제전망〉, 2023.10)

잠재성장률이 계속 떨어진다는 것은 성장 잠재력이 추락한다는 뜻이다. 우리 경제의 잠재성장률이 계속 떨어지는 이유가 뭘까?

잠재성장률을 좌우하는 3대 요인에 문제가 있기 때문이다.

나라 경제의 잠재성장률은 국내에 축적된 자본이 얼마나 많은가, 기술 혁신이 얼마나 빠르게 일어나는가, 일할 수 있는 인구가 얼마나 많은가에 따라 달라진다. 자본 축적과 기술 혁신이 진전되고 노동력이 늘어나면 성장률이 오르지만, 그렇지 못하면 떨어진다. 최근 우리 경제는 투자가 부진하고 기술 혁신이 정체한 데다 고령화와 저출산으로 생산가능인구(일할 의지와 능력이 있는 만 15~64세)가 줄어드는 추세다.

잠재성장률 하락세를 되돌리려면 어떻게 해야 할까?

투자와 기술 혁신, 노동력이 증가할 수 있도록 정부가 앞장서 정책을 만들고 시행해서 경제구조를 바꿔야 한다.

첫째, 투자가 늘어날 수 있게 불필요한 규제를 없애고 관련 제도를 정비해야 한다. 특히 중소기업과 내수 부문에서 투자가 늘어나게 해야 한다. 금융기관이 가계 상대 대출 영업에 안주하지 않고 투자 안목을 키워 중소기업과 내수 부문을 더 많이 지원하도록 유도할 필요도 있다.

둘째, 기술 생태계를 정비하고 지원해서 기술 개발이 산업 혁신과 생산성 향상을 낳게 해야 한다. 그러기 위해 기술 개발자가 기울이는 노력이 적절한 보상을 받을 수 있게 해야 한다. 우리나라에서는 기술 개발에 노력하는 중소기업이 대기업으로부터 부당하게 기술을 탈취당해 좌절하는 일이 잦으므로, 공정거래 관련 법제와 관행도 정비해야 한다.

셋째, 청년과 여성이 질 좋은 일자리를 갖고 장기간 안정되게 일할 수 있는 경제 시스템을 만들어야 한다. 여성의 경제활동 참가율과 출산율이 높아질 수 있도록 재정을 적극 배분하고 지원해서 가사와 보육에 드는 비용을 덜어줘야 한다. 수출을 주로 하는 대기업은 고용 여력에 한계가 있으므로, 대기업보다는 중소기업과 내수 부문 서비스산업을 적극 지원해야 한다.

GDP 갭 보면 뭘 알 수 있나

한은 "GDP갭 플러스 유지할 듯…
물가상승 압력 작용"

한국은행이 국내총생산(GDP)갭이 플러스를 유지할 것으로 예상되는 만큼 당분간 기조적 물가 상승 압력으로 작용할 수 있다고 내다봤다. 31일 한국은행이 발표한 '금융 · 경제 이슈 분석' 보고서에서 "8월 경제전망을 기초로 추정해 보면 마이너스(-) GDP갭률은 지난해 4분기 해소됐으며 올해와 내년 중 GDP갭은 소폭의 플러스가 유지되는 것으로 나타났다"고 밝혔다.

뉴시스
2022.8.31

'GDP 갭이 플러스(+)라서 물가 상승 압력으로 작용할 수 있다'는 한은 관측을 전한 기사다. 무슨 뜻인지 알아보자.

GDP 갭이란 실질 GDP와 잠재 GDP의 차이를 말한다. 실질 GDP 갭, 총생산 갭 또는 아웃풋 갭(output gap)이라고도 한다.

GDP 갭은 양의 값 곧 플러스(+)인 경우도, 음의 값 곧 마이너스(-)인 경우도 있다.

예를 들어 실질 GDP가 잠재 GDP를 넘어섰다 하자. 실질 GDP가 잠재 GDP보다 크면 GDP 갭 수치가 플러스(+)가 된다. 플러스 GDP 갭은 실질 경제성장이 잠재 성장을 웃도는 상태, 곧 경제활동이 생산능력 범위를 넘어서는 상태다. 보통 실업률이 낮고 공장 가동률이 높은 호황 때 볼 수 있다. 이 경우에는 이론상 총수요가 총공급을 넘어서는 초과 총수요가 발생해서 물가를 밀어 올리는 압력으로 작용한다. 보기 기사에서 전하는 한국은행의 관측, 곧 'GDP 갭이 플러스라서 물가 상승 압력으로 작용할 수 있다'는 말이 바로 이 뜻이다.

플러스 GDP 갭이 나타난 경제는 그대로 가면 인플레이션이 발생할 수 있다. 그래서 플러스 GDP 갭을 인플레이션 갭이라고도 부른다. 인플레이션 갭이 나타나면 경기정책 당국은 과열된 수요를 가라앉힐 수 있는 긴축 정책을 고려해야 한다.

만약 실질 GDP가 잠재 GDP를 밑돈다면 GDP 갭이 마이너스(-)로 나타난다. 마이너스 GDP 갭은 실질 경제성장이 잠재 성장을 밑도는 상태, 곧 경제활동이 생산능력 범위 안에서 일어나는 상태인데, 경제가 제 능력을 충분히 발휘하지 못한다고 볼 수 있다. 보통 실업률이 높고 공장 가동률이 낮은 불황 때 나타난다. 이 경우에는 이론상 총공급에 비해 총수요가 부족해서 생산설비나 노동력 등 생산요소가 충분히 쓰이지 못하고 초과 총공급이 물가를 끌어내리는 디플레이션 압력으로 작용한다. 그래서 마이너스 GDP 갭을 디플레이션 갭이라고도 부른다.

디플레이션 갭이 나타난 경제는 그대로 가면 경기가 위축될 가능성이 있다. 그래서 정책 당국이 부진한 수요를 일으킬 수 있는 경기 활성화 정책, 통화완화정책을 내놓곤 한다.

GDP 갭이 +인지 -인지를 보면 경제의 활력도를 진단해볼 수 있다. 경제성장 속도가 적정한지, 경제가 성장 잠재력을 충분히 발휘하고 있는지, 앞으로 성장이 얼마나 가능할지 가늠해볼 수 있다. 다만 이 역시 실제로 관측할 수 있는 게 아니고 이론상 추정하는 지표이므로, 누가 어떤 방법으로 계산하느냐에 따라 추정치가 달라진다.

실질 GDP 갭 추이

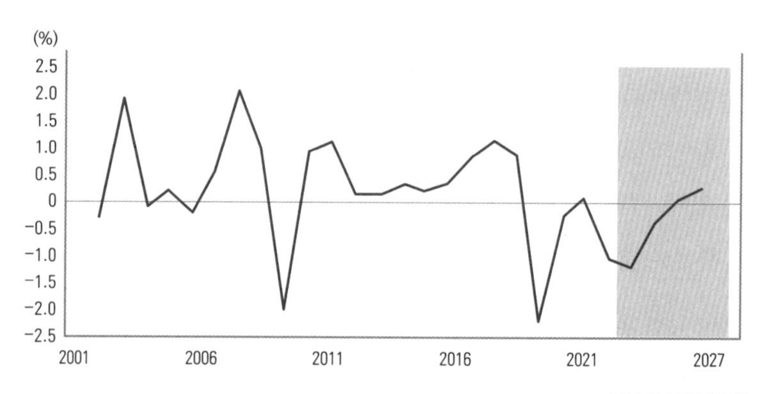

자료: 국회예산정책처

해마다 경제 전망 보고서와 함께 잠재성장률 추정치를 집계해 내놓는 국회예산정책처에서 GDP 갭을 계산할 때는 다음 식과 같이 실질 GDP와 잠재 GDP 추정치 간 비율 차이(퍼센티지 갭)를 구한다.

$$\text{(실질) GDP 갭} = \frac{\text{실질 GDP} - \text{잠재 GDP}}{\text{잠재 GDP}} \times 100$$

국회예산정책처 추정에 따르면, 우리 경제의 GDP 갭은 보기 그림에서 보듯 2020년 코로나19 충격으로 민간 소비가 위축된 탓에 2009년(−2.6%) 수준에 가까운 −값으로 떨어졌다. 하지만 2022년에는 실질 GDP 성장률이 잠재성장률을 웃돌면서 +값으로 돌아섰다. 2023~2025년에는 다시 실질 GDP 성장률이 잠재성장률을 밑돌면서 −값으로 바뀌고, 2026년부터는 +값을 회복할 것으로 예상된다(국회예산정책처, 〈2024년 및 중기 경제전망〉, 2023.10).

국민소득 크기는 왜 GNI로 잴까

기사독해

한국경제
2023.9.5

쪼그라든 국민소득… 1년 만에 최대 폭 감소

지난 2분기 실질 국민총소득(GNI)이 0.7% 쪼그라들었다. 1분기 1.9% 증가했다가 작년 2분기 이후 1년만에 가장 큰 폭의 감소로 전환됐다. 국내총생산은 0.6% 증가해 0%대 저성장이 이어졌다.

'국민총소득(GNI)이 쪼그라든 것으로 보아 국민소득이 줄었다'고 전한 기사다.

국민소득(national income)이란 국민이 일정 기간 생산 활동을 해서 새로 번 돈을 합계한 금액이다. 국민소득을 측정하는 지표를 국민소득 지표라 부른다. 국민소득 지표는 여러 가지가 있는데, 보기 기사에 나오는 국민총소득, 곧 GNI(gross national income)가 대표 격이다.

GNI는 GDP 통계를 가공해 집계한다. GDP가 일국의 영토에서 생산된 재화의 시장가치 총액을 일컫는 용어임을 고려하면 GDP로도 총소득(국민소득)을 잴 수 있을 것 같은데, 굳이 GNI로 총소득을 재는 이유가 뭘까?

국민소득을 재는 데 GDP는 한계가 있기 때문이다.

첫째, GDP는 국민소득을 '국민' 단위로 집계하지 않고 '국경'을 기준으로 집계한다. 예를 들면 외국인 소유 기업이라도 한국에서 자동차를 팔아 번 돈은 한국 GDP에, 한국인 소유 기업이 미국에서 차를 팔아

번 돈은 미국 GDP에 합산한다. 반면 GNI를 비롯한 국민소득 지표는 국경을 상관하지 않고 '국민'을 단위로 총소득을 집계한다. 자국인이 자국에서 번 돈은 물론 외국에서 번 돈까지 자국 국민소득에 넣는다.

둘째, GDP는 본래 국민경제의 생산능력이나 규모를 재기 위해 생산 측면에 중점을 두고 집계하는 생산 지표이지, 국민경제의 구매력(소비능력)이나 소득 수준을 재는 데 적당한 소득 지표가 아니다. 반면 GNI를 비롯한 국민소득 지표는 본래 국민 단위 국민경제의 구매력이나 소득 수준 또는 복지 수준을 측정할 목적으로 소비 측면에 중점을 두고 집계하는 소득 지표다.

GDP로 국민경제의 구매력이나 소득 수준을 측정하기 어려운 점은, GDP가 지닌 구매력이 상황에 따라 달라지는 문제를 생각해보면 이내 알 수 있다.

구매력이란 상품을 소비할 수 있는 능력을 말한다. GDP의 구매력은 GDP 크기와 꼭 같지 않다. 가령 올해 GDP가 지난해 GDP와 똑같다 해도 물가가 오르면 올해 GDP의 구매력은 지난해 GDP의 구매력보다 낮아진다. 이렇게 GDP의 구매력은 물가 등락에 따라 달라지지만, GDP 수치에서는 구매력이 달라지는 사실을 알 수 없다. 국민경제가 얼마를 벌었는지는 알 수 있어도 얼마나 소비할 수 있는지, 국민경제의 구매력이 얼마인지는 정확히 알 수 없다. 이처럼 GDP가 보여주지 못하는 국민소득의 구매력을 GNI로는 쉽게 파악할 수 있다.

GNI는 어떻게 집계하나

GNI는 GDP에 대외순수취요소소득이나 실질 무역 손익을 더해 집계한다. 어느 것을 더할지는 명목 GNI와 실질 GNI 중 어느 것을 구하는지에 따라 달라진다.

△ 명목 GNI는 국민경제를 기준으로 볼 때 자국민이 국내외에서 생산 활동에 참가해 새로 번 명목소득 총계다. 명목 GDP에 명목 대외순수취요소소득(국외순수취요소소득)을 더해 구한다.

요소소득이란 국민이 기업 등에 생산요소(생산 활동에 필요한 요소, 곧 노동·토지·자본 등)를 제공한 대가로 임금·지대·이자·이윤 등의 형태로 얻는 소득이다. 요소소득은 자국민이 해외에서 번 소득(대외수취요소소득) 그리고 외국인이 자국에서 번 소득(대외지급요소소득)으로 나눌 수 있고, 둘 간의 차액을 대외순수취요소소득이라 부른다. 요컨대 대외순수취요소소득이란 국민경제를 기준으로 자국민이 해외에서 번 소득은 더하고 외국인이 자국에서 번 소득은 빼서 집계한 금액이다.

대외순수취요소소득 = 대외수취요소소득−대외지급요소소득 = 자국민이 해외에서 1년 이상 거주하며 노동이나 자본을 투입해 벌어들인 소득−외국인이 자국에서 1년 이상 거주하며 번 소득

△ 실질 GNI는 국민경제를 기준으로 자국민이 국내외에서 생산 활동에 참가해 번 실질소득 총계다. 실질 GDP에 실질 대외순수취요소소득, 그리고 '교역조건(terms of trade) 변화에 따른 실질 무역 손익'을 더

해 집계한다.

교역조건이란 국민경제가 수출해서 버는 돈으로 수입할 수 있는 상품 수량이 얼마나 되는지를 계산해서 수출의 구매력이 얼마나 센지 나타내는 지표다.

가령 수출단가가 수입단가보다 많이 오른다고 해보자. 그럼 국민경제가 상품 1단위를 수출해 버는 돈으로 전보다 많은 양의 상품을 수입할 수 있다. 수출이 지닌 구매력이 전보다 높아지는 셈이므로 교역조건이 개선된다. 반대로 수출단가가 수입단가보다 많이 떨어지면 수출해서 버는 돈으로 전과 같은 양의 상품을 수입할 수 없다. 수출이 지닌 구매력이 전보다 떨어지는 셈이므로 교역조건이 나빠진다.

교역조건은 환율이나 국제 원자재가 등락 등을 반영해 수시로 변한다. 교역조건이 개선되면 국민경제가 무역에서 이익을 보고 교역조건이 나빠지면 손실을 본다. 교역조건이 변하면 무역에서 손익이 갈린다는 뜻이다. 이처럼 국민경제가 외국과 무역할 때 환율 등을 반영한 대외 교역조건이 달라지면서 발생하는 득실을 요약하면, '교역조건 변화에 따른 실질 무역 손익'이라고 표현할 수 있다.

실질 GNI는 실질 GDP에 실질 대외순수취요소소득과 교역조건 변화로 생기는 실질 무역 손익을 합산해 집계하므로, 교역조건에 따라 수치가 변한다. 교역조건이 나빠지면 실질 GDP보다 수치가 작아지고, 교역조건이 좋아지면 실질 GDP보다 커진다. 단지 명목 GDP에 명목 대외순수취요소소득만 더해 집계하는 명목 GNI에 비하면 국민경제의 소득 실제를 더 정확히 반영할 수 있다. 그래서 각국이 실질 GNI를 공식 국민소득 지표로 쓴다.

GNI, GNP, GDP는 어떻게 다른가

바로 앞에서 살펴봤듯이, GDP에 대외순수취요소소득을 더하면 GNI를 구할 수 있다. 이렇게 집계하는 GNI는 사실상 국민총생산, 곧 GNP(gross national product)와 같은 개념이 된다. 자국민이 번 소득은 국내외 어디서 발생했든 가리지 않고 더해 집계하기 때문이다.

GNP와 GDP의 차이는 총생산을 집계할 때 자국민이 해외에서 얻는 소득(대외수취요소소득), 그리고 자국 국경 안에서 외국인이 얻는 소득(대외지급요소소득)을 합산하느냐 않느냐에 있다.

GNP는 GDP에 대외순수취요소소득(=대외수취요소소득-대외지급요소소득)을 더해 총생산을 집계한다. 소득 주체의 국적을 중시하므로, 자국민이 얻은 소득이면 해외에서 얻은 소득까지 합산한다. 자국에서 외국인이 얻은 소득은 계산에서 뺀다.

반면 GDP 집계는 국경을 중시한다. 자국 국경 안에서 발생한 소득이면 자국민이 얻은 소득이든 외국인이 얻은 소득이든 상관하지 않고 총생산으로 집계한다. 따라서 대외지급요소소득은 합산하지만 대외수취요소소득은 합산하지 않는다.

예전 한때 세계는 국민경제 규모나 생산수준을 나타내는 지표로 GNP를 많이 썼지만 지금은 GDP를 주로 쓴다. 이유는 한마디로 말하면 '세계화' 때문이다.

현대 세계경제는 국가 간 경계가 전에 없이 개방되어, 자국민이 해외에 나가 돈을 벌고 반대로 외국인이 자국에 들어와 돈벌이하는 일이 흔하다. 그러다 보니 어느 나라에서나 전체 소득에서 외국인이 차지하는 몫이 커졌다. 이런 상황에서 국가 단위 총생산 집계 때 외국인 몫을 뺀다면 세계화한 현실을 제대로 반영하지 못하게 된다. GNP를 집계하려면 세계로 흩어진 자국민이 어디서 돈을 얼마나 버는지 추적해야 한다는 점도 골칫거리다. GNP와 달리 GDP는 국경을 경계로 총생산을 집계하므로 세계경제 현실을 더 정확히 반영해 나라 경제 규모를 잴 수 있고 계산하기도 쉽다.

교역조건은 왜 달라지나

교역조건을 변하게 하는 요인은 뭘까?

주로 대외 경제 여건이다. 국제 유가나 반도체 가격 같은 원자재 가격의 변동, 환율 변동, 기술 혁신이 큰 영향을 미친다.

특히 우리나라는 원유를 전량 수입하는 만큼 국제 유가가 오르면 수입 상품 가격이 뛰면서 이내 교역조건이 나빠진다. 내국 기업 중에도 석유화학제품 등 원유를 가공해서 생산·판매하는 곳은 유가가 뛸 때 수출품 가격을 올려 득 볼 수 있다. 하지만 대개의 상품은 수입가 상승 폭이 수출가 상승 폭보다 크기 때문에 경제 전체로 볼 때 손실이 더 크다.

실례로 2018년 우리나라는 원유가 상승으로 수입가격이 수출가격보다 대폭 오르면서 교역조건이 나빠져 실질 GNI 성장률이 떨어졌다. 실질 GDP는 전년 대비 2.7% 증가했지만, 실질 GNI 증가율은 1.0%에 그쳤다.

2015년에는 반대였다. 실질 GDP 성장률은 전년 대비 2.8%에 그쳤지만, 실질 GNI는 6.5% 커졌다. 당시는 국제 유가가 폭락하면서 반도체, 전기전자제품, 금속 등 주요 교역 제품 수출가에 비해 수입가가 대폭 내려 교역조건이 개선된 덕을 봤다.

2022년 2분기에는 실질 GDP가 전 분기보다 0.7% 늘어난 반면 실질 GNI는 1.3% 줄었다. 국제 유가 등 수입 원자재 가격과 달러-원 환율이 급등한 반면 주력 수출 품목인 반도체 가격은 떨어져서 교역조건이 나빠진 탓이다. 이 소식을 전한 예가 보기 기사다.

기사독해

치솟는 환율, 악화된 교역조건…
국민총소득 끌어 내린다

올해 2분기(4~6월) 국민의 실제 구매력을 나타내는 실질 국민총소득(GNI)이 뒷걸음쳤다. 국제 에너지 가격이 급등하는데 원화 가치는 하락하면서 지갑 사정이 악화했기 때문이다. 반도체 등 수출 둔화가 뚜렷해지는 상황에 내수 소비 심리마저 얼어붙는다면 하반기 경제가 마이너스 성장할 수 있다는 우려가 나온다.

아주경제
2022.9.1

교역조건은 어떻게 측정하나

교역조건(대외 교역조건)은 수출의 구매력 강도를 재는 지표다. 국민경제가 수출해서 버는 돈으로 수입할 수 있는 상품 수량이 얼마나 되는지를 지수로 만든다.

교역조건을 지수로 만든 것을 교역조건지수라고 부른다. 교역조건지수에는 두 가지가 있다. 순상품교역조건지수와 소득교역조건지수. 한국은행이 매달 작성해 발표한다. 전에는 '무역지수 및 교역조건'이라는 제목으로 통계를 따로 내놓았지만, 2024년 5월 14일부터 한은이 역시 매달 발표하는 '수출입물가지수'와 합쳐 '수출입물가지수 및 무역지수'라는 제목으로 통계를 공표하고 있다.

순상품교역조건지수는 상품 교역조건 변동을 파악하기 위해 작성하는 지표다. 수출 상품 1단위 가격과 수입 상품 1단위 가격 간 비율이 기준시점(2024년 5월 현재는 2020년)에 비해 얼마나 증감하는지 측정해서 수출 1단위로 수입할 수 있는 상품량이 어떻게 달라지는지, 1단위 수출 대금으로 얼마나 많은 양의 상품을 수입할 수 있는지를 알려준다. 월, 분기, 연별로 (수출 상품 단가 추이를 지수로 만든) 수출물가지수를 (수입 상품 단가 추이를 지수로 만든) 수입물가지수로 나누어 산출한다. 지수값이 높을수록 수출의 구매력, 곧 교역조건이 좋아지고 지수가 낮을수록 교역조건이 나빠진다는 뜻이다.

$$\text{순상품교역조건지수} = \frac{\text{수출물가지수}}{\text{수입물가지수}} \times 100$$

2024년 5월 순상품교역조건지수(총지수)는 전년 같은 달에 비해 4.9% 오른 91.57(잠정치, 2020년=100)을 기록했다. 2024년 5월에 우리가 상품 1개를 수출하고 받은 돈으로 수입할 수 있는 상품이 0.9157개였고, 1년 전에 비하면 우리가 해외에 상품을 팔아서 사 올 수 있는 상품량이 4.9% 늘어났다는 뜻이다. 지수가 오른 만큼 교역조건이 좋아진 셈이다. 이 같은 교역조건 개선은, 한은 분석에 따르면 수출가격이 전년 같은 달 대비 3.8% 오른 반면 수입가격은 1.1% 내린 덕이다.

순상품교역조건지수를 보면 수출입 단가 변동을 감안해서 교역조건이 어떻게 변하는지 알 수 있다. 하지만 수출입 상품의 가격 변동이 수출입 물량을 어떻게 변화시키는지는 알 수 없다. 그래서 소득교역조건지수라는 보조 지표를 쓴다.

소득교역조건지수는 수출 총액으로 수입할 수 있는 상품 물량을 지수로 만들어 기준시점 대비 얼마나 증감했는지 보여줌으로써, 순상품교역조건지수가 교역조건 변화에 수출입 가격 변동만 고려하는 단점을 보완해준다. 순상품교역조건지수에다 한은이 별도 산출하는 수출물량지수(수출 물량 추이를 지수화한 지표)를 곱하고 100으로 나눠 산출한다. 지수값이 클수록 교역조건이 좋아지고 작을수록 교역조건이 나빠진다는 뜻으로 읽는다. 2024년 5월 소득교역조건지수(총지수)는 전년 같은 달 대비 11.5% 오른 108.94(잠정치, 2020년=100)를 기록했다.

$$\text{소득교역조건지수} = \frac{\text{순상품교역조건지수} \times \text{수출물량지수}}{100}$$

순상품교역조건지수와 소득교역조건지수를 함께 보면 수출입 상품 가격의 변동과 수출입 물량의 변동, 두 가지 추이를 함께 볼 수 있다. 그만큼 교역조건이 어떻게 변하는지 더 정확히 파악할 수 있다.

국민소득 수준은 왜 구매력 수준과 차이가 날까

경제기사가 전하는 국민소득 지표 중에 세계은행(World Bank, WB)이 발표하는 1인당 GNI 통계가 있다. 세계은행이 1인당 GNI를 집계하는 방식은 여러 가지가 있다. 그중 미디어를 통해 주로 잘 알려진 것은 아틀라스 방식(Atlas method), 곧 각국 통화로 표시된 명목치를 집계 직전 3개년 평균 시장 환율로 환산해 미 달러로 표시하는 방식이다.

세계은행이 아틀라스 방식 시장 환율(Atlas method, current US$)로 집계한 2022년 1인당 GNI는 한국과 일본이 각각 3만 6160달러, 4만 2550달러다. 일본이 우리나라보다 6390달러 더 많다. 과연 한·일 간 국민소득 수준에 이만한 차이가 있을까?

꼭 그렇지는 않다. 세계은행이 아틀라스 방식으로 산출하는 1인당 GNI는 시장 환율을 적용하는데, 시장 환율은 흔히 통화의 구매력을 제대로 반영하지 못하기 때문이다.

가령 햄버거 1개에 미국에서는 1달러, 한국에서는 1000원인데 시장 환율은 달러당 2000원이라 하자. 시장 환율을 적용할 경우, 한국에서 햄버거를 살 수 있는 1000원을 미화로 바꾸면 0.5달러가 되므로 미국에서는 햄버거를 살 수 없다. 통화가 지닌 구매력으로 평가한다면 햄버거값이 한국에서는 1000원, 미국에서는 1달러이므로 환율이 달러당 1000원이라야 맞는다. 달러당 2000원인 시장 환율은 원화의 구매력을 상대적으로 과소평가하고 달러는 과대평가한 셈이다.

이 경우는 가정한 예지만, 실제로도 시장 환율은 각국 통화의 구매력을 제대로 반영하지 못할 때가 많다. 그럴 수밖에 없다. 시장 환율은 외환 수급에 따라 정해지는 환율이기 때문이다.

시장 환율이 통화의 구매력을 제대로 반영하지 못한다면, 시장 환율로 환산한 국민소득이나 GDP로는 국제 비교를 정확히 하기 어려울 것이다. 그래서 국가 간 소득수준이나 경제 규모를 비교할 때는 구매력평가(purchasing power parity, PPP) 환율이라는 지표를 쓴다.

구매력평가 환율은 시장 환율처럼 시장에서 정해지는 환율이 아니라 이론으로 만들어내는 환율이다. 가령 미국에서 1달러로 살 수 있는 상품을 넣은 바스켓(basket)을 한국에서 원화로 사면 900원이 든다고 치자. 그럼 달러와 원화의 구매력을 평가한 비율은 1 대 900이 된다. 이 비율이 구매력평가 환율이다. 말 그대로 통화의 구매력을 평가해서 정하는 환율이다.

구매력평가 환율은 이른바 일물일가(一物一價) 법칙(law of indifference), 곧 '같은 상품이라면 어디서든 같은 가격에 거래돼야 한다'는 이론을 따르는 환율이다. 그래서 달러와 원화의 구매력을 평가한 비율이 1 대 900일 때 시장 환율이 달러당 1000원이라면, 원화 시세가 구매력에 비해 100원 저평가됐다고 본다. 달러-원의 적정 환율은 1 대 1000이 아니라 1 대 900이라야 한다는 것이다.

세계은행이 실무에서 구매력평가 환율을 정할 때도 상품 바스켓을 활용한다. 3000여 개의 표준 재화를 담은 바스켓을 만들고, 해당 바스켓 구매에 드는 금액을 통화별로 집계한 다음 미 달러 기준으로 금액비를 산출한다. OECD, IMF 등 주요 국제기구도 다 같은 방법으로 정한 구매력평가 환율로 각국 GNI나 GDP를 환산해서 국가 간 소득수준과 경제 규모를 비교한다. 자연히 주요 국제기구가 집계하는 1인당 GNI

도 구매력평가 환율로 집계한 수치와 시장 환율로 집계한 수치 간에 차이가 난다. 이를테면 세계은행이 시장 환율(Atlas method, current US$)로 집계한 2022년 1인당 GNI는 한국 3만 6160달러, 일본 4만 2550달러인데 구매력평가 환율(PPP, current international $)로는 한국 5만 2380달러, 일본 4만 9980달러다. 시장 환율로 집계한 국민소득 수준은 한국이 6000 달러 정도 낮지만, 구매력평가 환율로는 큰 차이가 없을 뿐 아니라 오히려 한국이 일본보다 높다.

빅맥 환율은 시장 환율과 어떻게 다른가

영국에서 발행되는 경제 전문 주간지 〈이코노미스트(The Economist)〉는 정기적으로 '빅맥(Big Mac) 환율'을 발표한다. 빅맥 환율도 구매력평가 환율이다. 이른바 일물일가 법칙에 따라, 세계 각국에서 파는 맥도날드 햄버거 '빅맥'의 가격과 미국의 빅맥 판매가를 일치시켜 적정 환율을 찾는 방식으로 환율을 산출한다.

가령 미국에서 5달러에 파는 빅맥이 한국에서 6000원이라고 하자. 6000원이 5달러와 같은 값어치를 갖게 하려면 1달러를 (6000원/5달러=) 1200원과 바꿀 수 있어야 한다. 즉 달러-원의 빅맥 환율은 달러당 1200원이다. 빅맥이 미국에서 5달러이고 한국에서 6000원일 때 환율은 달러당 1200원이 적정하다는 뜻이다.

그런데 시장 환율은 빅맥 구매력으로 평가한 적정 환율, 곧 빅맥 환율보다 높거나 낮기 십상이다. 시장 환율이 빅맥 환율보다 높을 때는,

빅맥 환율 기준으로 시장 환율이 고평가됐다고 진단한다. 달러 대비 원화의 시장 환율이 고평가됐다면 원화의 구매력이 저평가된 것이다. 반대로 시장 환율이 빅맥 환율보다 낮을 때는, 빅맥 환율 기준으로 시장 환율이 저평가됐다고 진단한다. 달러 대비 원화의 시장 환율이 저평가됐다면 원화의 구매력이 고평가된 것이다.

최근 빅맥 환율은 원화의 구매력을 어떻게 평가할까?

2024년 1월 〈이코노미스트〉 발표에 따르면 빅맥은 미국에서 5.69달러, 한국에서 5500원에 팔렸다. 빅맥 판매가가 두 나라에서 같으려면 달러-원의 빅맥 환율, 곧 적정 환율은 달러당 ($\frac{5500}{5.69}$=) 966.61원이 돼야 한다. 하지만 당시(빅맥 판매가 조사 때) 시장 환율은 1338.9원이었다. 시장 환율이 빅맥 환율보다 높으니, 빅맥 환율 기준으로 시장 환율이 고평가됐다. 곧 원화의 구매력이 달러에 비해 저평가된 것이다. 얼마나 저평가됐을까? 다음과 같이 계산해보면, 시장 환율이 원화의 구매력을 달러보다 27.8% 낮게 평가했다.

$$\frac{\text{시장 환율}-\text{빅맥 환율}}{\text{시장 환율}}=\frac{1338.9\text{원}-966.61\text{원}}{1338.9\text{원}}=27.8\%$$

원화의 구매력은 이른바 빅맥 지수(Big Mac index)를 구해 기준 지수와 비교하는 방법으로도 평가해볼 수 있다. 빅맥 지수는 미 달러로 환산한 각국의 빅맥 판매가를, 기준 지수는 미국의 빅맥 판매가를 뜻한다. 2024년 1월 한국의 빅맥 지수는 당시 달러-원 시장 환율(1338.9원)로 계산하면 ($\frac{5500}{1338.9}$=) 4.11달러였다. 기준 지수(5.69달러)에 비해 {$\frac{5.69-4.11}{5.69}$=} 27.8% 낮아서, 원화의 구매력이 달러보다 27.8% 저평가된 상태를 보여준다.

GDP 디플레이터가 마이너스면 뭐가 문제인가

기사독해

中, 18개월째 생산자물가 마이너스…
"버블 터진 1995년 일본과 비슷"

디플레이션(물가 하락)이 길어지는 중국 경제가 점차 일본화(Japanification)되어가고 있다는 분석이 나왔다. 1990년대부터 잃어버린 30년을 겪으며 물가 하락과 저성장의 늪에 빠졌던 일본의 길을 따라가고 있다는 것이다. … 중국의 생산자물가는 18개월째 마이너스(-)를 기록하고 있다. 핵심 소비자물가는 8분기 연속 1%를 밑돌고 있고, GDP 디플레이터는 4분기 연속 마이너스다.

조선일보
2024.4.20

중국 경제의 디플레이션이 길어진다고 전한 기사다. 디플레이션 상황을 설명하기 위해 물가와 GDP 디플레이터 추이를 함께 전했다. 디플레이션은 워낙 물가가 하락하는 현상이니 물가 동향을 얘기하는 것은 당연하다. GDP 디플레이터 얘기는 뭘까?

GDP 디플레이터는 명목 GDP를 실질 GDP로 나눠 구하는 지수다.

$$\text{GDP 디플레이터} = \frac{\text{명목 GDP}}{\text{실질 GDP}} \times 100$$

어느 해 명목 GDP가 100, 실질 GDP가 90이라면 GDP 디플레이터는 ($\frac{100}{90} \times 100 =$) 111.11이다. GDP 디플레이터가 111.11이라는 것은 명목 GDP가 실질 GDP에 비해 11.11% 부풀려졌다(inflated)는 뜻이다. 실질 GDP는 90인데 물가가 11.11% 오르는 바람에 명목 GDP가 100이 됐고, 11.11%에 해당하는 물가 변동분이 명목 GDP와 실질 GDP의 차이를 만들었다. 이처럼 명목 GDP와 실질 GDP 통계로 GDP 디플레이터를 구해보면 물가 변동 폭을 알 수 있는 이치를 이용해, GDP 디플레이터를 물가 지표로 만들어 쓴다.

GDP 디플레이터를 활용하는 가장 흔한 방법은, 여러 구간(기간)에 걸쳐 GDP 디플레이터를 구한 다음 구간별 등락률로 물가 추이를 파악하는 것이다. 2023년 우리 경제의 연간 GDP 디플레이터 등락률은 전년 대비 +2.1%였다. 미디어에서는 흔히 '등락률'을 생략하고 'GDP 디플레이터가 +2.1%'라고 전하곤 한다.

GDP 디플레이터 등락률은 물가가 오르면 플러스(+), 내리면 마이너스(-)가 된다. +면 물가가 올랐고 -면 물가가 내렸다는 뜻이다. GDP 디플레이터 등락률이 마이너스이거나 매우 낮으면 경기가 좋지 않다는 신호로 읽는다. 등락률이 5분기 연속 낮아지면 디플레이션을 우려할 만한 상황으로 풀이한다. 보기 기사가 전하듯, GDP 디플레이터가 4분기 연속 마이너스인 중국 경제도 디플레이션 우려가 커지는 상황인 셈이다.

우리나라에서는 한국은행이 분기마다 국민소득 통계와 함께 GDP 디플레이터를 공표하고 있다. 그림에서 보듯 우리 경제의 GDP 디플레이터 등락률은 2015년 이후 2019년까지 계속 낮아지면서 마이너스 수

한국 경제의 GDP 디플레이터 등락률 추이

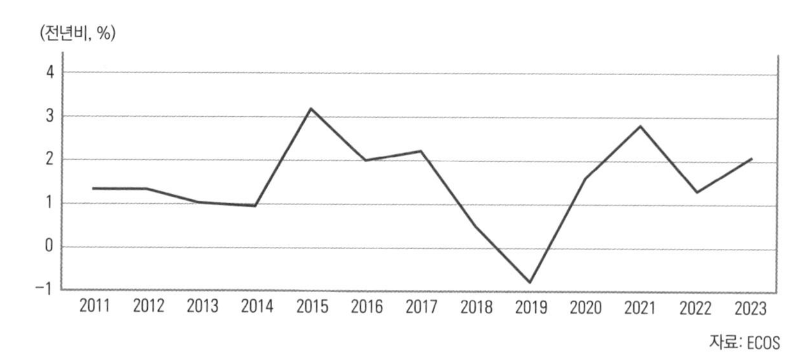

준까지 이르러 디플레이션 우려를 불렀다.

GDP 디플레이터가 물가 지표 역할을 한다면, 소비자물가지수와는 어떤 차이가 있을까?

지수 작성 범위가 다르다.

소비자물가지수(consumer price index, CPI)는 소비재 가격 동향만 조사해 만든다. 그만큼 지수 작성 범위가 좁다. GDP 디플레이터는 국내에서 생산되고 판매된 모든 최종 생산물의 평균 가격을 조사해 산출하는 GDP를 토대로 만든다. 그래서 소비자물가, 생산자물가, 수출물가, 환율, 임금 등의 가격 동향을 모두 반영한다. 국내에서는 가장 넓은 범위의 물가 동향을 반영하는 셈이다. 그러므로 국민경제의 물가 추이를 파악하는 데는 GDP 디플레이터가 소비자물가지수보다 낫다.

다만 GDP 디플레이터는 소비자물가지수와 달리 국내에서 생산된 상품만 조사 대상으로 삼기 때문에 수입 상품 가격 동향은 반영하지 못한다. GDP를 집계해야 산출할 수 있다 보니 소비자물가지수만큼 자주 구해볼 수 없는 점도 불편하다.

경기종합지수 보면 어떻게 경기 흐름 알 수 있나

경기 흐름을 보여주는 지수를 경기지수라고 한다. 경기지수도 여러 가지가 있는데, 가장 넓은 범위에서 경기 흐름을 보여주는 것은 경기종합지수(composite indexes of business indicators, CI)다. 경기종합지수를 보면 어떻게 경기 흐름을 알 수 있을까? 경기종합지수를 누가 어떻게 만드는지부터 시작해서 자세히 알아보자.

우리나라에서는 국가 중앙 통계 기관인 통계청이 공식 경기종합지수를 작성하고 발표한다. 통계청은 고용 · 생산 · 소비 · 투자 · 무역 · 금융 등 국민경제 주요 부문을 대표하면서 경기를 비교적 민감하게 반영하는 경제지표를 가공해 매달 경기종합지수를 발표한다.

경기종합지수에는 선행지수, 동행지수, 후행지수가 있다.

선행지수(leading index)는 선행종합지수를 줄인 말이다. 실제 경기 움직임보다 보통 3~10개월 정도 앞서 변하는 주요 경제지표를 종합해 만든다. 선행지수 흐름을 보면 경기 앞날을 예측할 수 있다.

동행지수(coincident index)는 동행종합지수를 줄인 말이다. 경기와 거의 동시에 움직이는 주요 경제지표를 종합한 지수다. 동행지수 흐름을 보면 현재 경기 상태를 알 수 있다.

후행지수(lagging index)는 후행종합지수를 줄인 말이다. 경기 흐름보다 보통 3~10개월 정도 늦게 움직이는 주요 경제지표를 종합한 지수다. 후행지수를 보면 경기 흐름을 사후에 확인할 수 있다.

통계청은 보통 몇 년에 한 번씩 경기종합지수 작성법을 개편하면서 지수 작성에 쓰는 구성 지표도 함께 발표한다. 가장 최근(2019년 9월)에 발표한 제10차 경기종합지수 개편안은 선행지수와 동행지수 작성에 각각 7가지, 후행지수에 5가지 등 모두 19개 경제지표를 구성 지표로 채용했다.

선행지수 작성에는 통계청이 작성하는 ① 건설수주액 ② 재고순환지표 ③ 기계류내수출하지수(선박 제외), 한국은행이 작성하는 ④ 장단기금리차 ⑤ 경제심리지수 ⑥ 수출입물가비율(수출물가지수÷수입물가지수×100), 한국거래소가 작성하는 ⑦ 코스피(월평균)를 구성 지표로 쓴다.

동행지수 작성에는 통계청이 작성하는 ① 비농림어업취업자수(농림어업 부문 제외 총취업자수) ② 광공업생산지수(광업, 제조업, 전기·가스업 생산량 변화를 종합한 지수) ③ 서비스업생산지수(도소매업 제외) ④ 건설기성액(건설업체가 시공한 공사액) ⑤ 소매판매액지수(소매업, 자동차 판매 중 승용차 부문 판매량 변화를 종합한 지수) ⑥ 내수출하지수(내수용 광업, 제조업, 전기·가스업 출하 지수), 관세청이 작성하는 ⑦ 수입액 통계를 구성 지표로 쓴다.

후행지수 작성에는 통계청이 작성하는 ① 생산자제품재고지수(광업과 제조업 재고 변동을 종합한 지수) ② 소비자물가지수변화율 ③ 취업자수, 금융투자협회가 작성하는 ④ 기업어음(CP) 유통수익률, 관세청이 작성하는 ⑤ 소비재 수입액을 구성 지표로 쓴다.

보기 표가 경기종합지수 추이를 나타낸 예다. 2020년 연간 지수 평균을 100으로 놓고 2023년 10월부터 2024년 3월까지 선행지수·동행지수·후행지수가 각기 어떻게 움직였는지를 표시했다.

동행종합지수를 살펴보자. 2024년 2월까지 지수가 계속 커진다. 경기가 확대됐다는 뜻이다. 3월에는 지수가 112.0에서 111.9로 작아졌다. 경기가 위축됐다는 뜻이다.

경기종합지수 추이

지수별	2023.10	2023.11	2023.12	2024.01 p)	2024.02 p)	2024.03 p)
선행종합지수(2020=100)	112.4	113.0	113.4	113.7	114.2	114.3
선행종합지수 전월비(%)	0.5	0.5	0.4	0.3	0.4	0.1
동행종합지수(2020=100)	110.9	111.0	111.1	111.5	112.0	111.9
동행종합지수 전월비(%)	0.4	0.1	0.1	0.4	0.4	−0.1
후행종합지수(2020=100)	114.0	114.2	114.4	114.4	114.6	114.8
후행종합지수 전월비(%)	0.4	0.2	0.2	0.0	0.2	0.2

주: p=잠정치
자료: KOSIS

동행종합지수 전월비는 전달 대비 이달 동행종합지수의 증감을 비율로 나타낸 것, 곧 전월 대비 이달 지수 증감률(%)이다. 경기가 확대될 때는 양수(+)로, 경기가 위축될 때는 음수(−)로 표시한다. 3월 동행종합지수 전월비는 전달 대비 경기 위축을 반영해 음수(−0.1)로 표시했다.

지수 전월비는 값이 클수록 경기변동 진폭이 크고 값이 작을수록 경기변동 진폭이 작다는 뜻이다. 전월비가 커지고 작아지는 방향, 정도, 추세를 보면 경기가 어떤 국면에 있고 어디로 얼마나 빨리 움직이는지 대략 알 수 있다.

그런데 선행지수 · 동행지수 · 후행지수 · 지수 전월비 통계가 단기 경기를 읽는 데는 그런대로 유용하지만 장기 경기를 읽는 데는 별 도움이 안 된다. 왜 그럴까?

국민경제가 워낙 장기 경기 흐름을 읽어내기 어려운 형태로 움직이기 때문이다.

국민경제는 단기로 보면 호황과 불황이 교차하며 규모가 커졌다 작아졌다 한다. 하지만 길게 보면 아주 심한 불황을 겪지 않는 한 대개 규

경기동행지수 추이

지수별	2017.09	2018.01	2018.05	2018.09	2019.01	2019.05	2019.19	2020.01
동행종합지수(2020=100)	96.9	97.6	98.2	98.5	99.0	99.3	100.3	101.6

자료: KOSIS

모가 커진다. 경기종합지수도 경기를 반영하므로 같은 모습을 보인다. 단기로 보면 경기를 반영해 수치가 커졌다 작아졌다 해도, 장기로 보면 해마다 커진다. 그러니 경기종합지수로는 경기가 확대됐다 위축됐다 하는 흐름을 단기로나 가늠할 수 있다. 긴 시간을 두고 보면 경기종합지수나 지수 전월비 추이를 봐도 현재 경기가 호황인지 불황인지 알기 어렵다. 장차 경기 전환점이 언제 올지도 정확히 판단하기 어렵다.

실제로 그런지 확인해보자.

보기 표는 통계청이 제10차 경기종합지수 작성법 개편(2019년 9월) 뒤 2020년 연평균 지수값을 100으로 놓고 작성한 동행지수 추이다.

2017년 9월 이후 2020년 1월까지 동행지수는 계속 커졌다. 그사이 경기가 계속 확대된 걸까?

그렇지 않다. 실제 경기는 같은 기간 계속 위축됐다. 2020년 들어서는 코로나 사태까지 발생해 경기가 급락했다. 경기 위축기에 경기동행지수는 계속 커진 셈이니, 경기종합지수 추이로는 장기 경기 흐름을 파악하기 어렵다는 사실을 알 수 있다. 이 문제를 해결하기 위해 통계 당국은 '경기종합지수 순환변동치'라는 특별한 지표를 만들어 쓴다.

(경기종합지수) 순환변동치는 통계청이 매달 경기종합지수를 가공해서 작성·발표한다. 경기종합지수 값에서 시간이 흐를수록 경제 규모가 커지는 추세를 반영하는 부분, 곧 추세 변동분은 떼어내고 순전히 경기 흐

경기지수의 선행·동행·후행 관계

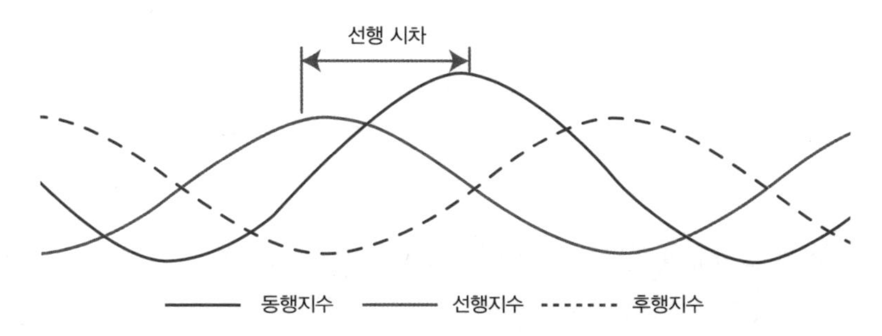

자료: 통계청, 경기종합지수 해설

름만 볼 수 있게 만든 지표다. 100 안팎의 숫자로 표시하는데, 경기가 좋아지면 수치가 커지고 경기가 위축되면 작아진다. 수치가 2분기(6개월) 이상 커지면 경기가 확장기에 들어섰다고 보고, 2분기 이상 작아지면 수축기로 접어들었다고 본다. 100 이상이면 호황, 100 미만이면 불황에 접어든 것이다. 수치가 가장 클 때는 경기 정점, 가장 작을 때는 경기 저점이다.

순환변동치는 장기로 볼 때 경기가 현재 어떤 국면에 있는지 비교적 정확히 짚어준다. 경기가 어디로 가고 있는지, 향후 경기 전환점이 언제 올지도 알려준다.

선행 · 동행 · 후행지수마다 월별 순환변동치를 구해 장기 추세를 그려보면 보기 그림(경기지수의 선행 · 동행 · 후행 관계)처럼 된다. 경기 흐름을 한눈에 볼 수 있다. 장기적으로 선행지수 순환변동치는 동행지수 순환변동치에 앞서 움직이며 동행지수 추이를 예고해준다. 후행지수는 동행지수보다 뒤처져 움직인다.

선행지수 순환변동치의 정점 · 저점이 동행지수 순환변동치의 정점 ·

저점보다 시간상 앞서는 정도를 선행 시차라 한다. 선행지수 순환변동치는 동행지수 순환변동치보다 선행 시차만큼 앞서 움직인다. 단기적으로는 선행지수 순환변동치 추세만 봐도 경기 방향을 대략 예측할 수 있다. 장기로는 동행지수 순환변동치를 봐야 경기가 지금 어떤 국면에 있고 어디로 가는지 알 수 있다.

이제 실제로 순환변동치 추이를 보고 경기 흐름을 진단하는 예를 하나 살펴보자.

보기 그림(선행지수 순환변동치와 동행지수 순환변동치 추이)은 2016년 말부터 2023년 말까지 선행지수와 동행지수의 순환변동치 추세를 나타낸 예다. 100을 기준으로 경기가 확장되고 수축하는 모습을 뚜렷이 보여준다.

2021년 말 시점의 그래프 모양을 유의해 보자. 동행지수 순환변동치는 상승했는데 선행지수 순환변동치는 하락했다. 이즈음(2021년 8월부터 12월

선행지수 순환변동치와 동행지수 순환변동치 추이

자료: 통계청, 〈2023년 12월 및 연간 산업활동동향〉

경기종합지수

	'21.8월	9월	10월p	11월p	12월p
동행종합지수(2015=100)	117.1	117.2	117.1	117.7	118.7
• 전월비(%)	0.1	0.1	-0.1	0.5	0.8
동행종합지수 순환변동치	101.3	101.2	101.0	101.4	102.1
• 전월차(p)	0.0	-0.1	-0.2	0.4	0.7
선행종합지수(2015=100)	128.2	128.2	128.1	128.1	128.3
• 전월비(%)	0.1	0.0	-0.1	0.0	0.2
선행종합지수 순환변동치	102.4	102.1	101.7	101.4	101.2
• 전월차(p)	-0.3	-0.3	-0.4	-0.3	-0.2

주: 선행종합지수, 선행종합지수 순환변동치는 최근 2개월이 잠정치(p)
자료: 통계청, 〈2021년 12월 및 연간 산업활동동향〉

까지)의 경기종합지수 흐름은 보기 표 '경기종합지수'에 나타나 있다.

보기 표에 따르면, 2021년 12월 동행지수 순환변동치는 전월(11월)보다 0.7p 상승했다. 반면 선행지수 순환변동치는 11월보다 0.2p 하락했다. 표에는 없지만, 7월('21.7월 선행지수 순환변동치 102.7, 전월차 -0.1)부터 따지면 선행지수 순환변동치는 12월까지 6개월 연속 하락했다. 보통 선행지수 순환변동치가 6개월 이상 하락하면 경기가 하락 국면으로 바뀌는 신호일 수 있다. 때문에 통계청이나 경기정책 당국이 모니터링을 강화한다. 다음 기사가 당시 분위기를 전한 예다.

생산 · 소비 · 투자 '트리플 증가'에도 웃을 수 없는 이유… 선행지수 이미 꺾였다

매일경제
2022.1.28

지난해 산업생산 · 소비 · 투자가 일제히 늘어났지만 앞으로의 경기를 예측하는 지표는 6개월째 곤두박질치고 있다.

장기에 걸쳐 경기동행지수 순환변동치 추이를 보면 경기 추이를 한눈에 알 수 있다.

다음 그림(동행지수 순환변동치 장기 추이)이 동행지수 순환변동치만 따로 떼어 장기 추세(1995년 1월~2024년 3월)를 나타낸 것이다. 동행지수 순환변동치가 경기 정점(P, peaks)과 저점(T, troughs)을 사이에 두고 회복기(밝은 부분)와 침체기(음영 부분)를 번갈아 지나면서 경기가 순환하는 모습을 일목요연하게 보여준다.

1980년대 이래 우리 경제에서 동행지수 순환변동치는 대체로 경기 정점기에 103 안팎, 저점기에는 97 안팎이었다(1998년 외환위기 직후 이례적으로 낮았던 시기는 예외로 친다). 경기가 저점에서 정점에 이르는 데는 평균 24개월 정도 걸렸다.

장기에 걸쳐 경기순환 주기가 어떻게 형성되는지 알려면 '경기순환기' 개념을 활용하면 편리하다. 경기순환기란 경기가 저점을 찍고 정점을 지나 다시 저점에 이르는(시작 저점 → 정점 → 종료 저점) 단위 주기를 말한다.

우리나라에서는 국가 통계 심의 기구인 국가통계위원회(위원장: 기획재정부 장관)가 경기 정점과 저점으로 이뤄지는 경기 전환점(turning point, 기준순환일)을 정해 선언함으로써 경기순환기를 공식화한다. 대개 1주기 경기순환을 마치고 3년쯤 지나면 동행지수 순환변동치, GDP, 생산이나 소비 부문 주요 지표, 전문가의 경기 관련 의견을 종합 검토해서 경기 전환점을 선언한다.

공식 제1경기순환기(1972년 3월~1975년 6월)부터 제6순환기(1993년 1월~1998년 8월)까지 평균 확장기는 34개월, 수축기는 19개월, 확장기와

동행지수 순환변동치 장기 추이

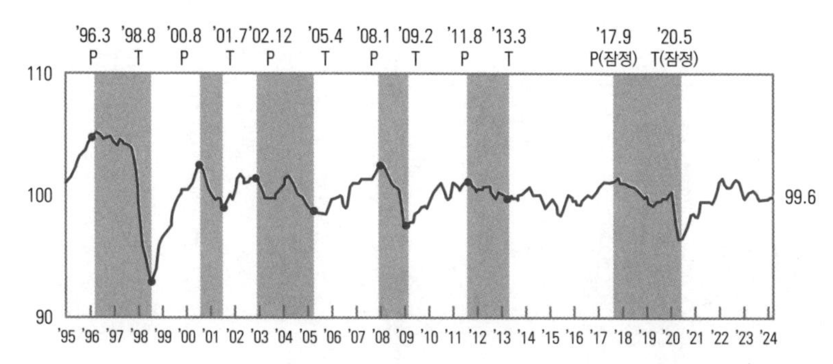

주: 음영 부분은 경기 수축기
자료: 통계청, 〈2024년 3월 산업활동동향〉

순환기를 합한 순환기는 53개월이었다. 제7순환기 초(1998년 8월)부터 제10순환기 말(2013년 3월)까지는 평균 확장기 26개월, 수축기 18개월, 순환기 44개월을 기록했다. 외환위기(1997~1998년)를 겪은 뒤로는 경기순환 주기가 짧아진 셈이다. 10차례에 걸친 경기순환에서 확장 국면은 평균 31개월, 수축 국면은 평균 18개월이었고, 경기가 한 번 순환하는 데는 평균 49개월이 걸렸다.

제11순환기는 2013년 3월 시작되어 2017년 9월 정점을 찍고, 이후 수축 국면으로 접어들었다. 통계청은 제11순환기 종료 저점이자 제12순환기 시작 저점을 코로나19 유행 초기였던 2020년 5월로 잠정 설정했다(2023년 3월). 그렇다면 제11순환기는 54개월간(2013년 3월~2017년 9월) 확장, 32개월간(2017년 9월~2020년 5월) 수축된 셈이다. 현대경제연구원 추정에 따르면 제12순환기 정점은 2022년 하반기, 종료 저점은 2023년 하반기나 2024년 상반기다. 그럼 2024년 상반기면 경기가 제13순환기 초기 국면인 회복기로 들어서는 셈이다.

우리나라 경기순환 추이

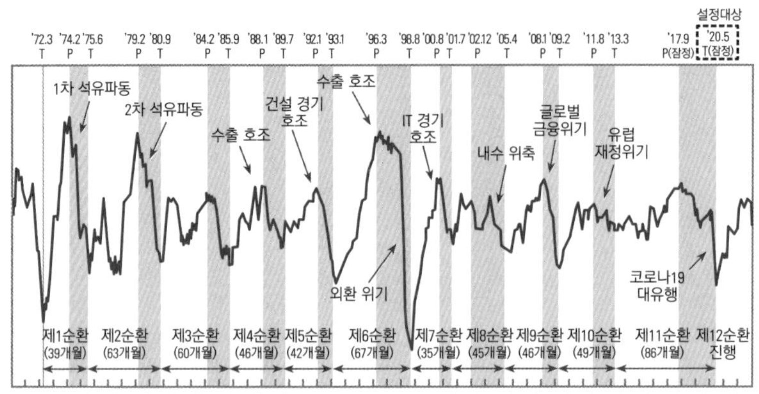

주: P는 정점(peak), T는 저점(trough)을 의미
자료: 통계청, 최근 경기순환기의 기준순환일 설정, 2023.3.2

BSI로는 어떻게 경기 읽나

기사독해

연합뉴스
2024.2.21

기업경기실사지수(BSI) 추이

한국은행이 21일 발표한 2월 기업경기실사지수(BSI) 조사 결과에 따르면 이달 전산업 업황 BSI는 전월보다 1포인트(p) 하락한 68을 기록했다.

한국은행이 내놓은 기업경기실사지수(business survey index, BSI) 조사 결과를 전한 기사다.

기업경기실사지수는 기업 경기를 한눈에 알 수 있게 만든 지수다. 기업업황지수라고도 부르고, 약칭 BSI를 많이 쓴다. 일정 기간(보통 일주일) 여러 기업 경영자를 상대로 자사 경영 실적과 계획, 업황(경기) 판단과 전망 등을 묻는 설문조사를 한 다음 조사 결과(기업경기조사표)를 분석해서 만든다. 주로 업종별(제조업 / 비제조업)로 실적치(업황 BSI)와 전망치(전망 BSI)를 함께 작성한다.

경영자가 자사 사정을 주관적으로 평가한 업황을 근거로 삼는 만큼 과학성은 떨어지지만, 단기 경기지표로는 흔히 쓴다. 기업이 체감하는 경기가 국민경제 전체 경기를 민감하게 반영하기 때문이다.

지수 산출 방법은 간단하다.

첫째, 설문을 받는 경영자에게 전보다 경기가 나아졌다고 판단하는지(실적치), 또는 나아지리라고 전망하는지(전망치) 묻는다.

둘째, 전체 응답 중 '경기가 나아졌다(나아질 것이다)'는 답이 차지하는 비율(%)과 '경기가 나빠졌다(나빠질 것이다)'는 답의 비율(%)을 각각 구한다.

셋째, '경기가 나아졌다(나아질 것이다)'는 답이 차지하는 비율에서 '경기가 나빠졌다(나빠질 것이다)'는 답의 비율을 뺀다. 이때 비율 단위는 떼어버리고 숫자만 남긴다. 남은 숫자에 100을 더하면 0에서 200 사이 숫자가 나온다. 바로 BSI 값이다.

가령 '경기 호전'으로 답한 비율이 54.5%이고 '경기 둔화'로 답한 비율이 44.5%라 하자(1%는 무응답 등). 그럼 54.5에서 44.5를 뺀 결과(10)에 100을 더한 110이 BSI 값이다.

BSI 값이 100을 넘으면 조사 대상 가운데 경기가 나아졌거나 나아지리라고 답한 수가, 그렇지 않다는 응답보다 많다는 뜻이다. 100 미만이면 반대다.

$$\text{업종별 BSI} = \frac{\text{긍정 응답 업체 수} - \text{부정 응답 업체 수}}{\text{전체 응답 업체 수}} \times 100 + 100$$

100 : 긍정 응답 업체 수 = 부정 응답 업체 수

100 초과 : 긍정 응답 업체 수 > 부정 응답 업체 수

100 미만 : 긍정 응답 업체 수 < 부정 응답 업체 수

BSI 통계는 한국은행 외에도 사업자 단체에서 만들어 발표하기도 한다. 한국경제인연합회는 기업경기실사지수(BSI), 대한상공회의소는 기업경기실사지수, 중소기업중앙회는 중소기업경기전망지수(SBHI), 한국건설산업연구원은 건설기업경기실사지수(CBSI)를 내놓고 있다.

한은은 2024년 6월부터 BSI를 보완한 기업심리지수, 곧 CBSI (composite business sentiment index)도 내놓고 있다. CBSI는 한은이 BSI 중에서 경기 설명력이 비교적 높은 주요 지수(제조업 5개, 비제조업 4개)를 합성해 산출한다. 경영자에게 조사 시점 업황을 물어 얻는 답만으로 만드는 BSI와 달리, 장기 평균치(2003년 1월~2023년 12월)를 기준값(100)으로 잡고 경영자의 경기 전망이 장기 평균보다 낙관적일 때는 100보다 큰 수치를, 비관적일 때는 100보다 작은 수치를 보여준다.

실업률과 체감실업률, 어떻게 다른가

3월 취업자 17.3만 명 증가했으나 37개월 만에 최소

3월 취업자가 전년동월대비 17만3000명 증가에 그치며 2021년 2월(-47만3000명) 이후 37개월 만에 가장 낮았다. 통계청이 12일 발표한 2024년 3월 고용동향에 따르면… 실업률은 3.0%로 전년동월대비 0.1%p 상승했다. … 확장실업률은 9.1%로 전년동월대비 0.3%p 하락했다.

이투데이
2024.4.12

실업률이 올랐다고 전한 기사다. 실업률 관련 기사를 이해하려면 실업률뿐 아니라 체감실업률, 확장실업률이 뭔지도 알아야 한다.

실업률은 '실업자 수'를 '실업자 + 취업자 수'로 나눠 백분율(%)로 구하는 통계치다.

체감실업률은 보통 사람들이 느끼는 실업률이다. 실업률 통계가 있는데도 체감실업률 얘기를 하는 이유는 흔히 통계와 사람들이 느끼는 실태가 다르기 때문이다. 특히 우리나라에서는 정부 지정 공식 통계 기관인 통계청이 내놓는 실업률과 체감실업률의 차이가 크다. 그럴 수밖에 없다. 통계청 실업률 집계는 국제노동기구(ILO)가 정한 '공식 실업자' 범주를 따르는데, 공식 실업자 범주에 들어가지 못하는 사실상 실업자가 많기 때문이다.

국제노동기구가 말하는 '공식 실업자'는 일자리가 없어서 일하지 못할 뿐 아니라 다음 세 가지 조건에도 맞아야 한다. ① 통계 기관이 매달 실업률을 조사하는 1주일간 수입이 있는 일을 하지 못했고, ② 실업 통계 조사 시점을 기준으로 이전 4주 동안 일자리를 얻으려고(단지 생각만 한 게 아니라 입사 원서를 내거나 면접을 보는 등) 구직 활동을 했고, ③ '만약 일자리를 주면 당장 일하겠느냐'는 질문에 '그렇다'고 답해야 한다.

만약 최근 한 달간 입사 원서를 내거나 면접 볼 기회가 없었다면, 또는 일자리를 찾다 지쳐 아예 구직을 포기했다면 '공식 실업자'가 안 된다. 그런데 현실에서는 일을 하고 싶지만 적당한 일자리가 없다 보니 일자리를 찾다 지친 '구직단념자'가 많다. 학교 졸업 후 몇 년이 지나도록 채용 시험을 준비했지만 최근 한 달은 입사 원서를 쓰거나 면접 볼 기회가 없었거나, 다른 데 입사 원서를 내지 않고 공무원 채용 시험 준비만 한 '취업준비자'도 많다.

취업준비자나 구직단념자를 포함해서, 실은 취업하고 싶지만 일자리를 얻지 못하는데도 공식 실업자 통계에 들어가지 못하는 사람은 통계청 고용 통계에서 '비경제활동인구'로 분류된다. 비경제활동인구는 말 그대로 경제활동인구가 아닌 사람들이고, '경제활동인구'는 만 15세 이상 인구 중 취업자와 실업자를 합친 범주다. 그럼 비경제활동인구는 취업자도 실업자도 아닌 셈이다. 실업자가 아니니 실업자 집계에서 빠지고, 그만큼 실업률은 낮아진다.

$$\text{실업률(\%)} = \frac{\text{실업자 수}}{\text{취업자 수} + \text{실업자 수}} \times 100 = \frac{\text{실업자 수}}{\text{경제활동인구 수}} \times 100$$

생각해보자. 구직 기회를 얻지 못한 취업준비자, 일자리를 찾다 지친 구직단념자를 비경제활동인구로 묶는 것이 옳을까?

비경제활동인구란 워낙 일할 능력이 없거나, 능력이 있어도 일할 뜻이 없는 사람을 모으는 통계 범주다. 육아나 집안일만 하는 전업주부, 주로 고등학교나 대학교에 다니는 학생, 군인, 죄수, 봉사 활동만 하는 사람, 일할 능력이 없는 장애인이 해당한다. 이들 범주에 취업준비자나 구직단념자를 함께 묶어 통계 내는 게 맞을까?

그렇지 않을 것이다. 취업준비자나 구직단념자는 일하고 싶지만 일자리를 얻지 못하니 사실상 실업자나 마찬가지인데, 정의상 '공식 실업자' 범주에 포함되지 못할 뿐이다. 만약 취업준비자나 구직단념자까지 실업자 통계에 넣는다면 실업률은 더 높아질 것이다.

현대 국가에서는 정부가 실업률 등 고용 통계를 보고 실업 대책을 세운다. 실업 통계에서 빠지는 '사실상 실업자'가 많다면 정부 실업 대책에 허점이 생기기 쉽다. 고용 현실을 제대로 반영하는 고용 지표를 새로 만들거나 기존 실업률 통계를 보강할 필요가 있다. 그래서 나온 게 '고용보조지표(labor underutilization indicator)'다.

고용보조지표란 실업자 범위를 넓혀서 공식 실업률과 체감실업률 간 차이를 좁힐 수 있게 만든 실업률 보조 지표다. 2013년 국제노동기구가 고안한 이래 회원국에 집계를 권하고 있다. 우리 통계청은 2014년 11월부터 전국 단위로 세 가지 고용보조지표를 집계·발표한다.

세 가지 고용보조지표 계산식은 다음과 같다.

고용보조지표1(%) = (실업자 + 시간관련추가취업가능자)÷경제활동인구 × 100

고용보조지표2(%) = (실업자 + 잠재경제활동인구)÷확장경제활동인구 × 100

고용보조지표3(%) = (실업자 + 시간관련추가취업가능자 + 잠재경제활동인구)÷확장

경제활동인구×100

고용보조지표1은 공식 실업자에 '시간관련추가취업가능자'를 더한다. 시간관련추가취업가능자란 주당 36시간 미만 취업자 중 추가 취업을 희망하고 취업이 가능한 사람이다.

고용보조지표2는 공식 실업자에 '잠재경제활동인구'를 더한다. 잠재경제활동인구란 비경제활동인구 중 잠재취업가능자와 잠재구직자를 합한 범주다. 잠재취업가능자는 최근(즉 실업률 조사 시점 이전) 4주간 원서 접수나 시험 응시 같은 구직 활동을 적극 했지만, 본인이 아프거나 돌봐야 할 가족이 있어서 일할 수 없었던 사람이다. 잠재구직자는 최근 4주간 구직 활동은 하지 않았지만, 적당한 일자리를 원하고 일자리가 생기면 즉시 일할 수 있는 사람이다.

고용보조지표 구성 요소

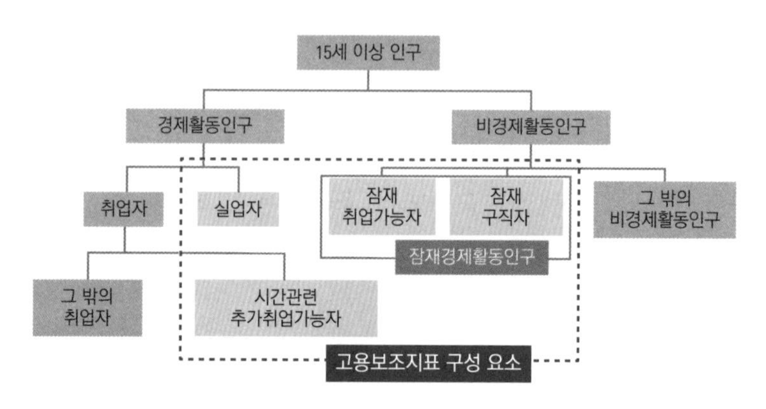

확장실업률(%) 산출식=(시간관련추가취업가능자+실업자+잠재경제활동인구)÷확장경제활동인구×100
확장경제활동인구=경제활동인구+잠재경제활동인구

자료: 통계청

고용보조지표3은 공식 실업자에 시간관련추가취업가능자와 잠재경제활동인구를 더한다. 공식 실업률을 보완하는 보조 지표로는 포괄 범위가 가장 넓으므로 '확장실업률'이라고도 부른다.

보기 그림에 확장실업률이 어떻게 산출되는지 표시했다.

확장실업률은 공식 실업률 집계에서 빠지는 사람을 대거 집계에 포함하므로 공식 실업률보다 높은 게 보통이다. 2024년 3월 실업률은 3.0%인데 확장실업률은 9.1%였다. 청년층(15~29세)은 실업률이 6.5%, 확장실업률은 16.2%였다(통계청, 〈2024년 3월 고용동향〉).

부가가치, 어떻게 높일까

석유화학업계, 중국 공급 과잉에 '울상'…
"고부가만이 살 길"

국내 석유화학업계가 글로벌 경기 침체로 인한 시황 악화에 시달리고 있는 가운데 중국발 공급 과잉으로 인해 판매 어려움이 더 커지고 있다. 중국에서 설비 투자를 통해 생산능력을 끌어올린 탓이다. 이에 국내 석유화학업체들은 중국 영향을 최소화하기 위해 고부가가치 제품 판매에 집중한다는 방침이다.

미디어펜
2024.5.6

석유화학업계가 중국산 제품의 과잉 공급 때문에 판매가 부진해지자

‘고부가가치 제품 판매’를 늘려 대응할 방침이라고 전한 기사다. 부가가치(附加價値, value added)가 뭘까?

재화를 생산해 매매할 때마다 새로 더해진 화폐액을 말한다. 음식점이 재료비, 인건비, 가게 임차료, 공과금 등 총비용 8000원을 들여 만든 순댓국 한 그릇을 1만 원에 팔았다 하자. 순댓국 매출액과 중간 투입물 매입액의 차액인 2000원이 순댓국 판매 과정에서 새로 더해진 화폐액, 곧 부가가치다.

부가가치는 주로 기업이 재화를 생산하고 판매하는 과정에서 생긴다. 기업이 재화를 생산하려면 거의 언제나 원자재비와 임금 같은 중간 투입물 비용을 들여야 한다. 최종 생산물 매출액에서 중간 투입물 구입비용을 빼면 부가가치가 남는다. 가계 · 기업 · 정부 등 국민경제 3대 주체가 한 해 동안 새로 생산해 판매한 재화액을 모두 합하면 국민경제가 만들어낸 연간 부가가치 총액을 구할 수 있다.

부가가치는 돈을 받고 판매한 재화 금액만 집계한다. 생산했으나 판매되지 않은 재화는 집계하지 않는다. 그러므로 ‘부가가치를 높이자’는 말은 ‘돈을 더 벌자’거나 ‘수익성을 높이자’는 얘기와 같다. ‘산업구조를 고도화하자’거나 ‘산업을 고부가가치화하자’는 이야기도 쉽게 말하면 ‘돈을 더 많이 버는 산업으로 만들자’는 뜻이다. 보기 기사에서 전하듯 ‘고부가가치 제품 판매를 늘린다’는 말도, 팔리면 돈이 더 많이 벌리는 제품을 더 많이 팔겠다는 뜻이다.

부가가치를 높이려면 어떻게 해야 할까?

크게 나누면 세 가지 방법이 있다.

방법 A: 생산과정에 들어가는 중간 투입물 비용을 줄인다. 품질·생산량·가격은 전과 같은 수준으로 유지해서 기존 매출액 수준을 유지한다.

방법 B: 중간 투입비는 유지하면서도 생산량과 판매량을 늘리거나, 품질이 더 좋은 상품을 더 많이 생산해서 더 많이 판매한다.

방법 C: 중간 투입비를 늘리더라도 생산품 품질을 높여 전보다 더 비싼 값에 더 많이 판다.

어떤 방법이 가장 효과가 좋을까?

대체로 부가가치 올리기에 가장 효과가 좋다고 판명 난 방법은 C다. 비용을 더 들여서라도 생산품 품질을 고급화해서 더 비싸게, 더 많이 파는 것이 더 많은 부가가치를 낳는 길이다. 같은 조건이라면 생산과 판매 과정에 돈을 더 쓸수록 더 많이 벌 확률이 높다는 얘기다.

부가가치를 높이려면 어떻게든 판매를 많이 해야 한다. 부가가치란 어디까지나 화폐액으로 나타나는 가치이기 때문이다. 상품이나 아이디어가 아무리 좋아도 팔지 못하면 부가가치를 낳을 수 없다.

부록

경제기사 독해 테크닉

경제기사, 왜 읽나

경제기사를 술술 읽어내려면 어떻게 해야 하나

경제기사 독해 테크닉 14가지

경제기사, 왜 읽나

△ 경제 흐름 익히기에 좋은 교재

경제 정세는 시시각각 달라진다. 새로운 경제 정보도 매일 홍수처럼 쏟아져 나온다. 정보가 너무 많다 보니 제대로 소화해내기 쉽지 않다. 그렇다고 포기하면 경제 정보 소화에 뒤처지므로 경제활동에서 실패할 확률이 높아진다.

경제를 잘 모르면 일상생활에서 제대로 대처할 수 없는 상황이 자주 생긴다. 모처럼 경제적으로 유리한 기회를 만나고도 판단을 잘못해 손해 보거나 사기 당하기도 쉽다. 경제적 위험(risk)을 피하고 그때그때 최적의 경제 행동을 고를 수 있는 안목을 갖추려면 경제를 알아야 한다.

경제 흐름을 이해하는 데는 매일 인터넷 등 미디어를 통해 흘러나오는 경제기사만큼 좋은 교재도 드물다. 경제기사는 실제 경제가 돌아가는 현장의 소식을 전해주기 때문이다.

△ **미래를 예측할 수 있다**

경제기사를 꾸준히 접하면 경제 이해도가 높아지면서 경제 흐름을 보는 내 나름의 감각이 생긴다. 나중에는 '이렇게 되면 앞으로 어떻게 되겠구나' 하는 식으로 예측까지 할 수 있게 된다.

물론 경제 현상이란 '1+1=2' 식으로 딱 떨어지지 않으니 누구도 정확한 예측을 장담할 수 없다. 다만 여느 사회 현상이 그렇듯 경제 현상에도 대개 원인과 결과가 있게 마련이고, 인과관계를 근거로 삼으면 경제 예측이 꼭 어려운 일만은 아니다.

우선 경제기사에서 주요 경제 사건을 대할 때마다 그런 일이 왜 생겼는지 이유를 찾아보자. 그로부터 장차 어떤 일이 생길지 추측해보기를 버릇처럼 되풀이해보자. 차츰 경제 흐름을 읽는 감각이 생길 것이다. 경제 사건은 연중 비슷한 것이 흔히 반복된다. 사건의 앞뒤를 짚어보는 경험을 쌓으면 점점 더 세련된 경제 예측을 할 수 있다.

'금리가 이렇게 오르는 추세니 앞으로 주가가 떨어지겠구나….'

'미국에서 물가가 많이 오른다니 장차 금리가 올라서 우리나라 금리에도 영향을 미칠 수 있겠구나. 그럼 부동산 시장이나 주식 투자에도 영향이 있겠구나….'

하는 식으로 전문가처럼 경제 흐름을 예측할 수 있게 된다.

경제기사를 술술 읽어내려면 어떻게 해야 하나

경제기사를 자주 접할수록 경제 이해도가 깊어진다는 것은 거의 틀림 없는 얘기다. 문제는 이해하기 어려운 기사가 많다는 점이다.

경제기사 중에는 쉬운 것도 있지만 웬만큼 경제 지식이 있어야 이해할 수 있는 내용이 많다. 새 용어도 쉴 새 없이 나온다. 전문가라 할지라도 한동안 뉴스 챙기기를 게을리하면 경제 정세에 어두워질 정도다.

어려운 경제기사를 술술 읽어낼 수 있으려면 어떻게 해야 할까?

별수 없다. 경제이론 공부를 해야 한다. 이론이란 사람들이 오랫동안 경험하고 관찰한 것을 토대로 'A 다음에는 으레 B가 오더라'는 식으로 사실의 인과관계를 정립한 것이다. 실제와 다를 때도 많지만 현실의 이치를 효과적으로 배우는 데 유용하다. 경제 분야에서는 특히 어떤 사건이 생겼을 때 그 원인과 다음에 일어날 일까지 추측할 수 있을 정도가 되려면 이론 지식이 있어야 한다.

그렇다고 대학 교재 같은 두툼한 경제학 개론서나 전문서까지 읽어야 한다는 얘기는 아니다. 전문가가 되려는 게 아니라 경제기사를 웬만큼 이해할 수 있을 만큼 경제 이해도를 높이려는 거라면 실용판 참고서를 읽는 정도로 충분하다. 요즘에는 경제 이치와 시사를 알기 쉽게 설명해놓은 책이 많으니 내 수준에 맞는 걸 고르면 된다.

경제기사 독해 테크닉 14가지

1. 해설 기사를 읽자

신문·방송은 내용이 중요하거나 복잡한 경제 뉴스를 전할 때면 으레 해설 기사를 함께 싣는다. 해설 기사는 현상이나 사건의 요점을 더 쉽게 또는 자세하게 알려주므로 되도록 읽는 게 좋다.

2. 숫자 많은 기사는 한두 개 숫자만 주목하라

경제기사는 숫자로 된 경제지표를 자주 인용하므로 숫자에 약한 사람은 어렵다고 느끼기 쉽다. 스스로 숫자에 약하다고 생각한다면 다음과 같은 방법을 써보자.

숫자가 여럿 나오는 기사에서는 한두 개 숫자만 주목하고 나머지 숫자는 일단 그냥 넘기자. 숫자가 여러 개면 기억하기 어렵지만 한두 개면 기억하기 쉬울 것이다. 휴대전화 등에 메모해 갖고 다니면서 틈틈이 다시 보고, 기억이 되면 일상생활에서 관련 경제 이야기가 나올 때마다 써먹어보자. 자연스럽게 경제지표를 활용하는 감각도 붙고, 그만큼 경제를 보는 안목도 좋아질 것이다.

3. 주식 시세는 투자 안 해도 보라

주식 시황 뉴스는 매일 경제기사에서 빠지지 않는다. 주식 투자자와 달리 투자하지 않는 사람은 그냥 지나치기 쉬운데, 투자하지 않더라도 경제 감각을 키우려면 주식 뉴스를 자주 대하는 게 좋다. 주가 변동은 경제 흐름을 거울처럼 민감하게 반영하기 때문이다.

주식 기사를 보노라면 주가가 크게 오르면서 경제에 뭔가 좋은 일이 생기는 사례를 접할 수 있다. 경제와 무관해 보이는 사건이 업계에 큰 반향을 일으키며 주가를 올리는 일도 목격할 수 있다. 주식 기사를 통해 주가 흐름과 실물경제가 맞물려 움직이는 일을 많이 관찰하다 보면 자기도 모르게 경제 흐름을 읽는 감각이 좋아진다. 매일 주식 시세를 그냥 지나치는 독자에 비하면 훨씬 빨리 경제 감각을 늘릴 수 있다.

다만 마음먹고 주식 시세나 관련 뉴스를 접한다 하더라도 직접 투자하지 않으면 오래 집중하기 어려울 것이다. 집중력을 잃지 않고 주식 시세나 뉴스와 친해지려면 어떻게 해야 할까?

마치 주식을 산 것처럼 생각하고 시세를 보는 것도 방법이다.

아무 종목이나 하나 골라 돈 주고 샀다고 생각하고, 그 종목의 시세와 관련 뉴스를 한동안 열심히 좇아보라. 얼마 지나지 않아 국내외 경기 동향, 경제계 사건과 인물, 신제품 정보 등에 익숙해지는 느낌을 얻을 수 있을 것이다.

주식 시세를 읽다 보면 장차 경제가 어떤 방향으로 흘러갈지 예측하는 능력도 커진다. 가상의 돈을 걸고 실제 경제 흐름을 따라 주식을 매매하는 모의 주식 투자를 해보는 것도 도움이 된다.

어떤 것에든 익숙해지려면 수업료를 내야 한다. 경제 감각을 기르기 위해 주식 투자를 소액 해보는 것도 괜찮은 방법이다.

4. 인사이동란을 꾸준히 읽으면 기업 내부 사정에 밝아진다

신문에는 기업이나 관공서의 인사이동 소식을 전하는 기사가 거의 매일 실린다. 인사이동란을 계속 읽으면 주요 기업 내부 동정을 대강 읽어낼 수 있다.

기업 인사이동 시기는 대개 정해져 있다. 그런데 때로는 지나치다 싶을 정도로 자주 인사이동을 발표해서 조직 틀이 덜 잡혔다는 인상을 주는 기업이 있다. 개인 직위 이동을 유심히 보면 유난히 빠르게 승진하는 사람, 이동 전후 변화로 미루어 좌천된 사람을 알아볼 수도 있다.

정석에서 벗어난 인사이동이 눈에 띄면 조직에 이변이 일어났다고 짐작할 수 있다. 업무 축소, 아니면 반대로 사업 확대를 위한 포석일 수도 있다. 업무상 관심을 두고 있는 조직의 인사란에 특이한 낌새가 나타나면 사정을 알아보라는 신호로 활용해보자. 저절로 사람과 조직의 동정에 눈이 밝아진다.

5. 연재 기사 첫 회는 놓치지 말라

TV 드라마가 성공하려면 작품도 좋아야겠지만 시청자가 봐줘야 한다. 당연히 제작자는 시청률을 올릴 궁리를 많이 한다. 이를테면 작중 주요 인물을 첫 회 방영분에서 언제 어떻게 등장시켜야 좋을지도 고심거리다. 고심 끝에 내린 결정이 주효하면 드라마 첫 회에 등장하는 인물 간의 관계가 시청자에게 강한 인상을 주고 이후 전개될 스토리에 기대를 갖게 한다. 첫 회에 시청자에게 심어준 기대는 이후 2회, 3회분까지 채널을 고정시켜 제작자에게 높은 시청률과 광고 수입을 안겨준다.

신문 등이 연재하는 경제기사도 마찬가지로 첫 회가 중요하다. 독자가 첫 회 기사에 실망하면 시리즈 다음 기사를 외면할 수 있기 때문이다. 그럴까봐 신문사 데스크에서는 연재물 첫 회 기사의 내용 소개에 특히 신경을 쓴다. 연재 이슈의 의의와 문제점을 집약해 소개하는 것은 기본이다. 그런 만큼 독자 입장에서는 연재 기사 첫 회가 꽤 유용하다. 중요한 시사 경제 이슈나 새로운 트렌드 또는 복잡한 논란거리를 비교적 단시간에 파악할 수 있다. 연재 기사는 빼놓지 않고 보면 좋다.

바빠서 볼 시간이 없다면 캡처하거나 스크랩해뒀다가 나중에라도 보자. 혹 잘 모르는 내용이나 용어가 나오더라도 전체를 다 읽는 게 좋다.

첫 회만 봐두면 이후 연재는 다 못 읽더라도 해당 테마의 줄거리를 파악하는 데 큰 문제가 없기 때문이다. 연재물을 자주 대하면 경제 흐름을 좌우하는 경제 이슈와 트렌드를 이해하는 눈이 밝아지고 경제기사 이해력도 예리해진다.

6. 경제 이슈 톱뉴스에 주목하라

신문에서 1면 맨 위에 싣는 기사, TV나 라디오 방송 정규 뉴스가 맨 처음 전하는 소식을 톱뉴스(top news) 또는 머리기사(headline news)라고 말한다. 톱뉴스는 사람으로 치면 얼굴과 같다. 사람 얼굴 표정처럼 그날 경제 · 정치 · 사회 상황을 한눈에 알려준다.

뉴스 중에서도 경제 분야 톱뉴스는 주요 경제활동에 큰 파장을 부를 때가 많다. 주식시장과 금융시장에 영향을 미칠 때도 많다. 경제 감각을 키우려면 경제 분야 톱뉴스는 놓치지 말고 챙겨 보는 게 좋다.

7. 사설 · 칼럼을 보면 이슈와 여론 동향이 보인다

미디어가 뉴스를 전할 때는 매번 하나의 사건을 처음부터 끝까지 다 전해주지 않는다. 독자나 시청자가 이미 발생한 사건의 귀추를 좇는다고 전제하고 제1보를 전한 다음에는 새로 얻은 관련 정보를 제2보로, 다시 제3보로 전한다. 자연히 보도기사 중에는 사실의 일부만 알려주는 것들이 많다.

그렇다 보니 독자나 시청자로서는 뉴스만으로 어떤 사건이나 이슈의 전모를 파악하기가 쉽지 않다. 처음부터 뉴스를 순서대로 모두 접한다면 그나마 낫겠지만, 매번 후속 보도만 접해서는 아무래도 충분히 이해하기 어렵다. 더구나 문제의 이슈가 전문 지식을 요할 정도로 복잡하거나 흔치 않은 내용이면 더욱 이해하기 어려울 것이다. 독자나 시청자를 위해 이런 문제를 해결해주는 편리한 기사가 사설이나 칼럼이다.

경제 문제를 다룬 사설이나 칼럼은 주요 경제 현안을 그때그때 일목요연하게 정리해주고 미래 전망까지 할 수 있게 도와준다. 주요 경제 문제를 놓고 전문가나 관계자의 의견을 소개할 때도 많아서 여론 동향까지 알 수 있게 해준다. 경제 문제를 다룬 사설이나 칼럼은 시간을 따로 내서라도 찾아 읽자.

8. 업계 동향 기사를 보라

업계 동향 기사는 직장인이면 누구나 꼭 챙겨 봐야 할 기초 정보다. 특히 경쟁 업종이나 회사의 동향이 중요하다.

해외 업계 동향도 유의해 봐야 한다. 정치 · 경제에 변화가 일어나는 나라에서는 법령과 상거래 질서가 쉽사리 달라지기 때문이다. 적어도 내가 일하는 업계에 관련 있는 변화만큼은 되도록 자세히 알아두는 게 좋다.

주식 투자에도 업계 동향 기사는 꼭 필요한 정보다. 취직이나 전직을 하려는 직장인 또는 학생이라면 앞으로 어떤 기업에서 내 능력과 포부를 살려갈 수 있을지 가늠하는 데 유용한 정보도 얻을 수 있다.

9. 이왕이면 목적을 정하고 보라

경제기사를 열심히 읽겠노라며 경제 뉴스면 뭐든 다 본다고 치자. 처음 한동안은 몰라도 이내 지칠 것이다.

경제기사도 종류가 다양하다. 주로 얻으려는 정보가 무엇인지를 분명히 하고 목적에 맞는 뉴스만 찾아 읽는 게 좋다. 이런 방법으로 뉴스를 대하면 관련 이슈를 더 깊이 이해할 수 있고 흥미도 더 많이 생긴다. 경험과 시간이 쌓이면서 관심 가는 영역도 넓어지고 다양한 정보를 소화해내는 역량도 커질 수 있다.

직장인이라면 업무에 직결되는 업계 동향을 주로 본다든지, 기업 활동에 영향을 미치는 국내외 정치 · 행정 관련 기사를 주로 살펴보는 식으로 목적을 세울 수 있을 것이다. 학생이라면 장차 취직하고자 하는 기업 동향과 관련 있는 기사를 모아 보면 유용할 것이다.

10. 스크랩북이나 데이터베이스를 만들어보자

기사 스크랩이나 컴퓨터를 활용한 자료집 또는 데이터베이스(DB)는 목표를 세워놓고 경제기사를 대할 때 크게 도움이 된다. 컴퓨터나 모바일 기기로 기사를 모아 파일과 폴더로 저장하고 정리하면서 데이터베이스를 만들고 읽어보자. 종이 기사는 가위로 오려 바인더나 스크랩북으로 정리해 읽어보자.

자료집을 만들어 기사를 모으고 읽기를 되풀이하다 보면 자연스럽게 기사를 분석하는 능력이 생긴다. 반복되는 기사와 뻔한 기사, 중요한 기사를 골라내고 기사의 배경이나 이면을 유추해내는 역량도 커진다.

기사를 모을 때는 관심 항목을 두세 가지만 정해놓고 시작하는 게 좋다. 자료 수집 항목이 너무 많으면 시간도 많이 들고 자료 관리도 힘들어져서 이내 포기할 가능성이 높기 때문이다. 일정 기간 기사를 모아본 다음 차차 자료 항목을 늘려가는 게 바람직하다.

데이터베이스와 스크랩을 활용해 경제기사를 읽는 사람은 시간이 흐르면서 그렇지 않은 사람에 비해 경제를 읽는 감각이 좋아진다. 다만 데이터베이스 구축이나 스크랩은 끈기를 요하는 작업이다. 명확한 목적의식이 있어야 오래 계속할 수 있다. 왜 하는지 이유를 분명히 하고 목표를 세우자.

11. 금융란을 정복하라

보통 사람들은 경제기사 중에서도 금융 기사를 특히 어렵게 느낀다. 사실 금융 기사는 특별히 흥미를 갖거나 직업상 관계있는 사람이 아니면 꼼꼼히 읽어내기 어렵다. 그러나 경제에 관심을 둔다면 금융 기사야말로 더 열심히 읽어야 한다. 현대 경제에서는 금융경제 영역이 자꾸 커지고 있고, 금융이 경제의 핵심 역할을 할 때가 많기 때문이다. 금융의 흐름을 파악하지 못하면 경제 흐름을 제대로 알 수 없다.

주식이나 금융상품에 투자하는 사람이라면 더 말할 나위 없다. 금융의 움직임을 재빨리 읽어내지 못하면 이익은커녕 때로 심각한 손실도 볼 수 있다. 남들은 금융 기사를 읽고 금융시장의 문제를 일찌감치 간파해 투자를 회수한 마당에 뒤늦게 발을 구를 수도 있다.

일상적으로 자금을 운용하는 기업 경영자나 재무 담당자라면 특히 금융 뉴스를 통해 금리 움직임을 점검하는 데 많은 신경을 써야 할 것이다.

금융 비즈니스 커리어를 추구하는 직장인이나 학생도 마찬가지다. 경제·금융 관련 기사를 통해 금융시장 상황을 자주 접하고 깊게 읽어내는 능력을 키워야 한다. 금융에 친숙해지려고 노력해야 경제를 내 것으로 만들 수 있다.

12. 국내 경제기사에서는 정부 경제정책을 눈여겨보라

나라 경제 움직임을 알려면 주로 어떤 경제기사를 봐야 할까?

나라 경제는 정부가 주도하니 정부 경제정책을 눈여겨봐야 한다. 정부 경제정책은 재정정책과 통화정책이 핵심이므로 재정정책과 통화정책 관련 기사를 주로 봐야 한다.

신문·방송에서는 재정정책이나 통화정책 관련 기사를 경제 뉴스뿐 아니라 정치 뉴스에서도 볼 수 있다. 경제정책은 정치와 특히 밀접하게 맞물려 돌아가기 때문이다.

다음으로 주목할 것은 경기정책이다. 정부 경기정책은 국민경제 규모나 생산·소비·물가에 큰 영향을 미치기 때문이다.

기업 사정을 금융 동향과 관련지어 알아보는 것도 중요하다. 기업의 생산·투자 활동은 금융 부문과 맞물려 국민경제를 움직이는 주역이기 때문이다.

13. 경제기사 3대 핵심은 금리·주가·환율

외환을 거래하는 기업 재무 담당자, 외환 딜러나 전문 투자자는 밤낮없이 정보통신기기를 붙들고 씨름을 벌인다. '지금 어느 시장에 돈을 굴려야 수익성이 높은가', '어디서 마련하는 자금이 싼가'를 찾아 매일 매시 국제금리, 환율, 주가 동향 정보를 수집·분석·예측하느라 바쁘다. 눈에 보이는 물건은 없어도 통신기기로 매매 주문이 난무한다.

외환을 매매하면서 외환 시세 등락을 틈타 차익을 버는 것은 돈만 주고받으며 돈을 버는 금융경제 활동의 전형이다. 금융거래로 얻는 시세 차익은 자본소득 또는 자본이익(capital gain)이라 한다. 주식이나 부동산에 투자해 얻는 시세 차익도 자본소득이다. 자본소득은 대개 자본 투기로 얻는다. 정보 · 두뇌 · 계산을 동원해 시세 예측을 잘하고 투자하면 단시간에 큰 이익을 낼 수 있지만, 예측이 빗나가면 큰돈을 잃을 수 있다. 그래서 늘 정보가 중요하다.

자본 투기에 중요한 정보라면 어떤 게 있을까?

기본은 금리 · 주가 · 외환 동향 정보다. 금리 · 주가 · 외환 흐름이 자금시장 흐름을 규정하는 기본 여건이기 때문이다. 경제기사도 금리 · 주가 · 환율 세 가지는 늘 빠짐없이 다룬다. 경제 흐름에 밝아지려면 특히 금리 · 주가 · 환율 흐름을 자세히 봐야 한다.

14. 해외 경제 동향 기사는 국가 간 자원 이동에 주목하라

현대 세계는 경제 무대와 경쟁의 세계화가 진척되면서 국가 간에 경제 변화가 확산되는 속도가 빨라졌고 상호 의존성도 깊어졌다. 어느 나라 경제가 나빠지면 그 나라 기업, 은행, 정부에 돈을 빌려주거나 투자한 국가와 투자자가 줄줄이 타격을 입는 구조가 자리를 잡았다. 같은 맥락에서 일부 국가나 지역의 경제 혼란이 교역 상대국 모두의 경제 불안을 가져오는 일도 잦다. 2008년 미국발 글로벌 금융위기가 발생했을 때, 2010년 전후로 유럽에서 국가부채위기가 발생했을 때, 그리고 2022년 러시아가 우크라이나를 침공했을 때 세계경제가 일제히 충격을 입은 것도 같은 이치다.

해외 경제 동향을 전하는 기사에서는 지구 규모의 상호 의존성을 염두에 두면서 국가 간에 자원·상품·인력이 이동하고 경쟁하는 모습을 눈여겨봐야 한다. 예를 들어 원유 같은 주요 원자재의 시세를 볼 때는 원유 생산에 관련된 뉴스, 특히 중동 정세도 함께 체크해볼 필요가 있다. 중동 지역은 세계 각국의 경제적 이해관계가 복잡하게 얽혀 있어서 걸핏하면 분쟁이 생기고, 그때마다 국제 유가가 급변해 세계경제와 금융에 큰 영향을 미치기 때문이다.

환율과 국제 금리 움직임도 중요하다. 환율과 국제금리는 각국 통화 시세와 금리, 증권과 부동산 시세를 변동시키고 무역과 투자는 물론 가계의 재테크에까지 두루 결정적 영향을 미치기 때문이다.

경제 용어 찾아보기

ㄱ

ㄴ

ㄷ

ㄹ

ㅁ

ㅂ

ㅅ

ㅇ

ㅈ

ㅊ

ㅋ

ㅌ

ㅍ

ㅎ

숫자·영문·약어

최신 개정 증보판

경제기사 궁금증 300문 300답

초판 1쇄 발행 1998년 6월 30일
18판 1쇄 발행 2024년 12월 20일 (총 136쇄)
18판 2쇄 발행 2025년 1월 20일 (총 137쇄)

지은이 | 곽해선
일러스트 | 추덕영
펴낸이 | 이정훈 · 정택구
책임편집 | 김좌근
펴낸곳 | (주)혜다
출판등록 | 2017년 7월 4일(제406-2017-000095호)
주소 | 경기도 고양시 일산동구 태극로11 102동 1005호
대표전화 | 031-901-7810
팩스 | 0303-0955-7810
홈페이지 | www.hyedabooks.co.kr
이메일 | hyeda@hyedabooks.co.kr

인쇄 | (주)재능인쇄

ISBN 979-11-91183-33-7 03320